フロイド フィニー／ヨアヒム ヘルマン 著

1つの事件 2つの制度
――アメリカとドイツの刑事手続――

田口守一 監訳

成文堂

One Case – Two Systems :
A Comparative View of American and German
Criminal Justice
by Floyd Feeney and Joachim Herrmann

Original Copyright © 2005 by Transnational Publishers, Inc.
Japanese Copyright © Seibundo Publishing co., Ltd., 2005.
The Japanese edition published by Sebundo Publishing co., Ltd.,
Tokyo, 2010.

日本語版への序文

　日本の刑事司法は、大陸法、とりわけドイツ法の要素と、アメリカ法の要素をとり入れてきた。したがって、混合制度と呼ぶことができよう。その結果、日本では、ドイツおよびアメリカの刑事司法がどのように運用されているかについて、常に大きな関心が寄せられてきた。非常に多くの著書や論文が、日本語または西洋言語で、ドイツ刑事司法およびアメリカ刑事司法の紹介をしてきた。しかし、これらの著書論文の関心は基本的に理論的な問題に向けられていた。そこでは、この2つの制度が日常的な実務において実際にどのように機能しているかに関する論述が欠けていた。

　本書『1つの事件 2つの制度』は、1つの事件を選び、その同じ事件がアメリカとドイツの刑事手続でどのように取り扱われるかを説明することで、この間隙を埋めようとするものである。アメリカとドイツの刑事司法でとられている相異なるアプローチを指摘することで、2つの制度のそれぞれの特色が目にみえるようになる。本書の1つのきっかけは、私が、2001年の夏に早稲田大学において、私の友人である田口守一教授とともに行った、比較刑事訴訟法のセミナーにある。

　私は、本書において、実際の事件ではなく、仮想事例を用いることにした。というのは、仮想事例では、両国の刑事司法が直面する典型的な問題が表に出てくるように注意深く事例設定ができるからである。それと同時に、仮想事例を用いることで、法執行における効率性と個人の人権保障とのバランスのとり方が実務的にどのように異なっているかが説明できるように事例設定をすることができる。私は、アメリカの刑事司法に関しては詳しくないため、フロイド・フィーニー教授に本書のアメリカについての部分の執筆を依頼することにした。

　本書は、第2章および第3章で「1つの事件」をとり上げる。第2章は、事件がカリフォルニアでどのように取り扱われるかを説明する。第3章は、同じ事件がドイツではどのような過程を経るかを論じる。

　事件は、カリフォルニアのサクラメントとミュンヒェンの近くにあるバイエルンの都市であるアウクスブルクの双方で発生した不法目的侵入と強盗である。この2つの都市が選ばれたのは、その人口規模と一般的な印象が似ているからである。この2つの都市における刑事司法が通常どのように運営されているかを示すために、派手な事件ではなく、むしろ地味な事件を選んだ。第2章および第3章では、事件が、警察から検察を経て裁判所へと移っていく過程が追跡される。

　これらの章は、刑事司法の実際の機能、日常的な手続の相違、2つの法文化の特色を、詳しく叙述する。これらの章は、刑事司法機関がとる個々の手続を単純に叙述するのではない。彼らの行動を理解しやすくするために、刑事司法機関の戦術的な考慮と、その活動の理由についても説明することにした。刑事司法の運営においては、書面が重要な役割を果たすので、これらの章では重要な書面も掲げられている。

　ドイツ法について読者自身に批判的な考察を行っていただきたいと考え、私は、第3章でもある程度の比較法的なコメントを加えている。しかし、比較法的考察の中心は第4章と第5章であり、はじめにドイツの視点から、次いでアメリカの視点からの分析がなされる。ドイツの視点からの比較法的考察は、第2章および第3章で叙述された事柄を分析することに限定した。すなわち、今日の比較法の文献で論じられている多くの問題をとり上げて議論するのではなく、第2章と第3章で明らかにされたアメリカとドイツの刑事司法における重要な類似点と相違点を解明することに努めている。そこではまた、2つの法制度のもつ特殊性の根拠を明らかにすることも試みた。アメリカの視点からの比較法的考察では、より一般的な検討がなされており、やや異なったアプローチがとられている。

　本書の目的については、次のようにいうことができよう。本書は、ある面で日本の刑事司法のモデルとされた2つの法制度において、刑事司法が実際にどのように運用されているかを観察することに関心をもっている日本の研究者および実務家に対して情報を提供するものである。本書は、それと同時に、刑事司法がとり得る途は1つとは限らず、常に複数あるということを明らかにする比較法の資料といってもよい。さらに、本書は、法学生に提供される比較法、刑事訴訟法および比較刑事訴訟法の講義にお

ける資料集あるいは参考書として使用できるように企画されている。

　フィーニー教授と私は、本書を日本語に翻訳してくれた日本の友人に心より感謝の意を表したい。田口守一教授は、本翻訳企画の全体を統括し、第1章、第3章および第4章の翻訳を担当するだけでなく、ほかの訳文の点検も行った。田口教授の絶大な努力なくして本翻訳の完成はなかったであろう。フィーニー教授と私は、第2章と第3章を担当した洲見光男教授、第2章を担当した小川佳樹准教授および原田和往准教授、第3章を担当した加藤克佳教授、寺崎嘉博教授および松田正照氏、第5章を担当した小島淳准教授にも深甚の謝意を表したい。我々は、日本語を読むことはできないが、皆さんが大変な努力をしたことを知っている。
　本書『1つの事件　2つの制度』の日本における出版については、成文堂、とりわけ同社社長阿部耕一氏および同社編集部長本郷三好氏に、とくに感謝したい。
　本書は、2005年に合衆国で出版された。2006年には中国語訳が北京で出版されている。フォード財団北京事務所の多大な支援により、9時間の時差のあるところに住んでいるフィーニー教授と私が、共同して本書の仕事を行うことが可能となった。我々はフォード財団の支援に感謝したい。
　刑事司法の実際の機能について書物を執筆することは、多くの実務家——裁判官、検察官および弁護士——の方々の援助なくしては不可能であった。とくに、ノイ・ウルム区裁判所長であるベルント・ミュンツェンベルク（Bernt Muenzenberg）裁判官からは、バイエルン州の実務の詳細について有益な助言をいただいた。深く感謝する次第である。
　フロイド・フィーニーからは、以下の方々の本書への絶大な支援に対して感謝の意が表されている。すなわち、ジャン・スカリー（Jan Scully）サクラメント郡地方検事、アルバート・ローチャー（Albert Locher）同地方検事補、パオリノ・デュラン（Paulino Duran）サクラメント郡公設弁護人、シーラ・ラモス（Sheila Ramos）同公設弁護人補、ピーター・ヴローティン（Peter Vlautin）同公設弁護人補、ドン・メイヤー（Don Meyer）カラベラス郡保護観察局長（元サクラメント郡保護観察局成人裁判所部長）、リチャード・パーク（Richard Park）サクラメント郡上位裁判所裁判官、クライド・ブラックモン（Clyde Blackmon）弁護士、ロバート・フラッキア（Robert Fracchia）弁護士、マイケル・ブッシュ（Michael Bush）サクラメント市警察元刑事、および、ジェイムズ・ホーガン（James Hogan）教授である。

2007年7月　ドイツ・アウクスブルクにて

ヨアヒム・ヘルマン

著者紹介

　フロイド・フィーニー（Floyd Feeney）は、カリフォルニア大学デーヴィス校（アメリカ）教授（Homer and Ann Berryhill Angelo Professor of Law）である。合衆国最高裁判所のヒューゴ・ブラック（Hugo Black）判事の調査官、大統領犯罪委員会の委員長補佐（Assistant Director of the President's Crime Commission）、国際開発庁長官特別補佐（Special Assistant to the Administrator of the Agency for International Development）、ヴェラ研究所ロンドン支局長（Director of the London Office of the Vera Institute of Justice）、カリフォルニア大学デーヴィス校刑事司法運営センター（Center on Administration of Criminal Justice）所長（Executive Director）を歴任。6つの著書および数多くの論文の著者として、司法研究所（National Institute of Justice）およびカリフォルニア保護観察・仮釈放・矯正協会（California Probation, Parole, and Correctional Association）からの受賞歴がある。1995年から96年にかけて、フルブライト奨学生として、アウクスブルク大学に留学。中国、ドイツ、イタリア、日本、メキシコ、イギリスにおいて教鞭をとる。司法研究所、州裁判所支援センター（National Center for State Courts）、イギリス内務省、カリフォルニア州議会、アメリカ法曹協会の対中央・東ヨーロッパおよび中東法制度改革支援イニシアティヴ（Central European and Eurasian Law Initiative）、警察財団（Police Foundation）など、数多くの刑事司法関係機関において諮問、評価業務などに携わる。

　ヨアヒム・ヘルマン（Joachim Herrmann）は、アウクスブルク大学（ドイツ）名誉教授（professor emeritus）であり、同大学において、法学部長、副学長を歴任。学位は、法学博士（doctor juris）（フライブルク大学（ドイツ））、LL.M.（チューレーン・ロー・スクール）。現在、アウクスブルクにおいて、法律実務に携わる。主な研究対象は、刑法、刑事手続、比較法制度──とくにヨーロッパ大陸法と英米法の特色──、イスラム法、中国法、日本法、かつての社会主義法。数多くの国外の大学で教鞭をとる。ヴァージニア大学、シカゴ大学、ミシガン大学、カリフォルニア大学デーヴィス校、ピッツバーグ大学（以上、アメリカ）、中国政法大学（中国）、東京大学、早稲田大学（以上、日本）、南アフリカ大学、プレトリア大学（以上、南アフリカ）において客員教授を歴任。ドイツ法曹協会の常設委員会（Standing Committee of the German Bar Council）、欧州評議会（Council of Europe）、合衆国司法省（U.S. Department of Justice）、アメリカ法曹協会の対中央・東ヨーロッパおよび中東法制度改革支援イニシアティヴ、国際法曹協会の人権研究所（International Bar Association's Human Rights Institute）、中央アジア・アメリカン大学（キルギス共和国ビシケク）、開放社会財団（Open Society Foundation）、フリーダム・ハウス（Freedom House）などにおいて、専門委員および顧問を務める。

目　　次

日本語版への序文
著者紹介

第1章　イントロダクション─────────────────────1

第2章　アメリカ合衆国：カリフォルニア州─────────5

I．典型的なアメリカの事件──────────────────5
1．警察による捜査（5）
2．訴追の決定（21）
3．裁判所への最初の出頭（25）
4．有罪答弁の決断──アレクサンドラ・ユング（29）
5．公判前手続──マイケル・ブラウン（34）
6．量刑──アレクサンドラ・ユング（38）
7．予備審問──マイケル・ブラウン（38）
8．予備審問後の手続──マイケル・ブラウン（42）
9．答弁取引──マイケル・ブラウン（51）
10．量刑──マイケル・ブラウン（57）

II．典型的なアメリカの公判─────────────────65
1．公判──マイケル・ブラウン（67）
2．陪審の判断──マイケル・ブラウン（103）
3．量刑──マイケル・ブラウン（111）

III．非典型的なアメリカの公判────────────────115
1．公判──マイケル・ブラウン（115）
2．陪審の判断──マイケル・ブラウン（123）
3．量刑──マイケル・ブラウン（124）

第3章　ドイツ──────────────────────127

I．警察段階における手続─────────────────127
1．捜索・押収と取調べ（127）
2．身柄拘束決定──ミヒャエル・ブラウンおよびアレクサンドラ・ユング（145）
3．さらなる捜査（151）

II．弁護人の活動──アレクサンドラ・ユング──────────158

III．検察官の活動───────────────────167

IV．裁判所における手続────────────────183
1．略式命令──アレクサンドラ・ユング（183）

2．公判の準備——ミヒャエル・ブラウン（183）
　Ⅴ．公判——ミヒャエル・ブラウン……………………………………………………188
　　1．イントロダクション（188）
　　2．証拠調べ（190）
　　3．検察官と弁護人の最終弁論（208）
　　4．判　決（212）

第4章　ドイツ法からみた比較法的考察──────────────223

　Ⅰ．イントロダクション……………………………………………………………223

　Ⅱ．警察による捜査…………………………………………………………………225
　　1．一般的考察（225）
　　2．逮捕および公判前身柄拘束（226）
　　3．捜索・押収（228）
　　4．警察による容疑者の取調べ（230）

　Ⅲ．検察官……………………………………………………………………………233
　　1．検察官の地位（233）
　　2．訴追のための文書（234）

　Ⅳ．弁護人……………………………………………………………………………235
　　1．国選弁護、必要的弁護および自己弁護（235）
　　2．弁護人の権利・義務（236）
　　3．証拠開示（237）

　Ⅴ．有罪答弁と略式命令……………………………………………………………238

　Ⅵ．交渉——検察官、弁護人および裁判官………………………………………239

　Ⅶ．裁判官による訴追の審査………………………………………………………240

　Ⅷ．公　判……………………………………………………………………………241
　　1．法廷の構造（241）
　　2．素人裁判官（241）
　　3．当事者主義的真実発見手続と職権主義的真実発見手続（242）
　　4．一件記録と警察書類（245）
　　5．被告人の尋問（246）
　　6．継続審理と五月雨方式の審理（247）

　Ⅸ．証　拠……………………………………………………………………………248
　　1．証人尋問（248）
　　2．証人の宣誓（249）
　　3．証拠の許容と排除——伝聞その他の問題（249）
　　4．証言拒否権（251）

Ⅹ．罪責認定および量刑 …………………………………………………………… 252
　1．被告人の罪責の認定（252）
　2．証明基準（252）
　3．全員一致と多数決（253）
　4．量　刑（253）
　5．異なる重さの刑（254）

Ⅺ．上訴その他の救済手続 ………………………………………………………… 255

第5章　アメリカ法からみた比較法的考察 ————————————— 261

Ⅰ．警察による捜査 ………………………………………………………………… 261
　1．逮　捕（261）
　2．公判前身柄拘束（265）
　3．捜索・押収（266）
　4．警察による取調べ（267）

Ⅱ．公判前手続 ……………………………………………………………………… 268
　1．証拠開示（268）
　2．「流れ作業型司法」対「個別取扱型司法」（269）

Ⅲ．公判 ……………………………………………………………………………… 270
　1．事実認定（270）
　2．真実の発見（271）
　3．有罪判決のために必要とされる証明の程度（273）
　4．「口頭審理」対「書面審理」（274）
　5．好戦性——美徳か悪徳か（275）

Ⅳ．量　刑 …………………………………………………………………………… 279
　1．量刑手続（279）
　2．判決前報告書（280）
　3．刑の重さ（280）

Ⅴ．秩序維持と公正さとのバランス ……………………………………………… 281

Ⅵ．上訴その他の救済手続 ………………………………………………………… 283

訳者あとがき ………………………………………………………………………… 287
参考文献 ……………………………………………………………………………… 289
索引 …………………………………………………………………………………… 293

第1章
イントロダクション

フロイド・フィーニー

いかなる社会も、犯罪の問題に悩まされないことはない。この問題に立ち向かうために、社会は、有害で望ましくない行為を禁止するルールと、ルールに違反した者の取扱いに関する手続を開発してきた。今日我々が有している犯罪と刑事司法に関する知識の重要な部分は、我々の祖先に由来している。しかし、また、ほかの社会や文明がこれらの問題をどのように扱ってきたかを学んだ結果であるものも多い。実際、あらゆる人間社会は、刑事司法の豊富で、多彩な歴史の形成に寄与してきた。エジプトのファラオとオーストラリアのアボリジニー、孔子とモハメッド、ヴァイキングとモンゴル人――これらの人々のすべてとその他の数え切れない人々が、今日の刑事司法の形成に一役買ってきたのである。

現代世界は過去の多様な制度をなお多く残しているが、今日、多くの国々は、少なくとも部分的には、イギリスで発達した当事者主義か、当初ヨーロッパ大陸で発展した職権主義のいずれかを、その刑事司法制度の模範としている。

少なくも500年の間、政治家、実務家および学者たちは、これら2つの制度の比較を行ってきた。長い間、当事者主義はイギリスのコモン・ローと結び付けられ、職権主義はヨーロッパ大陸法と結び付けられてきたために、これらの比較の多くは、コモン・ローと大陸法の基本的相違点を中心とするものであった。「裁判官によって作られる判例法」対「王や立法者の公布する法典」、「先例の拘束力」対「法典や法律の文言についての新たな解釈の回答」、「事実認定者としての陪審」対「裁判官」、「口頭手続」対「書面手続」等々。

これらのコモン・ローと大陸法の基本的相違点は非常に重要であるが、それらは、刑事手続における当事者主義と職権主義の違いのすべてを説明するものではない。これらの違いのいくつかは、コモン・ローと大陸法の基本的教義に由来するというより、むしろ刑法を適用する際の独自のやり方からきているのである。

他方、当事者主義刑事手続と職権主義刑事手続には重要な共通点もある。今日の世界では、このような共通点は、貴重な国際人権憲章を形成するための重要な基盤となっている。また、近年では、多様な制度に対する理解が進み、その結果として、テロリズム、組織犯罪、コンピュータ犯罪および違法薬物の流通といった事柄に対する国際協力も急激に発展してきている。

世界の経済制度は成長しまた発展し続けているので、今後人々の交流と考え方の交流がさらに進むものと思われる。多くの肯定的な点だけでなく、我々はそれ以外の問題が生じることも予想することができる。例えば、すでに、越境犯罪の劇的増加に直面している。犯罪者は、今日、犯罪を行う機会は国境と関わりがないことを知っている。実際、犯罪者のなかには、国境と法制度の違いを利用することのできる社会の弱点とみている者もいるように思われる。

これらの諸問題を取り扱うにあたって、警察活動と捜査技術、実体刑法および国際刑法といった多様な領域では、新たな取組みが必要となる。国家も、その刑事手続制度を新たな現実に適合させる必要がある。犯罪者が逮捕された国で適用されるルールが、犯罪者が裁判を受ける国で、どのような効果をもつことになるのか。ある国で収集された証拠が、どのようにして他の国に送付され、使用されるのか。ある証拠が、その証拠を収集した国では合法的であるが、国内基準あるいは国際基準には適合しない場合に、国は他国で収集された証拠を使用すべきなのか。逃亡犯罪人の引渡しあるいは二重の危険といった事柄に対しては、新たなルールが必要となるであろうか。これらは、すでに明らかとなっている論点の一部でしかないのであって、ほかの多くの問題が浮上してくることは明らかであるように思われる。そして、このことは、当事者主義の制度と職権主義の制度の比較が、過去におけるよりも

将来においてはるかに必要となることを示唆しているように思われる。

しかしながら、そのためには、我々が現在もっているよりもより複雑な知識を必要とするだろう。我々は、日々、2つの刑事司法制度の歴史的な出来事に関して新しいことを学び続けているが、このような知識は、すでに十分である。また、2つの刑事司法制度の特殊な側面を比較する文献、とりわけこれらの制度における法理論およびその理論を用いる元となっている主な制度の比較に関する文献も増加している。しかしながら、諸制度を実務的に比較することはあまり行われていない。

本書は、これら2つの異なった刑事司法へのアプローチについて、その実際の働きをよりよく理解するための手助けとなることを目的としている。複雑な有機的組織体は、その特徴の1つあるいは2つを分析することでは十分にこれを理解することはできないのであるから、本書は、——当事者主義のモデルとしてカリフォルニアを、そして職権主義のモデルとしてドイツを用いることで——より全体的な比較を行うことを目的としている。本書の基本的な着想は、本書のタイトルに表されている。『1つの事件 2つの制度』。要するに、本書は、単一の事件を2つの別々の——1つはアメリカの、もう1つはドイツの——レンズを通してみるのである。

カリフォルニア

カリフォルニアは、3000万人を超える市民が居住するアメリカで最も人口の多い州であり、アメリカ合衆国の人口全体の10パーセント以上を擁している。その風景は、オレンジの果樹園、砂漠、北アメリカで最も高い山のいくつか、そして、アメリカで最も長い海岸などである。その経済は、ハリウッド、シリコン・ヴァレーのハイテク世界、そして、豊かな農地などである。多数の最近の移民、そして、両親やその祖父母がメキシコ、中国、ロシア、日本、アルメニア、韓国、フィリピンなどの異なった国からきた数百万の市民を含み、住民の多様性という点では世界一である。

アメリカのほかの州と同様、カリフォルニアには固有の刑法典、固有の刑事訴訟法典、および固有の裁判所制度がある。アメリカの連邦制度のもとで、合衆国（連邦）憲法とほかの連邦法に従う限りにおいて、カリフォルニアには固有の法律を制定する権限がある。それゆえ、カリフォルニアの裁判所は、カリフォルニア州憲法とカリフォルニア州法の解釈を行うことで、刑法および刑事訴訟法に関するほとんどの論点について最終判断を行っている。

1787年に採択された合衆国憲法も、刑事司法において重要な役割を果たしている。権利章典——合衆国憲法の最初の10か条の修正条項——に含まれた基本的保障は、とくに重要な役割を果たしている。もともとは州に適用されるものではなかったが、合衆国（連邦）最高裁判所は、今日、合衆国憲法に含まれた重要な権利の事実上すべてに州が従うことを要求している。合衆国最高裁判所も、これらの権利の解釈を通じて、刑事司法で重要な役割を果たし続けているのである。

アメリカ刑事司法制度の典型というようなものは存在しないのであるが、カリフォルニアは、長い間、アメリカ刑事司法の考え方を発展させるについて指導的役割を果たしてきた。刑法典と刑事訴訟法典を採択したアメリカの最初の州であるし、はじめて検察官が大陪審の承認なくして事件を起訴することを許容した州の1つである。カリフォルニアは、1950年代と1960年代に、警察、検察官、矯正機関の職務について大規模な訓練方法、現代的な運営技術、調査研究および専門化を導入した最初の州に属する。より最近では、累犯の量刑についての「三振」制度というきわめて応報的でかつ非常に論争の的となっている制度を採用した最初の州に属するのである。

ドイツ

ドイツは、8000万人を超える人口を抱える西ヨーロッパで最大の国であり、ヨーロッパ連合（EU）の経済的リーダーである。ドイツの産業、科学、銀行業および文化は有名であり、優れた大学があり、そして、長い間環境保護への取組みの最前線に立ってきた。ドイツは、北はバルティック海に、南はアルプスに接し、そして、ライン川とドナウ川というヨーロッパで最も美しくかつ重要な2つの河川が横切る、ヨーロッパの十字路である。

ドイツは、アメリカ合衆国と同様に、連邦制度をとっている。その16の州は——11の州はかつての西ドイツの州であり、5つの州はかつての東ドイツの州である——、刑事司法の運営について責任を負っているが、個別の刑法典あるいは刑事訴訟法典をもっているわけではない。ドイツの連邦制度では、これらの州は全国

的な政府に対する地方を意味している。裁判所制度は、アメリカ合衆国よりもはるかに統一化されている。

　1949年に採択されたドイツ憲法は、世界で最も尊敬されている基本憲章の1つである。そこでは、アメリカ合衆国憲法に比べて、とくに刑事司法に関係する規定の数は少ないが、その個人の権利に対する基本的保護は、ほかの法領域と同様に刑事司法にも広く適用できるようになっている。ドイツの連邦制度では、国家的政府が中心的役割を果たしているので、これらの保護はすべてのドイツ国民に直接に適用される。ドイツ憲法についての疑問に関しては、連邦憲法裁判所が最終的決定権をもっている。しかしながら、ドイツ刑法典とドイツ刑事訴訟法典の最終的解釈を行うことはない。その権限は、連邦通常裁判所に属する。ヨーロッパ人権条約も、ドイツ刑事司法において一定の役割を果たしている。ドイツでは、犯罪の総体的な水準は──警察への報告をみる限り──アメリカ合衆国におけるよりも低くなっているが、犯罪への懸念は増大しつつある。

　職権主義の典型というものは存在しないのであるが、ドイツ刑事司法の考え方は、高く評価されており、これまで、ヨーロッパ諸国に、またその他の世界中の国に大きな影響を与えてきた。例えば、1500年代には、ドイツ語圏に属する小国が神聖ローマ帝国の中核を形成したが、それらの法律は中央ヨーロッパの多くの国々の刑事司法の枠組みとなった。近代ドイツが、1860年代から1870年代のはじめにかけての統一の過程を経て形作られた直後に、1877年の刑事訴訟法典が採択されたが、これはさらに大きな影響を与えた。現代のドイツ法は、この法典が修正されたものである。

本書について
　本書は、典型的な刑事事件で組み立てられているが、それは重大な殺人事件ではなく、むしろ、より普通の不法目的侵入と強盗の事件である。すなわち、裁判所で日常みられる種類の事件である。第2章は、この事件のカリフォルニアでの取扱いを叙述し、第3章は、同じ事件に対してドイツはどのように取り組むのかについて論じている。

　これらの章は、刑事司法制度の主な関与者が、その任務を遂行する際にとる最も重要な考え方と活動について論述している。その任務においては書面が重要な役割を果たすので、これらの章には、多くの重要な書面の書式例が含まれている。すべての活動やすべての書面に目を通すことは退屈であろうから、我々は最も重要なものに絞ることにした。

　我々は、このような2つの巨大でかつ重要な刑事司法制度の多くの場面のすべてを比較することは不可能であることを承知している。しかしながら、我々は、読者が、本書で述べた事件が2つの制度をよりよく理解するための有用な媒体であることを発見してくれるよう期待している。我々は、よき分析はよき描写から始まると信じるがゆえに、第2章と第3章においては刑事司法制度の現実の機能を描き出すことに重点を置いた。第4章と第5章では、まずドイツの視点から、次いでアメリカの視点から、より分析的かつ比較法的なコメントを加えた。

第2章
アメリカ合衆国：カリフォルニア州

フロイド・フィーニー

Ⅰ．典型的なアメリカの事件

1．警察による捜査

2005年3月20日日曜日午後10時に、ブリジッテ・ブッシュと名乗る女性が、911番——警察、消防、救急車などの緊急電話番号——に電話をかけてきた。彼女は、隣人のロバート・ライヒに何か悪いことが起きたのではないか心配だといった。午後9時頃、彼女の家の前に車が停まった。1人の男が車から降りて、ライヒの家の方へと通りを歩いていった。車をもっとライヒの家のそばに停めることもできたし、また、昨日からライヒが2週間の保養に出かけたのを知っていたので、彼女は奇妙に感じた。10分ほどしてから、男が戻ってきて、車のなかに残っていた運転手に話しかけた。それから、男はまたライヒの家の方に歩いていった。しばらく——おそらく20分から30分ほど——してから、ライヒの車が家の敷地に入ってきて、ライヒが自分の家の玄関の前の階段を上っていった。数分後、さっきの男がライヒの家の玄関から出てきて、通りを戻っていった。このような話をして、ブッシュは、ライヒに何か悪いことが起きたのではないかといったのであった。

通報を受けて、サクラメント市警察出動指令所——ここに911番通報が転送される——は、すぐさま、第34巡回区域のパトロールを担当するロバート・ハウザー警察官に無線連絡を行った。第34巡回区域は、ライヒの家があるガーデン通り1400番地を含む区域である。ブッシュの話を要約して伝え、指令係はハウザーに対し、ライヒの家に行き、彼の安否を確認するよう指示した。

ハウザー警察官は、ライヒの家へ車で急行した。指令所からの連絡を受けた時に、彼のパトカーはライヒの家からそれほど遠くないところにいたので、それから3分から4分ほどでライヒの家に到着した。数分後、機動捜査隊の車も到着した。2人の警察官——バディ・ブラウンとエリザベス・ゲルバー——が配置されたこの車は、職務に当たる巡回警察官の事件解決を支援するためのものである。こうした車は、1台で3つまたは4つの巡回区域を担当するのが一般的である。なお、ほかの警察においては、すべてのパトカーに2人の警察官を配置することで、——とくに夜間の——支援の問題を解決している。

その日の夜遅く、ハウザー警察官は、ライヒの家でみた事実と自分のとった行動について記した犯罪報告書を提出した。人口44万1000人の市における警察の役割を果たすために、サクラメント市警察には、657人の警察官と約1000人の職員が勤務している。ほとんどすべてのほかのアメリカの警察と同様に、サクラメント市警察においては、警察官は、軽微とはいえない犯罪の通報があった場合、常に、事件についての報告書を作成することが求められる。軽微な犯罪の場合、サクラメント市警察では、警察官を現場に派遣する代わりに、電話で詳しい事情を聴くことにしている。

ハウザー警察官の報告書は、次のとおりであった。

サクラメント市警察
犯罪報告書

◆犯罪報告書：05-40853　　　　　　　　　　　　　　　　　　　　　　　　日付：2005年3月21日
◆犯罪：暴行、不法目的侵入、強盗
◆被害者：ロバート・ライヒ　生年月日：1922年8月14日　性別：男性　人種：白人
◆住所：ガーデン通り1400番地　電話番号：445-9332

> 　私は、午後10時15分（3月20日）に、ロバート・ライヒ（白人男性、82歳）宅に到着した。玄関のドアが少し開いていた。ライヒは、居間に入ってすぐの床の上に横たわっていた。
>
> 　彼は、完全に意識を失っていたわけではないが、明らかにショックを受けていた。彼は、何が起きたのか、全く話すことができない状態であった。彼は、頭部から血を流していたが、床に転がっていた杖で殴られたようだった。私は救急車を呼んだ。その後、私はライヒの家をみてまわった。裏の窓がこじ開けられており、犯人はここから侵入したようである。
>
> 　それから、私は、ガーデン通り1440番地に住むブリジッテ・ブッシュ（白人女性、62歳）の話を聴いた。彼女は次のようなことを話した。「3PUG784」というナンバーの、比較的古い、濃い青色のフォード・エスコートが、今日の午後9時頃に彼女の家の前に停まった。そして、30歳くらいの白人の男性が、車から降りて、ロバート・ライヒの家（ガーデン通り1400番地）の方に歩いていった。ライヒは保養に出かけていて留守にしているはずだったので、彼女は、奇妙に思った。5分ほどしてから、先ほどの30歳くらいの白人男性が車のところに戻ってきて、車のなかに残っていた人物に話しかけた。車のなかにいた人物の姿はあまりよくみえなかった。それから、その30歳くらいの白人男性は、またライヒの家の方へ戻っていった。しばらくして、ライヒの車が彼の家の敷地に入ってくるのがみえた。ライヒは車から降りて、自宅の玄関前の階段を上っていった。すると、濃い青色のフォード・エスコートが、30歳くらいの白人男性を乗せないまま、走り去った。5分か10分ほど経った後、30歳くらいの白人男性がライヒの家の玄関から出てきて、通りを歩いていった。ただ、顔をみてもライヒの家から出てきた男と見分けることができるとは思えない、とブッシュは話している。
>
> 　私は、濃い青色のフォード・エスコートに対する警戒態勢の指示を出すよう、指令所に要請し、また、鑑識を現場へ派遣するよう連絡した。また、指令所に対し、上記ナンバーについて、陸運局の書類を確認するよう要請した。陸運局の書類の記述とブリジッテ・ブッシュの説明が一致した、との指令所からの知らせを受けて、私は指令所に対し、陸運局の書類に記載してある住所に警察官を急行させるよう要請した。
>
> 　私は、機動捜査隊の警察官であるブラウンとゲルバーに対して、鑑識が到着するまで、ライヒ宅の現状を保全するように求めた。それから、私は、ライヒが救急車で搬送されたカリフォルニア大学デーヴィス校の医療センターにある緊急治療室に行った。午前0時30分頃に、私は、ライヒを検査したデイヴィッド・ヴァイス医師と話をした。ライヒは腕を骨折し、また、頭部外表に傷があり3針縫う必要があった、と彼は話した。腕にはギプスがはめられ、治療はされていたものの、ヴァイスは、ライヒを病院に残し少なくとも12時間は様子をみなければならない、といった。彼の話では、ライヒは襲撃されたことにより相当の衝撃を受けているが、徐々に回復するであろう、ということであった。私は、ライヒと話をさせてくれるよう頼んだが、ヴァイスに断られた。私は、ライヒが死亡するおそれはないかと、彼に尋ねた。これに対し、ヴァイスは、ライヒはじきに回復するだろうから、午前9時以降であれば話ができるだろうといった。それから、ヴァイスは、数日中に、ライヒの診療記録をまとめ、それをみせることを承諾した。医師は、本報告書添付の書類に署名した。［添付書類については、ここでは省略する。］
>
> 　　　　（署名）ロバート・ハウザー、パトロール担当　#234

　ハウザー警察官からの要請を受けて、指令所は、パトロール中のすべての警察官に対し、カリフォルニア州のナンバー「3PUG784」を付けた比較的古い、濃い青色のフォード・エスコートに警戒するよう無線連絡を行った。指令所は、暴行、不法目的侵入、および強盗についての事情聴取のために、現在、同車の運転手の行方を追っている、と告げた。この連絡が行われたのは、午後10時47分であった。また、指令所は、覆面パトカーに乗った2名の私服警察官をリンデン通り2454番地にあるアパートの34号室——これは、ブッ

シュが目撃した自動車のナンバーについて、陸運局に登録があった住所である——に派遣した。

ダニエル・シェーファー警察官は、その夜パトロールに当たっていたほかの警察官と同様に、この連絡を聞いた。それから15分か20分ほどして、シェーファーは、指令所からの連絡に該当するナンバーを付けた比較的古い、濃い青色のフォード・エスコートを発見した。彼の作成した逮捕報告書には、その時の状況が次のように記されている。

サクラメント市警察
逮捕報告書

◆犯罪報告書：05-40853　　　　　　　　　　　　　　　日付：2005年3月21日
◆被逮捕者：アレクサンドラ・ユング　年齢：22歳　性別：女性　人種：白人

　指令所から連絡を受けた後、私は、3月20日の午後11時5分頃に、「3PUG784」のナンバーを付けた青色の1998年型フォード・エスコートを停車させた。運転者が、リンデン通り2454番地34号に住むアレクサンドラ・ユング（白人女性、22歳）であることを確認した。自動車登録証にも同じ住所が記載されていた。指令所に確認したところ、彼女は、過去に逮捕されたことはなく、有罪とされたこともなかった。また、彼女に対する逮捕状も発付されていないとのことであった。ユングに対しどこへ行くところだったのか尋ねたところ、彼女は「自分の家」といった。彼女は、友人を、ある場所まで車で送ったところだが、友人のいうままに運転しただけで、そこの住所は知らないといった。その友人の名前は、マイケル・ブラウンであるとのことだった。彼はユングのボーイフレンドであり、彼女と同じところに住んでいる。ブラウンがどこにいるか、彼女は知らなかった。彼女は、ブラウンを乗せずに、その場から車で走り去っていた。なぜブラウンがその場所に行こうとしたのかについては、彼女ははぐらかし、話そうとしなかった。ブラウンは不法目的侵入に関与しているか、と私は尋ねた。彼女は、自分は知らないが、彼はあの家から何かを盗むつもりだったと思う、といった。私はユングに対し、暴行、不法目的侵入、および強盗の容疑で逮捕すると告げた。彼女は「ああ、何てこと……」といった。彼女に手錠をかけた後、武器を所持していないか、彼女の身体および自動車のなかを捜索し、保管のため彼女の車をレッカー移動させるよう、電話で要請した。

（署名）ダニエル・シェーファー、パトロール担当　　#167

犯罪についての説明は、通常、犯罪報告書のなかでなされるから、アメリカの警察では、関係する犯罪について逮捕報告書にあまり多くのことを記載しないのが普通である。逮捕報告書の役割は、逮捕が行われた状況を説明することにある。逮捕報告書において、逮捕を正当化する法的根拠についての詳細な説明は行われないのが一般的である。

シェーファー警察官の考えでは、本件において、指令所からの情報をもとにアレクサンドラ・ユングを停止させたのは正当な行為であった。指令所からは、暴行、不法目的侵入、および強盗との関連で当該自動車の行方を追っているとの連絡があったが、これらはすべて重大な犯罪である。彼が停止させた自動車は、その外観とナンバーが指令所からの情報と一致していたのであるから、その自動車が問題のものと同一であることについて、シェーファーは何ら疑いをもたなかった。また、この自動車を発見したのは、指令所からの連絡を受けてからわずか15分後のことであったから、シェーファーが現在この自動車を運転している者が指令所から話のあった犯罪に関係している者だと推測したのは相当であった。

アメリカ合衆国（連邦）憲法上、警察官は、罪を犯したことにつき「相当な理由」が認められなければ、容疑者を逮捕してはならないとされている。これは、容疑者が罪を犯したと思料するにあたっては、警察官は明確な根拠に基づかなければならないという趣旨である。本件の場合、自動車の外観が指令所からの説明と一致したことと、指令所からの連絡と自動車の発見との時間的近接性に基づき、ユングを逮捕する相当な理由が認められたかもしれない。しかし、シェーファー警察官は、ユングを直ちに逮捕したわけではなく、まず停止させた。この「停止」の法的な要件は、

「合理的な嫌疑」——これは、証明基準としては「相当な理由」よりも低い——の存在である。しかしながら、「合理的な嫌疑」が要件とされる場合であっても、容疑者がすでに行われた犯罪に関係している、または、まさにこれから犯罪を行おうとしていると思料するにあたって、警察官は、明確かつ客観的な根拠に基づかなければならない。本件において、シェーファーが、アレクサンドラ・ユングの自動車を停止させる合理的な嫌疑を有していたことは明らかである。ユングの自動車を適法に停止させたことによって、シェーファーにはユングに対し、運転免許証と自動車登録証の提示を求める権限が認められた。ユングに対する彼の質問は、彼女がライヒの家で起きた不法目的侵入に関係があるかを確かめるためのものであった。彼女の回答は曖昧なものであったが、それでも、これにより彼女が事件に関係していることは明らかになった。ユングを逮捕するようにとの指示はなかったが、シェーファーはユングを逮捕している。これは、重大な事件の場合、アメリカの警察官は容疑者の身柄を拘束するのが一般的だからである。

アメリカ法では、ユングを逮捕したことによって、シェーファー警察官には、逮捕手続の一環として、彼女の身体と自動車の内部を捜索する権限が認められる（「逮捕に伴う」捜索）。こうした権限は、警察官を危険から保護するために、また、容疑者が証拠を破壊するのを防ぐために必要と考えられている。本件において、シェーファーは、ユングの身体と彼女の自動車の内部を捜索している。憲法上および法律上、女性の身体の捜索は女性の警察官によって行われるべきとされているわけではないが、サクラメント市警察では、できる限り、女性の身体の捜索は女性の警察官が行うものとされている。このような実務慣行は、全国的にみても決して珍しいものではない。シェーファーは、一瞬、電話で連絡して女性の警察官にきてもらうことも考えたが、時間がかかりそうだったので、そうしなかった。もっとも、シェーファーは、通例、男性の容疑者の場合に比べて、女性の容疑者に対しては、捜索があまり広範囲にならないようにしていた。ユングをとくに危険と考えた場合には、女性の警察官を呼んで、身体を入念に捜索させたであろう。

ユングの身体の捜索を実施する前に、シェーファー警察官は、彼女に手錠をかけた。彼女をとくに危険と考えたわけではないが、警察の実務においては被逮捕者に手錠をかけるのが一般的である。捜索が終了した後、シェーファーは、ユングをパトカーの後部座席に収容し、警察署へとパトカーを走らせた（パトカーには、後部座席と前部座席の間に仕切りがあり、運転手が保護されている。これに加えて、後部ドアには取手がないため、容疑者が何らかの方法で身体の自由を回復したとしても、容易には逃げることはできない）。もし、逮捕したのが昼間であったならば、引き続き事情聴取を実施するために、ユングを刑事に引き渡していたであろう。しかしながら、真夜中であったため、勤務についている刑事はいなかった。その夜にパトロール中の警察官らの指揮をしていたロビンソン警部補は、ライヒが死亡し、殺人事件になることも考え、刑事らに対し、出頭して事件処理の任に当たるよう求めるべきか検討した。しかしながら、ロビンソンは、必要にならない限り、刑事らの出頭を求めないことにした。そして、彼はシェーファーに対し、引き続き事情聴取を行うよう指示した。

ライヒの家で起こったことについてより確かな情報を得るために、まだ病院にいたハウザー警察官に連絡した後で、シェーファー警察官は、ユングを小部屋へと連行した。そこには机が1つと椅子がいくつか置かれていた。シェーファーは、ユングに椅子に座るようにいった。質問を始める前に、彼は、ポケットから1枚のカードを取り出し、4つの警告を読み上げた。「あなたには、黙秘権がある。あなたが述べたことはすべて、あなたにとって不利益に使用されることがある。あなたには弁護人を依頼する権利がある。あなたに弁護人を依頼する経済的余裕がない場合には、公費で弁護人が付されることになる」。シェーファーがしたこれらの警告は、ミランダ警告と呼ばれるものである。アメリカ法においては、逮捕した容疑者の取調べを行う前に、警察官はこれらの警告を与えなければならない。容疑者が、警察官に対し、話す意思がない旨を告げた場合には、警察官は取調べを中断しなければならず、さらなる質問をすることは許されない。また、容疑者が弁護人と相談したいといった場合には、容疑者が弁護人と相談するまで、警察官は取調べを中断しなければならない。

シェーファー警察官がユングに対し、警告を理解したか尋ねたところ、彼女は——動揺し、いまにも泣き出しそうになっていたけれども——理解したといった。「それでは尋ねますが、話をする意思がありますか」とシェーファーがいったところ、ユングは話をする意思があると答えた。そこで、彼はユングに対し、

先ほどの警告と「これらの警告を理解したうえで、警察官に話をします」という言葉が印字された書面に署名するよう求めた。彼女はこの書類に署名した（この書面については、ここでは省略する）。

シェーファー警察官は、質問を始めた。20分ほどで、シェーファーは、必要と思われる情報をほとんど手に入れた。彼は、取調べをテープに録音していたが、ユングの供述の要旨を作成するにあたっては、自分で書きとったメモを使用した。アメリカの警察のなかには、容疑者に対し、こうした調書への署名を求めるところもあるが、サクラメント市警察の実務としては、署名を求めるのは一般的ではなかった。シェーファーの作成した要旨は、次のようなものである。

アレクサンドラ・ユングの供述

◆事件番号：05-40853　　　　　　　　　　　　　　　　日付：2005年3月21日

　アレクサンドラ・ユングは、サクラメント市リンデン通り2454番地34号に住んでいる。私は、彼女にミランダ警告を読み上げた。彼女は、自分の権利について理解したといい、そのうえで、私と話をすることについて、自由に、かつ任意に同意するといった。

　私は、ロバート・ライヒという名前の人は知りません。今日の午後9時頃、私は、ボーイフレンドのマイケル・ブラウンをガーデン通りにある家まで車で送りました。彼は、白人で、年齢は34歳で、車の整備士として働いています。私は、彼がその家から何かを盗むつもりであることは知っていましたが、何を盗むつもりなのか詳しいことは知りませんでした。何か高価なものだろうとは思いました。

　マイケルは、お金にとても困っていました。彼には借金があり、いつもお金に不自由していました。彼は、飲酒運転のせいで免許停止になっているから、私に車で送ってほしいと頼みました。私はそれを断り、馬鹿なことを考えるのはやめて、と彼にいいました。私は、彼が逮捕されるのではないか心配だったし、巻き込まれたくなかったのです。マイケルは、万事詳しく調べてあって、本当に何の危険もない、私が手助けしてもしなくても自分は実行するつもりだ、と私にいいました。本当は嫌だったのですが、私は、車で送るだけでいいなら、そうしてあげるわ、と彼にいいました。すると、彼は「では、今夜やろう」といいました。

　私たちは、暗くなるのを待って、9時頃に出発しました。私は自分の車を運転しました。私たちは車を通りに停めました。私は、マイケルが目指している家の何軒か手前で停めたのですが、そこからでも、その家の玄関がみえました。彼は車から降りて、その家の方に歩いていきました。数分後、彼は戻ってきて、もう一度行ってくるが、今度は戻ってくるまで20分くらいかかるだろう、と私にいいました。私は「お願い、急いで。私はこんなことは嫌なの」といいました。

　彼は再び車を離れて、その家の方に戻っていきました。私はとても緊張して、その家をじっとみていました。すべて、私が思っていたよりも、ずいぶん時間がかかりました。突然、1台の車が、その家の敷地に入ってきました。私は、びっくりして、それから恐くなりました。何が起きているのかすべてをみることはできませんでしたが、男の人が1人、車から降りてきて、その家の玄関の前の階段を上っていくのがみえました。人相は、その家に住んでいるという老人のものと一致しているように思いました。

　私は、できるだけ素早く、その場から車で去りました。マイケルがまだ家のなかに残っていることなんて、気にもしませんでした。これは全部、彼の馬鹿げた考えのせいで、実際、私は、彼に何が起こっていようと全く気になりません。彼は、私を巻き込むべきではなかったのです。

　マイケルは、腕のいい整備士ですが、酒飲みで、以前は薬物もやっていました。彼は、しばしば仕事を休み、ここ6年間で、5回も勤め先を変えました。

> 　私は22歳で、地元の大学の3年生で心理学を勉強しています。マイケルとは、6週間ぐらい前に、ディスコで知り合いました。前のボーイフレンドと別れてから、何か月か経った頃のことです。私たちは、何度か一緒に出かけたりしていましたが、そのうち、彼が私に自分のところに引っ越してこないか、といいました。私はまだ彼のことをあまり知らなかったのですが、彼の提案を受け入れました。両親は、ここから遠く離れたモデストに住んでいて、私は独りぼっちで、とてもさびしかったからです。
>
> 　私は泥棒ではないし、これまで悪いことをしたことはありません。マイケルをその家まで車で送っていったことについては、申し訳ないと思っています。私は、薬物のことは知りませんし、いままで一度も使ったことはありません。お酒は飲みますが、あまり多くはありません。
>
> 　現在マイケルがどこにいるか、私は知りませんが、おそらく彼は、私たちのアパート（リンデン通り2454番地34号）に戻ったと思います。私は、あなた方に、アパートを捜索する許可を与えることはできません。あのアパートはマイケルのものですし、私は彼が恐いです。
>
> （署名）ダニエル・シェーファー、パトロール担当　#167

　シェーファー警察官がユングの事情聴取を終えたのは、午前0時30分頃であった。それから、彼はロビンソン警部補に対し、マイケル・ブラウンがライヒを襲った人物と思われること、また、ライヒを襲った理由は、不法目的侵入中に不意に彼が帰宅したからであろうと報告した。この報告を聴いて、ロビンソンのマイケル・ブラウンに対する関心はますます強くなり、彼はブラウンの逮捕を命じた。ハウザー警察官の要請によりすでにリンデン通り2454番地34号に派遣されていた私服警察官のクリスティアン・ツィンマーとアルバート・ブランクに連絡し、ロビンソンは、ブラウンを逮捕できるまでその場に待機しているように指示した。彼らがリンデン通り2454番地34号に到着した時には部屋には誰もいなかったことは報告を受けて知っていたが、ロビンソンは、アパートを張り込むことがブラウンを発見する最善の方法だと考えたのである。彼は、ツィンマーに対し、アパートには2人の人物が住んでいること、そして、そのうちの1人のアレクサンドラ・ユングは拘束中で、すでに自白していること、および、もう1人はマイケル・ブラウンで、ユングがライヒの襲撃犯として名前を挙げた人物であることを告げた。また、ロビンソンは指令所に対し、マイケル・ブラウンに対する警戒態勢を指示するよう要請した。

　ユングは世間知らずの若い女性で、おそらくブラウンの計画に――それがどのようなものであったにせよ――全面的に協力しているわけではない、とシェーファー警察官は思った。しかし、ユングにどの程度の法的責任があるかは、彼にはよく分からなかった。シェーファーには、あるいは少なくともロビンソン警部補には、ユングを釈放する権限があったが、シェーファーは、この点について考えをめぐらすことはなかった。彼はパトロール担当の警察官であり、ユングの釈放のような重要なことを命じるのは、彼の上司や刑事の職務であった。ロビンソンが釈放を命じなかったので、シェーファーは、公判が始まるまで拘束しておくために、ユングを郡ジェイルに連行した。

　サクラメント郡ジェイルは、裁判所の近くにある6階建ての巨大な建物である。そこでは、選挙で選ばれた郡保安官が、拘置所の運営およびすでに刑の言渡しを受けた軽犯罪者を収容している施設の運営に当たっており、また、市ではなく郡に固有の警察機能についての責任を負っている。ジェイルの受付事務所で、シェーファー警察官は、彼の作成した逮捕報告書、ならびにユングを逮捕する相当な理由を示す供述書、逮捕歴および前科のないことを示す様々な記録のコピーを保安官補に渡した。保安官補は、ユングを拘束する根拠があるか確認するためにこれらの書類を調べた。その後、ジェイルの職員は、彼女を登録する手続を行った。彼女が武器や薬物を携帯していないことを確認するための入念な身体捜索が行われた後で、写真撮影、および指紋採取が行われた。採取された指紋は、コンピュータでカリフォルニア州の司法省へと送られた。司法省では、州および連邦の指紋データベースとの照合が行われた。数秒のうちに、この指紋をもつ人物の逮捕歴などは、州および連邦のいずれの記録にも存在しないことが判明した。サクラメント市警察の指令所がすでにシェーファーに対し、ユングには逮捕歴も前科もないという情報を伝えていたが、警察の指令所は、

ユングがシェーファーに伝えた名前と生年月日に基づいてデータベースと照合しただけであった。逮捕された者のなかには、警察官に偽名をいう者もいるため、重罪で逮捕された者すべてについて、指紋照合が行われるのである。

裁判官が、逮捕された人物を危険である、または指定された日時に裁判所に出頭しないおそれがあると認めない限りは、逮捕された者は保釈金を支払うことによって公判前に釈放してもらうことができる。「保釈金」とは、釈放された人物の裁判所への出頭を確実にするために必要と思われる額の金銭のことである。逮捕された者、または代理の者が、裁判所に対し金銭を支払った場合、逮捕された者が裁判所の求めに応じて出頭すれば、事件の審理終了後に、支払われた金銭が裁判所から逮捕された者に対し返却される。裁判所にはまた、指定された日時、場所に出頭する旨の被逮捕者の誓約に基づいて、その者を釈放する権限が認められている（カリフォルニア州では、「誓約に基づく釈放」と呼ばれている）。軽罪事件の場合には、警察官は、「出廷通告」を交付して、容疑者を釈放することができる。これは、出頭を約束させるものであり、交通違反切符に似ている。ユングについては、重罪事件であったため、警察には、出廷通告を交付して釈放するという選択肢はなかったのである。

保安官補は、公判前の身柄拘束を受ける者を収容する房を監督する責任を負っている。保安官補には、法律上、公判前の身柄拘束を受けている者すべてに対し、希望する場合には3回まで外部と電話連絡できることを教える義務がある。また、保安官補は、公判前の身柄拘束を受けている者すべてに対し、保釈金による釈放を認めてもらうために支払わなければならない金銭の額を教えなければならない。ユングに対し3回電話する権利があることを教えた後で、保安官補は、保釈を望む場合には、30000ドル——10000ドルは、住居への不法目的侵入に関して、20000ドルは、住居での強盗に関して——を支払わなければならない、とユングに告げた。多くの州では、裁判所への最初の出頭の際に、裁判官が保釈金の額を決定するまで、公判前の身柄拘束を受けている者には、保釈を得るための現実的な手段は存在しない。しかしながら、カリフォルニア州においては、公判前の身柄拘束を受けている者のほとんどが、保釈金の額を知るために裁判所への最初の出頭まで待つことはない。カリフォルニア州では、裁判官には、事前に、各犯罪について保釈金の額を決定

するための一覧表を作成することが求められている。保安官補はこの表を用いて、保釈金による釈放を望む場合に支払わなければならない金額をユングに伝えたのである。

ユングは、モデスト——サクラメントから1時間半ほど南に行ったところにある小さな市——に住む彼女の両親に電話した。両親とは、学費を送ってもらっていたけれども、少し疎遠になっていた。午前3時という時間だったため、最初のうちは、両親はうろたえ、何といえばいいのか分からなかった。しかしながら、すぐに、両親は、ユングのことをかわいそうに思い、電話をくれて嬉しいといった。彼女の父親は、助けてあげたいけれども、弁護士と相談するまでは何もできないといった。ユングが父親に対し、必要な保釈金の額についての保安官補の話を伝えたところ、彼は、朝になったら何とかするといった。

両親が助けてくれることにユングは喜んだが、ジェイルに入れられていることに絶望的な気持ちになってきた。彼女は、ジェイルの職員に対し、いますぐここを出ていく方法がないか尋ねた。彼は、助言することは許されていないと答えたものの、多くの人が保釈金立替業者に電話するといった。保釈金立替業者とは、——手数料を徴収してではあるが——保釈のために必要な額の金銭を用立てる民間業者のことである。ユングは、電話をする権利を再び行使して、「ABC保釈」という業者に連絡をとった。電話に出た人物は、3000ドルの手数料——保釈金の1割——を支払えば保釈に必要な額を用立てる、と彼女に告げた。また、彼女が裁判所に出頭しなかった場合に、保釈金立替業者が彼女の自動車を差し押さえることに同意しなければならなかった。しかし、彼女が指定されたとおりに裁判所に出頭した場合でも、手数料として支払った3000ドルは一切返却されないとのことであった。ユングは戸惑い、どうすればいいか分からなかったので、礼を述べ、少し考えさせてほしいといった。

午前3時10分、ツィンマー警察官——ブラウンとユングの住むアパートで張り込みをしていた2人の私服警察官のうちの1人——は、自分とブランク警察官がマイケル・ブラウンを逮捕したことを無線で連絡した。この逮捕をするにあたって、ツィンマーとブランクが根拠としていたのは、ロビンソン警部補によるブラウンの逮捕命令だけであった。逮捕をするためには、相当な理由が必要であることを彼らは知っていた

が、警部補には適切な正当化事由があるのだろうと思っていた。逮捕後、彼らはブラウンに手錠をかけ、身体の捜索を行った。とくに、武器および本件犯罪に関係する何らかの証拠を所持していないかを調べた。また、警察の指令所は、本件犯罪が薬物と関係しているとはいわなかったが、ツィンマーとブランクは、犯罪の多くが薬物と何らかの関係があることを知っていた。そこで、ブラウンが薬物を所持していないか、注意深く調べたのであった。シェーファー警察官がユングに対して捜索を行った場合と同様に、ツィンマーが当該捜索を行うにあたって、特段の正当化事由は必要ではない。容疑者を逮捕した場合にはいつでも、武器および証拠をもっていないかを調べるために、容疑者の身体を捜索する権限が認められることをツィンマーは知っていた。それから、ツィンマーは、ロビンソンに連絡し、ブラウンを郡ジェイルと警察署のどちらに連行すべきか尋ねた。これに対し、ロビンソンは、ブラウンを警察署に連行し、そこで取調べを行うようにといった。午前0時45分頃にハウザー警察官と話をした後では、警部補は、ライヒが死亡するおそれはなく、自宅にいる刑事らに連絡し職務につくよう命令する必要はない、との決断を下していた。しかしながら、ブラウンが逮捕されたいまとなっては、直ちにパトロール担当の警察官の1人にブラウンの取調べを行わせるべきか、刑事らが出勤してくる朝までブラウンをそのままの状態にしておくべきか、警部補は判断しなければならなかった。そして、警部補は、直ちにブラウンの取調べを行わせるべきであると判断した。

捜索が終わった後、ツィンマー警察官とブランク警察官は、手錠をかけたままの状態で、ブラウンをパトカーの後部座席に収容した。午前3時30分頃に警察署に到着すると、ツィンマーは、ユングが取調べを受けたのと同じような小部屋にブラウンを連行した。彼は、ブラウンに椅子に座るようにいった。ちょうどその頃、ブランクは、ブラウンが何らかの証拠、または法禁物を処分していないかを確かめるためにパトカーの後部座席の捜索を行っていたが、結局何も見つからなかった。それから、彼は、ハウザー警察官の作成した犯罪報告書のコピーと、シェーファー警察官の作成したユングの逮捕報告書のコピーに目を通した。その後、コンピュータを使用して、様々な警察の記録を調べたところ、ブラウンは、1999年に強盗で、また2004年に飲酒運転で逮捕されていることが分かった。いずれも、サクラメントで逮捕されたというものであった。強盗による逮捕の方では、有罪宣告を受けてはいなかったものの、飲酒運転による逮捕の方では、有罪宣告を受け、2004年10月から免許停止とされていた。これらを調べ終わった後で、ブランクは、取調べに加わった。

ツィンマー警察官は、シェーファー警察官がユングに読み聞かせたのと同じミランダ警告をブラウンに読み聞かせた後で、ブラウンに話をする意思があるかを尋ねた。これに対し、ブラウンは話をする意思があると答えた。ツィンマーの作成した逮捕報告書には、逮捕の状況とその後のやりとりが次のように記されている。

サクラメント市警察
逮捕報告書

◆犯罪報告書：05-40853　　　　　　　　　　　　　　日付：2005年3月21日
◆被逮捕者：マイケル・ブラウン　年齢：34　性別：男性　人種：白人

　3月20日日曜日の午後10時50分に、アルバート・ブランク警察官と私は、強盗および不法目的侵入に関する事情聴取のため行方を追っていたアレクサンドラ・ユングについて調べるために、リンデン通り2454番地34号に派遣された。我々はドアをノックしたが、返事はなかった。部屋のなかに明かりはみえず、人の動く気配も感じられなかった。我々はアパートに張り込むよう命じられたが、令状を所持していなかったため、なかには立ち入らないように指示された。午前1時（3月21日月曜日）に、ロビンソン警部補から我々に対し、強盗および不法目的侵入でマイケル・ブラウンを逮捕するようにとの命令があった。午前3時頃に、ブラウンと思われる30歳代の白人男性が、アパートのドアの方に近づいてきた。我々はその男性を呼び止め、警察官であることを告げ、名前を尋ねた。その男性は、マイケル・ブラウンと名乗り、ここは自分のアパートであるといった。それから、我々はブラウンを逮捕し、身体の捜索を行った後、警察署へ連行した。

> 私がミランダ警告を読み聞かせた後、ブラウンは、自らの権利を理解し、ブランク警察官および私と話をする意思があるといった。運転免許証の番号は「S0460943」であり、飲酒運転を犯したため現在は停止中である。家の電話番号は、「448-1822」である。モーツァルト・コート2245番地にあるマン自動車整備工場に勤務している。
>
> ブラウンは、ロバート・ライヒという名前の人物は知らないし、その人物が日曜日（3月20日）の夜に襲われたことについても何も知らない、と答えた。彼は、自分は事件とは無関係であり、ライヒの家に行っていないし、ライヒがどこに住んでいるのかさえ知らない、と話した。
>
> アレクサンドラ・ユングは、ブラウンのガールフレンドであり、彼らは一緒に住んでいる。私が、ライヒに対する犯罪への関与をユングが自供したことを告げると、ブラウンは、驚いた、と答えた。ブラウンがライヒの家に強盗に入るのを手伝った旨の供述をユングがしていることを私が伝えたところ、ブラウンは、ユングは嘘をついている、といった。アレクサンドラは、素晴らしい女性だが、精神的にもろいところがあり、嘘をつくことが多い、と述べた。そして、何か悪いことが起こったのだとしたら、それは彼女が以前に付き合っていたボーイフレンドの責任であろう、といった。ブラウンは、その男の名前も住所も知らないが、あまりよい人間ではなく、ユングはその男から離れるべきだと思う、と話した。さらに、昨夜は映画を観た後、ディスコに入ったが、1人だったし、知り合いには会わなかった、と述べた。アパートの捜索を許可する意思はないとのことだった。不正なことは何もしていないし、大勢の警察官が自分の物をあれこれ調べるのを許可しなければならない理由はない、といった。
>
> **（署名）クリスティアン・ツィンマー、パトロール担当　#187**

ブラウンは気づいていなかったが、ツィンマー警察官が彼の尋問を行った部屋には、隠しカメラが設置されていた。そのため、逮捕報告書に記載されたブラウンの回答の要旨に加えて、警察は、ブラウンの取調べを録画していた。アメリカ法では、この種の録画が許容されている。この録画はブラウンの知らないうちに行われたものであるため、これによって、ブラウンが、警察と話をするように圧力を受けるということはない。また、この録画が、彼のプライヴァシーの権利を侵害するとも考えられていない。これは単に、容疑者が開示することを選択した情報を記録するための手段に過ぎないからである。

午前5時頃、ツィンマー警察官とブランク警察官は、ブラウンを郡ジェイルに連行した。ツィンマーが作成した逮捕報告書のコピー、ブラウンを逮捕する相当な理由があることを示す供述書のコピー、および、ブラウンの逮捕歴および前科に関する報告書のコピーが、受付の職員に渡された。職員は、これらの書類を調べ、ブラウンの登録手続を行い、身体を入念に捜索して武器や薬物を所持していないかを調べ、写真撮影をしてから、指紋をコンピュータでカリフォルニア州の司法省へ送った。司法省のコンピュータによって、警察の記録にあったのと同じ逮捕歴および前科の存在が判明した。酩酊しているようには全くみえなかったが、ブラウンの薬物反応およびアルコール・レヴェルの検査のために、血液サンプルが採取された。保安官補は、ブラウンに対し、電話を3回までかけられること、および、保釈金の額が――アレクサンドラ・ユングの場合と同額の――30000ドルであることを伝えた。「ABC保釈」に電話したところ、ブラウンは、保釈金を用立ててもらうには、3000ドルを前金で支払う必要があると告げられた。ブラウンはそのような大金をもっていなかったので、この時点では何もしなかった。

ハウザー警察官は、午後10時45分頃に、鑑識の担当官にライヒ宅にくるようにと連絡していたが、トーマス・ノイマンが実際に現場に到着したのは、月曜日の午前1時であった。ブラウン警察官とゲルバー警察官は、現場保存のために、ライヒ宅に留まったままであった。ゲルバーは、鑑識の担当官に対し、ハウザーがライヒを発見した場所を説明した。また、彼女は、ライヒが倒れていた場所のすぐ近くに転がっていた重い杖と、外側から開けられたと思われる裏の窓を示した。そして、ハウザーも自分たちも、現場には一切手を触れていないといった。自分たちの知り得たことをノイマンに説明した後で、ブラウンとゲルバーは現場を後にした。証拠の採取・保全の専門家であるノイマ

ンは、ライヒが倒れていた場所を様々な角度から写真に撮ったほか、ライヒ宅にある多くのものを撮影した。これらの写真のうちの6枚は、引き出しの開いた机を写したものであった。そして、この6枚のうちの3枚は、机の木材部分と錠前の部分に残された傷跡を拡大して撮影したものであり、これらは引き出しがこじ開けられた可能性を示していた。彼は、警察署で指紋などを調べるために、先ほどの杖と、床に落ちていたドライヴァーをビニール袋のなかに入れた。このドライヴァーは、机の引き出しをこじ開けるために使われたもののようであった。それから、ノイマンは、玄関のドア、机、および裏の窓から指紋を採取した。ノイマンは裏の窓の敷居に土が付着しているのを発見したが、その表面には、証拠を採取しようとしても、使用に耐えるようなものは残っていなかった。裏の窓の外側の地面からは、足跡を発見することはできなかった。侵入者が家に入る際に通った裏の窓に板を張り付けた後で、ノイマンは、ハウザーが到着した際に玄関ドアのところで発見した鍵を使って、ライヒ宅を施錠した。彼は、現場調査の結果と、警察署で行ったその後のいくつかの検査について説明した、次の報告書を提出した。

サクラメント市警察
追加報告書

◆犯罪報告書：05-40853　　　　　　　　　　　日付：2005年3月21日
◆住所：ガーデン通り1340番地　　　　　　　　時刻：午前1時
◆被害者：ロバート・ライヒ

　午前1時に、ガーデン通り1340番地で、ブラウン警察官とゲルバー警察官に合流した。彼らが午後10時20分（2005年3月20日）に到着した際に、被害者（ロバート・ライヒ）が床のどの場所に倒れていたかについて、説明を受けた。また、その近くの床の上に転がっていた杖を示してもらった。すべて発見した時のままの状態で、動かしたものは何もない、と彼らはいった。被害者は、救急車で病院に運ばれた。

写真：
(1) 居間（ライヒが倒れていた場所を示す印あり。杖は発見された場所のまま）
(2) 正面玄関
(3) 机（こじ開けられた跡がある）
(4) 侵入口（裏手の寝室）

調査活動：
(1) 開いていた裏の窓、および、破損した掛け金に付着した指紋の採取。机に付着した指紋の採取。正面玄関からも採取を試みたが、使用に耐えるものは採取できず。
(2) 足跡の調査——発見できず。
(3) 押収した物：(1)杖；(2)オレンジ色の大きなドライヴァー
(4) 机にあったこじ開けられた跡は、押収したドライヴァーの形状と一致。
(5) ドライヴァーから指紋は発見できなかった。
(6) ライヒの指紋と血痕が杖から発見された。ほかに指紋は付着していない。
(7) 現場を離れる前に、防犯のため、裏の窓に板張りをした。

（署名）トーマス・ノイマン、鑑識担当　#429

月曜日（3月21日）の朝、勤務につくと、ピーター・シュミット刑事——強盗捜査班に所属する——は、犯罪報告書、2通の逮捕報告書、アレクサンドラ・ユングの取調べについての報告書、および、ノイマンによる報告書それぞれのコピーに、素早く目を通した。そして、ハウザー警察官が、昨夜、ライヒと話ができなかったということに気づいた。ライヒの健康状態によっては、いまのうちに彼と話をしておくことがきわめて重要となる考え、病院に電話したところ、ライヒがまだそこにいることが分かった。ライヒは、カリフォルニ

ア大学デーヴィス校の第2医療センターのマイケル・フェスラー医師の診療を受けていた。フェスラーによれば、ライヒの頭部の傷はさほど深刻なものではなく、状態が悪化しない限り今日の正午には退院できるとのことであった。

シュミット刑事は、直ちに病院に行くことにした。彼が作成した以下の追加報告書には、ライヒに対する事情聴取の詳しい結果が記されている。

サクラメント市警察
追加報告書

◆犯罪報告書：05-40853　　　　　　　　　　　日付：2005年3月21日

　私は、ガーデン通り1400番地にあるサクラメント医療センターでロバート・ライヒと話をした。ライヒの話によれば、彼は、3月19日土曜日に、保養のため湖のそばにある別荘に出発した、とのことであった。日曜日の午後、彼は、湖周辺があまりに暑かったので、家に帰ることにした。午後9時30分を少し過ぎた頃に、彼は家に戻ってきた。彼は自動車をガレージの前に停め、正面玄関から家のなかに入った。屋内に明かりはついていなかったが、家に入った時に、居間に立っている男の姿がみえた。その男は、驚いた様子であった。男は、ライヒの杖をつかみとると、それでライヒの頭部を殴打した。次にライヒが記憶しているのは、病院で医者と話をしたことであった。

　ライヒは、自分を殴った男は、白人で身長が6フィートほどだったと思う、と話している。しかしながら、その男をはっきりとはみておらず、今度出会ったとしても、その男だと見分けることはできないだろう、といっている。医師によれば、腕を骨折しているが、すぐに回復するとのことである。腕には、1か月程度、ギプスをすることになった。

　ライヒは、マイケル・ブラウンという名前の人物も、アレクサンドラ・ユングという名前の人物も知らない。彼の隣人、および友人の多くは、彼が湖に出かけることを知っていたが、彼らは皆、完全に信頼できる人たちである。誰かが自分の机を破壊したのだとしたら、その人物は自分のコイン・コレクションを探していたのかもしれない、とライヒはいった。そのコレクションは、非常に価値が高い。自分の友人は全員そのことを知っているが、それを盗もうと考える人物については、心当たりがない。正午には退院するが、家に帰ったらすぐに、盗まれたものがないかよく確認してみる、とライヒはいった。

　ライヒは82歳で、今回の怪我を除けば、健康な様子である。ライヒは、彼の診療記録を病院が開示することについての同意書に署名した。病院は、診療記録の処理が終わり次第、それらを警察に送るといっている。

（署名）ピーター・シュミット、捜査官

午後2時頃に、シュミット刑事は、ライヒから電話連絡を受けた。以下は、シュミットが作成した2通目の追加報告書から抜粋したものであるが、この時の会話と、その後にシュミットがとった行動が詳しく書かれている。

　「『家のなかをみて回ったが、コイン・コレクションが盗まれている』と、非常に興奮した声で、ライヒがいった。しかし、彼がみた限りでは、収集したコインを保管していた、茶色の木箱のほかに盗まれたものはないとのことであった。彼は、コインを入れた木箱を机にしまっていた。机には鍵をかけておいたが、それがこじ開けられていた。コインは少なくとも20000ドルの価値があると思う、と彼はいった。コレクションのコインをとても大切にしていたため、彼は非常に動揺している。

　電話の後で、私はライヒの家に向かった。彼は、コインを保管していた机を私にみせた。盗まれたのはアメリカとイギリスの珍しいコインだとのことであるが、彼はそのリストをもっていた。彼は、数日のうちに、コインのリストのコピーを郵送す

ると約束した。

　　私は再度、ライヒに対し、湖に出かけることを知っていた人物について尋ねた。彼が教えてくれた人々のなかに、マン自動車整備工場の経営者であるマックス・マンの名前があった。ライヒは、旅行に備えて、整備のため、先週の火曜日、マン自動車整備工場に車をもっていった、と語った。そして、多分その時に、コイン・コレクションについてマンと話したと思う、といった。マンはコインの収集家であり、ライヒとは古くからの友人である。マンとは、しばしば、自分たちのコレクションなどについて話をするとのことである。ライヒは、彼らの会話を立ち聞きした者がいたかについては、分からないといった。」

　午後4時30分（3月21日月曜日）、シュミット刑事は警察署に戻った。シュミットには、ブラウンが犯人で、そのアパートにコインがあるのは明らかなことのように思われた。ブラウンの身柄は拘束しているが、共犯者がいる場合、その者がコインをもって逃亡する可能性がある。シュミットは、できる限り早く、ブラウンのアパートを捜索する必要があると考えた。ブラウンがアパートの捜索に同意することを拒んだため、捜索を行うためには、裁判官の発付した令状が必要であった。

　裁判所がすぐ近くにあることは分かっていたが、シュミット刑事は、地方検事局の事件受理係に電話で連絡をした。上席地方検事補であるロバート・ブリンカーが電話に出たので、シュミットは、今日の午後のうちに捜索令状を得られる可能性があるかと尋ねた。この時間になぜ令状が必要なのかと訊かれ、シュミットは、「もし、盗まれたコインが、ブラウンとユングの住むアパートにあるなら、誰かが家に入って、それをもち去ることもあり得る」といった。そうなったら、警察が最良の証拠を入手するのが妨げられるだけでなく、ライヒのためにそれを取り戻すこともできなくなる。シュミットが直ちにこちらにくるならば、できる限りのことはしよう、とブリンカーはいった。15分ほどでそちらに着く、とシュミットは応えた。

　捜索令状とは、警察に捜索の許可を与える裁判所の命令である。合衆国（連邦）最高裁判所は、所有者が同意しない限り、また、令状主義の例外に当たらない限り、住居の捜索には、この種の裁判所の命令が必要であるとしている。シュミット刑事もブリンカー検察官も、本件が例外のいずれかに当たるとは思っていなかった。

　シュミット刑事の到着を待っている間に、ブリンカー検察官は、令状発付が可能な裁判官がいるかを確認するために裁判所に電話した。何本か電話をかけた結果、ジュリア・ベック裁判官に連絡をとることができた。彼女は、午後6時30分頃まで裁判所にいるつもりだといった。ブリンカーは彼女に礼を述べたうえで、6時から6時30分の間に、シュミットと一緒に、彼女の執務室に行くと伝えた。ベックが帰る時間までに準備ができなかったとしても、ブリンカーは、今日の午後のうちに令状を入手する方法がほかにあることを知っていた。毎日、裁判官の1人が「当直裁判官」に指名される。当直裁判官は、警察などの機関が裁判官と連絡をとる必要がある場合に備えて、いつでも対応できる状態にいなければならない。必要な場合には、当直裁判官の家で、令状を入手することもできる。また、そのほかにも、電話するという方法がある。特別な手続をとれば、ブリンカー、またはシュミットは、当直裁判官に電話で連絡することができる。また、直ちに捜索を実施する必要があり、かつ裁判官と連絡をとる時間がない、という真に緊急の場合であれば、無令状捜索も許容される、ということもブリンカーには分かっていた。しかしながら、本件の場合、そのような緊急事態ではなく、令状を得る必要があることをブリンカーは承知していた。ブリンカーは、ほかの利用可能な手段によるよりも、ベックのところに行くことを選んだ。

　シュミット刑事が到着すると、ブリンカー検察官は、これまでに入手した情報をふまえて宣誓供述書の原案を作成するように頼んだ。シュミットは、これを予想していたので、直ちに原案の作成に取り掛かった。ブリンカーは、これまでにシュミットから聴いた情報をもとに、令状の書式に必要事項を記入し始めた。宣誓供述書の原案を仕上げると直ちに、シュミットはそれをブリンカーに渡した。パソコンを使って、ブリンカーは宣誓供述書の原案に手を加えていった。ブリンカーが修正を終えると、「上出来じゃないですか」とシュミットがいった。それから、ブリンカーは、令状の書式への必要事項の記入を終え、シュミットと一緒に裁判所へ歩いていった。彼らは、6時頃にベック裁判官のところに到着した。裁判官は、シュミットに対し、宣誓供述書に記載されていることが真実であると

誓うか、と尋ねた。誓うとシュミットが答えると、裁判官は宣誓供述書への署名を求めた。合衆国憲法ならびにカリフォルニア州法によって、この場合の裁判官の職務は、犯罪が行われたこと、およびその犯罪の証拠がブラウンとユングのアパートで発見され得る、と信じる相当な理由を警察官が有しているかを判断することとされている。

宣誓供述書を読み終えるとすぐに、ベック裁判官は、相当な理由があると判断し、令状2通に署名した。ベックはそのうちの1通を保管し、もう1通をブリンカー検察官に渡した。ブリンカーとシュミット刑事は、裁判官に礼を述べ、その場を辞した。

以下が、ブリンカー検察官による修正を経たシュミット刑事の宣誓供述書である。

捜索令状のための宣誓供述書

　私は、12年間、サクラメント市警察に警察官として勤務しており、現在は、強盗捜査班の所属である。2005年3月20日の夜、ガーデン通り1440番地に住むブリジッテ・ブッシュから、ガーデン通り1400番地にあるロバート・ライヒの家で事件が起きた可能性があるとの通報があった。ハウザー警察官に対し、これに対応するようにとの指示がなされた。ハウザー警察官は、現場に到着したところ、ライヒが襲撃を受け負傷しているのを見つけたこと、およびライヒ宅に何者かが侵入したことを報告書で述べている。

　その後、私はライヒの事情聴取を行った。ライヒによれば、20000ドル相当のコイン・コレクションが盗まれた、とのことであった。

　事件当日の夜、ブリジッテ・ブッシュは、警察に対し、ライヒの家に侵入した男が、ライヒの家の近くにやってきた際に乗っていた自動車の種類などについて説明した。この説明があったのが午後10時頃であった。シェーファー警察官が、この説明と一致する自動車を停止させたのは、午後10時30分頃であった。アレクサンドラ・ユングがこの自動車を運転していた。警察署において彼女は、事件のあった日の午後に、マイケル・ブラウンをライヒ宅付近まで車で送っていったこと、およびブラウンがライヒ宅から何かを盗もうとしていたことを認めた。盗もうとしていたのは非常に高価なものではないか、とのことであった。

　3月21日の月曜日の午前3時頃に、警察は、マイケル・ブラウンを逮捕した。彼は、サクラメント市リンデン通り2454番地34号にある自分のアパートに戻ってきたところを逮捕された。逮捕後の取調べにおいて、ブラウンは、犯罪への関与を否定し、また、盗まれた高価なコインを所持していることも否定した。彼は、自分のアパートの捜索に同意することを拒んだ。

　私は、宣誓のうえ、ロバート・ライヒのコイン・コレクションが盗まれ、現在、サクラメント市リンデン通り2454番地34号のマイケル・ブラウンの住居にあると信じる相当な理由があることを証言する。ほかの証拠として、以下のものがある。

コインを収納するための箱；コインの売買に関する記録

私の前で宣誓し、署名した。
2005年3月21日
（署名）ジュリア・ベック
マジストレイト（上位裁判所裁判官）

　以上の理由に基づき、捜索令状の発付を求める。

ラリー・パティノ
警察局長

> （署名）ピーター・シュミット、捜査官

以下が、ブリンカー検察官が原案を作成し、ベック裁判官が署名した捜索令状である。

捜索令状　第 244 号

サクラメント郡
捜索令状

　カリフォルニア州民の名において、サクラメント郡のすべての保安官、警察官、その他の治安担当官に命じる。私の前で、ピーター・シュミット捜査官作成の宣誓供述書により、次のように信じる相当な理由があることが示された。すなわち、サクラメント市リンデン通り 2454 番地 34 号およびその物置部分において、以下に掲げる物件が発見される可能性があること、ならびに、これらが盗まれたもので、マイケル・ブラウンが重罪を犯したことを明らかにする証拠となること、である。

　そのため、次の物件の捜索を命じる。

　コイン・コレクション、コインを収納するための箱、コインの売買に関する記録

　そして、これらを発見した場合には、押収し、直ちに当裁判所に持参することを命じる。

　刑事法典 1533 条に基づき、この令状は、昼夜を問わず、いつでも執行することができる。

日付：2005 年 3 月 21 日　部：第 25

> **（署名）ジュリア・ベック**
> マジストレイト（上位裁判所裁判官）

　裁判所の建物を出た後で、ブリンカー検察官は捜索令状をシュミット刑事に渡した。それから、シュミットは警察署に戻り、アルバート・ハム刑事に声をかけた。彼らは一緒に、ブラウンのアパートに向かった。シュミットは、ブラウンの部屋の鍵を管理人から受け取り、午後 8 時頃に、建物の 3 階にある 34 号室に到着した。法に従い、シュミットは、ドアをノックして、「警察です。我々は、このアパートを捜索する令状をもっています」といった。しかしながら、ブラウンもユングも身柄を拘束されているため、シュミットが予期していたとおり、これに答える者は誰もいなかった。

　そこで、彼は、鍵を使ってドアを開け、コインを発見するため、アパートの捜索を開始した。コインは小さく、どこにでも隠すことができるため、捜索は部屋の隅々にまで及んだ。コインは見つからなかったが、シュミット刑事が、キッチンの食器戸棚の一番上の棚にあった古いティーポットなかに、小さなビニール袋があるのを発見した。その袋には、少量の白い粉末が入っていた。コカインではないかと思い、シュミットは、証拠保存用の箱にそれを入れた。それから、彼は、日付と時間、自分の名前とバッジ番号、および、それがブラウンのアパートのどこで発見されたかを記入したラベルをその箱に付けた。ブラウンのアパートを出た後で、ハム刑事が、裏庭に置かれているブラウンの部屋の番号が付いたゴミ入れをみていこうと提案した。シュミットがゴミ入れを捜索したところ、なかからリーヴァイスのラベルの付いた白い買い物袋が見つかった。買い物袋のなかには、コインを保管するために使用されていたと思われる、フェルトで覆われた投入口の付いた木製の茶色い箱があった。木箱と買い物袋を押収し、それらを証拠保存用の箱に入れ、発見した場所、およびその方法を記録した後で、シュミットは時計をみた。捜索に要した時間は 1 時間強であっ

た。

それから、シュミット刑事とハム刑事は、警察署に戻った。コイン収納用の木箱、買い物袋、薬物と思われる白い粉末を入れた証拠保存箱を警察の保管室に移した後で、シュミットは、ベック裁判官に提出する報告書を書き上げた。報告書には、アパート内からコインは発見されなかったが、薬物と思われるものが発見されたこと、および、建物の外のゴミ入れのなかからコイン収納用の木箱が発見されたことが記されていた。報告書は、帰宅する前にシュミットがブリンカー検察官に送り、ブリンカーから裁判官へと渡された。

サクラメント市警察
追加報告書

◆犯罪報告書：05-40853　　　　　　　　　　　　日付：2005年3月21日

　ジュリア・ベック裁判官により発付された捜索令状第244号に基づき、アルバート・ハム刑事と私は、3月21日午後8時に、リンデン通り2454番地34号にあるマイケル・ブラウンのアパートを捜索した。令状に記載されたコイン・コレクションは発見されなかった。プレイン・ヴューのルールに基づき、コカインと思われる白い粉末が入ったビニール袋を押収した。アパートの建物の裏手において、我々は、ブラウンのアパート用のゴミ入れを発見し、これを捜索した。その結果、我々は、コイン収納用の茶色の木箱と、ビニール製の白い買い物袋を発見し、これらを押収した。箱は買い物袋のなかから発見された。この箱は、令状記載の物件と思われる。

（署名）ピーター・シュミット、捜査官

翌日の朝（3月22日火曜日）に、シュミット刑事は、警察署に行く前に、郡ジェイルに向かった。彼は、ブラウンのアパートとそのゴミ入れを捜索した結果発見されたコイン収納用の木箱とコカインについて、ブラウンに質問するつもりであった。保安官補が、ブラウンを取調室に連れてきた。以前に取調べを行った際に、シュミットは、ブラウンに対し、ミランダ警告をし、権利について告知していたけれども、この時も同様に警告を行った。ブラウンは、今度も、話をする意思があると答えた。

以下は、シュミット刑事が作成した追加報告書からの抜粋であり、取調べの様子が記載されている。

　「私はブラウンに対し、彼がコインを盗んだという証拠を入手したことを告げ、その隠し場所について尋ねた。ブラウンは、前に話したとおりコインについて何も知らないし、これ以上話すことは何もないといった。次に、私は、彼のアパートのゴミ入れから、コインの収納に使われていた箱を警察が発見したことを告げた。これを聞いて、ブラウンは、笑いながら、『警察は、私が犯罪に関わっているという証拠を何も入手していない。サクラメントにいる人なら誰でも、その箱を私のアパートのゴミ入れに入れることができた。誰かが私を陥れようとしていることは明らかだ』といった。

　次に、私はブラウンに対し、彼のアパートで発見された薬物について質問した。彼は、コカインもその他の薬物も使用していないと答えた。『昔は薬物を使用していたが、3年以上前にやめて、それからは一度も手を出したことはない。私を陥れようとする人物がいるようだが、気に入らない。アレクサンドラが弱い人間であるのは知っているが、彼女が薬物を使用したり、物を盗んだりしたかどうかは知らない』とブラウンはいった。」

シュミット刑事は、ブラウンの話を信じなかったが、コインの隠し場所は分からないままだった。シュミットは、ブラウンがコインを仕事場に隠したのではないかと考えて、経営者であるマックス・マンと話をするためにマン自動車整備工場に車を走らせた。彼が作成した追加報告書によれば、この時の様子は、次のようなものであった。

> **サクラメント市警察**
> **追加報告書**
>
> ◆犯罪報告書：05-40853　　　　　　　　　　　　日付：2005年3月22日
>
> 　私は、モーツァルト・コート2245番地にあるマン自動車整備工場の経営者である、マックス・マン（白人男性、55歳）の話を聴いた。マンは、3月17日木曜日に、古くからの客であり、また友人でもあるロバート・ライヒが、整備のために車をもってきた、といった。ライヒとコイン・コレクションについて話をしたのを記憶している、とマンはいった。いつものようにライヒは話に熱中し、いまでも家にコレクションを保管していると語った。そんな大っぴらに話をするなんて、少し軽率ではないかと感じたが、それ以上は何も思わなかった、とマンは語った。
>
> 　マイケル・ブラウンは、昨年から、自分のところで働いている、とマンはいった。ブラウンは優れた整備士であり、マンは、常日頃、ブラウンのことを正直な人間だと思っていた。マンは、ライヒと話していた時に彼らが立っていた場所と、ブラウンが仕事をしていた場所を私に示した。その2つの場所は非常に近く、ブラウンは容易に会話を聞き取ることができたであろう。マンは、ブラウンが薬物を使用しているかについては何も知らず、また、アレクサンドラ・ユングとは面識がなかった。マンに対し、ブラウンが衣服その他の私物を仕事場に置いていないかを尋ねた。整備士たちはそれぞれ専用のロッカーをもっている、とマンはいった。彼は、私にブラウンのロッカーを教えてくれた。ロッカーはブラウンの私物であるダイヤル錠で施錠されていた。私はマンに対し、私がロッカーを開けることに異議があるかを尋ねた。異議はないとマンは答えたが、ロッカーを開けるのであれば、鍵をもっていないので、こじ開ける必要があるといった。マンが渡してくれたボルト・カッターを使って、私は錠前を切断し、ロッカーを開けた。衣服、工具、ビール瓶のほかに、ロッカーのなかから、コカインと思われる白い粉末が入った小さなビニール袋が見つかった。しかしながら、コインは発見されなかった。私は白い粉末が入った袋を押収した。
>
> （署名）ピーター・シュミット、捜査官

　ハウザー警察官は、強盗のあった日の夜にブッシュに対し事情聴取を行った際に、何かほかに思い出したら連絡するよう頼んでいた。彼は、強盗捜査班の連絡先の記載されたカードを置いていった。シュミット刑事がマンと話をするために外出していた間に、ブッシュから強盗捜査班に連絡があった。彼女は、近所に住むポール・ハインツと事件について話したのだが、ハインツは犯人を識別できるかもしれない、とハム刑事に告げた。ハムは、彼女に礼を述べて、電話を切った。シュミットが警察署に戻ってくると、ハムはブッシュからの電話の件を彼に伝えた。シュミットは、すぐさま、面会の段取りをつけるためにハインツに電話した。午後2時に、ガーデン通り1300番地にあるハインツの家で、シュミットは彼に会った。以下は、シュミットが作成した追加報告書からの抜粋であり、この時の様子について書かれている。

　「3月20日日曜日の午後10時頃に犬の散歩をしていた、とハインツはいった。ライヒの家の近くまできた時に、若い男がライヒの家の玄関から出て、足早に通りまで行き、あたりを少し見回してから立ち去っていくのを目撃した、とハインツは語った。その若い男は、何かの袋を抱えていたが、それはかなり重そうであった。若い男は途中で何度も後を振り返ったので、ハインツの連れていた犬が激しく吠え立てた。その日は満月だったので、その若い男の顔がよくみえた、とハインツはいった。また、彼は、もう一度顔をみれば、あの男だと見分けることができると思うが、もっていた袋については自信がないといった。その男の身長は6フィートほどで、黒髪、白人で、30歳くらいであった。その男がもっていた袋の色は白だったかもしれない。何か重いものをなかに入れているようだった。

　私はハインツに、ブラウンのアパートのゴミ入

れから発見された買い物袋とコイン収納用の箱を示した。彼は、事件当夜にその男がもっていた袋とこの買い物袋が同じものだと識別することはできなかった。また、彼は、その男がもっていた袋のなかに何が入っているかは分からなかった、といった。

それから、私は6枚の写真（添付資料参照）を並べてハインツに示した。ハインツは事件当夜に彼がみた男としてブラウンを指した。絶対的な自信があるわけではないが、記憶している限りでは、この写真の男が事件当夜にみた男である、とハインツはいった。必要であれば、裁判で証言する、とハインツはいった。」（ハインツにみせた6枚の写真が添付されていたが、ここでは省略する。）

昨夜は時間がなく、ブラウンのアパートを捜索した際に発見されたコイン収納用の箱、買い物袋、および小さなビニール袋の検査を手配することができなかったので、シュミット刑事は、いま、そのための時間をとることにした。彼は、マン自動車整備工場にあるブラウンのロッカーから発見された白い粉も一緒に検査に回した。シュミットは、これらすべてについて指紋を調べるよう依頼し、また、白い粉末については、違法な薬物かどうかを判断するための分析を依頼した。そうしているうちに、シュミットのもとにライヒからの郵便が届けられた。そこには手紙と一緒に盗まれたコインのリストが入っていた。このリストを事件記録に加えてから、シュミットは、州および連邦の法執行機関によって管理されている盗難品のデータに、これらのコインに関する詳しい情報を加えるよう依頼した。それから、彼は、しばしば盗品を扱っている質屋などの監視に携わっている刑事に、リストのコピーを送った。ライヒの作成したリストは、彼が前にシュミットに話したことを文書化しただけのものなので、ここでは省略する。

コインが発見できればブラウンとユングに対する事件をはるかに有利に進められることが、シュミット刑事には分かっていた。しかし、告発に足りるだけの証拠がすでに集まっていたし、また、明日の朝までに検察官が告発をしなかった場合には、ブラウンを釈放しなければならない。釈放されてしまえば、ブラウンはコインを売りさばくこともできるし、もっと安全な場所に隠すことも可能になってしまう。また、逃亡することも考えられる。

訴追のために事件記録を地方検事局に送付することが、唯一の賢明な方法のように思われた。この時点では、事件記録には、犯罪報告書、ブラウンとユングに関する逮捕報告書、追加報告書、および、ブラウンの逮捕歴や前科に関する報告書が含まれている。この逮捕歴や前科に関する報告書は、「RAPシート」と呼ばれるものであるが、ここでは省略する。

2．訴追の決定

アメリカでは、訴追の責務を警察が負っているところもあるが、ほとんどの州では、訴追するか否かを決定する責務は、検察官が負っている。この責務を果たすにあたって、ほとんどの検察官が、警察から提供された情報を頼りにしている。多くの法域において、警察は、事件記録を検事局に送付する際に、必要な情報を文書にまとめて提供している。さらなる情報が必要な場合には、検察官は、警察の連絡担当官、または事件を担当している警察官と話をすることができる。サクラメントをはじめ多くの法域では、警察の捜査官が検事局に事件記録をもっていき、訴追の責務を負っている検察官と直接話をすることになっている。

サクラメント郡地方検事局を率いているのはリンダ・ベルである。ベルは、15年の間、同局に勤務していたが、1998年に地方検事に選出された。人口130万人の郡を担当しているだけあって、地方検事局は巨大で複雑な組織となっている。そこには、180人の法曹資格者と、265人の職員が雇用されている。毎年、警察からもたらされる10000件の重罪事件のうち、80パーセント以上が、ここの重罪事件を担当する部局によって処理されている。この部局は、4つの部署で構成されており、各部署がそれぞれ事件処理手続の各段階を担当している。専門的には「横断的訴追」と呼ばれる組織形態をとっているのである。「事件受理係」は、事件の告発を担当している。「ホーム・コート係」は、裁判所への最初の出頭のほか、公判（正式事実審理）を開くことなく手続の初期段階で処理することが可能な事件において、答弁の合意を成立させることを担当している。「予備審問係」は、答弁の合意に至らなかった事件における予備審問を担当しており、「重罪公判係」は公判が開かれる事件を担当している。

残りの20パーセントの事件――職業的犯罪者、家庭内暴力、小切手関係、児童虐待、高齢者虐待、組織的な暴力、ヘイト・クライム、保険詐欺、性的暴行、自動車盗、なりすまし犯罪――は、各種の専門部署に

よって処理されている。これらの部署は、たいていの場合、それぞれが専門的に扱っている事件の告発・訴追を担当している。そして、公判が開かれることになった場合には、最初に告発を行った検察官がそれを担当することが多い。これは、「縦断的訴追」と呼ばれる方式である。横断的訴追方式の方が大量の事件を処理するのにより効果的であるのに対して、縦断的訴追方式は、個々の事案において、有罪判決と厳格な処罰を確保するのに適している、と考える論者が多い。

サクラメント郡地方検事局では、告発は重要な職務と考えられている。そのため、重罪事件を担当する部局において、告発を担当する事件受理係には、4人の上級の検察官が割り当てられている。この部署では、警察から送られてきた重罪事件のうち、約4分の1を斥け、また、約4分の1を軽罪事件に扱いを変えている。

ブラウンとユングの事件は、盗罪での告発に関わるものであるため、シュミット刑事は、事件記録をサンドラ・ウォルド地方検事補のところにもっていった。地方検事局に15年間勤務している経験豊富な検察官であり、また、非常に優秀な公判立会い検察官であるウォルドのもとには、サクラメント市の警察からだけではなく、郡にあるその他の警察、保安官事務所、カリフォルニア州のハイウェイ・パトロールなどの法執行機関からも事件が送られてくる。3月23日水曜日の朝8時に、シュミットがウォルドの執務室に到着した時には、ウォルドは、マイケル・ブラウンとアレクサンドラ・ユングに関する基本情報が記載されたワークシート（作業進行表）をコンピュータの画面に表示して待っていた。郡ジェイルの職員が、これらの情報をサクラメント郡の情報システムに入力していたのである。カリフォルニア州法では、マイケル・ブラウンのように身柄を拘束されている容疑者は、逮捕の時点から48時間以内に裁判官のもとに連行されなければ釈放されることになっている。この法律のために、地方検事局の事件受理係の事務官は、毎朝早くに、身柄拘束期間が法律上の制限である48時間に近づいている被逮捕者全員に関して、作業進行表を印刷することになっている（なお、週末のほか、裁判所が休みの日は、この時間制限に算入されない）。午前11時30分までに告発がなされなかった場合には、これらの被逮捕者をジェイルから釈放しなければならない。

シュミット刑事はウォルド検察官に対し、ブラウンがライヒの家に押し入ったこと、および、ブラウンの予期に反してライヒが帰宅すると、逃走のために彼を殴打し負傷させたことを語った。盗まれたコインはまだ発見されていないが、ブラウンの事件に関しては十分な証拠がある、とシュミット刑事はいった。アレクサンドラ・ユングはブラウンが犯人であると認めており、ブラウンが現場から立ち去るのを目撃した証人もいる。また、シュミットは、ブラウンのアパートとその職場から発見されたコカインのことを話した。ウォルドから警察はどの程度のコカインを発見したのかと質問されたため、シュミットは、「所持を立証することができるだけで、販売目的での所持を立証できる程度のものではありません」と答えた。これは非常に重要な情報である。というのも、販売目的でのコカインの所持に対する刑罰は、自己使用目的でのコカインの所持に対する刑罰と比べて、はるかに厳しいものとなっているからである。事件記録に収められている逮捕記録（RAPシート）をみながら、ウォルドは、ブラウンの前科について質問した。この質問に対しシュミットは、前科といえるほどのものはないが、善良な市民というわけではない、と答えた。手早く作業を行いながら、ウォルドは、ブラウンを第1級住居不法目的侵入、逃走の際に有形力を行使した点を捉えて第1級住居強盗、および2件のコカイン所持で告発する、と述べた。

また、ウォルドは、ライヒが70歳を超えた老人であること、および杖で殴打されていることから、加重事由を主張する、といった。カリフォルニア州法においては、このような加重事由が刑罰を重くするものとして規定されている。加重事由は、1個の独立した犯罪としてではなく、告発の対象となる何らかの犯罪に付加され、考慮されるものである。コンピュータ上の作業進行表に適切な注釈を付け加えた後で、彼女はそれを事務官に渡した。

事務官は、コンピュータに保存してある書式を使用して、指示された告発を内容とする書類を作成した。この書類は、「告発状」と呼ばれている。告発状の作成を終えるとすぐに、事務官はそれをウォルド検察官のもとへもっていった。ウォルド検察官は書類を素早く点検した。適切に作成されているように思われたので、ウォルドはそれに署名し、事務官に渡し、裁判所に提出するように指示した。ウォルドは、ブラウンの身柄拘束を継続したいならば、今日中にブラウンを裁判官のもとに連れていく必要がある、ということを十分に理解していた。それは、期限である午前11時30

分までに告発状を裁判所に提出することを意味していた。裁判所が、午前11時30分までに告発状を提出するよう求めているのは、午後1時に開かれる審問に備えて、裁判所が準備をする時間を確保するためである。

ウォルド検察官の指示を受けて、事務官は、コンピュータを使用して、告発状をサクラメント郡の裁判所に提出した。裁判所は地方検事局のすぐ近くにあるが、サクラメント郡地方検事局においては、コンピュータを用いて告発状の提出をすることになっている。これは、地方検事局と裁判所の双方にとって、時間の節約となるやり方である。しかし、カリフォルニア州およびその他の州の多くの郡では、検察官は告発状を書面で裁判所に提出することになっている。事務官が裁判所に提出した告発状は、次のようなものであった。

リンダ・ベル
地方検事
95814　カリフォルニア州サクラメント市
G通り901番地
(916) 874-6218

サクラメント市警察 05-40853
サンドラ・ウォルド地方検事補
チーム：第61部/Uチーム
2005年3月23日（告発状登録）
クロスレファレンス：2822976

カリフォルニア州サクラメント郡上位裁判所

カリフォルニア州
　　対
マイケル・ハワード・ブラウン（08123456-05）
　　被告人

　カリフォルニア州は、下に署名した者の宣誓に基づき、また、知りかつ信じるところに基づき、上記の者を以下の犯罪について告発する：

第1訴因

　2005年3月20日頃、カリフォルニア州サクラメント郡において、被告人マイケル・ハワード・ブラウンは、カリフォルニア州刑事法典459条に違反し、第1級住居不法目的侵入罪を犯した。被告人は、窃盗またはその他の重罪を犯す目的で、ロバート・ライヒが居住する、現に人が居住する住宅、トレーラー・コーチ、または現に人が居住する建物の一部に不法に侵入した。

　「注意：上記犯罪は、刑事法典1192.7条(c)にいう重大犯罪に該当する。」

　なお、上記犯罪は、刑事法典462条(a)に違反する。

　上記犯罪を遂行するにあたって、または上記犯罪を遂行しようとするにあたって、被告人マイケル・ハワード・ブラウンは、致死的凶器または危険な凶器、すなわち杖を使用した。この杖の使用は、刑事法典12022条(b)(1)にいう、上記犯罪を構成する要素ではない。この杖の使用により、上記犯罪は、刑事法典1192.7条(c)(23)にいう重大犯罪に該当する。

　上記犯罪を遂行するにあたって、被告人マイケル・ハワード・ブラウンは、共犯者以外の者であるロバート・ライヒの身体に重大な傷害を加えた。ロバート・ライヒは、刑事法典12022.7条(c)にいう70歳以上の者に該当する。

　「注意：この犯罪は、刑事法典1192.7条(c)(8)、同667.5条(c)(8)の規定する重大犯罪、暴力的重罪に該当する。」

　また、被告人マイケル・ハワード・ブラウンは、刑事法典667.9条(a)違反を犯した。上記犯罪の被害者であるロバート・ライヒは、65歳以上の者であり、被告人はそのことを認識していたか、認識し得た。

第 2 訴因

　以下の事実は、第 1 訴因とは異なる犯罪についてのものであり、それとは独立しているが、第 1 訴因と関連するものである。

　2005 年 3 月 20 日頃、カリフォルニア州サクラメント郡において、被告人マイケル・ハワード・ブラウンは重罪を犯した。すなわち、被告人は、カリフォルニア州刑事法典 211 条に違反し、第 1 級強盗罪を犯した。被告人は、暴行、脅迫により、ロバート・ライヒが所有するものを、その身体から、その面前で、不法に奪取した。また、この犯罪は、現に人が居住する住宅、トレーラー・コーチ、または現に人が居住する建物の一部で行われたものである。

　「注意：上記犯罪は、刑事法典 1192.7 条(c)にいう重大犯罪に該当する。」

　上記犯罪を遂行するにあたって、または上記犯罪を遂行しようとするにあたって、被告人マイケル・ハワード・ブラウンは、致死的凶器または危険な凶器、すなわち杖を使用した。この杖の使用は、刑事法典 12022 条(b)(1)にいう、上記犯罪を構成する要素ではない。この杖の使用により、上記犯罪は、刑事法典 1192.7 条(c)(23)にいう重大犯罪に該当する。

　上記犯罪を遂行するにあたって、被告人マイケル・ハワード・ブラウンは、共犯者以外の者であるロバート・ライヒの身体に重大な傷害を加えた。ロバート・ライヒは、刑事法典 12022.7 条(c)にいう 70 歳以上の者に該当する。

　「注意：この犯罪は、刑事法典 1192.7 条(c)(8)、同 667.5 条(c)(8)の規定する重大犯罪、暴力的重罪に該当する。」

　また、被告人マイケル・ハワード・ブラウンは、刑事法典 667.9 条(a)違反を犯した。上記犯罪の被害者であるロバート・ライヒは、65 歳以上の者であり、被告人はそのことを認識していたか、認識し得た。

第 3 訴因

　以下の事実は、第 1 訴因および第 2 訴因とは異なる犯罪についてのものであり、それとは独立しているが、第 1 訴因および第 2 訴因と関連するものである。

　2005 年 3 月 21 日頃、カリフォルニア州サクラメント郡において、被告人マイケル・ハワード・ブラウンは、重罪を犯した。被告人は、不法に、規制薬物、すなわちコカインを所持し、カリフォルニア州保健衛生法 11350 条(a)に違反したものである。

　「注意：この犯罪の有罪宣告については、保健衛生法 11590 条により、登録しなければならない。登録を怠ることは、保健衛生法 11594 条により、犯罪となる。」

第 4 訴因

　以下の事実は、第 3 訴因とは異なる犯罪についてのものであり、それとは独立しているが、第 3 訴因と関連するものである。

　2005 年 3 月 22 日頃、カリフォルニア州サクラメント郡において、被告人マイケル・ハワード・ブラウンは、重罪を犯した。被告人は、不法に、規制薬物、すなわちコカインを所持し、カリフォルニア州保健衛生法 11350 条(a)に違反したものである。

　「注意：この犯罪の有罪宣告については、保健衛生法 11590 条により、登録しなければならない。登録を怠るこ

> とは、保健衛生法11594条により、犯罪となる。」
>
> 　知りかつ信じるところに基づき、偽証罪によって処罰されるおそれのことあることを理解したうえで、上記の内容が真実かつ正確である旨述べるものである。
>
> 　2005年3月23日、カリフォルニア州サクラメント郡において有効に成立したものである。
>
> 　　　　　　　　　　（署名）サンドラ・ウォルド
> 　　　　　　　　　供述者：サクラメント郡地方検事局
> 　　　　　　　　　電話番号：(918) 874-6218
>
> 　　　　　　　　　　　　　拘置命令
>
> 　私は、告発状に記載された罪が犯され、また、それらの犯罪について、被告人マイケル・ハワード・ブラウンが有罪であると信じる相当な理由が存在すると考える。
>
> 　被告人マイケル・ハワード・ブラウンは、告発状に記載された犯罪について、予備審問を受けることを放棄している。
>
> 　　　　例外/追加/条件：＿＿＿＿＿＿＿＿＿＿＿＿＿＿＿＿＿＿＿＿＿＿＿＿＿＿＿＿
>
> 　これらの犯罪についての答弁のために、私は、被告人の拘束を命じる。上位裁判所の裁判官として、告発状を略式起訴状とみなし、上位裁判所が受理することを命じる。
>
> 日付：＿＿＿＿＿＿＿＿　部：＿＿＿
> 　　　　　　　　　　　　　　　　　　　マジストレイト（上位裁判所裁判官）

　アレクサンドラ・ユングの事件に対しては、ウォルド検察官は、シュミット刑事と同じような印象をもっていた。ユングの場合、ブラウンに比べると、はるかにその責任は軽いものの、全く責任なしというわけではない。彼女が事件に関わっていることを示す証拠は相当量あり、ユングの犯した罪について告発を控える理由は見当たらなかった。ウォルドは、ユングについて、不法目的侵入、強盗、およびコカイン所持の罪で告発状を作成した。ブラウンの職場で発見されたコカインとユングを結びつける証拠は何もなかったため、ウォルドは、コカインについては1件のみの告発とした。ウォルドは、ユングに対しても、マイケル・ブラウンに対して主張したのと同じ加重事由を告発状に含めた。ユングに対する告発状は、マイケル・ブラウンに対するものとほとんど同じ内容なので、ここでは省略する。

　ユングとマイケル・ブラウンが一緒に住んでいたアパートから発見されたコカインについて、警察がユングに質問しなかったこと、以前付き合っていたボーイフレンドについてユングに詳しく質問しなかったこと、また、そのボーイフレンドの所在が突きとめられるか確認しようとしなかったことを、ウォルド検察官は気にしていた。ウォルドは、警察がこれらを調査し終えるまで事件を受理するのを拒むことも考えた。警察からの報告では事件の全容が明らかになっていないと思った場合に、地方検事局の事件受理係はしばしば事件の受理を拒否する。しかしながら、ウォルドは、すでに十分な証拠を入手しており、そのまま事件を受理するのが適当であろうと判断した。事件受理を遅らせることは、容疑者を48時間の時間制限内に裁判所に連れていくことができなくなることを意味していた。その場合には、容疑者をジェイルから釈放しなければならない。後になってから告発することはできるが、そのためにはさらなる手続が必要となるし、また、マイケル・ブラウンに対して証拠を隠滅する、あるいは逃亡する機会を与えることになってしまう。警察が見過ごした情報は、重要だと分かれば後で補充することも可能であった。

3．裁判所への最初の出頭

　カリフォルニア州法では、被逮捕者は、可及的速や

かに、裁判所に連れていかれることになっている。しかし、実際には、重罪の容疑者は、逮捕から2日目に裁判所に連行されるのが一般的である。告発された容疑者のうち、逮捕されていない、または逮捕はされたがすでに釈放されている者については、裁判所に出頭しなければならない日時が告知される。アメリカでは、検事局が裁判所に告発をしたら、次の手続段階は、告発を受けた者の裁判官のもとへの出頭である。この最初の審問において、裁判官——手続のこの段階では、マジストレイトと呼ばれることもある——が、告発を受けた者に対し、告発の内容を告知する。カリフォルニア州においては、重罪の場合には、口頭による告知のほかに、告発状のコピーを交付することになっている。また、裁判官は告発を受けた者に対し、手続のあらゆる段階において弁護人の援助を受ける権利が認められていることを告知し、また、弁護人の援助を希望するかを尋ね、弁護人を探すための相当な時間的余裕を与えることになっている。告発を受けた者が弁護人の援助を希望するものの、自ら弁護人を選任する金銭的余裕がない場合には、裁判所は、公費で弁護人を付さなければならない。

　2名またはそれ以上の者が、同一の犯罪を理由に告発されている場合には、その者たちは、1つの公判で同時に審理されるのが一般的である。各人の裁判所への出頭もまた、同じ時期に行われるのが一般的である。それゆえ、ロバート・ライヒに対する襲撃についてのアレクサンドラ・ユングの責任はマイケル・ブラウンのそれよりも軽いと地方検事局は考えていたが、ユングとブラウンは、同じ時に、裁判所への最初の出頭を行うことになった。すなわち、両者ともに、3月23日水曜日の午後1時に、第61部に出頭することになった。

アレクサンドラ・ユング

　娘がブラウンや事件と関係していることは、あまり愉快なことではなかったが、アレクサンドラ・ユングの両親は、彼女の手助けをすることにした。3月21日月曜日の早朝に、サクラメントのジェイルにいる娘からの電話を受けた後、ユングの両親は、再び寝ることができなかった。彼らが住んでいるモデストは、サクラメントから数時間ほどの場所にあるため、彼らはサクラメントに住んでいる友人に連絡し、腕利きの弁護士の名前を調べてもらうことにした。午前9時頃に、彼らが再びサクラメントの友人に連絡したところ、その友人は、サクラメントの刑事弁護士で評判のよい、オリヴァー・シンドラーを推薦してくれた。ユングの父親はすぐにシンドラーに電話したが、火曜日（3月22日）の朝まで連絡がつかなかった。シンドラーは事件を引き受けることを了解し、その日の午後遅くに、ジェイルにおいてユングと面会を果たした。

　ユングはシンドラー弁護士に対し、ライヒの家まで自動車で送っていた時に、ブラウンが何か悪いことを企んでいるのは分かっていたけれど、彼が計画していることを正確には知らなかった、と語った。彼女には不法目的侵入に加担する意図は全くなかった。シンドラーは、警察がユングとブラウンのアパートから発見した薬物についてはまだ何も知らなかったけれども、ユングに対し、ユングとブラウンは酒を飲むか、また薬物を使用しているのか、と尋ねた。酒を飲むことはあるが、薬物を使用したことはない、とユングは答えた。また、ブラウンが薬物を使っているところをみたことはなく、アパートに薬物があるとは思えない、とユングはいった。ブラウンはユングに対し、彼女と知り合う前に薬物を使用していたと話したことがあるが、ユングは、ブラウンの薬物使用歴についてそれ以上のことは知らなかった。シンドラーは彼女に対し、彼女が以前電話をかけたのとは別の保釈金立替業者を使って、彼女が保釈されるように手配する、といった。いままで住んでいたアパートにユングを留まらせることは、彼女をブラウンと彼の抱える問題にさらに巻き込むことになると考え、シンドラーは、ユングに対し、保釈された場合に、現在のアパートとは別にどこか住む場所があるかと尋ねた。同級生である女性のところに泊めてもらえる、とユングは答えた。シンドラーはユングに対し、そこに滞在させてもらい、彼女の持ち物をとりにいくほかはブラウンのアパートには戻らないように、といった。まだ告発は行われていなかったけれども、シンドラーは、明日の朝には告発が行われることを予期していた。そのため、シンドラーはユングに対し、明日の午後1時に裁判所に出頭する必要があることを告げた。そして、第61部に行かなければならないことと、その行き方を彼女に伝え、法廷の前で会うことを約束した。約1時間後に、ユングはジェイルから保釈された。

裁判所への最初の出頭

　3月23日水曜日の午後1時少し前に、シンドラー弁護士は、アレクサンドラ・ユングに会い、一緒に第61部に向かった。午後1時ちょうどに、裁判所書記官が「起立」といい、アルフレッド・カウフマン裁判官が法

廷に入ってきた。裁判所書記官が、その日に裁判所への最初の出頭を行う者たちの名前を呼び始めた。20分ほどしてから、裁判所書記官がユングの名前を呼んだ。シンドラーとユングは立ち上がり、裁判官の方を向いた。「私がアレクサンドラ・ユングの弁護人を務めます」とシンドラーがいった。裁判官は、「よろしくお願いします」といい、それからマイケル・ブラウンは在廷しているかと尋ねた。

ジェイルの職員によって法廷まで連行されてきていたブラウンが「はい」とこれに答えた。ブラウンは法廷の左側の、柵で囲われた狭い空間に立っていたが、郡ジェイルに身柄を拘束されている者に支給されるオレンジ色のジャンプスーツを着用していた。柵の横には保安官補が控えていた。目立たないようにしていたが、法廷の秩序を護る必要があればすぐに行動に移る用意があることは明らかであった。

「マイケル・ブラウンおよびアレクサンドラ・ユングは、サクラメント郡におけるロバート・ライヒ宅に対する第1級住居不法目的侵入で告発されている。また、両名は、ロバート・ライヒに対する第1級住居強盗でも告発されている。なお、マイケル・ブラウンに対しては、2つのコカイン所持の事実でも告発がなされている」。これに続いて、裁判官は、アレクサンドラ・ユングに対しては1つのコカイン所持の事実で告発がなされていること、また、両名に対するこれらの告発については、加重事由の存在が併せて主張されていることを説明した。

それから、カウフマン裁判官はブラウンに対し、弁護人を希望するか尋ねた。これに対し、ブラウンは、希望すると答えた。そこで、裁判官は、弁護人を依頼する資力があるかと尋ねたが、ブラウンはないと答えた。マイケル・ブラウンは、自動車整備士として、十分な給与をもらっていた。しかしながら、彼には貯金がなく、現在直面している重大事件の告発に関して、弁護人を依頼するだけの金銭的余裕がなかった。被疑者・被告人が、自ら弁護士を依頼するだけの金銭的余裕がなく、かつ、弁護人に依頼する権利を放棄しない場合には、通常、裁判所が、合衆国憲法の要請に基づき、当該事件について弁護人を選任する。カウフマン裁判官は、この憲法上の要請に従い、ブラウンのために公設弁護人を選任した。

カウフマン裁判官の法廷に配属されている公設弁護人は2人いるが、そのうちの1人であるサム・コーンウェルがブラウンの弁護人として選任された。コーンウェルは裁判官に対し、答弁手続に移る前に、事案について検討できるように、次回審問を1週間後——すなわち、次の水曜日——に行うよう求めた。裁判官がこれに同意し、審問は終わったかのように思えたが、裁判官が次の事件の審問に移る前に、ブラウンが裁判官に対し弁護人の変更を求めた。ロサンゼルスの有名な弁護士であるジョニー・コクランに弁護してほしいというのである。それは不可能だとカウフマン裁判官が告げると、公設弁護人に依頼するよりは自分でやる方がいい、とブラウンはいった。

カウフマン裁判官はブラウンに対し、慎重に、なぜ公設弁護人に弁護してもらうのが嫌なのかを尋ねた。「あなたには弁護人を依頼する憲法上の権利が認められており、弁護人を依頼する資力がない場合には公費で弁護人が選任されるということが、分かっていますか」とカウフマン裁判官はいった。これに対しブラウンは、それらの権利があることは知っているが、それでも自分で弁護する方がいいと答えた。「公設弁護人というのは、本当の弁護士じゃありません。公設弁護人がやることといったら、有罪の答弁をするようにいうだけじゃないか。本当の弁護士を頼めないのだったら、自分でやった方がましです」。

「自分に認められている権利を理解しており、かつ、自分が現在しようとしていることの意味も分かっているというなら、あなたには、そのようにする憲法上の権利があります」と裁判官はいった。「しかしながら、あなたには、自分の決断の意味を慎重に考えてほしいと思います」。

「『自分で弁護する訴訟の本人は馬鹿者である』という古いが、正鵠を射た法格言があります。あなたは非常に重大な犯罪で告発されており、無料の法的援助を拒否することは、あなたにとって大きな誤りとなる可能性があります。公設弁護人事務所の弁護士たちは、大変有能で、経験豊富な法廷弁護士です。彼らは、自分たちに割り当てられたどんな種類の刑事事件でも処理する能力を有しており、また、刑法、刑事訴訟法、および当法廷での難解な活動について十分な知識をもっています。コーンウェル弁護士と2人で本件について話し合ってみてはどうですか。そのうえで、どうするか決めればいいでしょう」と裁判官がいった。

これに対しブラウンは、公設弁護人に依頼するのは気乗りしないが、裁判官の助言を容れることにし、とりあえずは、公設弁護人が弁護人を務めるのを認めよう、と答えた。もし、ブラウンが自ら弁護をすることに固執した場合には、弁護人に依頼しないということの重大性を理解しているか確認するための質問を、裁判官はブラウンに対して、行わなければならなかったであろう。刑事被告人には弁護人に依頼する権利が認められているけれども、被告人はこの権利を放棄し、自ら弁護することもできる。しかしながら、被告人が「自覚的かつ理知的に」放棄したのでなければ、裁判官は放棄を認めることは許されない。被告人が公判において自らを弁護しようとする場合に、被告人が告発の内容を理解しているか、また、公判において経験豊富な法律家と対立することになること、および裁判官・検察官のいずれも被告人を援助することはないことを理解しているかについて判断するために、カリフォルニア州では、裁判官が様々な質問を行うのが一般的である。通常、これらの質問は、事件の3つの段階——公判前の手続、公判手続、有罪宣告後の手続——に及んでいる。例えば、公判手続に関しては、裁判官は次のような質問を行う。

「証人に対して、あなたが適切に質問を行わなかった場合には、異議が認められる、ということを理解していますか。また、あなた自身が質問する場合には、陪審が、あなたが証人に対し質問していることについて、あなた自身何かを知っているのではないか、と怪しんだり、また、あなたが証人に対しある事実について質問しているということは、あなた自身そのことを認めているのだ、と深読みしたりする、大きな危険があります。弁護人の援助を受けている場合には、このような問題が生じることはありません。」

弁護人を選任することにブラウンが同意したため、裁判官がこの種の質問をする必要はなかった。マイケル・ブラウンは、自ら弁護人を依頼するだけの資力がない者に当たるため、公設弁護人に対し報酬を支払う必要はない。しかしながら、事後に資力があることが判明した場合には、自らの弁護にかかった費用を郡に返済しなければならない。カウフマン裁判官は、ブラウンに事後に支払を求めることがある、ということを告知した。

この審問に出廷していた地方検事局の検察官は、サンドラ・ウォルドではなく、ルパート・スミスであった。彼は、重罪裁判所の手続の第1段階——最初の出頭から、予備審問まで——を担当するホーム・コート係に配属されている検察官である。スミスは、カウフマン裁判官の法廷に配点される重罪事件のすべてに、検察官として立ち会う。公設弁護人事務所がマイケル・ブラウンの弁護を行うことが明らかになるとすぐ、スミス検察官は、ブラウンの事件に関する検察側の事件記録のコピーをサム・コーンウェル弁護人に渡した。彼はまた、アレクサンドラ・ユングの弁護人を務めるオリヴァー・シンドラーにも、事件記録のコピーを渡した。

合衆国憲法によって、検察官は、被告人の無罪を証明するのに役立つ証拠を弁護人に引き渡すことが求められているが、それ以外の情報については——それがたとえ弁護の役に立つものであっても——弁護側に提供する必要はないとされている。しかしながら、カリフォルニア州法は、合衆国憲法上の要請をさらに推し進めるだけでなく、ほかの州に比べて、相当多くの情報を弁護側に提供するよう検察官に求めている。それによって、弁護人は、公判の準備をするために、検察官の事件記録に含まれているものをほとんどすべてみることができる。カリフォルニア州にある郡の多くで、弁護人は、地方検事局に記録の閲覧を求めることによって、また、保持しておきたい書類のコピーを作成することによって、こうした弁護に役立つ情報を入手している。本件でスミス検察官が行ったように、最初の出頭の際に弁護人に記録のコピーを渡すことによって、サクラメント郡地方検事局は、法律で要求されている以上の情報提供をしている。しかしながら、地方検事局は、最初の出頭の際に事件記録を弁護人に渡すことが、弁護人に証拠を開示するという義務を果たすのに最も効果的な方法であると考えているのである。

マイケル・ブラウンとの話し合いを終えると、今度は、カウフマン裁判官はアレクサンドラ・ユングの審問を開始した。「本件では、シンドラー弁護士があなたの弁護人を務めるということでよろしいですか」とカウフマン裁判官が尋ねると、「はい」とユングが答えた。次に、カウフマン裁判官がシンドラーをみて、「本日、答弁をする準備ができていますか」と尋ねたところ、シンドラーは「いいえ。我々は3月30日までの手続の延期を求めます」といった。これに対しカウフマン裁判官は、「結構です。手続は3月30日まで延期し

ます」と答えた。これにより、ユングの次回出頭は、ブラウンの次回出頭と同じ日ということになった。

4．有罪答弁の決断——アレクサンドラ・ユング

　ユングの最初の出頭から数日後、彼女の弁護人を務めるオリヴァー・シンドラー弁護士は、地方検事局において、スミス検察官と面会し、事件について話し合った。自分の依頼人が全くの無実であることは明らかである、とシンドラーはいった。彼は、ユングがマイケル・ブラウンに不利な証言を行えば、検察官は告発を取り下げるか、と尋ねた。これに対しスミスは、ユングが有罪ではないといっても、それはブラウンと同程度ではないというだけで、ブラウンの目的を知りながら車で彼を送っていったことによって、ユングは不法目的侵入について有罪であるだけでなく、ライヒに対する強盗についても有罪である、と答えた。彼女は共犯だが、法律上、共犯には正犯と同じ責任が認められている。シンドラーは、「同意しかねます。しかし、理論的にはあなたの方が正しいとしても、あなたも経験から分かるでしょうが、陪審は彼女に非常に同情するでしょう。彼女は若くて、人生経験も少ないし、明らかにやりたくなかったのに、ブラウンに無理強いされたのです。完全な無罪を勝ちとる見込みは十分にある、と私は考えています。陪審がこれらの事情を考慮に入れるように私がもっていけば、ブラウンの件もおかしなことになるかもしれませんよ」。

　スミス検察官は、シンドラー弁護人の話にも一理あることは分かっていた。さらに、ユングの証言は、彼にとって役に立つであろう。ユングの証言について詳しい評価ができるように、彼女が捜査官と話すのをシンドラーが認めてくれるのであれば、取引について検討するつもりである、とスミスはいった。これに対しシンドラーは、最終的に答弁の合意に至らなかった場合でも、ユングが発言したことを彼女の不利益に使用することはない、という条件のもとでなら事情聴取を認める、と答えた。スミスは直ちにこの条件に同意した。いくつかの重要事項について、警察がユングに対し質問をし忘れていたが、弁護人が選任されたいまとなっては、弁護人の同意なしに、ユングに対しさらなる質問を行うのは難しい、または不可能だということを、スミスは認識していた。スミスにとって、答弁が合意に至らなかった場合、ユングの供述は使用できないという条件は、大したことではなかった。このような状況において、検察官がこの種の条件に同意するのは、よくあることである。しかし、事情聴取に同席させてほしいというシンドラーの要求に対しては、スミスは「彼女1人の方がいいでしょう」といって断った。ユングは事情聴取を上手くやってのけるだろうし、また、得られるものもあるだろうと思っていたので、シンドラーは同席の点にこだわることはしなかった。次回の出頭が予定されている3月30日までにこの事情聴取が終わりそうになかったので、もう1週間先の4月6日まで手続を延期してもらうよう裁判官に頼むということで両者は合意した。

　シンドラー弁護士とスミス検察官の合意に基づき、地方検事局の捜査官であるフランク・ゴメスは、アレクサンドラ・ユングが現在住んでいるアパートを訪ねた。以前、ゴメスは警察官であった。当初の警察の捜査を補充するために、検事局が警察官に対し捜査を命じる場合もあるが、サクラメント郡のように、検事局が独自に捜査員を雇用している場合もある。

　アレクサンドラ・ユングはすでに告発され、現在では弁護人が選任されているため、彼女との話し合いには慎重を期す必要がある、とゴメスは考えた。また、彼女が質問に答えることについて同意しているものの、シンドラー弁護士は後でこの取調べについて綿密にチェックするつもりだろう、とゴメスは考えていた。地方検事局の捜査官であると自己紹介した後で、ゴメスはユングに対し、ミランダ警告を行い、話をする意思があるか尋ねた。ユングは話をする意思があると答えた。ユングは、現在、身柄を拘束されておらず、容疑者が身柄拘束を受けていない状況には、ミランダ判決の適用はないけれども、彼女の権利に対する配慮を示すには、ミランダ警告を行うのがいいだろうとゴメス捜査官は考えたのである。質問の助けになると思い、ゴメスは、ブラウンとユングのアパートで発見されたティーポットとコカインの入った小さな袋、およびアパートの建物の裏にあるゴミ入れから発見されたコイン収納箱とビニール製の買い物袋、ライヒの家で発見されたドライヴァーを持参していた。ゴメスは、ユングの取調べの結果を次のようにまとめている。

宛先：ルパート・スミス地方検事補　　　　　　　　　2005年3月31日
件名：アレクサンドラ・ユング

シンドラー弁護士の同意のもと、私はアレクサンドラ・ユングの事情聴取を行った。彼女の住所は、正式には、サクラメント市リンデン通り2454番地34号であるが、現在、彼女は、H通りの3514番地に住んでいる。私は、彼女にミランダ警告を読み聞かせた。自らに認められる権利を理解したこと、および、任意に、自由意思に基づき、私と話をする、と彼女は答えた。

　コカインについては何も知らないと、彼女はいった。彼女は、コカインを使用しておらず、また、以前ブラウンと一緒に住んでいたアパートでコカインをみたことはなかった。ブラウンは彼女に、以前薬物を使用していたこと、しかし、ユングと出会う前に使用するのをやめたことを話していた。彼女は、私のみせたティーポットも白い粉末の入った小さな袋も見覚えがないといった。彼女はあまり背が高くはないので、キッチンにある一番上の棚は使わないとのことだった。ブラウンがマン自動車整備工場にロッカーをもっていることは知っていたが、ロッカーをみたことはなく、また、なかに何が入っているかも分からなかった、と述べた。

　私がみせたコイン収納箱について彼女は何も知らず、どのようにしてそれがリンデン通りのアパートのゴミ入れのなかに入ったのかも知らなかった。彼女は、コイン収納箱もドライヴァーもみたことがなかった。ビニール製の買い物袋をみせたところ、彼女は3月20日の夜にブラウンが車から降りた時にもっていたのと同じものかもしれないが、確かではないといった。コイン・コレクションがどこにあるか全く分からない、とのことである。

　以前のボーイフレンドであるウォルター・ヴィンターの現在の居場所を彼女は知らなかった。彼とは1年前に別れて以来、一度も会っていない、とのことである。3月20日にガーデン通りに送っていったのは、ウォルター・ヴィンターではなく、マイケル・ブラウンだと彼女は話した。そんなことはしたくはなかったが、しつこく頼まれてやってしまった、彼が何かを盗もうとしていたのは知っていたが、何を盗もうとしていたのか、また、どうやって盗むつもりであったのかは知らなかった、と述べた。

（署名）フランク・ゴメス、捜査官

　翌日（4月1日）、ゴメス捜査官は、アレクサンドラ・ユングの以前のボーイフレンドで、ロバート・ライヒを襲撃した人物としてマイケル・ブラウンが名前を挙げたウォルター・ヴィンターの所在を確認することができた。ゴメスはヴィンターに対し、3月20日日曜日の夜にどこにいたか憶えているか、と尋ねた。「憶えていますよ。家にいました」とヴィンターは答えた。ヴィンターの話では、2月の終わりにスキーをしていて、足を骨折したそうである。医師は、彼の骨折した足をギプスで完全に固定し、ギプスがとれるまで家にいるように指示したとのことだった。ギプスは3月29日までしていた、とヴィンターはいった。3月20日には、まだギプスをしていて、彼は松葉杖なしには歩くことができなかった。3月20日日曜日の夜に、一緒に家にいた人物はいるかとゴメスは尋ねた。これに対しヴィンターは、自分1人だった、と答えた。また、ゴメスは、ユングを最後にみた、あるいは彼女と最後に話をしたのはいつかと尋ねた。すると、ヴィンターは、とても悲しそうに、「もう、いいでしょう」といった。ゴメスの求めに応じて、ヴィンターは、彼の足の骨折に関する診療記録のコピーをゴメスが取り寄せることを認める旨の書類に署名した。その日の遅く、ゴメスは、ヴィンターとのやりとりを報告書にまとめた（その報告書は、ここでは省略する）。それから、彼はヴィンターを診察した医師宛に、彼の足の骨折に関する診療記録のコピーを地方検事局までファックスで送るよう依頼する書面を作成した。ゴメスは、この書面に、ヴィンターが署名した権利放棄に関する書類のコピーを添付した。数週間後、医師からヴィンターの診療記録がファックスで送られてきた。この記録の一部を以下に掲げるが、ヴィンターの話のうち足の骨折に関する部分を裏づけるものであった。

ジョン・マッギー　医学博士
94439　カリフォルニア州サクラメント市
アーデン通り2245番地

> ◆患者氏名：ウォルター・ヴィンター　　　　　　　　　　　　　日付：2005年2月21日
> 　住所：94441　サクラメント市、カリスター通り3357番地　電話番号：453-7769
> ◆保険：ヘルス・ネット　AE4459016番
> ◆診断：右足下部（脛骨および腓骨）の複雑骨折。患者の話では、この骨折は2005年2月8日にスコー・ヴァレーでスキーをしていた際の事故によるものとのこと。スコー・ヴァレーの保健医療施設において、整骨後、ギプスで固定されていた。
> ◆治療：ギプスの除去。整骨の検査。改めてギプスで固定。3月25日に再訪するよう指示。

アレクサンドラ・ユングの供述とウォルター・ヴィンターの供述——この時は診療記録がまだ届いていなかったので、それによる裏づけはない——を読んだ後で、スミス検察官は、シンドラー弁護人に連絡した。ユングの事情聴取の結果をみせてもらった、とスミスはいった。ユングが有罪答弁を行い、ブラウンに不利な証言をするつもりなら、強盗とコカイン所持の訴因を撤回し、不法目的侵入については郡ジェイルにおける6か月の刑——ただし、保護観察付き——を求めることにする、とスミスは伝えた。「これ以上は譲れません」とスミスはいった。

スミス検察官とシンドラー弁護人はともに、答弁の合意に至るように努めていた。両者ともに、本件において裁判官が、量刑に関する地方検事局の勧告に従う必要がないことは理解していたが、裁判官はおそらく地方検事局の勧告に従うであろう、ということも分かっていた。また、両者は、現在、議論の対象となっている条件のもとで、ユングがブラウンに対し不利益な証言をしなければならないだろうということも理解していた。

仮に、ユングがブラウンに対し不利益な証言をすることには同意したものの、それを行わなかった場合には、答弁の合意は効力を失い、地方検事局は、有罪の答弁はなかったものとして、彼女を訴追することができる、ということを2人は理解していた。

答弁の合意に至ることが依頼人にとって最大の利益になるとは思っていたものの、シンドラー弁護人にとって、地方検事局の提案はあまり満足のいくものではなかった。不満を表すために、シンドラー弁護人は、「どうやら公判を開くことになりそうですね。あなたの話では、彼女に前科が付くことになるだけでなく、郡ジェイルに拘禁される可能性があるし、また、三振法上の「1ストライク」をとられることになる。郡ジェイルで6か月を過ごすことは、彼女のような若い女性の性格の改善にはつながらないだろうし、それどころか、彼女に犯罪者としての人生を歩ませるきっかけにもなりかねない。それに、彼女が1ストライクをとられるのも気が進まない。三振法は、彼女のような人々を対象として立法されたわけではない。不法目的侵入をトレスパス（criminal trespass）に落とし、郡ジェイルでの拘禁をなしにするというのであれば、依頼人にそちらの提案を受け入れるように勧めましょう」。

スミス検察官には、弁護人が意図するところが分かった。告発をトレスパスに落とした場合、それで有罪となったとしても、苛烈で知られるカリフォルニア州の三振法上のストライクとしては数えられないことになる。ストライクをとれないことは、本件におけるユングに対する量刑には影響しない。しかしながら、この先、彼女が重罪を犯した場合には、科される刑が大幅に異なってくることになるであろう。ユングについて、常習的犯罪者になりつつある者ではなく、誤って迷い込んでしまった若い女性だと考えていたので、スミスは、ストライクをとることを断念するのに、あまり抵抗感はなかった。「しょうがないですね、彼女にはブラウンについて不利益な証言をしてほしい。あなたの提案に従います。ただし、裁判官がどうしようと答弁は維持する、という条件付きで。郡ジェイルにおける拘禁なしの保護観察を勧告すると約束しましょう。しかしながら、裁判官が拘禁を選択しないことに賭けることにはなりますが。もし裁判官が拘禁の刑を選択したら、それで終わりです」とスミスはいった。

シンドラー弁護人は、この新たな提案について十分に理解していた。とりあえず、三振法上のストライクをとられることは回避できた。地方検事局の勧告に裁判官が従ったならば、依頼人が拘禁の刑を科されることもない。しかしながら、裁判官にそのつもりがあるならば、彼はユングに対し1年の拘禁の刑を言い渡すことができる。そうなったとしても、地方検事局は助けてくれず、ユングは刑に服さなければならないだ

ろう。しかし、シンドラー弁護人は、了承することにした。「あなたの提案について私が正確に理解しているかを確認させてください。検察側は、強盗の訴因とコカイン所持の訴因を撤回するとともに、不法目的侵入の訴因をトレスパスの訴因へと縮小する。私の依頼人は、トレスパスについて有罪の答弁をするが、これについては、彼女がブラウンに対して不利益な証言をするという条件のもと、検察側は郡ジェイルにおける拘禁の刑なしの保護観察を裁判官に勧告する」。「こちらからの提案はそのとおりです」とスミスは答えた。ユングの事件について、スミスとしては、このようなことをしなくても有罪を獲得できると思っていたけれども、陪審が検察の主張は厳し過ぎると思った場合には、実際に彼女に対し有罪が宣告されるかは疑わしいと感じていた。スミスは、もう少し厳しい処罰の方が好ましいが、合意については公平な内容だと思った。

その日の遅く、シンドラー弁護人はユングに連絡し、彼の事務所で会う約束をした。会った際に、シンドラーはユングに対し、検察官と話し合った合意の内容について注意深く説明した。そして、彼はユングに、この合意は公平なものだと思うと告げ、それを受け入れるように勧めた。また、公判を開くことを選択した場合に、どのようなことになるか予測し難いともいった。ユングは、理論的には、不法目的侵入について有罪である、とシンドラーは考えていた。強盗とコカイン所持については、無罪とも有罪とも判断がつかなかった。さらに、彼は、拘禁の刑を受けずに済むとの保証がないことも話した。シンドラーとしては、カウフマン裁判官はこの答弁の合意に従うだろうとは考えていたが、確実とはいえなかった。

アレクサンドラ・ユングは、本当にブラウンに対して不利益な証言をしなければならないのかとシンドラー弁護人に尋ねた。それはとても難しい、とユングはいった。「彼はとても卑劣な態度をとるかもしれないし、私は本当に彼が恐ろしいのです。ほかに方法はないのでしょうか」。これに対し、シンドラーは、ほかに方法はないと答えた。ユングは、勇気を振り絞るしかなかった。長い沈黙の後に、ついに、ユングは、ブラウンに対し不利益な証言をするといった。「ほかに方法はなさそうだもの」。

次の日（4月5日）、シンドラー弁護人は検察官に連絡し、ユングが合意を受け入れたことを伝えた。「しかし、最終的な合意をする前に、カウフマン裁判官がこの件についてどのようにいうかを知りたいのですが」とシンドラーはいった。これに対し、問題ないと答えた後、スミス検察官は、翌日に予定されている審問においてこの件をもち出すことにしようと提案した。シンドラーはこれに同意した。翌4月6日の朝8時30分に、スミスとシンドラーは、裁判官の執務室を訪ねた。暫定的な合意についてカウフマン裁判官に話してから、シンドラーは、裁判官の方でこの合意に基づいて保護観察を言い渡すことに何か問題があるかを尋ねた。これに対しカウフマンは、問題ないように思われるが、最終的な刑の宣告に入る前に保護観察官の報告書に目を通したいといった。

シンドラー弁護人からすると、カウフマン裁判官の反応は完全に満足のいくものではなかった。というのも、わずかとはいえ、郡ジェイルにおける拘禁を言い渡される可能性が残されたからである。しかし、答弁手続に移ることに同意するには、これで十分だとシンドラーは考えた。裁判官の執務室において残りの問題について非公式の議論を終えた後で法廷での正式な答弁手続に移ることについては、全員が了解していた。シンドラーは少し席を外し、アレクサンドラ・ユングの待つ法廷に行き、先日話したとおりの答弁を行うことで合意した、と彼女に告げた。さらに15分ほど非公式の議論を行った後で、シンドラーが法廷に戻ったところ、裁判所書記官が開廷を告げた。それから30分後、裁判官がユングの審問を始めることを宣言した。ユングとのやりとりのなかで、まず、カウフマン裁判官は「本名は何といいますか」と尋ねた。

ユング：「アレクサンドラ・ユングです。」
裁判官：「弁護人は、あなたが不抗争の答弁を行うことを希望しているといっています。本当に、あなたはそれを希望していますか。」
ユング：「はい。」
裁判官：「陪審による迅速かつ公平な裁判を受ける権利、手続のあらゆる段階において弁護人の援助を受ける権利、自己に対し不利益な証言をする者と対面し、反対尋問を行う権利、裁判所の手続を通じて自己の利益となる証人の出頭を要請する権利、この告発に対する防御として自己の利益となる証拠を提出する権利、ならびに、自己に不利益な供述を強要されない特権（自己負罪拒否特権）を有していることを理解していますか。」
ユング：「はい。」
裁判官：「あなたは陪審による裁判がどのようなも

のか分かっていますか。私にそれを説明することができますか。」

ユング：「12人の市民が事件についてじっと耳を傾け、被告人が有罪か否かを判断します。」

裁判官：「不抗争の答弁を行うことで、あなたは陪審による裁判を受ける権利を放棄することになるということを理解していますか。」

ユング：「はい。」

裁判官：「あなたには、黙ったままでいる権利と、検察官に対し事件を合理的な疑いを超えて証明するように要求する権利があることを知っていますか。」

ユング：「はい。」

裁判官：「不抗争の答弁を行うことによって、あなたはこれらの権利を放棄し、告発された犯罪を行ったとして刑罰を受けることになる、ということを理解していますか。」

ユング：「はい。」

裁判官：「自己負罪拒否特権を放棄するのですか。」

ユング：「はい。」

裁判官：「あなたに対する告発がどのようなものか知っていますか。それは何ですか。」

ユング：「強盗、不法目的侵入、薬物の所持です。」

裁判官：「どの犯罪について、あなたは不抗争の答弁を行うのですか。」

ユング：（ためらいがちに、弁護人の方をみながら）「トレスパスについてです。」

裁判官：「トレスパスとは、他人の家に不法に侵入することに関するものです。あなたは、マイケル・ブラウンさんがライヒさんの家に不法に侵入するのを助助したとして告発されています。マイケル・ブラウンさんがライヒさんの家に不法に侵入するのを助助したことについて、有罪を認めるのですか。」

ユング：（とても小さな声で）「はい。私はマイケルの手助けをして、彼をそこまで車で送っていきました。」

裁判官：「トレスパスは、軽罪です。トレスパスに対する刑罰として、最大で1年、郡ジェイルに収容されることになります。それを理解したうえで、まだ、あなたは、不抗争の答弁を行うことを希望するのですか。」

ユング：「はい。」

裁判官：「地方検事局は、あなたに対する処分について、郡ジェイルに収容せずに保護観察に付すべきであるとの意見を述べています。しかしながら、当裁判所は、この段階では、あなたの処分について判断しません。当裁判所は、保護観察局によって作成される報告書を読んで検討するまでは、保護観察ならびに処分について判断しません。分かりましたか。」

ユング：「はい。」

裁判官：「あなたは、この件について、弁護人と話をしましたか。また、この件について、弁護人と話し合うのに十分な時間があったと思いますか。あなたは、この件について、あなたの知っている事情をすべて弁護人に話しましたか。」

ユング：「はい。」

裁判官：「自由意思に基づき、任意に、不抗争の答弁をしますか。」

ユング：「はい。」

裁判官：「あなたに不抗争の答弁を強要するために、あなた自身またはあなたの親しい人が脅迫されているということはありませんか。」

ユング：「ありません。」

裁判官：「あなたがトレスパスについて不抗争の答弁を行い、かつ現在係属中のマイケル・ブラウンさんに対する訴訟において、彼に不利益な証言を行えば、地方検事局は、あなたに対する処分について、郡ジェイルに収容せずに保護観察に付すべきであるとの意見を述べると示唆しています。いま私が述べたことのほかに、あなたに不抗争の答弁を行わせるために、あなた自身にまたはその他の者に対して、軽い処分、保護観察、報酬、無罪などの便宜を図ることを約束または提示されているということはありませんか。」

ユング：「ありません。」

裁判官：（検察官および弁護人に対して）「このような約束または提示の存在を知っていますか。」

検察官・弁護人：「知りません。」

裁判官：「ユングさん、当裁判所がこの取引に基づく答弁は正義の利益に適うものではないと判断した場合、あなたに対し判決を言い渡す前であればいつでも、あなたの行った不抗争の答弁を斥け、無罪の答弁がなされたものとして事実審理を行うことができるということを、知っていますか。」

ユング：「はい。」

裁判官：「シンドラー弁護人、あなたは、本件およびその結果について、依頼人と話し合う時間は十分であったと思いますか。あなたは、不抗争の答弁を行うことについて同意していますか。」

弁護人：「はい。」

裁判官：「不抗争の答弁を許可します。それでは検察官、どうぞ。」

検察官：「第1番目の訴因である第1級不法目的侵入の告発については、これをトレスパスに修正したい

のですが、よろしいでしょうか。また、この訴因に含まれている刑の加重事由の主張を取り下げます。」
　裁判官：「シンドラー弁護人、この変更について同意しますか。」
　弁護人：「はい。」
　裁判官：「告発状の第1番目の訴因の修正を認めます。検察官、続けてください。」
　検察官：「告発状の第1番目の訴因、すなわち軽罪であるトレスパスに基づく告発に対して、被告人の答弁はいかがですか。」
　ユング：「争いません。」
　裁判官：「シンドラー弁護人、被告人の答弁について事実的基礎があると思いますか。また、あなたは、被告人の答弁に同意し、それによる諸々の権利放棄に賛同しますか。」
　弁護人：「はい。」
　裁判官：「第1番目の訴因に対する被告人の不抗争の答弁、および憲法上の権利放棄を受理し、これを当裁判所の調書に記録します。」

　アメリカ法における有罪の答弁は自白に等しいものであるため、以上のような長々とした質問が必要となる。裁判官による許可に先立って、答弁が任意になされたものであることが示されなければならない。有罪の答弁の任意性を担保するために、カリフォルニア州法においては、裁判官は、有罪の答弁を受理する前に、数多くの個別具体的な質問を行う必要がある。これらの質問は、告発の内容、および有罪の答弁の帰結、放棄しようとしている権利についての被告人の理解を確認するためのものである。アレクサンドラ・ユングのように不抗争の答弁を行った場合、被告人は、それによって、有罪を認めるわけではないが告発については争わない、ということを裁判所に告げることになる。不抗争の答弁によって被告人は、有罪の答弁の場合と同じ刑罰を受けることになるので、裁判官は、有罪の答弁の場合と同じ質問を被告人に対して行わなければならない。サクラメント郡のほか、カリフォルニア州のいくつかの郡においては、答弁取引を行った被告人のほとんどが、有罪の答弁ではなく不抗争の答弁を選択している。

　スミス検察官の勧告に従い、第2番目の訴因である強盗についての手続、および第3番目の訴因であるコカイン所持についての手続を打ち切ることにした後で、裁判官は、3週間後に刑の宣告手続を行うと述べた。このような時間的猶予を設ける趣旨については、裁判官から、保護観察局に判決前報告書を作成する時間を与えるためであるとの説明がなされた。

5．公判前手続――マイケル・ブラウン

　最初の審問において、マイケル・ブラウンはカウフマン裁判官に対し、著名な刑事弁護士を選任してくれるように頼んだ。裁判官がこれを拒否すると、ブラウンは、気乗りしない様子だったが、公設弁護人の選任を受け入れた。合衆国憲法のもと、すべての州は、資力の乏しい被告人に対して弁護人を提供する義務を負っているけれども、提供の態様については、各州に独自性が認められている。ほかの多くの州と同様に、カリフォルニア州においては、各郡がこの点について独自の制度を発展させている。郡のなかには、被疑者・被告人のために弁護人を個別に選任する権限が、裁判官に認められているところもある。裁判所による弁護人選任制度と呼ばれるこうした弁護人の提供方法は、比較的小規模の郡が主に採用している。サクラメント郡は、カリフォルニア州だけでなく合衆国全体を通じても最大規模の郡であるが、そこでは、公設弁護人制度が採用されている。

　1914年にロサンゼルス郡に導入されたものを先駆けとする現在の公設弁護人事務所は、公的に設立された組織であり、その組織形態には、地方検事局と似たところがある。刑事弁護士を組織的に雇用することによって、資力に乏しい被告人に対して、効果的かつ効率的に弁護人を提供するというのが、公設弁護人制度の基本的な考え方である。ザカリー・ソーントンは、1994年に郡の委員会によって、サクラメント郡公設弁護人に任命された。彼は、経験豊富な弁護士であり、現在は、サクラメント郡の公設弁護人事務所の組織および運営の責任者となっている。

　公設弁護人事務所は、サクラメント郡地方検事局と同様の組織形態をとっており、ほとんどの被告人に対して、いわば「横断的弁護」を提供している。マイケル・ブラウンの最初の裁判所への出頭の際に、カウフマン裁判官の法廷を担当していたサム・コーンウェル弁護人のように、まず、最初の出頭とその後の審問の初期段階を担当する公設弁護人がいる。次に、予備審問を担当する者がおり、さらに、公判を担当する別の者がいる。

　地方検事局が「縦断的訴追」を選択する場合（すなわち、1人の検察官が、告発および最初の出頭から公

判、刑の言渡しまで、事件を担当する場合）、公設弁護人事務所もこれと同様に、1人の弁護人に事件処理のすべての段階を担当させるようにしている。地方検事局が「縦断的訴追」を選択する場合、その多くは、州または連邦から特別の資金的援助を受けているのに対して、公設弁護人事務所はそのような資金的援助を受けていないため、事件処理のすべての段階を1人の弁護人に担当させることができるように必要な人員を確保することは困難である。95人の弁護人──職員を合わせて全部で125人──で、公設弁護人事務所は、軽罪で告発されている被告人の大部分に加えて、サクラメント郡の重罪で告発されている被告人の80パーセント以上に弁護人を提供している。

　重罪で告発されている被告人のうちの残りの者は、自分で弁護人を雇用するか、自分で自分の弁護をするか、「利益相反状況の場合に選任される弁護人」のいずれかを選択することになる。

　被告人が2人以上いる事件について、公設弁護人がすべての被告人の弁護をすることは、法曹倫理に関する諸々の規則によって認められない。というのも、ある被告人にとって最良の防御方法が、ほかの被告人にとって最良の防御方法と衝突することもあるため、一般に、1つの事件で2人以上の被告人の弁護人を務めることは「利益相反」に当たると考えられている。それゆえ、各郡は、「利益相反」のおそれがある事件の場合に、資力の乏しい被告人に対する弁護人の提供に関して、何らかの制度を設けなければならない。郡のなかには、小規模の公設弁護人事務所を補充的に設けているところもある。また、サクラメント郡のように、民間の弁護士を指名し、利益相反のおそれのある事件を担当させるところもある（これが、「利益相反状況の場合に選任される弁護人」である）。

　マイケル・ブラウンの最初の出頭の翌日、サム・コーンウェル弁護人は、事件について話し合うために、ブラウンが身柄を拘束されているジェイルに向かった。身元照会を終えると、ジェイルの職員は、彼をジェイルの施錠された区画のなかへ招き入れ、弁護人が依頼人と話をする際に使用する小部屋へと案内した。ほとんどのジェイルや刑務所にある弁護士との相談用の部屋と同様に、この部屋も、どこといって特徴のない簡素なもの──木製の椅子が3つと小さな机が1つあり、白い壁はくすみ、湿っぽい臭いが漂っていた──であった。数分後、職員がブラウンを部屋に連行してきた。それから、コーンウェルとブラウンが2人きりで話せるように、職員は部屋から出ていった。コーンウェルは、ブラウンに対し、助けるために全力を尽くすと述べた後、告発について理解しているかを尋ねた。

　ブラウンは、ライヒの家で起こったことに自分は全く関係ないのだから、告発にはまるで根拠がないといった。彼の以前のガールフレンド、すなわち、アレクサンドラ・ユングが、不当にも、自分を今回の事件に巻き込もうとしたのだ。犯行のあった日曜日に彼女と激しく口論をしたが、おそらくそれが理由で彼女はこんなことをするのだろう。彼女と喧嘩したから、日曜日に1人で出かけた──映画を観て、それからディスコへ行った──のだ、とブラウンは述べた。ティーポットから発見されたコカインは、彼女のものに違いない。自分のロッカーから発見されたコカインは、誰かがこっそり置いて行ったものに決まっている。

　会話中慎重にノートをとりながら、コーンウェル弁護人はブラウンに対し、いま話したことについて証人はいるか、と尋ねた。誰もいないだろうとブラウンは答えた。そこで、コーンウェルは、その日にあったことを思い返して、誰か証人がいないか、または、映画とディスコに行っていたことを証明するのに役立つような細々としたことを思い出してほしいとブラウンに頼んだ。「例えば、その日の映画のチケットをまだもっているとか、そういったことです」。それから、彼はブラウンに、事件については後でまた詳しい話をしようと述べて、帰っていった。

　3月30日水曜日の午前8時30分に、コーンウェル弁護人は、カウフマン裁判官の法廷である第61部を再訪した。ほかの事件の弁護人たちと、スミス検察官がそこにいた。弁護人たちは皆、各々が担当する様々な事件について非公式の話し合いを行うために、カウフマン裁判官の執務室を訪れていたのであった。カウフマン裁判官を交えて、検察官が、各事件について、それを担当している弁護人と話し合っていた。この話し合いの目的は、何らかの答弁取引が成立する見込みがあるかを確認することにあった。弁護人たちは、検察官と裁判官が事件に対してどのような見解を有しているかを素早く察知し、多くの事件が次々と処理されていった。検察官が事件の迅速な処理を司法制度の目的に適ったものと考えていることを弁護人は知っており、また、弁護人も裁判官も、一般に、答弁取引についての検察官からの最良の提案はこの段階で行われる

と考えている。

　非公式の話し合いの後で、裁判官と両当事者が、法廷へと戻り、各事件について正式な審理が行われることになる。答弁の合意に至っている場合には、裁判官が公開の法廷で答弁を受理する。合意に至っていない場合、両当事者が合意に向けてさらなる話し合いを望むのであれば、審理が継続される。両当事者がさらなる話し合いを望まない場合には、事件は予備審問の手続へと進む。この非公式の話し合い──サクラメント郡では、「コート・レヴュー」と呼ばれている──は、カリフォルニア州法によって行うことを要求されているものではないが、サクラメント郡およびほかの多くの郡において、裁判官たちは、答弁取引を奨励するために、このような手続を審理予定に組み込んでいる。先にみたアレクサンドラ・ユングの事件における答弁の合意は、この手続において得られたものである。

　ブラウンの事件に話を戻すと、スミス検察官はコーンウェル弁護人に対し、検察側の証拠が強固であることを告げた。ただし、ブラウンが告発──不法目的侵入、強盗、2件のコカイン所持──に対して有罪の答弁を行うのであれば、検察側は刑務所における6年の拘禁刑を勧告するつもりであることも話した。コーンウェルは、コカイン所持による告発は違法な捜査の結果なされたものであり、また、1つの行為に基づいて三振法上のストライク2つを受けることを被告人に求めるのは、到底容認できる提案ではないと答えた。そして、「強盗を重窃盗に、また、不法目的侵入を軽罪であるトレスパスにそれぞれ引き下げ、かつ、刑務所における拘禁刑はないと約束してくれるならば、答弁の合意に至ることもあるでしょう」とコーンウェルはいった（重窃盗は、重罪ではあるが、強盗よりも軽い）。ユングの弁護人が三振法におけるストライクをとられないようにしたのと同じように、ブラウンの弁護人もストライクをとられないようにしようと試みていることは、スミスにも分かっていた。コーンウェルからすれば、不法目的侵入と強盗を軽い罪に引き下げることができたら、彼の依頼人は三振法におけるストライクを1つもとられなくて済むのである。マイケル・ブラウンにとって、三振法におけるストライクをとられるかということは、カウフマン裁判官の法廷で審理される本件での処罰に影響することではない。しかし、今後のことを考えた場合、それは非常に重要なことである。というのも、この先、ブラウンが新たに別の犯罪を行ったとして、すでにストライクが1つあると、その事件での処罰はストライクがない場合の2倍の重さになり、すでにストライクが2つあると、その事件で終身刑が科される可能性もあるのである。

　アレクサンドラ・ユングの事件に関する答弁取引においては、スミス検察官は、ユングの責任を比較的軽いものと考えていた。しかしながら、マイケル・ブラウンの場合には、事情が異なる。彼は、周りの人間に悪影響を及ぼす悪党で、将来また犯罪を行う可能性が高い。スミスはコーンウェル弁護人に対し、強盗と不法目的侵入について軽い罪に引き下げるつもりはないし、ほかの犯罪に変更するつもりもないから、公判に進むことになるだろう、と告げた。そして、スミスは、「あなたの依頼人からは、これで2つのストライクをとらせてもらいます。今度何かしたら、死ぬまで刑務所にとじ込めてやりますよ」といった。これに対して、コーンウェルは、「私の依頼人は、自分は無実だといっています。ストライクを2つとられるような内容で、彼が有罪の答弁をするなんてことはない。せめて、ストライクを1つ減らしてくれませんか」といった。これに対し、スミスは、「自分が無実だと思っているなら、あなたの依頼人には公判を受けてもらうことになります。しかし、実際には、彼は正真正銘有罪で、私の提案は変わりません。強盗と不法目的侵入について有罪答弁をして、ストライクを2つとられる。それ以外に選択肢はありません」と応じた。

　検察官の提案について依頼人と話し合ってみるといったものの、コーンウェル弁護人は、ブラウンがこの提案に関心を示すとは思えなかった。コーンウェルは、法廷のすぐ外にある待機房へと引き返した。マイケル・ブラウンはここに待機させられていた。彼は、ブラウンに検察官の話を伝えた。すると、ブラウンは、再び、「私は無実だ。有罪の答弁なんてしたくない」といった。「いまは、そう考えるのがいいでしょう。ストライクを2つもとられることになるのだから、ひどい提案ですよ」とコーンウェルは応じた。コート・レヴューが行われている場所に戻ると、コーンウェルは検察官と裁判官に対して、被告人が自分を無実だと考えていること、および、ストライクを2つとられるような有罪答弁を行うつもりがないことを告げた。コーンウェルは、1週間の手続の延期を申し立てた。スミス検察官がこれに賛成したので、裁判官は「分かりました。4月6日まで手続を延期しましょう」といった。誰もが、この延期決定の目的が、今後答弁の合意に至る可能性について見極めることにあるのを分かってい

た。

　4月6日に、再び、コーンウェル弁護人とスミス検察官は、カウフマン裁判官の執務室で顔を合わせた。先週行ったのと同様の話し合いの後で、彼らは4月13日まで再度、手続を延期することに合意した。4月13日に、再び、話し合いを行った。ブラウンはライヒを危険な目にあわせようとなどしていないし、公判を開くとライヒにも負担をかけることになる、とコーンウェルはいった。「今回の犯罪は、たまたま状況が悪かっただけです。仮に、私の依頼人が有罪だとしても、彼に前科はなく、また、彼がライヒさんに危害を加えるつもりであったということを示すものは何もありません」。これに対し、スミスは、強盗か不法目的侵入のどちらか1つだけなら、軽い罪に引き下げてもいいが、両方ともというのは認められないと答えた。「コカイン所持の訴因と合わせて、刑務所における6年の拘禁刑とストライクを1つ。これが最大限の譲歩です」とスミスはいった。

　コーンウェル弁護人は、再度、マイケル・ブラウンに会うために、法廷のすぐ外にある待機房へと向かった。彼はブラウンに検察官の話を伝えた。これに対しブラウンは再び「私は無実だ。有罪の答弁はしませんよ」といった。しばらく考えた後で、コーンウェル弁護人はブラウンの目をみつめながら次のようにいった。「あなたが自分を無実だと思っていることは分かりました。そして、あなたには様々な権利が認められており、望むのならば、無罪の答弁をすることができます。あなたが無罪の答弁をすることを決めたなら、私は、あなたが有罪宣告を受けることがないように、精一杯の努力をしましょう。しかし、決断する前に、これから私のいうことを検討してみた方がいいでしょう。まず、私は検察官のもっている証拠を検討してみましたが、かなり強固なものに思えました。あなたが無実だというのを信じていない、といっているわけではありません。検察官のもっている証拠をみせられたら、陪審があなたを有罪と判断する可能性はかなり高い、ということをいいたいだけです。次に、検察側が提案してきた6年の拘禁刑というのは私も気に入りませんが、公判の後に有罪宣告を受けた場合には、もっと重い刑罰を科される可能性もあります。15年の拘禁刑とストライクを2つという結果になる可能性も高いのです。これがあなたの選ぼうとしている途です。もっとも、私だって、検察側の提案を受けることを、強く勧めるつもりはありません。ただ、検察側の提案を拒否する前に、慎重に考えてほしいだけです」。

　「味方とは思えない言い方をしますね」とブラウンは答えた。「もう1か月以上ジェイルに入れられています。無実だし、公判を希望しますよ。あなたが私を弁護するつもりがないなら、自分でやります」。

　「弁護をすることに異存はありません。あなたの人生なのだから、あなたの決断を尊重します。公判を希望するというならば、そうしましょう。公設弁護人事務所と私は、あなたを弁護するために最善を尽くします」とコーンウェル弁護人はいった。手続をさらに延期することが可能だと知っていたけれども、コーンウェルは、ブラウンの決意は固く、手続を先に進めるのが一番だと判断した。コーンウェルはブラウンに対し、午前中遅くにカウフマン裁判官の法廷に連れていかれることになる、と説明した。「裁判官は、あなたにどのように答弁するか尋ねるでしょう。そうしたら、『無罪です』と答えてください」とコーンウェルはいった。

　ブラウンと話した後で、コーンウェル弁護人はカウフマン裁判官の執務室を再び訪れ、スミス検察官に対し、依頼人は自らの無罪を信じており、公判を希望していると伝えた。裁判官は、ほかに話し合うことがないか尋ねた。コーンウェルは、「ありません」と答えた。

　コート・レヴューを受けていたすべての事件について話し合いを終え、裁判官は「それでは法廷に戻り、話し合いの結果を記録することにしましょう」といった。全員が法廷に戻ってから、裁判官は「開廷します。1番目の事件をお願いします」といった。午前10時30分頃に、裁判所書記官がブラウンの名前を呼んだ。ブラウンは、裁判官の正面の机のところに連れていかれた。コーンウェル弁護人はすでに席に着いていた。カウフマン裁判官はブラウンに対し、「あなたはどのような答弁をしますか。有罪ですか、無罪ですか」と尋ねた。「無罪です」とブラウンは答えた。それから、裁判官は「予備審問を4月22日の午前9時より、第4部で行います」といった。これでブラウンに関する審問が終了し、ジェイルの職員がブラウンを連れて退去した。

　裁判官は、法律によって、最初の出頭の際に合理的な保釈金の額を設定することができるとされているが、いままでのところ、裁判官だけでなく、弁護人・

検察官のいずれも、審問において保釈金に関する話は一切していない。保釈金その他の身柄釈放の手段については、当事者のいずれか一方が、あるいは裁判官が、身柄拘束の状態を変更しようとする場合、またはあらかじめ作成された保釈条件一覧表に基づいて決定された保釈金の額を変更しようとする場合にはじめて、議論の対象となる。

地方検事局に戻るとすぐに、スミス検察官はブラウンの事件に関する記録を予備審問係の書類受けに入れた。コート・レヴューでの話し合いの結果を説明するためのメモを添付する必要はなかった。書類受けに記録を入れておくことによって、事件が予備審問の段階へと進んだことが示されている。かなりの割合の事件が地方検事局によってコート・レヴューの段階で処理されているが、スミスには、この段階でブラウンの事件を処理できなかったことに不満はなかった。彼は公平な提案をしたと思っていたし、それを断ったブラウンを愚かだと感じていた。しかし、ブラウンには提案を断る権利があり、スミスはそれでも何も問題はなかった。多くの被告人にとって、どこで妥協するのが自分にとって最大の利益となるかを見定めるのは難しい、と彼は思っていた。

6. 量刑──アレクサンドラ・ユング

4月6日にカウフマン裁判官の法廷において有罪の答弁を行ったことにより、アレクサンドラ・ユングには引き続き保釈が認められていた。次の月曜日（4月11日）に、保護観察官が彼女のもとを訪れ、質問表への回答を求めた。保護観察官は、今回の犯罪と彼女の経歴について多くの質問を行った。また、保護観察官は、傷害の程度と、現在のユングに対する気持ちについて、ライヒの話を聴いた。予定された量刑審理の1週間前に、保護観察官は判決前報告書のコピーを裁判官、検察官、弁護人に送付した。8頁にわたる報告書は、ユングに前科記録がないこと、および彼女が高校では真面目な学生であったこと、大学でも学位取得に向けて優秀な成績を修めていることを示していた。彼女は薬物やアルコールで問題を起こしたことはなく、また、今回の事件については、心から反省している。彼女の両親は善良な市民である。彼女とは昔ほど緊密な関係にはないけれども、両親は彼女の成長を積極的に支援するつもりである。

犯罪によってライヒが被った影響について述べた後、保護観察官の報告書は、ユングの責任が重いとはいえないとしている。判決前報告書においては、具体的な刑罰に関する勧告が行われるのが普通だが、この報告書ではその類の勧告は行われていなかった。検察官が量刑について勧告を行っている場合には、保護観察官は勧告を行わないことも多いのである。

カウフマン裁判官がユングの答弁を受理してから3週間後の4月27日に、ユングと彼女の弁護人、およびスミス検察官は、再び、裁判官の法廷に赴いた。スミスは、地方検事局にとってのユングの証言の必要性を説明し、ブラウンについて証言するという条件のもとで、彼女を保護観察に付すよう勧告した。また、弁護人は、ユングは若く、影響を受けやすい年頃であること、彼女は今回ブラウンの計画に無理やり巻き込まれたに過ぎないことを主張した。当事者のこれらの意見を聴いた後で、カウフマン裁判官は、検察官の勧告を受け入れ、ブラウンに関して証言をするという条件付きで、ユングを保護観察に付すと述べた。また、ユングは、保護観察官その他の法執行官がいつでも彼女の身体、住居、所持品を捜索できること、ならびに軽微な道路交通法違反を除いていかなる法律にも違反しないこと、必要に応じて保護観察局への報告を行うことについても、同意しなければならなかった。それから、ユングは、これらの条件およびその他の一般的な保護観察に伴う条件を内容とする保護観察合意書に署名を求められた。裁判官はユングに対し、告発された犯罪は非常に重大であると述べ、このような寛大な処分にしたのは、彼女が大学で勉学に励んでおり、また、彼女には善良な市民となる可能性があると思われるからである、と説明した。「もし、あなたがこのような場所に戻ってくることがあったら、その時は、裁判所は非常に厳しい処分を与えます。あなたは、3年の間、保護観察に付されます。保護観察の条件に違反した場合には、郡ジェイルに収容されることになるかもしれないので、気を付けるように」。

7. 予備審問──マイケル・ブラウン

アレクサンドラ・ユングに対する手続は終了したものの、マイケル・ブラウンに対する手続は続いていた。手続の次の段階は、カリフォルニア州においては、予備審問となっている。現代の警察組織のような機構が存在していなかった200年前においては、予備審問の目的は犯罪の捜査にあった。予備審問を担当するマジストレイトは、捜査官と裁判官の役割が半々であった。現代のアメリカ法においては、予備審問の目的とその重要性は、州によって様々である。

カリフォルニア州では、予備審問の目的は、被告人を公判に付すのに十分な証拠が存在するかを判断することにある。検察官は、被告人が告発の対象となっている犯罪を行った蓋然性を——証拠によって——証明しなければならない（すなわち、被告人が犯罪を行ったと信じる「相当な理由」が存在することを明らかにしなければならない）。

予備審問において要求される証明の程度は、公判における有罪宣告の際に要求されるそれ——すなわち、「合理的な疑いを超える証明」——よりもはるかに低いものとなっている。しかしながら、この手続の初期段階で、予備審問という関門の突破を検察官に要求することは、被告人に対して重大な保護を与えることになる。検察官が告発を維持するに十分な証拠を有していない場合には、被告人は、辛い、また費用もかかる正式な公判の手続を経験しなくて済むのである。

連邦および約3分の1の州においては、このような検察官の訴追に対する審査は、別の態様で行われている。すなわち、単独の裁判官による審査ではなく、大陪審による審査である（大陪審は、一般市民により構成される。構成員となる市民の数は様々であるが、カリフォルニア州を含む多くの州では16人から23人とされている）。有罪であると信じる相当な理由があると大陪審が認めた場合には、「正式起訴状」と呼ばれる訴追文書が発付される。大陪審の手続と予備審問とは、歴史的な背景を異にしており、また手続的にも数多くの相違がみられるけれども、ここではそのうちのいくつかを紹介するに留める。まず、大陪審の手続は非公開で行われるのが一般的である。被告人およびその弁護人には、一般に、大陪審の手続への出席が認められていない。被告人が大陪審の前で証言することを求められた場合であっても、その弁護人が手続に参加することは認められないのが普通である。これに対して、予備審問は公開の手続である。予備審問の目的は、事件全体についてというより、検察官の有する証拠について審理することにあるが、被告人およびその弁護人は、すべての手続への参加が認められている。

スミス検察官がブラウンの事件に関する記録を予備審問係の書類受けに入れた後、予備審問係の責任者がそれを受け取り、ほかの事件の記録と一緒にそれを予備審問係に配属されている地方検事補のウィリアム・ベンに渡した。ベンは、予備審問係に配属されてから6か月であり、地方検事補になってから18か月であった。法律上、予備審問は無罪の答弁から10日以内に行われなければならないため、ベンには、直ちにブラウンの事件にとりかかる必要があることが分かっていた。カリフォルニア州の郡のなかには、予備審問を答弁取引のための期間とみるところもあるけれども、サクラメント郡は異なる。サクラメント郡地方検事局の目標とするところは、できる限り迅速に、事件を次の手続段階に進めることにある。ベン検察官は、マイケル・ブラウンを公判に付すのに十分な証拠をすぐに用意する必要があった。予備審問において要求される証明の程度は、正式には、逮捕の際に要求されるものと同じく、ブラウンが有罪であると信じる「相当な理由」である。しかし、実際は、予備審問においても裁判官は「相当な理由」よりも高い程度の証明を要求するものだということをベンは理解していた。

ベン検察官が最初に取り組んだのは、どの証人に証言させるかを判断することであった。次に、彼は「罰則付召喚令状」と呼ばれる正式の命令を発付する手続をとった。それは、証人に対して予備審問が行われる日に裁判所に出頭することを求めるものである。罰則付召喚令状の発付対象となり得る証人は数多くいたが、ベンは、シュミット刑事に対してのみ罰則付召喚令状を発付することにした。ベンは、シュミットがブラウンを公判に付すために必要な情報をすべてもたらしてくれると考えた。というのも、カリフォルニア州法は、事実関係について個人的な知見を有している経験豊富な警察官に関しては、ほかの者から聞いたことを証言することも認めているからである。

予備審問の前に、シュミット刑事は受け取ったばかりのいくつかの追加報告書をベン検察官に送付した。追加報告書のなかで最初のものは、ブラウンとヤングのアパートにあったティーポットから発見された白い粉末、およびブラウンのロッカーから発見されたそれが、いずれもコカインであるという検査結果の報告書である。次の追加報告書は、ブラウンとヤングのアパートから押収されたティーポットにあった指紋についてのものである。この報告書では、ティーポットから発見されたコカイン入りのビニール製の小さな袋にはマイケル・ブラウンの指紋が付着していたが、そのほかの人物の指紋は発見されなかった、ということが示されていた。追加報告書の3番目のものは、ブラウンとヤングのアパートのゴミ入れで発見されたコイン収納用の木箱から、ライヒの指紋は発見されたが、その他の指紋は発見されなかったこと、また、コイン収

納用の木箱が入っていた買い物袋からは指紋が発見されなかったことが記されている。

　これら最近になって作成された報告書は、マイケル・ブラウンの最初の裁判所への出頭の際に、スミス検察官によって弁護側に開示された証拠には含まれていなかった。そのため、ベン検察官は、これらのコピーを作成し、公設弁護人事務所に送った。

　予備審問は4月22日火曜日の午前9時から予定されており、ベン検察官、および公設弁護人事務所において予備審問を担当しているリア・マルコ弁護人は、その時間に第4部に到着した。第4部は、「マスター・カレンダー」裁判所である。ここの裁判官は、交通整理のような役割を果たしている。第4部の裁判官は、当事者その他の関係者が集まり、準備が整ったのを確認してから、その時間に対応可能なほかの裁判官のなかから1人を選んで事件を割り当てていくのである。

　ブラウンの事件の順番を待っている間に、マルコ弁護人は有罪答弁のためにどのような提案を用意しているのかを確認するため、ベン検察官と話し合った。ベン検察官は、ブラウンが不法目的侵入および強盗、2件のコカイン所持による告発に対して有罪の答弁をした場合には、高齢者に対する重大な傷害を理由とする刑の加重を主張するのを控える、といった。「三振法のストライクはどうなるのですか。それに、どの程度の刑期を考えているのですか」とマルコは尋ねた。「6年の拘禁刑で、ストライクを1つです」とベン検察官は答えた。「コート・レヴューの時の提案よりも、悪くなっているじゃないですか。こうなったら、予備審問に進むしかありませんね」とマルコはいった。

　ちょうどその時に、「次は、マイケル・ブラウンの事件です。検察官、準備はいいですか」と裁判官がいった。「準備は整っています」とベン検察官が答えた。「弁護人はいかがですか」。「大丈夫です」とマルコ弁護人が答えた。机の上の表をみながら、第4部の裁判官は「第18部へ」といった。

　弁護人と検察官は、第4部を退出し、第18部へと向かった。その間に、第4部の裁判所書記官は、ジェイルの職員に対しマイケル・ブラウンを第18部へ連行するよう指示した。関係者全員が法廷に集まってから、第18部の裁判官であるエレノア・ガルシア裁判官は「それでは、本日はカリフォルニア州対マイケル・ブラウン事件の予備審問を行います」と述べた。それから、彼女はベン検察官をみた。「では、検察官、どうぞ」。

　ベン検察官は、最初の証人としてシュミット刑事を尋問した。シュミットは、次のように証言した。3月20日日曜日に警察に対し、ガーデン通り1400番地のロバート・ライヒ宅において事件が起きた可能性を示唆する通報が入った。ライヒの家に向かったところ、警察官はライヒが床の上に倒れているのを発見し、救急車を手配した。何者かがライヒの家の裏側にある寝室から侵入したこと、およびライヒが帰宅した際にその者が家のなかを物色中であったらしいということが、のちの捜査によって判明した。犯人はライヒの杖をつかみ、彼の頭部を殴打して転倒させた。それから、犯人はライヒ所有の高価なコイン・コレクションをもって逃走した。

　最初に通報してきたライヒの隣人から寄せられた自動車のナンバーを用いて、警察は犯人を犯行現場に運んだ車を停止させることができた。警察官はアレクサンドラ・ユングを逮捕した。事情聴取の際に、ユングは警察に対し、ライヒの家に行った人物は本件被告人のマイケル・ブラウンであると供述した。また、彼女は、自分がブラウンのガールフレンドであること、およびブラウンと一緒にリンデン通り2454番地34号に住んでいることを話した。ブラウンがガーデン通り1400番地まで自動車で送ってくれと頼んだため、本当は嫌だったが、結局ブラウンのいうとおりにした、とユングは述べている。ブラウンがライヒの家に行っている間、彼女は自動車のなかで待っていたが、ライヒの家の敷地に車が入ってくるのをみて、ブラウンを放置して自動車で走り去った。ブラウンは金に困っていたから、ライヒの家から何かを盗むつもりだったのではないかと思う、とユングは話している。

　その後、警察は、ライヒの家から盗まれたコイン・コレクションを発見するためにブラウンのアパートに対する捜索令状を取得した、とシュミット刑事は証言した。コイン・コレクションを発見することはできなかったが、警察は、ブラウンのアパートのゴミ入れから、ライヒがコレクションを保管していた箱を発見した。また、アパートにあったティーポットのなかからは、白い粉末が発見されたが、それはその後の調査でコカインであると判明した。さらに、シュミットは、自らがブラウンの仕事場のロッカーからコカインを発

見したことを話した。

　マルコ弁護人はシュミット刑事に対し、ライヒの家の裏窓がこじ開けられていたということから、家への侵入が１回しかなかったと判断できるのか、例えば、日曜日の夜とそれより前の時点の２回の侵入があったという可能性はないのかと尋ねた。シュミットは、鑑識が作成した報告書ではその点は問題とされていない、と答えた。続けて、弁護人は、ブラウン以外の者が、彼のアパートのゴミ入れにコイン収納用の箱を入れることはできたかと尋ねた。マイケル・ブラウンがコイン収納用の箱をアパートのゴミ入れに入れるところを目撃した者はいないため、ブラウン以外の者が入れた可能性もあるとシュミットは答えた。また、弁護人は、白い粉末が入っていたティーポットにアレクサンドラ・ユングが手を触れたことはあるかと尋ねた。ユングの背丈からすると難しいのではないかと思うが、いまのところ彼女がティーポットに手を触れていないことを示すものはない、とシュミットは答えた。

　マルコ弁護人の行った質問の多くは、シュミット刑事自身が扱った部分に関するものであった。その部分についていえば、今回の証人尋問は、公設弁護人事務所にとっては、ほかでは得られない非常に価値のある情報を入手する好機であった。それ以外の部分については、マルコはいくつかの質問をしたものの、あまり厳しく追及するものではなかった。というのも、これらに関するシュミットの証言は、自身の体験に基づくものではなく、報告書か、あるいは誰かほかの者が彼に語った話に基づくものだからである。このような証言は「伝聞」と呼ばれる。伝聞は、伝聞法則の例外に当たらない限り、一般的には、裁判所での手続において許容されない。かつては、カリフォルニア州においても、予備審問で伝聞証拠を使用することは許されなかった。検察官は、通常の証拠法則に従わなければならなかったのである。証人は、自らが直接体験した事実についてのみ証言することが認められていた。この場合には、証人に質問することによって、弁護側は検察官の主張事実について非常に多くの情報を得ることができた。しかし、1990年からカリフォルニア州では、予備審問において伝聞証拠を使用することが許容されるようになった。これは、警察官が、第三者から聞いたことについても予備審問において証言ができることを意味する。もっとも、第三者から話を聴くに至る状況を正確に描写し、評価できるだけの十分な経験が、証言する警察官に備わっている必要がある。公判の準備にとって、伝聞証拠から得られる情報は役に立つものではなさそうだと判断したため、マルコ弁護人は、シュミット刑事が自ら扱ったわけではない事柄については、あまり質問をしなかったのである。証人が何を知っており、また、何を知らないか、という情報を公設弁護人事務所が必要とするならば、弁護人は、公判外で証人に事情聴取するか、または公判において証人に対し反対尋問をしなければならない。

　ベン検察官は、シュミット刑事以外にも、ロバート・ライヒ、アレクサンドラ・ユング、ライヒの隣人、マックス・マン、その他の警察官など、多くの者を証人として尋問することもできた。しかし、犯罪が行われたこと、およびマイケル・ブラウンがその犯人であると信じる相当な理由があることについては、シュミット刑事の証言によって証明できたと考えたので、ベンはそれ以外の証人の尋問は行わないことにした。

　マルコ弁護人は、予備審問において、被告人のアパートおよび職場におけるコカイン押収の適法性を争うことも検討した。しかし、この点については、もっと後になってから争った方が有利だと判断したため、マルコは、予備審問後の手続を担当する公設弁護人に任せることにした。また、彼女は、予備審問では証人を呼ばなかった。証人を呼ぶことはできたが、この段階でそうしても得るものは何もないと思われた。予備審問の目的は、検察官と弁護人の有する証拠を検討することにあるのではない。その目的は単に、犯罪があり、被告人がその犯人であると信じる相当な理由を示す証拠を検察官が有しているかを判断することにある。被告人が自らの無実を証明する機会は、公判で与えられるのである。

　検察官と弁護人の主張を聴いた後で、ガルシア裁判官は「被告人マイケル・ブラウンが告発に係る犯罪を行ったと信じる相当な理由があると認め、被告人を公判に付すことを決定します」と述べた。それから、裁判官は、地方検事局が告発状に添付していた「拘置命令」に署名した。告発状に拘置命令の書式を添付することによって、裁判官が拘置状を起案する手間を省き、手続を迅速に進めることができる（「拘置命令」については、本章Ⅰ節「2．訴追の決定」で掲げた告発状の末尾を参照）。

　検察官も弁護人も、こうなることを予想していた。カリフォルニア州においては、検察官は、ほとんど常

に、予備審問において相当な理由の存在を示すことに成功している。相当な理由がないと裁判官が認定する事件は、全体の10パーセントに満たない。こうした状況の主な要因としては、カリフォルニア州の検察官が告発に慎重であるということが挙げられる。主張の根拠が弱い場合には、多くの検察官は告発を行わない。また、告発を行った後で根拠が弱いと判断した場合には、検察官が、予備審問の前の段階で、裁判官に対し告発の却下を申し立てることがほとんどである。告発のあったもののうち約30パーセントの事件において、こうした却下の申立てが行われる。告発した事件については予備審問において相当な理由を示す必要があると分かっているため、検察官は、手続の初期段階において、主張の根拠が強固なものかどうかを意識するようになっている。

検察官が告発に慎重なためか、あるいは主張の根拠が弱い場合に早期に却下を申し立てるためか、ほかの州においても、同様に、検察官が予備審問において相当な理由を示すことに失敗することは少ない。しかし、検察官がそれほど告発に慎重ではないところでは、予備審問の結果、多くの事件が却下されることになる（カリフォルニア州を含め多くの州では、軽罪事件の場合には予備審問は行われない）。先に述べたとおり、連邦および4分の1の州が、事件の選別の方法として、予備審問ではなく大陪審を採用している。合衆国憲法の起草者たちは大陪審を一般の市民に大きな保護を与えるものと考えていたが、今日では、大陪審は検察官の捜査のための道具であるとの見方が大半である。大陪審は、検察官が望めば、たとえ主張の根拠が弱い場合であっても、正式起訴を許可している。自分たちが望みさえすれば、大陪審に「ハム・サンドイッチ」の正式起訴を認めさせることもできる、と公言する検察官もいるほどである。検察官が大陪審の手続を支配しているために、多くの法域において、大陪審は事件を選別する制度としての実効性に欠けている。

8．予備審問後の手続――マイケル・ブラウン
(1) 検察側

カリフォルニア州には、ほかの多くの州と同様に、かつては、事実審裁判所に2種類のものがあった。1つは、下級事実審裁判所（「市裁判所」）であり、もう1つは、上級事実審裁判所（「上位裁判所」）である。伝統的に、軽罪事件の手続はすべて市裁判所で行われていた。他方、重罪事件は、市裁判所と上位裁判所の両方で扱われていた。重罪事件の場合、裁判所への最初の出頭から予備審問までの手続については、市裁判所の担当であったが、予備審問後の手続は、上位裁判所が担当していた。しかし、近時、カリフォルニア州では、裁判所制度について重要な改革が行われた。裁判所制度改革論者らによる長年の主張を容れて、現在、カリフォルニア州では、これら2つの裁判所は「上位裁判所」と呼ばれる1つの裁判所にまとめられている。そこには、裁判所を統合した方が、より効果的でコストのかからないものになる、という考えがある。サクラメント郡上位裁判所の58名の裁判官、および750名のその他の職員のうちの多くが、民事事件と刑事事件の双方を担当している。刑事事件を処理するだけでも、およそ裁判官37人とその他の職員480人が必要となる。

重罪事件においては、公判に備えて主張事実を構成するために、検察官は、予備審問終了後に、新たな訴追文書を提出しなければならない。カリフォルニア州を含む多く州で、この新たな文書は「略式起訴状」と呼ばれる。略式起訴状には、告発状と同じような言葉が並べられることが多いが、略式起訴状の方がより正式な文書だと考えられている。かつては、サクラメント郡地方検察局では、予備審問終了後に、告発状を修正し、ほとんど最初から作り直した文書を略式起訴状としていた。この新規作成には、通例10日間ほどの期間を要していた。しかし、最近、サクラメント郡地方検事局および裁判所は、やり方を改めた。すなわち、予備審問の終結の段階で、裁判官が当初の告発状を略式起訴状とみなすことになった。これによって、地方検事局および裁判所の双方にとって、訴訟手続に要する時間と作業負担が軽減されることになる。サクラメント郡地方検事局では、検察官が公判に向けて主張事実を変更したいと考えた場合にのみ、新たな訴追文書を提出することにしている。しかし、ほかの多くの郡では、依然として、地方検事局は新たに訴追文書を提出することになっている。

サクラメント郡でのやり方に従い、予備審問の終結の段階において、ガルシア裁判官は、「上位裁判所の裁判官」として、告発状を略式起訴状とみなすと宣言した。この決定については、ガルシア裁判官が署名した「拘置命令」のなかでも述べられている。カリフォルニア州法では、重罪事件の公判は、略式起訴状の提出後60日以内に開かなければならないとされている。しかし、検察官、弁護人、裁判官のいずれもが、十分な公判の準備をするには60日では短いと感じること

がしばしばあるため、裁判官が弁護人に対し、60日より後の時点で公判を開くことについて同意を求めるのが一般的である。ガルシア裁判官はマルコ弁護人に対し、「期間制限の利益の放棄」を求めた。弁護人がこれを拒否したため、裁判官は、6月20日を公判期日に指定するとともに、6月13日を争点整理手続の期日とし、5月23日を公判前申立ての期日とした。

　この期日指定をもって、ベン検察官の役目は終わった。彼の職務は手続を次の段階に進めることであったが、彼はそれをやり遂げた。ベンは記録をもち帰り、地方検事局に2班ある重罪公判係のうちA班の書類受けにそれを入れた。翌朝、重罪公判係Aの責任者がほかの事件の記録と一緒にこれを取り出し、読み始めた。彼の職務は、事件を見極め、A班にいる8名の検察官のうちの誰にそれを割り当てるかを判断することである。そして、割り当てを受けた検察官がその事件の公判を担当することになる。ブラウンの事件の記録を読み終え、A班の責任者は、本件は比較的重大な犯罪に関わる、やや込み入ったものであると判断した。彼は、ブラウンの事件をA班の検察官のなかでも比較的経験豊富なマリア・シュレーダーに割り当てることにした。シュレーダーは、地方検事局に勤めて約4年になる地方検事補である。当初、彼女は軽罪事件の公判を担当する係に配属されていた。そこで6か月勤めた後、彼女は少年裁判所に異動になった。ここで約2年半勤めた後、現在の重罪公判係に異動になったのである。彼女は、あと1年ほどここで仕事をした後、性犯罪、児童虐待、組織犯罪などを専門的に扱う部署に異動することを希望していた。

(2) 予備審問終了後――弁護側
　ベン検察官のそれと同様に、マルコ弁護人の職務も非常に限られたものであった。マルコの職務は、予備審問を担当することである。彼女は、予備審問において知り得たことを記録に書き込んだ後で、それを公設弁護人事務所の公判担当班Aに引き渡した。しばらく記録を検討した後、公判担当班Aの責任者は、それを比較的経験豊富なダーク・ボッシュに割り当てた。これによって、ボッシュが公判でマイケル・ブラウンの弁護を担当することになった。

　ボッシュ弁護人は相当数の事件を担当していたが、翌日、何とか時間を作ってブラウンの事件の記録を検討した。公判期日が間近に迫ってから記録を読む方が多くの事件を要領よく処理できる、という同僚もいるが、ボッシュはそのようには考えていなかった。記録を読み終えた後、ボッシュは、事件についてあまりいい印象をもたなかった。公判になれば、有罪となるのは確実であるように思われた。弁護側にとって有利な事実を何か見つけることができなければ、公判は検察側の証拠に圧倒されたままで終わるように思われた。

　強盗と不法目的侵入による訴追の方がより重大なものだとは思ったが、ボッシュ弁護人には、コカインの所持による訴追は、被告人の印象を悪くし、ひいては裁判官や陪審に対し弁護側に不利な影響を及ぼすのではないかとの懸念があった。また、彼は、証拠排除申立ての審理を、コカインの所持の訴追を打ち切らせる絶好の機会であると考えた。それゆえ、彼はまず、ブラウンのアパートと彼の職場で発見されたコカインの証拠排除の申立てについての文書の作成から始めることにした。また、ボッシュは、ブラウンのアパートのゴミ入れから発見されたコイン収納用の木箱についても、証拠排除が認められる可能性があると考えた。彼の申立ては、次のとおりである。

ダーク・ボッシュ、州法曹番号 22456
公設弁護人事務所
95616　カリフォルニア州サクラメント市
H通り700番地
(916)-874-6411
マイケル・ブラウンの弁護人

カリフォルニア州サクラメント郡上位裁判所

カリフォルニア州	事件番号 21935
対	証拠排除の申立て
マイケル・ブラウン	

> 宛先：上記の裁判所および地方検事局
>
> 　2005年5月23日に予定されている刑事法典1538.5条による審理において、被告人マイケル・ブラウンは、刑事法典1538.5条に基づき、サクラメント市警察によってリンデン通り2454番地34号およびモーツァルト・コート2245番地で押収された証拠の排除を申し立てる。
>
> 　これら2件の捜索については、本書面に添付の警察の報告書に説明がある。
>
> 　さしあたり、被告人は以下の証拠の排除を求める。
>
> 　違法な行為の結果獲得された有形・無形のすべての証拠。さしあたり、次のもの。すなわち、リンデン通り2454番地34号で押収された白い粉末、および、モーツァルト・コート2245番地で押収された白い粉末。粉末の入っていたビニール製の小さな袋。リンデン通り2454番地34号で押収されたコイン収納用の箱。コイン収納用の箱の入っていた買い物袋。
>
> 　被告人のアパートにおけるこれらの物の押収は、捜索令状により許された捜索の範囲を逸脱している点、および、これら特定の物を押収することについての相当な理由が存在していなかった点で、不合理なものである。また、被告人の職場における捜索・押収は令状なしに行われている点で、不合理なものである。この申立ては、以上の理由によるものである。
>
> 　この申立ては、以下の証拠に基づくものである。
>
> 　――この申立てについての審理において提出する証拠
> 　――（この申立てに添付した）争点および先例に関する意見書
>
> 日付：2005年4月29日
>
> 　　　　　　　　　　　　　　　　　　　　　　（署名）ダーク・ボッシュ
> 　　　　　　　　　　　　　　　　　　　　　　　　　　ダーク・ボッシュ
> 　　　　　　　　　　　　　　　　　　　　　　　　　　公設弁護人補
> 　　　　　　　　　　　　　　　　　　　　　　　　　　マイケル・ブラウンの弁護人

　ボッシュ弁護人が、証拠排除の申立てに添付した争点および先例に関する意見書は、以下のとおりである（ただし、意見書の一部および先例の出典については、省略する）。

> ### 争点および先例に関する意見書
> ### 証拠排除の申立てを支持するものとして
>
> 　1．被告人がユングと共用していたアパートの捜索が令状で許された捜索の範囲を逸脱している点。ベック裁判官署名の令状によって、警察には、盗まれたコインについて、被告人がユングと共用しているアパートを捜索することが認められた。しかし、警察は、盗まれたコインを発見できなかった。代わりに、警察は、キッチンの戸棚の上にあったティーポットのなかから発見されたとされる小さな袋に入った白い粉末を押収した。警察は、この白い粉末をコカインだと主張している。しかし、コカインもその他の薬物も、捜索令状には対象物として記載されていなかった。
>
> 　合衆国憲法修正4条は、令状に「捜索すべき場所」「押収すべき物件」を「特定して記載」することを要求している。令状に記載された範囲を超えて実施された捜索は、修正4条の最も基本的な原理を侵害することになる。本件においては、捜索令状によって、警察には、コインの発見される可能性のあるす

べての場所を捜索することが許されていたものの、ティーポットを開けた際、警察には、そのなかにコインが入っていないことが直ちに明らかになっていた。それゆえ、警察にはそれ以上ティーポットのなかを捜索することは許されていなかった。

　本件の捜索令状では、コカインないし白い粉末の捜索は許されていない。検察官は、おそらく、この白い粉末は「プレイン・ヴュー」の法理のもとで押収されたものであると主張するであろう。しかし、本件で押収された白い粉末は、ティーポットの底にあった小さな袋のなかに入っていたのである。この小さな袋がコインでないことは一目瞭然であり、そのなかに何が入っているかは袋をみれば分かる。袋のなかにあった白い粉末は、砂糖、塩、小麦粉、あるいは特別な種類のお茶である可能性があった。みただけでコカインと分かるということを警察官が説明できない限り、この白い粉末が「明らかに犯罪に関係する」とはいえず、したがって、押収は違法である。そして、警察が押収した白い粉末を化学検査に回していることから、警察が、ティーポットのなかから取り出した後の時点においても、外部からの観察によってその白い粉末の成分を判断できるとは考えていなかったのは明らかである。証拠の排除を申し立てる理由としては、この白い粉末は「明らかに犯罪に関係する」と認められるものではなかった、ということを指摘すれば十分である。仮に、押収に当たった警察官が外部からの観察によってこの白い粉末をコカインと認識できるだけの専門的知識を有していたとしても、本件においては、そのことは、法的には無意味である。ティーポットのなかから小さな袋を取り出した行為など、警察官が行った観察の態様は、コインが存在しないことを確かめるのに必要とされる程度を確実に超えている。袋に対するものであれ、ティーポットに対するものであれ、こうした行為は令状によって許可された範囲を超える「捜索」であり、また、このような捜索を行う相当な理由の存在も認められない。それゆえ、本件の押収は憲法に違反しており、リンデン通り2454番地34号から発見された白い粉末は、証拠から排除されなければならない。

　2．コイン収納用の箱の押収は、令状で許可されたものではなく、被告人の憲法上のプライヴァシーの権利を侵害している。合衆国憲法修正4条は、令状に「捜索すべき場所」を「特定して記載」することを要求している。ベック裁判官署名の令状によって、警察には、「リンデン通り2454番地34号およびその物置部分」を捜索することが認められていた。被告人がユングと共用していたアパートと「その物置部分」がこの記載内容に含まれることは明らかである。しかしながら、アパートの裏にあるゴミ入れは、それに含まれないと解すべきである。住居の車庫にある自動車が「物置部分」に含まれないのと同様に、アパートの部屋の外にあるゴミ入れは「アパート」の一部分でも、「物置部分」の一部分でもない。従来の理解からすると、「物置部分」とは本件のゴミ入れを含んでおらず、また、本件のゴミ入れが含まれるように「物置部分」を解釈することは、修正4条の明確性の要求に違反する。［判例法の解釈については、省略する。］それゆえ、ゴミ入れに対する令状は発付されておらず、検察官には当該ゴミ入れの捜索の適法性について挙証責任がある。

　修正4条の保護する憲法上のプライヴァシーの権利は、私生活のその他の部分と同様に、日常的な部分についても認められる。ゴミ入れには私生活上の秘事が多く含まれており、廃棄される、またはゴミ収集業者に引き渡されるまで、ゴミは、修正4条によって保護される。本件においては、被告人とユングが共用していたゴミ入れの中身は、廃棄されておらず、またゴミ収集業者に引き渡されたものでもない。

　コイン収納用の箱およびそれが入っていた買い物袋の押収については、令状が発付されておらず、また、令状主義の例外に当たるものでもないから、当該押収は憲法に違反している。それゆえ、ゴミ入れに対する捜索の過程で発見されたコイン収納用の箱および買い物袋は、証拠から排除されなければならない。

　3．被告人の職場のロッカーに対する捜索は、令状で許可されたものではなく、被告人の憲法上のプ

ライヴァシーの権利を侵害している。モーツァルト・コート2245番地のマン自動車整備工場における捜索に対しては令状が発付されていない。告発がなされる前は、被告人はマン自動車整備工場で整備士として働いていた。ここ数年、マン自動車整備工場では各人が衣類や所持品を保管できるよう整備士にロッカーが割り当てられていた。被告人がマン自動車整備工場に就職した時に、工場のオーナーであるマックス・マンは、彼にもロッカーを割り当てた。その際、マンは被告人に対し、そのロッカーは被告人のものであり、自分の鍵を付けてもかまわないと話している。

2005年3月22日に、捜査官のシュミットは、被告人が自分用のロッカーに取り付けていた鍵を切断し、令状なしに、また被告人の同意も得ずに、被告人のロッカーに侵入した。これは、被告人の憲法上のプライヴァシーの権利を侵害するものである。

[以下では、ロッカー内から発見された白い粉末が「明らかに犯罪に関係する」といえるかについての検討がなされているが、ここでは省略する。]

申立書を作成し終えると、ボッシュ弁護人は、それを裁判所に提出し、また、シュレーダー検察官のためにコピーを作成した。それから、彼は記録を再検討した後で、依頼人と面会するためにジェイルへ向かった。彼は、まず、ブラウンに自己紹介をし、公設弁護人事務所が、この段階になって、新しい弁護人を送り込むことになった経緯を説明した。彼はブラウンに対し、コカインとコイン収納用の箱について、証拠排除の申立てを行ったことを告げた。そして、おそらく5月中旬に証拠排除の申立てに関する審理が行われるだろうと説明した。さらにいくらか話を聴いた後で、ボッシュはブラウンに対し、コーンウェル弁護人がブラウンと面会した当初に行ったのと同じ質問をした。すなわち、ロバート・ライヒが襲撃を受けた夜は、映画を観た後でディスコに行った、というブラウンの主張を裏づけてくれる人物はいないかと尋ねた。思い当たる者はいない、とブラウンは答えた。それから、ボッシュは、今日はもう帰らなければならない、また後日話し合おう、といった。

事務所に戻るとボッシュ弁護人は、公設弁護人事務所の調査官であるロビン・キムと面会の約束を取り付けた。ボッシュ弁護人は、今回の弁護を成功させるためにはさらなる調査を行う必要があると考えていたため、キムに対し、弁護に役に立ちそうな情報が得られないか、証人たちと連絡をとるよう頼んだ。何かを見つけてくれない限り、どうも分が悪い、とボッシュ弁護人はキムにいった。

ボッシュ弁護人の証拠排除の申立てを受け取ってから2週間後、シュレーダー検察官は、この申立てに対する反対意見の書面を作成した。それは、次のとおりであった。

リンダ・ベル
地方検事、サクラメント郡
マリア・シュレーダー、州法曹番号27568 作成
956156　カリフォルニア州サクラメント市
G通り901番地
(916)-874-6218

カリフォルニア州サクラメント郡上位裁判所

カリフォルニア州	事件番号：21935
対	証拠排除の申立てに対する反対意見
マイケル・ブラウン	

争点および先例に関する反対意見書

主張の概要

> リンデン通り 2454 番地 34 号の被告人のアパートの捜索は、令状により実施されたものである。警察官には「コイン・コレクション；コインを収納するための箱；コインの売買に関する記録」の捜索が許可されていた。この捜索の過程で、警察官は白い粉末の入った小袋をプレイン・ヴューにより発見した。警察官には、この白い粉末をコカインと信じる相当な理由が存在した。アパートに対する捜索令状によって、当該アパート用のゴミ入れに対する捜索が許容されるのは当然である。「物置部分」の捜索が許可されていることからも、このことは明白である。モーツァルト・コート 2245 番地のマン自動車整備工場におけるロッカーの捜索は、その建物とロッカーの所有者であるマックス・マンによる許可・同意を受けて実施されたものである。
>
> 主張
>
> 本件で、警察官はキッチンにあったティーポットから白い粉末を発見したが、これについて被告人は証拠排除を主張している。令状によって警察官にはコインについての捜索が許可されていたが、コインは小さなものであるから、ティーポットのなかを捜索することも認められていたのは明らかである。そして、ティーポットを開けてすぐに、警察官はコカインと思われる白い粉末を発見したのである。警察官には、プレイン・ヴューによる場合には、令状がなくても犯罪に関連するものの押収が認められている。白い粉末がプレイン・ヴューの状態にあったことは明らかである。発見された白い粉末が「明らかに犯罪に関連する」といえるか判断するにあたって、警察官には自らが有する専門的知識を用いることが認められている。そして、専門的知識を用いた結果、警察官は当該粉末をコカインだと判断したのである。公判との関係では、詳細に主張するために化学的な分析が必要であるが、捜索の正当性との関係では、専門的知識を用いた警察官による判断で足りる。
>
> ［以下、ここでは省略する。］

反対意見書を作成し終えると、シュレーダー検察官はそれを裁判所に提出し、ボッシュ弁護人のためにコピーを作成した。

(3) 証拠排除の申立てについての審理

証拠排除の申立てについての審理とは、異議申立てが行われている証拠を検察官が公判で使用することが許されるかを判断するためのものである。こうした審理は通常、正式な公判に先立って行われる。証拠排除の申立てについての審理が先に行われることによって、裁判所は、公判において、有罪か無罪かという問題に集中することができる。また、これによって、公判において使用が許される証拠について、当事者に対して前もって告知をすることができる。証拠排除の申立てについての審理においては、陪審ではなく裁判官が判断する。

5月23日の午前9時に、検察官、弁護人、被告人、および証人たちは、マスター・カレンダー裁判所である第4部の法廷に集合した。ブラウンの事件の番になり、彼らは、フィリップ・シュヴァルツ裁判官の法廷である第39部に移動した。ボッシュ弁護人が、ティーポットから発見されたコカイン、被告人の職場のロッカーから発見されたコカイン、および、コイン収納用の箱に関する証拠排除の申立てを口頭で行った。リンデン通りにあるアパートの捜索は令状に基づいて実施されたものであるから、当該捜索が違法であることについての挙証責任が被告人にある、と裁判官が述べた。続けて、裁判官は、マン自動車整備工場にあるロッカーの捜索は令状なしに実施されたものであるから、当該捜索が適法であることについての挙証責任は検察官にある、といった。また、ゴミ入れの捜索が令状の範囲内のものであるか否かについて争いがあるが、この点に関する挙証責任が検察官と被告人のいずれにあるのかの判断はしばらく保留する、と述べた。それから、シュヴァルツ裁判官は検察官に対して、被告人の職場のロッカー、およびゴミ入れに対する捜索に関しての証拠を提出するよう求めた。

先に証拠を提出する機会をもらったことについて礼を述べたうえで、シュレーダー検察官は、自動車整備工場のオーナーであるマックス・マンを証人として呼んだ。マンは法廷の前方に進み出た。彼が直立したままでいると、裁判所書記官が彼に、右手を上げて、真実を述べることを宣誓するよう求めた。宣誓を終えると、彼は、裁判官席のすぐ近くにある証人席に着いた。

シュレーダー検察官がマンに、名前と住所を尋ねた。次に、シュレーダーはマンに対し、「自動車整備工場のオーナーですか」と尋ねた。「そうです」とマンは答えた。それから、シュレーダー検察官は、自動車整備工場に従業員のためのロッカーがあるか尋ねた。「あります」とマンは答えた。

検察官：「あなたの自動車整備工場のロッカー制度について説明してください。」

マン：「ロッカーは主に整備士のために置いています。彼らの仕事のなかには衣服が非常に汚れるものもあって、整備士には衣服や昼食などの所持品を入れておくロッカーが必要です。彼らの役に立つようにと、ずいぶん昔に、私は控え室にロッカーを備え付けました。新しく整備士を雇った時には、ロッカーを割り当てます。整備士たちは自分の便利なようにロッカーを使っています。整備士が私のところを辞める時には、整備士にはロッカーから荷物をどけてもらいます。」

検察官：「ロッカーが置かれている部屋は誰が所有していますか。」

マン：「私です。」

検察官：「ロッカー自体は誰が所有していますか。」

マン：「私です。」

検察官：「あなたは、これまで整備士の誰かに、ロッカーの所有者は君だ、といったことはありますか。」

マン：「いいえ。彼らには使用を認めているだけで、ロッカー自体は私が所有しています。」

シュレーダー検察官：「質問は以上です。」

シュレーダー検察官が質問を終えると、今度は弁護人が証人に対して質問することを許された（「反対尋問」）。検察官の質問に対する証人の返答を吟味、または明確にするために、ボッシュは反対尋問を行った。

弁護人：「マンさん、あなたが整備士たちに割り当てるロッカーには、もともと錠が付いているのですか。」

マン：「いいえ。」

弁護人：「あなたはロッカーを割り当てる際に、整備士たちに対して、必要なら錠を付けてかまわない、といっていますか。」

マン：「はい。」

弁護人：「現在あなたが雇っている整備士のうちの何人くらいがロッカーに錠を付けていますか。」

マン：「正確には知りませんが、ほとんど全員がそうしているのではないかと思います。」

弁護人：「一旦整備士にロッカーを割り当てた後で、あなたはどれくらいの頻度でロッカーを開けてなかをみますか。」

マン：「1回もやりません。」

弁護人：「なぜ、開けてなかをみないのですか。」

マン：「整備士が私のところに勤めている間、そのロッカーは実際には整備士のものだからです。」

弁護人：「質問は以上です。」

反対尋問が終わると、シュレーダー検察官が、再度、マンに対していくつか質問を行った。このような質問は、先の質問——本件では、ボッシュ弁護人による反対尋問——に含まれていた問題点に関係するものでなければならない。

検察官：「あなたの自動車整備工場で火事が起こった場合に、またはその他、ロッカーを開けてなかをみる必要があるような緊急の事態が生じた場合に、あなたは整備士たちにロッカーを開けるように命じることはできますか。」

マン：「そのようなことは考えたこともありませんが、もちろん可能です。結局のところ、所有者は私なのですから。」

次に、シュレーダー検察官は、シュミット刑事を証人として呼んだ。いくつかの予備的な質問が終わると、シュレーダーはシュミットに対し、マンの自動車整備工場においてブラウンのロッカーに対して実施した捜索について、説明を求めた。

シュミット刑事は次のように述べた。まず、マイケル・ブラウンが仕事をする時に衣服や所持品をどこに置くかをマンに尋ねた。すると、マンはロッカーをみせてくれた。ロッカーのなかを捜索してもかまわないかと尋ねると、マンはかまわないと答えた。というのも、マンはブラウンを解雇するつもりだったので、いずれにせよロッカーのなかを片付ける予定だったのである。

「質問は以上です」とシュレーダー検察官はいった。裁判官はボッシュ弁護人に対し、シュミット刑事に質問するかと尋ねた。ボッシュは、質問すると答えた。そして、ロッカーを捜索する際にマンからロッカーの鍵を受け取ったか、とシュミットに尋ねた。これに対しシュミットは、マンからは鍵を受け取っていないこと、および、ロッカーのなかをみるために錠を切断したことを話した。

第2章 アメリカ合衆国：カリフォルニア州

錠を切断する必要があったという事実から、そのロッカーがブラウンの私的領域であり、なかを捜索するには令状が必要であるとは思わなかったのか、とボッシュ弁護人はシュミット刑事に質問した。ブラウンを解雇した後で、ロッカーのなかを片付けなければならないとマンがいったので、そのようには思わなかった、とシュミットは答えた。

「報告書を作成した時に、あなたはその情報を書きましたか」とボッシュ弁護人は尋ねた。その情報を報告書に書かなかったことを、シュミット刑事は憶えていた。「私の作成した報告書は、マンとのやりとりをまとめたもので、そのまま書き取ったものではありません。しかし、マイケル・ブラウンを解雇するつもりなので、どのみちロッカーのなかを片付けなくてはならない、とマンさんがいったのは、はっきりと憶えています」とシュミットはいった。それから、ボッシュは、マンが実際にブラウンを解雇したのか尋ねた。「知りません」とシュミット刑事は答えた。

「質問は以上です」とボッシュ弁護人はいった。シュレーダー検察官もシュミット刑事に対してさらに尋ねることはなく、この点についてほかに提出する証拠はない、といった。

シュヴァルツ裁判官はボッシュ弁護人に対し、ロッカーの捜索に関して提出する証拠はあるかと尋ねた。ボッシュは、被告人マイケル・ブラウンを証人として尋問したいといった。ボッシュはブラウンに対し、現在でもマンの自動車整備工場に勤めているか、また、そこにロッカーがあるかと質問した。これに対しブラウンは、現在でもマンの自動車整備工場に勤めており、そこにロッカーがあると答えた。それから、ボッシュはブラウンに対し、ロッカーを割り当てられた際にマンからいわれたことを正確に詳しく話してくれるように頼んだ。マンに「これは君のロッカーだ。好きなように使ってかまわない」といわれた、とブラウンは説明した。

弁護人：「ロッカーに自分の錠を付けてかまわない、といわれましたか。」
ブラウン：「はい。」
弁護人：「あなたは錠をロッカーに付けたのですか。」
ブラウン：「はい。」
弁護人：「その錠はあなたのものですか、それともマンさんのものですか。」

ブラウン：「錠は私のものです。マンさんはその鍵すらもっていません。」
弁護人：「マンさんに鍵を渡さなかったのですか。」
ブラウン：「渡しませんでした。」
弁護人：「質問は以上です。」

シュレーダー検察官は、マイケル・ブラウンに対して反対尋問を行うこと、すなわち、ロッカーの管理と所有者について——ボッシュ弁護人が質問したのはこの2点である——質問することができる。しかし、コカインを使用していたか、また、押収された白い粉末はコカインであるかについては、弁護人が質問しなかったため、尋ねることはできない。シュレーダーはブラウンに対して、ロッカーを所有しているのか、と尋ねた。「ロッカーの所有者は自分ではなく、マンです」とブラウンは答えた。それからいくつか質問をして、シュレーダーはブラウンに対する質問を終えた。ボッシュ弁護人は、ロッカーの捜索について、ほかに提出する証拠はないといった。

シュレーダー検察官は、アパートに対する捜索令状により、ゴミ入れの捜索は可能と思われる、と主張した。また、仮に令状がゴミ入れには及ばないとしても、令状の発付を受ける際に提出した証拠によって、ゴミ入れの捜索について相当な理由があることが証明されており、また、マイケル・ブラウンの逮捕によって、警察が捜索しなければ、誰かほかの者がゴミ入れを漁るおそれがあったと思われる、とシュレーダーは述べた。そして、これによって、令状の入手を免除する緊急性が認められる、と主張した。このほかにゴミ入れの捜索に関して提出する証拠はないが、今後、しかるべき時に、捜索の適法性を基礎づけるより詳細な主張を行うつもりである、とシュレーダー検察官は述べた。

シュヴァルツ裁判官はボッシュ弁護人に対して、この点に関して、ほかに提出する証拠がないか尋ねた。「ありません」とボッシュが答えたため、続いて、裁判官は彼に、令状により実施されたアパートの捜索に関して証拠を提出するよう求めた。ボッシュは、シュミット刑事を証人として呼んだ。ボッシュはシュミットに対して、令状で認められていたのは盗まれたコインの捜索であったのに、なぜブラウンのアパートで薬物を押収したのか尋ねた。

シュミット刑事は、自分はコインを探していたのであり、そのために色々な場所を探し回った、しかし、

コインを隠せないような場所は調べていない、といった。そして、彼は、コカインが発見されたのはコインが隠されている可能性のある場所である、と述べた。ボッシュ弁護人は、警察はそもそもコインだけでなく、薬物も捜索するつもりであったことを示そうと、その後も様々な質問を行った。ブラウンとユングのアパートにあったティーポットをシュミットにもたせて、ボッシュは彼に、実際の捜索がどのように行われたのかの説明を求めた。それから、ボッシュは、白い粉末の入った小さな袋がいつティーポットから取り出されたのか、また、それはどのようにして行われたのか、質問した。これに対し、シュミットは、ティーポットのなかにコインがあるかどうかを確認するために、ふたを開けてからすぐに袋を取り出したと答えた。その後も、盗まれたコインの大きさ、コカインの識別に関するシュミット刑事の専門的知識、アパートの明かりの種類などについて、様々な質問が行われた。シュレーダー検察官は、この点に関してシュミットに質問することはなく、ほかに証人を呼ぶつもりもないことを裁判官に告げた。

それから、シュレーダー検察官は、裁判官に対して次のように述べた。アパートの捜索はすべて令状によって許されていたものであった。警察官はコインを捜索していたのである。コインは小さいため、警察官は様々な場所を探す必要があった。薬物が発見されたのは、コインが隠されている可能性があった場所であり、ティーポットのなかにコインがないか確認するために、袋を取り出すのは相当な行為であった。そして、袋を取り出したならば、専門的知識を有する捜査官には、それがコカインであると識別するのは容易であった。また、ゴミ入れの捜索が令状の範囲内にあるのは明らかである。ゴミ入れがアパートの一部分でもなく、その物置部分でもない、という主張は的外れである。

自動車整備工場にあるロッカーの捜索もまた、適法なのは明らかである。被告人マイケル・ブラウン自身、そのロッカーが経営者のマンの所有物であり、自分のものではないことは分かっていたのである。そして、マンが捜索に同意したのだから、ブラウンの異議申立てには理由がない。

検察官の主張を聴いた後で、シュヴァルツ裁判官は、次に弁護人に主張の機会を与えた。ボッシュ弁護人は、アパートを捜索する際、警察官が、盗まれたコインではなく、もっぱら薬物を探す目的であったことは明らかである、と述べた。裁判官は、「そうかもしれません。しかし、そうだとしても、薬物が発見されたのは、コインの隠されている可能性のある場所からではないかという点についてはどうでしょう。その点について、事実関係が検察官のいうとおりだとすると、やはり捜索は許容されることになるのではないでしょうか」と述べた。

「いいえ」とボッシュ弁護人が答えた。「ですから、捜索を許容すべきではありません。令状によって認められていたのは、コインの捜索のみであり、薬物の捜索ではありません」とボッシュは主張した。

そして、ゴミ入れの捜索に関して、提出された意見書にある主張を繰り返した後で、弁護人はロッカーの捜索に関する主張を始めた。弁護人は、令状がなく、また捜索すべき理由もなかったのであるから、ロッカーの捜索は明らかに違法である、と述べた。ロッカーが依然としてマンの所有物であるという事実は重要ではない。マンは、ロッカーに対する事実上の管理権をブラウンに与えていた。そして、通常、警察が賃借人の部屋を捜索することについて家主が許可を与えることができないのと同様に、警察がブラウンのロッカーを捜索することについてマンが許可を与えることはできない。マンは、ブラウンがロッカーに取り付けた錠の鍵さえもっていなかったのである。

「アパートの捜索は適法であると判断します」とシュヴァルツ裁判官はいった。有効な令状が存在しており、本件で行われたのは令状によって許可された種類の捜索であった、と裁判官は述べた。たとえ実際には警察官は薬物を捜索していたのだとしても、警察官は、コインが隠されている可能性がある場所しか捜索していない。争点となっているのは、警察官の秘めた目的ではなく、警察官のとった行動が正当と認められるか、である。そして、本件で警察官がとった行動は、正当と認められる。また、令状に記載された「物置部分」という文言を考慮すれば、ゴミ入れの捜索は令状の範囲内にあるといえる。

しかしながら、ロッカーの捜索については事情が異なるとして、弁護人の主張が認められた。ロッカーについて、ブラウンには正当なプライヴァシーの期待が認められる。マンがロッカーの所有者ではあるが、彼には捜索に許可を与える権限はない。もし、捜索の時

点でマンがすでにブラウンを解雇し、ロッカーの管理権を取り戻していたならば、事情は異なっていたであろう。しかし、実際には、マンは、まだブラウンを解雇していなかった。ロッカーから発見された証拠は排除されることになる。シュレーダー検察官は、法廷から退出する際に、自分の時計に目をやった。審理には１時間以上かかっていた。

(4) シュヴァルツ裁判官の決定に対する弁護人の不服申立て

シュヴァルツ裁判官がブラウンの職場で発見されたコカインを証拠から排除する決定をしたことに、ボッシュ弁護人は満足していた。この決定は、このコカインは公判では証拠として使用できない、ということを意味する。ボッシュにとって、コイン収納用の箱に関する自らの主張が認められなかったことは残念だったが、それほど驚くべき結果とはいえなかった。主張が認められることを望んではいたものの、彼にはその可能性が低いことが分かっていた。しかし、ティーポットから発見されたコカインに関して自らの主張が認められなかったことについては、ボッシュは非常に困惑していた。裁判官は自分の主張を容れた決定をすべきであると思っていたし、ティーポットから発見されたコカインを証拠として使用することが認められてしまったために、さらに分が悪くなった、とボッシュは悩んでいた。

ほとんどの争点について公判が終わるまで被告人には上訴が許されていないが、証拠排除の申立てに対する決定については公判に先立って上訴することができることを、ボッシュ弁護人は知っていた。証拠排除の申立てが認められなくても、普段なら、ボッシュは上訴をしようとは思わない。というのも、あまりに多くの事件を抱えていて、上訴に必要な作業ができないし、また、たとえそれをすべてこなせたとしても、上訴裁判所で主張が容れられる可能性はあまりないからである。しかし、ブラウンの事件については、弁護人にとって相当不利な事件であったために、ボッシュ弁護人は不服申立てをするつもりになっていた。しかし、最終的な決断はせずに、少し待って、中間上訴を行うつもりであるということを答弁取引の際にこちらに有利な材料として使えるか確認することにした。

9．答弁取引──マイケル・ブラウン

ボッシュ弁護人には、今度裁判所に行かなければならないのは「争点整理手続」──公判のための最後の調整を行う、裁判官および検察官とのミーティング──の時となることが分かっていた。シュヴァルツ裁判官は、いつものように、これを公判の１週間前に設定した。争点整理手続の２週間前、ボッシュは、ロビン・キムと話をした。キムは公設弁護人事務所の調査官であり、ボッシュは彼女に本件の調査を依頼していたのである。キムの話では、状況は楽観できないとのことだった。よいニュースとして、検察側の目撃証人はそれほど強力ではないというもの、そして、アレクサンドラ・ユングが証言台に立つ動機を問題とすることができるかもしれないというものがあった。他方、悪いニュースであるが、検察側の証拠には、キムが観察したところ、大きな穴はみられないとのことだった。

ボッシュ弁護人には、本件の弁護がきわめてハードなものであることが分かっていた。検察側の主張は非常に強力である。しかし、依頼人に不利な証拠が圧倒的に多いことは、彼の問題ではなかった。負けたくはなかったが、しかし、ボッシュは、マイケル・ブラウンが行なったこと、あるいは、行なわなかったことについて、責任を感じはしなかった。それは、ブラウンが負うべきものであった。無罪、あるいは、より重大でない事実による有罪を獲得する途があり、ブラウンがその途をとるよう期待するならば、ボッシュはそれに従うことが自分の義務だと考えるであろう。有罪であることは合理的な疑いを超える程度まで立証されなければならず、検察官がそのような立証をすることができなかったならば、彼の依頼人は、法的には無罪なのである。たとえ個人的には依頼人は有罪だと考えたとしても、ボッシュの義務は依頼人を弁護することであった。ボッシュは、国家によって抑圧されやすい人々を護るためにはそのような弁護活動が必要なのだという信念をもっていた。そして、それが、公設弁護人という職業を彼が選んだ理由だったのである。

しかし、ボッシュ弁護人は、無罪、あるいは、より重大でない事実による有罪をブラウンの事件の公判で獲得できるかについて、懐疑的であった。記録などを調べて、彼は、役に立つものがほとんどないことを知った。検察側の証拠と依頼人の性質を考えると、公判の結果について楽観的とはなれなかったのである。

したがって、ボッシュ弁護人が恐れていたのは、依頼人が有罪を言い渡されることではなかった。それは、分かりきったことだと思われた。彼が心配してい

たのは、もっぱら、依頼人が有罪答弁を行わずに事件を公判にもち込んだ場合、裁判官は可能な限り重い刑を言い渡すのではないかということであった。多くの弁護人と同様、ボッシュは、検察官や裁判官が、検察側に有利な証拠が圧倒的に多い事件が公判にもち込まれた場合を、事実や法に関して何らかの争点が存在する事件が公判にもち込まれた場合とはっきり区別して扱っていると考えていた。もちろん、被告人には、どちらの事件においても、陪審による公判を受ける権利が憲法で保障されている。そして、依頼人が公判を選択したならば、そこで最善を尽くすことが彼の義務である。しかし、それと同時に、それぞれの選択肢についてどのような結末が予想されるか、依頼人に助言を与える義務がボッシュにはあったのである。

そこで、ボッシュ弁護人にとって問題となったのは、まず第1に、依頼人にどのようにアプローチするのが一番いいのかということであった。彼の依頼人は、前にコーンウェル弁護人がした答弁についての勧めを受け入れなかった。証拠排除の審理の時も、ほとんど口を利かなかった。たとえボッシュが弁護人として好ましい答弁の合意を結ぶことができたとしても、依頼人が彼の助言を受け入れて有罪答弁をするかどうかは分からなかった。ブラウンは、事件を公判にもち込むことに――それが非常に厳しい刑をもたらすことがほとんど確実であっても――こだわるのではないかと思われた。ボッシュは、別の事件で、そのような経験をしたことがあった。しかし、同時に、彼は、事件を公判にもち込むか有罪答弁をするかの選択権を合衆国憲法によって与えられているのは自分ではなくブラウンであることを承知していた。理屈の上では、それならそれでよい、結局のところ問題となっているのはブラウンの人生なのだから、ということができた。しかし、現実の話としては、ボッシュは、依頼人たちが助言を素直に受け入れて自らの利益に適った選択をしてくれることを、いつも願っていたのである。

ボッシュ弁護人にとって第2に問題となったのは、地方検事局のことであった。コート・レヴューの時の検察官は6年の拘禁刑とストライク1つを申し出ていたが、シュレーダー検察官が同様の申し出をしてくるかどうか、彼には全く分からなかった。地方検事局の申し出は、手続の初期のものが最も条件がいいのが普通である。しかし、ボッシュの考えでは、選択の余地はほとんどなかった。彼には、適切な答弁合意のために交渉し、その合意内容を依頼人が受け入れることを

期待する、という途しかなかったのである。そこで、ボッシュは、争点整理手続の際に、もう一度、答弁の合意を結ぶことを試みてみようと決意した。

6月13日月曜日、ボッシュ弁護人とシュレーダー検察官は、シュヴァルツ裁判官の執務室にやってきた。裁判官は、シュレーダーに、6月20日に開かれる公判の準備状況について尋ね、間に合うと思うとの返答を得た。そこで、裁判官は、ボッシュにも同様の質問をした。これに対し、ボッシュは、コカインが証拠排除されない限り、上級の裁判所に中間上訴を申し立てることになると伝えた。

ボッシュ弁護人の発言には答えずに、シュヴァルツ裁判官は、公判が開かれることなく事件が終結する可能性はあるかと尋ねた。カリフォルニア州法上、ブラウンの事件のような一定の重罪事件においては、略式起訴がなされた後に答弁取引をすることは禁じられている。しかし、シュヴァルツ裁判官は、それにはかなり広範な例外が認められており、答弁取引が実際はまだ可能であることを知っていた。シュレーダー検察官は、起訴された事実について被告人が有罪答弁をするのであれば、地方検事局は8年の拘禁刑を勧告することになると述べた。薬物についての刑は、それと同時執行ということになる。

ボッシュ弁護人の方を向いて、シュヴァルツ裁判官は、「いまの申し出についてどう思いますか。公判の後だと、はるかに重い刑となりますよ」といった。「そうですね……」と、ボッシュは答えた。「検察官は、2ストライクについての有罪答弁を期待しているのではないですか。私の依頼人は、自分は無実だと主張していますが、それでも、彼はトレスパスと重窃盗についてであれば有罪答弁をするのではないかと思います。しかし、この状況で2ストライクを受け入れることはできません。コート・レヴューの時は、検察側は、6年の拘禁刑と1ストライクを提案していました。また、検察側は薬物についての刑を同時執行とすることを申し出ています。これは、一見、被告人に対して寛大なものであるようにみえます。しかし、実際には、薬物についての起訴は正当なものではないと思います。薬物は、結局、職務執行令状か上訴によって証拠排除されると考えられるからです」。

シュレーダー検察官は、ロバート・ライヒに対する犯罪は非常に重大なものであり、2ストライクに値す

るとの意見を述べた。「ホーム・コート係の検察官は、事件を終結させるために1ストライクを申し出ました。しかし、現在では、こちらは公判の準備ができていて、証拠を十分にそろえています」。

シュヴァルツ裁判官はいった。「やはり公判を開くことになりますかね。薬物の証拠排除の話のほかに、公判に先立って解決しておく必要のある問題は何かありますか」。これには、検察官と弁護人の双方とも、ほかには何もないと答えた。シュレーダー検察官に向かって、シュヴァルツは、薬物についての起訴を取り下げるつもりはないかと尋ねた。「現時点ではありません。この起訴は、望ましいものと考えています。被告人は薬物の常用者です。彼に関して、薬物の話を抜きにするわけにはいかないと思います」。

ボッシュ弁護人は、「検察側の方針がそのようなものであれば、こちらとしては、職務執行令状の請求を真剣に考えるしかありません」と述べた。「確かに、あなた方にはそうする権利があります」と裁判官は答えた。「しかし、それをするのであれば、早めにお願いします。今日できることは、このぐらいですね。ご苦労様でした」。

ボッシュ弁護人は、翌朝、現在の状況について上司と意見を交換した。ボッシュはいった。「地方検事局は、8年の拘禁刑までは譲歩するでしょう。問題は、彼らが再びストライクを2つ、求めてくるようになったことです。コカインについての刑を同時執行とすることは認めるでしょうが、起訴を取り下げることはしません。このような条件で合意するのは気に入らないのですが、しかし、公判を開いたならば、さらにまずいことになるでしょう。おそらく、13年の拘禁刑と2ストライク、あるいは、もっと悪いかもしれません。地方検事局の申し出を受け入れるべきでしょうか」。

しばらく考えてから、上司はいった。「7年の拘禁刑を申し出たうえで、あくまで1ストライクにこだわってみてはどうですか。地方検事局が求めているのに近い刑期をあなたが申し出れば、彼らは、2ストライクはあきらめるのではないかと思います。薬物の訴因については、それほど気にしなくていいのではないですか。公判を開くのはまずいでしょう。しかし、依頼人が有罪答弁をするならば、大きな問題は生じないのではないかと思います」。

ボッシュ弁護人はいった。「おっしゃることはよく分かります。しかし、まず、依頼人に話さなければ。彼が、合意を結ぶこと自体に承知するかどうか、私には分かりません。彼は本当に変わった男です。職務執行令状を請求すれば、依頼人に我々が味方であることを納得させ、また現実を理解させることができるでしょうか」。「その請求はした方がいいでしょう」と上司はいった。「しかし、本当にやらなければならないのは、それについて彼と相談することです。利害得失について話し合ってみなさい。彼が引き延ばしを狙っているのであれば、そうすることで、自分のしているのが自殺行為だということを理解するかもしれません」。

事務所を出て、ボッシュは、依頼人が収容されている郡ジェイルに向かった。依頼人は、職員によって接見室に連れてこられた。ボッシュ弁護人は、ブラウンの手を握り、調子はどうかと尋ねた。そのうえで、ボッシュは、ブラウンに、話したいことが2点あるといった。第1は、アパートで発見されたコカインを証拠排除しないとした裁判官の決定を争うか否かということであり、第2は、地方検事局との話し合いに関することである。

ボッシュ弁護人は、公判前に職務執行令状の請求という手続を利用するか、あるいは、公判後に上訴することによって、コカインの証拠としての許容性について争うことが可能である、と説明し始めた。彼はいった。「裁判官の決定について早い段階で争うことには、後になってから争うことと比べて、様々な利点があります。しかし、こちらの主張が認められるチャンスは、公判後の方がずっと大きいです」。ボッシュが話し終える前に、マイケル・ブラウンがさえぎって尋ねた。「公判はどうなると思いますか。私にチャンスはあるのでしょうか、それとも有罪となるのでしょうか」。ボッシュ弁護人は答えた。「有罪となるでしょう。検察側の証拠は非常に強力です」。

ブラウンは「私はどうすべきでしょうか」と尋ねた。地方検事局の申し出について説明した後、ボッシュ弁護人は、「有罪答弁をすべきだと思います」と述べた。

しばらく黙り込んだ後、ブラウンは、コインが戻ったならば違いが出てくるだろうかと尋ねた。ボッシュ弁護人は、それは有利に働くだろうと答えた。「きわめて厳しい刑が予想されますが、いまあなたがしてい

ることは、何ひとつ、それを回避するのに役立ちません。しかし、コインを戻したならば、そのことはきっとあなたに有利に働くでしょう。刑が大きく変わるということはないかもしれませんが、あなたに有利に働くのは間違いありません。また、罪を犯したことを認めて、反省していると述べることも、同様でしょう」。

「分かりました」とブラウンはいった。「コインがどこにあるか話します。それから、有罪答弁をします。あなたがそうした方がいいというならば」。

「それ以上聴く前に」とボッシュはいった。「検察官と話をさせてください」。ブラウンを居房に戻すために職員を呼んでから、彼はあいさつをしてジェイルを離れた。事務所に戻ると、ボッシュは電話をかけ、4時に検察官と面会する約束をとった。そして、地方検事局でシュレーダー検察官と会い、再度、検察側の申し出について尋ねた。「あなたの依頼人が有罪の答弁をするのであれば、8年の拘禁刑を勧告することにします。コカインについての刑は、それと同時執行で。しかし、あなたの依頼人は、2ストライクを受け入れる必要があります」と、検察官は述べた。

「私の依頼人が、コインが戻るよう手配することができるとしたら、どうでしょうか」と、ボッシュ弁護人はいった。「お考えが変化するということはありませんか。1ストライクとしよう、とは」。シュレーダー検察官はいった。「いいえ。その点については絶対に譲れません。もし彼がコインを無事に戻したならば、コカインの起訴は取り下げましょう。この検事局の方針には反しますが、ライヒさんはあのコレクションにとても愛着があるようですから、本件では例外的に認めようと思います。その場合、裁判官が検察側の勧告に従おうと従うまいと、有罪答弁は維持してもらいます」。

シュレーダー検察官が話すのを注意深く聴いたうえで、ボッシュ弁護人はいった。「申し出はありがたいのですが、やはり、2ストライクは受け入れられませんし、刑期も長過ぎます。1ストライクとし、刑期を1年引き下げるというなら、取引しましょう。そうでなければ、公判を開くことになりますね。今日のところは、このぐらいでしょうか。考えが変わったら連絡してください」。彼は、退出するため立ち上がった。シュレーダー検察官も立ち上がり、「きていただいてありがとうございました。今度は、公判でお会いすることになると思います」といった。

ボッシュ弁護人が事務所に戻ると、電話が鳴っていた。シュレーダー検察官からだった。シュレーダーはいった。「気は進みませんが、1ストライクと7年の拘禁刑とする用意があります。しかし、その場合、コカインについての起訴は取り下げません。刑は同時執行となります。また、どのようにして7年の拘禁刑とするかは、私の方で決めさせてもらいます」。ボッシュはいった。「コカインについての起訴を取り下げてほしいところですが、しかし、上訴する権利が留保されるならば、申し出を受け入れるよう、依頼人に勧めようと思います。また、裁判官から何らかの保証を得ておきたいのですが。それから、我々の間で、コインの引渡しについて一定の合意を結んでおく必要があります」。シュレーダーはいった。「薬物についての上訴の件と裁判官の件は、それでかまいません。しかし、コインの引渡しに関して、どのような要求があるのですか」。ボッシュはいった。「そうですね、まだはっきりとはいえません。でも、この取引がうまくいかなかった場合のことを考えておきませんと。こちらとしては、コインそのものを引き渡すのではなく、その所在を教えるということにしたいのです。しかし、そうすると、取引がだめになった場合に、コインの出所を証拠として使用しないという合意を結んでおきたいのですが」。「厳しいことをいいますね。しかし、コインがすべて無事に戻るならば、了解します」。

ボッシュ弁護人は、依頼人が合意し、まだ詳しく話していないことを述べるか否かについては、6月16日木曜日に電話をかけ直す、といった。そして、彼は再びジェイルに向かった。ブラウンは直ちに、申し出に応じるといった。彼は、ボッシュに、コインは両親の家の裏庭に隠してあると述べ、どのようにして探せばいいかということを話した。さらに、ブラウンは、ボッシュに、コインが無事であることを請け合った。また、彼は、コインを引き渡すことで両親に迷惑がかからないか、と尋ねた。「2人ともこのことについては何も知らないのです」と彼はいった。「でも、コインを隠すのに安全な場所だと思ったので。両親に迷惑をかけることになるならば、地方検事局にコインの場所を話すのはやめておきたいのですが」。

ボッシュ弁護人は、コインについてきわめて慎重に振舞う必要があった。コインを検察官に引き渡した後で答弁取引が不成立となったならば、検察官はコイン

の引渡しを受けたという事実を証拠にできることになる。それは、自白に等しい——あるいは、それ以上の——ものであり、彼の依頼人は壊滅的な打撃を受けることになる。ボッシュにとって、ブラウンが単にコインを彼に手渡したという場合の方が、問題は単純だったであろう。弁護人とは、依頼人の法的な代理人であるとともに、裁判所の成員（officer of the court）でもあるので、その場合、ボッシュは、コインを検察側に引き渡す義務を負うことになる。しかし、検察官は、弁護人かその依頼人がコインの出所だとすることを禁じられるのである。ボッシュの依頼人であるブラウンは、弁護を受ける憲法上の権利をもつ。法とは複雑なものであるため、弁護人は、その事件の事実に関して詳細な情報を得ている場合にのみ、擁護者ないし助言者としての活動を効果的に行うことができる。たいていの事件では、依頼人だけが知っている重要な情報が、多かれ少なかれ存在するものである。しかし、検察側の証人となるよう義務づけられる可能性がある者に情報を明かすことには、完全に無実である依頼人でさえ、消極的となろう。そこで、効果的な弁護のために必要な情報を依頼人が弁護人に包み隠さず明らかにできるよう、その事件の防御に関して依頼人と弁護人との間で交わされた内密のコミュニケーションのプライヴァシーを保護する必要がある。それゆえ、弁護士・依頼人間の秘匿特権は、当事者主義の重要な要素なのである。

しかし、弁護人の手元に到達した物的証拠の取扱いは、やっかいな問題である。そのような証拠は、弁護士・依頼人間の秘匿特権の対象となるのだろうか。被告人が盗まれたコインをその弁護人に何の説明もなく渡したという場合でも、その行為をコミュニケーションの一形態ということができるのは明らかである。このコミュニケーションは、事件に関するほかのコミュニケーションと同様に、秘匿特権によって保護される。したがって、検察側は、依頼人からコインを受け取ったと弁護人に証言させることはできない。また、弁護人がその裁判所の成員としての義務に従ってコインを検察官に引き渡したという場合、検察官は、コインを弁護人から受け取ったと証言することはできず、また、コインを引き渡したと弁護人に証言させることもできなくなる。コインは弁護人から入手したものだと明らかにすることは、被告人とその弁護人との間のコミュニケーションを間接的に開示するものであり、したがって、秘匿特権により禁じられるのである。しかし、検察官は、弁護人から入手した旨の主張をすることはできなくても、コインがまさにその事件で盗まれたものだということをほかの何らかの方法で証明できるならば、それを証拠として用いることができる。

しかし、マイケル・ブラウンは、ボッシュ弁護人にコインを渡したわけではない。ブラウンは、弁護人にコインがどこにあるのかについて話したのである。これは、次のことを意味する。すなわち、ボッシュ弁護人が依頼人の両親の家に行ってコインを回収したならば、彼は、少なくとも理論上は、警察が自らコインを発見するのを妨げたことになる。警察が自らコインを発見した場合、コインの出所を——それが被告人の有罪を示すものであれば——証拠として用いることが、当然、可能である。警察が独自の捜査により入手し得たと考えられる情報は、弁護士・依頼人間の秘匿特権によって保護されない。したがって、コインを回収した場合、その出所について秘匿特権は及ばない。以上のことが、ボッシュには分かっていた。依頼人から伝えられたことであっても、どこでコインを発見したかについての証言を彼に義務づけることが可能なのである。また、コインを回収しないことにしたら、どこを探せばコインが見つかるかについて供述を義務づけられることはないことも、ボッシュには分かっていた。しかし、そのような保護は、現在の状況においては、無意味であった。というのも、依頼人の刑を軽くしようとすれば、彼は、何とかしてコインを検察官と裁判所に入手させなければならなかったのである。単にコインの所在を検察官に伝えるというのは、問題の解決とはならなかった。その場合、検察側は、自らコインの出所について証言することができるからである。しかし、ボッシュは、この問題を、答弁取引が何らかの理由でうまくいかなかった場合は、コインの出所を証拠として使用しない、という合意をシュレーダー検察官と結ぶという方法で解決することにした。もっとも、依頼人の両親に関しては、共犯者として起訴される可能性がないわけではない。ボッシュが心配したのは、検察官との合意により依頼人だけでなくその両親も保護されるのかという点であった。

6月16日にボッシュ弁護人はシュレーダー検察官に電話をかけ、申し出を受け入れるという依頼人の意向を伝えた。しかし、彼は、最終的な決定の前に、裁判官が何というかを確認しておきたいと考えた。シュレーダーも同意し、翌朝にシュヴァルツ裁判官を交えて話し合うことを提案した。6月17日金曜日の午前8時30分に、弁護人と検察官は裁判官の執務室を訪れ

た。合意について説明した後、ボッシュは、裁判官に意見を訊いた。「事実がすべて明らかになっていない段階では、態度決定をしたくない。ただ、聴いた限りでは、合意は適切なものだと思う。すべてが確認されたら、7年の刑で私はかまいませんよ」。裁判官は、もしその方がいいというのであれば、条件付き答弁を受け入れようと述べた。これは、次のことを意味する。すなわち、7年の拘禁刑よりも重い刑が言い渡されたならば、被告人は有罪答弁を撤回して、公判の開始を求めることができる。つまり、答弁合意はなかったことになるのである。シュレーダーも、条件付き答弁に同意した。ボッシュは、その方向で話を進めたいが、しかし、1つだけ気がかりな点がある、といった。「コインが、それについて何も知らない第三者のところにあるとします。そのことにより、その第三者が逮捕されるといった可能性はありますか」。「いいえ、その第三者が本当に何も知らなかったのであれば」と、シュレーダーはいった。「しかし、その第三者が何らかの形で手助けをしていたという場合は、間違いなく、逮捕などということになるでしょう」。「それなら大丈夫です」と、ボッシュはいった。「話を進めましょう」。次のステップはコインを回収することだという点で、全員の意見が一致した。弁護人と検察官は退出した。去り際に、ボッシュ弁護人はいった。「裁判官、ありがとうございました」。

外に出ると、ボッシュ弁護人は、シュレーダー検察官に、依頼人の実家の裏庭の物置にコインが隠されていることを教えた。ブラウンによれば、両親とは疎遠となっており、彼らは事件について何も知らないとのことだった。弁護人と検察官は、地方検事局が令状を取得しておくべきか否かについて話し合った。結局、捜索に同意するようブラウンの両親に頼んでみることをボッシュが提案し、シュレーダーもそれに賛成した。ボッシュは、地方検事局のゴメス捜査官とともに、ブラウンの両親の家に行くことになった。家に着くと、ボッシュは、ブラウンの両親に裏庭を捜索する許可を求めた。息子とは疎遠となっていて、当惑している様子であったが、父親は、捜索に同意した。ボッシュは、ブラウンに告げられた場所に行き、すぐにコインを見つけた。ブラウンの両親に礼を述べ、ボッシュとゴメス捜査官は地方検事局にコインをもち帰った。

コインを注意深く調べたうえで、シュレーダー検察官は、状態は良好なようだが、さらにチェックをしたいと述べた。「何か分かったらすぐに電話します」。その日の午後遅く、シュレーダーは電話で、ゴメス捜査官がコインをライヒに示したところ、問題ないように思うとの返答を得たことを伝えた。金曜日の午後だったので、彼女は、答弁は月曜日の午前9時にしてはどうかと提案した。ボッシュは同意した。

6月20日月曜日の午前9時、検察官、弁護人および被告人は、シュヴァルツ裁判官のもとに出頭した。カウフマン裁判官がアレクサンドラ・ユングに対してしたのと同様の質問をブラウンに対してした後、シュヴァルツ裁判官は、次の事実についてブラウンが不抗争答弁をすることを認めた。すなわち、第1級住居強盗、致死的凶器の使用、被害者が65歳を超えていること、重大な傷害、そして、コカインの所持である（シュレーダー検察官の求めにより、70歳以上の被害者に対する重大な傷害による5年の加重の主張は、重大な傷害による3年の加重の主張に変更された）。裁判官は、答弁について以下のような条件があることを記録させた。すなわち、答弁は刑務所における7年の拘禁刑についてのものであり、裁判所がそれよりも重い刑を言い渡した場合、被告人は、答弁を撤回することができる（検察官は、強盗についての刑として中程度の刑期（4年）を選択し、これに重大な傷害による3年の加重をする、凶器の使用と被害者が65歳を超えていることによる加重はしない、コカインについての刑を強盗についてのそれと同時執行とする、という勧告を行う）。被告人には、アパートで発見されたコカインの証拠排除申立てが却下されたことについて上訴する権利が留保される。

答弁を受理し、条件について述べた後、シュヴァルツ裁判官は、――やはり、シュレーダー検察官の求めに応じて――不法目的侵入とその加重事由に関する手続を打ち切った。そして、それから、裁判官は、量刑審理を7月18日に行う、と決定した。マイケル・ブラウンが有罪答弁をした犯罪は保護観察に付すことが許されないものであった。したがって、ブラウンが保護観察を言い渡されることはないのだが、しかし、裁判官は、保護観察局に判決前報告書を作成するよう求めた。これは、異例のことではない。量刑にあたって、裁判官は、保護観察以外の刑を言い渡す場合でも、有益な情報が得られるとして判決前報告書を読むことを好むものなのである。

10. 量刑——マイケル・ブラウン
保護観察局

サクラメント郡保護観察局は、裁判所と密接に関わる業務を行う郡の機関である。その職員700人の多くは、少年関連の業務——すなわち、少年裁判所のための報告書を作成し、少年拘置所などの少年犯罪者に関する郡の施設の職員を務め、拘禁されることなく生活している少年犯罪者の指導監護をする——に携わっている。しかし、シュヴァルツ裁判官によるマイケル・ブラウンについての判決前報告書の作成依頼は、保護観察局のそのような部門に送られたわけではない。依頼は直ちに同局の成人裁判所部のロウィーナ・ウォーターズの机に届けられた。同部は、量刑審理を受ける成人のバックグラウンドについての報告書を作成することになっている。ほかの成人担当の保護観察官は、保護観察を言い渡された犯罪者の指導監護を行う。ブラウンについての報告書の提出期限までは数週間あったが、ウォーターズは、平行して仕上げなければならないほかの多くの報告書を抱えていた。

彼女は、まず、警察の報告書と裁判所の記録を検討することから始めた。以下は、でき上がったその報告書である。

カリフォルニア州サクラメント郡上位裁判所

カリフォルニア州
　　　対
マイケル・ハワード・ブラウン

法廷：第39部　裁判所番号：21935
報告書依頼日：2005年6月20日　判決言渡日：2005年7月18日　判決言渡時間：午前9時
保護観察番号：A480334　カリフォルニア州捜査・身元確認局番号：A58543321
運転免許番号：S0460943　運転免許の状況：停止　刑事司法情報システム番号：X63479
地方検事局：マリア・シュレーダー
弁護人：ダーク・ボッシュ

　法律および裁判所の命令に従い、保護観察官は以下のように報告し、勧告する。

答弁および条件：事件番号 #05F06891　不抗争答弁：訴因2・刑事法典211条（住居強盗、第1級）、刑事法典12011.7条(c)の主張、刑事法典12022.7条(a)の主張、刑事法典667.9条(a)の主張；訴因3・保健衛生法11350条(a)
ハーヴェイ放棄（Harvey Waiver）を伴う手続打切り：訴因1・刑事法典459条（住居不法目的侵入、第1級）、刑事法典12011.7条(c)の主張、刑事法典12022.7条(a)の主張、刑事法典667.9条(a)の主張
手続打切り：訴因4・保健衛生法11350条(a)
申し合わせ：州刑務所での7年の拘禁刑
犯行年月日：2005年3月20日　逮捕年月日：2005年3月21日
化学分析：コカイン（訴因3・4）　分量：900ミリグラム（訴因3）；500ミリグラム（訴因4）
年齢：34歳　生年月日：1971年1月31日　性別：男性　人種：白人
社会保障番号：349-11-0698
身長：5フィート11インチ　体重：185パウンド　瞳の色：茶　髪の色：黒
自宅電話番号：452-8327　住所：95826　サクラメント市、リンデン通り2454番地34号
配偶者の有無：無　配偶者の名前：記入事項無　子の有無および年齢：記入事項無
雇主：マン自動車整備工場、モーツァルト・コート2245番地　職業：自動車整備士
収入：月収2400ドル　被扶養者：なし　収入の手段：雇用
就学期間：10年　高等学校卒業資格：無　学位：無　大学在学：無
兵役：無
添付書類：カリフォルニア州捜査・身元確認局：X　連邦捜査局：X　州自動車管理局：X　刑事法典

2900.5条による算入：X　刑の算出のための表：X　その他：

I. 本件犯行

　サクラメント市警察の報告書第05-40853号によれば、ハウザー警察官は、不法目的侵入が発生した可能性があるとして、2005年3月20日午後10時10分頃、被害者の住居に向かった。

　午後10時15分に到着し、ハウザー警察官は、玄関の床に被害者が倒れているのを発見した。被害者は、頭部を出血しており、意識がもうろうとしていた。歩行用の杖が床に転がっており、被害者はそれによって殴られたものと思われた。救急車を呼ぶと、ハウザー警察官は、警察に電話をした隣人から以下のような話を聴いた。午後9時頃、濃い青色の車が自分の家の前に停車し、若い男が降りてきて、被害者宅に向かって歩いていった。被害者が出かけているのを知っていたので、不思議に思った。思いがけないことに、被害者の車が戻ってきて、被害者が玄関前の階段を上がって家に入るのがみえた。その後、車でやってきた男が、家から出てきて、去っていった。

　午後11時を少し過ぎた頃、警察は、被害者の隣人が目撃したナンバーをもとに、濃い青色の車——被害者の隣人の家の前に停車していたもの——を停め、被告人のガールフレンドを逮捕した。取調べにおいて、そのガールフレンドは、被告人に——運転免許が停止されているので——被害者の家まで送っていくよう頼まれたと供述した。何かを盗みに行くつもりではないかと思ったため、最初は断ったが、しかし、結局、承知した。彼女は、被告人が何を盗みに行ったのかは知らないといい、車が突然被害者の家の敷地に入ってきたので、被告人を放置してその場を去ったと述べた。

　午前3時頃、警察は、アパートに戻ってきた被告人を逮捕した。取調べにおいて、被告人は、被害者宅へは行っていない、ガールフレンドの話していることは嘘である、と供述した。

　被害者の退院後の事情聴取において、不法目的侵入事件で奪われたコイン・コレクションは20000ドルの価値があるとの供述が得られた。被害者は、自分が現れたことに犯人は驚いた様子で、杖を奪って自分を殴ったのだと話した。コインは居間の鍵のかかった机にしまってあった。机はこじ開けられ、コインを入れていた箱がなくなっていた。犯人は、裏窓から侵入したと考えられる。被害者は、犯人を識別できないと思う、といった。

　コインを発見するため、警察は、令状を得て被告人がそのガールフレンドと暮らすアパートを捜索した。コインは見つからなかったが、コカインの包みが入ったティーポットがキッチンで発見された。また、外の、アパートのゴミ入れのなかから、被害者がコインを収めるのに使用していた箱が発見された。

　被告人の雇主から話を聴いて、警察は、不法目的侵入事件発生前の木曜日に、被告人が被害者の車の修理を担当したという情報を得た。被告人の雇主は被害者の友人であり、2人は被害者のコイン・コレクションについて語り合った。また、被害者は、保養に出かける予定であることを話した。この会話をしている時、被告人は、2人に近いところで仕事をしていた。雇主の承諾を得て、警察は、被告人に割り当てられたロッカーの捜索を行った。コインは発見されなかったが、今回も、コカインの包みが見つかった。この第2のコカインの包みは、証拠排除されている。

　<u>以前の有罪宣告</u>　2004年10月20日、道路交通法23152条違反（飲酒運転）で有罪宣告を受けている。

　<u>共犯者</u>　被告人のガールフレンドであるアレクサンドラ・ユングは、(1)刑事法典459条違反（不法目的侵入、第1級）、(2)刑事法典211条違反（強盗、第1級）、および、(3)保健衛生法11350条(a)違反（コカインの所持）で告発された（事件番号 #05F06892）。2005年4月6日、アレクサンドラ・ユングは、軽罪である刑事法典602条違反（トレスパス）について不抗争答弁をした。ほかの事実に関する手続はす

べて打ち切られた。2005年4月27日、アレクサンドラ・ユングは、被告人に対する手続において検察側の証人として真実を述べることを条件に、3年間の保護観察を言い渡された。

II．被告人の陳述

6月24日に行われた保護観察官との面接において、被告人は、事件について話をすることを拒んだ。弁護人から、話の内容がのちに不利益に用いられる可能性があるから、事件について何もいわないように、との指示があったとのことである。被告人は、自分が引き起こしたこと——とくにライヒに対するそれ——について、大変申し訳なく思う、と述べた。

III．被害者

被害者への通知　被害者には、刑事法典1191.1条および同1191.2条に基づき、通知書を郵送した。

被害者の陳述　被害者とは電話で連絡をとった。彼は、次のように述べている。コイン・コレクション——彼によれば、その価値は、約20000ドル——は、裁判所の手続が終わり次第、戻ってくることになっている。コインを調べたが、状態に問題はなかった。コインを入れていた箱を新しいものと取り替える必要がある。また、机と窓を修理する必要がある。医療費がかなりかかった。量刑審理には出席しない。

被害者の損害および損害回復　被害者はコイン箱の取替えについて100ドルを、そして、机と窓の修理について370ドルを、損害回復として求めている。医療費の現在までの総額は、約7000ドルである。この額は、将来さらに増えることは間違いないが、どの程度増えることになるのかは、いまのところ明らかではない。被害者は保険に加入しているが、メディケアも保険会社も、全額を支払うということはない。

IV．犯罪歴

以下の情報は、カリフォルニア州捜査・身元確認局の記録A58543321号、州自動車管理局の記録323BPP号、および、サクラメント郡保護観察局が作成した報告書に基づく。

少年期の記録　サクラメント郡保護観察局の報告書によれば、1988年3月17日、約90ドル相当の商品の万引きについて手続が開始されたが、結局、打ち切られた。

成人後

以前の有罪宣告　2004年10月20日、道路交通法23152条（飲酒運転）、事件番号#04D26423：血中アルコール濃度0.12

処分：2004年10月20日、事件番号#04D26423、道路交通法23152条違反について有罪答弁、郡ジェイルにおける拘禁2日；運転免許停止6月、略式保護観察3年

逮捕歴　1999年6月18日、刑事法典459条（不法目的侵入）　住居不法目的侵入の通報を受け、警察官が出動すると、住居内に立ち入るためプラスティック製の窓が破られていた。容疑者は玄関のドアから逃走した。CDプレイヤーが盗まれた。捜査の過程で、現場の近くに被告人がいるのが発見された。それまでどこにいたのかという警察官の質問に対して、被告人は、曖昧な返答しかしなかった。被告人は、指紋を採取されたうえで解放された。

処分：1999年6月20日、サクラメント郡地方検事局により不訴追決定

V．生活史

個人データ　被告人は、ヒューバート・ブラウンとヘレン・ブラウンの子として生まれた、と供述している。被告人によれば、兄弟が2人いて、父親は事業免許税局の元管理職、母親は主婦である。被告人は主に母親——敬虔なバプテストであり、被告人によれば、伝統的な価値観を堅持している——によって育てられたという。母親は、息子たちのためになることは何でもするが、やや厳格なところがある、という人物であった。

被告人は、サクラメント高等学校に通学し、第10学年までを終えている。卒業はしていない。2人の兄弟は大学を卒業している。被告人は、努力したが、自分は2人の兄弟ほど勉強が得意ではなかったのだ、と話した。両親と兄弟は色々と手助けしようとしたが、そのことは、彼に劣等感を生じさせてしまった。成長するにつれて、彼は、自分は一家のはみ出し者だと考えるようになった。

被告人が大学に行かないということがはっきりすると、両親は、彼をゼネラル・モーターズが設置しているコースに入れようとした。しかし、被告人は、これを嫌がった。少なくとも6か月間は他州で生活することになるためである。学生時代の最後の数年間、被告人は、自動車整備工場でアルバイトをするなどした。車が好きだったので、学校をやめると、整備士の仕事を探した。

被告人は結婚したことはない。2004年10月から本件犯行時まで、アレクサンドラ・ユング（大学生、現在22歳）と暮らしていた。面接の際、ユングは、被告人が以前は薬物を使用していたこと、および、被告人には多額の借金があることについて供述した。被告人が犯行を計画したのはこの借金のためではないか、というのが彼女の考えである。一緒に暮らしていた時、被告人が薬物を使用するのを目撃していないし、アパートに所持しているのもみていない、とのことである。また、ユングは、自分はもはや被告人と一緒に暮らすつもりはないし、被告人と関係を絶っている、と話している。

被告人は、自らについて、健康にとくに問題はなく、精神的な失調と診断されたこともない、と供述している。

経済状態および兵役　マイケル・ブラウンは、1995年3月15日から1996年4月12日までエイジャックス自動車整備工場に整備士として勤務していた。優秀な整備士と評されていた。欠勤が多いことを理由に解雇された。1996年5月から1998年8月まではヴィクトリー自動車整備工場に整備士として勤務していた。そこでも、優秀な整備士と評されていたが、欠勤が多いことを理由に解雇された。1998年10月から1999年10月までは、別の自動車整備工場であるロビンズ・プレイスに整備士として勤務していた。優秀な整備士と評されたが、再び欠勤が多いことを理由に解雇された。1999年11月から2002年12月まではメリタ・ブレッド・カンパニーに社内整備士として勤務していた。会社の評価は優秀な整備士というものであったが、欠勤が多いことを理由に解雇された。2002年12月から2004年2月まではアーサーズ・シヴォレーに勤務した。優秀な整備士と評されていたが、やはり解雇されることになった。もっとも、会社が解雇を言い渡す直前に自ら辞めている。2004年3月にマン自動車整備工場に雇われ、逮捕時はそこに勤務していた。マンは、被告人はきちんと働いており、欠勤がとくに多いということはない、と話している。

被告人は月2400ドルを稼いでいたが、借金が多いとのことである。クレジット・カードによるバンク・オヴ・アメリカへの負債が約6000ドルあり、また、約10000ドルを様々な人々——多くは、友人たち——から借りている。バンク・オヴ・アメリカへの負債については最低限の額の支払いをしているが、友人たちから借りた分については全く返済できていないとのことである。

被告人は、兵役に服したことはない。

薬物濫用　被告人は、10代の頃、マリファナを服用し、ビールを飲んでいたと話している。学校をやめた後、以前に増してマリファナを服用するようになった。また、のちにはコカインを服用するようにもなった。しかし、その後、薬物からは手を引いたとのことである。大量のアルコールの摂取を現在まで続けている。弁護人の指示に従い、アパートと職場で発見されたコカインについては、話をすることを拒んだ。

　関係機関からの連絡等

　ジェイルにおける態度　本件による身柄拘束中、問題があったとの記録はとくにない。

　勧告文書　被告人側の勧告文書2通を添付した。

Ⅵ．裁判所規則の適用

保護観察の適格
　刑事法典462条、同1203条(e)(2)および(3)により、被告人には、正義の利益からすると保護観察が最も望ましいという特殊な場合を除き、保護観察の適格はない。規則4.413条に掲げられた基準に鑑みると、本件は、そのような特殊な場合には当たらない。

規則4.421条：加重事情
(a)(2)被告人は、犯行時に凶器を使用している。
(a)(3)被害者はとくに傷つきやすい者であった。
(a)(8)犯行態様から、計画性がうかがわれる。
(a)(9)犯行は、金銭的価値の高い財物の奪取を伴っている。
(b)(1)被告人は暴力を振るっており、そのことは、社会に対する重大な危険性を示している。

規則4.423条：軽減事情
(b)(1)過去の犯罪の時間的近接性と頻度を考えると、被告人には重大な犯罪歴はないといえる。
(b)(5)被告人は、奪ったコインを被害者に返還している。

規則4.425条：刑の順次執行と同時執行
(b)薬物を現在使用しているという証拠はない。また、訴因3の薬物犯罪は、訴因1および訴因2の犯罪に比して重大なものとはいえない。

Ⅶ．保護観察官の結論

　被告人は、訴因2の第1級住居強盗と3つの加重事由——すなわち、刑事法典12022条(b)(1)(致死的凶器の使用)、刑事法典12022.7条(a)(重大な傷害)、および、刑事法典667.9条(a)(被害者が65歳を超えていること)——について不抗争答弁をしている。強盗が行われた場所は被害者の家である。被害者が意外にも帰宅した時のことであった。玄関のドアから被害者が家に入ると、被告人は、被害者をその歩行用の杖で殴り、床に転倒させた。82歳の被害者は、腕を骨折し、頭部に3針の縫合を必要とする怪我を負った。その後、被告人は、コイン・コレクションを奪って逃走した。また、被告人は、訴因3のコカインの所持についても不抗争答弁をしている。コカインは、奪われたコインの発見を目的とした被告人のアパートの令状による捜索の過程で発見された。

　被告人は、過去に一度だけ有罪宣告を受けたことがある。2004年の飲酒運転についてのものであり、成人として被告人は有罪答弁をし、法定刑の下限の刑を受けている。また、被告人は、1999年に不法目的侵入で成人として逮捕されている。万引きについてのサクラメント郡少年裁判所の手続は、打ち切られている。

刑事法典462条、同1203条(e)(2)および(3)により、被告人には保護観察の適格はない。規則4.413条に掲げられた基準に鑑みると、本件は、正義の利益からすると保護観察が最も望ましいという特殊な場合には当たらない。

　訴因2については、州刑務所での拘禁刑（刑期は中程度の4年）とすることを勧告する。中程度の刑期を勧告するのは、加重事情と軽減事情の双方が存在し、両者が拮抗していることによる。また、刑事法典12022.7条(a)（重大な傷害）による3年の加重を勧告する。刑事法典12022条(b)(1)（凶器の使用）、同667.9条(a)（被害者が65歳を超えていること）による加重は、刑事法典1385条(a)および(c)、規則4.406条(b)(11)、同4.428条(a)に基づき、正義の利益のため、行わないことを勧告する。被告人には重大な犯罪歴はない。また、被告人はコインを被害者に返還している。

　訴因3の保健衛生法11350条違反については、州刑務所での拘禁刑（刑期は中程度の2年）とし、これを訴因2についての刑と同時執行とすることを勧告する。同時執行の勧告は、規則4.425条(b)によるものである。

　したがって、勧告する刑は、合計すると、州刑務所での7年の拘禁刑である。

<u>刑事法典1192.6条(c)による地方検事局の陳述</u>　とくになされていない。

Ⅷ. 勧告

　以上により、次のとおり勧告する。
　1．被告人を、州刑務所での7年の拘禁刑とする。
　2．被告人に、刑事法典1202.4条により、1200ドルの刑罰としての損害回復を命じる。その支払いは、一括か、刑事法典2085.5(a)条が定める方法による。
　3．刑事法典1202.45条により、上の2．と同額の刑罰としての損害回復を、2．とは別に命じる。その支払いは、パロールの取消しがない限り、猶予される。
　4．被告人は、刑事法典1202.4条、同2085.5条(b)により、被害者に対し損害回復として7500ドルを支払う。
　5．被告人は、刑事法典459条（1202.5条）により、犯罪防止プログラムのために10ドルの罰金を支払う。それとともに、刑事法典1464条により、10ドルのペナルティ・アセスメント（penalty assessment）、および、統治法76000条により、7ドルのペナルティ・アセスメントを支払う。支払いについては、裁判所の分割払いの手続を用いることができる。
　6．被告人は、統治法29550.2条により、中央ジェイルの記録手続の費用として166ドルを支払う。支払いについては、裁判所の分割払いの手続を用いることができる。
　7．被告人は、統治法29550.2条により、中央ジェイルの分類の費用として36ドルを支払う。支払いについては、裁判所の分割払いの手続を用いることができる。
　8．被告人は、血液と唾液のサンプルの提出、右手親指の指紋と両手の掌紋の採取に関する刑事法典296条の要求に従う。また、刑の言渡しの時に被告人の身柄が拘束されていない場合には、裁判所は、刑事法典296.1条に基づき、保護観察局による標本の収集と指紋等の記録のため、5日以内に郡ジェイルに連絡するよう被告人に命じる。

　以上がサクラメント郡保護観察局の勧告である。

提出者：リー・ノード
郡保護観察官

報告書作成：（署名）**ロウィーナ・ウォーターズ**

ロウィーナ・ウォーターズ
上席保護観察官補

承認：（署名）ロジャー・ロスケリー
ロジャー・ロスケリー
監督保護観察官

日付：2005年7月1日

（署名）ケイトリン・モーガン
ケイトリン・モーガン
成人裁判所部長

　［弁護人、判決前調査、保護観察官の指導監護、および、郡による身柄拘束に関する費用の負担についての勧告は、省略する。］

添付書類

書類1：
2005年6月25日

　私は州公務員でした。現在は退職しております。30年以上、事業免許税局でアナリストとして働いていました。マイケル・ブラウンは息子です。10代の頃から、マイケルは、立派な労働者でした。高い技術をもった整備士で、よく働きます。ここ数年で、マイケルは大きく成長しています。以前よりはるかに成熟し、落ち着きが出てきました。

　マイケルは、学生時代、懸命に努力しましたし、潜在的な能力はかなり高かったのですが、どういうわけか、若い時はうまくいきませんでした。そのせいで、マイケルは、かなりの間、やる気をなくし、浮ついた生活をするようになってしまいました。でも、マイケルは、整備士という仕事が本当に好きなのです。いくつか問題は抱えていますが、生活態度はこの数年で着実に向上してきています。仕事の点でも私生活の点でも、かなりよくなりました。

　　　　　　　　　　　　（署名）ヒューバート・ブラウン

書類2：
2005年6月26日

　1998年から1999年まで、マイケル・ブラウンは、私が経営するロビンズ・プレイスという自動車整備工場で働いていました。優れた整備士で、高い技術をもっていました。とても頼りになりました。欠勤があまりにも多いので、結局、辞めてもらうことになりましたが、非常に残念でした。彼の短所は改めることが可能だとは思いましたが、私にはそれを待っている余裕がなかったのです。

　最近、マイケルが働いているマン自動車整備工場と私の整備工場が、共同で仕事をするということがありました。そのため、私は、マイケルの仕事振りを再び観察する機会を得ました。相変わらず、いい仕事をしていました。また、以前にみられた短所の多くは改められているように、私には思えました。

　　　　　　　　　　　　（署名）ロビン・ウォーカー

[サクラメント郡保護観察局の書式では、郡ジェイルに身柄を拘束された、公判開始までの日数と、公判が開始しそれが終了するまでの日数が示されるが、省略する。また、刑の算出のための表も、省略する。]

ウォーターズは、判決前報告書を裁判所に提出するとともに、そのコピーを検察官と弁護人に送った。両者とも、量刑審理に備え、報告書を注意深く検討した。

7月18日月曜日、シュレーダー検察官とボッシュ弁護人は、午前9時にシュヴァルツ裁判官の法廷に姿を現した。ブラウンは、ジェイルの職員に伴われてやってきた。裁判所書記官が事件名をいうと、裁判官は、次のように述べた。

「被告人が出席し、弁護人は公設弁護人補ボッシュ、検察官は地方検事補シュレーダーである、と記録してください。6月20日に、被告人は、第1級住居強盗、致死的凶器の使用による加重、重大な傷害による加重、被害者が65歳を超えていることによる加重、そして、コカインの所持について不抗争答弁をしました。被告人に対して判決を言い渡すため、審理を行います。これから判決を言い渡すことについて、法的に何か問題はありますか」。

「いいえ、裁判官」と、ボッシュ弁護人とシュレーダー検察官はいった。

「刑の軽減のための陳述が法廷に提出され、読まれ、検討された、と記録してください。双方とも、新たに提出したいという証拠はありますか」。

すでに刑の軽減のための陳述——ブラウンの父親によるものと前の雇主によるもの——を裁判所と保護観察官に提出していたので、ボッシュ弁護人は、「いいえ、裁判官」と答えた。シュレーダー検察官も、ほかに提出する証拠はないといった。

シュヴァルツ裁判官は続けた。「裁判官は保護観察官の報告書の提出を求め、全部で15頁のそれを受領し、読み、検討したと記録してください。弁護人、意見などはありますか。保護観察官の報告書と刑に関して」。

「はい、裁判官。強調しておきたいことがあります。保護観察官の報告書で論じられている2、3の点についてですが。最も重要なのは、被告人が不抗争答弁により有罪を認めていることです。被告人はライヒさんから奪ったコインを返しています。また、被告人は、自分が引き起こしたことのすべて、とくにライヒさんへの傷害について、はっきりと謝罪の言葉を口にしています」。

「保護観察官の報告書によれば、被告人は、きちんと働いており、実質的には、前科と呼べるものはありません。過去には薬物の問題を抱えていましたが、今回の犯罪まではちゃんとした生活をしていました。被告人が完璧な人間ではないことは確かです。しかし、被告人には、よき市民となる可能性があります。そして、彼にコミュニティに貢献する機会を与えることは、社会にとっても彼にとっても利益となると思います。被告人を長期間にわたって刑務所に拘禁することは、誰にとってもいいことではありません。裁判所には、これらのことをすべて考慮したうえで被告人の刑期を決めていただきたいと思います」。

ボッシュ弁護人が着席すると、シュレーダー検察官が立ち上がった。シュレーダーはいった。「裁判官、本件の犯罪はきわめて重大なものです。しかし、州刑務所での7年の拘禁刑は、被告人が今回のような犯罪、あるいは、ほかの何らかの犯罪を繰り返すことを防ぐのに十分なものだと思います。そこで、被告人の第1級住居強盗について中程度の刑期である4年の拘禁刑、そして、重大な傷害について3年の拘禁刑とすることを勧告します。また、コカインの所持について2年の拘禁刑とし、この刑を強盗についての刑と同時執行とすることを勧告します。致死的凶器の使用と被害者が65歳を超えていることによる加重は、正義の利益のため、行わないことを勧告します。凶悪な犯罪ではありますが、諸事情を考慮すると、これ以上の加重が正当化されるとは思いません」。

シュヴァルツ裁判官は、「検察官および弁護人に感謝します。弁論は以上であれば、いまから判決を言い渡します」といった。被告人マイケル・ブラウンの目をみながら、裁判官は次のように述べた。

「本件はきわめて重大な犯罪であり、重罰に値するものです。裁判所の判決は、次のとおりです。被告人マイケル・ブラウンを、第1級強盗について州刑務所での4年の拘禁刑とし、強盗の際の被害者ロバート・ライヒに対する重大な傷害について3年の拘禁刑とします。ほかに、それぞれ1年の拘禁刑が科されることになっている2つの事実、すなわち、強盗の際に凶器として杖を使用したという事実と65歳以上の者に危害を加えたという事実が認められますが、正義の利益のため、これらによる加重は行わないことにします。また、コカインの所持について州刑務所での2年の拘禁刑とします。この刑は、第1級強盗についての刑と同時執行とします」。裁判官はまた、被告人に訴訟費用をすべて負担すること、および、保護観察官の報告書で示された条件のすべてを遵守することを命じた。

シュヴァルツ裁判官が強盗について言い渡したのは、4年の拘禁刑であった。これは、この犯罪についての中程度の刑期である。選択肢としては、中程度の刑期である4年、上限の刑期である6年、下限の刑期である3年があった。法は、加重事情も軽減事情もない場合には、中程度の刑期を選択するよう裁判官に命じている。本件では、軽減事情と加重事情の双方が存在した。裁判官は、検察官と弁護人が中程度の刑期を勧告したこと、そして、諸事情を考慮するとそれが適切な刑ではないかと自らも考えたことにより、そのような選択をしたのであった。

ブラウンは、第1級強盗について有罪答弁をするとともに、それを加重する以下の3つについても有罪答弁をしている。すなわち、(1)重大な傷害、(2)凶器としての杖の使用、そして、(3)65歳以上の者に対して危害を加えたことである。致死的凶器を使用したことと高齢者に対して危害を加えたことによる加重はそれぞれ1年、重大な傷害による加重は3年である。つまり、ブラウンの刑には、全部で5年の加重が可能であった。しかし、シュヴァルツ裁判官は、加重を――重大な傷害についての――3年のみとした。シュレーダー検察官の勧告に従って裁量権を行使し、致死的凶器を使用したことと65歳以上の者に危害を加えたことについての加重を行わなかったのである。

シュヴァルツ裁判官によって言い渡された刑は、結局、7年の拘禁刑であった。さらに、カリフォルニア州の三振法のもとでブラウンについて自動的にカウントされるストライクを、忘れてはならない。シュヴァルツ裁判官の判決では言及されていなかったが、これは、刑全体のなかで非常に重要な部分なのである。

有罪答弁をしたので、ブラウンは、上訴について制限を受けることになる。しかし、答弁合意の文言によれば、彼には、アパートのティーポットに入っていた薬物の証拠排除の申立を却下した裁判官の決定に上訴する権利が留保されている。刑を言い渡した後、シュヴァルツ裁判官は、ブラウンに、上訴の権利について注意深く説明し、上訴したいならば60日以内に書面で申立てをしなければならないことを伝えた。シュヴァルツ裁判官は、上訴した場合、訴訟記録を閲覧する権利が認められること、また、上訴のための弁護人を雇う資力がない場合には、上訴裁判所によって弁護人が付されることを告げた。そのうえで、彼は、ブラウンに、上訴の権利について理解したかと尋ねた。ブラウンが分かったと答えると、裁判官は、「被告人をジェイルに戻してください。手続は終了です」といった。

審理が終了すると、ブラウンは、保安官補によって郡ジェイルに戻された。保安官補は、ブラウンに、すぐに刑の執行のため州の刑務所に移されることになると告げた。この時になって、ブラウンには、刑務所に長く入ることになったという実感がわいてきた。刑務所で問題なく過ごしていれば刑期の80パーセントが終了した段階で釈放されるであろうと教えられてはいたが、7年というのは永遠のように感じられた。しかし、ボッシュ弁護人は、ほっとしていた。検察官と答弁合意を結べなかったならば、ブラウンは13年かそれ以上の拘禁刑となり、また、ストライクの数ももう1つ多かったであろう。検察官がすべての起訴事実について十分な証拠を有していたことを考えると、ボッシュ弁護人は、この結果に満足できた。

手続が終了すると、裁判所書記官は、裁判所の判決を調書に記載し、そのコピーを事件に関する書類とともにファイルしなければならない。また、判決の要旨を記した書面が州刑務所に送付されることになる。これらの書類は、単に裁判官が言い渡した刑と保護観察官の報告書の勧告の部分に含まれていた情報を繰り返したものに過ぎないので、省略する。

Ⅱ．典型的なアメリカの公判

アメリカにおける刑事訴追は、アレクサンドラ・ユングとマイケル・ブラウンに対するそれのように、多

くの場合、有罪答弁か、有罪を証明するのに十分な証拠がないことを理由とした手続打切りによって終了する。有罪答弁がなされたならば、公判は開かれない。被告人の有罪について強力な証拠がある場合、被告人とその弁護人は、事件を公判にもち込んでも得るものはない、という結論に至ることが多い。これは、検察側があらかじめ、公判が開かれたならば言い渡されることが見込まれる刑よりも好ましいか、あるいは、少なくともそれより重くない刑に合意している場合には、とくにそうである。また、検察官の方も、何らかの合意を結んでおきたいと考えることが、しばしばある。公判は、不確実さを伴うからである。検察官は被告人のことを犯罪者だと信じているわけであるが、無罪となったならば、その被告人が、大手を振ってコミュニティに戻っていくことになる。さらに、検察官の負担は、答弁の合意によって軽減される。そして、その分、検察官がより重要だと考える事件に資源を集中的に投入することが可能となるのである。

　答弁の合意のためには、さらに、裁判官の協力か、少なくともその黙認が必要となる。被告人側と検察側が合意しただけでは不十分で、裁判官の同意も要求されるのである。たいていの法域では、このことは問題とならない。というのも、多くの場合、裁判官は、検察側と被告人側の交渉に基づく答弁の合意に従うからである。裁判官は、交渉が公正に行われたのか、合意について被告人がきちんと理解しているのか、という点を確認しようとはするが、しかし、「被告人の利益の確保に関する判断は、本人とその弁護人に任せた方がいい」と考えるのが普通である。また、多くの裁判官は、負担軽減のため、答弁の合意を奨励している。

　このような利点があるにもかかわらず、答弁の合意のシステムに関する評価は、激しく対立している。市民の間では、このシステムは、犯罪者が法によって定められた刑罰を取引することを許容するものだとして、一般に不評である。他方、人権擁護活動を行っている人々などからは、このシステムにより、無実の被告人が有罪の答弁をするという事態が生じている、との主張がなされている。そして、以上のような観点から答弁取引を認めていない法域も、若干ではあるが存在するのである。しかし、そのような法域においても、有罪答弁は許容されている。

　アメリカでは、ほとんどの法域において、有罪となった事件の80パーセントから95パーセントは、有罪答弁に基づくものとなっている。有罪答弁の割合は、地域によって異なる。しかし、たいていの地域において、公判が開かれるのは、次の3つのいずれかに属する事件となっている。すなわち、(1)証拠に関して真に争いのある事件、(2)有罪についての強力な証拠はあるが、被告人が有罪を認めたがらない事件、(3)有罪についての強力な証拠はあるが、公判が開かれても、——刑罰がきわめて重いなどの事情により——もはや被告人が失うものは何もないという事件、である。

　Ⅰ節では、ブラウンとユングの有罪についての証拠はきわめて強力であり、両者とも有罪答弁を選択していた。我々は、これを「典型的なアメリカの事件」と呼んだのであるが、その理由は、アメリカの被告人の多くは、このような事件においては、公判よりも有罪答弁を選択するからである。

　Ⅲ節では、ブラウンが有罪答弁をせずに公判を選択した場合にはどのように手続が進行するのかについて、みることになる。状況がそのようにきわめて不利な場合に公判を開くことを選択する被告人は多くはないので、Ⅲ節の表題を「非典型的なアメリカの公判」とする。Ⅲ節で示されるように、Ⅰ節のような事案で公判が開かれた場合、その帰結はドラマティックなものとなる可能性がある。ブラウンは13年8か月の拘禁刑に加え、カリフォルニア州の三振法のもとでの2ストライクを言い渡されるのである。これに対し、Ⅰ節での答弁の合意は、7年の拘禁刑と1ストライクであった。この落差は、アメリカのほかの法域においては、より大きくなることもあるし、より小さくなることもある。カリフォルニア州のなかでも、郡によって異なるのである。

　このⅡ節では、また別のシナリオについてみてみることにしよう。すなわち、検察側の証拠が薄弱で、被告人の有罪について相当程度の疑いがある事件、である。事実と法に関して真に争いがあり、このことは、アメリカにおいて被告人が正式な公判審理を求める理由として最も一般的なものであるので、この節の表題を「典型的なアメリカの公判」としておく。Ⅰ節と同様、ライヒの家で不法目的侵入が発生し、捜査が行われた。ただし、Ⅰ節とは異なり、ブラウンのアパートのゴミ入れが警察によって捜索されたが、何も発見されなかったのである。ロバート・ライヒのコイン箱はそこにはなかった。さらに、ブラウンとユングのアパートの捜索で発見された、白い粉末の入ったビニー

ル袋から、指紋は発見されなかった。ポール・ハインツは、ライヒの家からブラウンが出てくるのを目撃したが、ブラウンが手に何かもっていたかについては記憶していない。以上の点、および、話の展開とともに明らかとなっていく点を除くと、証拠については、状況はⅠ節と全く同じである。

ブラウンとユングについての検察側の証拠が、Ⅰ節と異なり、薄弱な事案であることは明らかなのであるが、それでも、事件受理係のウォルド検察官は、2人を同様の犯罪事実で告発することにした。したがって、地方検事局の告発状の手続、および、「裁判所への最初の出頭」の手続は、Ⅰ節のそれと同じである。ブラウンの有罪の証拠が弱いことから、検察側は、ユングと答弁の合意を結ぶのに、より熱心であった。合意の内容は、ブラウンに対する検察側の証人となることである。彼女は、弁護人の勧めに従って、地方検事局の申し出に応じ、Ⅰ節と同様の刑を受けることになった。彼女の弁護人は、陪審がユングに無罪の評決をする可能性は低いであろうし、この程度の刑が交渉によって引き出すことのできるぎりぎりの線ではないか、と考えたのである。

ブラウンについての有罪の証拠がⅠ節よりも薄弱なので、検察側は、コート・レヴューにおいて、彼に、より有利な申し出を行った。すなわち、4年の拘禁刑と1ストライクである（Ⅰ節では、6年の拘禁刑と1ストライクであった）。しかし、ブラウンは、Ⅰ節と同様に、この申し出を拒絶した。自分は無実であって、いかなる事項についても有罪答弁するつもりはない、と返答したのである。

ガルシア裁判官は、予備審問で提出された証拠について、Ⅰ節の時よりも弱いと考えたが、それでもなお、検察側は一応の立証をした──これがあれば、ブラウンを公判に付すことができる──と評価した。とくに弱いのは、裁判官の考えによれば、アパートで発見されたコカインとブラウンを結びつける証拠であった。「かろうじて足りるといえる」。裁判官はそのように述べたが、しかし、それで十分なのである。

Ⅰ節と同様に、シュヴァルツ裁判官により、ブラウンの職場で発見されたコカインは証拠排除された。もっとも、アパートで発見されたコカインについては、証拠排除は認められなかった。ボッシュ弁護人は、薬物に関する訴追がなされることによって、ほかのすべての起訴事実について有罪となる可能性が高まることを恐れ、中間上訴をすることも考えた。しかし、結局、Ⅰ節と同様に、中間上訴に成功する可能性は低いと判断し、それよりも時間をもっと有効に活用することにした。

1．公判──マイケル・ブラウン
(a) 公判の準備

証拠排除に関する審理が終了し、ボッシュ弁護人が次に裁判所に行くのは争点整理手続の時ということになった。この手続の目的は、公判に向けて最後の準備を行うことである。Ⅰ節と同様に、シュヴァルツ裁判官は、この手続を公判の1週間前に設定した。争点整理手続の2週間前に、ボッシュはロビン・キムと会った。キムは公設弁護人事務所の調査官で、今回の事件の調査を担当していたのである。キムは、検察側の目撃証人の証言はそれほど強力な証拠とはいえず、また、アレクサンドラ・ユングが証言する動機を問題とすることが可能かもしれない、といった。ミーティングの最後に、ボッシュは、キムに、事件の記録をもう一度読んで、ライヒの隣人の供述のなかに弁護側の証拠となるものがないかさらに探してほしい、と頼んだ。ボッシュは、証人に罰則付召喚令状を発するのは、いまのところやめておこうと考えた。また、彼は、秘書に、地方検事局に行って、事件記録に何か新しい情報があったらコピーしてきてほしい、と頼んだ。

さらに、ボッシュ弁護人は、もう一度、依頼人と面会した。警察の報告書や、前の手続段階で本件の弁護を担当した公設弁護人であるリア・マルコとサム・コーンウェルのノートを読み、検察官からも情報を得てはいたが、彼は、事件についてのマイケル・ブラウン本人の説明を聴いておきたかった。彼は、証拠排除申立てについての審理の前と審理の際にブラウンと何度か話をしてはいたが、その接触は限られたものであった。弁護人と依頼人は、弁護活動を成功させるためには、協力し合う必要がある。そのため、ボッシュは、ブラウンとの間に一定の個人的信頼関係を成立させておきたかったのである。

ブラウンは、弁護人に、ライヒを襲ったのは自分ではないと述べた。彼は、ユングには気が弱いところがあるが、自分をライヒの家まで車で送ったなどという話をなぜしたのか分からない、といった。また、彼女が車に乗せたのはきっと以前のボーイフレンドであり、ライヒを襲ったのはその男ではないか、と話した。

ボッシュ弁護人は、事件のあった日曜日の夜、ブラウンがガーデン通りに行っていないことを証言できる人物はいないかと尋ねた。ブラウンは、その夜は１人で映画を観にいったと答えた。映画の題名は「宇宙からのエコー」であった。

ボッシュ弁護人の質問に答えて、ブラウンは、コインについては何も知らないといった。弁護人としての豊富な経験から、ボッシュは、被告人というものは、その弁護人に対してさえも、必ずしも真実を述べるとは限らないことを承知していた。しかし、弁護活動を効果的に行うためには、事実を自分なりに評価しておかなければならないことが、彼には分かっていた。ボッシュは、依頼人が述べることによく耳を傾けつつ、しかし、——それとは矛盾するものも含めて——事件のあらゆる証拠に対処する用意をしておかなければならなかったのである。

ボッシュ弁護人が進まなければならない途は、微妙なものであった。弁護人は、依頼人の法的な代理人として、その弁護に最善を尽くさなければならない。それと同時に、弁護人は、裁判所の成員として、裁判所に対して真実義務を負い、虚偽の証拠を提出してはならないのである。自分の依頼人が嘘をついていると思った場合、弁護人はどのように行動すべきであろうか。依頼人が自分に述べたとおりの主張をすべきなのか、それとも、それとは別の主張をすべきなのか。依頼人に、話していることが信用できないと告げたうえで、事件について真実を把握するよう努めるべきなのか。そのことにより、依頼人の信頼を失い、効果的な弁護活動を行うことが困難とならないであろうか。

ボッシュ弁護人にとって、以上のような問題に直面したのは今回がはじめてではなかった。彼には、１つのスタンダードな解決法が、単に依頼人のいうことを額面どおりに受けとって済ます、というものなのは分かっていた。依頼人の話を裁判所に提示しても、それが虚偽であることを「知っている」のでなければ、——十分な検討をしておけば、虚偽であることが分かった場合でも——裁判所に対する義務に違反したことにはならない。本件の場合、ボッシュは、ブラウンが語った話を信じていなかった。たとえ真実だとしても、陪審が依頼人の話を信用するとは考えにくかった。

その間、シュレーダー検察官も、公判の準備に取り組んでいた。争点整理手続の１週間ほど前に、シュレーダーは、公判に呼ぶことを予定している証人、すなわち、ロバート・ライヒ、マックス・マン、アレクサンドラ・ユング、警察官たち、ブリジッテ・ブッシュ、ポール・ハインツ、ウォルター・ヴィンター、そして、ヴァイス医師に、罰則付召喚令状を発した。前述のように、罰則付召喚令状とは、一定の日時に裁判所に出頭することを証人に命じるものである。出頭しない場合、証人は、法廷侮辱に問われる。罰則付召喚令状を発した者全員を実際に証人として尋問することになるのかについて確信はもてなかったが、シュレーダー検察官は、尋問が必要だということになった時、それができるようにしておきたかったのである。また、たいていの検察官がそうであるように、彼女も、証人に負担をかけることよりも、公判当日に必要な証人に連絡が付かないという事態が起こることの方を心配したのである。ヴァイス医師に対する罰則付召喚令状は、ロバート・ライヒに関する病院の記録を持参するよう命じていた。法の定めに従って、検察官は、罰則付召喚令状が発せられた証人のリストを弁護人に送付した。リストを受け取ったボッシュ弁護人は、それを慎重に検討した。しかし、弁護側の罰則付召喚令状を発するのはしばらく待つことにした。

Ⅰ節でもそうであったように、検察官と弁護人は、６月13日にシュヴァルツ裁判官の執務室を訪れた。裁判官は、公判が開かれることになりそうなのか、それとも、いまだ何らかの答弁の合意がなされる可能性が残っているのかと尋ねた。このように尋ねたということは、Ⅰ節と同様、カリフォルニア州法により略式起訴後の答弁取引が制限されているにもかかわらず、いまだ答弁合意は可能であるとシュヴァルツ裁判官が認めたということを意味する。Ⅰ節と同じく、シュレーダー検察官は、被告人が起訴されたとおりに有罪答弁をするならば、地方検事局は８年の拘禁刑と２ストライク、および、薬物についての刑の同時執行を勧告する、といった。さらに議論を重ね、結局、検察官から、７年の拘禁刑と１ストライクという、ブラウンがⅠ節において受け入れた申し出がなされた。裁判官は、ボッシュ弁護人に、依頼人と申し出について話し合うため、公判は60日以内に開始しなければならないという期間制限の利益を放棄するかと尋ねた。ボッシュは、依頼人と話し合うために、放棄する、といった。しかし、ブラウンは、この申し出を拒絶した。ブラウンは、ボッシュに、自分は無実であって、コインをもってはおらず、どこにあるか知らないといい、陪審による審理を受けたいと述べた。彼は、無罪となる

ことを信じている、といった。ボッシュは、次のように答えた。「よく分かりました。あなたにはそうする権利があります。私はあなたのために最善を尽くすことにします」。

6月20日、検察官と弁護人はシュヴァルツ裁判官の執務室に再びやってきた。ボッシュ弁護人は、依頼人が自分は無実だと主張し、公判を希望していることを伝えた。公判が開かれるのはほとんど確実だと考え、裁判官は、検察官と弁護人に対し、公判前に申し立てることがさらにあるかと尋ねた。これに対し、検察官と弁護人は、申立てをする予定はない、と答えた。裁判官は、両者に対し、証人はどのぐらいの数を予定しているか、また、公判にはどのぐらいの時間を要すると思うか、と尋ねた。検察官と弁護人は、公判にはおそらく4日ほどかかるということで、意見が一致した。

そこで、裁判官は、7月25日に最後の争点整理手続を行い、8月1日に公判を開くことにした。

(b) コインの発見

7月25日の争点整理手続で、検察官と弁護人は、それぞれ、公判の準備が終了したことを告げた。その日の午後遅く、ボッシュ弁護人に電話がかかってきた。シュレーダー検察官からであった。「例のコインを警察が見つけました。地方検事局まで誰か寄越してもらえれば、警察から今日私が受け取った報告書のコピーを渡します」。ボッシュはいった。「私が自分で行きます。5分後に着くでしょう」。

地方検事局に行くと、彼は、シュレーダー検察官から以下のような報告書のコピーを手渡された。

サクラメント市警察
追加報告書

◆犯罪報告書：05-40853　　　　　　　　　日付：2005年7月25日

　上記番号の不法目的侵入・強盗事件の被害者ロバート・ライヒ（ガーデン通り1400番地）から、今朝、電話を受けた。ライヒは、興奮した声で、隣人のコリン・オメーラ（白人男性、45歳）（ガーデン通り1404番地）が、奪われたコインとコイン箱を茂みのなかで発見した、と話した。ライヒは、現在、コインと箱は手元にある、といった。ライヒに、直ちにそちらに向かう、コインと箱にそれ以上手を触れないように、と伝えたうえで、オメーラに電話をかけ、自分が行くまでコインと箱を見つけた場所に誰も近づけないように、と指示した。

　その後、直ちにライヒの家に向かった。ライヒによって、コインとコイン箱は盗まれたものであることが確認された。箱は泥だらけであった。私は、コインと箱を預かった。ライヒはコインをとても大事にしており、この処分に不満気であったが、しかし、了解する、といった。彼には、可能な限り早期にコインを返還するよう頼まれた。

　次に、オメーラの家に向かった。オメーラは、ライヒの家と自分の家との間にあるフェンスのそばの茂みのなかにコインとコイン箱があった、庭のそのあたりにはあまり立ち入ることはない、コインと箱がなぜそこにあったのかは分からない、コインと箱はライヒに渡した、と話した。オメーラにコインと箱を発見した場所に案内してもらい、周辺を捜索したが、犯罪に関連するものはほかに何も見つからなかった。3月20日以降、コインと箱があったあたりに立ち入ったことはあるかとオメーラに尋ねたが、分からないとのことであった。

　オメーラの家とライヒの家との間にあるフェンスは、ライヒの家から通りへと続く通路の左側にある。高さは約4フィートである。犯人がライヒの家から立ち去る時、コインとコイン箱をフェンスの向こうに投げ捨てたという可能性がある。

　指紋のチェック、および、付着した土がオメーラの家の庭のものと一致するかどうかの確認のため、コインとコイン箱を検査に回した。また、ライヒとオメーラの指紋も送付した。

> （署名）ピーター・シュミット、捜査官

　ボッシュ弁護人は、シュレーダー検察官に礼を述べ、コピーをもち帰った。シュレーダーは、Ⅰ節で触れた連邦法と州法に基づいて、この情報を提供したのである。この新たな情報がボッシュの依頼人に有利なものか不利なものかを判断するのは時期尚早であった。依頼人の指紋が箱かコインに付いていたならば、壊滅的な打撃を受けることになる。他方で、もし誰か別の人物の指紋が箱にあったならば、それはきわめて有利なものとなり得るのである。

　翌朝、ボッシュ弁護人とシュレーダー検察官は、公判の延期を求めるかどうかについて意見を交換した。シュレーダーの意見は、警察による指紋の分析などは早く終わるであろう、というものであった。それゆえ、延期を求めるかどうかは決めず、しばらく待ってみるということになった。

　午後4時頃、シュレーダー検察官はボッシュ弁護人に電話をかけ、指紋などについての報告書を受領したことを伝えた。地方検事局に行くと、ボッシュは、以下の2つの報告書のコピーを渡されたのであった。

> **サクラメント市警察**
> **指紋分析**
>
> ◆犯罪報告書：05-40853　　　　　　　　　　日付：2005年7月26日
>
> シュミット捜査官宛
> 　2005年7月25日に提出された、ガーデン通り1400番地における不法目的侵入に関連するコインとコイン箱の検査を行った。コイン箱と各コインからライヒの指紋が検出された。コイン箱からオメーラの指紋が検出された。それ以外の指紋は検出されなかった。
>
> （署名）クリスタ・クルツ、技官

> **サクラメント市警察**
> **検査報告**
>
> ◆犯罪報告書：05-40853　　　　　　　　　　日付：2005年7月26日
>
> シュミット捜査官宛
> 　7月25日にオメーラの住居（ガーデン通り1404番地）で発見されたコイン箱の分析を行った。コイン箱の外側に、かなりの量の土が付着していた。この土は、箱が発見された場所から採取されたサンプルと一致した。箱の外側からは、ほかのものは検出されなかった。どのぐらいの期間、箱に土が付着していたのかは、不明である。
>
> （署名）リチャード・マクマナス、技官

　報告書を読み、検討して、ボッシュ弁護人は、大きな安堵のため息をついた。これらの報告書は、依頼人に対する疑いを晴らすものではなかった。しかし、依頼人に不利なものというよりは、有利なものといえた。

　8月1日月曜日、シュレーダー検察官とボッシュ弁護人は、シュヴァルツ裁判官が担当する法廷である第39部に向かった。被告人のブラウンは、保安官補に伴われて郡ジェイルから法廷にやってきた。郡ジェイルに身柄を拘束されている者は、通常、——逃走しても発見されやすいように——オレンジ色のジャンプスーツを着せられる。しかし、この時の彼の服装は私服で

あった。ジェイルでの服装で公判に出廷させることは、被告人について不当な偏見を陪審に与えるおそれがある。そのため、被告人は、公判では私服を着用することが許されているのである。同様の理由により、ジェイルから法廷までの移動の間にかけられていた手錠は、法廷に入ると外される。ほかに法廷にいるのは、裁判所書記官のマーゴ・フィッシャー、裁判所速記官のカーラ・トラウトマン、そして、廷吏のジョン・バクスターである。裁判所書記官は、公判の間、証人を宣誓させるなどの仕事を行う。速記官の役目は、逐語的な記録をとることであり、そのための特別な訓練を受けている。この記録は、公判の間、証人が何といったかを確認する必要がある時に用いられる。また、上訴のためにも使用される。廷吏の役目は、法廷の秩序と品位を維持することである。サクラメント郡では、この廷吏は保安官補が務めることになっている。マイケル・ブラウンがまさにそうであるように、被告人が身柄を拘束されている場合、被告人を連れてきた保安官補がそのまま法廷に残り、被告人が逃亡しないように監視するのである。もっとも、これは、被告人について不当な偏見を生じさせないよう、目立たない形でなされることになっている。

(c) 陪審員の選任

　裁判官が法廷に入った時、そこには、60人の陪審員候補者らが待っていた。陪審担当官は、公判の6週間前、8000人に近い数の市民に、無作為抽出により8月1日の週に陪審員を務めるべき者に選ばれたとの通知を出していた。この通知には、陪審員となるための要件が欠けているという場合、あるいは、それを務めることができないという場合には、裁判所に申し出るようにと記されていた。そのような連絡をしてきた者に対しては、陪審員となることの免除、または、その延期が伝えられた。7月29日金曜日、残った約400人の陪審員候補者たちは、裁判所に電話したり、そのウェブサイトをチェックしたりして、月曜日の朝8時に裁判所に行かなければならないことを知った。裁判所に行くと、陪審部の職員から質問表を1枚渡され、記入を求められた。簡単なオリエンテーションの後、職員は、以下に該当する場合は申し出るように、といった。すなわち、合衆国市民ではない者、サクラメント郡の住民ではない者、18歳未満である者、英語が読めない、あるいは英語が理解できない者、警察官である者、大陪審員である者、そして、以前に重罪で有罪宣告を受けたことがある者、である。これらの者が陪審員となることは、法によって禁止されている。また、陪審部の職員は、病気などの免除事由がある者は申し出るように、といった。その後、残った陪審員候補者たちのなかから、さらに無作為抽出が行なわれた。公判に必要な陪審員の人数は12人である。しかし、シュヴァルツ裁判官には、これまでの経験から、多くの候補者が振るい落とされることが分かっていた。それゆえ、彼は、60人の候補者を集めるようにとの指示を出していたのである。そこで、陪審部は、まだ残っている名前から無作為に60人を選び出したのであった。

　シュヴァルツ裁判官が法廷に入る時、裁判所書記官が号令をかけた。「起立」。全員が立ち上がり、裁判官が法廷の正面にある裁判官席に着くのを見守った。裁判官が口を開いた。「皆さん、おはようございます。本件は、刑事事件、カリフォルニア州対マイケル・ブラウンです」。「ブラウンさん、立ち上がって陪審候補者の皆さんの方を向いてください」。

　60人の陪審員候補者全員に向かって、シュヴァルツ裁判官が尋ねた。「被告人と知り合いであるか、以前に彼の名前を聞いたことがあるという人はいますか。いたら挙手してください」。誰も手を挙げなかったので、裁判官は次の質問に移った。彼は、ボッシュ弁護人、あるいはシュレーダー検察官を知っている者はいるかと尋ねた。今度も、手は挙がらなかった。

　シュヴァルツ裁判官は、そこで、さらに質問を続けた。

　「被告人は、2005年3月20日、またはその頃、サクラメント郡において、ある市民の家に押し入り、その者に暴行を加え、高価なコインを奪ったとして、また非合法の薬物——コカイン——を所持したとして、刑事法典459条違反の不法目的侵入、刑事法典211条違反の強盗、および、保健衛生法11350条違反のコカイン所持で、地方検事局の略式起訴を受けています。これに対し、被告人は無罪を答弁しました。それにより、被告人がこれらの起訴事実について有罪なのか無罪なのかということが問題となり、皆さんが本件で陪審員に選ばれた場合、この点について判断を示してもらうことになります。いま聴いた起訴事実の性質を考えると、自分は被告人に対して公正な審理ができないかもしれない、という人はいますか。また、本件の事実などについて聞いたことがある、あるいは、知っているという人はいますか」。

「本件の公判で、次の人々が証人として呼ばれることになると思います。ロバート・ライヒ、アレクサンドラ・ユング、マックス・マン、ポール・ハインツ、ブリジッテ・ブッシュ、ウォルター・ヴィンター、デイヴィッド・ヴァイス、ロバート・ハウザー、ピーター・シュミット、そして、アルバート・ハムです」。「検察側の証人として呼ばれるのが誰で、被告人側の証人として呼ばれるのが誰なのかをいうことは、許されていません。しかし、皆さんのなかに、これらの証人のうちの誰かについて聞いたことがあるなどという人がいるかどうか、知りたいのですが。なお、これらの証人がすべて呼ばれることはないかもしれないし、これ以外の証人が呼ばれるという可能性もあります。皆さんのなかに、当事者、検察官、弁護人、証人についての考えや感情により、被告人側あるいは検察側に対して公正・公平に振舞うことが不可能ないし困難だという人はいますか。本件の帰趨に利害関係があるという人はいますか」。

「以前に刑事事件の陪審員を務めたことがあるという人はいますか」。

裁判官の最後の質問については、1人の陪審員候補者が手を挙げた。そこで、裁判官は、この候補者に対しましてさらにいくつかの質問をした。

「ホワイトさん、刑事事件で陪審員を務めたことがあるということですが、その事件はどのような起訴事実のものでしたか」。

ホワイト：「謀殺事件でした。」
裁判官：「以前の事件で聴いたことを頭から排除して、提出される証拠と、私の説明する法に基づいて、本件について判断を下すことができると思いますか」。
ホワイト：「はい、裁判官。」
裁判官：「刑事事件の陪審員の経験はないが、民事事件の陪審員の経験ならあるという人はいますか。」

2人の陪審員候補者が挙手した。

裁判官：「刑事事件の公判に適用されるルールは民事事件の公判に適用されるそれとかなり異なるということを理解してもらう必要があります。これは、とくに、原告、つまり検察側が負う挙証責任についていえることです。民事事件では、原告は、その主張を証拠の優越の程度まで立証すればよい、といわれます。刑事事件では、被告人は無罪と推定され、その有罪を認定するためには、検察側は有罪であることを合理的な疑いを超える程度まで立証する必要があります。陪審が合理的な疑いをもったならば、被告人は無罪とされなければならないのです。以前の事件で受けた説示を頭から排除して、私が行う説示に基づいて本件を裁くことができますか。」

2人の陪審員候補者は、「はい、裁判官」といった。裁判官は続けた。

「被告人が公判のために法廷にいるという事実、被告人が起訴されているという事実は、有罪の証拠ではありません。陪審員が考慮できるのは、被告人の有罪・無罪を決するため正当に法廷に提出された証拠のみです。被告人は無罪の答弁を行っています。これは、起訴事実についての完全な否認であり、したがって、検察側には被告人が有罪であるとの主張を合理的な疑いを超える程度まで立証することが求められているのです。これがなされるまで、あるいは、これがなされない限り、無罪推定が妥当することになります」。

「本件と同様の犯罪で逮捕されたことがある、あるいは、起訴されたことがあるという人はいますか。また、自分は経験がないが、家族や親しい友人のなかにいるという人は」。

「法執行の訓練を受けたという人、法執行の経験があるという人、法執行機関のメンバーであったという人、あるいは、法執行機関に雇われていたという人はいますか。また、家族や親しい友人のなかにいるという人は。ここでいう法執行機関とは、警察、保安官事務所、司法省、連邦検事局、連邦捜査局などの機関を指します」。

1人が、兄弟に警察官をしている者がいるといった。

裁判官：「警察官などの証言を、ほかの証人の証言の信用性を吟味する時と同じ基準を用いて評価することができますか。」
陪審員候補者：「はい。」
裁判官：「警察官などを証人とした側に有利な評決をしにくい、あるいは逆に、不利な評決をしにくいということはありますか。」
陪審員候補者：「いいえ。」
裁判官：「当事者、検察官、弁護人、証人の国籍、人

種、宗教により、判断に影響がある、あるいは、証言をどの程度重視し、信用するかが変わってくるという人はいますか。」

　裁判官：「皆さんには、無条件で私の法についての説示と決定に従い、それを本件に適用してもらう必要があります。別のいい方をすれば、裁判所の決定・説示に賛成であろうと反対であろうと、法についてのこれらの宣言を正しいものとして受け入れることが、皆さんの厳粛な義務なのです。法はこうあるべきだというあなた方の考えを代わりにもち出してはいけません。皆さんは、本件で私が法だと述べるものに、従いますか。」

　すべての陪審員候補者が、裁判官のいうとおりにする、と述べた。そこで、裁判所書記官が12人の候補者の名前を呼び、陪審員席に着くよう求めた。

　裁判官：(12人に向かって)「1人ずつ、名前、住所、結婚歴——つまり、結婚しているか、独身か、死別したか、離婚したか、また、子どもがいる場合は、何人いるのかと、その年齢——、それから、職歴と現在の勤務先をいってください。結婚している人は、配偶者の職歴と現在の勤務先についても簡単に述べてください。まず、1番の人からお願いします。」

　陪審員候補者1番：「名前は、ロジャー・チャンです。ランド・パーク・ドライヴ1455番地に住んでいます。結婚していて、子どもが2人います。9歳と11歳です。現在は、サクラメント統一学区で第8学年の教師をしています。妻も同じ学区で教師をしています。」

　1人ずつ、自分の名前などを述べさせた後、シュヴァルツ裁判官は、陪審員候補者全員に向かって、次のようにいった。

　「ほかの何らかの理由で、本件において公正・公平に陪審員を務めることができるかについて疑問があるという人はいますか。あるいは、質問を受けている間に、そのような疑いが生じてきたという人は。その場合、ここでその理由を開示する義務があります」。

　カリフォルニア州は、ほかの多くの州がそうであったように、1990年まで、検察官と弁護人が陪審員候補者に質問することを認めていた。しかし、現在では、質問を発する権利を有するのは、法的には、裁判官のみである。そこで、あとは裁判官の裁量によるということになる。すなわち、裁判官によっては、検察官と

弁護人の直接の質問が認められるという場合もあるし、検察官と弁護人が尋ねたい事項を示し、それについて裁判官が質問する、という場合もあるのである。シュヴァルツ裁判官は、さらにいくつか質問を行い——その内容については省略するが——、その後、検察官と弁護人が陪審員候補者たちに2、3の質問をすることを許した。

　検察官は、陪審員候補者のなかに、薬物を使用したことがある者がいるかどうか、および、家族が重度の薬物使用者である者がいるかどうかを尋ねた。薬物を使用したことがあるという者はいなかったが、陪審員候補者4番の息子がかつてコカイン中毒だったということであった。弁護人は、娘がいるという者はいないかと尋ねた。これに対しては、3番、8番、12番が、いると答えた。この3人は、さらに娘の年齢について質問を受けた。3番と8番の娘は、まだとても小さいとのことだった。これに対し、12番の娘は、近くの大学の学生であった。また、弁護人は、自分か肉親が不法目的侵入や強盗の被害を受けたことがあるという者はいないか、と尋ねた。これについては、3番と12番が、過去5年の間に不法目的侵入の被害にあったことがある、と述べた。

　検察官と弁護人の質問の後、シュヴァルツ裁判官は、彼らに対し、理由付き忌避の申立てをするかどうか尋ねた。検察官と弁護人は、陪審員候補者に陪審員となる要件が欠けているという場合や、陪審員候補者が当事者、検察官、弁護人に対して偏見をもっているか、偏見をもっていることがうかがわれるという場合には、理由付き忌避を申し立てることができる。理由付き忌避が可能な人数に制限はない。検察官は、以前に不法目的侵入による逮捕歴があることを理由に、5番の忌避を申し立てた。公判担当の検察官には、地方検事局の捜査部門から陪審員候補者として呼ばれた者の逮捕記録が送られてくる。そのため、シュレーダー検察官は、この逮捕歴について知っていたのである。シュヴァルツ裁判官は、起訴事実のなかに不法目的侵入が入っている事件において、過去に同様の犯罪で逮捕された経験のある者が陪審員となることは不適切である、との意見に同意した。それゆえ、彼は、5番を外したのであった。

　理由付き忌避の申立てがほかに出されなかったので、裁判官は、今度は専断的忌避の申立てをするかどうか尋ねた。理由付き忌避の申立てに関しては、検察

官と弁護人は、忌避の理由を示さなければならない。これに対し、専断的忌避については、忌避の理由を明らかにしなくてもいいのである。検察官と弁護人は、理由を示すことなく、全く自由にそれを行うことができる。検察側・弁護側の双方に、それぞれの観点から好ましくない陪審員候補者を排除させることは、伝統的に、当事者に対する陪審の公正さと、当事者による評決の受容可能性を向上させると考えられてきた。このような考えについては、近年、批判もあるが、カリフォルニア州を含むほとんどの州において、現在でも専断的忌避が認められているのである。カリフォルニア州法上、重罪のうち死刑が言い渡されることのないものについての公判においては、両当事者は、それぞれ10人まで専断的忌避が可能となっている。

　検察官：「4番について、専断的忌避をします。」
　裁判官：「4番の方、お帰りになって結構です。」
　弁護人：「3番と8番、それから12番について、専断的忌避をします。」
　裁判官：「3番、8番、12番の方、お帰りになって結構です。」

　裁判所書記官が新たに4人の陪審員候補者を連れてきた。シュヴァルツ裁判官は、先ほどと同様の質問を彼らに行った。検察側も被告人側も10人まで忌避をすることができるのであるが、しかし、必ずそうしなければならないというわけではない。本件では、結局、検察側も被告人側も、それぞれ8人について専断的忌避を行った。そして、双方とも、残った陪審員候補者らに不満がない旨、裁判官に告げた。陪審員の選任がすべて終わるまで5時間がかかった。裁判官は、選任されなかった陪審員候補者たちに礼を述べ、陪審部に戻って報告するよう求めた。

　次に、裁判官は、陪審員に宣誓させるよう、裁判所書記官に命じた。裁判所書記官は、陪審員らに起立して右手を挙げるよう求めた。そして、裁判所書記官が宣誓すべき内容を読み上げ、陪審員らがそれに答えるという形で、宣誓が行われた。

　裁判所書記官：「この裁判所に係属している事件を正しく裁き、あなたに示された証拠と与えられた説示のみに基づいて真正の評決を答申することを理解し、これに同意しますか。」

　午後も遅くなっていたので、シュヴァルツ裁判官は、帰宅して翌朝の午前9時に戻るように、と陪審員らにいった。彼は、陪審員が席を離れる時はその都度行うことになっているスタンダードな説示をした。

　裁判官：「注意しておくことがあります。皆さんには、評議の段階に入るまでは、公判に関することについて、陪審員同士で話し合ったり、ほかの誰かと会話したり、意見を表明したりしないという義務があります。皆さんは、翌朝の午前9時にその席に戻らなければなりません。」

(d) 冒頭陳述

　午前9時きっかりに、裁判所書記官が立ち上がっていった。「起立」。シュヴァルツ裁判官が法廷に入り、着席した。「皆さん、おはようございます」。そういって、彼は陪審員らの方をみた。「州対マイケル・ブラウン事件、被告人と弁護人、検察官が在廷、と記録してください。12名の陪審員は、全員、陪審員席にいます」。

　そして、裁判官は、陪審員らに対して次のように述べた。

　「陪審員の皆さん、あなた方は陪審員に選任され、宣誓をしております。これから皆さんに、陪審員としての基本的な義務などについて説示をします。手続の終わりに、私から、法についてさらに説示を行います。裁判所の説示は、証言がなされる前、証言の間、証言がなされた後のいずれの段階で与えられたものであろうと、等しく重要です」。

　「皆さんは、事実と法に基づいて判断を下さなければなりません」。

　「まず第1に、皆さんは、公判に提出された証拠に基づいて事実を認定しなければなりません。証拠以外のものに基づいて事実を認定することは許されません。『事実』とは、証拠または訴訟上の合意によって証明されたものを指します。訴訟上の合意というのは、事実に関して検察官と弁護人との間でなされた合意のことです」。「第2に、皆さんは、私が法として述べるものを、認定した事実に適用しなければなりません。そして、以上のようにして、評決がなされることになります」。

　「何が法であるかは私が述べますが、あなた方はそ

第2章　アメリカ合衆国：カリフォルニア州

れを受け入れ、それに従わなければなりません。たとえ、あなた方がそれに同意できなくても、です」。「検察官または弁護人の弁論などのなかで法に関することが述べられ、それが私の説示と異なるものである場合には、私の説示の方に従わなければなりません」。

「被告人に対する同情や偏見に影響されてはなりません。被告人が本件の犯罪で逮捕され、起訴され、公判審理を受けることになったからといって、偏見を抱いてはいけません。これらの事情は有罪の証拠ではありませんから、そこから被告人が無罪である可能性より有罪である可能性の方が高いと推論してはいけません。単なる感傷、推測、共感、怒り、偏見、世論、あるいは、世間一般の感情といったものに、影響されてはいけません。検察側にも被告人側にも、皆さんが真摯に証拠の検討・評価をし、法を適用し、結論がどのようなものであれ、公正な評決に達することを期待する権利があります」。

「公判において検察官や弁護人によって述べられたことは、証拠とはなりません」。

「質問に関して検察官か弁護人が異議を申し立て、それが認められた場合、その質問にどのような答がなされただろうかと推測をしてはいけません。また、異議を申し立てた理由について推測をしてはいけません」。

「証人に対する質問が何かをほのめかしていても、それを真実として扱ってはいけません。質問は証拠ではありません。証拠を理解するのに役立つ限りで考慮することができるだけです」。

「採用されなかった証拠、裁判所によって排除された証拠を考慮することは、その目的がどのようなものであろうと、許されません。それらは、なかったものとして扱ってください」。

「事実や法について独自の調査を行ってはいけません。また、証拠が存在しない事実を考慮すること、あるいは、それについて議論することも禁止します。したがって、例えば、自分で事件の現場に行ったり、実験をしたり、さらなる情報を得るために参考文献などを読んだり、人に相談したりしてはいけません」。

「公判が終了するまで、つまり、検察官と弁護人の弁論を経て裁判所が説示をし、事件を陪審の評議に付すまで、陪審員同士で、あるいは、ほかの誰かと、公判に関わる事項について話し合ってはいけません」。

「新聞、あるいは、ラジオ、TVなどのメディアによる事件についての解説や議論を読んだり、聴いたりしてはいけません」。

「メモをとることはできます。ただし、メモをとることで手続の進行への注意がそれるようではいけません。皆さんは証人の信用性の判断者なのだということを忘れないでください」。

「この後、検察官と弁護人には、冒頭陳述を望むのであれば、それを行うことが許されます。冒頭陳述は証拠ではありません。また、弁論でもありません。手続のこの段階で証拠について論じることは許されていないのです。冒頭陳述は、検察官と弁護人それぞれが、この公判において証拠により示されるであろうと考えているものの概略、あるいは、示されることを期待しているもののそれに過ぎません。その唯一の目的は、提示される証拠を皆さんが理解するのを手助けすることにあります」。

それから、シュヴァルツ裁判官は、検察官に、冒頭陳述を行うかと尋ねた。シュレーダー検察官は、「はい、行います」と答えた。裁判官はいった。「それでは検察官、どうぞ」。

(e)　検察官の冒頭陳述
検察官が立ち上がって、話し始めた。

「裁判官、弁護人、陪審員の皆さん、よろしくお願いします。本件は、不法目的侵入と強盗の事案です。皆さんがここにいるのは、そこに座っている被告人マイケル・ブラウンが、3月20日日曜日の夜、ロバート・ライヒさんの家に押し入ったからです。薬物を手に入れるお金が必要だったので、彼は、ライヒさんが大切にしていた、非常に価値の高いコイン・コレクションを盗もうとしたのです。予期に反してライヒさんが帰宅すると、被告人は冷酷にもライヒさんに襲いかかり、ひどい怪我を負わせました。のちに皆さんがその目で確かめることになりますが、ライヒさんは82歳であり、被告人のような若くて攻撃的な者から自分の身を護ることはできません」。

「被告人は、その数日前、被告人が整備士として働く整備工場にライヒさんが車をもってきた時に、コイン・コレクションについて知りました。被告人がライヒさんの車の修理を担当したため、ライヒさんは、被告人の雇主であるマックス・マンさんと、被告人に近いところで自分たちのコイン・コレクションについて話をしました。ライヒさんは、自分のコレクションを自宅に置いていること、そして、週末は自宅を離れる予定であることを話しました」。

「問題の日曜日に、被告人は、ガールフレンドであるアレクサンドラ・ユングさんにガーデン通りまで車で連れていってくれと頼みました。彼女は、被告人が何か高価なものを盗むつもりであるのを知っていたこと、しかし、具体的に何を盗む計画であるのかは分からなかったことを証言します。彼女は、当初、被告人をガーデン通りまで連れていくことを拒否しますが、結局、被告人に説得されました。午後9時頃、彼女と被告人は、ガーデン通り1440番地の前に車を停めました。被告人は車を降り、通りを歩いてライヒさんの家に向かいました。数分後、彼は戻ってきてユングさんと話し、それから再びライヒさんの家に行きました。その数分後、ユングさんは1台の車がライヒさんの家の敷地に入ってくるのをみました。彼女はびっくりして、被告人を放置してその場を立ち去りました」。

「ライヒさんは、自宅の敷地に駐車すると、玄関前の階段を上りました。あたりは真っ暗で、彼は、誰かがいることには気づいていませんでした。ドアを開けてなかに入ると、男がライヒさんの歩行用の杖を奪い、それで彼の頭を殴りました。ライヒさんにはその男が何者かは分からず、また男のことをはっきりとはみていません。しかし、彼は、男は白人で身長は6フィートぐらいだったと思う、と警察に話しています。その男が被告人であり、ロバート・ライヒさんを襲った後、被告人がライヒさんの高価なコイン・コレクションを奪って逃走したことは、証拠により示されるでしょう。ライヒさんの隣人の1人であるポール・ハインツさんは、その時、犬を散歩させていましたが、被告人が10時頃にライヒさんの家から立ち去るのを目撃した、と証言します」。

「数時間後に被告人を逮捕すると、警察は、裁判官が発した令状により、被告人の家の捜索を行いました。そして、彼のアパートのキッチンの上の方の棚にあったティーポットのなかから、コカインが入ったビニール袋が発見されたのです」。

「被告人マイケル・ブラウンは、ライヒさんの家に押し入り、ライヒさんを襲ったことを否認しています。彼は、自分はそこに行っていない、誰かが自分を犯人に仕立て上げようとしているのだ、と主張しています。彼は、真犯人はユングさんの前のボーイフレンドであるウォルター・ヴィンターさんではないか、と述べています。しかし、ヴィンターさんは、その夜、ライヒさんの家の付近には寄りつかなかったことが、関係証拠によって示されるでしょう。ユングさんは、その夜にヴィンターさんに会っていないこと、そして、彼を車でライヒさんの家に連れていっていないことを証言します。ヴィンターさん自身も、その夜は足の骨折のため家にいたこと、つまり、ライヒさんの家には行っていないことを証言します」。

「陪審員の皆さん、以上が、検察側が証拠によって証明しようとする事実です。2005年3月20日に、被告人マイケル・ブラウンがコイン・コレクションを盗むためにガーデン通りのライヒさんの家に押し入るという第1級住居不法目的侵入を犯したこと、また、コイン・コレクションをもって逃げるためにライヒさんに暴行を加えるという第1級住居強盗を犯したことが、証明されるでしょう」。

「以上の証拠に基づいて、被告人マイケル・ブラウンを、略式起訴されている不法目的侵入、強盗、コカイン所持について有罪と認定していただきたいと思います」。

シュレーダー検察官は席に戻った。彼女の冒頭陳述は1時間以上に及んだ。午前10時30分となり、シュヴァルツ裁判官は、陪審員らを休憩させることにした。彼は、陪審員らに対して事件について話し合わないようにとの説示を与えたうえで、午前10時45分までに席に戻るようにといった。休憩時間が終わり、全員が戻ると、シュヴァルツは、ボッシュ弁護人の方を向いていった。「弁護人、冒頭陳述を行いますか」。ボッシュは、「はい、行います」と答えた。「それでは、どうぞ」。

(f) 弁護人の冒頭陳述

ボッシュ弁護人は、本件では、検察側の冒頭陳述の後に自分も冒頭陳述をすることを選んだ。多くの場合、弁護人は、もっと後の段階で冒頭陳述を行うこと

を選択するものである。これは、「陪審に語りかける機会はこちら側の証拠が提出できるようになるまでとっておいた方がよい」との考慮に基づいている。というのも、被告人側が証拠を提出することが許されるのは、検察側がその主張を立証するための証拠をすべて出した後ということになっているからである。

　冒頭陳述を後回しにできることは分かっていたが、それでも、ボッシュ弁護人は、この段階でそれを行うことを選んだ。被告人側の立場を早い段階で陪審に示しておいた方がいいと考えたからである。彼は、冒頭陳述を後回しにすると、検察側の立証の段階で陪審が依頼人を有罪と決めてしまうことになるかもしれないと恐れたのであった。

　「皆さん、おはようございます。被告人の弁護人のダーク・ボッシュです。これから本件の証拠の概略を述べます。それにより、皆さんが後で聴く証言をよりよく理解することができるようになるのではないかと思います」。

　「我々は、先ほど、ライヒさんが襲われたことを冒頭陳述で検察官がドラマティックに描写するのを聴きました。ブラウンさんも私も、ライヒさんが襲われたというのは恐ろしいことだという意見に同意しますし、ライヒさんがそのような被害を受けられたことを残念に思います。しかし、ブラウンさんは、ライヒさんを襲った男ではありません。本件のすべての証拠に接した後、皆さんがブラウンさんは無実だと結論づけることを、ブラウンさんも私も確信しています」。

　「これは、まさに犯人の特定を誤ったという事案です。つまり、私の依頼人であるブラウンさんは、犯人と間違われた、ということです」。

　「皆さん、ブラウンさんと私は、本日、最初に、次のことを明らかにしておきたいと思います。すなわち、我々は、何者かがライヒさんを襲ったことを否定するわけではない、ということです。我々が確認した証拠はすべて、ライヒさんが殴られて負傷したということを示しています。しかし、これは、本件の争点ではありません。皆さんがのちに聴く証言は、もしかしたら皆さんを混乱させるようなものであるかもしれませんが、実は、誰がライヒさんを襲ったのかが、皆さんが判断を示すべき唯一の問題です。この問題について、本件の証拠は、マイケル・ブラウンさんが無罪だということを示すでしょう。なぜなら、彼は、ライヒさんが襲われたこととは無関係だからです」。

　「まず、証拠により、ブラウンさん自身について一定の事実が示されます。彼は34歳で、サクラメントで生まれ、そこで育ちました。両親と2人の兄弟がいます。高校をやめると、自動車整備士となりました。整備の仕事が好きで、高い技術を身に付けました。現在までこの仕事を続けています。雇主たちも、彼はきわめてきちんと仕事をしてきたといっています」。

　「ブラウンさんに関することだけでなく、本件の証拠により、2005年3月20日の日曜日、夜、ライヒさんの家で何が起こったかが示されるでしょう。ライヒさんが襲われた夜のことです。ライヒさんは保養に出かけたのですが、結局、予定より早く家に帰ることにしました。家の敷地に駐車した後、彼は屋内に入りました。日曜日の午後9時30分過ぎでした。明かりがなかったので、そこに誰かがいることには気づきませんでした。私がいま指しているのがライヒさんの家と裏庭の略図です。ライヒさんが玄関のドアから入ると、突然、何者かが襲いかかりました。襲撃者は逃走しました」。

　「家のなかが暗かったことと突然の出来事だったことにより、ライヒさんは、自分を襲った者を識別することができません。アレクサンドラ・ユングさんは、ブラウンさんをライヒさんの家まで送ったと証言するでしょう。しかし、我々は、ブラウンさんの手続において証言をするならば、ユングさんに対する処分を寛大なものとすると、検察官が約束していることを示したいと思います。また、ほかの点でも彼女の証言には問題があることが、明らかにされるでしょう」。

　「ブラウンさんと私は、皆さんがすべての証言を聴いた後、唯一あり得る合理的な結論、すなわち、ブラウンさんは、ライヒさんが襲われたことと全く関係がない、というそれに達することを確信しています。皆さんがすべての証言を聴いた後、最終弁論においてもう一度、この点についてお話ししたいと思います。その時、本件で唯一あり得る公正で正当な評決、つまり、被告人マイケル・ブラウンは無罪であるという評決をするよう、お願いしたいと思います。どうもありがとうございました」。

　ボッシュ弁護人は席に戻った。彼の冒頭陳述は、

シュレーダー検察官のそれと同じく、1時間以上に及んだ。午後12時近くとなっていたので、シュヴァルツ裁判官は、陪審員らが昼食をとりに退出することを許した。彼らが席を離れる前に、シュヴァルツは、前日の夕方にしたのと同様の説示、すなわち、ほかの誰かと——たとえ陪審員同士であっても——事件について話し合ってはならない旨のそれをした。公判は、午後1時30分に再開されることになった。

(9) 検察側の立証

午後1時30分、シュヴァルツ裁判官は法廷に入り、まず、証人が法廷にきているかどうかを確認した。問いかけに応じて何人かが立ち上がると、シュヴァルツは、呼ばれるまで廊下で待っているように、といった。アメリカでは、公判は公開されていて、誰でも傍聴することができるが、証人は、一般に、その証言を終えるまで傍聴を許されない。証人の証言が、ほかの証人から聴いたことではなく、自らの記憶に基づいてなされるようにするためである。証人らが法廷を出たところで、シュヴァルツ裁判官は、最初の証人を呼ぶように、とシュレーダー検察官に指示した。検察官は立ち上がっていった。「検察側は、ロバート・ライヒさんを証人として尋問します」。ライヒが裁判官の席のそばにある椅子のところへ進み出た（法廷のなかの裁判官の席は、「ベンチ」と呼ばれる）。裁判所書記官がライヒに右手を挙げるよういい、次のように尋ねた。「本件において真実の証拠のみを提出することを誓いますか」。ライヒが「はい」と答えると、裁判官がいった。「座ってください」。ライヒは着席した。アメリカのたいていの州でそうであるように、カリフォルニア州においても、宣誓のやり方が証人によって変わるということはないので、本章で登場するほかの証人については、この部分は省略する。また、話を分かりやすくするために、本章では、証言のうち重要な部分だけをとり上げることにする。

検察官：「氏名および住所を述べてください。」
ライヒ：「ロバート・ライヒです。住所は、ガーデン通り1400番地です。」
検察官：「おいくつですか。」
ライヒ：「82歳です。」
検察官：「あなたは、2005年3月20日日曜日の夜、車で帰宅しましたか。」
ライヒ：「はい。午後9時30分を少し過ぎた頃、別荘から帰ってきました。」
検察官：「あなたが帰宅してから起こったことを説明してください。」
ライヒ：「家の敷地に入り、いつものように駐車しました。車を降り、玄関の前の階段を上がりました。家は暗く、いつもどおりのようにみえました。ドアの鍵を開け、なかに入りました。入ってすぐに、居間に男の影をみました。電灯のスイッチを押したりする間もなく、私は男に殴られ、床に倒れました。」
検察官：「その男は、どこを殴ったのですか。」
ライヒ：「頭です。」
検察官：「何かを使って殴ったのですか。」
ライヒ：「私は足が少し悪いので、杖を使用しています。部屋に入った時、その杖をもっていたのですが、男は、それを奪い、私を殴ったのです。」
検察官：「杖で何回、殴られましたか。」
ライヒ：「よく分かりません。私は1回殴られ、それで倒れてしまいましたから。」
検察官：「男が正確にはどこを殴ったのか、手で指し示してもらえますか。」
ライヒ：「ちょうどこのあたりを杖で殴られました。」
検察官：「証人は、頭頂部、左目の3インチ上あたりを指した、と記録してください。ライヒさん、どのぐらい強く殴られましたか。」
ライヒ：「かなり強く。ひどく痛みました。」
検察官：「裁判所書記官、これは検察側証拠物件1号です。」（杖を裁判所書記官に渡す）
検察官：「検察官が検察側証拠物件1号を弁護人に示した、と記録してください。」
検察官：「ライヒさん、検察側証拠物件1号をみてください。これが何だか分かりますか。」
ライヒ：「はい。これは私の杖です。これで私は殴られたのです。」
検察官：「あなたが殴られた後、何が起こりましたか。」
ライヒ：「私は床に倒れました。次に記憶しているのは、病院で医者と話したことです。」
検察官：「その病院にどのぐらいいましたか。」
ライヒ：「一晩です。翌日の昼頃、退院しました。私は運がよかったと思います。腕が折れ、頭を3針縫いました。数週間、苦しみました。でも、医者の話では、脳震盪は起こしていないとのことでした。」
検察官：「あなたの家から何か盗まれましたか。」
ライヒ：「はい。私は、コイン・コレクションを家に置いていました。とても価値の高いものです。翌日帰ってみると、そのコレクションがなくなっていました。」
検察官：「そのコイン・コレクションは、いくらぐら

いするものでしょうか。」

ライヒ：「はい。友人のマックス・マンの息子さんがオークション専門の会社で働いています。彼がいうには……。」

弁護人：「異議あり。証人の友人、あるいはその息子が述べたことは、伝聞です。」

裁判官：「異議を認めます。証人は、誰かに聞いたことではなく、自らの観察により知ったことについて証言するように。」

検察官：「ライヒさん、あなたの家から盗まれたコイン・コレクションですが、その所有者はあなたですか。」

ライヒ：「はい。私はコインが大好きなのですが、それらのコインの多くは、数年前に亡くなった妻が誕生日のプレゼントにくれたものです。」

検察官：「コインを自分で買ったことはありますか。」

ライヒ：「はい。よく専門店にコインをみにいきますし、自分でコインを買ったことは何度もあります。妻が贈ってくれたコインも、多くは、私がすでにお店でみたことがあるものでした。妻は、私がそれをほしがっているのを知っていて、買ってくれたのです。」

検察官：「あなたのコレクションの市場価値に関して、どのように考えますか。あなた自身の知識に基づいて述べてください。」

ライヒ：「はい。」

弁護人：「異議あり。ライヒさんはコインの価値についての専門家ではありません。」

検察官：「法は、財産の価値について所有者が証言することを、その者が専門家であるか否かにかかわらず、許容しています。」

裁判官：「証言することを認めます。」

検察官：「あなたのコイン・コレクションの市場価値について、あなたはどのように考えますか。」

ライヒ：「20000 ドルほどです。」

検察官：「あなたは、コイン・コレクションを家でどのように保管していましたか。」

ライヒ：「茶色の木製の箱にしまっていました。」

検察官：「事件の後、家に帰って、その箱をみましたか。」

ライヒ：「いいえ。コインと同様、見当たらなくなっていました。」

検察官：「裁判所書記官、これは検察側証拠物件2号です。」（裁判所書記官に箱を渡す）

検察官：「検察官は検察側証拠物件2号を弁護人に示した、と記録してください。」

検察官：「ライヒさん、検察側証拠物件2号をみてください。これが何だか分かりますか。」

ライヒ：「はい。これは、私が家でコインをしまっていた箱です。」

検察官：「その箱を家のどこに置いていましたか。」

ライヒ：「居間にある机の、鍵のかかった引出しです。」

検察官：（尋問の一部を省略）「それでは、検察側証拠物件3号をみてください。ライヒさん、これが何だか分かりますか。」

ライヒ：「はい。これは、私の家の居間にある机の写真です。」

検察官：「何が写っているか、陪審員の皆さんに話してください。」

ライヒ：「はい。私がコインをしまっていた机の引出しが、開いていて、なかが空になっています。」

検察官：（尋問の一部を省略）「今度は、検察側証拠物件4号をみてください。ライヒさん、これが何だか分かりますか。」

ライヒ：「はい。これは、私のコイン・コレクションです。美しいでしょう。」

検察官：「事件の前の木曜日、車を修理店にもっていきましたか。」

ライヒ：「はい。」

検察官：「どこの修理店ですか。」

ライヒ：「マックス・マンの店です。何年もの間、そこを使っています。」

検察官：「マンさんの店で、コイン・コレクションについて話をしましたか。」

ライヒ：「したと思います。彼もコイン・コレクションをもっているのです。だから、行くといつも、彼とコインの話をします。とてもいい男ですよ。」

検察官：「事件の夜、あなたを殴った男がどんな感じだったか、説明できますか。」

ライヒ：「暗くてよくみることができませんでした。白人で、身長は6フィートほどだったと思いますが。でも、はっきりとはみえなかったのです。」

検察官：「質問は以上です。」（検察官、席に戻る）

次に、弁護人にライヒを反対尋問する機会が与えられる。そして、ボッシュ弁護人は、いくつか質問――暗かったので被害者には襲撃者がはっきりとはみえなかった、という事実をより明らかにするための――をすることも考えた。しかし、ボッシュは、結局、何も質問しないことを選んだ。ライヒは、すでに、よくみえなかった、と述べている。これは、ブラウンに有利な証言であった。ここでさらに質問を加えると、証言がより歯切れの悪いものとなってしまうことも考えら

れる。加えて、陪審員らに、彼が老人を困らせようとしている、という印象を与えてしまうかもしれない。それゆえ、ボッシュは、裁判官に対して、「いまの証言に関しては、こちらはとくに訊くことはありません」と答えたのである。

　ライヒの尋問には1時間を要した。そこで、シュヴァルツ裁判官は、15分間の休憩を宣言した。陪審員らが法廷に戻ったところで、彼は、「検察官、ほかの証人を呼びますか」と尋ねた。これに対し、検察官は、「検察側は、トーマス・ノイマンさんを証人として尋問します」と答えた。ノイマンが宣誓し、証人席に着いたところで、検察官が尋問を開始した。

　検察官：（尋問の一部を省略）「あなたは警察でどのような仕事をしているのですか。」
　ノイマン：「私は、鑑識の担当です。」
　検察官：「それは、どのようなことをするのでしょうか。」
　ノイマン：「私は、証拠の採取と保全について特別な訓練を受けています。犯罪があったと考えられる場合や、証拠が存在すると考えられる場合に、証拠を発見し、適切に処理・回収するため、私が呼ばれることになります。」
　検察官：「2005年3月20日の夜、あなたはガーデン通り1400番地のライヒさんの家に行くよう命じられたのですか。」
　ノイマン：「はい。その夜、午後10時15分頃、ライヒさんの家に向かうよう命じられました。でも、その夜は忙しかったので、到着したのは21日の午前1時を回った頃だったと思います。」
　検察官：「コインの箱、あるいはコインを、家のなかでみましたか。」
　ノイマン：「いいえ。」
　検察官：「ライヒさんの居間の机をみましたか。」
　ノイマン：「はい。」
　検察官：「その机がどのようなもので、どのような状態だったか、陪審員の皆さんに説明してもらえますか。」
　ノイマン：「素晴らしい、アンティークの机です。きちんと手入れされていることが分かりました。磨き上げられていて、上品な感じでした。引出しが開いていて、なかは空でした。床に紙が散らばっていました。机の引出しの1つについては、鍵がこじ開けられているのが分かりました。床に大きなドライヴァーが落ちていました。机と鍵のこじ開けた跡が、ドライヴァーの大きさ、それから形と一致しました。私は、これは机を開けるのに使われたものだ、と思いました。」
　検察官：（尋問の一部を省略）「ノイマンさん、検察側証拠物件3号をみてください。この写真が何だか分かりますか。」
　ノイマン：「はい。私が撮影した、3月20日の夜にライヒさんの家で起きた事件の現場写真のなかの1枚です。ライヒさんの家の居間の机を、あの夜に撮ったのです。」
　検察官：「この写真を撮る前に、3月20日の夜、誰かがライヒさんの机を動かすなどしたということはありますか。」
　弁護人：「異議あり。証人に憶測を述べさせる質問です。自身がみたことについてのみ、証言させるのが適切だと思います。」
　裁判官：「異議を認めます。」
　検察官：「では、ノイマンさん、質問の仕方を変えます。3月21日の午前1時頃にライヒさんの家に着いてから、検察側証拠物件3号の写真を撮る前に、居間の机を動かすなどしましたか。」
　ノイマン：「いいえ。何も動かしていません。何かを動かしたり、ほかのことを始めたりする前に、写真を撮ることになっていますので。」
　検察官：「あなたはどのようにしてライヒさんの家に入ったのですか。」
　ノイマン：「ブラウン警察官とゲルバー警察官が入れてくれました。彼らは機動捜査隊の所属で、連絡を受けてライヒさんの家に行き、私が到着するまで現場の保存に当たったのです。」

　シュレーダー検察官による尋問の後、ボッシュ弁護人がノイマンの反対尋問を行った。しかし、それによって新しい情報が示されるということはなかったので、ここでは省略する。また、ハウザー警察官の尋問についても、詳しくは触れない。ハウザーは、3月20日日曜日の夜、午後10時15分頃に、連絡を受けてライヒの家に行ったことを証言した。彼が最初にしたのは、ライヒのために救急車を呼ぶことだった。簡単な捜索を行ったが、コインもコイン箱も発見されなかった。彼は、証拠を動かすなどすることなく、直ちに証拠の収集・保全の専門官に連絡をとった。また、機動捜査隊のブラウン警察官は、自分はゲルバー警察官とともにハウザーのすぐ後に到着し、ノイマンがくるまで現場を保存しておくためそこに留まった、と証言した。彼もゲルバーも、机その他の証拠を動かすなどしていない。彼によれば、机は、3月20日の夜にみた時、

まさにノイマンに示された写真どおりの状態だったということであった。

検察官は、次に、マックス・マンを証人として尋問した。

検察官：「おいくつですか。」
マン：「55歳です。」
検察官：「どこで働いていますか。」
マン：「私は、モーツァルト・コート2245番地のマン自動車整備工場の経営者です。どんな車でも扱う店ですが、私自身は、メルセデス・ベンツを専門に仕事をしています。」
検察官：「あなたは、本件の被告人を知っていますか。」
マン：「はい。彼は、私の店の整備士でした。今回の件で逮捕されるまで、私のところで働いていました。」
検察官：「あなたの顧客のなかに、ロバート・ライヒさんという方はいますか。」
マン：「はい。ライヒさんは店のお得意様です。昔からの友人でもあります。私たちは、2人ともコインの収集を趣味としていまして。」
検察官：「2005年の3月に、ライヒさんがあなたの店を訪れたことはありますか。」
マン：「はい。3月17日の木曜日に、彼のメルセデスを修理にもってきました。」
検察官：「ライヒさんの車を扱った整備士は誰か、憶えていますか。」
マン：「はい。ブラウンさんでした。」
検察官：「ライヒさんがあなたの店にいる間に、2人でコインについて話をしましたか。」
マン：「はい、話しました。いつもそうなのですが、ロバートは、自分のコレクションについて、ありとあらゆることを話さなければ気が済まないのです。彼はとても熱狂的なコレクターでして。彼は、いつでも好きな時にみられるように、コレクションを家に置いている、といいました。」
検察官：「コイン・コレクションについて話をしている時、あなた方はどこに立っていましたか。」
マン：「ライヒさんの車のすぐそばです。」
検察官：「ブラウンさんがあなた方の会話を耳にすることは可能でしたか。」
マン：「はい。我々は、彼が仕事をしているところのすぐそばにいました。自宅にコレクションを置いていることを大っぴらに話すなんて、ロバートはちょっと注意が足りないのではないか、と思った記憶がありま

す。でも、我々の話にマイケルが耳を傾けているなんて、考えもしませんでした。彼は、優れた整備士で、正直な男だと思っていましたから。」
検察官：「質問は以上です。」
弁護人：「マンさん、こんにちは。ライヒさんと話している時、あなたからブラウンさんがみえていましたか。」
マン：「いいえ。私はマイケルに背を向けていました。我々は車のそばにいました。マイケルが車で作業をしているのは分かっていましたが、彼のことはみえませんでした。」
弁護人：「そうすると、あなたは、ブラウンさんがその時どこにいたのか、正確には知らないのですね。」
マン：「それはそうです。」
弁護人：「あなたとライヒさんとの会話をブラウンさんが聞いていたことは疑いないと断言できますか。」
マン：「いいえ、そういう風にはいえません。」
弁護人：「ブラウンさんがあなたの店で働いていた期間はどのぐらいですか。」
マン：「1年ほどです。」
弁護人：「あなたのところで働いている間に、彼が、何かを盗むなど、問題を起したことはありますか。」
マン：「私の知る限り、ありません。」
弁護人：「質問は以上です。」
裁判官：「検察官、再主尋問はありますか。」（検察官は、弁護人の反対尋問終了後、それによって提起された問題についてさらに尋問をすることができる）
検察官：「あなたとライヒさんとの会話をブラウンさんが聞いていたことは疑いないと断言はできない、と証言されましたね。会話を聞くことが十分可能な距離にブラウンさんがいたということはできますか。」
マン：「はい。我々が立っているところのすぐそばで、彼は仕事をしていました。」
検察官：「裁判官、質問は以上です。」
弁護人：「こちらも、質問はありません。」
裁判官：「マンさん、お帰りになって結構です。検察側は次の証人を呼んでください。」
検察官：「検察側は、ピーター・シュミット刑事を証人として尋問します。」

シュミット刑事が宣誓して着席すると、シュレーダー検察官による尋問が始まった。

検察官：「シュミットさん、警察官になってどのぐらいですか。」
シュミット：「12年経ちました。現在は、強盗事件

担当の刑事です。」

検察官：「2005年の3月21日に、被告人のアパートの捜索を行いましたか。」

シュミット：「はい。我々は、彼がロバート・ライヒさんに対する強盗の犯人だと、ほぼ確信していました。そこで、ライヒさんのコイン・コレクションをアパートに隠している可能性があると考えたのです。地方検事局の協力を得て、我々は、令状を取得してアパートを捜索しました。」

検察官：「アパートの捜索で、何か発見されましたか。」

シュミット：「コインを探していたら、小さなビニール袋を発見しました。キッチンの上の方の棚にティーポットが置かれていて、そのなかにあったのです。ビニール袋には白い粉末が入っていて、コカインではないかと思いました。袋と粉末は、もち帰って検査に回しました。」

ここで、シュレーダー検察官は、検察側証拠物件5号をシュミット刑事に示した。白い粉末の入ったビニール袋をみたシュミットは、捜索の時に貼った識別のためのラベルがあることを指摘するなどして、ブラウンのアパートで発見したものに間違いない、と証言した。シュレーダーは、さらに質問を加えた。

検察官：「コインは発見されましたか。」

シュミット：「いいえ。アパートにコインはありませんでした。」

検察官：「質問は以上です。」

弁護人：「こんにちは、シュミット刑事。あなたが捜索を行った当時、ブラウンさんはアパートに1人で住んでいたのでしょうか。」

シュミット：「いいえ。その頃は、アレクサンドラ・ユングさんが、彼と一緒に住んでいました。」

弁護人：「問題のビニール袋がブラウンさんのものだということを示す証拠を、アパートで発見しましたか。」

シュミット：「いいえ。」

弁護人：「ビニール袋がユングさんか、あるいはそれ以外の人物のものである可能性はありますか。」

シュミット：「はい。」

弁護人：「あなたは、ブラウンさんのアパートでは盗まれたコインは発見されなかったと証言しましたね。間違いないですか。」

シュミット：「はい。」

弁護人：「ライヒさんがコインをしまっていた箱は、ブラウンさんのアパートで発見されたのですか。」

シュミット：「いいえ。」

弁護人：「結局、コインは見つかったのですか。」

シュミット：「はい。ライヒさんの隣の家の人が、コインと箱を庭で見つけました。」

弁護人：「コインと箱は、いつ発見されたのですか。」

シュミット：「7月25日の月曜日です。」

弁護人：「質問は以上です。」

裁判官：「検察官、再主尋問は。」

検察官：「ティーポットが置いてあった棚の高さはどのぐらいでしたか。」

シュミット：「測ってはいませんが、6フィートほどではないかと思います。」

検察官：「質問は以上です。」

弁護人：「こちらも、質問はありません。」

検察官：「検察側は、リチャード・ロジャースさんを証人として尋問します。」

検察官：「ロジャースさん、職業は何ですか。」

ロジャース：「私は化学者です。ABC研究所で、化学分析の仕事をしています。」

検察官：「ロジャースさん、検察側証拠物件5号をみてください。これが何だか分かりますか。」

ロジャース：「はい。ビニール袋で、白い粉末が入っています。」

検察官：「このビニール袋に入っている薬物を、2005年の4月に分析しましたか。」

ロジャース：「はい、しました。」

検察官：「その時、あなたは、分析の結果についての報告書を作成しましたか。」

ロジャース；「はい。我々はサクラメント市警察のための仕事をしていまして、私が報告書を作成しました。」

検察官：「報告書の内容を要約してください。そして、分析によって明らかになったことを陪審員の皆さんに話してもらえますか。」

ロジャース：「私の分析によりますと、ビニール袋のなかの白い粉末にはコカインが含まれています。900ミリグラムあります。」

検察官：「質問は以上です。」

裁判官：「弁護人、反対尋問があればどうぞ。」

弁護人：「ロジャースさん、あなたの分析によって、その薬物の所有者が誰であったのかが分かりますか。」

ロジャース：「いいえ。今回は分かりませんでした。」

弁護人：「つまり、この薬物がブラウンさんのものなのか、それともほかの誰かのものなのかについては、あなたは何もいえないということですね。」

ロジャース:「そのとおりです。」
弁護人:「質問は以上です。」
検察官:「こちらも、質問はありません。」

午後4時45分となっていたので、シュヴァルツ裁判官は、陪審員らに対して、今日はこれでもう帰宅してもよい、といった。彼としてはもっと審理を進めたかったのだが、しかし、証人の証言の途中で終わりとなるのは避けなければならなかった。シュヴァルツは、陪審員らに翌朝9時までに戻るよう指示し、さらに、今回も、事件について誰とも話し合わないように、との注意を与えた。

翌朝の午前9時、裁判所書記官の声が再び響いた。「全員起立」。入廷したシュヴァルツ裁判官は、陪審員らにあいさつしたうえで、「検察官、次の証人を呼びますか」といった。

検察官:「検察側は、アレクサンドラ・ユングさんを証人として尋問します。」

検察官は、証人席にアレクサンドラ・ユングが着き、宣誓したところで、尋問を開始した。

検察官:「氏名と住所を述べてください。」
ユング:「アレクサンドラ・ユングです。東5番通り1708番地のアパートの10号に住んでいます。」
検察官:「ユングさん、おいくつですか。」
ユング:「22歳です。」
検察官:「どこで働いていますか。」
ユング:「州立大学サクラメント校の学生です。現在、3年生です。」
検察官:「あなたは本件の被告人であるマイケル・ブラウンさんを知っていますか。」
ユング:「はい。彼は、私のボーイフレンドでした。今回のことで逮捕されるまで、一緒に住んでいました。」
検察官:「あなたは2005年3月20日の夜、ガーデン通りに車で行きましたか。」
ユング:「はい。」
検察官:「あなたがなぜガーデン通りまで車を走らせることになったのか、そして、そこに着いた後、何が起こったのか、陪審員の皆さんに説明してもらえますか。」
ユング:「何時頃だったか、その日、ガーデン通りまで車で連れていってくれとマイケルに頼まれたのです。何か盗みにいくつもりだと思いました。関わり合いになりたくなかったので、嫌だといい、なぜ自分で運転していかないのかと尋ねました。彼は怒って、自分が免許停止になっていて、仕事にいく時以外は運転を認められていないことを知っているはずじゃないか、といいました。

マイケルは、いままでお前のために色々してやったじゃないか、何も違法なことを頼んでいるわけじゃない、お前が手助けしてくれなくても、いずれにせよ自分は行く、といいました。そこで、本当は嫌だったけど、『いいわ、車を運転するだけなら』と答えてしまいました。そうしたら、彼は『よし、暗くなったらすぐ出かけよう』といいました。

9時頃、私の車でマイケルをガーデン通りまで連れていきました。停めろといわれたところで車を停めると、彼は車を降りて、ある家に向かいました。すぐに戻ってきましたが、その後、1分か2分で、また出ていきました。ビニール袋をもって。そこにいるのが嫌だったので、急ぐよう彼にいいました。私、本当に神経質になっていたのです。まるでものすごく長い時間が経ったかのように感じました。突然、車がマイケルのいる家の敷地に入ってきました。私は、あわてふためきました。はっきりとはみえませんでしたが、男の人が車を降りて、その家の玄関の前の階段を上がっていくのが分かりました。私は、もうそれ以上みていられませんでした。急いで車を走らせて、その場を離れたのです。」

検察官:「ブラウンさんを置き去りにしたのですね。」
ユング:「その時は、マイケルのしていることなどかまっていられませんでした。彼が馬鹿げたことを考えたりするから、と思い、腹が立ったし、恐かったのです。こんなことに私を巻き込むなんて、と。」

3月20日の夜の出来事についてさらに様々な質問をした後、検察官は、「ブラウンさんはなぜガーデン通りに行きたかったのでしょうか」と尋ねた。

ユング:「彼は何かを盗むためにあそこに行ったのです。何を盗ろうとしたのか、はっきりとは分かりませんが、きっと高価なものでしょう。マイケルはお金をほしがっていました。借金がいっぱいあって、いつもお金がなかったのです。彼は腕のいい整備士ですが、大酒飲みで、以前は薬物をやっていました。ひんぱんに仕事をさぼるし、この6年で5回も勤め先を変えています。」

検察官:「ブラウンさんと知り合ってどれぐらいで

すか。」

ユング：「6か月前、ディスコで知り合いました。前のボーイフレンドと別れてから何か月か経ったところでした。何度か2人で遊びに出かけて、その後、彼から、引っ越して一緒に住まないかといわれました。彼のことをよく知っているわけではありませんでしたが、そうすることにしました。当時は、寂しくて、気分がとても暗くなっていたので。両親が暮らしているモデストは遠いですし。」

検察官：「あなたはマリファナかコカイン、あるいはそれ以外の非合法の薬物を使用したことはありますか。」

ユング：「いいえ。そんなものを使ったことなどありません。お酒もほとんど飲まないし。」

検察官：「検察側証拠物件5号をみてください。この白い粉末の入った袋を、以前にみたことはありますか。」

ユング：「いいえ。」

検察官：「警察官の証言によれば、この白い粉末の入った袋は、あなたとブラウンさんが住んでいたアパートのキッチンのティーポットのなかにあったとのことです。この袋はあなたのものですか。」

ユング：「いいえ。その袋をみたのはこれがはじめてです。食器棚の上の方、私の手が届かないところに古いティーポットがありました。多分、そこにあったのでしょう。でも、私は、これまでその袋をみたことはありません。」

検察官：「この袋にはコカインが入っています。これはあなたのものですか。」

ユング：「いいえ。それについては何も知りません。マイケルが以前、薬物をやっていたのは知っていますが、アパートで薬物をみたことはありません。」

検察官：「誰かほかに、アパートの鍵をもっている人はいましたか。」

ユング：「いいえ。私が知っている限り、鍵をもっていたのはマイケルと私だけです。」

検察官：「あなたの前のボーイフレンドの名前は何というのですか。」

ユング：「ウォルター・ヴィンターです。」

検察官：「ヴィンターさんと最後に会ったのはいつですか。」

ユング：「別れたのは1年以上前です。それから一度も会っていません。」

検察官：「3月20日の夜、ヴィンターさんを車でガーデン通りに連れていきませんでしたか。」

ユング：「いいえ。車に乗せたのはマイケルです。その夜は、ウォルター・ヴィンターさんをみかけてもいません。」

検察官：「あなたは、ブラウンさんがガーデン通りの家から盗んできたものの分け前を受けとることになっていたのですか。ブラウンさんは、あなたが彼を車で連れていくことについて、何か対価を約束しましたか。」

ユング：「いいえ、何も。彼は、車で連れていってくれとだけしかいいませんでした。そして、結局、引き受けてしまったのです。」

検察官：「これまで逮捕されたこと、あるいは、何らかの罪で有罪とされたことはありますか。」

ユング：「マイケルを車でガーデン通りまで連れていった夜、逮捕されて、共犯者として有罪答弁をしました。私、何か法に触れることをしているなんて分からなかったんです。私は泥棒なんかじゃありません。これまで何か悪いことをしたことなんてないんです。マイケルをあの家まで連れていくなんて馬鹿だったと、本当に後悔しています。」

検察官：「今日ここで証言することと引き換えに、何かを約束されましたか。」

ユング：「有罪答弁をした時、本当のことを証言するならば拘禁刑ではなく保護観察となるだろう、といわれました。」

検察官：「質問は以上です。」

弁護人：「ユングさん、おはようございます。あなたは3月20日日曜日、逮捕された。このことに間違いはありませんね。」

ユング：「はい。」

弁護人：「警察は、その夜にはあなたを釈放したのですか。」

ユング：「いいえ。釈放されたのは火曜日の夜です。」

弁護人：「あなたは地方検事局によって告発されたのですか。」

ユング：「はい。」

弁護人：「告発の事実は強盗と不法目的侵入、それからコカインの所持ということで間違いないですか。」

ユング：「はい。」

弁護人：「それらの事実は、重大なものだと思いますか。」

ユング：「とても重いものだと思います。」

弁護人：「あなたを被告人とする裁判は、まだ続いているのですか。」

ユング：「いいえ。裁判所で有罪の答弁をしましたから。」

弁護人：「強盗について有罪答弁をしましたか。」

ユング：「いいえ。検察官が訴えを取り下げました。」
弁護人：「コカインの所持について有罪答弁をしましたか。」
ユング：「いいえ。それについても検察官が訴えを取り下げました。」
弁護人：「つまり、あなたは不法目的侵入について有罪答弁をしたということですか。」
ユング：「いいえ。有罪答弁をしたのは、トレスパスについてのはずです。」
弁護人：「拘禁刑を言い渡されたのですか。」
ユング：「いいえ。保護観察となりました。」
弁護人：「つまり、検察官は、当初、強盗と不法目的侵入、そしてコカインの所持で告発をしたが、結局、あなたは保護観察を言い渡されることになったというわけですね。」
ユング：「はい。」
弁護人：「そのような魅力的な取引をするために、あなたは何を提供することになったのですか。ブラウンさんの事件に関して検察側の証人となることを約束したのですか。」
ユング：「はい。」
弁護人：「そして、検察官は、あなたの証言に不満があれば、強盗や薬物についての訴えを復活させることができる。違いますか。」
検察官：「異議あり。証人を困惑させています。」
裁判官：「異議を却下します。」
ユング：「私が本当のことを話さなければ、検察官はそうすることができます。」
弁護人：「あなたが本当のことを話しているかどうかを判断するのは検察官ではないのですか。」
ユング：「そうではないかと思います。」
弁護人：「それは、あなたは、大きな利益を得るためには、検察官がしてほしいと思っている話をしなければならない、ということではありませんか。」
検察官：「異議あり。証人を困惑させています。」
裁判官：「異議を却下します。」
ユング：「私は本当のことを話しています。」
弁護人：「あなたは被告人と知り合って以来、前のボーイフレンドと連絡をとっていないといいましたよね。本当にそうですか。」
ユング：「それは……。1回か2回、話をしたことはあるかもしれません。でも、それだけです。」
弁護人：「それでも、何回かは連絡をとったことがあるということですよね。」
ユング：「はい。」
弁護人：「ブラウンさんにはじめて会ったのはいつですか。」
ユング：「6か月ぐらい前です。」
弁護人：「あなたはブラウンさんとバーで知り合ったのでしたっけ。」
ユング：「いいえ。ディスコです。ニルヴァーナというお店でした。」
弁護人：「そして、あなたは、知り合ってからまだ2週間か3週間のブラウンさんと一緒に住むため引っ越した。間違いないですか。」
ユング：「はい。何度か一緒に遊びに出かけ、その後、彼から一緒に住まないかといわれました。彼がどんな人なのかよくは知りませんでした。でも、前のボーイフレンドと別れた後で寂しかったので、そうすることにしました。」
弁護人：「ブラウンさんはあなたに優しくしてくれましたか。」
ユング：「まあまあ、でした。」
弁護人：「ブラウンさんと結婚するつもりはありましたか。」
ユング：「そのことについては、考えたことはありませんでした。」
弁護人：「ブラウンさんは、あなたが結婚したいと思うタイプの男性ですか。」
ユング：「いいえ。」
弁護人：「ブラウンさんのアパートを出ていこうと考えたことはありますか。」
ユング：「はい。毎日のように考えました。」
弁護人：「あの日曜日、つまり、ブラウンさんをガーデン通りまで車で連れていくことになった日、彼のアパートを出ていくという計画はありましたか。」
ユング：「はい。学校で知り合った人がいて、その人ともっといい関係が築けるかもしれないと思い、2、3日で引っ越すことを考えていました。」

ボッシュ弁護人は、ユングの引越しのことと、彼女の薬物の使用についてさらに質問すべきかどうか、思案した。そして、これらの点を追及するために質問を続けるのは、結局、リスクが高いと判断し、やめておくことにした。

弁護人：「質問は以上です。」
検察官：「こちらも、質問はありません。」

午前10時30分となったので、シュヴァルツ裁判官は、陪審員らに15分間の休憩を与えた。休憩時間が終了し、手続が再開したところで、検察官は、次の証

人としてブリジッテ・ブッシュを呼んだ。

検察官：「ブッシュさん、住所はどこですか。」
ブッシュ：「ガーデン通り 1440 番地です。」
検察官：「ロバート・ライヒさんの家は、あなたの家の近くですか。」
ブッシュ：「はい。彼の家はガーデン通り 1400 番地で、ほんの数軒しか離れていません。長いことそこに住んでいて、古くからの友人です。」
検察官：「あなたは 3 月 20 日の夜、自宅にいましたか。」
ブッシュ：「はい。」
検察官：「その夜、何か変わったことがありましたか。あなたのみたことを陪審員の皆さんに話してください。」
ブッシュ：「9 時頃、通りの私の家の前のところに車がやってきて駐車しました。車の音を聞いて、こんな遅い時間に誰だろうと思い、窓から外をうかがいました。男の人が車を降り、ライヒさんの家に向かって歩いていくのがみえました。私はとても不審に思いました。私の家の前ではなく、ライヒさんの家の前になぜ駐車しないのだろう、と。それに、ライヒさんが保養に出かけていて家にいないことを知っていましたし。」
検察官：「ほかに何かみましたか。」
ブッシュ：「5 分ほど経ってから、その男の人が車に戻ってきましたが、それからまた車を降りてライヒさんの家に向かいました。私は、恐くなってきました。しばらくして、ライヒさんの車が家の敷地に入ってきました。はっきりとはみえなかったのですが、ライヒさんはそれから玄関の前の階段を上っていったのだと思います。突然、私の家の前に駐車していた車がすごい勢いで走り去りました。どうすればいいか分からなかったので、もうしばらく状況を見守ることにしました。数分後、あの男の人がライヒさんの家から通りに出てきて、去っていくのがみえました。そこで、私は、警察に電話をかけました。」
検察官：「家から出てきた男の人をはっきりとみましたか。みればこの人だと分かるでしょうか。」
ブッシュ：「いいえ。白人だということは分かりましたが、それ以上のことがいえるほどはっきりとはみていません。」
検察官：「質問は以上です。」

ボッシュ弁護人は、ライヒの家から通りに出てきた男が、何かしたか、どの方向に歩いていったのか、ほかに何か気づいたことはあるか、とブッシュに尋ねた。

さらに、ボッシュは、その男はどのような服装をしていたか、何かもっていたか、と質問した。ブッシュは、黒っぽい服を着ていたと思う、憶えている限りでは何ももっていなかった、と答えた。また、男が茂みに何かを投げ入れたかどうかについては、分からないといった。もっとも、暗かったし木や茂みがあるので、そもそもすべてがはっきりとはみえなかったのだ、とのことであった。弁護人は、最後に、男がライヒの家を出てきた時間帯に、誰かほかの者が通りを歩いているのをみなかったかとブッシュに尋ねた。ブッシュは、誰もみなかったと答えた。弁護人が「質問は以上です」と告げると、シュレーダー検察官も、とくに質問はないといった。

午前 11 時 30 分となったので、シュヴァルツ裁判官は、陪審員らに、昼食をとりにいってかまわない、といった。シュヴァルツは、再び、証人の証言についても事件についても話し合わないように、との注意を陪審員らに与えた。「1 時には戻ってください。ではまたのちほど」。午後 1 時、裁判官は法廷に戻り、検察官に次の証人を呼ぶかと尋ねた。

検察官：「検察側は、ポール・ハインツさんを証人として尋問します。」
検察官：「ハインツさん、住所はどこですか。」
ハインツ：「ガーデン通り 1300 番地です。」
検察官：「職業は何ですか。」
ハインツ：「もう引退しましたが、以前は高校の教師をしていました。」
検察官：「ロバート・ライヒさんを知っていますか。」
ハインツ：「会ったことはあります。よく知っているわけではありませんが、ごく近所に住んでいるのは知っています。」
検察官：「3 月 20 日の夜、犬の散歩に出かけましたか。」
ハインツ：「はい。9 時を過ぎてからでした。もう 10 時近くだったのではないかと思います。」
検察官：「犬の散歩の間、あなたが何をみたのか、陪審員の皆さんに話してください。」
ハインツ：「自宅を出発して、ライヒさんの家の近くまできた時、男の人が玄関から出てくるのがみえました。ライヒさんではないのが分かりました。その男の人は、そばにくるまで私に気づきませんでした。そして、私をみるなり、反対の方角に向かって素早く歩いて去っていきました。」
検察官：「その男の特徴を説明できますか。」

ハインツ:「はい。身長は6フィートほどで、髪は黒く、もじゃもじゃしていて、年齢は30歳前後。目付きが鋭く、瞳の色は黒です。」

検察官:「その男をはっきりとみましたか。みればこの人だと分かるでしょうか。」

ハインツ:「はい。その日は満月で、顔をはっきりとみることができました。」

検察官:「その夜にあなたがみた男は、この法廷にいますか。」

ハインツ:「はい。私があの夜にみたのは、そこに座っている人です。」

検察官:「証人が指差したのは被告人マイケル・ブラウンであった、と記録してください。」

検察官:「質問は以上です。」

裁判官:「反対尋問をどうぞ。」

弁護人:「ハインツさん、確認させてください。あなたは、ライヒさんとは別の男が、ライヒさんの家から出てくるのをみたといいましたね。この点は、間違いないですか。」

ハインツ:「はい。」

弁護人:「男は、それから玄関前の階段を降りて歩道に出た。この点はどうですか。」

ハインツ:「間違いありません。」

弁護人:「男は、その後、あなたとは反対の方角に歩いていった、ということでしたね。」

ハインツ:「はい。その男は、何度か振り返りました。それで、私の犬が、ちょっとうなり声を上げていました。」

弁護人:「つまり、あなたがみた男は、あなたのいる方角に向かって歩くということは全くなかったわけですね。」

ハインツ:「そのとおりです。」

弁護人:「あなたが彼の顔をみたのは、どのぐらいの距離からですか。3フィートか4フィートでしょうか。それとも、もっと離れていましたか。」

ハインツ:「もっと離れていました。多分、15フィートぐらいでしょう。」

弁護人:「20フィート離れていたということはありませんか。」

ハインツ:「そうかもしれません。測ったわけではないので。」

弁護人:「顔をみた時、その男は、玄関前の階段を降りてくるところでしたか、それとも、もう歩道に入ったところでしたか。」

ハインツ:「ちょうど、歩道に入るところでした。男は、私の方をみた後、反対の方角に向かいました。」

弁護人:「そこは、街灯はありますか。」

ハインツ:「ありません。しかし、満月だったので、男をはっきりみることができました。」

弁護人:「その時、彼は何を着ていましたか。」

ハインツ:「黒っぽいウインドブレーカーを着て、青いジーンズを履いていたと思います。」

弁護人:「確かですか。」

ハインツ:「断言はできません。あっという間の出来事だったので。」

弁護人:「あなたが最初にその男がいるのをみたところ、つまり、ライヒさんの家のドアのところですね、そこから通りまでは、どのぐらいの距離があるでしょうか。」

ハインツ:「90フィートほどです。もしかしたら、100フィートあるかもしれません。」

弁護人:「その男が玄関から通りまで90フィート歩く間、あなたは犬とともに立ち止まって、観察していたというわけですか。」

ハインツ:「立ち止まってはいませんし、その男の一挙手一投足に注目していたわけではありません。犬の散歩をしている間に、その男が玄関から出てくるのがみえました。その男が通りに達した頃には、私は男の近くまできていて、その時に顔をみたのです。」

弁護人:「あなたがみたという男は、何かもっていましたか。」

ハインツ:「思い出せません。憶えていませんね。」

弁護人:「男が茂みに何か投げ捨てるのをみましたか。」

ハインツ:「いいえ。」

弁護人:「玄関から通りまで男が歩いていく間に、異常な物音を聞きませんでしたか。何かがぶつかる音とか。」

ハインツ:「いいえ。さっきもいいましたが、その男がすることに注目していたわけではないのです。私の犬は落ち着きがないので、そちらに注意を払っていなければなりませんでしたから。」

弁護人:「でも、ライヒさんの家から出てきた男は被告人のブラウンさんだとあなたは確信しているわけですね。」

ハインツ:「はい。あれは確かに被告人でした。」

ここで、ボッシュ弁護人は、ハインツに、シュミット刑事に対してはライヒの家から出てきた男がブラウンだとそれほどはっきりとは供述しなかったではないか、と鋭く質した。写真面割りの際、シュミット刑事から6枚の写真を示されたハインツは、ブラウンのこ

とをあの時の男だと識別したが、「記憶している限りでは」と慎重に語っていたのである。この点についていくつか質問をした後、ボッシュは、別の問題に話を移した。

　　弁護人：「ハインツさん、あなたはおいくつですか。」
　　ハインツ：「68 です。」
　　弁護人：「ハインツさん、あなたはメガネをかけていますね。いつもかけているのですか。」
　　ハインツ：「はい。遠近両用のものを、20 代の時からかけています。」
　　弁護人：「事件のあった日の夜も、メガネをかけていましたか。」
　　ハインツ：「はい。」
　　弁護人：「夜にものをみる時、メガネが邪魔になりませんか。」
　　ハインツ：「いいえ、慣れていますから。夜でもよくみえます。」
　　弁護人：「あなたがいまかけているメガネは、色付きのものですね。夜でもそうなのですか。」
　　ハインツ：「はい。」
　　弁護人：「3 月 20 日の夜にかけていたメガネも、色付きのものでしたか。」
　　ハインツ：「はい。」
　　弁護人：「つまり、あなたは色付きのメガネをあの夜にかけていたが、それによってみえにくいということはなかったというのですね。ちょっと信用しにくい話だとは思いませんか。」
　　ハインツ：「私はいつも色付きのメガネをかけていて、慣れているのです。濃い色ではありませんから、よくみえます。」
　　弁護人：「その洒落た色付きのメガネをかけて、『鋭い目つきの、黒い瞳の』男がライヒさんの家から出てくるのをみたといっても、陪審員の皆さんが信じられると思いますか。」
　　ハインツ：「そのようにみえたのです。」
　　弁護人：「歩道の、あなたがその男の顔をみたというところは、ライヒさんの家の明かりに照らされていたのですか。」
　　ハインツ：「いいえ。」
　　弁護人：「そうすると、満月であったためにその男の顔がみえた、ということですよね。」
　　ハインツ：「はい。」
　　弁護人：「裁判所書記官、これは弁護側証拠物件 1 号です。」（新聞を裁判所書記官に渡す）
　　弁護人：「弁護人は検察官に弁護側証拠物件 1 号を示した、と記録してください。」
　　弁護人：「ハインツさん、これが何だか分かりますか。」
　　ハインツ：「はい。これは『サクラメント・ビー』紙ですね。」
　　弁護人：「陪審員の皆さんに向かって、その新聞の日付をいってもらえますか。」
　　ハインツ：「2005 年 3 月 21 日月曜日となっています。」
　　弁護人：「2 頁目を開きます。陪審員の皆さんに向かって、この頁に何が書かれているかいってもらえますか。」
　　ハインツ：「はい。天気についての頁のようですね。」
　　弁護人：「6 段目のなかほどから始まる記事の最初の段落を、陪審員の皆さんに向かって読み上げてもらえますか。」
　　ハインツ：「信じられません。月はあの夜、出ていなかったと書いてあります。」
　　弁護人：「記事を読み上げてください。」
　　ハインツ：「昨夜、サクラメントの天候は、ベイ・エリアの方から雲が現れたため、急激に悪化した。月の明るい春の夕べのはずが、サクラメント中がどんよりと暗かった。やや霧雨が降った。雲は消えたので、今夜は再び月がみられるだろう。」
　　弁護人：「しかし、あなたは先ほど、その夜は満月だったと証言しましたよね。」
　　ハインツ：「はい。信じられません。」
　　弁護人：「質問は以上です。」
　　裁判官：「検察官、再主尋問は。」
　　検察官：「はい。ではハインツさん、あの夜は満月だったというのはあなたの勘違いということでしょうか。」
　　ハインツ：「明らかに私の勘違いです。私の記憶では満月でした。でも、新聞と争う気はありません。」
　　検察官：「あの夜にあなたがみた男は被告人だったということもまた勘違いだ、という可能性はありますか。」
　　ハインツ：「もちろん、絶対にないとはいい切れません。それでも、やはり、私がみたのは、あそこで弁護人の隣に座っている人だと思います。月の光だと考えていましたが、きっと、あれは街灯の光だったのです。男の顔をみたことは、はっきりと憶えています。男の挙動には不審なところがありました。私は、男がライヒさんの家から出てきて通りを歩いていくのをみながら、妙だな、と思ったのです。」
　　検察官：「質問は以上です。」

弁護人:「事件当日の夜は満月だったというのは、間違いなのですか、そうではないのですか。」
ハインツ:「私の間違いです。」
弁護人:「質問は以上です。」

反対尋問の計画を立てるにあたって、ボッシュ弁護人は、ポール・ハインツに「男が何かを茂みに投げ込んだか」と質問するリスクについて、とくに注意深く検討した。ハインツは、以前、公設弁護人事務所の調査官に対し、その点について自分は何もみていないと述べてはいた。しかし、ボッシュには、不安があった。裁判所での証言内容が公判以前に警察などに話していたものと違うということは、たまにあるからである。しかし、ボッシュは、結局、何かを投げるという動作をみていない旨の供述をハインツから引き出そうと試みることには、そのリスクにもかかわらず、やってみるだけの価値がある、と判断したのであった。

シュレーダー検察官は、次に、事件の夜に病院でロバート・ライヒの治療に当たった医師であるヴァイスを証人として尋問した。ヴァイスは、ライヒが運ばれてきたのは午後11時であったこと、そして、意識はあったが会話は困難な状態にあったことを話した。彼は、ライヒは頭頂部左に3針の縫合を要する裂傷を負っていた、左尺骨を単純骨折しており、ギプスで固定するという処置をとった、と証言した。ライヒの年齢と、頭部にそのような怪我を負った場合に一般的に存するリスクを考慮して、一晩病院に泊まるよう指示した、とのことであった。ヴァイスは、検察官の質問に答えて、怪我は頭への打撃と転倒によるものと考えられる、と話した。検察官が発した罰則付召喚令状により、ヴァイスは、ライヒの怪我に関する病院の記録を持参するよう命じられていた。検察官は、これらの記録の同一性確認を彼に求めた。ヴァイスの確認を経て、それらは検察側の証拠として採用された。以下はその一部である。

サクラメント郡医療センター救急医療部
カリフォルニア大学デーヴィス校

◆患者氏名:ロバート・ライヒ
◆住所:サクラメント市、ガーデン通り1400番地
◆受入年月日:2005年3月20日　受入時間:午後11時　受入時の付添い:サクラメント市警察
◆症状:頭部に出血;意識はあるが、会話は困難
◆治療:頭頂部左の裂傷;縫合（3針）;脳震盪なし、頭部骨折なし;左尺骨の単純骨折;腕をギプスで固定

経過観察のため、入院を許可する。
デイヴィッド・ヴァイス、医師、午後11時30分

◆退院:マイケル・フェスラー、医師
3月21日午前8時30分、再度の診察;経過良好;午後12時には退院
2005年3月21日午後12時退院

（署名）フィリス・ハリス、正看護師

ボッシュ弁護人は、ヴァイスの反対尋問を行わなかった。シュレーダー検察官は、次に、ウォルター・ヴィンターを証人として尋問した。ヴィンターは、アレクサンドラ・ユングの前のボーイフレンドである。彼は、2月の終わりにスキーで足を骨折したこと、および、2005年3月20日には足はギプスで固定されていたことを証言した。彼は、足にあまり負担をかけないようにと医者からいわれていたため、その夜は家にいた、と述べた。また、彼は、ユングに会ったのは、2004年の3月に関係を解消して以降は、1回か2回だけだといった。

ボッシュ弁護人は、ヴィンターに、足を骨折していた時にどの程度動き回ったのかについてと、アレクサンドラ・ユングとの接触について詳しく尋ねた。しかし、ヴィンターは、当時は動き回ることはできなかったし、ユングと会ったのは別れてから1回か2回だけだ、という証言を繰り返した。彼によれば、ユングと

最後に会ったのは2か月ほど前だということだった。弁護人が尋問を終えると、シュヴァルツ裁判官は、シュレーダー検察官に視線を向けた。シュレーダーが質問はないと答えると、シュヴァルツはいった。「検察官、次の証人を呼びますか」。検察側の証人となり得る者はほかにも多数いたが、検察官は、立証はすでに十分なされていると考えていた。それゆえ、彼女は、「裁判官、このぐらいにしておきます」と答えたのであった。

時刻は午後3時45分であった。シュヴァルツ裁判官は、陪審員らを15分、休憩させることにした。今回も、彼は、事件についても証拠についても話し合わないように、との注意を与えた。陪審員らが席を離れると、ボッシュ弁護人が裁判官に話しかけた。「裁判官、すべての起訴事実について無罪判決の申立てをしたいと思います。検察側は、どの起訴事実についても合理的疑いを超える証明をしていません。とくに、ブラウンさんがライヒさんを襲撃した男だということを証明できていません。それから、ブラウンさんと薬物との結び付きについて全く立証できていません」。

申立てがなされても、シュヴァルツ裁判官は驚かなかった。よくあることだからである。彼は、申立てに対する判断は公判の最後まで保留する、と答えた。

(h) **弁護側の立証**
マイケル・ブラウンの弁護をすることに決めて以来、ボッシュ弁護人は、ブラウンに弁護側の証人として証言させるべきかどうか考えてきた。合衆国憲法修正5条の保障する自己負罪拒否特権は、証言を拒否する権利を被告人に与えているので、ボッシュは、検察官も裁判官も自分の依頼人に供述するよう、すなわち証人席に着くよう求めることができないことは分かっていた。ボッシュが考えていたのは、ブラウンが証言を強制されるかどうかではなく、彼が証言することが賢明であるかどうかであった。

証言しないことにした被告人は有罪宣告を受けることが多いので、ボッシュ弁護人はブラウンに証言させることを考えていたのであった。他方で、ボッシュは、自分の依頼人が説得力ある証言をするとは思っていなかった。ブラウンの個性は、陪審に訴えかける見込みがないし、検察官が反対尋問においてブラウンのした証言を論破するおそれがあった。結局、ボッシュは、ブラウンが証言しようとすれば事態を悪くするだけだとの結論に至った。

もっとも、アメリカ法では、被告人が証言するかどうかの決断は、弁護人ではなく被告人が行うべきものとされている。弁護人が、依頼人と相談することなく決定的な判断——例えば、どの証人を呼ぶか、どのような質問をするかに関する判断——を下すことは、許容される。しかし、重要な争点——例えば、有罪答弁をすべきかどうか、証言をすべきかどうか——は、被告人が決めるべき事柄なのである。有能な弁護人は被告人にこれらの争点について教示するのであり、弁護戦略上の判断についても依頼人と相談することが多い。しかし、最終的に証言するかどうかを決めるのが被告人であることに変わりはない。

ボッシュ弁護人は、公判が開始される前に、ブラウンとこれらの点についてすべて話し合っていた。弁護人は、ブラウンに、それらは彼が判断すべき事柄であることを告げた。ボッシュは、ブラウンが証言しない方がいいと思っていると述べ、証言すれば自分を不利な立場に置くおそれがあると考える理由を率直に話した。若干議論した後、ブラウンは証言しないことにするという決断をした。事件がいまや現実に公判段階に達しているので、ボッシュ弁護人は、その問題に再度直面しなければならなかった。自分の依頼人とその点について再び話し合うべきか。ボッシュは、以前に依頼人と話し合った戦略を変更する理由を見出せなかったので、話し合わないことにした。それゆえ、審理が再開されると、ボッシュは当初の計画どおりことを進めた。ボッシュは、ブリジッテ・ブッシュを証言台に呼んだ。裁判官は、彼女に、依然として宣誓した状態にあり真実を述べる誓約をしていることを忘れないよう、念を押した。

弁護人：「ブッシュさん、あなたはロバート・ラッシュという名前の人物と知り合いですか。」
ブッシュ：「はい。ラッシュさんは長い間、近所に住んでいました。ハインツさんの家の隣に住んでいました。」
弁護人：「ラッシュさんは、ハインツさんの視力について何かあなたに話したことがありますか。」
検察官：「異議あり。質問は伝聞に基づく証言を要求するものです。ラッシュさんを宣誓させることも、反対尋問の機会をこちらに与えることもしないで、ラッシュさんの考えを陪審に話すことを、弁護側は望んでいます。弁護人に裁判官席にきてもらってよろしいでしょうか。」
裁判官：「結構です。」

その裁判官の言葉は、検察官および弁護人は裁判官席の前にくることができるというものであった。これによって、陪審に内容を聞かれることなく、検察官の異議について協議できる。検察官と弁護人が裁判官席にやってくると、裁判官は、ラッシュがハインツの視力について話したことをブッシュに繰り返してもらいたいと弁護側は考えているように思われる、といった。弁護側は、ラッシュを証人として尋問するのではなくブッシュにラッシュの話したことを証言するよう求めていたので、裁判官は、その供述が「伝聞」であるという検察官の意見に同意した。証拠法上、伝聞証拠は、例外に該当しない限り許容されないので、シュヴァルツ裁判官は、ボッシュ弁護人に、この種の質問を禁じるつもりであることを告げた。

刑事事件の公判は、犯罪と思われる出来事が起こったかどうかを調べるものである。何が起こったのかを明らかにする1つの方法は、犯罪と思われる出来事と関連する何かをみたり聞いたりした人々に、みたり聞いたりしたことを思い出して述べてもらうことである。事実を証明するこうした方法は、多くの利点を有する。しかしながら、その方法は一定のリスクを免れない。リスクの1つは、人間は過ちを犯すということである。人間は、発生した出来事を間違って知覚することがある。また、正しく知覚しても、みたことを法廷で話すよう求められる時までに、記憶違いをするおそれがある。そして、正確に知覚し、完全に記憶していても、自らの知覚を叙述するのに選択した言葉が誤解を招くものであったり、曖昧なものであったりすることがある。さらなるリスクは、人間がそうとは知らずに間違いを犯すだけでなく、意図的に人を騙す能力をもっているということである。

アメリカの制度は、こうしたリスクを減少させるため、証人がまず正直に話すことを宣誓した場合にのみ証言することを許している。宣誓することによって、証人は、真実を話す必要があることを忘れないように念を押されるほか、虚偽の証言をすれば偽証罪の制裁を受ける。証人はまた、直接証言しなければならない。それによって、陪審は証人の態度と「ボディーランゲージ」を観察できる。陪審は、証人が間違っているか嘘をついているかを判断する一助として、こうした情報を利用できるのである。さらに重要なことであるが、検察側・弁護側それぞれには、相手方の申請した証人に対し反対尋問をする機会が与えられなければならない。これは、証人の当初の知覚の正確性に異議を唱えたり、知覚したことを記憶する証人の能力に疑問を投げかけたり、証人の用いる言葉の意味を確認したり、あるいは、証人の正直さを攻撃したりするための重要な機会を提供するものである。

伝聞となるのは、ある人が知覚したことを、その人を証人として尋問しないで、その人の公判廷外供述を提供することによって証明しようとする場合である。つまり、伝聞証拠とは、コモン・ローのシステムが、人間が間違いを犯すことがあり得ることと不誠実であり得ることに対処するための通常の保護を奪うものである。このため、アメリカの証拠法は、一般に、伝聞証拠を排除しているのである（伝聞法則）。伝聞証拠の排除は、法廷供述への選好を示しているわけである。

法廷供述へのこうした強い選好にもかかわらず、証拠法は、かなり多くの状況下において伝聞証拠の使用を許している。伝聞法則に対する例外の大部分は、(1)公判廷外供述をとくに信用すべき情況があること、(2)法廷供述の代わりに伝聞供述を用いる必要性があることのうち、いずれか1つまたは双方に基づいている。

公設弁護人事務所の調査官の調べによれば、ラッシュは、5年前、まだサクラメントに住んでいた時、ブッシュに対し、ポール・ハインツは「目に問題がある」「こうもりと同じくらい視力が弱い」と話した。ブッシュがラッシュから聞いた話を繰り返すのであれば、ブッシュの証言は「伝聞」であり、ボッシュ弁護人はこのことを十分に分かっていた。ブッシュは、ラッシュの話した内容が真実であることを証明するため、ラッシュの法廷外供述を繰り返すことになろう。そうした供述が許容されれば、検察官には、ラッシュにその観察の正確性について反対尋問をする機会がないし、陪審にもラッシュの証言態度を観察する機会が与えられないであろう。伝聞法則に対する例外の1つが適用されることを示すことができない限り、弁護人は、自分の提出した伝聞証拠は許容されないと判断されることを知っていた。「裁判官」と、彼はいった。「質問は伝聞証言を要求するものであることに同意しますが、とっさになされた供述の例外が適用されると思います。私の次の質問は、この例外の根拠を示すものです。先に進むことが許されると信じます」。

シュレーダー検察官がいった。「そう急がないでください。私はそのような事実が陪審に知られることを望みません。その証拠が結局許容されることになるな

らば、もちろん仕方ないですが」。それからシュヴァルツ裁判官は、ボッシュ弁護人に、その伝聞供述がとっさの例外に当たると主張する根拠を説明するよう求めた。この例外の論拠は、驚くべき出来事を観察して、みたり聞いたりしたことをとっさに説明する供述をする時は、観察者は真実を話す可能性が高い、というものである。観察者には、何らかの虚偽の事実を熟考したりでっち上げたりする機会がほとんどないので、証拠法は、その供述を聞いた人がそれについて証言することを許すのである。ボッシュはいった。「裁判官、5年前に、ラッシュさんが非常に興奮した声で、ハインツさんが『こうもりと同じくらい視力が弱い』ので、閉っていたガレージの戸に車をぶつけたのをみたと自分に話してくれたことがあると、ブッシュさんは証言すると思います」。検察官は、「それでは十分であると考えられません。まず第1に、とっさの例外は、驚くべき出来事を観察した者の知覚を説明する供述だけに当てはまります。その例外は、観察者がその出来事から推論したすべての結論に適用されるというものではありません」といった。

シュレーダー検察官は続けていった。「要件が充足されるならば、ブッシュさんは、ハインツさんがガレージの戸に車をぶつけるのをみたとラッシュさんが話したと供述することができると思います。しかし、ハインツさんが『こうもりと同じくらい視力が弱い』との供述内容は結論であり、例外に当てはまらないことが明らかです。ガレージの戸に車をぶつける人は、たいていの場合、視力が弱いというより単に不注意であるのではないかと思います。運転者に視力検査を受けるよういいはするでしょうが。しかしながら、弁護側は、ラッシュさんのブッシュさんへの供述がとっさになされたものであることさえ証明していないので、本件では、そもそもガレージの戸に車をぶつけたことに関する供述も排除されるべきです。とっさの例外は、その供述が出来事と時間的に接着してなされたことを要求します。弁護側は、本件でそれを証明していません。この供述についてはほかにも問題点がありますが、それが許容されないものであることを示すには以上で十分だと思います」。

シュヴァルツ裁判官は、「それ以上何もなければ、私は検察側に同意し、この種の質問を却下することにします」といった。ボッシュ弁護人は、裁判官の決定は間違っていると思ったが、自分にできるのは異議を記録に残すよう求めることだけであると分かっていた。

これによって、ボッシュは、上訴審でその争点を提起することが――それが必要となれば――許されることになる。

検察官と弁護人が元の場所に戻った後、裁判官は、陪審に対し、ボッシュ弁護人の最後の質問を無視するよう説示した。検察官および弁護人は、ブッシュについてそれ以上の質問はないといった。それからボッシュは、クリスタ・クルツを証人として呼んだ。彼女に名前と住所を述べるよう求めた後、職業を尋ねた。

クルツ：「サクラメント市警察の指紋分析官です。」
弁護人：「クルツさん。検察側証拠物件5号であるビニール袋をおみせします。あなたは、職務上、この袋に付着していた指紋を調べる機会がありましたか。」
クルツ：「はい、ありました。」
弁護人：「この袋から被告人マイケル・ブラウンの指紋を発見しましたか。」
クルツ：「いえ、この袋からはいかなる指紋も発見されませんでした。」
弁護人：「検察側証拠物件2号である木製の箱をおみせします。あなたは、職務上、この箱に付着している指紋を調べる機会がありましたか。」
クルツ：「はい、ありました。」
弁護人：「あなたがそれを調べて何を発見したのか、陪審員の皆さんに話してくれますか。」
クルツ：「箱の上に付いていたほこりのため、箱の検査は困難でしたが、ロバート・ライヒさんとコリン・オメーラさんのものと合致する指紋を発見しました。」
弁護人：「被告人マイケル・ブラウンの指紋は発見されましたか。」
クルツ：「いいえ。」

ボッシュ弁護人は、適切な予備的質問をした後、弁護側証拠として、クルツによって作成された指紋についての報告書を提出した。それから、ボッシュは、証人をシュレーダー検察官の反対尋問に回したが、検察官は、質問はないといった。皆が大いに驚いたことに、ボッシュはそれから、「弁護側はロバート・ライヒさんを証人として尋問します」といった。シュヴァルツ裁判官がライヒに、依然として宣誓した状態にあり、真実を話すことを誓約していることについて念を押した後、ボッシュ弁護人はライヒを尋問した。

弁護人：「ライヒさん、どこに住んでいますか。」
ライヒ：「ガーデン通り1400番地です。」

弁護人：「そこに何年ぐらい住んでいるのですか。」
ライヒ：「1975年からです。およそ30年間住んでいます。」
弁護人：「あなたの家の前に街灯がありますか。」
ライヒ：「いいえ、ありません。何年も市に付けてくれるよう働きかけているのですが、これまでのところ、うまくいっていません。」
弁護人：「一番近くの街灯はどこにありますか。」
ライヒ：「半ブロック行ったところにあります。樹木のため私の家の前はかなり暗いです。」
弁護人：「質問は以上です。」
検察官：「ライヒさん、あなたの家の前の通りを車は走りますか。」
ライヒ：「はい。人通りの激しい道ではありませんが、もちろん自動車は走ります。」
検察官：「車が夜間、家の前の通りを走る時、ライトをつけていますか。」
ライヒ：「もちろんです。」
検察官：「ライトをつけて夜間あなたの家の前の通りを自動車が走り、通過する時、あたりは明るくなりますか。」
ライヒ：「はい。あまり長い間ではありませんが、確かに、あたりを照らしてくれます。」
検察官：「質問は以上です。」

ボッシュ弁護人は、ライヒに対する尋問の進み具合に満足し、ほかに証人は呼ばないことに決めた。シュレーダー検察官が尋問を終えた後、ボッシュは立ち上がって、裁判官に向かって、「裁判官、弁護側の証人は以上です」といった。

それから、シュヴァルツ裁判官は、シュレーダー検察官に、反論のための証人がいるかどうか尋ねた。検察官が望めば、ライヒが街灯についてした証言に反駁するため、証人を呼び、尋問することができた。しかしながら、弁護側立証の段階であるので、シュレーダーの尋問は、ライヒの証言に対応する証人と証言に限定される。シュレーダーは、検察側の証拠は非常に強力であると考えており、街灯に関するライヒの証言はあまり不利益なものではないと考えていたので、証人の尋問をしないことに決めた。そこで、検察官は、裁判官に、それ以上の証人はいないことを告げた。

シュヴァルツ裁判官は、陪審員たちをみて、「いま午後5時です。皆さんにとって忙しい1日でしたね。明日の午前9時に戻ってきてください。この件について誰とも話をしないように。それでは、また」といった。陪審員たちが退廷した後、ボッシュ弁護人は、裁判官に向かっていった。「裁判官。検察側が一応の証明に失敗したことを理由に、無罪判決の申立てを改めて行いたいと思います」。弁護側は、検察側立証の最後の段階で同様の申立てをしていたが、その時、裁判官は、その申立てに対する判断を保留するとしていたのであった。

シュヴァルツ裁判官は即座に回答した。「申立てを却下します。不法目的侵入と強盗で陪審裁判を受ける十分な証拠があることは明らかです。コカインの所持に関する証拠はそれよりずっと弱いものですが、それでも、陪審が、あなたの依頼人が有罪であることを、合理的な疑いを超えて認定する可能性があると思います」。ボッシュ弁護人は、がっかりしたが、驚くことはなかった。ボッシュは、裁判官に、その決定に対する自分の異議を記録に留めるよう求めた。これは、弁護人が、裁判官の決定に対して上訴することを考えている場合に必要な措置であった。

ボッシュ弁護人は、公判を振り返って、その進み具合に満足していた。彼は、目撃者であるハインツの証言を事実上中立化し、アレクサンドラ・ユングの証言に疑問を投げかけることができた、陪審が有罪について合理的な疑いがあると認定する可能性はある、と考えていた。しかし、それでも、彼は、有罪が言い渡される場合のことを考えて、有罪答弁をすることを検討してみてはどうかと、依頼人に再度提案した。「よくやってくれていると思います。陪審に賭けてみるつもりです」とブラウンはいった。

(i) **最終弁論**

検察側・弁護側双方とも、希望する証拠を提出した後、陪審が評議を始める前に、陪審に対し弁論を行う機会が与えられる。

検察側・弁護側双方の冒頭陳述は、提出しようとする証拠の概略を陪審に与えるものであり、そこで証拠のもつ意味を議論することは許されていない。しかしながら、最終弁論においては、検察側・弁護側双方は、すべての主張を提示することが許されている。それどころか、効果的であると考える場合には、検察官および弁護人は、その主張をしなければならない。検察側・弁護側双方は、陪審に対し、なぜ証人を信じるべきか、なぜ自分たちがいうような推論をすべきか、な

ぜ自分たちの主張するようなやり方で法的基準を適用すべきかを述べなければならないのである。

ほかの多くの州と同様、カリフォルニア州では、検察官がまず最終弁論を行う。その後、弁護側が最終弁論を行う。最後に、検察官が、弁護側の主張について反論を行う。

検察官および弁護人は、通常、1つの決定的な争点を指摘して、陪審のため、主張を単純化しようとする。法的には、検察官および弁護人には、主張をするにあたって、裁量が認められているが、専門家は、陪審員の感情に訴えるのではなく、論理と理性に焦点を当てるべきだとする。研究によれば、理性と論理に訴える方が、感情に訴えるより永続的だからである。

(j) 検察官の最終弁論

午前9時ちょうどに裁判所書記官は再び開廷を宣言した。シュヴァルツ裁判官は、シュレーダー検察官の方を向いて、最終弁論を行うように、といった。検察官は、立ち上がって、陪審の方を向いた。

「陪審員の皆さん。公判中の皆さんの関心と忍耐に感謝します。長い複雑な公判の間中座っているのは、容易なことではありませんが、皆さんは立派な仕事をされました。ありがとうございました」。

「被告人でさえ本件の最も基本的な事実関係については争っていません。被告人は、何者かがライヒさんの家に押し入り、彼を殴打し、そのコイン・コレクションを奪ったことを認めています。ライヒさん、アレクサンドラ・ユングさん、ハウザー警察官、ブリジッテ・ブッシュさんなど、少なくとも6名の証人が別々に、この出来事の様々な部分について証言しています。彼らの証言は矛盾していないだけでなく、弁護側は、この出来事が起こらなかったことをうかがわせる証拠を何も提出していません」。

「第1訴因において、被告人マイケル・ブラウンは第1級不法目的侵入で起訴されています。裁判官は、皆さんに、第1級不法目的侵入を認定するには、表に掲げられている4つの要素が合理的な疑いを超えて立証されたと認定しなければならないと説示するでしょう。その4つの要素とは、(1)建物内部で盗罪または重罪を犯す意図をもって、(2)人の居住する、(3)住宅に、(4)立ち入ることです。(2)ないし(4)の3つの要素について

は、争われていないので、何ら疑いはあり得ません。何者かがライヒさんの家に立ち入ったことに全員が同意しています。そのため、(3)と(4)の要素は充たされます（ここで、シュレーダー検察官は、(3)と(4)の要素のところにチェック・マークを付けた）。シュヴァルツ裁判官は、皆さんに、誰かが家に住んでいる時、それは刑事法典459条の意味における人の居住する住宅であると説示するでしょう。また、シュヴァルツ裁判官は、皆さんに、その家に住んでいる人が、犯人が押し入った時に実際に家にいなくても問題とならないと説示するでしょう。家に住んでいる人が押入りのあった時に家にいなくても、その家は、刑事法典459条の意味における人の居住する住宅であると考えられています。本件では、ライヒさんがその家に住んでいたことについて、証拠上、争いがありませんから、第1級不法目的侵入に要求される2番目の要素が充足されることは明らかであるように思われます（シュレーダー検察官は、(2)の要素のところにチェック・マークを付けた）。そして、被告人が何かを奪う目的でその家に立ち入ったとのアレクサンドラ・ユングさんの証言があります。((1)の要素のところにチェック・マークを付けながら）被告人にはコインのことを知る機会があったとのマンさんの証言、コインがライヒさんの家から奪取されたという事実、そして、被告人がその家を立ち去るところをみたというハインツさんの証言によって、ユングさんの証言は補強されます」。

「第2訴因において、被告人は強盗で起訴されています。シュヴァルツ裁判官は、皆さんに、第1級強盗を認定するには、9個の要素が充足されていることを認定しなければならないと説示するでしょう。すなわち、コイン・コレクションが、(1)私有財産であること、(2)ライヒさんの所有するものであること、(3)奪取されたこと、(4)運び去られたこと、(5)ライヒさんの同意がなかったこと、(6)その財産をライヒさんから奪う意図があったこと、(7)暴行または脅迫により奪取されたこと、(8)ライヒさんの身体から、またはその面前で奪取されたことです。そして、(9)それが『人の居住する住宅』の内部においてなされたという要素が認められれば、強盗は第1級住居強盗に当たります」。

「本件では、これらの要素すべてに関係する証拠については争いがありません。ライヒさんのコイン・コレクションは明らかに私有財産です（ここで、シュレーダー検察官は、(1)の要素のところにチェック・マークを付けた）。コインは明らかにライヒさんのものであ

第 2 章　アメリカ合衆国：カリフォルニア州　95

り、そうでないと主張する人は誰もいません（検察官は、(2)の要素のところにチェック・マークを付けた）。争いのない証拠は、コイン・コレクションが奪取され、運び去られたことを示しています。ライヒさんは、自分は机の引出しの箱のなかにコイン・コレクションをしまっていたと証言しました。ハウザー警察官および鑑識の担当であるノイマンさんは、殴打の後、ライヒさんの家に行った時、机の引出しは開いていて、空っぽであり、コインもコイン箱も家のなかにはなかったと証言しました。この証言から、コインが奪取され、運び去られたことが明白です。たとえそれらが1インチでも運び去られたのであったならば、それで十分なのですが、本件では、それより遠くまで運び去られたことは明らかです。おそらく被告人は、家からそれらを運び出し、ポール・ハインツさんが犬を散歩させているのをみて、オメーラさんの庭にフェンス越しに投げ入れたのでしょう。しかし、どのようにしてコインがオメーラさんの家の庭に入ったのかを突きとめる必要はありません。((3)と(4)の要素のところにチェック・マークを付けながら）ライヒさんがもともとしまっておいた机の引出しからコインがとられたことを検察側が証明したと皆さんが考えるならば、奪取されたという要素、および、運び去られたという要素について、充足されていると認定しなければなりません。((5)の要素のところにチェック・マークを付けながら）そして、コインがライヒさんの同意なく奪取されたことは明白です」。

「ライヒさんからコインを奪う意図をもってなされたという要素についてはどうでしょうか。証拠は、そうであったことを十分に示しています。((6)の要素のところにチェック・マークを付けながら）被告人マイケル・ブラウンが金銭を必要としていたこと、および、それがコインを盗もうと考えた理由であったことを、アレクサンドラ・ユングさんは証言しました。(7)および(8)の要素についても、実際上、争いはありません。コイン・コレクションを奪取する目的で、あるいは、それをもって逃走する目的で、暴行または脅迫を加えたならば、奪取は暴行または脅迫を手段としたものであると、シュヴァルツ裁判官は皆さんに説示するでしょう。((7)の要素のところにチェック・マークを付けながら）本件では、強盗犯人が逃走するためライヒさんを殴打したことに関する証拠は争われていません。(8)の要素は、奪取が被害者の身体からの、またはその面前におけるものであったことです。((8)の要素のところにチェック・マークを付けながら）本件では、コインはライヒさんがいた場所で奪取されました。((9)の要素のところにチェック・マークを付けながら）最後に、シュヴァルツ裁判官は、皆さんに、人の居住する住宅の内部で行われれば、強盗は第1級住居強盗に当たると説示するでしょう」。

「弁護側の主たる主張は、ロバート・ライヒさんを殴打したのは被告人マイケル・ブラウンではなく、ほかの何者か、おそらく、アレクサンドラ・ユングさんのかつてのボーイフレンドのウォルター・ヴィンターさんであった、というものです」。

「ヴィンターさんに焦点を当てることから始めましょう。ヴィンターさんがライヒさんに暴行を加えた可能性はあるでしょうか。アレクサンドラ・ユングさんは、『ない』と証言しました。ユングさんは、ライヒさんが殴打された日にヴィンターさんと会ってもいないと述べており、自分が現場まで自動車で送り届けたのはヴィンターさんでなく、被告人マイケル・ブラウンであったと証言しました。ヴィンターさんは、暴行のあった夜、足を骨折していて家にいたと証言しました。病院の記録がその証言を裏づけています」。

「そうです、ライヒさんを殴打した人物はヴィンターさんではなかったのです。被告人マイケル・ブラウンでした。ライヒさんとマンさんが証言したとおり、自動車整備工場でコイン・コレクションに関する会話を耳にしたのは被告人でした。アレクサンドラ・ユングさんが証言したとおり、ライヒさんの家に行ったのは被告人だったのです。そして、ライヒさんの隣人であるポール・ハインツさんが証言したとおり、家から出てきたのは被告人マイケル・ブラウンでした。その夜、月明かりがあったか、星明かりがあったか、道路の街灯や焚き火で明るかったかどうかは、問題ではありません。重要なのは、ハインツさんがその夜にみた人物は被告人であるとはっきり証言していることです。皆さんは証人をみました。ユングさんとハインツさんが嘘をついているかどうか、自分で判断できます」。

「そうです、彼らは嘘をついてはいません。陪審員の皆さん、被告人マイケル・ブラウンがライヒさんを殴打した人物でなかったと結論づける方法を見つけようとしても、無理でしょう。不法目的侵入と強盗について有罪の評決をされるよう求めます。それが本件で皆さんが下し得る、唯一の評決です」。

「コカイン所持についても、有罪の評決を求めます。弁護側は、コカインが被告人のアパートにあったティーポットのなかから発見された事実を争ってはいません。しかし、被告人ブラウンは、コカインは自分のものではなく、アレクサンドラ・ユングさんのものであったに違いないと主張しています。しかし、ユングさんがかつて薬物使用者であったことを示す証拠は、全く存在しません。過去に薬物を使用したことはない、アパートにコカインがあることさえ知らなかった、とユングさんは証言しました。彼女の証言から、コカインの発見されたティーポットはキッチンの一番上の棚にあったことも分かります。ユングさんは身長が5フィート1インチに過ぎず、踏み台やはしごを使わなくては一番上の棚に手が届かないでしょう。しかしながら、もっと重要なのは、被告人がかつて薬物を使用したことを、弁護側も認めている点です。コカインはどちらのものでしょうか。これらの薬物は、薬物を使用したことがないと証言した人物のものでしょうか、それとも、過去に薬物使用者であった人物のものでしょうか」。

「これら3つの事実のすべてについて、被告人は基本的に煙幕を張っています。自分に不利な圧倒的な証拠があるにもかかわらず、とんでもないことをやったのは自分以外の何者かであったと主張しています。その人物とは、ウォルター・ヴィンターさん、アレクサンドラ・ユングさん、あるいは、ほかの誰か、でした。しかし、彼がうまくやってのけるのを許してはなりません。被告人と、自分の薬物使用癖を満たすため奪ったり、盗みをしたり、家に押し入ったりする被告人のような連中に、最終的には責任を負わなければならないことを教えなければなりません。処罰されないで済む唯一の方法は、法を遵守することであると、教えなければならないのです」。

「以上です」。

(k) 弁護人の最終弁論

いまや午前10時15分であったので、シュヴァルツ裁判官は、陪審に15分の休憩を与えた。皆が戻ってくると、裁判官は、ボッシュ弁護人の方を向いて、「弁護人、始めてください」といった。弁護人は立ち上がって、陪審に話しかけた。

「陪審員の皆さんには、被告人と検察側の両者に対して公正な評決を下すという難しい仕事があります。ブラウンさんと私は、皆さんが正しい評決をされるものと自信をもっています。我々はすでに、この数日間、皆さんがいかに熱心で、注意を払っておられたかをみてきたからです。陪審の仕事を引き受けようとされた熱意と、本件の事実関係に示されてきている関心に対し、大変感謝しています」。

「私は、冒頭で皆さんにお話した時、本件はたった1つの問題に帰着するといいました。それは、ロバート・ライヒさんを殴打したのは、被告人マイケル・ブラウンなのか、ということです」。

「それはいまでも本件における主要な問題です。シュヴァルツ裁判官は、皆さんに、検察側にはブラウンさんが起訴された犯罪の要素すべてを充たしたことを立証する責任があるだけでなく、起訴された犯罪の要素すべてについて、合理的な疑いを超えて立証をする責任があると説示するでしょう」。

「これは、検察側は自らの主張の正しさを、皆さんに確信させる以上のことをしなければならない、ということを意味します。検察側は、事実関係に関する自らの主張について、本当に疑いがないことを、皆さんに確信させる必要があるのです」。

「検察側の問題は、それをしていないということです。合理的な疑いを超えて、被告人マイケル・ブラウンがライヒさんをその住居内で殴打した人物であるといえるでしょうか」。

「ブラウンさんにとって不利な検察側証拠は何でしょうか。ブラウンさんがライヒさんを殴打したことを示すため検察側が最初に提出した証拠は、アレクサンドラ・ユングさんの証言でした。皆さんはユングさんをみました。ユングさんはとても好感のもてる若い女性のように思われます。ユングさんは、ライヒさんが殴打された夜にブラウンさんをガーデン通りまで自動車で送っていったと証言しました。しかし、彼女の証言を信じられますか。シェーファー警察官が最初に彼女の自動車を停止させた時、どうして彼女は、警察官の質問に対し、あれほどいい逃れをしようとしたのでしょうか。その時、彼女には事実をでっち上げる動機がなかったでしょうか。いまは事実をでっち上げる動機がないでしょうか。第1級強盗と不法目的侵入の罪に問われることから逃れるというのは、事実をでっち上げる動機とはならないでしょうか。長期の拘禁刑

を受ける代わりに保護観察となることは事実をでっち上げる動機とはならないでしょうか。あるいは、もう用済みのボーイフレンドと別れることは、事実をでっち上げる動機とはならないでしょうか。ユングさんは、新しいボーイフレンドをライヒさんの家まで自動車で連れていくことができなかったでしょうか。ユングさんの、事件の夜にブラウンさんをガーデン通りまで自動車で連れていったという証言が真実であることについて、検察側は合理的な疑いを超える証明をした、と本当にいえるでしょうか」。

「検察側の2番目の証拠は、ブラウンさんがライヒさんの自動車を修理したこと、および、ライヒさんが家にコイン・コレクションをもっていると話すのを耳にした可能性があること——もう一度繰り返します、『可能性』があること、です——に関するマンさんの供述です。マンさんはブラウンさんに背を向けていたのであり、ブラウンさんが実際にこの会話を耳にしたという証拠は、少しも存在しません。ブラウンさんは、マンさんとライヒさんが話をしている間、ずっと仕事をしていました。ライヒさんが彼のボスの親友であることは明らかでした。ブラウンさんは自分の仕事に注意を払わなければなりませんでした。ブラウンさんが実際にこの会話を耳にしたということについて、検察側は合理的な疑いを超える証明をした、と本当にいうことができるでしょうか」。

「しかし、ブラウンさんにとって決定的に不利な、検察側の切り札である証人は、ユングさんでもマンさんでもありませんでした。それは、ポール・ハインツさんでした。ハインツさんは、ブラウンさんが事件の夜にライヒさんの家から出てくるところをみた、と証言しました。しかしながら、ブラウンさんを確認できたのは、事件の夜、ブラウンさんの顔が月明かりではっきりと浮かび上がっていたからである、ともいいました。しかし、事件当夜、月明かりはありませんでした。ハインツさんは、この点を指摘されると、間違いを犯していたことを認めました。それから、ハインツさんは、通りにある街灯でブラウンさんをみることができたといいました。しかし、自宅の近くには街灯がないとライヒさん自身が証言しています。ハインツさんが、自分は色つきのメガネをかけており、しかも、昼間だけでなく夜間もそれをかけている、と証言したことを、皆さんに思い出していただきたいと思います。ハインツさんは、最初に警察と話した時、自分の識別について非常に用心深くなっていましたが、法廷で証言した時には、何のためらいもありませんでした。ハインツさんは、用心深く供述するどころか、その人物の鋭い黒い目のことまで話しました。皆さんは、どちらの話の方が正確だと思いますか。犯罪が発生した直後の話と、何か月も経過した後の話のどちらでしょうか。そして、より重要なのは、色つきのメガネを通して霧雨の夜に離れたところから鋭い黒い目をみたという証言が本当に信じられるか、という点です。ブラウンさんがライヒさんの家から出てくるのをハインツさんがはっきりとみたということについて、検察側は合理的な疑いを超える証明をした、と本当にいえるでしょうか」。

「薬物犯罪の起訴についての検察側の主張は、ライヒさんの殴打についての主張と同程度に、根拠が薄弱です。検察側は、アパートに薬物があったことを証明しましたが、その薬物がブラウンさんのものであることを示す証拠も、ブラウンさんがその薬物と関係があることを示す証拠も、提出していません。ブラウンさんの指紋がティーポットや薬物に付いていたことや、ブラウンさんがティーポットや薬物と関係があることを示すことはできなかったのです」。

「しかし、最後に、非常に重要な点が3つあります。まず第1に、オメーラさんの家の庭で発見されたコイン箱とコインから検出された指紋は、オメーラさんとライヒさんのものだけであったと、指紋を分析したクルツ技官は証言しました。ブラウンさんが暴行を加えた人物であったなら、なぜ彼の指紋がコイン箱とコインから発見されなかったのでしょうか。検察側がいうような方法でブラウンさんが犯行に及んだのであれば、彼は手袋をはめたり、箱とコインから指紋を拭きとったりしなければならなかったでしょう。検察側は、皆さんに手袋を示していませんし、ブラウンさんが手袋をしていたのをみたと証言する証人を、1人も提出していません。また、コインがどのようにして茂みのなかに入ったのかについて、納得のいく説明をしていません」。

「第2に、ライヒさんは、自分に暴行を加えた人物を確認できないと証言しました。しかしながら、ブラウンさんは、殴打のあったほんの3日前にライヒさんの自動車を修理したのです。もしブラウンさんがライヒさんを殴打した人物であったなら、ライヒさんは犯人がブラウンさんだと分かった可能性はないのでしょうか。それどころか、ライヒさんが、検察側がいうよう

な長時間、ブラウンさんが仕事をしていたところの近くにいたのであれば、そして、もしブラウンさんが自分を殴打した犯人であったのであれば、ライヒさんは、ほぼ確実にブラウンさんを見分けられたのではないでしょうか。ライヒさんがブラウンさんを殴打した人物であると特定しなかったという事実、これに、とくに注意してください」。

「第3に、きわめて重要なことですが、コインは3月20日の日曜日の夜に奪われたということを、検察側は証明しているでしょうか。ライヒさんは、土曜日の朝、家を出たと証言しました。誰かが土曜日または日曜日の早い時間にライヒさんの家に立ち入ることはできなかったでしょうか。その時にコインを奪い、——後でもっていくため、あるいは、捕まるのを避けるため——オメーラさんの家の庭にフェンス越しに投げ入れた、という可能性はないでしょうか。可能性の問題です。コインが3月19日土曜日に奪われた可能性は、少なくとも3月20日日曜日の夜に奪われた可能性と同じ程度に存在するのです。ポール・ハインツさんは、2歩離れたところからでも、夜間、人の顔を確認できないでしょう。まして、5歩も15歩も25歩も離れたところから確認できるわけがありません。しかし、半分目の不自由な人でさえ、誰かがフェンス越しにコインを投げ入れるのはみえたでしょう。ハインツさんは、茂みのなかにコインが投げ入れられるのをみていないと証言しましたし、ブッシュさんも、同様の証言をしました。警察の捜査が信じられないくらいずさんであったため、コインは日曜日の夜に奪われたということを、検察側は証明できないのです。考えてみてください。20000ドル相当のコインが被害者の家から数フィート離れた地面に何か月も置かれたままであったのです。コインが日曜日の夜に奪われたことについて合理的な疑いを超える証明がなされたでしょうか。私は、そうはいえないと思います。そして、もし合理的な疑いを超える証明がなされなかったのであれば、強盗も存在しないのです。なぜなら、シュヴァルツ裁判官は、皆さんに、奪取はほかのすべての犯罪構成要素と同時に存在しなければならないと説示するからです。しかし、これらの技術的な事柄よりはるかに重要なことは、本件の捜査のずさんさです。それは、検察側の主張全体に影響を与え、それを減殺しています」。

「我々の社会の最も誇りとできるものの1つは、検察側が合理的な疑いを超える証明をするまで有罪とされてはならない、ということです。このルールは、憲法と同じくらい古い歴史をもつものであり、これまで人間が考え出したもののうちで市民に与えられる最大の保護の1つです。皆さんの仕事は、このルールが本件において最大限遵守されていることを確かめるというものです。皆さんが、ブラウンさんを聖人と考えようと悪魔と考えようと、彼は憲法のもとで、ほかの市民と同様に、法による十分な保護を受ける権利があります。本件で下すことのできる唯一の評決、つまり、すべての訴因について無罪の評決をされるよう、皆さんに求めます」。

(1) 検察官の反論

ボッシュ弁護人の最終弁論は1時間半近くに及んだ。ここでは、その重要部分のみを示した。弁護側の最終弁論が終わると、シュヴァルツ裁判官は、シュレーダー検察官に、反論するかどうかを尋ねた。検察官は、「はい」といいながら立ち上がり、陪審の方に体を向けた。

「陪審員の皆さん。皆さんは証人をみてきて、証拠を取り調べてきて、そしていまさっき、被告人マイケル・ブラウンのための弁護側の弁論を聴きました」。

「弁護側の主張は単純です。弁護側は、アレクサンドラ・ユングさんについて、嘘をついているので信用するな、ポール・ハインツさんについて、間違っているので信用するな、などといっています。しかし、ユングさんは嘘をついており、かつ、ハインツさんは間違っていると考える場合にのみ、皆さんは無罪に投票すべきです。いずれかについてそのとおりだと考えるだけでは十分ではありません。ユングさんが真実を語っているのであれば、被告人の有罪は合理的な疑いを超えて証明されています。もしハインツさんが真実を語っているのであれば、やはり被告人の有罪は合理的な疑いを超えて証明されています。決定的な証拠が1つでもあれば、有罪の評決を正当化するのに十分です」。

「コインのことを知っていた人物、ライヒさんが保養に出かけることを知っていた人物、そして、被告人ブラウンに罪を着せるのに十分な知識をもっていた人物が、ほかにいたでしょうか。ヴィンターさんは、骨折していたため、すでに容疑者から排除されました。被告人ブラウンのほかにそのような知識をもっていたと考えられる人物は、マンさんとライヒさんだけです。アレクサンドラ・ユングさんであったかも知れません。

第2章 アメリカ合衆国：カリフォルニア州 99

しかし、ライヒさんとブリジッテ・ブッシュさんは、ライヒさんの家に行った人物が男性であったと証言したので、ユングさんは排除できます。そして、マンさんがライヒさんを殴打したこと、ライヒさんが自分を襲うよう誰かに依頼したことを示す証拠は、存在しません。そのことから、被告人ブラウンこそが犯人であると考えられるわけです」。

「ポール・ハインツさんは、被告人の識別の点で間違っていたでしょうか。なるほど彼は、月や付近の街灯の件で、勘違いをしていました。しかしながら、あの夜にガーデン通りで起こった出来事をみたと証言した証人は、ハインツさんだけではありませんでした。アレクサンドラ・ユングさんは、被告人がライヒさんの家に歩いて行くのをみた、そして、ライヒさんの自動車が敷地に入っていくのをみた、と証言しました。ブリジッテ・ブッシュさんは、ユングさんが自動車を駐車するのをみた、と証言しました。彼女は、自動車のナンバーを読むこともできました。ブッシュさんは、自動車から降りた男性がライヒさんの家に歩いていくところもみました。ライヒさんの自動車が敷地に入っていくのもみました。ライヒさんが玄関の階段を上っていくのもみました。もしユングさんとブッシュさんがこれらの出来事をみることができたのであれば、ハインツさんについて、みたといっているが、ほとんど明かりがなかったので、実際には被告人をみることができなかったはずだ、と主張できるでしょうか」。

「アレクサンドラ・ユングさんの、被告人ブラウンをガーデン通りまで自動車で送り届けたという言葉は、嘘なのでしょうか。この質問に答えるには、皆さんは、まず、彼女がガーデン通りまで自分の自動車を運転していったというのは嘘なのかどうかを判断しなければなりません。彼女が嘘をついていなかったことは明らかです。ブリジッテ・ブッシュさんは、ユングさんの車に似た、ユングさんの車のナンバーの付いた車が家の前に駐車するのをみたと証言しました。そして、シェーファー警察官が15分後にこの車の特徴と一致する車を停止させた時、運転していたのはユングさんでした。ブッシュさんの証言から、ユングさんが男性をガーデン通りまで自動車で送り届けたことも明らかです。そこで、唯一の問題は、次のようなものです。すなわち、その男性が被告人マイケル・ブラウンであったかどうか、です。その人物がヴィンターさんではなかったことは確実ですし、被告人以外の何者かであっ

たという証拠は存在しません。ユングさんは、ガーデン通りから自動車で走り去ったほんの数分後に、シェーファー警察官に対し、その人物について被告人マイケル・ブラウンであると話しました。彼女は、事件に困惑し、とり乱していたのであり、自分を巻き込んだことについて被告人を責めました」。

「ユングさんは、こうした状況下で嘘をつくことによって何か得るものがあったでしょうか。彼女は重大な犯罪の現行犯人として検挙されました。真実を語れば、それによって寛大な処分を得るかもしれません。しかし、もし彼女が嘘をついているのであれば、最高の刑が科されることもあり得るでしょう」。

「アレクサンドラ・ユングさんは嘘をついてはいません。ポール・ハインツさんは間違ってはいません。被告人マイケル・ブラウンは、有罪です。すべての起訴事実について有罪の評決をしてください。この社会で、この種の犯罪をしておいて、うまく逃れることなどできないということを、被告人は知るべきなのです」。

(m) 裁判官の説示

シュレーダー検察官は、反論を終えた後、着席した。いまや12時30分であった。シュヴァルツ裁判官は、陪審員たちが昼食に行くことを許し、午後2時までに戻ってくるよう指示したうえで、この事件について話をしないよう念を押した。

検察側・弁護側双方による最終弁論の終了後、裁判官は、事件に適用されるべき法について陪審に説示する責務がある。第1に、陪審の構成および評決に関する手続について説明する。第2に、検察側が有罪を獲得するため証明しなければならない事項について説明する。第3に、取り調べた証拠の評価方法について説明する。そして最後に、検察側はどのような証明基準を充たさなければならないかを説明する。

午後2時、裁判所書記官は再び開廷を告げた。シュヴァルツ裁判官は、「陪審員の皆さん。すべての証拠を取り調べ、検察側・弁護側双方の主張を聴きました。そしていま、本件に適用される法を皆さんに説示することが私の仕事です。法は、皆さんに説示事項を読み上げるよう要求しています。皆さんは、陪審員室で、評議の間、参考にすべき私の説示事項を書面で受け取ることもできます」といって、説示を始めた。

「皆さんは、事実と法に基づいて判断しなければなりません」。

「皆さんには2つの仕事があります。第1に、この公判に提出された証拠から、どのような事実が証明されたかを判断しなければなりません。どのようなものであれ、ほかの資料を用いて判断してはなりません。『事実』とは証拠によって証明されたものです。第2に、皆さんは、事実を認定し、認定した事実に私が述べる法を適用して評決を下さなければなりません」。

「皆さんは、私が法として述べるものを受け入れ、それに従わなければなりません。それに賛成であろうとなかろうと、です。検察側あるいは弁護側が、その弁論のなかなどで法に関し述べたことが、法に関する私の説示と矛盾する場合には、皆さんは私の説示に従わなければなりません」。

「宣誓して証言する人は、誰でも証人です。証人の信用性および証人の証言の重要性を判断するのは、皆さんだけです」。

「証人の信用性を判断するにあたっては、証人の証言の真実性を証明する、または反駁する性質をもつものであれば、どのような事柄でも考慮することが許されます。すなわち、『証言した事柄について証人がみたり聞いたりする機会または能力の程度』、『証言した事柄を記憶したり、伝達する証人の能力』、『証人の証言の性格および価値』、『証人の態度、証言の仕方』、『偏見・利害その他の動機の存否』、『証人の証言した事実の存否』、『本件に対するまたは証言提供への証人の姿勢』、『証言と一致するまたは一致しない、証人のした供述』、および『証人の性格』を考慮することができますが、以上に限られるわけではありません」。

「刑事裁判における被告人は、証言を強要されない憲法上の権利をもっています。皆さんは、被告人が証言しなかったという事実からいかなる推論もしてはなりません。さらに、この問題について、議論することも評議で考慮することもしてはなりません」。

「被告人には、証言するかどうかの判断にあたって、証拠状況と起訴された犯罪にとって不可欠な要素について検察側が合理的な疑いを超える証明ができていないという事実に依拠することが許されています。被告人側が証言しないという事実は、検察官による証明の失敗を埋め合わせ、そのような不可欠な要素について被告人に不利な認定を支持するものではありません」。

「刑事事件における被告人は、有罪の証明がなされるまで無罪の推定を受けるのであり、有罪であることが満足のいく程度に示されているかどうかについて合理的な疑いがある場合には、無罪の評決を受ける権利があります。この推定は、被告人が有罪であることについて、合理的な疑いを超える証明をする負担を検察官に課すものです」。

「合理的な疑いは、次のとおり定義されます。それは、単なるあり得る疑いではありません。人間の出来事に関係するものはすべて、何らかのあり得る、あるいは想像上の疑いを免れないためです。合理的な疑いとは、すべての証拠を全体的に比較、考慮した後、陪審員全員が検察側の主張の真実性につき不動の確信をもっているとはいえないことをいいます」。

「被告人が起訴された罪を犯した人物であることについて、合理的な疑いを超える証明をする責任は検察側にあります」。

「もし、本件における犯人識別状況およびほかの証拠を考慮した後、皆さんが、被告人が罪を犯した人物であったかどうかについて合理的な疑いをもつならば、被告人にその疑いの利益を与え、無罪であると認定しなければなりません」。

「目撃証人の証言は、本件において、被告人が起訴されている犯罪の実行者であることを示す目的で提出されています。証人の犯人識別証言の重要性を判断するにあたっては、皆さんは、証人の信用性とともに、証人による被告人確認の正確性に関連するほかの諸要因を考慮すべきです。具体的には、以下のようなものです」。

「すなわち、『主張されている犯罪行為および行為の実行者を観察する証人の機会』、『証人が識別について抱いている確信の程度』、『証人の識別が本当に証人自身の記憶の産物であるかどうか』、および『識別をする証人の能力に関連するほかの証拠』ですが、以上に限られるものではありません」。

「被告人は、訴因1において、刑事法典459条に違反し、不法目的侵入の罪を犯したとして起訴されていま

す」。

「価値のある、他人の私有財産を奪取することを意図して、かつ所有者からその財産を永久的に奪うことを意図して、住宅に立ち入る者は、刑事法典459条に違反し、不法目的侵入の罪で有罪です。」

「この犯罪を証明するためには、次の各構成要素が立証されなければなりません。すなわち、(1)ある人物が住宅に立ち入ったこと、(2)立入りの時点で、その人物が、他人の財産を奪取することを意図していたこと、所有者からその財産を永久的に奪うことを意図していたこと、です。」

「不法目的侵入の罪で有罪であると認定する場合、その程度を判断し、評決にその程度を記載しなければなりません」。

「不法目的侵入には2つの程度があります。人の居住する住宅への不法目的侵入は、第1級不法目的侵入です。その他の不法目的侵入は、すべて第2級です」。

「人の居住する住宅とは、住むところとして占有され、かつ、日常的に使用されている建造物です。居住者が一時的に不在であっても、人の居住するものです」。

「訴因1において、被告人は、不法目的侵入を遂行中または遂行しようとして、70歳以上であるロバート・ライヒさんに重大な傷害を負わせた、と主張されています」。

「不法目的侵入の罪で有罪であると認定する場合、被告人がロバート・ライヒさんに重大な傷害を負わせたかどうかを判断しなければなりません。ライヒさんが70歳以上の者であるかどうか、および、被告人が被害者の年齢を知っていたか、または、知り得たかどうかについても判断しなければなりません」。

「『重大な傷害』とは、重大なまたは実質的な身体的傷害のことです。軽微な、並みの傷害は重大な傷害に当たりません」。

「検察側には、この主張の真実性を証明する責任があります。もし皆さんが、それが真実であることについて合理的な疑いをもつ場合、それは真実でないと認定しなければなりません」。

「この点についての認定は、そのための書式を使用して、皆さんの評決のなかに含めてください」。

「訴因1の不法目的侵入の遂行時に、被告人マイケル・ブラウンは、65歳以上の者に対し罪を犯し、被害者の年齢を知っていたか、または、知り得た、と主張されています」。

「不法目的侵入の罪で有罪であると認定する場合、この主張の真実性が証明されたかどうかを判断しなければなりません」。

「検察側には、この主張の真実性を証明する責任があります。もし皆さんが、それが真実であることについて合理的な疑いをもつ場合、それは真実でないと認定しなければなりません」。

「この点についての認定は、そのための書式を使用して、皆さんの評決のなかに含めてください」。

「訴因1において、被告人マイケル・ブラウンは、起訴された不法目的侵入を遂行中または遂行しようとした時に、致死的凶器または危険な凶器を使用した、と主張されています」。

「不法目的侵入の罪で有罪であると認定する場合、被告人が当該犯罪を遂行中または遂行しようとした時に致死的凶器または危険な凶器を使用したかどうかを判断しなければなりません」。

「『致死的凶器または危険な凶器』とは、重大な傷害または死をもたらすために使用することのできる武器、道具、物件を意味します」。

「『致死的凶器または危険な凶器を使用した』とは、被告人が意図的に脅迫のため凶器を示した、または、意図的にそれで人を攻撃したということです」。

「検察側には、この主張の真実性を証明する責任があります。もし皆さんが、それが真実であることについて合理的な疑いをもつ場合、それは真実でないと認定しなければなりません」。

「この点についての認定は、そのための書式を使用

して、皆さんの評決のなかに含めてください」。

「被告人は、訴因2において、刑事法典211条に違反し、強盗の罪を犯したとして起訴されています」。

「所有者の身体からまたはその面前で、その意思に反して、暴行または脅迫を手段として、その者からその財産を永久的に奪う意図で、その者の所有する私的財産を奪取した者は、刑事法典211条に違反し、強盗の罪で有罪です」。

「『意思に反して』とは、同意なしに、という意味です」。

「この犯罪を証明するためには、次の各構成要素が立証されなければなりません。すなわち、(1)ある人物が、何らかの価値のある——どんなに低い価値であってもかまいません——財産を所有していたこと、(2)その財産が、その人物の身体からまたはその面前で奪取されたこと、(3)その財産は、その人物の意思に反して奪取されたこと、(3)奪取が、暴力または脅迫を用いて行われたこと、および、(4)その財産は、その人物からその財産を奪う意図で奪取されたこと、です」。

「強盗には、2つの程度があります。人の居住する住宅内で実行された強盗は、すべて第1級強盗です。本件の事実関係に即していえば、ほかのすべての強盗は、第2級強盗です」。

「強盗の罪で有罪であると認定する場合、その程度を判断し、それを評決に記載しなければなりません。強盗が第1級か第2級かについて合理的な疑いがある場合には、第2級の強盗を認定しなければなりません」。

「訴因2において、被告人は、強盗を遂行中または遂行しようとした時、70歳以上の者であるロバート・ライヒさんに重大な傷害を負わせた、と主張されています」（強盗の加重事由に関する説示は、不法目的侵入の加重事由に関するそれと同一であるので、ここでは省略する）。

「訴因3において、被告人マイケル・ブラウンは、保健衛生法11350条(a)に違反し、規制薬物の不法所持の罪を犯したとして起訴されています」。

「規制薬物を所持する者は、保健衛生法11350条(a)に違反し、有罪です」。

「2種類の所持があります。現実の所持と擬制的所持です」。

「『現実の所持』があるというためには、人が知悉して、ある物に対し、直接的な物理的支配を及ぼしたことが要求されます」。

「『擬制的所持』は、人が知悉して、ある物に対し、直接的にまたは他の者を介して、支配を及ぼすことまたは支配権を行使することです」。

「1人が単独で所持するということも、2人以上の者が現実の所持または擬制的所持を共同で行うということも、あり得ます」。

「この犯罪を証明するためには、次の各要素が立証されなければなりません。すなわち、(1)ある人物が規制薬物であるコカインを支配したこと、あるいは、それに対して支配権を行使したこと、(2)その人物がその存在を知っていたこと、(3)その人物が、その物質が規制薬物であることを知っていたこと、(4)その物質が規制薬物として消費するために使用し得る量であったこと、です」。

「検察側には、この主張の真実性を証明する責任があります。もし皆さんが、それが真実であることについて合理的な疑いをもつ場合、それは真実でないと認定しなければなりません」。

「この点についての認定は、そのための書式を使用して、皆さんの評決のなかに含めてください」。

「各訴因は異なる犯罪についてのものです。皆さんは、各訴因について、それぞれ別個に判断しなければなりません。起訴されたすべての犯罪について有罪である、または無罪である、と認定することも許されます。各訴因に関する皆さんの認定は、各別に評決用紙に記載されなければなりません」。

「皆さんはこれから退廷して、陪審員長を務める人を選んでくだい。その人が評議を主宰することになります。評決に達するには、12名の陪審員全員の賛成が必要です。評決について合意に達したら、評決用紙に

第2章　アメリカ合衆国：カリフォルニア州　103

日付を書き、陪審員長が署名し、その評決が皆さんの投票結果を表したものであることが確認できるように、それをもってこの法廷に戻ってきてください。署名されていない評決用紙は、返却してください」。

「ある特定の訴因について評決に達したら、その訴因用のすべての評決用紙を封筒に入れて、封をしてください。すべての訴因について評決に達するまで、裁判所書記官がそれを保管することになっています。すべての訴因について評決に達したら、評決用紙の入った封筒が陪審員長に戻されます。皆さんは、それらをもってこの法廷に戻ってくることになります。署名されていない評決用紙は、返却してください」。

裁判官が説示を終了したのは、午後3時であった。裁判官は15分の休憩を与え、本件に関して誰とも話をしないように、と再度指示した。

説示には、法律によって要求され、すべての事件においてなされるもの（本書ではその一部を省略した）のほか、例えば、略式起訴状に記載されている犯罪の各々および刑の加重事由の各々を証明するのに要求される全構成要素に関する説示のように、法律によって要求されているが、特定の事件においてのみなされるものがある。さらに、裁判官の裁量でなされるものもある。カリフォルニア州の刑事事件で使用されている説示の多くは、ロサンゼルス郡上位裁判所が作成した標準説示事項集による。これは、「CALJIC（カリフォルニア州陪審説示・刑事）」として知られ、公刊されている。シュヴァルツ裁判官は、CALJICを基準点として使用したが、ブラウンの事件にとってより適切なものとするため、その一部を修正した。

最終弁論の前に、裁判官は、どのような説示をするつもりかを検察側・弁護側双方に伝えるのが一般的である。これによって、両者は、もし望むならば、最終弁論において説示に言及することができる。シュヴァルツ裁判官は本件でそれを行った。裁判官は、自分がしようとしている説示を両者に伝えるためのミーティングにおいて、説示の追加を要求するかどうかを尋ねた。ボッシュ弁護人は、裁判官に次の説示を加えるよう求めた。

「ライヒさんが家に入り暴行を受ける前に、コインはすでに奪取されていたと認定する場合、奪取はライヒさんの身体からなされたものでもその面前において

なされたものでもない、つまり、被告人は強盗について無罪です」。

シュレーダー検察官は、この説示をすることに反対した。彼女はいった。「裁判官、それは問題です。逃走する際に暴力を使用すれば、強盗の罪の暴力の要素を充足することは、カリフォルニア州では確立しています」。シュヴァルツ裁判官は、検察官の意見に同意し、当該説示を与えることを拒絶した。ボッシュ弁護人は、上訴に備えるため、シュヴァルツ裁判官に対し、決定に対する異議を記録に留めるよう求めた。シュヴァルツ裁判官は、裁判所速記官に当該異議を記録するよう指示した。

2．陪審の判断——マイケル・ブラウン

陪審員たちが午後3時15分に戻ってくると、シュヴァルツ裁判官は、陪審員室に行く時間であるといった。裁判官は陪審員らに、4時45分に法廷に戻るようにいった。陪審員たちを陪審員室に連れていくのは廷吏の仕事である。廷吏は、評議のため、陪審員を留めておくこと、および、評議の間、誰も陪審員に話しかけたりしないようにすることを宣誓する。廷吏はまた、陪審が評決に達したかどうかを尋ねることや、裁判官が何らかの意思疎通を命じた時を除き、自身も陪審員に話しかけないことを宣誓する。陪審員が評決に達した時、あるいは、裁判官が命じた時は、廷吏は陪審員たちを法廷に戻さなければならない。

「陪審員室」とは、裁判所構内にある部屋で、陪審員たちが密かに、そして邪魔をされないで評議のできる部屋である。陪審員らは、裁判官の説示事項の記載された書面、略式起訴状、評決用紙および公判で提出された物的証拠をもって、陪審員室に行く。本件では、陪審員たちは、検察側および弁護側によって提出された証拠物件をもっていった。

廷吏が陪審員室を離れた後、陪審員たちは裁判官の説示どおり手続を進めた。まず、陪審員長が選出された。短い議論の後、ペティ・アーウィンが陪審員長となることについて全員が賛成した。高校教師を退職したアーウィンは、ほかに適任の人がいるのではないかと思うが、皆がそう希望するのであれば陪審員長を引き受ける、といった。

それから陪審員たちは事件について議論を始めた。短い全体的な議論の後、アーウィンは、略式起訴状の

第1訴因とされているところから、まず、不法目的侵入について議論することを提案した。皆が同意した。

陪審員番号7番がいった。「この男が不法目的侵入の罪で有罪であることははっきりしています。彼は明らかに嘘をついています。このことについて話をして時間を無駄にしないでおきましょう。調査投票をしてはどうでしょうか」。誰もこれに反対しなかったので、陪審員長のアーウィンは、秘密投票を望むか、挙手を望むか尋ねた。挙手をして投票する方がよいことに、全員が同意した。それからアーウィンは、被告人が不法目的侵入の罪で有罪であると考える陪審員の挙手を求め、9名の陪審員が手を挙げた。それからアーウィンは、「全員が有罪に投票したわけではないので、被告人が不法目的侵入の罪で無罪であると思う人は挙手をしてくださいませんか」といった。2名の陪審員が手を挙げた。手を挙げなかった陪審員は、「投票しなかった陪審員は私1人ですので、何かいうべきであると思います。まだ決心がついていないのです。議論して、結論を出したいと思います」といった。

陪審員番号7番は、「議論する前に、ほかの起訴事実についても調査投票をしてはどうでしょうか」といった。しかしながら、不法目的侵入の方について話し合いたいといった陪審員がいて、短い議論の後、不法目的侵入の訴因について話し合うことに、全員が同意した。アーウィンは、発言したいことがある人はいるかと尋ねた。

陪審員番号7番が発言を求めた。「本件の鍵は、アレクサンドラ・ユングさんの証言です。彼女は、被告人がライヒさんの家まで自動車で送るよう自分に強要したといいました。彼女が、臆病な人物で、そうしたくないと思っていたのは明らかです。彼女の供述と被告人の供述は真っ向から対立しています。彼女には嘘をつく理由はありませんが、被告人にはそうする十分な理由がありました。そのことだけで有罪と認定できるのではないですか。無罪であると考えられる理由が分かりません」。

無罪に投票した陪審員の1人がいった。「なるほど、彼女が真実を語っているということはあり得ることですが、彼女には嘘をつく理由がなかったということには、同意できません。彼女が真実を語っているという可能性だけで十分だとは思いません。裁判官は我々に、検察官はその主張について合理的な疑いを超える証明をしなければならないと説示しました。疑いをもっていますので、無罪に投票しました」。

「彼女が嘘をついているかもしれないと、どうして思うのですか」と、陪審員番号7番が尋ねた。

「彼女は現場付近で車を運転していたところ、逮捕されました。彼女は何かいわなければなりませんでした。それに、彼女が被告人を見限るつもりであったという点が、気になります。昔のボーイフレンドは足を骨折していたのかも知れませんが、彼女の新しいボーイフレンドがこの件と何か関係があるということ、あるいは、これまで彼女が話していないほかの人物がこの件と何か関係があるということも、十分にあり得るのではないですか。彼女の話に、私はひっかかりを感じました」。

「彼女の話には少しばかりうさんくさいところがあることに、私も同意します」と、別の陪審員がいった。「しかしながら、私は有罪に投票しました。被告人に不利な証拠があまりにもたくさんあるからです。彼は自動車整備工場で働いていた、お金を必要としていた、ハインツさんによって識別された。そして、彼がどこにいたか、何をやっていたかについて、我々は十分な説明を与えられていないのです。ユングさんが我々に話していないことがほかにたくさんあるだろうということに同意するとしても、被告人を現場まで車で送り届けたことに関する彼女の話は筋が通っており、その点については彼女の言い分を信じることができると思います」。

調査投票で有罪にも無罪にも挙手しなかった陪審員が尋ねた。「検察側は事件について『合理的な疑いを超える』証明をしなければならない、という時、それは何を意味するのですか。我々は完全に確信していなければならないのか。99パーセントあるいは95パーセント信じていれば足りるのか。51パーセントの確信では十分でないと思いますが、70パーセントの確信ではどうでしょうか。『合理的な疑いを超える』とは、どういうことでしょうか」。

アーウィンがいった。「そうですね。いい質問だと思います。私は、その質問に答えることができるとは思いません。裁判官が我々にいったことは、人間の出来事に関係するものはすべて、何らかのあり得る、あるいは想像上の疑いを免れないため、合理的な疑いと

は単なるあり得る疑いではない、ということです。合理的な疑いとは、検察側の主張の真実性について、不動の確信をもっていないと陪審員に思わせるものである、と裁判官はいいました。どの程度の確実性が要求されるのか私には分かりません。確実性の割合について話すことが可能かどうかさえ分かりませんし、この種の状況において確実性の割合をどのようにして測定するのでしょうか」。

　別の陪審員がいった。「それは、専門的過ぎてわけの分からない法律用語に過ぎないと思います。私の意見では、我々がやる必要があるのは、常識を働かせて可能な限り最良の判断をすることです。被告人に対して公正でありたいのですが、私には、不利な証拠が圧倒的であるように思われます。ユングさんのことを悪くいう必要がなぜあるのか分かりません。彼女はナイーヴに過ぎるとは思いますが、あまり辛く当たるべきではないでしょう。彼女は、新しい街で、独りぼっちで、引っかかってはいけない人物に引っかかってしまったのです。しかし、彼女は、もともとは善良な人物ではないかと思います。彼女が自分でこの事件を考えたとは私には信じられないので、彼女の証言を額面どおり受け取らない理由が理解できません」。

　有罪にも無罪にも投票しなかった陪審員はいった。「コインとコイン箱について少し意見を聴きたいと思います。これらに指紋が付いていなかったのはなぜですか。それは、被告人が有罪であると考えることに問題があることを示していませんか。そして、どのようにしてこれらのものが茂みのなかに入ったのですか。ハインツさんは、ドアから出てきた時、その男をみていたといいましたが、その男が何かをもっているところや、茂みに何かを投げ入れるところはみなかったといいました」。

　有罪に投票した陪審員の１人がいった。「あなたが指紋のことを気にしている理由が私には分かりません。なるほどコインから被告人の指紋は発見されませんでしたが、ほかの人物の指紋もなかったのです。ライヒさんが全部でっち上げたと考えない限り、指紋が発見されなかったことが、どのように被告人を助けることになるのか私には分かりません。誰かがコインを盗み、誰かがそれを茂みに投げ込んだ。それをやった者が誰であっても、手袋を使用していたか、指紋を拭き取ったか、非常に幸運であったかのいずれかです。よくは分からないが、多分、被告人は、コインに自分の指紋が付くのを避ける方法について事前に計画をめぐらしていたのではないですか。彼が自動車整備工場で会話を耳にした時と不法目的侵入のあった日曜日の夜との間には、数日の間隔があったわけですし」。

　別の陪審員がいった。「指紋は付いていたが、茂みのなかに置かれている間に降った雨などによって洗い流された、ということも考えられます。私も、指紋の不存在は検察側の主張に影響を与えないと思います。コインがどのようにして茂みに入ったかは、非常に単純であるように私には思われます。それを盗んだ人物が誰であっても、ハインツさんが原因で、あるいはほかの何らかの理由で、怯えており、それを投げ捨てたのです。私なら、きっとそうしたことでしょう」。

　午後４時45分、廷吏は陪審員室のドアをノックし、法廷に戻るように、といった。裁判官は、評決に達するまで陪審員たちに留まるよう求めることもできた。古いイギリス法のもとでは、裁判官はそうするよう要求されていたのであり、陪審員らには結論が出るまで食べ物も飲み物も許されなかった。しかしながら、今日では、裁判官は通例、陪審員たちに、評議が終わっていなくても、夜間帰宅することを許している。シュヴァルツ裁判官は本件でそうした。しかしながら、まず、裁判官は、陪審員らに対し、次のように説示しなければならなかった。

　「現在、カリフォルニア州では、裁判官は、夜間、陪審員をホテルに缶詰にするのを避けるため、陪審が評議を始めた後、散会することを許可できることになっています。かつて、カリフォルニア州では、検察側・弁護側双方の合意があったとしても、散会を許可することはできなかったのです。本件で、私は、皆さんに、散会し、今晩帰宅して、翌朝、評議を継続するために戻ることを許可するつもりです。休憩の度に皆さんに与えた指示は、この散会中も厳守しなければなりません」。

　「皆さんは、公判に関するいかなる問題についても、人と話してはいけません。直接的であれ間接的であれ、夫あるいは妻、近隣の人や友人の誰であっても、です。よろしいですか。皆さんは本件について、これまで評議室で行われたことを含めて、誰とも話してはいけないのです。直接的であれ間接的であれ、誰であっても、あなたに話しかけることを許してはなりません。お互いに電話をかけて議論したり、少人数で集

まって議論したりすることも許されていません。再び評議室に12名の陪審員全員が集まる翌朝まで、この問題についていかなる意見を表明することも許されていません」。

「素敵な夜をお過ごしください。そして明朝9時までに法廷に戻ってきてください。もし遅刻されると、評議が再開できず、ほかの陪審員の皆さんがあなたの到着を待ち続けることになりますから」。

翌朝、陪審員は午前9時に集合した。12名すべての陪審員が法廷にいた。シュヴァルツ裁判官は廷吏に、陪審を陪審員室に戻すよう指示した。陪審は、不法目的侵入の訴因について議論を再開した。

無罪に投票した陪審員の1人がいった。「ポール・ハインツさんに対する弁護側の反対尋問は痛烈だと思いました。ハインツさんは自分の識別について自信をもっていましたが、当日の夜には月明かりがなかったことが判明した時、顔が引きつっていました。彼の犯人識別に問題があることがこれほど明らかであるのに、有罪に投票できる理由が分かりません」。

有罪に投票したまた別の陪審員がいった。「それは簡単です。なるほど、ハインツさんは注意してみていなかったかもしれないが、アレクサンドラ・ユングさんは、そうではなかった。彼女はそこに被告人を連れていったわけです。ユングさんは、私たちに、被告人が何を、なぜしようとしていたのかを話している。本件は、本当は難しい事件ではありません。弁護人によって張られた煙幕で、実際には何が起こったのかを理解することが妨げられないよう、注意する必要があると思います」。

有罪に投票した別の陪審員がいった。「ハインツさんの識別を無視することには賛成できません。彼が明かりのあった場所のことですっかり混乱していたのは確かです。そして、そのことに我々は注意を払うべきです。しかし、その夜に何が起こったかをみたと証言したのは、彼だけではありません。アレクサンドラ・ユングさんは、被告人が家に歩いていった、そして、ライヒさんが戻ってきたのをみることができた、といったのです。ブリジッテ・ブッシュさんは、寝室の窓からこの一部始終をみることができたといいました。明かりがどこからきたのかは、私には分かりませんが、それは重要ではありません。ハインツさんは識別について躊躇していなかったのであり、彼のいったことを信じない理由はないと思います」。

数時間に及ぶこの種の議論の後、投票しなかった陪審員がいった。「『合理的な疑いを超える』とはどういう意味か、まだ知りたいと思っています。陪審員長の以前の説明には感謝していますが、まだ混乱している感じです」。

陪審員長のアーウィンは、「我々は、望むなら、裁判官にその説示を明確にするよう求めることができます」といった。陪審員たちは、全員、そうすることに同意した。アーウィンは、陪審員室の外にいた廷吏に対して、説示について質問がある旨を裁判官に伝えてほしいといった。

廷吏は、数分後に戻ってきて、陪審員たちに法廷に行くよう求めた。彼らが到着すると、シュレーダー検察官、ボッシュ弁護人、被告人ブラウン、それに裁判所速記官と裁判所書記官が定められたところに座っていた。シュヴァルツ裁判官が尋ねた。「私の説示に関して質問があるのですか」。陪審員長のアーウィンはいった。「はい、裁判官。質問があります。我々は『合理的な疑いを超える』ということの意味について、もっと知りたいと思っています。とくに、これが70パーセントとか、80パーセントとか、90パーセントとかなどを意味するものであるかどうかを、我々は知りたいと思っているのです」。

シュヴァルツ裁判官は、「私にいえることはすべてお話しましたが、明確にするようにしましょう」といった。それから、彼は前にした説示を繰り返した。

「合理的な疑いは、次のとおり定義されます。それは、単なるあり得る疑いではありません。人間の出来事に関係するものはすべて、何らかのあり得る、あるいは想像上の疑いを免れないためです。合理的な疑いがあるとは、すべての証拠を全体的に比較、考慮した後、陪審員全員が検察側の主張の真実性につき不動の確信をもっているといえないことを指します」。

「この説示は、有罪について必要とされる確実性の割合について何も述べていないことに、皆さんは気づかれるでしょう。これは、意図的なものであったのです。合理的な疑いを超えるというのが、民事事件で用いられる証明基準である『証拠の優越』よりも高度の

確実性を要求することは明らかです。しかしながら、合理的な疑いを超えることについて確実性の割合を確立しようとすることに意味はありません。それが確立されたとしても、どのようにしてその割合を測定することができるでしょうか。真実性を測定するメーターは存在しません。我々にあるのは、陪審の集団的な叡智です。皆さんが集団として検察側の主張の真実性について不動の確信をもつ場合、合理的な疑いを超える証明が存在します。もしそうでないならば、合理的な疑いを超える証明がなされなかったのです。皆さんは、このように基準を考えれば、立派にかつ公正な方法でその基準を適用することができるものと私は信じています」。

それから廷吏は、陪審員たちを評議室に導いた。無罪に投票した陪審員の1人が手を挙げていった。「十分うかがいました。私の1票を、不法目的侵入について有罪に変更したいと思います。また、再度投票し、このことについて我々の意見がどのような分布になっているのか確かめることを提案します」。

皆が再度の投票に同意し、以前にしたように、挙手で投票を行うことになった。陪審員長のアーウィンは、有罪に投票する人は手を挙げるよう求めた。11名が手を挙げた。前に投票しなかった陪審員は、今回は有罪に投票していた。12番目の陪審員は、「私はまだ確信がもてません。被告人が家に押し入るのをみた人は誰もいなかったのです。誰も実際には通りを歩く以外のことを彼がするのをみなかったのに、我々はどうして『合理的な疑いを超える』確信をもつことができるのでしょうか」といった。

陪審員番号7番がいった。「被告人が実際に家に立ち入るのをみた人は誰もいないことに、私も同意します。しかし、警察が家の内部で、あるいは、コインから被告人の指紋を発見していたならば、被告人が家に押し入ったと認定するのに問題はないだろうと思います。そうですね」。

有罪に投票しなかった陪審員はいった。「そのことについては同意したいと思いますが、それがどうだというのですか」。

陪審員番号7番がいった。「そうですね、もし指紋があったとしても、被告人が家に入るのをみた人は誰もいないことには変わりありません。それでも、その場合に被告人は有罪であるとして何の問題もないのは、被告人が家のなかにいなかったのでなければ、どのようにしてその指紋が家のなかに付いたのか、説明するのが困難だからです。したがって、ポイントとなるのは、結局、誰かが実際に被告人が家に押し入るのをみたかどうかではなく、証明の確実性ではないでしょうか。もしライヒさんが家のなかで殺害されており、被告人のDNAか指紋が凶器から発見されていたのであれば、我々陪審員は全員、とっくに有罪に投票していただろう、と私は思います」。

有罪に投票しなかった陪審員がいった。「あなたのいっていることの大部分に、同意します。しかし、あなたが指紋のことをいわれたのでお尋ねしますが、ライヒさんの杖に指紋が付いていなかったことについて、議論すべきではないですか。もし被告人がライヒさんを殴打したのであれば、なぜ杖に彼の指紋かDNAが付いていないのですか」。

「それはいい質問だと思います」と、ほかの陪審員がいった。「もし警察が杖から指紋かDNAを発見することができていたならば、話はもっと簡単だったでしょう。コインからもコイン箱からも指紋が発見されなかったのと同じ理由で、杖からも指紋が発見されなかったのだと私は思います。あなたの疑問は、暴行を加えた者が手袋をしていた可能性を高めます。しかし、それは、被告人に有利な事実とはいえないでしょう。誰かが杖をとって、ライヒさんを殴打した。それが誰であるにしても、何かをやったのに、指紋は存在しないのです。我々が有している証拠から、事件を判断する必要があると思います。我々の手元に存在しない証拠について気にし過ぎると、おかしなことになってしまいますよ」。

「ご意見、ありがとうございました」と、有罪に投票しなかった陪審員がいった。「進行を妨げたくはありませんが、このことについてもう少し考えたいのです。もう少しで昼食の時間です。次の論点に移ってはどうでしょうか。昼食後には、もう少し発言できるようにします」。

全員が強盗の訴因に話を移すことに同意した。陪審員番号7番がいった。「まだ考え中の人にプレッシャーをかけることになるかもしれませんが、強盗について調査投票をしてはどうでしょうか。強盗の事実と不法目的侵入の事実は関連しており、すでに我々は

かなりの程度意見が一致しているのではないでしょうか」。先ほど不法目的侵入について有罪に投票しなかった陪審員は、異議はないといった。ほかの陪審員が尋ねた。「投票する前に、質問があります。仮に暴行を加えた者がライヒさんを殴打する前にすでにコインを奪っていたとすると、これは強盗になりますか」。

「私は強盗になると思います」と、別の陪審員がいった。「彼は、逃げる時に暴力を用いています」。ほかの陪審員が同意すると、アーウィンは、強盗について有罪と考えている陪審員の挙手を求めた。先ほど不法目的侵入について有罪に投票しなかった陪審員を除く11名が手を挙げた。有罪に投票しなかった陪審員は、昼食の休憩中に不法目的侵入だけでなく、強盗についても考えてみる、といった。

時刻は午後12時30分であった。アーウィンは、かなり議論をしたし、ここで昼食のための休憩をとってはどうかといった。全員が賛成すると、アーウィンは廷吏に対し、昼食をとるつもりであることを告げ、裁判官と連絡をとるよう求めた。裁判官は、陪審員たちを法廷に戻したうえで、誰とも話をしないように、と指示した。

昼食後に再び集ると、先ほど有罪に投票しなかった陪審員がいった。「昼食の休憩時間中ずっと考えてみました。まだほんの少し疑問がありますが、押し入ってライヒさんを殴打した者が被告人である可能性が非常に高いように思われます。したがって、私は、不法目的侵入について有罪の投票をするつもりです。しかし、強盗については以前にもまして大きな疑問をもっています」。

アーウィンは、不法目的侵入について再び投票をすることにし、被告人は有罪であると考える陪審員の挙手を求めた。今回は12名の陪審員全員が手を挙げた。アーウィンはまた、無罪であるという意見の陪審員の挙手も求めたが、誰も手を挙げなかった。

不法目的侵入用の評決用紙をみながら、アーウィンはいった。「不法目的侵入から話を移す前に、我々は、それが第1級不法目的侵入であるか第2級不法目的侵入であるかを判断しなければなりません。この点について意見があるという人はいますか」。陪審員番号11番がいった。「被告人はひどい奴だと思いますが、私には第2級のように思われます。彼が押し入った時、家には誰もいなかったのです」。陪審員番号9番がいった。「そのことは問題ではないと思います。ライヒさんはその家に住んでいたのであり、被告人がまだ家にいる間に帰宅したのですから」。かなりの時間議論をした後、陪審員長は決をとった。8名の陪審員が第1級を、4名の陪審員が第2級を、それぞれ選択した。

そこで、不法目的侵入の程度の問題は後回しにして、強盗について議論することになった。皆は、先ほど有罪に投票しなかった陪審員に、気になっている点を説明するよう求めた。その女性の陪審員はいった。「いつコインがとられたのかが証明されていないという弁護人の主張は、正しいのではないかと思います。誰かが家に押し入り、そして、その者はおそらく被告人だったのでしょう。しかし、コインはどのようにして茂みのなかに入ったのでしょうか。なぜコインに被告人の指紋が付いていないのでしょうか。なぜハインツさんは、被告人がコインを投げ捨てるところをみなかったのでしょうか。もし被告人がコインをこっそり投げることができたのであれば、ハインツさんが通り過ぎるまでの間、被告人は自分の身を隠すことなど簡単にできたでしょう」。

陪審員番号2番がいった。「それは実にいいポイントです。私は、強盗についてした自分の投票を変更するかもしれません」。アーウィンがいった。「強盗の話に深入りする前に、不法目的侵入の程度の問題を解決してはどうでしょうか。これについては、もっと合意が得られるように思います」。全員が賛成し、短い議論の後、この争点の解決方法についてシュヴァルツ裁判官にアドヴァイスを求めることにした。

裁判官は、前回と同様に、陪審員たちを法廷に呼び戻した。裁判官はいった。「人の居住する住宅への不法目的侵入は、第1級の不法目的侵入です。居住者が家にいたかどうかは問題ではありません。もし居住者が通常その家を住居として使用しているのであれば、犯人が立ち入った時に、居住者が家にいたかどうかにかかわらず、その家は『人が居住している』ものと考えられます」。

陪審は、評議を再開すると、直ちに不法目的侵入が第1級のものであると結論づけた。陪審はまた、すべての加重事由についても、認められるとの判断を下した。アーウィンは、評決用紙に次のように記入した。

> **カリフォルニア州サクラメント郡上位裁判所**
>
> カリフォルニア州
> 　　対
> マイケル・ハワード・ブラウン　被告人（21935）
>
> ### 評決
>
> 　我々、上記訴訟の陪審は、被告人マイケル・ハワード・ブラウンが、カリフォルニア州刑事法典459条に違反し、第1級不法目的侵入の罪で有罪であると認定する。
>
> **（署名）ペティ・アーウィン**
> 陪審員長
> 日付：2005年8月5日
>
> 　略式起訴状中の訴因1における、被告人マイケル・ハワード・ブラウンは、第1級住居不法目的侵入を遂行中または遂行しようとした時に、致死的または危険な武器を使用したとの主張につき、我々陪審は、被告人マイケル・ハワード・ブラウンが
>
> 有罪　　X
> 無罪　　　　　であると認定する。
>
> 　略式起訴状中の訴因1における、被告人マイケル・ハワード・ブラウンは、第1級住居不法目的侵入を遂行中または遂行しようとした時に、ロバート・ライヒ（70歳以上の者）に重大な傷害を加え、被害者の年齢を知っていたか、または、知り得たとの主張につき、我々陪審は、被告人マイケル・ハワード・ブラウンが
>
> 有罪　　X
> 無罪　　　　　であると認定する。
>
> 　略式起訴状中の訴因1における、被告人マイケル・ハワード・ブラウンが第1級住居不法目的侵入を遂行中または遂行しようとした時、被害者のロバート・ライヒは65歳以上の者であり、被告人マイケル・ハワード・ブラウンが被害者の年齢を知っていたか、または、知り得たとの主張につき、我々陪審は、被告人マイケル・ハワード・ブラウンが
>
> 有罪　　X
> 無罪　　　　　であると認定する。

　強盗の問題に戻る前に、アーウィンは、コカイン所持の争点に取り組むことを提案した。短い議論の後、全員が有罪とすることに賛成した。検察側は、コカインがアパートにあったことをはっきりと証明しており、それがアレクサンドラ・ユングなどのものだとすることは全く非論理的であった。被告人のものと考える以外あり得なかった。

　アーウィンがコカイン所持の訴因用の評決用紙への記入を終えた後、強盗についての議論が再開された。陪審員番号7番がいった。「失礼なことをいうようですが、私は、まじめに議論するのは馬鹿げているのではないかと思います。我々は全員、すでに、被告人が家に押し入ったということについて意見が一致しました。被告人がコインを盗んだ人物でもあるのは、当然ではないですか」。先ほど有罪に投票しなかった陪審員がいった。「合理的な疑いを超える証明が必要なはずですから、私にはそれでは十分でないのです。押入

りと同じ日の同じ時間にコインが奪われたことが立証できなければ、強盗を認定できないと思います」。この争点について1時間議論した後、再度、調査投票をすることになった。今回は10名の陪審員が強盗について有罪に、1名の陪審員が無罪に、それぞれ投票し、残り1名は、まだ分からないといった。

投票の後、合意に達することができるか確かめるため、もう一度、強盗に関連する事情をすべて検討してみてはどうかと、誰かがいった。全員が賛成し、3月20日土曜日に起こった出来事の各段階について議論を始めた。数時間後、また投票が行われた。今回も10名が有罪、1名が無罪であり、1名が投票しなかった。

「さあどうするのか」と、陪審員の1人が尋ねた。アーウィンがいった。「もう一度、シュヴァルツ裁判官と話をする必要があると思います」。全員が同意し、彼らは法廷に戻った。アーウィンは、陪審はいくつかの訴因については合意に達したが、最後の1つの訴因について行き詰まっているように思われる、といった。裁判官が尋ねた。「皆さんがその訴因について合意に達する可能性はありますか」。アーウィンは、「まだ可能かもしれませんが、疑わしいと思います」と答えた。

裁判官はいった。「週末休みをとり、月曜日の朝にもう一度やってみてはどうですか。その後でも、最後の訴因について合意に達することができないのであれば、それで終わりにして、あとは私に任せてください。」

月曜日の朝9時から、陪審は数時間にわたって議論を継続した。結局、それ以上議論を続けても無駄であることに全員が合意した。最後の投票の結果は、10名が有罪、2名が無罪であった。

陪審員たちが評議している間、廷吏は法廷で評決を待っていた。シュヴァルツ裁判官は執務室に戻り、ほかの事件の審理の準備をしていた。検察官と弁護人、それに裁判所の職員は、法廷にいたり、ほかの仕事をしていたりした。マイケル・ブラウンは、法廷にいる時もあったし、待機房にいる時もあった。評決を待っている者全員にとって時間はゆっくりと流れた。ちょっと話をする者もいれば、新聞を読む者もおり、行ったりきたりしている者や長い間座っている者もいた。事件と評議のことを意図的に忘れようとして何かをやっているのであった。

午前11時頃、陪審員室の外のホールで待っていた廷吏に、アーウィンが、評議が終了したことを告げた。廷吏は、陪審員たちに、執務室にいるシュヴァルツ裁判官に知らせてくる間、そこで待つように、といった。シュヴァルツ裁判官は、法廷に戻った。全員が席に着いた後、裁判官は陪審を入廷させるよう廷吏に指示した。

廷吏は、法廷を出ると、間もなく陪審を連れて再度入廷した。陪審員たちは、疲れてはいたが厳粛な表情で、陪審員席に歩いていき、着席した。陪審員の多くは床をみて、マイケル・ブラウンと目を合わせることを注意深く避けた。

シュヴァルツ裁判官は、「陪審員が全員出席し、定められた席に着いていることを記録してください」といった。それから、裁判官は、「アーウィンさん、陪審は評決に達しましたか」と尋ねた。

アーウィンは、「裁判官、我々は訴因1および3について評決に達しました」といった。裁判官は、評決用紙を裁判所書記官に手渡すよう指示した。そして、裁判所書記官に評決を読み上げるよう求めた。裁判所書記官は、被告人マイケル・ハワード・ブラウンは第1級不法目的侵入について有罪であり、凶器を用いたことなどが認められると記載された、訴因1の評決用紙を読み上げた。それから、裁判所書記官は、被告人はコカイン所持について有罪であると認定されたことが記載された、訴因3の評決用紙を読み上げた。

裁判官：「陪審員の皆さん、これが訴因1と3についての皆さんの評決ですか。」
陪審員全員：「はい、そうです。」

それからシュヴァルツ裁判官は、検察官と弁護人に、訴因1および3について陪審員に票を投じさせたいかと尋ねた。これに対し、双方とも望まないといった。もし彼らが、権利を行使してそうするよう求めたならば、裁判官は、陪審員1人ひとりに、読み上げられた評決が本当に彼らの評決であるかどうかを確認するよう、裁判所書記官に対して指示したであろう。

シュヴァルツ裁判官は、裁判所書記官に評決を記録するよう求めた後、陪審員1人ひとりに、強盗の訴因について合意に達する可能性があるかどうか尋ねた。陪審員全員が、陪審はこの争点について暗礁に乗り上

げていると述べた。シュヴァルツ裁判官は、強盗の訴因について審理無効を宣言した後、再び陪審に対していった。

「陪審員の皆さん。裁判所は公判を通じて示された皆さんの尽力に対し感謝したいと思います。皆さんはいまや陪審の任務を解かれ、自由に帰宅できます。皆さんは、私がかつて与えた指示から解放されます。皆さんは、私以外の人となら、自由に誰とでも話をすることができます。まだ私は本件の担当であり、皆さんと話をすることはできません。後日ここに戻ってきて私と話をしたいのであれば、それはいいでしょう。報道機関などがこの事件について皆さんと話をしたいといってきた場合、皆さんが望むなら、自由にそうすることができます。他方、皆さんは、この事件について話をする義務はありません」。

「皆さんが本件に払われた注意と本件に示された関心に対して、もう一度お礼をいいます。お帰りになって結構です」。

強盗について有罪の評決も無罪の評決もなかったので、検察官は、もし望むのなら、マイケル・ブラウンの訴追をまだすることができた。しかしながら、検察官にも弁護人にも、その可能性がほとんどないことは分かっていた。たとえ検察官が別の陪審を説得できると考えたとしても——それは疑問であるが——、被告人がさらに処罰されるということは、まずない。

しかしながら、重要な問題であったのは、未解決の強盗の訴因ではなく、解決されたその他の訴因についての量刑であった。アメリカでは、重罪事件の量刑は、通常、有罪・無罪の判断が示された当日には行われない。カリフォルニア州を含む多くの州では、裁判官は、保護観察官に報告書の作成を命じる。これは、一部の軽罪の事件においても行われる。陪審が退廷した後、シュヴァルツ裁判官は、マイケル・ブラウンの量刑審理の日程について、弁護人と話し合った。それから、裁判官はいった。

「保護観察に付される資格は被告人には認められないように思われますが、本件を、判決前調査のため保護観察官に回します。刑に関する審理と判決の言渡しは9月2日金曜日に行うものとし、被告人は、判決言渡しまでの間、再びその身柄を保安官により拘束されるものとします」。

その後、ボッシュ弁護人は新公判の申立てを行った。「非常に多くの申立てをして裁判所に負担をかけたくはありませんが、我々は、この種の証拠で被告人を有罪とすることは公正ではなかったと信じています」。シュヴァルツ裁判官は、判決言渡しの日に、この申立てに関して審理をすると答えた。それから、裁判官は、手続を終了するといった。

3．量刑——マイケル・ブラウン
(a) 保護観察局

シュヴァルツ裁判官による判決前報告書の要求は、直ちに、Ⅰ節で報告書を作成したロウィーナ・ウォーターズのところに届けられた。ウォーターズの報告書は、Ⅰ節のそれときわめて類似していたので、ここではその一部のみを掲げることにする。

……

Ⅰ．本件犯行

マイケル・ハワード・ブラウンは、略式起訴状により、第1級不法目的侵入、第1級強盗およびコカイン所持で起訴され……第1級不法目的侵入およびコカイン所持で陪審公判により有罪とされた。さらに、不法目的侵入を遂行中、致死的凶器（すなわち、歩行用の杖）を使用し、70歳以上の者であるロバート・ライヒに重大な傷害を加え、被害者が65歳以上の者であって刑事法典667.9条に違反した、と認定された。

Ⅱ．被告人の陳述

8月11日の保護観察官との面接において、被告人は、事件について話すことを拒否した。彼は、自分が話したことがのちに不利に使用される可能性があるので、事件について話をしないよう弁護人に指示されている旨を述べた。

……

Ⅶ. 保護観察官の結論

訴因1については、中程度の刑期である4年の州刑務所における拘禁刑とすることを勧告する。中程度の刑期を勧告するのは、加重事由と軽減事由が併存し、拮抗しているからである。また、刑事法典12022.7条(c)（70歳以上の者に対する重大な傷害）によりさらに5年、刑事法典12022条(b)(1)（致死的凶器の使用）によりさらに1年、および、刑事法典667.9条(a)（被害者が65歳以上であること）によりさらに1年、拘禁することを勧告する。

保健衛生法11350条違反の訴因3に関しては、訴因1についての刑と同時執行で、中程度の刑期である2年の州刑務所における拘禁刑とすることを勧告する。刑の同時執行は、規則4.425(b)に基づいて勧告するものである。

<u>刑事法典1192.6条(c)による地方検事局の陳述</u>　さらなる情報と勧告を得るため、地方検事補のシュレーダーと連絡をとった。検察官は、本件では有力な証拠があり、陪審は正しい評決に達したと思う、と述べた。弁護人は、被告人が不法目的侵入の現場にはいなかったことを示そうとしたが、不利な証拠が圧倒的であった。検察官は、被告人は危険な人物であると考えており、訴因1について上限の刑期を科すことを勧告している。

したがって、勧告する刑は、合計すると、11年の州刑務所における拘禁刑である。

……

ウォーターズは、8月24日に裁判所に判決前報告書を提出するとともに、検察官と弁護人にそのコピーを送付した。検察官と弁護人は、量刑審理に備えて報告書を精査した。

(b)　量刑審理

9月2日金曜日、被告人、シュレーダー検察官、ボッシュ弁護人、ウォーターズ上席保護観察官補が、午前9時にシュヴァルツ裁判官の法廷にやってきた。裁判所書記官が事件名を読み上げた後、裁判官はいった。

「被告人が出席し、弁護人は公設弁護人補ボッシュ、検察官は地方検事補シュレーダーである、と記録してください」。

「本件の陪審公判は、2005年8月2日に始まりました。陪審は、8月8日、あなたを第1級不法目的侵入とコカイン所持で有罪と認定し、さらに第1の訴因について略式起訴状に記載された加重事由を認定した評決を下しました」。

「裁判所はこれから、弁護人が行った新公判の申立てについて審理します」。シュヴァルツ裁判官は、ボッシュ弁護人をみた。「弁護人、お願いします」。ボッシュは立ち上がって、裁判官にいった。「裁判官もよくご存知のとおり、刑事法典は、証拠に関する異議申立てについて少なくとも2つの異なる手続を定めています。刑事法典1118.1条のもとで、提出された証拠が有罪を支持するのに不十分である時は、被告人は、無罪の判決を要求することができます。我々はその申立てをしましたが、斥けられました。今日我々が行う申立ては、刑事法典1182条によるものです。1182条は、証拠の不十分性について異なる種類の異議申立てを許し、証拠について裁判官が独立した評価をすることを要求するものです。本件で提出された証拠が不十分であり、それに基づいて被告人を有罪とすることが不公正であると考えるならば、裁判官には、刑事法典1182条により被告人を救済することが認められます。刑事法典1118.1条のもとでは、裁判官の選択肢は、事件を陪審にかけるか、無罪を宣言することに限られます。しかしながら、刑事法典1182条のもとでは、裁判官は別の救済策が利用できるのです。新公判を命じることです。無罪判決の申立ては斥けられましたが、今日我々が求めているのは、無罪ではなく新公判なので

す。裁判官には新公判を命じる広範な裁量が認められています。我々は、その裁量を行使して、不十分な証拠に基づく評決を維持するという不正義を回避するよう求めます」。

ボッシュ弁護人は続けて、自分の依頼人が有罪とされた各訴因に関する検察側の主張には問題がある、と述べた。「コカインについての起訴は馬鹿げています。検察側は、発見された粉末がコカインであることを証明しましたが、私の依頼人がその存在を知っていたことを示してはいません」。

弁護人が着席すると、シュレーダー検察官が立ち上がって、裁判官にいった。「裁判官、この主張は明らかに、証拠の十分性につき弁護人が以前に行った主張を繰り返すものに過ぎません」。シュヴァルツ裁判官は、両者からさらに主張を聴いた後、次のように述べた。「検察官および弁護人に感謝します。薬物の訴因に関する証拠は弱いものですが、新公判を要求するほどではないと思います。不法目的侵入の訴因についても、問題はないと思います。それゆえ、申立てを却下します」。検察官も弁護人も、裁判官の決定に驚くことはなかった。ボッシュ弁護人は、新公判を命じるよう裁判官を説得できればと望んではいたが、これが厄介な戦いであることを知っていた。

新公判の申立てを処理した後、シュヴァルツ裁判官は、続けていった。「本件は、被告人に対する判決を言い渡し、宣告すべき刑について審理するため、当裁判所に係属しています。判決がいま宣告されるべきではない法的な理由は何かありますか」。

ボッシュ弁護人とシュレーダー検察官の両者とも、「いいえ、ありません」といった。

「刑の軽減に関する陳述が当裁判所に提出されたこと、刑の加重に関する陳述が提出されなかったこと、刑の軽減に関する陳述が読み上げられ、考慮されたことを記録してください。検察官か弁護人かどちらかこの時点でさらなる証拠の提出を希望しますか」。

「私が保護観察官の報告書を要求し、15頁からなるそれを受理し、読み、検討したことを記録してください」。

ボッシュ弁護人をみて、シュヴァルツ裁判官は、量刑について提出すべき証拠があるかどうか尋ねた。ボッシュは、「ありません」と答えた。シュレーダー検察官も、ほかに提出する証拠はないと述べた。

それから、シュヴァルツ裁判官は、ボッシュ弁護人に、保護観察官の報告書と量刑に関する問題について審理を希望するかと尋ねた。

ボッシュ弁護人は答えた。「はい、裁判官。量刑について最初にとり上げるべき重要な争点は、不法目的侵入の訴因について、裁判官が選択し得る刑期に関するものです。加重を支持する証拠らしい証拠が何ら提出されていないのですから、選択肢は、明らかに、中程度の刑期と下限の刑期です。我々は下限の刑期を支持する有力な根拠が存在すると思います」。

「検察側の証拠自体が、私の依頼人はライヒさんに危害を加えるつもりはなかったことを示しています。ライヒさんに遭遇することを、彼は決して望んでいませんでした。不法目的侵入は、ライヒさんが家にいないといっていた日時に行われました。ライヒさんの帰宅に依頼人は驚き、家から逃げ出そうとしてパニックになりました。犯罪のこの部分は、全く偶然であって計画されたものではありませんでした」。

「被告人の性格についても、記録ははっきりしていると考えます。保護観察官の報告書が示しているとおり、被告人は立派に働いていて、前科らしい前科はありません。過去に薬物問題がありましたが、本件が起こるまで、彼は協調的でちゃんとした生活をしていたのです。なるほど、完璧な人間ではありませんが、よき市民となる大きな可能性をもっており、彼がコミュニティに貢献する機会を与えられることは、社会の利益にも彼の利益にもなると、我々は信じています」。

「記録には、寛大な刑を求める彼の父親とかつての雇主からの陳述書も含まれています。いずれも、いま私が主張した点を明らかにしています。彼は善良な労働者であり法を遵守する、生産的な市民となる大きな可能性をもっています。それゆえ、不法目的侵入について下限の刑期とするよう強く求めます」。

「同様の理由で、裁量を行使して、陪審の認定した事由による刑の加重をしないことも、強く求めます。70歳以上の者に対する重大な傷害による加重と、被害者が65歳以上であることによる加重を両方とも科すこ

とは、量刑事実の二重使用を禁止するルールに反し、許されないと考えます。いずれにせよ、被害者の年齢により不法目的侵入の刑を2度加重するのが正当でないことは明らかでしょう」。

「これまでブラウンさんは、1個の飲酒運転の有罪宣告以外には有罪宣告を受けたことはありませんでした。本件で、ライヒさんの家に侵入することにした時、彼は悪いことをしましたが、暴力を振るったり人を傷つけたりすることを望んではいませんでした。彼を硬化させない刑とするよう、強く求めます。社会は善良な労働者を必要としており、彼は本当によき市民となる可能性をもっています。どんな刑であれ、彼はそれによってストライクを1つ受けることになります。下限の刑とすること、および、刑を加重しないことを強く求めます」。

ボッシュ弁護人が着席すると、シュレーダー検察官が立ち上がった。彼女は、「裁判官、こちらは弁護側と全く見解を異にします」といった。

「本件犯罪は、弁護側がいうような些細な出来事ではありませんでした。いかなる不法目的侵入においても、家屋所有者や誰かほかの者が関わりをもつ可能性があります。被告人は、ライヒさんの家に意図的に立ち入ったことによって、ライヒさんに対し後で加えられることになる暴行の準備をしたのです。その暴行は、ライヒさんが頭を数針縫う、腕を骨折するという結果をもたらし、ライヒさんは入院しなければなりませんでした。ライヒさんが暴行により死亡しなかったのは、被告人にとって幸運だったのです。そのような結果をもたらす可能性が明らかに認められた以上、その行為は、少なくとも無謀な、理不尽なものであり、冷酷な、計算された行為とほとんど変わりはありません。裁判所は上限の刑期を選択すべきであると考えます」。

「加重事由により刑を重くするべきでない理由も、全く存在しません。とくに、70歳以上の者に対する重大な傷害による加重をしない理由はありません。この種の行為について一律に5年の刑を科すことによって、立法府は、そのような行為はカリフォルニア州では許されないというシグナルを送ったのです。すべての証拠を取り調べた陪審は、この加重事由を認定したことによって、被告人がこの刑を受けるに値すると認定したのです。私は裁判所に対し、この加重を維持し、立法府と陪審が送ったメッセージを消さないよう強く求めます」。

「事実の二重使用を禁止するルールにより70歳以上の者に対する重大な傷害による加重と強盗の被害者が65歳以上であることによる加重の両者を科すのが禁止されるとの主張についてですが、それは間違っています。70歳以上の者に対する重大な傷害による加重は、被告人が重大な傷害を加えたという事実に基づくものです。年齢が65歳以上であることによる加重は、重大な傷害と何ら関係はありません。その加重は、65歳以上の人々がとくに弱い立場にあることに基づくものです」。

「被告人は、意図的に、年老いた男性の家に、大切にしている所持品の1つを盗むために押し入ることにしたのです。そして、彼は、年老いた被害者に重大な傷害を加えるため致死的凶器を使用しました。被告人は、立法府が規定した最高限度の刑を受けるに値します。裁判官に対し、品位ある、法を遵守している市民の権利を保護されることを強く求めます。被告人を刑務所に送って、可能な限り長く、そこに収容してください。我々は何の罪もない市民に暴行を加えることを許すものではないことを、示してください」。

シュヴァルツ裁判官は、「ありがとうございました。これ以上の弁論がなければ、いまから判決を言い渡します」といった。被告人マイケル・ブラウンを直視して、裁判官はいった。

「被告人マイケル・ブラウンを、第1級不法目的侵入により4年、致死的凶器として杖を使用したことによりさらに1年、および、70歳以上の者に重大な傷害を加えたことによりさらに5年、州刑務所に収容します。これが、当裁判所の判決と量刑です。刑事法典667.9条による刑の加重は、正義の利益のため、行わないことにします。2つの異なる刑罰を科すために同一の事実を使用することに等しいからです」。

裁判官はまた、コカイン所持について2年の拘禁刑を科し、それを不法目的侵入の刑と同時に執行するよう命じた。

シュヴァルツ裁判官が、不法目的侵入の上限の刑期を選択するようにとのシュレーダー検察官の勧告に従っていれば、全部で13年と8か月の刑が科されて

いたであろう。不法目的侵入の上限の刑期の6年、70歳以上の被害者に対する重大な傷害でさらに5年、致死的凶器の使用でさらに1年、65歳以上の被害者であることでさらに1年、そして、コカインの所持で8か月である。

裁判官がコカインの所持について2年の中程度の刑期を選択したとしても、その刑がほかの刑とは別に執行される場合、カリフォルニア州法のもとでは、8か月に短縮されることになる。これに対し、裁判官が弁護人の勧告に従っていれば、不法目的侵入についての下限の刑期である3年が言い渡されていたであろう。

シュヴァルツ裁判官によって実際に科された刑は、結局、10年の拘禁刑であった。カリフォルニア州法のもとでは、マイケル・ブラウンは、刑期のうち最低8年は拘禁されないと、釈放の資格を与えられない。釈放される時、カリフォルニア州の三振法によりストライクを1つ受けることになる。このことは、将来重罪で有罪宣告がなされると、刑が自動的に2倍となることを意味する。将来2つ以上の有罪宣告を受けたならば、終身刑となる可能性も生じるのである。ブラウンがとられたストライクは、裁判官の科す正式な刑罰の一部ではないが、彼に対する制裁全体にとってはきわめて重要なものであった。

シュヴァルツ裁判官は、刑を言い渡した後、Ⅰ節におけるように、マイケル・ブラウンに対し、上訴する権利について注意深く説明した。最後に、裁判官は、ブラウンに、上訴権について理解したかどうか尋ねた。ブラウンが理解したというと、裁判官は「本件手続は終了しました」と宣言した。

Ⅰ節におけるように、裁判所書記官は、判決を裁判所の調書に記載し、そのコピーを事件に関する書類とともにファイルし、判決の要旨を記載した書面を州刑務所に送付した。検察側は、本件で、ライヒのコイン・コレクションと歩行用の杖を証拠として提出していたので、それらは裁判所の調書の正式な一部となっていた。コイン・コレクションなどをライヒに還付するため、シュレーダー検察官は、本件の手続の最後に、警察の撮影した写真を裁判所の記録上それらに代替するものとすることを申し立てた。ボッシュ弁護人が異議を唱えなかったので、シュヴァルツ裁判官はこの代替を命じた。

Ⅲ. 非典型的なアメリカの公判

以下では、Ⅰ節と同様の事実関係のもとでマイケル・ブラウンが有罪の答弁をしないで公判を受けた場合についてみることにする。Ⅰ節において警察は、ブラウンおよびアレクサンドラ・ユングの住んでいるアパートの裏のゴミ入れにあったビニール袋のなかからライヒのコイン箱を発見したのであった。また、アパートで見つかったコカイン入りのビニール袋にはブラウンの指紋が付着していた。

Ⅰ節と同様、ボッシュ弁護人は、検察側の証拠が強力で、答弁取引の交渉をすることが依頼人にとって最良の途であると考えた。それゆえ、ボッシュは、あり得る答弁について、Ⅰ節と同様の議論を検察官と行った。ボッシュは、公判になればもっと重い刑を受ける可能性があることを告げて、答弁取引の合意を受け入れるよう勧めたが、ブラウンはこれを拒絶した。ブラウンは、陪審による裁判を受ける憲法上の権利を行使するといって譲らなかった。「自分は無実であり、公判を選択したい」とブラウンはいった。

有罪答弁をするかどうかは被告人が決めるべきことであった。そして、被告人が有罪答弁をしないと決めたならば、弁護人の任務は、それに従って可能な限り最良の弁護をすることであった。弁護人は、公判を受けることは依頼人にとって大きな誤りであると思っても、精力的に弁護活動をしなければならないのである。ボッシュ弁護人は、「それはあなたが決めることです。陪審に事件を判断してもらうことはあなたの権利であり、私はあなたのため最善を尽くします」といった。

1. 公判――マイケル・ブラウン

本節においては強力な有罪証拠が存在し、かなり不確実なところのあったⅡ節の場合とは全く異なっている。こうした決定的な相違があるにもかかわらず、Ⅲ節における公判の進行は、Ⅱ節におけるそれと類似している。それゆえ、本節では、手続の大部分を省略する。

公判は、Ⅱ節の場合と同じく8月1日に始まった。検察官の冒頭陳述は、Ⅱ節におけるそれと類似していたが、シュレーダー検察官は、さらなる証拠が利用可能であったことによって、圧倒的に強力な主張を展開できた。シュレーダーは、冒頭陳述において、自分が提出するつもりである個々の証拠について詳細に検討

した。ブラウンとユングのアパートの捜索の話になると、その声はほとんどささやくような感じになった。検察官は、明確かつ非常にゆっくりと、まず、ゴミ入れのなかから発見されたコイン箱について述べた。「証拠から、シュミット刑事とハム刑事によって被告人のアパートにあったゴミ入れのなかから発見されたコイン箱が、ライヒさんの家から奪われたのとまさに同一のコイン箱であることが分かります。シュミット刑事は、正確にどこで、そしてどのようにして、自分たちがコイン箱を発見したのかを、皆さんに話します。そして、ライヒさんは、そのコイン箱が3月20日の夜に自分の家から盗まれたのと同一のものであることを述べるでしょう」。

それから、シュレーダー検察官は、キッチンで発見されたティーポットと、そのなかに入っていたビニール袋について論じた。シュミット刑事により、ティーポットは、背の高い彼であってもかろうじて手の届く上の方の棚にあったとの証言がなされると、シュレーダーはいった。また、シュミットは、長年にわたる警察官としての経験から、ビニール袋のなかにあった白い粉末がコカインであると直ちに結論づけたことも証言する。ちょっと間を置いてから、検察官は続けて、「検査報告書により、被告人の指紋がビニール袋に付着していたこと、および、被告人の指紋がビニール袋に付着していた唯一の指紋であったことが示されるでしょう」といった。

冒頭陳述が終了し、検察官が証拠の提出を始めた。検察官は、その強力な証拠を最大限活用しようとした。シュミット刑事が、ライヒのコイン・コレクションを捜索するためブラウンのアパートの捜索令状を入手していたことを説明すると、シュレーダー検察官は、次の質問をした。

検察官:「アパートを捜索して、何を発見しましたか。」

シュミット:「我々がコインを探している間に、キッチンの上の方の棚にあったティーポットを見つけました。」

検察官:「上の方の棚にあったといいましたが、それはどういう意味ですか。」

シュミット:「非常に高いところでした。私の身長は6フィートですが、ぎりぎり手が届きました。」

検察官:「ティーポットを見つけて、あなたはどうしましたか。」

シュミット:「コインがティーポットのなかに入っているかもしれないと考えたので、それを棚からとりました。」

検察官:「ティーポットのなかから何を見つけましたか。」

シュミット:「コインはありませんでしたが、白い粉末の入ったビニール袋がありました。」

検察官:「それからどうしましたか。」

シュミット:「白い粉末はコカインではないかと思いました。そこで、ビニール袋を保管し、内容物を分析し、指紋を調べるため、それを持参した袋に入れました。」

検察官:「シュミット刑事、いま、検察側証拠物件5号をあなたにおみせします。これが何だか分かりますか。」

シュミット:「はい。それは我々が被告人のアパートにあったティーポットのなかから発見したビニール袋です。」

検察官:「ティーポットに入っていたその白い粉末が誰のものか判断できましたか。」

シュミット:「その時はできませんでした。棚の高さからして、被告人のものだと、我々は思いました。その粉末を検査するとともに、誰がそこに置いたのか判断するため、指紋を調べることにしました。」

検察官:「アパートでコインを発見しましたか。ほかに何か発見しましたか。」

シュミット:「いいえ、アパートでコインは発見されませんでした。しかし、アパートを出る時、被告人の部屋の番号が記されたゴミ入れをみていくことにしました。このゴミ入れのなかから、白いビニール製の買い物袋を発見しました。そのなかには、フェルトの細長い穴の付いた箱が入っており、コインの入れ物ではないかと思いました。」

検察官:「シュミット刑事、いま、検察側証拠物件3号をあなたにおみせします。これが何だか分かりますか。」

シュミット:「はい。被告人のアパートの外にあったゴミ入れのなかから私が発見したコイン箱です。どこにあっても分かります。それに、そのラベルは私が付けたものです。」

検察官:「質問は以上です。」

この公判では、ボッシュ弁護人の仕事は、ずっと難しいものであった。答弁取引の交渉についてマイケル・ブラウンを説得するため、できるだけのことをやった。ボッシュは、依頼人の話を信じていなかったが、

そのことによってやる気がなくなるということはなかった。ボッシュは、問題は自分がどう思うかではなく、陪審がどう思うかであると考えていた。ボッシュはできる限りの冒頭陳述を行った。彼の主張はII節で行ったものと類似していた。しかしながら、検察官の主張が強固であるため、ボッシュの主張が陪審に影響を与える可能性は小さかった。

　ボッシュの第１の仕事は、反対尋問により何とかして検察側証拠の証明力を減殺するよう努めることであった。II節において、アレクサンドラ・ユングとポール・ハインツに対して行った尋問はある程度成功したが、この公判でも、同程度の成功を収めた。しかし、彼の最もやりがいのある仕事は、コイン箱の証拠としての価値について疑問を投げかけることであった。シュレーダー検察官がこの問題についての尋問を終えると、ボッシュは、この点にベストを尽くした。彼は、長年の弁護経験で身に付けた手腕を最大限に発揮して、シュミット刑事の反対尋問を行った。

　弁護人：「こんにちは、シュミット刑事。検察側証拠物件３号が発見されたゴミ入れは、アパートのなかにあったのですか。」
　シュミット：「いいえ、アパートの外にありました。」
　弁護人：「ゴミ入れは、発見の難しい場所に隠されていたのですか。」
　シュミット：「いいえ。アパートの裏庭にありました。ほかのゴミ入れと一緒に。」
　弁護人：「ゴミ入れには鍵がかかっていましたか。」
　シュミット：「いいえ。」
　弁護人：「コイン箱をもっていた人物がゴミ入れのところにやってきて、ブラウンさんの部屋の番号を見つけ、そのゴミ入れにコイン箱を入れたといってもさしつかえないでしょうか。」
　シュミット：「はい。」
　弁護人：「あなたは、ブラウンさんがゴミ入れのなかにコイン箱を入れるのを自分でみましたか。」
　シュミット：「いいえ。」
　弁護人：「あなたは、コイン箱の指紋を調べてもらいましたか。」
　シュミット：「はい。」
　弁護人：「捜索時、ブラウンさんは１人でアパートに住んでいましたか。」
　シュミット：「いいえ。ユングさんがその当時彼女と一緒に住んでいました。」
　弁護人：「ゴミ入れのなかからユングさんのものを何か見つけましたか。」
　シュミット：「我々はコインだけを捜していたので、ゴミ入れにあるほかのものには注意を払いませんでした。」
　弁護人：「３月21日早朝の捜索から、ゴミ入れにあったものは、すべてユングさんのものでなかったということができますか。」
　シュミット：「いいえ、いえません。」
　弁護人：「３月21日早朝の捜索から、ユングさんは、コイン箱をゴミ入れに入れなかったということができますか。」
　シュミット：「彼女の逮捕のタイミングからしますと、それはまず不可能であるように思われます。」
　弁護人：「私の質問に答えているとは思えません。あなたの答は、推測に基づいていませんか。私は単純な、事実の問題を尋ねているのです。私の質問は、３月21日早朝の捜索から、ユングさんがコイン箱をゴミ入れに入れなかったとはっきりということができるかどうかです。」
　シュミット：「いいえ。その可能性を排除することはできません。」
　弁護人：「あなた方の行った捜索ないし捜査によって、いつコイン箱がゴミ入れに入れられたのかを示すものが、何か見つかりましたか。」
　シュミット：「いいえ。」
　弁護人：「３月20日以前にコイン箱がゴミ入れに入れられたということはあり得ますか。」
　シュミット：「あり得るでしょう。」

　ボッシュ弁護人がシュミット刑事への尋問を終了すると、シュレーダー検察官は、警察で指紋の分析を担当しているクリスタ・クルツを呼んだ。クルツは、キッチンのティーポットのなかにあったコカイン入りのビニール袋から指紋の一部が検出された旨、証言した。クルツは、検察官の尋問に答えて、これらの指紋は、ブラウンから逮捕時に採取された指紋と一致していると述べた。ほかの者の指紋は１つも発見されていなかった。それから検察官は、ビニール袋に付いていた指紋とブラウンから採取した指紋を証拠として提出し、クルツに対し、指紋が一致しているとどのようにして判断したのかについて、説明を求めた。クルツが説明を終えると、シュレーダー検察官は、「質問は以上です」といった。

　弁護人：「こんにちは、クルツさん。ビニール袋から指紋の一部を発見したといわれましたが、それはどう

いう意味なのか、我々に説明していただけませんか。」

クルツ：「はい。10指すべてについて指紋を発見した場合、完全な指紋といいます。一部の指についてのみ指紋を発見した時には、一部の指紋といいます。」

弁護人：「ビニール袋から何本の指の指紋を発見しましたか。」

クルツ：「3本です。」

弁護人：「ビニール袋などから発見された指紋が、ある特定の人物の指紋と一致するかどうかを判断する時、完全な一致を認めるには、10指すべてについて指紋が必要であるというのは本当ですか。」

クルツ：「はい。」

弁護人：「それでは、本件で認定された一致は、完全な一致からはほど遠いといえる。それで正しいですか。」

クルツ：「はい。」

弁護人：「ビニール袋と同じ場所で発見されたコイン箱も調べましたか。」

クルツ：「はい。」

弁護人：「これは、検察側証拠物件2号です。これが、指紋を調べたコイン箱ですか。」

クルツ：「はい。」

弁護人：「コイン箱からブラウンさんの指紋を発見しましたか。」

クルツ：「いいえ。ライヒさんの指紋はコイン箱に付いていましたが、ほかの指紋は発見されませんでした。」

弁護人：「質問は以上です。」

検察官：「あなたは、ビニール袋から発見した指紋は被告人のものと完全には一致しないと証言しました。それで正しいですか。」

クルツ：「はい。」

検察官：「それでは、なぜビニール袋から被告人の指紋を発見したといったのですか。」

クルツ：「一致があるというには、10指すべてが必要だというわけではありません。それどころか、1指でも指紋があれば、それが対照指紋と一致すると、一致があるということができます。」

それからシュレーダー検察官は、クルツに対し、どのようにしてコイン箱の指紋が、マイケル・ブラウンの指紋と対照できるのかについて、より詳細な尋問を行った。検察官は、「ビニール袋から発見された指紋が被告人のものであったと確信していますか」と訊いて、尋問を締めくくった。

クルツ：「確信しています。」

検察官：「質問は以上です。」

ボッシュ弁護人は、さらに尋問することができたが、そうしないことにした。コカインという証拠は重要であったが、ボッシュは、依頼人には薬物の使用歴があるので、この争点に関するそれ以上の反対尋問が有益であるとは考えなかった。ボッシュは、一致が完全なものではないことを示して、検察側の論拠を弱めた。後は、最終弁論において、この点を十分に攻撃することである、とボッシュは考えた。

ボッシュ弁護人は、はるかに重要なコイン箱という証拠についてシュミット刑事およびクルツ技官に対して行った尋問の効果に関しても、冷静にみていた。彼はできるだけのことをやったし、いくつかの重要な指摘もした。しかし、ボッシュには、コイン箱が被告人にとってきわめて不利な証拠であり、それについてほとんど何もできないことが分かっていたのである。

検察側立証の終了後、ボッシュ弁護人は、無罪判決の申立を行った。事件を陪審の評議に委ねるに十分な証拠を検察側は提出していない、と主張したわけである。しかしながら、シュヴァルツ裁判官は、この申立を却下した。Ⅱ節では、裁判官は、弁護側の立証が終了するまで決定を保留していた。しかし、この公判では、裁判官は、被告人に不利な証拠は非常に強固であって、決定を後回しにする理由はないと考えたのである。ボッシュは、上訴に備えて、決定に対する自分の異議を裁判所の記録に残すよう求めた。

ボッシュ弁護人は、被告人のためにどのような証拠を提出するか、決断しなければならなかった。Ⅱ節と同様に、ボッシュは、もしブラウンが証言すれば、事態はむしろ悪くなるであろうと結論づけた。ブラウンは、弁護人の勧告を受け入れて証言しないことにした。そして、Ⅱ節におけるように、ボッシュは、ライヒを証人として尋問し、家の前に街灯がないという証言を引き出した。

シュレーダー検察官は、Ⅱ節と同様に、最終弁論を始めた。「陪審員の皆さん。公判中の皆さんの関心と忍耐に感謝します。長い複雑な公判の間中座っているのは、容易なことではありませんが、皆さんは立派な仕事をされました。ありがとうございました」。

「私が冒頭陳述で申し上げたことを思い出していただくことから始めたいと思います。あの時、私は、本件は不法目的侵入と強盗の単純な事件であるといいました。被告人マイケル・ブラウンは、意図的に、ライヒさんの家にコイン・コレクションを盗むために押し入りましたが、ライヒさんが意外にも帰宅すると、コイン・コレクションを奪い、家から逃げるため、ライヒさんに暴行を加えました」。

検察官はいった。「被告人でさえ本件の最も基本的な事実関係については争っていません。被告人は、何者かがライヒさんの家に押し入り、彼をひどく殴打し、コイン・コレクションを奪ったことを認めています。ライヒさん、アレクサンドラ・ユングさん、ハウザー警察官、ブリジッテ・ブッシュさんなど、少なくとも6名の証人が別々に、この出来事の様々な部分について証言しています。彼らの証言は矛盾していないだけでなく、弁護側は、こうした出来事が発生しなかったことをうかがわせる証拠を何も提出していません」。
「本件における証拠は圧倒的です」。

検察官は、II節と同様、各犯罪の要素について論じた後、検察側証人の証言は、相互に裏づけられ、補強されていることを示そうとした。検察官は、II節では存在しなかった重要な証拠が存在することを強調した。それは、マイケル・ブラウンのゴミ入れのなかから発見されたコイン箱と買い物袋、ライヒの家から出てきた人物が買い物袋を手にしていたとのポール・ハインツの証言、および、アパートで発見されたコカイン入りのビニール袋からブラウンの指紋が発見されたという事実であった。

「マンさんは次のように証言しました。すなわち、3月17日木曜日、被告人はマン自動車整備工場でライヒさんの車の整備をしたが、その際、ライヒさんとマンさんがコイン・コレクションと翌日から保養に出かけるというライヒさんの計画について話をしていた場所の近くにいた、と。アレクサンドラ・ユングさんは、3月20日土曜日の夕方、被告人をガーデン通りまで車で送り届けた、被告人がビニール袋をもってライヒさんの家に歩いていくのをみた、と証言しました。また、彼女は、その間もなく車がライヒさんの家の敷地に入っていった、車から男性が降りて、玄関の方へ向かうのをみた、と証言しました。ユングさんが被告人をガーデン通りまで車で送っていく前にも、被告人はユングさんに、何か高価なものを盗むつもりであることを話していました。ユングさんは、それが何かは知りませんでしたが、貴重なものであることは分かっていました。ユングさんは、被告人をその場所に連れていくことを嫌がっていたわけですが、そうするよう強要されました」。

「ライヒさんは、自宅に戻り玄関ドアからなかへ入った後、身長6フィートほどの白人男性に殴打された、と証言しました。被告人は、身長5フィート11インチの白人男性です。ポール・ハインツさんは、ライヒさんが家に入って少ししてから、午後10時頃にライヒさんの家から出てきた男性が、被告人であると識別しました。ライヒさんの家から出てきた男性は何か重いものが入った買い物袋を手にしていたと、ハインツさんは述べています。翌朝午前3時、被告人は逮捕されました。彼はどこで逮捕されたのでしょうか。それは、彼のアパートであるリンデン通り2454番地34号でした。そこは、まさにシュミット刑事が数時間後にゴミ入れからコイン箱が入ったビニール製の買い物袋を見つけた場所でした。興味深い一致ではないでしょうか。買い物袋とコイン箱は、被告人が逮捕された数時間後に、逮捕が行われたのとまさに同じ場所で見つかったのです」。

「弁護側は、ゴミ入れに買い物袋とコイン箱を入れたのは被告人ではなかったと主張しています。しかしながら、ほかに容疑者はいません。ライヒさんが──殴打される前に──家の敷地に自動車を入れた時、ユングさんはその場所から立ち去ったのであり、ライヒさんへの暴行の直後からコイン箱が発見された後まで警察に身柄を拘束されていたのです。ユングさんのかつてのボーイフレンドであるウォルター・ヴィンターさんは、足にギプスをはめており、同様に容疑者とはなり得ませんでした」。

シュレーダー検察官は、II節とほとんど同様に自分の主張を結んだ。

「そうです、陪審員の皆さん。被告人マイケル・ブラウンがライヒさんを殴打した人物でなかったというのは、無理でしょう。不法目的侵入と強盗について有罪の評決をするよう求めます。それが本件で皆さんが下し得る唯一の評決です」。

「コカインの所持についても、有罪の評決を求めます。弁護側は、コカインが被告人のアパートにあった

ティーポットのなかから発見された事実を争ってはいません。しかしながら、被告人は、コカインは自分のものではない、それはアレクサンドラ・ユングさんのものに違いない、と主張しています。しかし、ユングさんが薬物を使用していたことを示す証拠は全く存在しません。過去に薬物を使用したことはない、アパートにコカインがあることさえ知らなかった、とユングさんは証言しました。彼女の証言から、コカインが発見されたティーポットはキッチンの一番上の棚にあったことも分かります。ユングさんは身長が5フィート1インチに過ぎず、踏み台やはしごを使わなければ一番上の棚に手が届かないでしょう。より重要なのは、被告人がかつて薬物を使用していたことを、弁護側も認めている点です。しかし、真に決定的なのは、被告人の主張にはるかにダメージを与えるものであり、弁護側が全く答えることのできないものです。それは、被告人の指紋がコカインの入っていたビニール袋に付着していたことです」。

「これら3つの起訴事実のすべてについて、被告人は基本的に煙幕を張っています。自分に不利な圧倒的な証拠があるにもかかわらず、とんでもないことをやったのは自分以外の何者かであったと主張しています。その人物とは、ウォルター・ヴィンターさん、アレクサンドラ・ユングさん、あるいは、ほかの誰か、でした。彼がうまくやってのけるのを許してはなりません。被告人と、自分の薬物使用癖を満たすため奪ったり、盗みをしたり、家に押し入ったりする被告人のような連中に、最終的には責任を負わなければならないことを教えなければなりません。処罰されないですむ唯一の方法は、法を遵守することであると、教えなければならないのです」。

「以上です。どうもありがとうございました」。

　ボッシュ弁護人は、II節で行ったように最終弁論を始めた。ボッシュは、検察側の主張は誤った犯人の特定に基づいていること、ポール・ハインツは月について勘違いしていたように、マイケル・ブラウンの識別についても勘違いし、間違っていることを示そうとした。ボッシュはまた、アレクサンドラ・ユングには真実を述べないわけがあると主張した。彼は、「この悩みを抱えた若い女性の頭にあることを語るのは困難である」といった。

「彼女はボーイフレンドと別れてすぐに、ディスコで出会ったかなり年上の男性と一緒に暮らし始めました。その後ほんの数か月して、彼女は、新しい恋人を見つけ、男性と一緒に暮らしていたアパートから出ていこうと決心しました。さらに、彼女が正直に真実を述べていないことは明らかです。ユングさんは、1年近くの間、以前のボーイフレンドとは接触がなかったといいましたが、追及されると、その男性と話をする機会が数回あったことを認めざるを得なかったのです。その男性は、彼女と数回会ったことがあると証言しました。さらに問題なのは、彼女が一緒に暮らしている男性に、出ていく計画について何も話していなかったことです」。

「ユングさんが新しいボーイフレンドと出会って、出ていく計画をしているまさにその時に起こったこれらの出来事には、非常に怪しいところがあります。我々が知っている以上のことがこの若い女性に関して起こっているのであり、皆さんに、彼女のことと彼女の証言を詳細に検討されるよう強く求めます」。

「そうだとしても、コイン箱と買い物袋についてはどうなのか、と皆さんは思うかもしれません。それによって、被告人が犯人であることは明白ではないか、彼女は、結局のところ、殴打の直後に逮捕され、コイン箱と買い物袋を事件の夜にゴミ入れのなかに入れることはできなかったはずだ、と」。

「それは確かに強力な主張です。しかし、コイン箱は日曜日の夜より前にゴミ入れに入れられたと仮定してみましょう。被告人は、木曜日にコインに関する会話を聞き、ライヒさんの家に押し入ることを考えたが、結局、そうしないことにした。被告人がこのことをすべて話したところ、ユングさんは、自分にとって絶好の機会であると考えた。コインと新しいボーイフレンドを手に入れ、被告人と別れることができる、と。殴打事件の一日前である土曜日の夜に、ユングさんとその新しいボーイフレンドがライヒさんの家に行き、コイン箱とコインを盗み、コイン箱と買い物袋をゴミ入れのなかに入れた」。

「あり得るけれども、その可能性は非常に小さい、と思うかもしれません。しかし、このシナリオについて説得的でないと結論づける前に、いくつかほかのことを考えてみてください。ブラウンさんがゴミ入れに箱と買い物袋を入れたと認定するためには、どのようにして彼がそれをやったのかを説明する必要がありま

す。事件発生は、午後10時に警察に通報されました。ツィンマー警察官とブランク警察官は、午後10時45分頃、ブラウンさんとユングさんが共同で住んでいるアパートに到着しました。彼らはそこに留まって、ブラウンさんの帰りを待ちました。しかしながら、ブラウンさんは、午前3時頃まで姿をみせませんでした。ブラウンさんがゴミ入れに箱と買い物袋を入れたとするならば、彼は、ライヒさんの家を歩いて立ち去り、急いで家に帰り、ゴミ入れにコイン箱と買い物袋を入れ、それからその場を立ち去った、ということになります」。

「ブラウンさんがそんなことをするでしょうか。事件の経過が検察側の主張するようなものだとしたら、ブラウンさんは、アレクサンドラ・ユングさんが現場から逃走したという事実に気づいていたでしょうし、ライヒさんが暴行を受けたことを知っていたでしょう。また、ライヒさんの隣人が彼を路上でみていたことを知っていたでしょうし、ユングさんがアパートにいないことに気づいていたでしょう。これらすべてのことを知っている人物が、コイン箱と買い物袋のような負罪的な物件をゴミ入れに入れたりするでしょうか。もし皆さんが本件の犯人であれば、コイン箱と買い物袋をゴミ入れに入れたでしょうか。とくに、数分後にアパートから立ち去りどこかに行こうと計画している場合、皆さんは、きわめて負罪的であるコイン箱と買い物袋を、自分のゴミ入れのなかに入れるでしょうか」。

「もちろん、皆さんならそんなことはしないでしょうし、ブラウンさんもしなかったのです。ブラウンさんが日曜日の夜にコイン箱と買い物袋をゴミ入れに入れなかったのは、彼がコイン箱と買い物袋をもっていなかったからです。警察の捜査はあまりにもずさんで、本件で本当は何が起こったのかを我々に示すことができませんでした。警察はブラウンさんを逮捕し、彼が犯人であると決め付けただけです。警察は、コイン箱と買い物袋がどのようにしてゴミ入れのなかに入ったのかを突きとめようとしませんでした。警察は、隣人に質問して、誰かが早朝にゴミ入れにものを入れているのをみたり聞いたりしたかどうかを確認しようとしなかったし、真犯人を明らかにするための捜査活動も行わなかったのです。しかしながら、こうした状況から論理的に明らかなのは、ブラウンさんは決して事件のあったとされる日曜日の夜にコイン箱と買い物袋をもっていなかったという事実です」。

「これらはすべて、解答が難しい問題です。たった1つでも本当であると考えられるならば、ブラウンさんがライヒさんに対する犯罪と関係があったかどうかについて合理的な疑いがあるというには、十分です。これまで述べてきたことよりもさらに重要な問題は、警察はコイン箱からブラウンさんの指紋を発見しなかったという事実です。私は皆さんに本件の状況について考えるよう強く求めます。本件で明らかにされた様々な出来事の混沌とした性質とこれらの出来事が早いペースで起こっていることを考慮すると、ブラウンさんは、指紋を残すことなく、コイン箱を奪って、コインを取り出し、コイン箱をゴミ入れのなかに入れることができた、と考えることが合理的でしょうか。そのように考えることが、そもそも可能でしょうか。それはほとんどあり得ないことだ、と私は考えます。そして、この点について合理的な疑いがある場合には、無罪の評決をすることが求められる旨、シュヴァルツ裁判官が説示することを、念を押しておきます」。

ボッシュ弁護人はまた、ビニール袋に付着していた指紋にはうさんくさいところがあると主張した。ボッシュは、自分の腕を高く挙げながらいった。「彼が注意深く、それをほかの誰も触れられないように戸棚に置いたのであれば、指紋があちこちに付いたはずです。しかしながら、指紋分析官は、3本の指の指紋しか検出されなかったといいました」。「それはどういうことでしょうか」と、ボッシュはいった。「おそらく、ユングさんはブラウンさんに、彼が知らないうちに、袋に指紋を付けさせたのでしょう。そうするのはとても簡単なことだったでしょう」。「例えば、コカインを入れる前に袋に触らせるとか、いくらでも方法は考えられます」と、ボッシュは主張した。

「もう一度考えてみてください」といって、ボッシュ弁護人はその主張を結んだ。「検察側の主張は究極的にはユングさんの証言に依存しています。皆さんが彼女の証言を額面どおり受けとるとしても、彼女は無関係の者などではなかったのです。彼女は、事情を十分知りながら、不法目的侵入を犯そうという者を高齢の男性の家まで車で送り届けたのです。しかしながら、彼女の信用性についてもう一度考えてみてください。彼女は、前のボーイフレンドとの接触について嘘をつきました。彼女は、マイケル・ブラウンさんと一緒に住んでいる時、嘘をついていました。そして、彼女が証言したとおり、もしブラウンさんと別れることを密かに計画していたのであれば、彼を車で送り届けると

いうリスクを冒すことを彼女はなぜ受け入れたのか、考えてみてください。そして、最も重要なことですが、嘘をつけば彼女自身は無事に逃げられるかもしれないのだということを考えてみてください」。

「陪審員室に行って、皆さんが検討すべき問題は、アレクサンドラ・ユングさんの証言に依存している検察側の主張がどの程度強固であるか、彼女の正直さを確信しているので本件において合理的な疑いはないということができるか、です。以上です。すべての起訴事実について無罪の評決をお願いします。ありがとうございました」。

次は検察側の反論である。シュレーダー検察官は、立ち上がって、陪審の方を向いた。「法律家の間で口にされる古い諺として、次のようなものがあります。もし法が不利なものであれば、事実を争え、もし事実が不利なものであれば、法を争え、もし法と事実の双方が不利なものであれば、陪審を混乱させよ。弁護人はそれを本件でやろうとしているのです」と、検察官はいった。

「私が席に着くと、シュヴァルツ裁判官は皆さんに、検察側が立証しなければならない要素について説示するでしょう。陪審員室で検討してみると、これらの要素すべてについて、検察側は明確に立証したことが判明するでしょう。第1級不法目的侵入の9個の要素、第1級強盗の9個の要素、コカイン所持の4個の要素、そして、不法目的侵入と強盗についての加重事由です。先ほど黒板を使って示したとおり、検察側はこれらのすべてを立証しました」。

検察官はいった。「本件に適用される法律について疑いはありません。事実についても疑いはありません」。「被告人でさえ本件の最も基本的な事実関係については争っていません。被告人は、何者かがライヒさんの家に押し入り、彼を殴打し、コイン・コレクションを奪ったことを認めています。ライヒさん、アレクサンドラ・ユングさん、ハウザー警察官、ブリジッテ・ブッシュさんなど、少なくとも6名の証人が別々に、この出来事の様々な部分について証言しています。彼らの証言は矛盾していないだけでなく、弁護側は、こうした出来事がなかったことをうかがわせる証拠を何も提出していません」。「本件における証拠は圧倒的です」。

「被告人の主張は、ライヒさんが暴行を受けたことはなかったというものではなく、自分はそれをやった人物ではなかったというものです。しかし、アレクサンドラ・ユングさんとポール・ハインツさんは、被告人こそが3月20日日曜日の夜にライヒさんの家にいた人物であると証言しています。2人の証言の重要部分は、マンさんの証言、ブリジッテ・ブッシュさんの証言、ロバート・ライヒさんの証言によって補強されています。しかし、決め手は、被告人の逮捕から間もなく、ライヒさんのコイン箱が被告人のゴミ入れから発見されたという事実です」。

「被告人は、有罪であることは明白であるにもかかわらず、犯人はアレクサンドラ・ユングさんの前のボーイフレンドであるウォルター・ヴィンターさんであったに違いない、と主張しました。しかし、ヴィンターさんが足を骨折していたことが判明すると、弁護側の主張は崩れてしまいました。そこで、被告人は、ユングさんと新しいボーイフレンドが被告人を陥れようとしたのだという、苦し紛れの示唆をするようになりました。それは本当に自暴自棄から生まれた話です。証拠は全くありません。そして、この自由奔放な憶測を否定する証拠は圧倒的です」。

「陪審員の皆さん、まず第1に、皆さんは全員、証人席のアレクサンドラ・ユングさんをみました。彼女は、弁護人が示唆することをやるような人物にみえましたか。それとも、そうしたくないのに、圧力をかけられて、被告人を車で連れていってしまった、若いナイーヴな女性か。ユングさんは、弁護側が示唆しているようなことができる人間ではない、と私は主張します。それは、皆さんがすでにご自分でご覧になったとおり、彼女の性格からしてあり得ないことです。単に彼女の性格からしてあり得ないだけでなく、本件におけるほかのすべての証拠に反することです」。

「ライヒさんの自動車を修理し、コイン・コレクションと保養に出かけることに関する会話を耳にする距離にいたのは被告人であって、アレクサンドラ・ユングさんではありませんでした。そして、ライヒさんのコイン箱が発見された時刻と場所に近接して逮捕されたのは、被告人であってユングさんではありませんでした。さらに、この馬鹿げた共謀説が成り立つためには、少なくとも、3月20日日曜日の夜にライヒさんの家から出てきた人物が被告人であることを証言したポール・ハインツさんが関与していることが、必要となる

でしょう。彼の証言がなければ、何らかの共謀が存在したと主張することは非常に困難でしょうし、おそらく不可能でさえあるでしょう。しかしながら、弁護側は、ユングさんとハインツさんが知り合いであったことを示してさえいませんし、ましてや、彼らが被告人を陥れるよう共謀したことを示してはいないのです。共謀にはまた、ライヒさんのコインと保養に出かけることについて知っていた人物が必要だったでしょう」。

「弁護側に煙幕を張らせないでください。本件は、本当は単純な事件なのです。弁護側の空想的な主張ではなく、この法廷で皆さんが接した証拠に目を向けてください。被告人マイケル・ブラウンのような略奪者を街から隔離しておく評決をしてください。第1級不法目的侵入で有罪、第1級強盗で有罪、コカインの所持で有罪、そして、すべての加重事由が認められる、と評決してください。以上です」。

シュレーダー検察官の反論の後、シュヴァルツ裁判官は、誰とも話をしないよう指示したうえで、陪審に昼食の休憩を与えた。陪審が午後1時30分に戻ってくると、シュヴァルツ裁判官は、本件で適用されるべき法律について説示した。彼の説示事項は、II節におけるそれとほとんど同一であった。

2．陪審の判断——マイケル・ブラウン

陪審員たちが陪審員室に入ったのは、II節と同様に、午後3時15分頃であった。廷吏が陪審員室を出た後、陪審は、やはり元教師であるペティ・アーウィンを陪審員長に選んだ。それから陪審は事件について議論し始めた。全体についての短い議論の後、アーウィンは、略式起訴状の1番目の訴因である不法目的侵入についてまず話し合うことを提案し、全員がこれに同意した。

陪審員番号7番がいった。「弁護人は立派にやりましたが、被告人が不法目的侵入で有罪であることは明らかです。議論するのは時間の無駄だと思います。調査投票をしてしまってはどうでしょうか」。誰もこの点について意見を述べなかったので、陪審員長のアーウィンが皆に、投票をするかどうか尋ねた。皆は同意し、秘密投票ではなく挙手することを選択した。アーウィンが、不法目的侵入の罪で有罪であるという意見の者の挙手を求めると、12名全員が手を挙げた。

不法目的侵入についての評決用紙をみながら、アーウィンはいった。「次に移る前に、第1級不法目的侵入か第2級不法目的侵入かを判断しなければなりません。この点について意見はありませんか」。陪審員番号11番がいった。「被告人はとんでもない人間だと思いますが、第2級ではないでしょうか。彼が押し入った時、家には誰もいなかったのですから」。陪審員番号9番が、「それは問題ではないと思います。ライヒさんはその家に住んでいて、被告人がまだそこにいた時に帰ってきたわけですから」といった。若干議論した後で、陪審員長は決をとった。12名全員が第1級不法目的侵入に投票した。

加重事由については後回しとし、次に強盗について議論することになった。陪審員番号7番は、強盗についても調査投票をしてはどうかといった。皆は直ちに同意した。そして、12名全員が有罪に投票した。等級についても、第1級ということで全員の意見が一致した。

次は、コカインの所持である。やはり陪審員番号7番が調査投票を提案し、全員が有罪に投票した。それから、加重事由の話に移った。これについては、一定の議論がなされた。陪審員番号7番が調査投票を提案すると、陪審員番号2番は、しばらく議論をしたいといった。「被告人が不法目的侵入と強盗で有罪であり、これら2つの犯罪は第1級であったと認定することに問題はないでしょう。しかし、それだけで十分であるように思います。私は、加重事由なしに投票しようと考えています」。

ほかの陪審員たちも、加重事由についてよく分からないと述べた。しかしながら、陪審員番号11番は、我々の仕事はいわれたことをするだけだと考えている、といった。「我々がやるべきことは、法律を作ることではなく、それを適用することです」。彼は、自分は加重事由ありに投票するつもりである、といった。「本件の証拠をみると、加重事由が認められることは明らかだと思います」。およそ30分後、投票することになり、12名全員が加重事由ありに投票した。

午後4時50分までに、すべての投票が終わった。アーウィンがいった。「5分間の休憩をとることを提案します。法廷に戻る前に、数分間、評決用紙に目を通したいと思います」。再び集合すると、アーウィンは、皆が到達した結論に満足であるかどうか尋ねた。陪審員全員が、満足であるといった。アーウィンは、陪審員室の外で待っていた廷吏に、評決に達したこと

を告げた。廷吏は、陪審員たちにしばらく待つようにいい、裁判官に連絡した。シュヴァルツ裁判官は、法廷に入っていった。全員がそれぞれの席に着いた後、裁判官は廷吏に陪審を法廷に入れるよう指示した。

廷吏はすぐに陪審員たちを連れて戻ってきた。彼らは、陪審員席まで歩いていき、着席した。

シュヴァルツ裁判官は、「12名の陪審員は、全員、陪審員席にいることを記録してください」といった。それから彼は、陪審が評決に達したかどうか尋ねた。

アーウィンは、「はい、裁判官」といった。裁判官は、アーウィンに評決用紙を裁判所書記官に手渡すよう指示した。裁判所書記官は、被告人マイケル・ブラウンは起訴事実について有罪である旨の評決を読み上げた。第1級不法目的侵入、第1級強盗、コカインの所持について有罪、加重事由の存在もすべて認められた。評決用紙は、Ⅱ節におけるそれと同様なので、ここでは省略する。

裁判官：「陪審員の皆さん。これは皆さんの評決ですか。」
陪審員全員：「はい、そうです。」

シュヴァルツ裁判官からの質問に答えて、弁護人と検察官は、陪審に票を投じさせる必要はないといった。シュヴァルツ裁判官は、裁判所書記官に評決を記録するようにと指示し、陪審員たちに感謝の言葉を述べた。そして、保護観察局に判決前報告書の作成を求めることにした。刑の言渡し期日は9月2日金曜日ということになった。陪審は、Ⅱ節において評議にほぼ2日かかったのと対照的に、評決に達するのに2時間も必要としなかった。

3．量刑――マイケル・ブラウン

Ⅰ節およびⅡ節で報告書を作成したロウィーナ・ウォーターズは、判決前調査についての責任者であった。彼女の報告書は、前の報告書と類似しているので、ここでは一部分のみを挙げておく。

……

Ⅶ．保護観察官の結論

被告人は、訴因1（第1級住居不法目的侵入）で陪審公判により有罪と認定された。2005年3月20日の犯行についていえば、被告人は、20000ドル相当の被害者の所有するコイン・コレクションを盗むため、被害者宅にその裏窓から夜間に侵入した。また、被告人は、訴因2（第1級住居強盗）で陪審公判により有罪と認定された。強盗は、被害者が突然帰宅した時、不法目的侵入先の被害者宅で発生した。被害者が玄関ドアから家に入ると、被告人は、被害者から歩行用の杖を奪って殴打し、床に転倒させた。それから、被告人は、コイン・コレクションをもって逃走した。また、被告人は、訴因3（コカイン所持）で陪審公判により有罪と認定された。コカインは、コインを目的物とする捜索令状の執行中に被告人のアパートで発見された。

被告人が過去に受けた唯一の有罪宣告は飲酒運転についてのものであり、2004年に成人として有罪答弁をし、下限の刑の言渡しを受けた。被告人は不法目的侵入で1999年に成人として逮捕された。サクラメント郡の少年裁判所における万引きについての手続は、打ち切られた。

被告人は、刑事法典462条、同1203条(e)(2)および(3)により、保護観察に付される資格を有しない。規則4.413条に掲げられた基準に鑑みると、本件は、正義の利益からすると保護観察が最も望ましいという特殊な場合には当たらない。

訴因1および2は、実質上、相互に独立していないので、刑事法典654条により、刑の言渡しはこれらの訴因の1つについて猶予されなければならない。訴因1について刑の言渡しを猶予すること、および、訴因2について上限の刑期である6年の州刑務所における拘禁刑とすることを勧告する。

訴因3（保健衛生法11350違反）に関しては、中程度の刑期の3分の1の刑期である8月を、訴因2についての刑の執行後に執行することを勧告する。加重事情が軽減事情を凌駕するためである。

> したがって、勧告する刑は、合計すると、13年8月の州刑務所における拘禁刑である。
>
> ……

9月2日金曜日の量刑に関する審理において、シュヴァルツ裁判官は、Ⅱ節と同様に、ボッシュ弁護人による新公判の申立てを却下した。裁判官は、弁護人に量刑について弁論を行うかと尋ねた。

ボッシュ弁護人は、強盗について保護観察官の勧告した上限の刑期ではなく下限の刑期である3年を科すべきであること、加重事由について刑を科すべきではないこと、および、コカインの所持についての刑は同時執行とすべきことを主張した。

「本件には重要な加重事情が存在します」と、彼はいった。「しかし、軽減事情によって凌駕されます。第1の軽減事情は、ライヒさんを害する意図が欠如していることです。検察側の証拠は、この不法目的侵入はライヒさんが遠くに出かけているはずだった時に起こったことを示しています。強盗をしたり、ライヒさんに傷害を加えたりすることは、被告人が全く考えていなかったことです。被告人はライヒさんの帰宅に驚き、家から出ようとしてパニックとなりました。犯罪のこの部分は、全く偶然によるもので、計画されたものではありませんでした」。

「第2の軽減事情は、前科らしい前科がないことです。保護観察官の報告書が示しているとおり、ブラウンさんには実質的には前科はありません。過去に薬物問題がありましたが、今回のことまで、彼は協調的でちゃんとした生活をしていたのです」。

「第3の軽減事情は、ブラウンさんの素晴らしい仕事の記録であります。保護観察官の報告書には、被告人が立派な労働者で、法を遵守する、生産的な市民となる潜在的能力をもっていることを示す、父親とかつての雇主の陳述書が含まれています」。

「これらの軽減事情を適切に考慮すると、軽減事情は加重事情を凌駕しており、強盗について、下限の刑期とすることが求められます。これらの軽減事情の重要性ゆえに、加重事由に基づいて刑を加算することも控えるべきです。また、加重事由は加重事情と大きく重なり合うので、上限の刑期としたうえで加重事由に基づいて刑を加算することは、カリフォルニア州最高裁判所の判例が禁止している事実の二重使用に当たると考えます」。

シュレーダー検察官は、弁護人の主張に強く反論した。シュレーダーはいった。「被告人は、無力で年老いた市民に対する残忍な罪を犯しました。それ以上に、被告人は、薬物使用歴があり、その欠点を補う性質をほとんどもち合わせていません。私は書かれているとおりに法律を適用するよう強く求めます。それが本件の被害者にとって唯一公正なものであり、社会にとっても唯一公正なものです」。

シュヴァルツ裁判官は、「ありがとうございました。これ以上の弁論がなければ、いまから判決を言い渡します」といった。被告人マイケル・ブラウンを直視して、裁判官はいった。

「被告人マイケル・ブラウンを、第1級強盗で6年、強盗遂行中の70歳以上の者に対する重大な傷害でさらに5年、強盗の遂行中の65歳以上の者に対する傷害で刑事法典667.9条に基づきさらに1年、強盗遂行中の致死的凶器としての杖の使用でさらに1年、州刑務所に収容します。これが当裁判所の判決と量刑です。また、被告人マイケル・ブラウンを、保健衛生法11.350条違反であるコカイン所持で2年、州刑務所に収容します」。

「有罪宣告を受けた不法目的侵入は、有罪宣告を受けた強盗と独立したものではなく、同一の行為から生じていると認定されるので、刑事法典654条により第1級不法目的侵入の刑と不法目的侵入と関連する加重事由についての刑を猶予しなければなりません」。

シュヴァルツ裁判官が強盗について科した刑は6年であり、それは3つの利用可能な刑期のうち「上限」で、最も厳しいものであった。ボッシュ弁護人は、ブラウンの父親とかつての雇主から寛大な処分を求める陳述書を得ており、自分も下限の刑期を主張したが、シュレーダー検察官は、上限の刑期を主張した。軽減事情または加重事情が認められない限り、裁判官は中

程度の刑期を選択しなければならない。シュヴァルツ裁判官は、刑を言い渡すにあたり、次のように述べた。「本件強盗については上限の刑期が言い渡されるべきであると判断された、と記録してください。本件は、若い女性を陥れ、暴力で事件を終わらせた、注意深く計画された犯罪でした。被告人は、被害者がひ弱な者であることを知っており、家の裏手から逃走しようと思えば、それができたはずです」。

陪審は、マイケル・ブラウンを第1級強盗で有罪とするとともに、3つの加重事由も認められるとしていた。すなわち、(1) 70歳以上の者に重大な傷害を加えたこと、(2)致死的凶器を使用したこと、および、(3) 65歳以上の者に傷害を加えたことである。重大な傷害を加えたことによる加重は5年であるが、ほかの2つによる加重はいずれも1年である。ボッシュ弁護人は、これらの加重事由による処罰を行わないよう強く求めたが、裁判官は、それを斥けた。これにより、合計7年の拘禁刑が付加された。コカインの所持についての刑を同時執行ではなく異時執行としたことによって、裁判官は、さらに8か月の刑期を加えた。コカインの所持では中程度の刑期である2年が言い渡されたが、それは、強盗についての刑との関係で、カリフォルニア州量刑法により3分の1の8か月に軽減されるのである。

刑は、全部で13年と8か月の州刑務所における拘禁刑であった。さらに、マイケル・ブラウンは、三振法にいう2ストライクをとられた。今後、重罪で有罪となると、それがどんなに軽微な犯罪であろうと、最低でも25年の拘禁刑、最高では終身刑を科されることになる。

シュヴァルツ裁判官は、刑を言い渡した後、Ⅱ節およびⅢ節と同様に、マイケル・ブラウンに対し上訴の権利について注意深く説明した。ブラウンがその説明を理解したというと、裁判官は「本件手続は終了しました」と宣言した。

第3章
ドイツ

ヨアヒム・ヘルマン

I．警察段階における手続

1．捜索・押収と取調べ

　ドイツ刑事訴訟法典では、犯罪捜査の権限が検察官に認められている。同法によれば、警察の機能は、検察官を補助することである。しかしながら、実際上、ドイツ刑事司法の運営は、このモデルに従っていない。検察官は、事件捜査の専門的技術を欠くことがしばしばであり、その職責を果たすためには数が十分でないため、警察が主要な捜査機関として機能している。検察官は、ごくわずかな事件で捜査に関与するに過ぎない。それは主に、重大犯罪に関わる事件、国家の安全に関わる事件、または、一定の種類の大規模なホワイト・カラー犯罪である。通常の事件では、検察官の機能は、警察の法的監督者として活動することに限定されている。検察官には正式の権限があり、必要な場合には、警察に、個々の事件について調べたり、証拠発見のために特別の方策を講じるよう指示したりすることができる。しかしながら、概して、警察は独自のやり方で自らの捜査に従事する。警察は、その捜査を終結してはじめて、収集したすべての証拠とともに、事件を検察官に送るのである。

　ドイツ国民は、警察が主たる捜査機関であることを知っているので、ブッシュは、隣人宅の異変に気づくと、中央警察署の緊急番号をダイヤルした。ブラウ警察官が電話に出て、ブッシュが述べることをメモした。のちに彼は、それを記録にまとめた。

記録番号：7221-0800-7/05　　　　　　　　　　　アウクスブルク、2005年3月20日

メモ

　ブリギッテ・ブッシュ、86356 アウクスブルク、ガルテン通り26番地、電話番号598-4560が、2005年3月20日日曜日午後10時頃、電話してきた。彼女は、ライヒ宅で強盗事件が発生した可能性があるといった。ライヒは、ガルテン通り31番地に住んでいる。ブッシュがみたことのない車が、彼女の家の前に駐車していた。運転手は車中に残り、若い男が外へ出てライヒの家に向かった。彼女は、ライヒが保養のため2週間不在であることを知っていた。ライヒが突然帰宅した時、彼女の家の前に駐車していた車は、即座に走り去った。数分後、その若い男がライヒの家から出てきて、通り沿いに歩いていった。ブッシュは、車は、ナンバー A-M4881 の濃い青色の旧式の小型車であると述べた。

（署名）ブラウ、巡査長

　ブラウ警察官は、ブッシュの電話を受けた後、直ちに、パトカー乗務のハウザー警察官に無線連絡して、ガルテン通りに行ってその家を調査し、住人であるライヒの身に何か起きていないか確かめるよう指示した。ブラウは、ハウザーに、ブッシュが述べたことを伝えた。

　3分後に、ハウザー警察官および彼とともにパトカーに乗っていたゲルバー警察官が、ライヒの家に到着した。彼らは、玄関が開いていることを発見した。ライヒは年配の男性で、近くの床に横たわっていた。彼は、意識が全くないわけではないものの、人事不省に陥っていた。彼は、何が起きたかについて話すことができなかった。頭から出血しており、近くの床にあった重い杖で殴打されたように思われた。ハウザーは、ライヒを病院に運ぶため救急車を呼んだ。

　ハウザー警察官は、さらに、アウクスブルク中央警

察署に無線連絡し、ライヒを発見した時の状況と、すでに救急車を呼んだことを伝えた。彼は、警察署に、「特別捜査班パトカー」を現場に送るよう要請した。24時間当番のこのパトカーには、犯罪現場を見分し、写真を撮り、指紋を採取するなど、犯罪の痕跡を突きとめる専門の捜査官が配置されている。

中央警察署は、特別捜査班パトカーにガルテン通り31番地に向かうよう指示した。彼らはまた、ブッシュが目撃した濃い青色の小型車はフォード・エスコートであると判断したので、市内を巡回するすべてのパトカーに、ナンバーA-M4881の濃い青色の旧式のフォード・エスコートに警戒するよう、無線で指示した。

特別捜査班パトカーのノイマン刑事とクルツ刑事は、ライヒを乗せた救急車が出発した直後の午後10時40分頃、ガルテン通り31番地に到着した。彼らは、ハウザー警察官およびゲルバー警察官とともに、家屋全体を捜索して、写真撮影、証拠の押収を行った。

ドイツ法では、捜索・押収は、裁判官の令状（命令）によらなければならない。しかしながら、令状入手に時間がかかり過ぎて捜索・押収が遂げられないという場合には、検察官または「検察捜査員」が、これらの処分を命じることができる。検察捜査員は、経験豊かな上級の警察官である。彼らは、警察の部局で働いており、特別に検事局に配属されているわけではない。パトカーないし「特別捜査班パトカー」は、経験豊かな警察官のなかでも検察捜査員に指名されている者が担当している。したがって、ライヒの家にいた警察官らは、捜索・押収をすることができたのである。

警察官らが、本件は、緊急性があり、それゆえ、裁判官の令状なしで手続を進めることができると考えたのは、正当であった。貴重品をもち去ろうとする者がまだ室内にいるかもしれないし、誰かが戻ってくるかもしれない。証拠が紛失するといったことが起こるかもしれない。ドイツの実務では、一般に、このような考慮によって緊急性を認めてよいとされている。

本件では、警察官らが、検察官に、その助言を求めて連絡することができたであろう。確かに、警察官が連絡できる当番勤務中の検察官は常にいる。しかしながら、警察官らはそうしなかった。なぜなら、ドイツ法のもとでは、捜索・押収を行うために検察官の承認は要求されていないからである。また、実務的観点からも、警察官らは、検察官の意見を聴くことが必要だとは考えなかった。つまり、警察官らは、捜索および場合によっては押収を直ちに行わなければならないことが明らかな事件であると確信していたのである。

ドイツ法においては、裁判官または検察官の立会いを得ないで警察が住居を捜索する時は、地方の公務員または市民2人の立会いが要求される。立会人を立てるのは、不適切な警察活動から当該建物に住んでいる者を保護するだけでなく、根拠のない疑いから警察を保護するためである。この要件を充足するために、ハウザー警察官は、ブッシュと彼女の夫——ハウザーはすでにライヒの家の前の通りで彼らに会っていた——に、捜索の間、一緒にいて、立会人になってほしいと頼んだ。

ブッシュ夫妻とともに、4人の警察官は、家中を歩き回り、犯罪の証拠を探してすべての部屋を注意深く捜索し、家が安全な状態にあることを確認した。ドイツの警察は、犯罪を捜査するだけでなく、被害者の財産を保護する義務も負っているのである。

警察官らは、午後11時30分頃に捜索を終えた。ブッシュ夫妻に対して協力を感謝する旨述べた後、ノイマン刑事とクルツ刑事は中央警察署に戻り、ノイマンがライヒの家で発見したものについての報告書を作成した。

記録番号：7221-0800-7/05　　　　　　　　　　　アウクスブルク、2005年3月20日

報告書

2005年3月20日午後10時30分頃、私は、クルツ刑事とともに、アウクスブルクのガルテン通り31番地に行くよう命じられた。そこでは、ロベルト・ライヒという名前の男性が、何者かによって殴り倒されていた。午後10時40分頃、現場に到着すると、ハウザー警察官とゲルバー警察官が出迎え、彼らが午後10時15分頃にその家にきたこと、ライヒという老人が、開いた玄関ドアに続くホールの床に横たわっていて頭から出血しているのを発見したことを告げた。ハウザー警察官の報告によれば、ライヒ

は、意識はあったが話すことはできず、したがって、彼を襲ったのが何者なのかを述べることはできなかった。ハウザー警察官が救急車を呼んだので、私がクルツ刑事とともに現場に到着する少し前に、ライヒは救急車で運ばれていった。

　私は、クルツ刑事、ハウザー警察官およびゲルバー警察官とともに、家のすべての部屋を捜索した。ブリギッテ・ブッシュと彼女の夫であるペーター・ブッシュ――ライヒの隣人であり、ガルテン通り26番地に住んでいる――が、捜索の間、立ち会った。

　玄関ホールで、ハウザー警察官は、ライヒがどこに横たわっていたかを説明した。私は、チョークでその場所に印を付けた。歩行用の杖が、すぐそばの床の上にあった。杖には、何か所かに血痕が付着していた。何者かが、それを使ってライヒを殴打したようであった。クルツ刑事は、チョークの印と床に転がった杖の写真を5枚撮影した。それから、クルツ刑事は、警察捜査研究所による指紋の照合に回すため、杖をビニール袋に入れた。

　玄関ドアをみると、鍵が錠に差さっていた。ライヒは、鍵をそこに残したまま、家に入って、何者かに襲われたようであった。私たちが立ち去る時、ゲルバー警察官が、家に施錠するためその鍵を使用した。彼は、病院でライヒに会った時にそれを渡すつもりだといった。

　書斎では、机の引出しが開いていて、ドライヴァーがそばの床に転がっていた。引出しと机には、引出しがドライヴァーでこじ開けられた痕跡が残っていた。鍵は半ば破壊されていた。机から何か失われていないかは、突きとめることができなかった。クルツ刑事は、引出しの開いた机と床に転がったドライヴァーの写真を7枚撮影した。クルツ刑事は、指紋を調べるため、ドライヴァーをビニール袋に入れた。机と引出しからは、指紋を発見することはできなかった。

　奥の部屋――キッチンの左側――は、窓が開いていた。窓が外側から押され、そのために、掛け金の一部が破壊されていた。窓が低い位置にあったので、庭に立ってそこに手をかけることは容易であったと思われる。窓枠に残ったほこりの跡が、何者かがその窓を通って入ったことを示していた。クルツ刑事は、その窓と壊れた部品の写真を5枚撮影したが、指紋を発見することはできなかった。土が非常に乾いていたので、窓付近の地面に足跡は残っていなかった。家の安全を確保するために、私は応急的に部品を固定して、窓を施錠した。

　犯罪行為のその他の痕跡を、ほかの部屋で発見することはできなかった。

　私たちは、午後11時30分頃に現場を立ち去った。クルツ刑事は、歩行用の杖とドライヴァーをもち帰った。それらは検査のために、現在、警察捜査研究所にある。

　写真を同封する。

（署名）ノイマン、巡査部長

ドイツ法で要求されているので、ノイマン刑事は、杖とドライヴァーの捜索・押収について、書式に従って記録した。

> **中央警察署**
> **刑事課**
> 86150　アウクスブルク　　　　　　　　　　　　アウクスブルク、2005 年 3 月 21 日
> 記録番号：7221-0800-7/05
>
> 捜索記録および押収物一覧
>
> 被疑者の人定事項：不詳
> 関係者の人定事項：ロベルト・ライヒ、アウクスブルク、ガルテン通り 31 番地
> 　　　　　　　　　捜索の間、立ち会わず
> 処分の目的：証拠の捜索および押収
> 法的な基礎：刑事訴訟法 94 条、102 条
> 処分を命じた者：ノイマン巡査部長、アウクスブルク中央警察署
> 処分を実施した者：ノイマン巡査部長、クルツ、ハウザー、ゲルバー各巡査
> 処分が実施された時刻：2005 年 3 月 20 日午後 10 時 30 分から午後 11 時 30 分まで
> 処分が実施された場所：アウクスブルク、ガルテン通り 31 番地
> 捜索の範囲：建物全体とその周りの庭
> 捜索立会人の人定事項：ブリギッテ・ブッシュおよびペーター・ブッシュ、アウクスブルク、ガルテン
> 　　　　　　　　　　　通り 26 番地
> 本記録の写しの交付先：なし
> 押収物の一覧：歩行用の杖 1 本、ドライヴァー 1 本
> 押収物の使途：証拠として用いられる
>
> **（署名）ノイマン、巡査部長**

　ハウザー警察官とゲルバー警察官は、家を後にしてから、ライヒの状況を知るため病院に向かった。彼らは、救急処置室で、ヴァイス医師に会った。ヴァイスは、彼らに、ライヒは腕を骨折しており、頭部表面の傷は何針か縫う必要があると説明した。また、ゆっくりとだが確実に、受けた衝撃から回復しつつある、と述べた。ヴァイスは、彼らに、いつになればライヒと話ができるようになるかを伝えるので、翌朝電話をかけるように、といった。ハウザーは、玄関ドアの鍵をヴァイスに手渡し、それをライヒに渡すか、彼の所持品と一緒に保管するよう依頼した。それから、警察官らは中央警察署に戻り、ハウザーは、彼らがライヒの家と病院でみたことについて報告書を作成した。彼の報告書はノイマン刑事のそれとほとんど同じであったので、ここでは省略する。

　中央警察署が濃い青色のフォード・エスコート（ナンバー A-M4881）の居場所を突きとめるようパトカーに無線で指示した直後に、ダニエル・シェーファー警察官とテレサ・ミラー警察官は、その描写に合致する車を発見した。彼らは、その車を午後 10 時 30 分に停止させた。同車は、アレクサンドラ・ユングが運転していた。彼女がもっていた書類によれば、車は彼女の名前で登録されていた。シェーファーは車を捜索し、ミラーはユングの身体を捜索したが、しかし、疑わしいものは何も発見されなかった。

　裁判官の令状なしで人の身体の捜索を行う場合、警察官は、通常、相手方の同意を求める。ユングが本件でしたように、また、大多数の事件でそうであるように、同意が得られれば、警察官は、捜索をすることができる。被疑者が同意しない場合には、警察官は、令状を取得しなければならない。しかし、緊急性があれば、すなわち、令状を請求していたのでは時間がかかり過ぎ、捜索を遂げることができなくなるのであれば、「検察捜査員」は、裁判官の令状なしで手続を進めることができる。

　ドイツ刑事訴訟法典は、女性に対する捜索について、女性警察官が行うべきであると明文で規定しているわけではない。しかしながら、同法は、人の羞恥心を害するおそれのある身体検査は、同性の者または医師によって行わなければならないと規定する。女性のプライヴァシーを保護するために、ドイツの実務で、この

規定は、身体検査と同様に捜索にも適用されると解釈されてきた。この実務に適合するように、ユングは、女性であるテレサ・ミラー警察官によって捜索される必要があった。

捜索を終えた後、シェーファー警察官は、中央警察署に連絡をした。中央警察署は、ユングを警察署に同行するよう命じた。その後、シェーファーは、ユングに、一緒に中央警察署に行かなければならないと告げた。ユングが同意したので、警察官らは、彼女の身柄を拘束しなくてもよかった。警察に同行するよう求めると、ドイツでは、多くの場合、対象者の同意が得られる。同意を得たならば、警察は、被疑者の身柄を拘束する法的権限の有無を検討する必要はないことになる。

シェーファー警察官はユングをパトカーの後部座席に乗せて、中央警察署まで車を走らせた。ミラー警察官は、ユングの隣に座り、彼女が自分たちから逃れようとしたり、攻撃を加えようとしたりしないよう、見張った。ユングには手錠はかけられなかった。これまでのところ、彼女は全面的に警察に協力しており、捜索によっても、危険を感じさせるものは何も発見されなかった。ユングに手錠をかけることは、不必要、不均衡であり、したがって、彼女の身体の自由に対する違法な制約となったであろう。

中央警察署で、シェーファー警察官は、ユングをシュミット刑事に引き渡した。彼は、ライヒがガルテン通り31番地の自宅で何者かに襲われ、殴り倒されたことを知っていた。シュミットは、ユングを自分で取調室に連れていった。そこには、テーブルといくつかの椅子があった。シュミットは、ユングに、座るように、といった。

取調べを始める前に、シュミット刑事は、ガルテン通り31番地で起こったことについて、ユングに簡単に伝えた。シュミットは、彼女を証人として扱うか被疑者として扱うかを決めるために、彼女と非公式に話をした。ドイツでは、ある者に警察が捜査の焦点を合わせると、直ちにその者は被疑者となる。被疑者に供述を求めることと比べると、証人に供述を求めることは、はるかに容易である。なぜなら、法的な形式に従う必要はないからである。これに対し、被疑者を取り調べる際には、取調官は、被疑者が疑われている犯罪行為、黙秘する権利、弁護人に依頼する権利について事前に告知しなければならない。取調べの1つの目的は、被疑者に嫌疑を晴らす機会を与えることにあるので、取調官は、被疑者に、自己に有利な証拠の取調べを求めることができる旨も伝えなければならない。加えて、取調官は、被疑者に、人的な諸事情に関するいくつかの質問も発しなければならない。被疑者が有罪を言い渡されることになれば、こうした情報は、裁判官が適切な処罰を行うことに資するであろう。

ユングの場合は、彼女を被疑者として扱うべきであるとシュミット刑事が断定するのに長くはかからなかった。シュミットは、彼女に、住居侵入窃盗またはその未遂、および、ライヒへの暴行に関与した嫌疑があると告知した。さらに、彼女に、黙秘権と弁護人選任権を告知し、取調べの手続に進んだ。取調べの間、シュミットはメモをとった。ユングが話を終えると、シュミットは、自分が聴いたことを調書にまとめた。シュミットは、タイプした調書を読み上げ、訂正などの機会を彼女に与えた。その後、ユングは調書を読み、署名した。

中央警察署刑事課
86150　アウクスブルク
記録番号：7221-0800-7/05

アウクスブルク、2005年3月20日

被疑者の取調べ

　私は、自分が嫌疑をかけられている犯罪行為について告知された。私は、法律上、嫌疑について答えるか、事件についていかなる発言もしないかを選択する権利が与えられ、また、自分が選任した弁護人と、取調べの前を含めていつでも相談する権利が与えられると告げられた。さらに、私は、自分の嫌疑を晴らすために特定の証拠について取り調べるよう要求することができると告知された。また、私は、名前、出生地、生年月日、結婚歴、職業、住所、および、国籍に関するすべての質問に正しくかつ完全に答える義務を負っていることも告げられた。この義務に違反した場合、秩序違反法111条により処罰される。

私は話したい。☒　　　私は話したくない。☐

人定事項
姓：ユング
誕生時の姓：ユング
名：アレクサンドラ
学位：
生年月日：1982 年 9 月 26 日
性別：女性
出生地：ケンプテン
結婚歴：なし
国籍：ドイツ
出生した国：ドイツ
住所：86153 アウクスブルク、リンデン通り 15 番地
配偶者の住所：
学校教育：小学校、高等学校、大学（心理学専攻）
教育を受けた職業：
職業における地位：
現在の地位：大学生（心理学専攻）
雇主：
経済的状況（収入、資産、負債、小遣い銭、扶養家族への支払い、配偶者の収入など）：両親から 1 か月につき 700 ユーロ、祖母から 1 か月につき 100 ユーロ
配偶者の人定事項：
被疑者の両親：
　ヨハン・ユング、1947 年 7 月 14 日生まれ、現住所：ケンプテン、グラスヴェーク 14 番地
　マリア・ユング、旧姓ホーファー、1956 年 5 月 1 日生まれ、現住所：同上
前科：被疑者からの情報による：なし
身分証明：2002 年 4 月 1 日にケンプテン市によって発行された運転免許証

取調官：
　　　　　　　　　　　（署名）シュミット、巡査部長
　　被疑者：
　　　　　　　　　　（署名）アレクサンドラ・ユング

本件に関して：
　私は、ロベルト・ライヒという人物を知らない。今日の午後 9 時頃、私は、ボーイフレンドのミヒャエル・ブラウンと、私の車（ナンバー A-M4881 の濃い青色のフォード・エスコート）で、ガルテン通り沿いの家に行った。私のボーイフレンドは自動車整備士である。彼は 34 歳である。私は、彼がその家からの何かを盗もうとしていたことを知っているが、詳しくは分からない。私は、それは、何かとても高価なものだと思う。ボーイフレンドは、私に、その家の所有者は 1 人で住んでいるが、保養に出かけているので、いま誰もいないことを知っている、と話していた。

　ボーイフレンドは、かなりの借金があり、金を必要としていた。彼は、飲酒運転で有罪となり、運転免許証を失っていたので、私に運転してほしいと頼んだ。当初、私は断り、そんなことを考えるべきではないといった。私は、彼が捕まることを恐れ、関わり合いになりたくなかった。ボーイフレンドは、すべて調べ上げているから、危険は全くない、私が手伝うかどうかにかかわらず、計画を実行するつもりである、といった。私は、本当に嫌だったが、結局、彼に説得された。私が、車を運転するだけでい

いのなら、やってもいい、と伝えると、彼は、「今夜やろう。君に頼むのは、そこまで車を運転すること、もし自分が家のなかにいる間に誰かがやってきたら警告を発することだ」といった。

　暗くなった後の午後９時頃に、私は、ボーイフレンドを車でガルテン通りまで送った。私たちは通りに駐車した。何軒か離れて駐車するよう指示されたが、ボーイフレンドが狙いを付けた家の玄関口をみることができた。彼は車から出て、その家に行った。数分後、彼は戻ってきたが、再び家に入らなければならず、多分あと20分ほどかかるだろうといった。

　彼は、後部座席からビニール袋をとって、その家に戻った。私はそのビニール袋のなかに何か入っていたのか知らない。私は非常にピリピリして、注意してその家をみていた。私の予想よりずっと長い時間がかかっていた。そうしているうちに、車がきて、ボーイフレンドが入っていった家のガレージの横に駐車した。私はパニック状態になった。すべてをみることができたわけではないが、男性が車から出て、玄関ドアに続く階段を上がっていった。その男性の様子は、そこに住む老人についてボーイフレンドがしていた説明に合致するように思われた。それから、私は、できる限り速くそこから離れようとした。ボーイフレンドがまだそこにいることは、気にかからなかった。今回のことはすべて彼の愚かな考えによるものであり、私は、彼に何が起ころうと、本当に気にならない。彼は私を巻き込むべきではなかった。

確認に対して：
　私は、ボーイフレンドが何を盗むことを計画していたか、本当に知らない。私は泥棒ではないし、以前に何か悪いことをしたこともない。私は、ボーイフレンドとガルテン通りに行ったことを後悔している。

さらなる確認に対して：
　私は、ボーイフレンドの、家の所有者は不在であり戻ってこないだろう、という言葉を信じた。しかし、私は、ボーイフレンドが本当のところ何を知っていたのか、もし家の所有者が早く戻ってきたらどうするつもりだったのかについて、分かっていなかったことを認めなければならない。私は、さらに、もしボーフレンドが家の所有者に家のなかで出会えば、所有者を襲うことがあり得ないわけでないと認めなければならない。

質問に対して：
　私のボーイフレンドは自動車整備工場で働いている。彼は、優れた自動車整備士であるが、大酒飲みである。以前には、薬物を使用していた。しかし、彼は、その習慣を断ち切ったと話していた。彼は仕事をしばしば休み、ここ数年で、何回も仕事を変えた。私は、６か月ほど前にディスコ「ニルヴァーナ」で彼に出会った。私が以前のボーイフレンドと別れてから何か月かがたっていた。私は、彼と何度か遊びに出かけ、その後、同居するよう求められた。私は、彼をあまりよく知らなかったが、了承した。私は孤独で、とても不幸せだった。私の両親はケンプテンという２時間離れた市に住んでいる。

さらなる質問に対して：
　私は、ボーイフレンドがいまどこにいるか知らないが、多分、リンデン通り15番地にあるアパートに戻ったと思う。私は、アパートの捜索について同意することはできない。アパートは私のボーイフレンドのものであり、私は、彼が怖い。

　　以上：
　　　　　　　（署名）シュミット、巡査部長

　通読し、確認のうえ、署名した：
　　　　　　　（署名）ユング

記録から分かるように、被疑者の取調べに関して、ドイツ法とアメリカ法の間にはいくつかの重要な相違がある。ドイツ法のもとで与えられる警告は、アメリカ合衆国（連邦）最高裁判所のミランダ判決によって要求される警告と同じではない。ドイツの被疑者には、警察に対して述べたことが、公判で同人に対して使用され得る旨を告知しなくてもよい。ドイツの警察は、このことを利用して、友好的な態度をとるよう努め、被疑者が友人と行うように、無防備に警察と話すことができると示唆するのである。

　ドイツの被疑者は、取調べの間、弁護人を立ち会わせる権利をもっていない。ドイツ刑事訴訟法典によれば、被疑者は、取調べの前を含めていつでも弁護人と相談することができる。しかしながら、同法は、取調べ中の弁護人の立会いについて規定していない。それは、警察による質問が妨げられ、真実の発見が困難となる可能性があるとの理由で、排除されているのである。

　用いられることはあまり多くはないが、ドイツの弁護士は、取調室に侵入するための戦術を発展させてきている。すなわち、彼らは、取調べを受ける依頼人に、弁護人が同席していない限り返答を拒否する、と警察にいうよう助言するのである。ドイツ刑事訴訟法典は、弁護人の立会いをはっきりと禁止しているわけではないので、ドイツの警察は、被疑者の言葉に従い、弁護人が取調べ中に依頼人の隣に座るのを許すことになる。

　ドイツでは、弁護人は、警察の取調べに立ち会ったならば、常に被疑者に黙秘するよう機械的に助言する、というわけではない。むしろ、弁護人は、警察の質問に答える際に被疑者を助けるのである。弁護人は、根拠のない仮定に基づいた質問に注意を促し、取調べが公正なやり方で行われることを確保しようと試みるのである。

　被疑者が弁護人に依頼する金銭的余裕がない時には、弁護人は選任されない。アメリカにおいてもそうであるように、たいていの被疑者は、弁護人を雇うだけの資力を有していない。その結果として、ドイツでは、質問に答えないという被疑者の権利の実効性は、著しく損なわれている。被疑者に黙秘するよう助言する弁護人がいない限り、ドイツの警察は、実際上、取調べを――たとえ、被疑者が、答えたくないといい続けたとしても――続行する。アメリカ法とは異なり、そのような場合でも取調べをやめる必要はないのである。

　このように、ドイツの警察は、取調べの間に自白を引き出すうえではるかに多くの自由をもっている。警察が自白を獲得することに一旦成功すれば、秘密は漏れてしまい、公判で弁護人の選任を受ける被疑者の権利は、ほとんど役立たなくなる。これは、ドイツの刑事訴訟が、いかに広範囲に職権主義に支配されているかを示すものである。

　取調べの前に被疑者に権利を告知するドイツのやり方は、さらに多くの問題を生み出す。調書の冒頭に記載されている警告について、被疑者が署名したり名前の頭文字を記入したりしなくてもよいことになっている。このため、警告されなかったか、適切には警告されなかったということを被疑者が証明するのは、困難となる。しかしながら、適切な警告が与えられなかったことを理由に自白の排除が申し立てられた場合、ドイツ法は、そのような証明を要求しているのである。

　黙秘権の告知は、被疑者が名前や住所などに関する質問に正直に答えなければ処罰されるという警告と、一緒に行われる。しかし、この２つを一緒に行うことは、心理学的な観点からは、問題があるように思われる。そのように権利と義務を一緒に扱うことは、被疑者を混乱させやすい。２つの類型の質問を区別することは困難だからである。また、取調べの場では被疑者が神経質になりパニックに陥りやすいということも考慮に入れなければならないであろう。

　ユングが供述を終えたのは午前１時であった。警察は、いまや、ブラウンがライヒの家から何かを盗もうとしていたという情報を得た。また、彼らは、ライヒを襲ったのはブラウンであると確信した。おそらく、ブラウンは、強盗かその未遂を犯していた。

　ユングの取調べが終了したので、シュミット刑事は、彼女を釈放するかどうかを決めなければならなかった。ユングは、比較的罪の軽い者であるように思われたが、しかし、彼女は、ブラウンが犯した重罪に関わっていた。その犯罪の詳細がまだ不明確であり、ブラウンもまだ捕まっていなかったので、シュミットはユングの身柄拘束を決めた。

シュミット刑事がユングに警察留置場に残らなければならないというと、彼女は意気消沈して、泣き始めた。シュミットは、彼女に、電話をかけたいかと尋ねたが、彼女は首を振った。彼女は、電話をかけるとすれば両親にということになるが、自分がどこにいるのかを話すのが恥ずかしいといった。そこで、シュミットは、インガー・アベル警察官を呼んだ。アベルは、中央警察署の地下にある女子留置場の担当であった。シュミットは、アベルに、ユングを留置場に連行するよう頼んだ。

ドイツ法のもとでは、警察は、犯罪を行ったと疑うに足りる「強い理由」があれば、その者の身柄を拘束する権限を有する。加えて、身柄拘束が必要とされる理由がなければならない。さらに、被疑者の身柄拘束は、嫌疑のある犯罪と不均衡なものであってはならない。

「強い理由」があるとは、身柄拘束を受ける者が犯罪を行った可能性が高いことを意味する。ユングに、自白後、この強い理由が認められることは明らかであった。

警察官が、犯罪を行ったと強く疑われる者の身柄を拘束できるのは、それに加えて、逃亡のおそれ、証拠隠滅のおそれ、または再犯のおそれがある場合に限られる。数種類の非常に重大な犯罪、例えば、謀殺、故殺、傷害致死、テロ組織への関与については、これらのおそれが証明されなくても、被疑者の身柄拘束が可能である。しかしながら、シュミット刑事は、ユングがこれらのきわめて重大な犯罪のいずれかに関与していたと疑う理由をもっていなかった。しかし、シュミットは、彼女が釈放されれば、ボーイフレンドと連絡をとって、彼が証拠を隠滅する手助けをするか、あるいは、逃亡するかもしれないと考えたのである。そして、その判断は合理的なものといえた。

ユングには、住居侵入窃盗、暴行、あるいは、強盗またはその未遂に関与したと疑うに足りる強い理由が認められた。したがって、シュミット刑事は、ユングを身柄拘束することが彼女の犯罪と不均衡ではないと容易に結論することができた。ドイツ法は、身体の自由やプライヴァシーを制約するほかのあらゆる処分と同様に、身柄拘束についても、比例性の原則に合致することを要求している。

ドイツ憲法のもとでは、裁判官の令状なく身柄拘束された者は、遅滞なく裁判官のもとに引致されなければならない。しかしながら、警察は、身柄拘束が始まった日の翌日の終わりまで、被疑者を拘束し続けることができる。ユングは、3月21日月曜日の午前1時過ぎに拘束されていたので、引致は、遅くとも3月22日火曜日中になされなければならなかった。

シュミット刑事は、主犯はミヒャエル・ブラウンという人物であり、そのアパートはリンデン通り15番地にあるということを突きとめた時点で、ユングの取調べを中断した。彼は取調室を出て、警察無線オペレーターに、ブラウンの捜索に着手するよう依頼した。中央警察署は、ツィンマー警察官とブランク警察官に無線連絡し、リンデン通り15番地にあるブラウンのアパートに向かい、彼を発見するよう命じた。

アパートを探し出したツィンマー警察官は、戸口に行き、ベルを鳴らしたが、返事はなかった。ブラウンのアパートには明かりがなく、人のいる気配は感じられなかった。中央警察署に連絡したところ、ブラウンが戻る場合に備えてブランク警察官とともにしばらく待つように、とのことだった。

しばらくたって、3月21日月曜日の午前1時頃、警察官らは、若い男がアパートの出入り口に近づくのをみた。警察官らは男を停止させ、自分たちの身分を明らかにしてから、彼に名前を尋ねた。男は、自分はミヒャエル・ブラウンで、アパートに入るところだといった。ツィンマー警察官は、ブラウンに、取調べのため中央警察署に同行するよう求めた。ブラウンが任意に同行するのを断ったので、警察官らは彼の身柄を拘束した。

警察官らがそうしたことは正当であった。なぜなら、彼らは、ユングの自白について無線で聞いていたからである。それによって、ブラウンがライヒの家に押し入り、暴行を加えたと疑うに足りる強い理由が認められた。身柄拘束がなされなければ、ブラウンは、証拠を隠滅するか、姿をくらます可能性があった。それを考えると、彼を身柄拘束することは、不均衡な措置ではなかった。

ブラウンの身柄を拘束した後、ツィンマー警察官は、身体を捜索することについて承諾を求めた。ブラウンは拒否したが、警察官らは、捜索を行った。裁判官の

令状はなかったが、検察捜査員として、手続を進めることができた。なぜなら、ブラウンには犯罪を行ったという疑いがあったからである。警察官らがすぐに捜索を行わなければ、彼が証拠を隠匿するか破壊するおそれがあった。

ドイツ刑事訴訟法典は、被疑者の捜索と第三者の捜索を区別している。被疑者以外の者を捜索できるのは、捜索によって証拠が発見され得ることを示す事実がある場合に限られるのに対し、被疑者の捜索は、それによって証拠が発見され得るという一般的な嫌疑があれば正当化される。しかしながら、ドイツの裁判所は、一般的な嫌疑の概念を狭く解釈してきた。現実には、裁判所は、被疑者の捜索についても、何らかの事実的基礎を要求している。しかし、ユングの自白により、ブラウンが犯罪の証拠を有しており、それが捜索を通じて発見される可能性があると考えることには、十分な理由が認められた。警察官らはまた、ブラウンが武器を携帯していないことを確認しなければならなかった。

ツィンマー警察官とブランク警察官は、ブラウンの身体を捜索したが、しかし、彼は、武器も、犯罪の証拠となるようなものも所持していなかった。ツィンマーは、中央警察署と無線で連絡して、彼とブランクがブラウンの身柄を拘束したことを報告した。ツィンマーは、ブラウンを直ちに警察署に連行すべきか、それとも、アパートの捜索をすべきか尋ねた。電話に出たシュトラウス警察官は、この事件についてよく知ってはいなかったので、電話をシュミット刑事に回した。シュミットは、ツィンマーらに、まずアパートを捜索するよう、とくに、ライヒ宅の机から盗まれたと思われるものがあるかどうか確認するよう命じた。ユングの取調べの後で、シュミットは、この事件についてノイマン刑事と話をした。ノイマンは、シュミットに、ライヒ宅の机の引出しがドライヴァーでこじ開けられたと考えられることなどを伝えていた。

また、シュミット刑事とノイマン刑事は、裁判官の令状がアパートの捜索に必要かを議論した。シュミットは、ツィンマー警察官に、裁判官の令状なしで捜索に着手するよう指示した。これは緊急性が認められるケースである、なぜなら、深夜であって裁判官に令状を求めることはできないが、このままだとブラウンのアパートの証拠が消失してしまうかもしれないからだ、と彼はいった。例えば、未知の第三者が犯罪に関

与しており、その者が夜の間に何かをもち去るという可能性があるというのである。ドイツの警察は、緊急性が認められるか否かの判断について、広い裁量権を行使してきている。

憲法問題を扱うドイツの最高裁判所である連邦憲法裁判所は、しばらく前に、裁判官の令状なしで住居を捜索する警察の権限を厳しく制限する判断を示した。事前の司法審査を経ないで住居を捜索することは例外でなければならない、なぜなら、住居のプライヴァシーは憲法によって保護されているからである、と同裁判所は判示した。この判断を実効化するために、連邦憲法裁判所は、ドイツの裁判所の所長らに、裁判官が令状発付審査のため24時間利用可能となるよう裁判所を再編成することを要求した。警察が裁判官の令状なしで捜索すると決定したならば、彼らはなぜ令状を得ることができなかったのかについて詳細に記した書面を作成しなければならない。被疑者または第三者から無令状の捜索に異議が申し立てられれば、裁判官は、この記録を警察の活動を審査するのに使用することができる。

それにもかかわらず、シュミット刑事は、裁判官の令状なしでアパートを捜索する決断をした。なぜなら、夜のこの時間に連絡をとることが可能な裁判官はいなかったからである。ほかのドイツの都市の裁判所と同様に、アウクスブルクの裁判所は、財政上の理由から、連邦憲法裁判所の判示を履行していなかった。したがって、シュミットは、ブラウンのアパートを捜索する権限があるという結論に達した。

ツィンマー警察官とブランク警察官は、捜索に着手した。彼らは、ブラウンを、彼のアパートがある3階に連行した。アメリカの実務と異なり、警察官らは、ブラウンに手錠をかけていなかった。彼は重罪を犯したと疑われていたが、危険であることを示す事情はなかった。したがって、手錠の使用は正当化されなかったであろう。

ツィンマー警察官は、ブラウンのポケットから発見されていた鍵でアパートのドアを開けた。入る前に、彼は、3階にあるほかのアパートのドアのベルを鳴らした。住人のフリートが出てきて、真夜中に隣人と警察官がいることに驚いた。ツィンマーは、自分たちの身分を明らかにし、ブラウンのアパートを捜索する予定であることを説明して、フリートに、もう1人の者

と一緒にきて、捜索の立会人となってほしいと依頼した。フリートは、妻を起こし、2人は、警察官たちに続いてブラウンのアパートに入った。

アパートの捜索の結果、ライヒ宅の机から盗まれたと思われるものは何も発見されなかった。しかし、キッチンの戸棚の最上段に古いティーポットがあり、そのなかから薬物と思われる白い粉末がわずかに入ったビニール袋が見つかった。ツィンマー警察官は、ブラウンに、それは何なのかと尋ねた。ブラウンは、自分は知らない、自分のガールフレンドが置いたに違いない、と答えた。ブランク警察官は、その袋をとって、指紋が消えないように、持参した袋のなかに注意深く入れた。

ビニール袋は、ブランク警察官が探していた証拠ではなかった。それにもかかわらず、彼はそれを保持しておくことができた。ドイツ法のもとでは、警察は、たとえ主たる捜査と関連性がないとしても、捜索の間に発見したものがほかの犯罪の実行を示す証拠であれば、それを仮に押収する権限を有する。白い粉末は薬物であるように思われ、ブラウンとユングが薬物犯罪を行ったことを示唆していた。

アパートにゴミ入れが見当たらなかったので、警察官らは、ブラウンに、どこにゴミを溜めていたかを尋ねた。ブラウンは答えなかったが、フリート夫妻が、入居者たちのゴミ入れが置かれた建物の裏庭にツィンマー警察官を連れていった。フリートは、ブラウンのゴミ入れを指差した。ツィンマーは、ゴミの下に隠されていた、リーヴァイスのジーンズのラベルが付いたビニール製の買い物袋を見つけた。そのなかには、茶色の木箱が入っていた。箱は空だったが、コインの収納のために用いられていたことは明らかであった。ツィンマーは、袋と箱を、付着した指紋が消えないように、持参したビニール袋のなかに入れた。ツィンマーは、それから、フリート夫妻とともに、ブランク警察官がブラウンとともに待っているアパートに戻った。ツィンマーは袋と箱をブラウンに示して、それらがどのようにして彼のゴミ入れのなかに入ったのかを尋ねたが、ブラウンは、自分は知らない、と答えた。「ほかの誰かが入れたに違いない」と彼はいった。

警察官らは捜索を終えてから、フリート夫妻に感謝の言葉を述べ、ブラウンを連れて立ち去った。彼らは、発見した証拠をもち帰った。ツィンマー警察官は、ブラウンに、木箱が入った買い物袋と白い粉末入りの小さなビニール袋を警察が押収することに同意するかと尋ねた。ブラウンは、自分はそれらに何の関わり合いもないので、異論はない、といった。また、ツィンマーは、ブラウンに捜索・押収についての報告書のコピーの交付を希望するかと尋ねた。ブラウンが希望すると述べたので、ツィンマーは、報告書を作成し次第、コピーを渡す、といった。

警察官らとブラウンが中央警察署に着いたのは、午前2時30分頃だった。そこでは、シュミット刑事が彼らを待っていた。ツィンマー警察官は、捜索の詳細についてシュミットに話した。また、彼は、木箱が入った買い物袋と白い粉末入りの小さなビニール袋をシュミットに手渡した。ツィンマーは、捜索・押収の報告書を作成するためにオフィスに行き、シュミットは、ユングを取り調べた際に使用した部屋にブラウンを連れていった。取調べの過程で、シュミットは、ブラウンに、木箱が入った買い物袋と白い粉末入りの小さなビニール袋だけでなく、ライヒの家にあった歩行用の杖とドライヴァーをみせた。シュミットは、ブラウンに対し、以前にそれらをみたことがあるか、そして、それらについて話さなければならないことがあるかと尋ねた。取調べの終わりに、シュミットは、ブラウンが述べたことをまとめて以下の記録を作成した。

中央警察署
刑事課
86150　アウクスブルク　　　　　　　　　　アウクスブルク、2005年3月21日
記録番号：7221-0800-7/05

被疑者の取調べ

　私は、自分が嫌疑をかけられている犯罪行為について告知された。私は、法律上、嫌疑について答えるか、事件についていかなる発言もしないかを選択する権利が与えられ、また、自分が選任した弁護人と、取調べの前を含めていつでも相談する権利が与えられると告げられた。さらに、私は、自分の嫌疑

を晴らすために特定の証拠について取り調べるよう要求することができると告知された。また、私は、名前、出生地、生年月日、結婚歴、職業、住所、および、国籍に関するすべての質問に正しくかつ完全に答える義務を負っていることも告げられた。この義務に違反した場合、秩序違反法111条により処罰される。

私は話したい。[×]　　私は話したくない。[ ]

人定事項
姓：ブラウン
出生時の姓：同上
名：ミヒャエル
学位：
生年月日：1971年1月31日
性別：男性
出生地：アウクスブルク
結婚歴：なし
国籍：ドイツ
出生した国：ドイツ
住所：86153 アウクスブルク、リンデン通り15番地
配偶者の住所：
学校教育：小学校、中学校
教育を受けた職業：自動車整備士
職業における地位：従業員
現在の地位：自動車整備士
雇主：マックス・マン、自動車整備工場、86603 アウクスブルク、モーツァルト通り8番地
経済的状況（収入、資産、負債、小遣い銭、扶養家族への支払い、配偶者の収入など）：1か月につきおよそ1650ユーロの純収入；約10000ユーロの負債
配偶者の人定事項：
被疑者の両親：
　フーベルト・ブラウン、1939年4月13日生まれ、現住所：86159 アウクスブルク、アイヒェン通り
　ヘレネ・ブラウン、旧姓カイザー、1951年2月8日生まれ、現住所：同上
前科：被疑者からの情報による：罰金および酒酔い運転による運転免許証の剥奪
身分証明：なし：自宅で発見されたアウクスブルク市発行の身分証明書

取調官：
　　　　　　　　　　（署名）シュミット、巡査部長
被疑者：
　　　　　　　　　　（署名）ミヒャエル・ブラウン

本件に関して：
　私は、ロベルト・ライヒという人物を知らない。また、私は、昨晩ライヒが襲われたということについて何も知らない。私は、ライヒから何かを奪うことに関与していないし、昨晩、彼の家にいなかった。私は、ライヒという人物がどこに住んでいるかも知らない。
　私に示された歩行用の杖とドライヴァーについて、以前それらのどちらもみたことがないとしかいえない。

質問に対して：

> 昨夜、私は、1人で映画に行った。映画の題名は、「宇宙からのエコー」だった。
>
> 確認に対して：
> この映画が昨夜上映されていなかったといわれるならば、私は、それを以前に観たに違いないとしかいえない。いますぐには、昨晩観た映画の題名を正確には思い出せない。
>
> さらなる確認に対して：
> 映画の後、私は、毎週末に行くディスコ「ニルヴァーナ」に向かった。私は、そこで、その夜の残りの時間を過ごした。しかし、私が「ニルヴァーナ」にいたことを証言できる友人には会っていない。私は、そこで1人だった。バーに向かって座り、ビールを飲んで、時々踊っていた。
>
> 質問に対して：
> アレクサンドラ・ユングは、私のガールフレンドである。私たちは、リンデン通り15番地のアパートで同棲している。彼女がすでにライヒに対する犯罪を自白したといわれれば、私はそれを疑う理由をもっていない。しかしながら、彼女が、私が犯行に関係していて、彼女が私をライヒの家まで車で送ったと述べたのであれば、それは誤りである。アレクサンドラは性格が弱く、嘘をつくことが多いと、私はいわなければならない。何かがライヒの家で起こったとすれば、私は、それが、彼女の以前のボーイフレンドによって行われたものだと考える。その男を彼女はライヒの家まで車で送ったのである。彼は悪い男で、私はしばしばアレクサンドラに彼から離れるべきであると話した。彼の名前は、ヴァルター・ヴィンターである。しかし、私は、彼がどこに住んでいるか知らない。
>
> 確認に対して：
> 私に示された、買い物袋と茶色の木箱について、私は、誰がそれらを私のゴミ入れに入れたか知らないとしかいえない。入居者たちのゴミ入れが置かれている場所は、建物の裏庭で、誰でもものを入れることができる。
> また、私は、ティーポットのなかで見つかり私に示された、白い粉末入りの小さなビニール袋について何も知らない。私はそれをこれまで一度もみたことがない。アレクサンドラが入れたに違いない。白い粉末はコカインかそれとも別の薬物なのかと尋ねられても、私は、分からないといわざるを得ない。
>
> 再度の確認に対して：
> 私は、ライヒの家に押し入っていないとしかいうことができない。私は、ライヒが暴行を受けたことに関係していないし、白い粉末の入ったビニール袋がティーポットのなかにあることを知らなかった。
>
> 以上：
> （署名）シュミット、巡査部長
> 通読し、確認のうえ、署名した：
> （署名）ミヒャエル・ブラウン

ブラウンの取調べは1時間、つまり、この比較的短い記録が示唆するよりずっと長く続いた。シュミット刑事は、ブラウンの説得力のない供述を信じることはなかった。ブラウンは、取調べの間、とても神経質になっており、自分はいつ帰ることができるのかと何度も尋ねた。シュミットは繰り返し、何がライヒの家で起こったか、どこで前日の夜を過ごしたか、彼のガールフレンドの自白について何かいうことはあるかと尋ねたが、常に同じ返事しか得られなかったので、ブラウンが述べたことの骨子だけを記録した。

取調べが終了したのは、朝の5時頃だった。シュミット刑事は、ブラウンの身柄拘束を続けるべきかどうか決めなければならなかった。取調べの過程でブラウンが行った供述には説得力がなく、ブラウンが重大な犯罪を行ったとの嫌疑はさらに強まった、とシュミットは結論づけた。また、ブラウンが執拗に否定したので、釈放されれば証拠を隠滅するか、逃亡すると

疑うに足りる理由も認められた。結局、シュミットは、身柄拘束を継続すべきだと判断した。

シュミット刑事は、ブラウンに、引き続き身柄を拘束される旨告知し、電話をすることを希望するかと尋ねた。ブラウンが必要ないと述べたので、シュミットは、ユングと同様に、彼を中央警察署の地下にある留置場に連行した。

その間、ツィンマー警察官は、捜索・押収に関する報告書を完成させた。ツィンマーは、そのコピーを留置場にいるブラウンに手渡した。

中央警察署
刑事課
86150　アウクスブルク
記録番号：7221-0800-7/05

アウクスブルク、2005 年 3 月 21 日

捜索記録および押収物一覧

被疑者の人定事項
　1．ミヒャエル・ブラウン、1971 年 1 月 31 日生まれ、86153 アウクスブルク、リンデン通り 15 番地
　2．アレクサンドラ・ユング、1982 年 9 月 26 日生まれ、86153 アウクスブルク、リンデン通り 15 番地
被疑者：ブラウンは捜索の間、立ち会った
被疑者：ユングは捜索の間、立ち会わず
捜索を受けた者の人定事項：同上
処分の目的：ガルテン通り 31 番地の家から盗まれたものの発見および証拠としての押収
法的な基礎：刑事訴訟法 94 条、102 条、105 条
処分を命じた者：シュミット巡査部長、アウクスブルク中央警察署
処分を実施した者：ツィンマー巡査長、ブランク巡査、アウクスブルク中央警察署
処分が実施された時刻：2005 年 3 月 21 日午前 1 時 20 分から午前 2 時 20 分まで
処分が実施された場所：86153 アウクスブルク、リンデン通り 15 番地
捜索の範囲：被疑者ブラウンとユングのアパートおよび建物の裏庭にあった彼らのゴミ入れ
捜索立会人の人定事項
　ダヴィト・フリートおよびユリア・フリート、リンデン通り 15 番地
本記録の写しの交付先：ブラウン
　押収物に関係する者には、いつでも、処分が実施された管轄の区裁判所の裁判官に処分の審査を求めることができることが告知された。本件については、管轄の区裁判所は、アウクスブルク区裁判所である。
押収物の一覧：
　1）赤いビロードが張られた茶色の木製の空箱 1 点
　2）リーヴァイスのジーンズのラベルのあるビニール製の買い物袋 1 点
　3）微量の白い粉末の入ったビニール袋 1 点
押収物の使途：1）および 2）は証拠として用いられる。3) は捜索に伴い発見され、証拠として用いられ、没収される。

（署名）ツィンマー、巡査長

月曜日の朝早く、ライヒの家とブラウンのアパートで押収されたものが、アウクスブルク警察捜査研究所によって調べられた。予備試験により、ビニール袋に入った白い粉末がコカインであることが明らかとなった。警察捜査研究所は、コカインの正確な含有量については、より詳細な検査結果を後で提出する、と知らせてきた。

はっきりとした指紋は、コカインが入った小さなビニール袋からしか発見されなかった。これらの指紋をブラウンとユングの指紋と比較するために、警察官は、彼らが身柄を拘束されている留置場に赴いた。ユング

は指紋の採取に同意したが、ブラウンは拒絶した。しかし、警察官が、捜査に必要なので、拒絶するなら強制的に採取することになると告げると、結局、ブラウンは、採取に同意した。指紋を比較したところ、ビニール袋の上の指紋はブラウンのものであることが判明した。ユングの指紋は、この袋からは見つからなかった。警察捜査研究所は、これらの検査結果をまとめた報告書を作成した。

警察捜査研究所ではまた、ライヒの家でクルツ刑事が撮影した写真が現像された。コカインと指紋に関する報告書は、写真とともに、ノイマン刑事に送られた。彼は、捜索・押収に関する自らの報告書にそれらを添付した。ノイマンは、その後、経験豊かな上級警察官として捜査を担当しているシュミット刑事に報告書を送った。

日曜日の夜にライヒが病院に着いた時、ヴァイス医師は、腕が折れているが、頭部の傷害は重いものではないと判断した。彼は、ライヒに、しばらく様子をみる必要があるので一晩病院に泊まるように、といった。月曜日の朝、もう1人の医師がライヒを診察して、彼に、問題はなく、帰宅してかまわないと告げた。ライヒは、午前10時に病院を出た。病院は、ライヒのためにタクシーを呼んだ。

家に着くと、ライヒは、自分の杖がなくなっていることに気づいた。それがないと、歩くのに苦労するのである。また、書斎の机の引出しが力づくで開けられており、自分の貴重なコイン・コレクションとそれを入れていた木箱が見当たらなかった。また、彼は、奥の部屋の窓の掛け金が壊れているのを発見した。壊れた部品は、警察によって応急的に固定されていた。

ライヒは直ちに警察に電話をかけて、コイン・コレクションが紛失していることを報告した。彼はまた、杖のことを尋ねた。ハム刑事が電話に出て、およそ1時間でライヒの家に着くだろうといった。この事件の担当であるシュミット刑事はつかまらなかった。なぜなら、彼は、長い夜勤の後、帰宅していたからである。ハムは、同僚たちから、さらに捜査することが緊急に必要であると聞いたので、自ら出かけて、ライヒに質問することにした。事件の詳細を知るために、彼は、一件記録のなかの報告書と取調べの記録を読んだ。

ハム刑事は正午少し過ぎにライヒの家に到着した。ライヒは書斎に彼を招き入れ、そこで彼らは座って話をした。ハムは、同僚たちが押収していた歩行用の杖、木箱が入った買い物袋、ドライヴァーをもってきていた。

ライヒは、自分の杖をみて喜んだ。彼は、ハム刑事に、家に押し入った若い男に杖をつかまれ、頭を殴打されたと話した。ハムは、指紋を調べ、杖に付着した血痕のサンプルを採取するために、警察が杖を押収した、と説明した。彼は、ライヒに、裁判のための証拠として警察が杖を保管する必要があると話した。ライヒは、もう1つ杖をもっており、すでにそれを使っているので、この杖をすぐに必要としてはいない、と答えた。ハムは、事件の決着が付けば、杖はライヒに還付されるだろう、といった。

ハム刑事が買い物袋からコインの箱を取り出すと、ライヒは、それは自分のものであるといった。しかしながら、彼は、それが空っぽであることを知って嘆いた。彼が先週の土曜日に保養のため湖畔に出発した時、その箱は収集した貴重なコインで一杯だった。ハムは、彼の同僚たちがゴミ入れに隠された買い物袋のなかから空の箱を見つけたこと、ゴミ入れはライヒの家に押し入ったと疑われている人物のものであることを説明した。ハムは、残念ながら、これまでのところコインは発見されていない、といった。被疑者は、身柄を拘束されて取調べを受けたが、ライヒの家で起きたこととの関係を否定していた。

行方不明のコインについて話をする際に、ハム刑事は、ライヒに、コインはどのようなものであったか、また写真をもっていないかと尋ねた。ライヒは、最も貴重なコインはバイエルンの金貨とプロシアの金貨だったが、いますぐ詳細を思い出すことはできないといった。彼は、近日中にコインの一覧表を用意し、写真を探して警察に送ることを約束した。

ハム刑事は、ライヒに、コインの箱が公判で証拠として使われることになるのでもち帰らなければならない、と説明した。ライヒは、コインがなくなっているのでこの箱を必要としていないと述べて、箱を提出することに同意した。

ハム刑事はまた、ドライヴァーをライヒにみせた。しかし、ライヒは、これまで一度もそれをみたことはないといった。家に押し入った者がそれを残していっ

たに違いなかった。ハムとライヒは、侵入者がドライヴァーを使って引出しを力ずくで開けた時に付いたと思われる机の傷をみた。彼らはまた、家の奥の部屋に行き、外から押し開けられた窓を詳しく調べた。

ライヒと話をしながら、ハム刑事はメモをとった。その後、彼は、持参したポケットサイズのテープレコーダーに、聴取したことを吹き込んだ。ハムは、ライヒに、慎重に聴いて、彼が述べたことを正しくまとめているか確認してほしいと頼んだ。その後、ハムは、ライヒにテープを再生して聴かせ、その内容に同意するかどうか尋ね、ライヒがテープの内容に同意したことを記録した。

取調べを終えたハム刑事は、ライヒの家を後にした。杖、木箱、ビニール製の買い物袋、ドライヴァーは、もち帰った。彼が中央警察署に戻ったのは、午後の早い時刻だった。ハムは、ライヒの取調べテープを渡して、すぐそれをタイプするよう担当部局に依頼した。被疑者は身柄拘束されており、今後どのように手続を進めるべきかを判断するため、取調べ記録が必要だったからである。1時間後に、彼の机の上に記録が届けられた。

中央警察署
刑事課
86150　アウクスブルク　　　　　　　　　　　　アウクスブルク、2005年3月21日
記録番号：7221-0800-7/05

証人の取調べ

以下の者は、その自宅で取調べを受けた。

姓：ライヒ
名：ロベルト
生年月日：1922年8月14日
婚姻状況：寡夫
職業：元実業家
国籍：オーストリア
住所：86356　アウクスブルク、ガルテン通り31番地
召喚状の送達先：同上

私は、証言することになる事件について告知を受けた。
私は、被疑者の親族ではない。

本件に関して：
　私は、2005年3月19日土曜日に、湖畔での短期間の保養に向かった。日曜日の午後に、湖周辺の天気が悪いと分かったので、帰宅することにした。私は、午後9時30分から10時までの間に家に着いた。私は、車をガレージの横に駐車して、玄関を通ってなかに入った。
　玄関ホールに入った時、書斎の暗がりに若い男が立っているのがみえた。その男は、驚いた様子だった。彼は、私が歩くのに使っていた杖をつかんで、私の頭を殴った。そこから、病院の医師と話をするまでの記憶はない。

質問に対して：
　示された杖は、私の歩行用の杖である。私がそれで殴打されたことは疑いない。

　私を殴打した男は若くて、背が高かったと思う。しかしながら、私は、彼をよくみなかったので、彼を識別することはできないと思う。

私は、病院に一泊した。ヴァイス医師は、私を治療し、いくつもの検査をした。彼は、頭に数か所、大きな打撲傷を負っていると話した。それらの1つは何針も縫う必要があった。しかし、彼は、脳震盪は起こしていないといった。左の前腕を骨折していた。床に倒れたことによるものではないかと思われる。腕には、いま、ギプスをはめている。ヴァイス医師は、それを1か月ほど付けていなければならないといった。これらを除くと、私は健康である。

　今日病院から戻って、私は家のなかをみて回った。書斎の机の、鍵のかかった引出しがこじ開けられているのが分かった。これは、警察官が私に示したドライヴァーで行われたように思われる。ドライヴァーは私のものではない。そして、私は、以前にそれをみたことはない。引出しをこじ開けた者が残していったものに違いない。

　私が引出しのなかの木箱に入れておいた、およそ50枚の古いコインのコレクションが、行方不明である。これらのコインは、きわめて貴重なものである。私は6か月ほど前にそれらを評価してもらった。少なくとも20000ユーロの価値があるとのことだった。最も貴重なコインは、19世紀後半のバイエルンとプロシアの金貨である。私は、いますぐ、行方不明のコインを特定することはできないが、しかし、最も貴重なものの一覧を作成して、警察にそれを送ることにする。私はまた、何枚かのコインについては、写真を探すつもりである。

　警察官が私にみせた空の木製のコイン箱は、私の所有物である。私は、机の引出しにそれを入れていた。この箱は、底に小さなへこみがあり、内側に張られたフェルトが変色しているので、確認するのは容易である。

　私は、警察官が示したリーヴァイスのジーンズのラベルの付いた買い物袋を一度もみたことがない。私は、そのブランドの衣類を買わない。

<u>質問に対して</u>：
　そのように価値の高いコインを家に置いておくのはきわめて危険なことだということは、分かっていた。以前、私は、銀行の貴重品保管室にそれらを預けていた。しかしながら、私はいま、年老いて、1人で生活している。私は、それらを、いつでもみることができるように、身近にもっていたい。それらのほとんどは、数年前に亡くなった妻が、私の誕生日などにくれたものである。

　私は、相当数の人々と、コイン・コレクションについて話したことがあるし、それを数人の親類やほかのコイン収集家にみせたことがある。しかしながら、それを盗むことを考える者がいるかについては、思い当たらない。

　コインを盗んで私を殴打した男は、明らかに、キッチンの隣の、奥の部屋にある窓を通って私の家に入っている。窓の上の痕跡から、誰かが外からそれを押して開けたことが分かる。家の裏側の窓は古くて、錠はあまり強くない。しかしながら、私は、その窓の錠はちゃんとしていて、保養に出かける前に窓を閉めたことを記憶している。

<u>さらなる質問に対して</u>：
　私は、ミヒャエル・ブラウンないしアレクサンドラ・ユングという名前の人物と知り合いではない。ブラウンがマックス・マンの自動車整備工場で働いていたと聞いて、私は、先週そこへ車をもっていったことを思い出した。その整備工場のオーナーであるマンは、親しい友人であり、コイン収集家でもある。私が先週彼に会った時、私たちは、いつもそうするように、自分たちのコレクションについて話をした。店を歩き回りながら話したので、ブラウンが私たちの話を耳にしたというのは、あり得ないことではない。

　以上：

> テープにつき同意した：　　　　　（署名）ハム、巡査部長
>
> ロベルト・ライヒ

　ドイツでは、「取調べ（interrogation）」という用語が、被疑者についても証人についても使われる。他方、アメリカでは、被疑者については「取調べ」をするというが、証人についてはそのようにはいわない。証人は、「質問を受ける（questioned）」のである。しかし、この相違は、言葉の上のものに過ぎないように思われる。なぜなら、いずれの国においても、被疑者・被告人から話を聴く場合の方式と雰囲気は、証人から話を聴く場合のそれとかなり異なっているからである。ドイツで「取調べ」という用語を使用するのは、それが公的な性質をもつことを表わしている。

　被疑者に対する質問は証人に対する質問とは異なるけれども、警察が作成する記録はきわめて似通っているように思われる。主な相違は、婚姻状況や就職状況のような情報に関わる。証人についての記録には、同一性を確認し、裁判のために召喚するのに必要な人定事項のみが含まれている。被疑者についての記録には、有罪が宣告された場合に量刑を判断するのに必要となり得るものなど、より詳しい情報が含まれている。

　ハム刑事はまた、ライヒが、歩行用の杖、木箱、および、彼の家で押収されたドライヴァーを、警察が保管し続けることに同意したという内容の報告書を作成した。万一ライヒが同意しなければ、ハムは、それらの押収のために裁判官の承認を得なければならなかったであろう。ドイツ法のもとでは、警察が、裁判官の令状なく、関係者の立会いなく目的物を押収する場合には、そのような承認が必要となる。しかしながら、ライヒが同意するならば、裁判官の承認を得るのは空虚な形式主義ということになろう。

　ハム刑事は、報告を終えてから、上級警察官であるビンダー主任警部に会いにいった。シュミット刑事が勤務時間外だったからである。2人は、次に何をすべきか決めるため、収集した証拠を検討した。ビンダーは、すでにこの事件について熟知していた。警察官らは、ブラウンが重大な犯罪――住居侵入窃盗、危険な道具を用いた暴行、危険な道具を用いた強盗、および、薬物の所持――を行った可能性がきわめて高いということで意見が一致した。加えて、盗まれたコインがまだ行方不明だということもあり、彼らは、ブラウンの身柄拘束を続けるべきであるという結論に達した。

　ユングの身柄を拘束し続けるべきか否かは、難しい問題だった。彼女は、住居侵入窃盗への関与を自白していた。ユングがさらにライヒへの暴行についても責任があるかどうかは、はっきりしなかった。しかし、取調べの際の彼女の話からすると、その可能性を排除することはできなかった。本件でユングが果たした役割は小さなものであるように思われた。彼女は、ブラウンが何を盗むつもりであるのか知らなかった、と述べた。しかし、ユングは、ブラウンがライヒの家からとったものをどこに隠したかについて知っているかもしれない。あるいは、彼女には、それを知る機会があるかもしれない。さらに、彼女は、薬物の所持に関与していたかもしれない。そこで、警察官らは、結局、ユングの身柄を引き続き拘束することにした。たとえドイツの警察官が一般に女性の身柄拘束に消極的だとしても、彼らはそうしたのである。

　被疑者を裁判官の令状なく身柄拘束する場合について、ドイツ憲法は、警察が、被拘束者を遅滞なく――遅くとも拘束された日の翌日に――裁判官のもとに引致することを求めている。憲法の文言はきわめて厳格に、警察が、被拘束者を可能な限り早期に裁判官のもとに引致しなければならないとしているようにみえる。しかしながら、ドイツの裁判所は、警察に翌日まで待つことを許している。これは、遅滞なく裁判官に身柄拘束について判断してもらう被拘束者の権利に反しているようにも思われる。しかしながら、通説は、翌日まで待つことで、捜査を続けて、場合によっては身柄拘束の継続が必要でないことを示す証拠を発見する時間が警察に与えられる、とする。この見解が説得なものといえるかについては、疑問の余地もあろう。なぜなら、警察は、いずれにせよ、捜査を続行し、身柄拘束された者が無実であることを証明する新たな証拠を発見すれば、そこで、その者を釈放することができるはずだからである。

　通常のドイツの実務に従い、ビンダー主任警部とハム刑事は、月曜日にはブラウンとユングを裁判官のも

とに引致しないことにした。彼らは、非常に急がなければそうすることはできなかった。火曜日ということにすれば、彼らは、裁判官の面前での審問の準備を慎重に行うことができる。また、さらなる証拠、とくに盗まれたコインを発見するよう努めることができるのである。

数時間前に、ビンダー主任警部は、事件について知らせるために、マリア・シュレーダー検察官に電話をかけていた。シュレーダーは、Bという文字で始まる名前の被疑者に関する事件を担当していたが、警察がこれまで行ってきた捜査を支持する、といった。ビンダーは再度シュレーダーに電話し、3月22日火曜日に裁判官の審問を求めるよう依頼した。火曜日は、ブラウンが身柄拘束された後の第1日目であるが、ユングにとっては第2日目であると考えることもできよう。なぜなら、警察は、真夜中以前の日曜日に彼女の車を止めていたからである。しかしながら、ユングは、任意で警察署にきており、月曜日の早朝までは正式に身柄拘束されていなかったので、警察官らは、同様に月曜日が彼女の身柄拘束の第1日目だと考えたのである。

最初の電話の際に、ビンダー主任警部は、シュレーダー検察官に、ブラウンとユングの人定事項を伝え、連邦中央登録簿から彼らの前科についての情報を得るよう依頼した。ボンにある連邦中央登録簿は、連邦検事総長が統括し、ドイツ全体に情報を提供する。アメリカとは異なり、ドイツにおいては、以前の犯罪に関する情報は連邦レヴェルでのみ保有されており、かつ、その情報は前科についてのものに限定されている。以前の勾留などについての情報は、連邦中央登録簿にはなく、限定された範囲で、地方レヴェルで保有されている。前科に関する情報が連邦中央登録簿に残っている期間の長さは、科された制裁の重さによる。無期自由刑の場合、その情報は決して抹消されない。ほかの有罪宣告は、5年か10年、あるいはより長期間、登録簿に残っている。ブラウンとユングの前科に関する情報を得ることは、勾留について判断を下さなければならない裁判官にとって重要である。

2．身柄拘束決定──ミヒャエル・ブラウンおよびアレクサンドラ・ユング

翌朝早く、ビンダー主任警部は、ブラウンとユングの勾留状の発付を求めるよう検察官に依頼する短いメモを用意した。ビンダーは、一件記録──警察がこれまで収集したすべての証拠についての記録の完全なファイル──の原本とコピーを添付した。一件記録のコピーは検察官が使うことになっていた。原本は、勾留状を発付するか否かを決める裁判官が必要とする。ビンダーは、検事局に一件記録とともに彼のメモを急いで送らせた。警察には、さらに捜査を行うために、一件記録のコピーが残されている。

一件記録が検事局に到着すると、事務官は、本件が最優先で受理すべきである事件であることを示すために、「勾留」というラベルのある赤いカヴァーをそれに付けた。シュレーダー検察官は、一件記録を検討し、ブラウンとユングに対する勾留命令を求めるという警察の判断について適切なものであると結論した。彼女は以下の命令を発した。

事件番号：203 Js 2305/05　　　　　　　　　　　　　　　　アウクスブルク、2005年3月22日

命令

1）一件記録をアウクスブルク区裁判所
　──捜査裁判官──
　86199　アウクスブルク
　に

以下の者に対する勾留命令の求めを付して送付すること
　　　──被疑者ブラウン
　　　──被疑者ユング

2）この記録を2005年3月29日までに私に戻すこと

| （署名）シュレーダー、検察官 |

シュレーダー検察官の「命令」は、事件を裁判官に送るよう秘書官に指示するものであった。シュレーダーは、事件の処理における遅滞を監視することができるように、秘書官宛の戻り日付を付加した。戻り日付の使用は、ドイツの実務では一般的にみられることである。

検察官が一件記録を送付した裁判官は、「捜査裁判官」と呼ばれる。この裁判官は、勾留のような「強制処分」が正当化されるか否かを決定する職務を割り当てられた区裁判所の正規構成員である。裁判官は、検察官および警察から独立して行動するので、個人の権利の保護に資する。こうした観点からすれば、まさに「独立した裁判官」——何人かのヨーロッパの刑事裁判の専門家によって最近使われている用語である——といえるであろう。公判では入手不可能となってしまう証人の宣誓証言を得ておくといったような、比較的稀有な例を除いては、捜査裁判官は、現実には捜査に関与しない。

ドイツでは、連邦および州の法務大臣による統一刑事手続準則が、技術的問題について判断するための指針を提供している。統一刑事手続準則のもとでは、勾留を求める検察官は、その理由を詳細に記した書面を提出しなければならない。このことは、被疑者の保護のために機能することが期待されている。勾留命令を発付する裁判官だけでなく、それを求める検察官も、被疑者の自由を剥奪することに正当な理由があるかどうかを慎重に吟味しなければならない。勾留命令を求める際、検察官は、通常、裁判官のために勾留命令の案を用意する。これによって、数多くの事件を処理しなければならない捜査裁判官は、勾留命令を下すのが、より容易となる。多数の事件を処理する捜査裁判官は、勾留命令をタイプするための秘書的援助を十分には得られないかもしれない。勾留命令を下すには、ドイツ法のもとでは、勾留が必要と考えられる理由について詳細に述べることが求められる。捜査裁判官は、検察官の案があれば、検察官の求めを容れる場合には、それに署名しさえすればよいのである。

シュレーダー検察官は、ブラウンとユングの勾留命令の案を作成した。提出された2つの案に捜査裁判官が署名したので、最終的な命令だけを後で示すことにする。

シュレーダー検察官は、一件記録などをベック裁判官に急いで送付した。ベックは、事件のための審問を同日の午後3時に設定した。彼は、シュレーダーと警察に審問の実施について告知するとともに、警察の留置場に身柄拘束されている2人の被疑者を連れてくるよう警察に指示した。ベックは、審問への出席を弁護人に依頼しなかった。なぜなら、この時点では、2人の被疑者には弁護人がいなかったからである。ドイツ法は、被疑者を勾留すべきか否かを決する審問を、弁護人の選任を必要とする重要な段階とは考えていないのである。

ベック裁判官は、一件記録を慎重に検討して、審問に備えた。裁判官は、職権主義公判と同様に、審問を行わなければならない。すなわち、ブラウンとユング、そして、おそらく警察官を尋問しなければならないであろう。彼はまた、結論を下すにあたって、一件記録の内容も考慮に入れなければならないであろう。

一件記録および勾留命令の案を読むことは偏見をもたらすのではないか、それにより裁判官は予断なく審問を行うのが困難となるのではないか、ということは、問題となり得る。しかしながら、職権主義のシステムに精通している者は、この危険が過大評価されていると答える。彼らは、裁判官は経験あるプロであり、一件記録を読んだからといって影響を受けることはない、と主張するのである。

シュレーダー検察官とベック裁判官が勾留についての審問の準備をしている間、火曜日の朝の交替で当直に戻っていたシュミット刑事は、留置場にいるユングに会った。シュミットは、彼女に、第2回の取調べのため取調室にくるよう頼んだ。勾留についての審問に備えて、シュミットは、ライヒが負った怪我、行方不明のコイン・コレクション、ドライヴァー、空の木箱、買い物袋、ティーポットのなかにあった白い粉末入りのビニール袋について、彼女が何をいうのかを知りたかったのである。彼は、ユングに、警察がこれまで発見したものについて告知した。「これらの証拠により、あなたには、住居侵入窃盗、危険な道具を用いた暴行、危険な道具を用いた強盗、および、薬物の所持の嫌疑

が認められる」と彼はいった。シュミットは、ユングに、黙秘権と弁護人依頼権を告知した。ユングは、自分は弁護人を必要としない、第1回の取調べと同様に、進んで話をすると答えた。

取調べはしばらくの間続いた。なぜなら、シュミット刑事が数多くの事項について詳しく知りたがったからである。取調べを終えると、彼は、メモをもとに、ユングが述べたことについての報告書を作成した。報告書の最初の部分には、警告とユングの人定事項が記載されており、3月20日の報告書のそれと同一だったので、ここでは繰り返さない。シュミットの報告書の残りの部分は、以下のとおりである。

……

本件に関して：
　私がブラウンをガルテン通りに連れていった時、ビニール製の買い物袋に気づいたかという質問については、ブラウンが車の後部座席から袋をとっているのをみた、ということができる。彼がそうしたのは、車に戻ってきて、私にあと20分ほどかかるといった時である。それから、彼は、再び例の家に向かった。しかしながら、私に示されたビニール袋が、ブラウンが後部座席からとった袋だったのかは分からない。外は暗く、私は、ラベルを読むことができなかった。

質問に対して：
　私にみせられたドライヴァーについては、何もいうことができない。私は、以前に一度もそれをみたことがない。
　ブラウンは、私に、家は無人だろうと話した。私が知る限り、彼は、暴力を振るうことを計画してはいなかった。しかしながら、家には絶対に誰もいないと考える理由が存在しなかったことは、認めざるを得ない。ブラウンがそこで誰かに出くわすという可能性はあった。

さらなる質問に対して：
　私は、コイン箱がどのようにしてゴミ入れに入ったのか、全く知らない。私は、それをそこに入れることはできなかった。なぜなら、私は、リンデン通りのアパートに戻る前に、パトカーによって止められたからである。私は、警察の留置場でその夜の残りを過ごした。

確認に対して：
　私は、コイン・コレクションがどこにあるか知らない。ブラウンは、コインを盗む計画であるとは一度も話さなかった。彼が盗んだものをどこに隠すつもりであるかは、聞かなかった。

さらなる質問に対して：
　私は、ブラウンが以前大麻などの薬物を使用していたのを知っているが、彼は、それはもうやめたと話していた。私は、彼がキッチンのティーポットに薬物を隠していたことを知らなかった。そのティーポットは古く、使っていなかったので、私は、ティーポットのなかをみたことはない。私は、一度も薬物に触れたことはない。どのようにそれらを使うのか、知りたいとも思わない。

　以上：
　　　　　　　（署名）シュミット、巡査部長
　通読し、確認のうえ、署名した：
　　　　　　　（署名）ユング

シュミット刑事は、取調べを終えた後、彼の作成した記録のコピー2部を直ちにシュレーダー検察官に送るよう手配した。シュレーダーは、その間、連邦中央登録簿から必要な情報を受け取っていた。それによると、ユングには前科はなかった。ブラウンは、2003年2月20日にアウクスブルク区裁判所によって酒酔い運転で罰金刑を言い渡されていた。

シュレーダー検察官はまた、アウクスブルク検事局が管理するコンピュータ・データベースをチェックした。このデータベースは、アウクスブルクで起訴されたすべての事件についての情報を提供するものである。しかしながら、ブラウンとユングの名前は、データベースに入っていなかった。シュレーダーは、ユングの取調べ記録とともに連邦中央登録簿の情報をベック裁判官に送った。ベックは、これらを勾留について決定する際に使用することができる。シュレーダーはまた、自分用にコピーをとっておいた。

ベック裁判官は、その執務室で午後3時に審問を開始した。事務局記録官のアニタ・アドラーが、審問の記録を作成することになっていた。マルク・ペータース警察官およびパウラ・ノヴァーク警察官が、ブラウンとユングを中央警察署の留置場から連行してきた。シュレーダー検察官は出席していた。法律上出席が要求されているわけではないが、彼女はくることに決めていた。なぜなら、事件は重罪であり、かつ、ベックがユングの勾留命令に消極的な場合に備える必要があると考えたからである。

捜査に関与していた警察官は誰も出席していなかった。ドイツ法のもとでは、彼らは、発見したものについて証拠を提出するよう要求されていない。ベック裁判官には、一件記録から読み取ったこと、および、ブラウンとユングの発言に基づいて判断する権限が認められていた。

ベック裁判官は、ブラウンとユングに、検察官が勾留命令を求めていることを告知して、審問を開始した。ドイツ法が要求しているように、ベックは、かなり詳細に、一件記録中にみられる事実と証拠を列挙し、両名がどのような犯罪の嫌疑をかけられているのかを示した。その後、ベックは、両名に、嫌疑について答えるか、あるいは、黙秘する権利があることを告知した。ドイツ法のもとでは、そのような告知は、尋問の前に与えられなければならない。被疑者には、その黙秘権について疑いをもたせるべきでない。ブラウンとユングは、ともに、供述することを望む、といった。

ベック裁判官は、さらに、いつでも弁護人と相談する権利があることを両名に告知した。被疑者のいずれも弁護人を選任していなかった。ブラウンは、弁護人の選任を求めたが、ベックは、ドイツ法のもとでは勾留についての審問は弁護人の立会いなしで行うことができると説明して、これを斥けた。

ベック裁判官は、その後、ノヴァーク警察官に、ユングを部屋の外に連れていくよう求めた。ベックは、ユングの発言が、ブラウンの発言によって影響を受けることを避けようとしたのである。

ブラウンを尋問する際、ベック裁判官は、嫌疑に根拠がないことを説明する機会を与えた。ベックはまた、ブラウンに、検察官が勾留命令を求めたのは、彼が証拠を隠滅するか逃亡して手続から逃れるおそれがあると考えたからである、と述べた。ベックは、これらの主張にどのように答えるのか、ブラウンに尋ねた。

ブラウンは、自分が無罪であることを示そうと試みた。ブラウンは、警察に話したことを繰り返して、嫌疑をかけられているどの犯罪とも無関係であるといった。彼は、自分を直ちに釈放するよう求めた。ベック裁判官が、自己弁護的な態度は、勾留命令に関する判断に不利な影響を及ぼすことがあると警告した後でも、ブラウンは、無罪であるとの主張を変えなかった。

ベック裁判官は、ブラウンの尋問を終えると、シュレーダー検察官に追加の質問をするよう促した。しかし、シュレーダーは、何も追加質問はないといった。ベックは、その後、ブラウンをペータース警察官とともに退室させた。ベックは、ユングを部屋に戻すよう求めた。彼は、ブラウンの尋問の時と同様に、ユングに、弁解があればいうように、また、勾留の必要がないというならば、その理由を説明するように、と述べた。

ユングは、裁判官が勾留命令を出すのではないかと恐れ、消沈した様子だった。ベック裁判官は、彼女が話しやすいように、穏やかに質問した。しかしながら、ベックは、同時に、ブラウンが、家のなかで誰かに出会った場合、暴力を振るう可能性があることを認識していたか、盗まれたコインのありかを知っているか、そして、ティーポットのなかにあった、警察捜査研究所がコカインと判定した白い粉末について何か知っていなかったかを、厳しく追及した。ユングは、基本的に、2回の警察による取調べで述べたことを繰り返した。

ベック裁判官は、ユングの尋問を終えると、シュレーダー検察官に追加の質問をするよう促した。シュレー

ダーは、ユングに、ヴァルター・ヴィンターを知っているかと尋ねた。ユングは、自分のボーイフレンドだったが、1年前に別れており、いまはもう連絡をとっていないと答えた。ユングは、彼がいまどこに住んでいるかも知らなかった。ユングの知る限り、ヴィンターはライヒに対する犯罪とは無関係であった。

ユングの尋問を終えてから、ベック裁判官は、ブラウンを部屋に戻した。その後、シュレーダー検察官は、ブラウンもユングも勾留すべきであると主張した。ベックは、検察官の求めを容れて、2人を勾留することにした。

ベック裁判官は、両名が重大な犯罪を行ったと認められる、と述べた。ベックは、ユングが、ライヒ宅での犯罪に責任があるといえるかどうか、確信がもてなかった。しかしながら、ユングの勾留には、暴行に関与したと疑うに足りる強い理由が存在すれば十分なのであり、ベックは、自白や事件の全体的な状況から、それが認められる、という意見であった。ベックは、さらに、ユングはコカインとも何らかの関係がある、と考えた。彼女がキッチンにあった薬物について知らなかったとは、考えにくいように思われた。

盗まれたコインがまだ発見されていなかったので、ベック裁判官は、ブラウンとユングが釈放されれば、コインを何らかの方法で隠滅するおそれがある、と判断した。例えば、両名は、コインを売って、逃亡の資金を得ることができる、と。

ベック裁判官は判断内容を宣告し、シュレーダー検察官によって用意されていた2通の勾留命令状に署名して、そのコピーを、上訴権についての説明を記載した文書とともに、ブラウンとユングに渡した。

ベック裁判官は、ブラウンとユングに、勾留されたことを通知する親類や友人の名前と住所を挙げるよう求めた。ブラウンは、誰にも知らせる必要はない、といった。しかしながら、ベックは、ブラウンに、彼が突然姿を消したわけでないことを明らかにするために、法律上、誰かに通知することが必要とされているのだ、と述べた。そこで、ブラウンは、渋々、両親の名前を挙げた。ユングも、自分の両親に通知するよう求めた。これにより、ベックは、審問を終えた。

アウクスブルク区裁判所 ――捜査裁判官―― 事件番号：1 Gs 320/05	アウクスブルク、2005年3月22日

勾留命令

勾留命令を以下の者に対して発付する。
　ミヒャエル・ブラウン　　　　1971年1月31日アウクスブルク生まれ、独身
　　　　　　　　　　　　　　　自動車整備士、ドイツ国民
　　　　　　　　　　　　　　　最終居住地：86153 アウクスブルク、リンデン通り15番地

嫌疑は以下のとおりである。
他の者と共同して、
――不法に領得する目的で、他人の反抗を排除するため危険な道具を用いて、自己の物でない動産を他人から奪取した
――住居に侵入し、不法に領得する目的で、自己の物でない動産を他人から奪取した
――危険な道具を用いて他人の身体に傷害を加えた
――禁止薬物を所持した

被疑事実
　2005年3月20日午後9時頃、被疑者は、共同被疑者ユングとともに、ユングの車でアウクスブルクのガルテン通りに行き、26番地の家の前で止まった。共同被疑者ユングが車に残っている間、被疑者は、コインを盗む目的で、ガルテン通り31番地にある証人ロベルト・ライヒの家に押し入った。被疑者は、ライヒが保養に出かけていて不在であることを知っていた。被疑者は、建物の裏に回って、外から窓を押し開け、家に侵入し、コインを探し始めた。ライヒが保養から思いがけなく早く戻り、家に入ると、

> 被疑者は、ライヒが使用していた杖をつかみ、ライヒの頭を殴打した。ライヒは床に倒れ、意識を失った。被疑者は、それから、およそ20000ユーロの価値があるコイン・コレクションが入っている木箱をもって、ライヒの家を立ち去った。被疑者は、コイン・コレクションを自ら領得する目的で行為した。
>
> 被疑者は、禁止薬物も所持していた。
>
> これらの行為は、刑法249条、250条、25条2項により処罰される重罪および同法223条、224条、242条、244条、25条2項、麻薬取締法29条1項3号、刑法25条2項により処罰される軽罪を構成する。
>
> 被疑者については、これらの罪を犯したと疑うに足りる強い理由が認められる。被疑者は、犯情の重い強盗、住居侵入窃盗、暴行を犯したことを否認している。しかしながら、その否認は、共同被疑者ユングの説得力ある自白、ライヒ、ハウザー、ノイマン、シュミット、ハム各証人のこれを裏づける証言、そして被疑者のゴミ入れで発見された空のコイン箱によって、反駁されている。
>
> 被疑者は、薬物と何らかの関係があることを否認しているが、しかし、薬物は、被疑者のアパートのキッチンに置かれたティーポットに隠されていた。被疑者と共同被疑者ユングだけが、そのキッチンを使用していた。
>
> 勾留の理由：
> ――証拠隠滅のおそれ――刑事訴訟法112条2項3号
> ――逃亡のおそれ――刑事訴訟法112条2項2号
>
> 被疑者によって盗まれたコインは見つかっていない。釈放されれば、被疑者は、コインの取り戻しを防ぐため、何らかの行為に出る可能性がある。警察の取調べを受けた時、被疑者は、コインの場所に関して何も知らないと述べている。
>
> 被疑者が、自分に対する手続を回避しようと試みるおそれが認められる。被疑者は、およそ20000ユーロの価値があるコインを奪った。それらはまだ発見されていない。コインを売却すれば、被疑者が長期間逃亡することが可能となってしまう。
>
> 犯罪の重大性と被疑者が受けると予測される制裁に照らせば、勾留は、不均衡であるということはできない。
>
> **（署名）ベック、区裁判所裁判官**
>
> 同封物：勾留命令に対する被疑者の上訴権に関するパンフレット

ユングに対する勾留命令も、ほとんど同じだった。そこでは、彼女は、車をライヒの家まで運転したものである、とされていた。しかし、勾留について列挙された根拠は、やや異なっていた。

> ……
>
> 勾留の理由：
> ――証拠隠滅のおそれ――刑事訴訟法112条2項3号
> ――逃亡のおそれ――刑事訴訟法112条2項2号
>
> 共同被疑者のブラウンがライヒ証人から奪ったコインは、まだ発見されていない。被疑者ユングは、

> 自白しているが、釈放されれば、共同被疑者によるコインの隠匿を手助けする可能性がある。被疑者は、コインの所在について知らないと述べているが、しかし、たとえそれが本当だとしても、被疑者は、コインを見つけて隠匿するかもしれない。
>
> 　被疑者が、自分に対する手続を回避しようと試みるおそれが認められる。被疑者は、およそ20000ユーロの価値があるコインを発見して売却するかもしれない。そうすれば、被疑者が長期間逃亡することが可能となってしまう。
>
> 　犯罪の重大性と被疑者が受けると予測される制裁に照らせば、勾留は、不均衡であるということはできない。
>
> ……

　アメリカ法と異なり、ドイツ法は、2日より長い期間の身柄拘束について、理由が詳しく記載された書面による勾留命令に裁判官が署名することを要求している。詳細な理由を記載するのは、なぜそのような決定がなされたかを被疑者に理解させ、上訴がなされた場合、審査の基礎となるようにするためである。

　ベック裁判官が勾留についての審問を終えると、事務局記録官のアドラーは、審問の記録を作成し、それに自ら署名したうえで、裁判官の署名を得た。アドラーは、2通の勾留命令とともに、これを一件記録に編綴した。また、アドラーは、検事局に、勾留命令のコピー2通と審問の記録を送った。そして、検事局は、そのうちの1通を警察に送った。さらに、裁判官の指示により、アドラーは、ブラウンとユングの両親に、その息子、娘が勾留されたことを通知した。

　その間、ペータース警察官とノヴァーク警察官は、2人の被疑者を連れて中央警察署に戻った。そこで彼らは、シュミット刑事と会った。ユングはシュミットに、ケンプテンにいる両親に電話をかけることができるかと尋ねた。シュミットは、ユングが電話を短時間かけることを許した。ケンプテンはアウクスブルクからおよそ90マイルの距離にあり、電話代はあまり高くはならないからである。勾留された者の電話は短時間でなければならない。被勾留者が長時間電話をかけることが許されれば、監視の警察官があまりに多くの時間をとられることになってしまう。

　電話で母親の声を聞くと、ユングは泣きじゃくってしまった。そのため、彼女は、自分が何をしたのか、いまどこにいるのかを伝えることがほとんどできなかった。彼女は、母親に、釈放されるよう助けてほし

いといい続けた。母親は、ユングを落ち着かせようとした。母親は、仕事中の父親にすぐに電話する、両親ともユングを助けるため最善を尽くす、といった。

　シュミット刑事は、その後、ブラウンとユングを警察の留置場に戻した。数時間後に、警察は、ブラウンをアウクスブルク刑務所に移送した。ドイツでは、アメリカとは異なり、警察の留置場を除くと、すべての身柄拘束施設は、刑務所当局によって運営されている。ブラウンは、公判のため勾留される者を収容する棟に入れられた。判決を下された受刑者を収容する棟は別にあった。公判のため勾留される者については無罪推定が働くので、有罪を宣告された受刑者から分離することが法律上必要とされているのである。

　ユングは警察の留置場でその夜を過ごした。なぜなら、女性のための棟がアウクスブルク刑務所になかったからである。翌朝、3月23日水曜日、警察は彼女を、アウクスブルクからおよそ15マイルの距離にある小さな町、アイヒアッハの女子刑務所に連行した。そこで彼女は、女性被勾留者のための棟に入れられた。

3．さらなる捜査

　この間、シュミット刑事は、依然、盗まれたコインの行方を追っていた。ブラウンのアパートでは、コインを見つけることができなかった。その後、シュミットは、ブラウンが仕事場にコインを隠したかもしれないと思いついた。そこで、3月23日水曜日、マンに電話をかけ、従業員のブラウンが日曜日の夜に高価なコイン・コレクションを盗んだ容疑をかけられていることを告げた。シュミットは、ブラウンが日曜日に整備工場に入ることができたか——つまり、そこにコインを隠匿することができたか——尋ねた。マンによれ

ば、週末は整備工場を閉めているとのことだった。整備工場は、メルセデスといった高価な車が多数あるので、施錠されており、鍵をもっているのはマンだけだった。

シュミット刑事はマンに礼を述べたが、さらにいくつか質問をするため整備工場に行きたいといった。2人は翌日、終業後、整備工場で会うことにした。マンが、警察官が整備工場にくるのを従業員にみられたくないといったからである。

翌日の午後、シュミット刑事が到着すると、マンが彼を事務所に招き入れた。事務所に腰を下ろすと、シュミットは、ロベルト・ライヒを知っているかとマンに尋ねた。マンは、知っているといい、ライヒは先週木曜日、3月17日に、整備のため自分のメルセデスをもち込んだ、と述べた。ライヒは昔からの友人で整備工場の顧客でもあるので、よく憶えているとのことだった。ブラウンがライヒの車を点検している間、ライヒは待っていた。土曜日に車で保養に出かけたいと思っているので、よくみてくれるようライヒがブラウンに頼んでいたことも、マンは憶えていた。ライヒは気さくな人物で、整備工場で働いている誰もがライヒに好感をもっていた。ライヒが数年前に妻を亡くし、1人で家に住んでいることを、整備工場の者は皆知っていた。

シュミット刑事が盗まれたコイン・コレクションのことを話すと、マンは、ライヒ同様、自分も古いコインの収集を趣味としている、といった。会うといつでもコレクションの話をし、コインを交換したこともあるとのことだった。2人は、この前の木曜日も、共通の趣味について話をした。マンは、ライヒが自分の家に高価なコレクションを置いていることについて、無用心ではないかと忠告していた。シュミットは、マンがライヒと話している間、ブラウンが近くにいたか確認するため、いくつか質問をした。マンは、シュミットを整備工場まで連れていき、ブラウンがライヒの車のエンジンをみている間、自分とライヒが話をしていた場所を示した。2人は車のフロント・ドアの隣に立っていたので、近くにブラウンがいたことは明らかであった。

シュミット刑事は、ブラウンが仕事中、衣類や私物を置いている場所を尋ねた。マンは、整備工場の隅にあるロッカーを指差した。マンは、シュミットに、ブラウンのロッカーがどれなのかを教えた。そのロッカーは、ブラウンのダイヤル錠で施錠されているとのことであった。シュミットが、ロッカーのなかに何があるかみたいというと、マンは、開けることに問題はないと答えた。ロッカーは整備工場が所有するものであり、マンはブラウンを解雇するつもりでいたので、いずれにせよそれを空にする必要があった。マンが、錠の切断器をとってきた。シュミットは、それを使ってダイヤル錠を切断し、ロッカーを開けた。ロッカーのなかから、シュミットは、衣類、工具、ビール瓶1本と、薬物と思われる少量の白い粉末の入ったビニール袋を発見した。

シュミット刑事は、白い粉末の入った袋を取り出し、指紋を消さないように、それを持参したビニール袋に入れた。2人はそれから、整備工場の事務所に戻った。そこでシュミットは、ポケットサイズのテープレコーダーを取り出し、マンから聴いた話の大要を吹き込んだ。そして、マンにテープを聴かせて、彼の承認の言葉を録音した。シュミットはまた、白い粉末の入ったビニール袋を保全した旨用紙に記入した。彼は、マンに、この用紙のコピーの交付を希望するかと尋ね、マンが希望するというと、コピーを渡した。それからシュミットは、マンの整備工場を後にした。

ロッカーで発見されたビニール袋は、シュミット刑事が探していた証拠ではなかったが、彼は、ブランク警察官がブラウンのアパートのティーポットのなかからビニール袋を発見した時と全く同様に、その仮押収をすることができた。

シュミット刑事は、ロッカーを開けてなかを捜索する時、マンが許可を与えてくれていたので、自分の行為は適法であると考えていた。しかしながら、この考えは間違っていた。たとえロッカーがマンの所有物であったとしても、彼には、ブラウンの鍵を壊してその所持品を捜索することを許可する権利はなかった。本件は、遅延すれば捜索・押収の実効性が失われてしまうため裁判官の令状なしでシュミットが行動できるという、緊急性が存在するケースでもなかった。ブラウンは、アウクスブルクの勾留施設におり、たとえ令状が発付されるのを待ったとしても、ビニール袋がなくなってしまう危険はなかった。それゆえ、ロッカーの捜索およびビニール袋の仮押収は、違法であった。

ドイツでは、違法な捜索・押収の結果得られた証拠

であるからといって、それが自動的に排除されるわけではない。ドイツ法にはいくつかの排除法則が存在する。しかしながら、その主たる目的は、不適切な警察の行動を抑止することではない。排除法則は、個人の権利、主にプライヴァシーの権利保護に資するものである。このプライヴァシーの権利は、人間の尊厳および個人の人格の自由な発展を保護する憲法の規定から導き出されるものである。証拠を排除するもう1つの理由は、政府の権限行使は法治国家原理──アメリカ法におけるデュー・プロセスの要請に類似したもの──に合致していなければならないという憲法原則に違反して証拠が収集された、ということである。ドイツの裁判所は、個人の権利保護あるいは法の支配が証拠排除を要請するか否かを判断するにあたって、比例原則を適用し、侵害の大きさを有効な犯罪統制に対する社会の利益と比較衡量している。個人の権利保護の利益あるいは法の支配が犯罪の訴追に対する社会の利益を凌駕するとの結論に達した時にはじめて、裁判所は、証拠を排除する。

　ドイツの裁判所は、捜索・押収にこの比例原則を適用するにあたって、収集された証拠に証拠能力が認められないと判断するには、違法な捜索が捜索を受ける家屋の居住者を脅したり、令状主義を故意に無視したりするなど、個人の権利に対する重大な侵害に当たるものであることが必要だと判示してきている。通常は、裁判官の令状の入手が可能であるにもかかわらず捜索が無令状で行われたという事実は、それのみでは、裁判所が証拠を排除しなければならないとするには十分でない。

　シュミット刑事は、マンの許可が自分の処分を正当化するのに十分であると信じてロッカーを開けたのであるから、善意に行動したのであった。また、もし請求していたならば、令状が発付されたという事案でもあった。これらの事情のもとでは、ドイツ法では、ロッカーから発見されたビニール袋の証拠能力は認められることになる。

　シュミット刑事は、中央警察署に戻った後、ブラウンのロッカーから発見したビニール袋を、指紋の検査および白い粉末の分析のため、警察捜査研究所に送付した。数日後、警察捜査研究所により、白い粉末はコカインであり、より詳細な分析が引き続きなされる旨の予備報告書が作成された。警察捜査研究所はまた、ビニール袋からブラウンの指紋が発見されたとしていた。

　3月29日火曜日、シュミット刑事は、報告書を作成し、盗まれたコインのありかを示す証拠を発見しようとしてブラウンの仕事場のロッカーを捜索したが、何も発見できなかった旨を記載した。また、ロッカーの捜索中に白い粉末の入った小さなビニール袋を発見し、押収したが、それは、警察捜査研究所によってコカインと確認された、とシュミットは報告した。

　警察が裁判官の令状も対象者の立会いもなく目的物を押収した場合、ドイツ法は、裁判官の承認を得ることを要求している。ブラウンは、自分のロッカーからビニール袋が持ち出された時、その場にいなかったので、シュミット刑事は、押収に対する裁判官の承認を求める必要があった。それゆえ、彼は、検察官に対し、白い粉末の入っているビニール袋の保全を承認する裁判官の命令を得るよう求めるメモを準備した。それからシュミットは、マンの取調べ記録およびビニール袋の捜索・押収についての報告書とともに、このメモを検察官に送付した。

　ドイツ法のもとでは、警察は、捜索後3日以内に裁判官の承認を求めなければならない。ブラウンのロッカー捜索後の数日はイースター休暇──その間、ドイツの役所は金曜日から次の週の月曜日まで閉まってしまう──に当たっていたので、シュミット刑事は、3月29日火曜日になってようやく、このメモをシュレーダー検察官に送付することができた。そして、3月30日水曜日になって、シュレーダーのもとにシュミットの要請が届いた。このようにして、シュレーダーは3日の期限を遵守することができなかったが、この種の遅延は、被疑者の権利などへの重大な侵害とはいえないため、無害な誤りと考えられている。

　シュレーダー検察官は、シュミット刑事の要請を容れ、次の命令を発した。

> 事件番号：203 Js 2305/05　　　　　　　　　　　　　　アウクスブルク、2005 年 3 月 30 日
>
> ### 命令
>
> １）一件記録をアウクスブルク区裁判所
> 　――捜査裁判官――
> 86199　アウクスブルク
> に送付すること
>
> 　それに以下の物の押収を承認する命令の発付の求めを添付すること
>
> 　アウクスブルク、モーツァルト通り 8 番地、マン自動車整備工場内の被疑者ブラウンのロッカーから発見された少量の白い粉末の入ったビニール袋 1 つ
>
> 　当該物件は、証拠であり、かつ、没収されるべき物である。
> 　刑事訴訟法 94 条 1 項、98 条 1 項・2 項
>
> ２）2005 年 4 月 6 日までにこの命令書を私に戻すこと。
>
> 　　　　　　　　　　　　（署名）シュレーダー、検察官

　捜査裁判官であるベックは、3 月 31 日木曜日、一件記録などが自分の机に置かれているのを見つけた。この押収について判断するには審理を必要としなかったので、ベックは、一件記録にのみ依拠して、命令を発した。彼は、次の命令でもって押収を承認した。

> アウクスブルク区裁判所
> 　――捜査裁判官――　　　　　　　　　　　　　　　　　アウクスブルク、2005 年 3 月 31 日
> 事件番号：1 Gs 320/05
>
> ### 命令
>
> ミヒャエル・ブラウン
> 1971 年 1 月 31 日　アウクスブルク生まれ
> 独身、自動車整備士、ドイツ国民
> および
> アレクサンドラ・ユング
> 1982 年 9 月 26 日　ケンプテン生まれ
> 独身、大学生、ドイツ国民
>
> 被疑事実：禁止薬物の所持
> に関して
>
> 　マン自動車整備工場内の被疑者ブラウンのロッカーで発見された少量の白い粉末の入ったビニール袋 1 つの押収を承認する。
>
> 理由：当該物件は、証拠であり、かつ、没収されるべき物である。
>
> 刑事訴訟法 94 条 1 項、98 条 1 項・2 項

（署名）ベック、区裁判所裁判官

　裁判所は、命令書を一件記録に編綴した。検察官は、命令書のコピー2通を受領し、そのうち1通を警察に送付した。

　3月30日水曜日午後、シュミット刑事は、ブラウンが取調べで、ライヒに対する犯罪を実行した人物であると話したヴィンターの居所を突きとめた。シュミットは、ヴィンターに会い、3月20日日曜日の夜、どこにいたか憶えているかと尋ねた。ヴィンターは、正確に憶えていると答えた。2月末にスキーの事故で足の骨を折って歩けなかったので、家にいたのであった。その足にはまだギプスがはめられていた。ヴィンターは、シュミットに、足のギプスと、医師の診断書をみせた。シュミットは、取調べの記録を作成し、診断書のコピーをとり、これらを一件記録に添付した。

　翌3月31日午前、シュミット刑事は、ブラウンが勾留されている施設に行った。シュミットは、取調室の1つでブラウンと会い、さらに取調べを行うためにやってきたと説明した。シュミットは、マン自動車整備工場にあるロッカーからコカインの入った小さなビニール袋を押収したことを、ブラウンに告げた。シュミットはまた、ヴィンターは、2月末に足を骨折して現在でも歩行できないことを、ブラウンに話した。

　それから、シュミット刑事は、ドイツ法によって要求されている警告をブラウンに与え、何か話したいことはあるかと尋ねた。ブラウンは、話をするのを拒み、弁護士に会いたいと申し出た。シュミットは、弁護人と接触することは自由にできるといった。ブラウンは、自分には弁護人が付いておらず、弁護人を雇う金銭的余裕がないと答えた。この問題についてできることは何もなかったので、シュミットは、助けになることはできない、とブラウンにいった。

　シュミット刑事は、取調べの記録を作成しながら、ブラウンに、考えを変えて話をしないか尋ねた。証拠に照らすと、胸の内を明かし、自白した方がいいのではないか、とシュミットはいった。とりわけ、盗まれたコインがどこにあるかを話すべきだ、とシュミットはいった。しかしながら、ブラウンは黙秘を続け、取調べの記録に署名をすることも拒んだ。シュミットは、ブラウンが取調べの記録への署名を拒否したことをメモし、それを一件記録に添付した。

　3月31木曜日の午後、シュミット刑事は、ブラウンのロッカーから回収したコカインについてユングを取り調べるため、アイヒアッハの勾留施設に行った。しかしながら、ユングは、それについては何も知らないといった。ブラウンが職場にロッカーをもっていることさえ聞いたことがなかった。シュミットは、ユングの話を記載した報告書を作成し、ユングはそれに署名した。

　次に、シュミット刑事は、ブリギッテ・ブッシュに電話をかけ、中央警察署にきて、3月20日の夜にみたことを話してくれないかと頼んだ。ブッシュは、警察署にくると、ブラウ警察官に述べたことを繰り返した。シュミットは、車から降りてライヒの家に行った男を識別できるかと尋ねたが、ブッシュは、できないと思う、と答えた。彼女はまた、男が玄関ドアから出てきて立ち去った時、隣人の1人であるハインツがライヒの家のそばで犬を散歩させていたが、あっという間の出来事だったので、ハインツも男を識別することはできないと思う、といった。

　シュミット刑事は、病院でライヒの治療に当たったヴァイス医師にも連絡をとり、ライヒの怪我の状況に関する文書を送るよう依頼した。文書を受領すると、シュミットは、それを一件記録に編綴した。

医師　ダヴィト・ヴァイス
アウクスブルク中央病院
救急部
86243　アウクスブルク、フリーデン通り1番地

アウクスブルク、2005年3月31日

> **ロベルト・ライヒの負傷状況に関して**
>
> 　ロベルト・ライヒ（1922年4月14日生まれ）は、2005年3月20日10時45分、アウクスブルク中央病院救急部に搬送された。ライヒは、意識はあったが、話をするのは困難であった。
>
> 　ライヒの左下腕内部の骨（尺骨）が折れていた。単純骨折であった。腕にはギプスを付けた。
>
> 　頭部左上部分の皮膚を負傷していたが、頭蓋骨への影響はなかった。開放創は3針縫って閉じ、包帯で治療した。診察の結果、ほかに負傷部位は認められなかった。
>
> 　ライヒは、復調を示したが、さらなる観察のため病棟に入院した。
>
> 　3月21日午前、ライヒは、再度検査を受け、頭部と腕の傷を除いて、医学的に良好な状態にあることが分かった。ライヒは、自らの希望により、午前10時、退院した。
>
> 　　　　　　　　　**（署名）ダヴィト・ヴァイス**

　4月4日月曜日、シュミット刑事は、ライヒに電話をかけ、以前送ると約束した、盗まれたコインのリストと写真について尋ねた。ライヒは、折れた腕はまだ具合が悪いが、よくなり次第、それらを送るつもりだ、といった。

　シュミット刑事は、これまで収集した証拠を検討して、事件について十分に捜査した、警察による捜査はもう終わりである、と判断した。あとは、警察の捜査で判明した事実をまとめた最終報告書を作成するだけであった。

　ドイツの警察が事件を検察官に送致する際、有罪の見込みがあることは要求されない。それどころか、ドイツの警察には、すべての事件を例外なく検察官に送致する法律上の義務があるのである。警察は、一旦捜査を始めると、たとえ被疑者が無実であると考える場合でさえ、手続を打ち切る裁量を一切もっていない。警察が手続を打ち切ることが許されたならば、その裁量はコントロールが難しく、したがって容易に濫用され得ることが危惧される。法の平等な適用は、警察活動を指導する原則であり、裁量権の行使は、──ドイツの法制度が裁量を許容する場合には──検察官の職分なのである。

　しかしながら、本件では、ブラウンとユングがライヒに対する犯罪を行ったこと、および、両名が薬物を所持していたことを証明する十分な証拠がある、とシュミット刑事は考えていた。ブラウンは、悪いことをやったとは認めていないが、彼の供述はその他の証拠によって否定されている、とシュミットは確信していた。

　警察は、捜査において行ったことの全体像を検察官に提供しなければならないので、最終報告書は長くなることが多い。シュミット刑事の報告書は、全部で10頁を超えるものであった。繰り返しになるので、ここでそのすべてを引用することはしないが、報告書の書式などを示すため、一部分のみ抜粋しておく。

> **中央警察署**
> **刑事課**
> 86150　アウクスブルク
>
> 　　　　　　　　　　　　　　　アウクスブルク、2005年4月8日
>
> 記録番号：7221-0800-7/05
>
> 　　　　　　　　　　**最終報告書**
>
> 　警察の捜査を終了し、被疑者2名を次の犯罪の共同実行により訴追することを勧告する。

被疑者：ミヒャエル・ブラウン（1971年1月31日アウクスブルク生まれ）
アレクサンドラ・ユング（1982年9月26日ケンプテン生まれ）

――犯情の重い強盗、危険な傷害および住居侵入窃盗
刑法249条1項、250条2項1号、223条1項、224条1項2号、242条1項、244条1項3号、25条2項
――禁止薬物の所持
麻薬取締法29条1項3号、刑法25条2項

事実：
　2005年3月20日夜10時頃、ブリギッテ・ブッシュ（既婚、主婦、86356 アウクスブルク、ガルテン通り26番地）が、中央警察署に電話をかけてきた。家の前にみたことのない車が駐車していたとのことだった。ブッシュは、その車は濃い青色の、古い小型車で、ナンバーはA-M4881であったと述べた。1人は車のなかに残っていたが、男が1人、車から降り、ロベルト・ライヒ（寡夫、元実業家、ガルテン通り31番地）の家まで歩いていった。目撃者であるブッシュは、ライヒが2週間の保養に出かけて不在であることを知っていた。意外なことに、ライヒの車が戻ってきたが、それは、見知らぬ男がライヒの家に向かって歩いていった直後のことであった。ライヒは自分の家に入ったが、同時に、濃い青色の小型車が先に降りた男を乗せることなく走り去った。数分後、その見知らぬ男がライヒの家の玄関ドアから出てきて、歩いて立ち去った。ブッシュは、当直の警察官に対し、何者かがライヒの家に押し入ったのではないかと思う、と話した。

　ブッシュの電話の後、ハウザー警察官とゲルバー警察官を乗せたパトカーがガルテン通り31番地に派遣された。2人は、家の玄関ドアが開いており、ライヒが近くの床に横たわっているのを発見した。ライヒは、意識が全くないわけではなかったが、頭から血を流していた。重い杖がライヒの横の床に落ちていた。ハウザー警察官が救急車を呼び、ライヒは病院に搬送された。頭部に打撲傷があると診断され、そのうちの1つは3針縫わなければならなかった。さらに、左下腕の骨が折れており、ギプスをはめる必要があった。

　ハウザー警察官は、ライヒに対する暴行事件の発生を中央警察署に報告した。中央警察署は、ナンバーA-M4881の濃い青色の小型車を探すようパトカーに指示した。午後10時15分、シェーファー警察官とミラー警察官は、このナンバーの車を見つけて停止させた。車を運転していた女性は、シェーファー警察官の要求に応じて、運転免許証などを呈示した。書類から、その女性がアレクサンドラ・ユング、大学生、86153 アウクスブルク、リンデン通り15番地であることが分かった。車はユングの名前で登録されていた。それから、シェーファー警察官は車を捜索し、ミラー警察官はユングの身体を捜索したが、不審物は何も発見されなかった。警察官らは、ユングをパトカーに乗せ、中央警察署に連行した。そこで、シュミット刑事がユングを取り調べた。ユングは、ボーイフレンドのミヒャエル・ブラウンをガルテン通りまで連れていった、ブラウンは住居に立ち入り、何か高価なものを盗む計画を立てていたと自白した。しかしながら、ユングは、ブラウンが具体的に何を盗むつもりであったかは知らないといった。

　……

　ブラウンは、3月21日午前1時頃、自分のアパートに戻ってきた。ツィンマー警察官とブランク警察官は、ブラウンを停止させ、名前を尋ねた。ブラウンが身元を明らかにした後、2人は、ブラウンの身体を捜索したが、不審物は何も発見されなかった。また、警察官らは、ブラウンのアパートの裏庭に置いてあったゴミ入れとブラウンのアパートを捜索した。警察官らは、ゴミ入れのなかから茶色の木箱とビニール製の買い物袋を発見した。その箱は、コインを入れておくようデザインされたものであることが明らかであったが、なかは空っぽであった。キッチンの戸棚に置かれたティーポットのなかに白い粉末

の入った小さなビニール袋があるのが発見された。ブラウンは、自分とは何の関係もないといい、警察官らがそれらを押収することに同意した。警察官らは、ブラウンを中央警察署に連行した。

中央警察署で、シュミット刑事は、ブラウンを取り調べた。ブラウンは、ライヒ宅に押し入り彼に暴行を加えたことを否認したが、ブラウンのアリバイについての主張は説得的なものでなかった。第1に、彼は、「宇宙からのエコー」という映画を観にいっていたと主張したが、その映画の上映はすでに終了していた。このことを告げられると、ブラウンは、ほんの数時間前に観たという映画の正確な題名について、憶えていないといった。ブラウンはまた、映画を観た後、「ニルヴァーナ」というディスコに行ったと述べた。しかしながら、そこはブラウンが毎週末に訪れているディスコであるにもかかわらず、知り合いには会わなかったと主張した。

ブラウンの主張は、ガールフレンドであるユングの自白によっても否定された。ブラウンは、ユングの前のボーイフレンドであったヴィンターこそが、ユングがライヒの家まで車で連れていった人物であると申し立てたが、ヴィンターは足を骨折してギプスを付けており、歩行できなかったので、あり得ないことである。

……

警察捜査研究所は、2つのビニール袋に入っていた白い粉末はコカインであると判定している。警察捜査研究所はまた、そのビニール袋からブラウンの指紋を発見した。

……

（署名）ビンダー、主任警部
（署名）シュミット、巡査部長

ビンダー主任警部も、最終報告書に署名した。最終報告書は重大な犯罪に関するものであり、上級警察官の連署を必要としたからである。それから、シュミット刑事は、一件記録とともに最終報告書を検事局に送付した。

II. 弁護人の活動——アレクサンドラ・ユング

ユングの母親は、3月22日の午後遅くに、娘からの電話で何が起こったのかを知り、その後、仕事中の夫に電話をした。娘には直ちに弁護人の援助が必要であるという点で2人の意見は一致した。ユングの父親は、ケンプテンの弁護士で友人のアイゼンベルクに連絡をとり、助言を求めた。アイゼンベルクは、刑事事件の弁護を専門にしている弁護士と連絡をとってみてはどうかといった。アイゼンベルクは、ユングが身柄を拘束され、取調べが行われているアウクスブルクに事務所をもっている弁護士を雇うのが最善であるといい、「刑法専門」のアウクスブルクの弁護士、オリヴァー・シンドラーの電話番号を教えた。

原則として、弁護士会への入会を許可されたドイツの弁護士であれば誰でも、刑事事件の弁護をすることができる。しかしながら、ドイツの弁護士の数が急速に増大し、弁護士の間の競争が熾烈なものであるとはいえ、近年、刑事事件の弁護に関わる理論的・実務的な問題は以前より難しくなっている。刑事事件の弁護サーヴィスの質を向上させるため、ドイツの弁護士会は、特別の資格をもつ弁護士が「刑法専門」として名簿に名前を載せることを許している。「刑法専門」になるには、軽微な犯罪に関するものでない事件を少なくとも50件担当するという実務経験を積んでいなければならない。さらに、刑事実体法および刑事手続法に関する十分な理論的知識をもっていることを証明するため、いくつかの大学院レヴェルのセミナーに参加し、筆記試験を受けていなければならない。

ユングの父親は、3月23日水曜日の午前、シンドラー弁護士に電話をかけた。ユングの父親は、シンドラーに、自分のもっているごく限られた情報によれば、娘は暴力犯罪に関与し、アウクスブルクで警察によって勾留されている、ということを伝えた。彼は、娘の

事件を引き受けてくれるようシンドラーに依頼し、弁護費用を支払う意思があるといった。シンドラーは、事件を受任し、前金として2000ユーロの支払いを求め、ユングの父親は、送金を約束した。シンドラーはまた、ユングが勾留されている施設に立ち入るには書面による委任状が必要となる、といった。シンドラーは、ユングの父親に、委任状の用紙をファックスで送り、彼と妻の署名をしたものを直ちに送り返すよう頼んだ。

ドイツにおける弁護人の報酬は、当事者が別に合意しない限り、法律上の報酬規定による。報酬規定は、公判前の段階および公判段階における弁護人の活動に対する報酬の上限と下限を定めているが、大規模で費用のかかる事務所をもっている裕福な弁護士の活動に対するものとしては、十分な額ではない。それゆえ、ドイツの弁護人は、しばしば、報酬規定における報酬よりも高額の報酬を支払うよう依頼人に求める。このことは、ドイツ法上は、書面による報酬に関する合意が存在すれば、許される。そのような合意は、委任状とは別の書面でなされなければならない。こうした理由で、シンドラー弁護人は、委任状のほかに、報酬の合意に関する別の用紙をファックスで送付し、ユング夫妻の署名をしたものを返送するよう頼んだ。シンドラーは、ユングの母親の署名を求めたので、彼女もシンドラーが要求する報酬の支払いについて責任を負うことになった。

それから、シンドラー弁護人は、アウクスブルクの中央警察署に電話をかけ、ユングの弁護人であると自己紹介し、ユングがいまどこに勾留されているか尋ねた。電話に出た警察官は、電話の相手方がシンドラーであることを確認したいと考え、電話をかけ直すといった。警察官は、電話帳でシンドラーの電話番号を調べ、電話をかけ直し、ユングはアイヒアッハの女子刑務所に移されたということをシンドラーに伝えた。

翌朝、シンドラー弁護人は、時間を見つけて、ユングに会いにいった。ドイツ法においては、勾留施設の執務時間中であればいつでも、弁護人は被勾留者と面会することが許されている。シンドラーは、刑務所の正面玄関で、ユングの父親がファックスで自分に送り返してきた委任状をみせ、なかに入ることを許された。シンドラーは、取調室でユングと接見した。

シンドラー弁護人とユングは、取調室で話をしている間、2人きりであった。ドイツ法のもとでは、勾留されている被疑者と弁護人との間の口頭および書面によるやりとりは、いかなる方法でも監視することは許されていない。秘密に意思疎通をする権利は、弁護のための基本的な権利の1つと考えられている。

ユングは、両親が手配してくれた弁護人と面会できて喜んでいた。しかしながら、ユングは、自分の置かれた状況に絶望的になっていて、シンドラー弁護人に何とかここから出られるよう援助してほしいといった。シンドラーは、ユングを落ち着かせようと努めた。シンドラーは、被疑事実と勾留の理由について尋ねた。シンドラーは、ユングが警察にどのような話をしたか知らなかったので、本当に罪を犯したのか尋ねることを注意深く避けた。シンドラーは、ユングに、自分に真実を話さなければならないという印象を与えたくなかった。自分は被疑事実について有罪であるとユングがいわない限り、シンドラーには、無罪を主張して、彼女を弁護する自由があった。

ユングについては、シンドラー弁護人がそのような慎重なアプローチをとる必要はなかった。ユングは、ブラウンをガルテン通りまで連れていき、そこでブラウンはライヒの家に押し入り、暴行を加え、コイン・コレクションをもって逃げた、とシンドラーに躊躇することなく話した。さらに、彼女は、警察にはすべて話してあると述べた。シンドラーは、メモをとりながら、3月20日の夜に起こったことを説明させた。シンドラーは、いくつか質問をした。とりわけ、盗まれたコインのある場所を知っているか、ブラウンが押し入った時、家に誰もいないとどうして確信できたのか尋ねた。ユングは、ブラウンがどこにコインを隠したのかは全く分からない、といった。さらに、ブラウンは家には誰もいないと話していて、自分はその言葉を信じたのだと説明した。ユングは、ライヒが戻ってきて、家の横に駐車し、玄関ドアからなかに入るのをみた時、ブラウンが家のなかにいることを知っていた。しかし、ブラウンが隠れて、裏のドアか窓から逃げるのだろうと考えていた。ブラウンがライヒに暴行を加えるとは、思ってもみなかった。警察の取調べを受けてはじめて、ブラウンが歩行用の杖でライヒを殴ったことを知ったのであった。

ユングはさらに、ブラウンと一緒に住んでいるアパートのキッチンでコカインの入った小さなビニール袋を警察が発見したこと、それゆえ、薬物所持も問題

となっていることをシンドラー弁護人に話した。ユングは、コカインについては全く知らなかった、といった。

シンドラー弁護人が、裁判官から渡された勾留状をみせてほしいというと、ユングは、それは監房にあると答えた。勾留状は、シンドラーが帰る前に、監房からとってきて渡すことになった。

2人で話をしている間、ユングは、シンドラー弁護人に対し、いつまで勾留されることになるのか、ここから出られるようにしてもらえるのか、と尋ねてばかりいた。ユングは、勾留を命じた裁判官に、何時でも審理を求めることができると記載された書面を渡された、といった。シンドラーは、裁判官が勾留状を発付した時と事情が異ならない限り、釈放を求めても容れられないであろうと説明した。盗まれたコインが発見された場合や、ユングにとって有利なほかの証拠を提出し得る場合にのみ、勾留命令が取り消されたり、勾留状の執行が猶予されたりする可能性がある。それゆえ、シンドラーは、ユングに、しばらく我慢するように、といった。イースター休暇――3月25日金曜日から3月28日月曜日まで――後まで、シンドラーにできることは何もなかった。しかしながら、シンドラーは、できるだけ早く検察官に連絡をとり、警察の捜査がその後どのように進展したかを把握しようと考えた。その情報を得た後すぐに、ユングと話をするため刑務所に戻ってくるつもりであった。シンドラーは、ユングから勾留状を受け取ると、勾留施設を離れた。

シンドラー弁護人は、事務所に戻ると、ユングの事件の担当検察官が誰なのかを知るため、アウクスブルクの検事局に電話をかけた。電話は、シュレーダー検察官のところに回された。シンドラーは、ユングの弁護人であると自己紹介し、事件のことで担当検察官と話をしたいといった。シュレーダー検察官は、シンドラーに委任状をみせるよう要求することなく、話をしてくれた。というのは、シュレーダーは、以前にシンドラーと会ったことがあり、信頼できる人物であることが分かっていたからである。シュレーダーは委任状のコピーを送ることを求め、シンドラーは了承した。それは、弁護人に利益なことでもあった。シンドラーの名前と住所は、一件記録の表紙の頁に記載され、それ以後は、依頼人に関するコミュニケーションはすべてシンドラーに送付されなければならなくなるのである。

シンドラーは、シュレーダー検察官に、一件記録を閲覧したいといった。シュレーダーは、警察がまだ事件を捜査しているところなので、完全な一件記録はないと答えた。そこで、シンドラーは、ベック裁判官による勾留に関する審問の後、検事局が保管している一件記録のコピーを閲覧することになった。

ドイツ法のもとでは、弁護人には、事件の一件記録が検察官の手許に届き次第、それを閲覧する権利がある。捜査が終了する前の段階で検察官が閲覧を拒否することが許されているのは、閲覧が進行中の捜査の妨害となるおそれがある時のみである。その場合、弁護人は、一般に、被疑者の取調べ記録を閲覧することしかできない。

実務上、ドイツの検察官は、弁護人の閲覧要求を広く認めている。国家の安全に関する事件を除いて、閲覧が拒絶されることはめったにない。一般に、弁護人には、一件記録を事務所にもち帰り、コピーすることが許されている。弁護人は、一件記録を検討した後、弁護の準備のため依頼人とそれについて話し合うことができる。弁護人には、依頼人に一件記録のコピーを手渡すことも認められている。しかしながら、一件記録それ自体を依頼人に渡すことは許されていない。このルールは、依頼人による一件記録の改ざんを防止するためのものである。

シンドラー弁護人がシュレーダー検察官と合意したので、シンドラーの秘書の1人は、イースター休暇後の最初の仕事日である3月29日火曜日、ユングの事件の一件記録を受け取りに検事局に行った。秘書は検事局にシンドラーからの手紙を提出した。この手紙には、委任状を送ること、そして、捜査が終了した後、再度一件記録を閲覧させてもらいたいと考えていることが書かれていた。シンドラーは、現在進行中の捜査によってどんな証拠が出てくるか分からないので、一件記録をもう一度閲覧する必要があると考えたのである。秘書は、ユングの事件の一件記録を事務所にもち帰り、それをコピーした。そのうえで、秘書は、一件記録を検事局に返却した。

シンドラー弁護人は、その日は別の事件で忙しかったので、翌日の水曜日の午前までユングの事件の一件記録を検討することができなかった。シンドラーは、一件記録を読んで、次のように結論づけた。すなわち、ユングはライヒに対する暴行について責任はなく、コ

インの窃盗における彼女の役割は比較的小さなものであり、コカインについてほとんど何も知らない、と。シンドラーは、証拠に関するこのような解釈に基づき、検察官と裁判官を説得し、ユングに対する勾留命令を取り消させる、あるいは、少なくとも勾留状の執行を猶予させることが可能だと考えた。しかしながら、それ以上考えを進める前に、シンドラーは、被疑事実についてユングが実際には何を知っているのかを明らかにするため、ユングともう一度話をしたいと思った。できるだけ早くユングを勾留から解放するため、シンドラーは、ほかの2人の依頼人との水曜日の午後の約束を変更し、車でアイヒアッハの勾留施設に向かった。シンドラーは、ユングと面会した時、自分の作戦について話さなかった。奏功しないかもしれないので、ユングにあまり期待を抱かせたくなかったのである。

シンドラー弁護人は、3月20日の夜に起こったことについてユングから詳しい話を聴いた。シンドラーは、多くの質問をしたが、ユングの返答に影響を与えないようにした。ドイツ法においては、弁護人が依頼人を援助する義務は、依頼人に嘘をつくよう勧めることを正当化するものではない。シンドラーは、ユングの話したことを完全に、かつ正確に記録するため、会話を録音した。

ユングは、シンドラー弁護人が一件記録を読んで立てた仮説の大部分について、そのとおりだと認めた。ユングは、ブラウンをガルテン通りまで車で連れていった時、彼が何か高価なものを盗む計画であることは知っていたが、それがコイン・コレクションであるとは聞いていなかった。ブラウンはまた、窃盗により得た金銭その他の利益をユングに与える約束をしていたわけではなかった。ユングは、ブラウンがコインをどこに隠したかについては、いまでも全く見当がつかなかった。

2人がガルテン通りに行く前に、ブラウンは、盗みに入ろうとしている家には誰もいないはずだ、と話していた。ユングはまた、自分に対する2度の警察の取調べ記録では、誰かがライヒの家にいた場合、どのようなことが起こるかを自分があらかじめ考えていたかのような記載があるが、なぜそのような記載がなされることになったのか、理由を説明した。取調べを行った警察官は、一般論として、どのようなことが起こり得ると考えるか、という質問をしたのであり、ユングの供述は、そのような質問に対して答えたものであっ

た。ユングは、ブラウンが家のなかでライヒと遭遇し、殴りかかるという可能性を認識していたと述べたわけではなかった。実際、そのようなことは頭になかった。その可能性を認識していたら、ユングは、その夜、ブラウンを車で送っていったりはしなかったであろう。ユングの説明から、シンドラー弁護人は、警察の記録における問題の供述が、誤って解釈されてきているのだ、という結論に達した。

シンドラー弁護人がティーポットのなかにあったコカインについて尋ねると、ユングは、そのティーポットには触ったこともない、といった。ユングがブラウンのアパートに住み始めてから、まだほんの数か月しかたっておらず、ユングはお茶を入れるのに別のポットを使用していた。ブラウンと違って、ユングは、背が低く、ティーポットが発見されたキッチンの戸棚の最上段には手が届かなかった。

シンドラー弁護人の質問の後、ユングは、釈放される見込みについて尋ねた。彼女は、5月の第2週に筆記試験を受けなければならない、といった。もし受け損なうと、学期全部の単位を落としてしまうことになる。シンドラーは、釈放となる可能性はあるだろうが、自分としては何も約束できない、といった。シンドラーは、勾留状の執行猶予との関係で、担保を提供することができるかどうかユングに尋ねた。盗まれたコインが取り戻されていないことを考えると、裁判官は、釈放の条件として担保の提供を命じるであろう。ユングは、自分にはそのような余裕はないけれども、両親なら担保を支払うことができると思う、父は裕福な実業家であるから、といった。シンドラーは、勾留施設を去る前に、ユングに対し、勾留命令の取消しまたは勾留状の執行猶予を裁判官に求めるつもりであるといった。次に2人が顔を合わせるのは、おそらく、勾留審査の時ということになろう。

翌3月31日木曜日午前、シンドラー弁護人はシュレーダー検察官に電話をかけ、ユングの事件について、とくに釈放の可能性について話をする時間があるかと尋ねた。シンドラーは、裁判官の勾留審査を正式に要求する前に、自分の見解に対する検察官の意見を知っておきたかったのである。もしシュレーダーにユングの釈放に賛成する気がなければ、裁判官が勾留命令の取消しあるいは勾留状の執行猶予を命じる見込みはほとんどない。シュレーダーは、事件の詳細について検討しておきたいと思ったので、午後に電話をかけ直し

てほしいとシンドラーにいった。

　昔ならば、シンドラー弁護人は、裁判官に請求をする前に検察官と接触することなど考えなかったであろう。シンドラーは、裁判官が認めるかどうか分からなくても、請求をしたのではないかと思われる。1980年代以降、このような伝統的なやり方は、徐々に、検察官、裁判官、弁護人および被告人との協働・取引という新しい実務慣行にとって代わられたのである。昔は、被疑者は、服従すべき従属者の地位にあり、弁護人の活動も被疑者のこうした地位に合致したものでなければならなかった。今日では、弁護人は積極的に、ほぼ対等の立場で刑事司法当局と協働する。弁護人は、躊躇することなく検察官や裁判官と接触し、非公式に率直な話し合いを行い、その結果、関係者の合意に基づいた決定が下されることになる。必要があれば、弁護人は、自分の影響力を行使し、精力的に依頼人のために戦うのである。

　シンドラー弁護人が午後、シュレーダー検察官に電話をかけ直すと、2人は、ユングの事件について率直に話をした。シンドラーは、事実について、自分の見解を慎重に説明した。シンドラーは、自分の解釈の正当性を訴え、結局、シュレーダーも、ユングがライヒへの暴行とは無関係であるという彼の意見に賛同した。すなわち、ユングは、暴行がなされる可能性を認識していなかった、警察の記録には誤りがある、と。

　さらに、シュレーダー検察官は、ユングとティーポットのなかにあったコカインとのつながりを示す証拠が存在しないことを認めた。ユングの話は、ビニール袋からユングの指紋は発見されなかったという警察捜査研究所の報告書とも合致する。勾留についての審問におけるユングの印象に基づいて、シュレーダーはまた、ユングは内向的で、世間知らずな若い女性であること、ほかのことをすべて認めながら、コカインに関して嘘をつく可能性はないように思われることに同意した。

　警察が最近、ブラウンの仕事場にあるロッカーを捜索中にビニール袋をもう1つ押収したとシュレーダー検察官から聞いて、シンドラー弁護人は驚いた。しかしながら、ユングはロッカーを使用することはできず、ビニール袋にはブラウンの指紋しか付いていなかったので、ユングがこの薬物について知っているということは、まず考えられないであろう。

　証拠上、ユングには住居侵入窃盗に加わったことについてのみ責任を問い得るに過ぎないという点で、シュレーダー検察官とシンドラー弁護人の意見は一致した。ブラウンがユングを事件に巻き込んだことは明白であり、分け前をもらう約束はしていなかったので、ユングは正犯ではないということになろう。

　シュレーダー検察官は、以上のことから、ユングの釈放に異議を唱えるつもりはないといった。警察による捜査がもう少しで終了するため、検察官は、ユングによって証拠の隠滅がなされるおそれはほとんどないと考えていた。ユングはまた、逃亡するとは思われなかった。唯一の未解決の問題は、行方不明のコインであった。それゆえ、シュレーダーは、勾留状の執行猶予に同意するが、担保を提供するという条件を付けることを求めるつもりである、といった。シンドラー弁護人は、ユングが学生で、金銭的余裕があるとはいえないことを指摘した。しかしながら、検察官は、第三者による担保の提供が可能であると答えた。シンドラーは、ユングの両親を説得してみるといった。それから、2人は、必要とされる担保の額について話をした。盗まれた物が回収されていない窃盗事件では、その物の1.5倍の額というのが長年にわたる一般的慣行だったので、30000ユーロとするということで、話はすぐにまとまった。

　シンドラー弁護人は、検察官との話を終えた後、ケンプテンのユングの父親に電話をかけ、30000ユーロの担保を提供すれば、彼女が釈放される見込みは十分にあると話した。シンドラーがその金額を調達できるかどうか尋ねると、ユングの父親は、なかなか大変だけれども、娘のためならば、と答えた。

　ユングの父親の了解がとれたので、シンドラー弁護人は、ユングに対する勾留状の執行猶予を正式に求める文書を作成した。4月19日火曜日、シンドラーは裁判所に申立書を送付した。

オリヴァー・シンドラー
弁護士
刑法専門
86153　アウクスブルク、テアター通り25番地

アウクスブルク、2005年3月31日
事件番号：203 Js 2305/05
1 Gs 320/05

区裁判所
捜査裁判官宛
86199　アウクスブルク

　被疑者アレクサンドラ・ユングの勾留審査を求める。

　勾留状の執行は、次の理由により猶予されるべきである。

１）被疑者がライヒ証人に対する暴行に関与したと疑うに足りる強い理由は存在しない。被疑者が意図的に、進んで暴行に加わったということは、ユングがシュミット証人に対して行った２つの自白により示されていると主張されている。しかしながら、自白についてのシュミット証人の記録は、不正確である。

　被疑者が暴行を犯すことを意図していなかったことを証明するため、被疑者とシュミット証人の尋問を求める。

２）被疑者が禁止薬物の所持に関与したと疑うに足りる強い理由は存在しない。警察捜査研究所の分析によると、被疑者が共同被疑者であるブラウンと一緒に使用していたアパートで押収されたビニール袋、および、ブラウンの仕事場のロッカーから回収されたビニール袋のいずれからも、被疑者の指紋は発見されなかった。被疑者は、身長が低く、コカインの入ったビニール袋の１つが発見されたキッチン戸棚の上の方の棚に手は届かない。コカインの入ったもう１つのビニール袋は、共同被疑者の仕事場のロッカーで発見されたが、被疑者は、彼が仕事場にロッカーをもっていることを知らなかった。

　被疑者の指紋が２つのビニール袋から発見されなかったことを示す証拠として、警察捜査研究所の報告書の取調べを求める。さらに、被疑者がコカインについて知らなかったことを証明するため、被疑者および共同被疑者の尋問を求める。

３）警察はすでに事件を十分捜査しているので、被疑者に証拠隠滅のおそれはない。盗まれたコインは行方不明のままであるが、被疑者にはそれを手にする機会はないであろう。被疑者は、コインがある場所を知らない。共同被疑者がコインを盗んだ後、被疑者は、共同被疑者と話をする機会をもつ前に身柄を拘束されたからである。被疑者は、すでにすべてを自白しており、被疑者がコインのありかを知っているのであれば、その場所を明らかにしない理由はない。

４）被疑者に逃亡のおそれはない。被疑者は、窃盗について比較的小さな役割しか果たしておらず、したがって、重罰を受ける可能性はないので、自分に対する手続から逃れようとする理由はない。被疑者は、大学で学業を継続するつもりであり、５月の第２週に試験を受けなければならない。

５）裁判所が裁量によって課すことを許されている、より緩やかな処分によって、勾留の目的は達成できる。被疑者は、細心の注意をもって、その処分に従う。被疑者は、30000ユーロまでの担保を提供することを申し出ている。

　検察官は、証拠に関する私見および勾留状の執行猶予に同意している。

| （署名）オリヴァー・シンドラー |

　シンドラー弁護人は、申立書を区裁判所にファクスで送った。同裁判所は、刑事事件の大部分を扱う下級の事実審裁判所である。地方裁判所は、殺人や持凶器強盗、大規模なホワイト・カラー犯罪といった重大事件についてのみ審理を行う。捜査裁判官は、区裁判所の構成員である。地方裁判所より区裁判所の方が多数存在するので、犯罪地に近い裁判所や、裁判官に命令・承認を求める警察にとって近い裁判所に、捜査裁判官は所属しているわけである。

　アウクスブルク地方裁判所では、21名の裁判官が刑事事件の審理に当たっており、およそ17名の職員とともに仕事をしている。アウクスブルク地方裁判所は、約95万人の住民——サクラメント郡より若干少ない——について管轄権を有する。アウクスブルク区裁判所——アウクスブルクと、より人口の少ないほかのいくつかの市を管轄する——では、18名の裁判官が、およそ63名の職員とともに刑事事件を担当している。刑事事件を扱う裁判官の数がアウクスブルクとサクラメント郡でほぼ同じであることは、興味深い。

　ベック裁判官は、4月1日金曜日、シンドラー弁護人の申立書を受理した。身柄拘束が絡む事件なので、ベックは、本件をほかの事件に優先した。ドイツ法は、裁判官が自らの判断を下す前に検察官の意見を聴くよう要求しているので、シンドラーの申立書が検事局に送られた。ベックは、検事局に対し、申立書について意見を提出するよう要請した。また、ベックは、事務官宛に次のメモを作成した。

事件番号：203 Js 2305/05　　　　　　　　　　アウクスブルク、2005年4月1日
　　　　　1 Gs 320/05

メモ

1）シンドラー弁護人の申立書を次の要求事項とともに検事局に送ること。
　　——検察官の意見を提出すること
　　——シンドラー弁護人の申立書を一件記録とともに戻すこと
2）2005年4月8日までにこのメモを私に戻すこと。

（署名）ベック、捜査裁判官

　シュレーダー検察官は、4月4日月曜日、裁判官の要請書を受理すると、中央警察署のシュミット刑事に電話をかけ、その後の捜査によって何か新しい事実が判明したかどうか尋ねた。シュミットは、ユングとブラウンを再度取り調べたこと、これまでのところ、コインは発見されていないことを報告した。ユングは、ブラウンの仕事場のロッカーにあったコカインについて何も知らなかった、また、ブラウンは一切の質問に答えるのを拒否した、とのことだった。シュレーダーは、その記録を2部送付するよう依頼した。シュレーダーは、ユングの勾留審査のためその情報を必要としていた。シュレーダーはまた、審査を担当する裁判官にコピーを1部送らなければならなかった。

　それから、シュレーダー検察官は、ベック裁判官に電話をかけ、シンドラー弁護人の求めに異議を唱えるつもりはないことを伝えた。シュレーダーは、ユングの釈放の可能性についてシンドラーと十分に話をし、シンドラーの申立ては、自分たち2人の合意に合致しているといった。シュレーダーは、シンドラーがした話の内容を説明し、事件に関するシンドラーの分析は妥当なものだと思う、と述べた。ベックは、自分もそれに同意したいと答えた。ベックはまた、シュレーダーの提案した30000ユーロは適切な担保の額であると考えた。勾留審査においてシュミット刑事とブラウンを尋問する必要はないとする点で、2人の意見は一致した。シュミットは何も新しいことを話せなかったし、ブラウンはおそらく一切話をしないであろう。ブラウンが何か話したとしても、それが信用できるかは、疑わしかった。

　ベック裁判官とシュレーダー検察官は、電話で、審

査の詳細とユングの釈放条件について話し合った。これは、非公式な議論や合意によって決定に至るという現代ドイツの実務慣行の具体例である。正式な請求や申立て、応答といった伝統的なやり方は、新しい柔軟で協働的な手法にとって代わられつつある。

シュレーダー検察官は、ユングの釈放についてベックと詳しく話をしたので、改めて詳細な意見を書面で提出する必要はないと考えた。それゆえ、シュレーダーは、短いメモを作成しただけであった。

事件番号：203 Js 2305/05　　　　　　　　　　　　　　　　　アウクスブルク、2005年4月4日

メモ

1）私は、本日、ベック裁判官に電話をかけ、被疑者ユングの釈放について話をした。私は、勾留状の執行を猶予することに異議はない旨述べた。私はさらに、30000ユーロは適切な担保の額であるように思われる、と述べた。
2）一件記録とともにこのメモをベック裁判官に送ること。
3）2005年4月11日までにこのメモを私に戻すこと。

（署名）シュレーダー、検察官

シュレーダー検察官は、警察から追加された数頁分の記録を受領した後、メモを添付し、4月4日午後、一件記録をベック裁判官に送った。

一件記録は翌日の午前中、裁判官執務室に届いた。ドイツの刑事司法は、職権主義に基づいて運営されているので、裁判官は審理を行うだけでなく、その期日を設定し、審理計画を立てることを要請されている。昔は、裁判官は審理期日を設定し、検察官と弁護人にそれを通知するだけであった。こうしたやり方のもとで生じる可能性のある問題を回避するため、ベック裁判官は、裁判所の職員に対し、シュレーダー検察官とシンドラー弁護人に電話をかけ、審査の期日を調整するように、と指示した。シュレーダーとシンドラーは、翌4月6日水曜日の午前9時とすることで合意した。シュレーダーは、法律上、勾留審査に出席することを要求されていなかったが、コインがいまだ行方不明であることなどを考慮して、出席することにした。

ベック裁判官は、勾留審査の期日を決定し、次の命令を発した。

事件番号：203 Js 2305/05　　　　　　　　　　　　　　　　　アウクスブルク、2005年4月5日
　　　　　1 Gs 320/05

命令

1）被疑者アレクサンドラ・ユングの勾留審査は、私の執務室において、2005年4月6日午前9時から行う。
2）シュレーダー検察官、シンドラー弁護人および被疑者ユングに、勾留審査について通知すること。
3）アウクスブルク中央警察署は、被疑者ユングをアイヒアッハ刑務所から勾留審査のため押送すること。
4）2005年4月6日の勾留審査のため、私に一件記録を戻すこと。

（署名）ベック、捜査裁判官

シンドラー弁護人は、ユングの両親に対し、勾留審査について知らせ、ユングが釈放された後、その世話をするため、両親のうちのいずれか1人がきてはどうかといった。そこで、ユングの母親がやってきた。母親は担保を持参し、それをシンドラーに渡した。しかしながら、母親は、勾留審査には出席できなかった。被疑者のプライヴァシーを保護するため、勾留審査は例外なく非公開で行われるのである。それゆえ、ベック裁判官の執務室で審理が行われている間、ユングの母親は裁判所の廊下で待っていなければならなかっ

た。

　警察官によって裁判所に連れてこられたユングは、廊下で母親と会って喜んだ。逃走したり、警察官に暴行を加えたりすると信じるに足りる理由はなかったので、ユングは手錠をかけられてはいなかった。しかしながら、裁判官の執務室においては、警察官は、ユングが急に立ち上がって歩き出したりしないように、ユングとドアの間に椅子を置いて座っていた。

　勾留審査は、勾留状の執行が猶予されるべき理由についてのシンドラー弁護人の説明で始まった。その後、シンドラーとベック裁判官のやりとりがあり、やがて、そこにシュレーダー検察官が加わった。ベックは、ユングを徹底的に尋問した。裁判官は、自分が一件記録で読んだこととユングの話を比較し、シンドラーの主張を否定する証拠が存在しないか確認しようとした。結局、ベックとシュレーダーは、事実関係に関するシンドラーの分析は正しいと判断し、ユングは釈放されるべきであるということで、意見が一致した。さらに短時間議論した後、2人は、ユングの釈放条件についてのシンドラーの意見に賛同した。

　ベック裁判官は決定を宣告した。ベックは、テープレコーダーにその重要部分を吹き込み、秘書官が後でそれをタイプできるようにした。彼は、いくつかの条件のもとで勾留状の執行猶予を命じた。

　第1に、30000ユーロの担保が提供されなければならなかった。ベック裁判官は、ユングに対し、盗まれたコインが発見されていないため、担保が高額となることを説明した。シンドラー弁護人はすでに、ユングの母親が持参した担保を裁判官に渡していた。

　第2に、ブラウンとの接触は許されない。この条件を課す目的は、ユングが盗まれたコインの隠匿などの手助けをするのを防止することにあった。

　第3に、ベック裁判官は、ユングの逃走などの防止のため、いくつかの条件を課した。すなわち、ユングは、週に2度、自宅付近の警察署に出頭しなければならず、住所変更を警察に報告し、パスポートとドイツ国民証明書を警察に預けなければならない。西ヨーロッパの大部分の国々の間では入国審査が廃止され、EU加盟国の国民は、ほかのEU加盟国においても住居を構えることが容易にできるので、こうした条件の有効性は以前と比べるとはるかに小さい。それにもかかわらず、ドイツの裁判官は、被疑者に対し、さらなる手続、とりわけ公判に出頭し得る状態でいなければならないことを想起させるため、そうした条件を課すのである。

　勾留審査には、30分ほどかかった。ベック裁判官は、法服を着用しないで審理を行いながらも、議論を主導し、最も重要な質問をした。シンドラー弁護人とシュレーダー検察官は、補助的な役割を果たしたに過ぎなかった。

　勾留審査の後、ユングは、母親とともに帰宅することを許された。裁判所の事務官は、勾留審査の記録を作成し、ベック裁判官の秘書官は、決定の内容をタイプした。通常、書面による決定書には、詳細な理由が記載されなければならない。しかしながら、本件の場合、決定に対して上訴がなされないことは明らかであった。それゆえ、ベックが理由を省いてもよいと考えたのは、正当であった。

アウクスブルク区裁判所　　　　　　　　　　　　アウクスブルク、2005年4月6日
────捜査裁判官────
事件番号：203 Js 2305/05
　　　　　1 Gs 320/05

決定

アレクサンドラ・ユング（1982年9月26日ケンプテン生まれ　アイヒアッハ刑務所に勾留中）
犯情の重い強盗、住居侵入窃盗、危険な傷害、禁止薬物の所持被疑事件

アウクスブルク区裁判所が、証拠隠滅および逃亡のおそれが認められたため、2005年3月22日に発付した勾留状の執行は、以下の条件のもとで、猶予する。

> 被疑者は、
> 1）30000 ユーロの担保を提供する
> 2）共同被疑者ブラウンと接触しない
> 3）2005 年 4 月 12 日から、毎週火曜日と金曜日に自宅付近の警察署に自ら出頭する
> 4）警察に住所の変更を通知する
> 5）パスポートおよびドイツ国民証明書を警察に預ける
> ものとする。
>
> （署名）ベック、区裁判所裁判官

　ベック裁判官は、4月8日、勾留審査の記録および決定書に署名した。裁判所の事務官は、両者を一件記録に編綴し、そのコピーをシュレーダー検察官に送った。

Ⅲ．検察官の活動

　ドイツにおける検察は、州単位で組織されている。アメリカにおける刑事司法の運営が、基本的には郡などを単位とするものであるのに対して、ドイツにおける検察、裁判所ならびに一般行政は、主として州単位となっている。連邦検事局も存在するが、その管轄権は、国家もしくは州の安全に関わる犯罪に、ほぼ限られている。

　ドイツの検事局は、地方裁判所が置かれている都市だけに設置されている。そのような集中化に伴って、活動に当たる組織の規模は大きなものとなり、またそのことにより、特定の領域への専門化が可能となっている。大半の犯罪を処理する通常の部門に加えて、多くの検事局には、交通犯罪のための特別部門、また少年および21歳までの者が犯した罪のための特別部門が存在する。さらに、いくつかの大都市には、大規模なホワイト・カラー犯罪のための特別部門も存在する。このような部門においては、検察官は、金融および企業活動に関する問題の専門家と共同で仕事に当たる。しかしながら、ドイツの検察は、アメリカの検事局のように訴追部門と公判部門が分かれてはいない。ドイツ法においては、訴追準備のために特別な技能を必要としない。公判についても同様である。ドイツにおける公判は、裁判官が被告人および証人を尋問する職権主義をとっていることから、検察官の役割は小さいのである。

　ドイツの検事局は、階層的な構造をとっている。ドイツの検察官はすべて公務員であるが、主席検事は終身の任用である。ドイツの検察官は、仕事の内容と年功に基づいて、より重要な仕事と俸給が与えられる地位へと昇進するという能力主義の制度のもとで活動している。南ドイツの諸州において、検察官と裁判官は、ある程度まで同じキャリア制度に属している。例えば、検察官としてそのキャリアを開始した若い法律家が、裁判官の観点からみた司法行政がどのようなものであるのかを学ぶために、裁判所に移籍することがあり得るのである。

　地方検事局の主席検事は、当該検事局に所属する者に対して業務を分配するなどの任務を負っている。同時に、主席検事は、検事総長ならびに州の法務大臣の指示と統制を受ける。このような階層的構造をとる理由は、検察が行使し得る強大な権力について政治的関心を向けることにある。何らかの事件で検察に問題が発生した場合には、内閣あるいは議会において、法務大臣が責任を負うことになる。

　アウクスブルクの検事局には、43名の法律家および70名の職員が所属している。アウクスブルクの検事局は、サクラメント郡のそれと比較してかなり小さなものであるが、大規模なホワイト・カラー犯罪の捜査および訴追のための特別部門を有しており、約190万人の住民が居住する地域を受けもっている。

　4月15日金曜日、一件記録が、警察による最終報告書とともに検事局に到着した。マリア・シュレーダー検察官が、すでにその事件に関わっていたことから、事件を担当することになった。シュレーダーは、一件記録を精査し、警察が十分に事件を調べていると判断した。それゆえ、シュレーダーは、自ら証人を再度取り調べる必要はないと考えた。すでに述べたように、ドイツにおける検察官は、自ら捜査を行うことができるが、実務においてそれを実行することはあまりない。

　シュレーダー検察官はまた、2名の被疑者を取り調

べる必要もないと考えた。ブラウンは、当初はすべてを否認していたが、後になって何も話さないと決めていた。シュレーダーは、彼から自白を引き出すチャンス、もしくは盗んだコインを隠した場所を明かすよう説得するチャンスはないと考えた。ブラウンが考えを変えたならば、電話により、あるいは看守を通じて、警察に連絡することができたはずである。

しかしながら、シュレーダー検察官は、ブラウンが以前酒酔い運転で罰金刑を言い渡されていることに着目した。シュレーダーは、前科調書をとり上げ、本件の一件記録に追加した。それは、ドイツにおける一般的な実務だったからである。公判において、裁判官は、被告人の人格についてよりはっきりとした印象を得るために以前の犯罪の詳細を知りたいと考えるかもしれない。より重要なのは、前科は、通常、刑の量定に際して重要な役割を果たすということである。

ユングについては、完全に自白していることから、とくに付け加えることはないように思われた。彼女はコインがどこにあるのかについて全く知らないと信じてよい、とシュレーダー検察官は考えていた。シュレーダーは、ブラウンがライヒ宅で誰かに遭遇した場合に暴力を振るう可能性をユングが認識していた、という警察の報告書の結論を支持してはいなかった。同時に、シュレーダーは、ユングはティーポットとブラウンのロッカーに入っていたコカインについて何も知らなかった、ということも確信していた。

シュレーダー検察官は、警察の収集した証拠を精査し、ブリギッテ・ブッシュの取調べの際の発言に着目した。彼女は、ブラウンが玄関のドアから出てきた時に、彼女の隣人であるハインツがライヒの家の近くで犬を散歩させていた、と述べていた。警察は、すでに証拠は十分であると考えて、この点について調べをしていなかった。しかし、シュレーダーは、ハインツがブラウンを識別できないか、と考えた。識別できればそれは重要な証拠となり得ることから、彼女は、ハインツの供述を確認するため、彼と連絡をとりたいと考えた。

シュレーダー検察官は、自らハインツを取り調べることも考えた。しかし、結局、警察に指示することに決めた。書面で要請するのは非常に時間がかかるので、捜査を担当し本件の詳細を熟知している知り合いのシュミット刑事を呼んだ。シュレーダーは、事件があった夜にライヒ宅を去った者を識別できるかどうか明らかにするために、ハインツを取り調べるようシュミットに要請した。その際、その識別をより信頼に足るものにするため、ブラウンに似た者数名の写真とともにブラウンの写真をハインツにみせるという形で面割りを行うよう、シュミットに依頼した。その要請を記録に残すために、シュレーダーは一件記録用のメモを作成した。

事件番号：203Js 2305/05　　　　　　　　　　アウクスブルク、2005年4月18日

メモ

本日、中央警察署刑事課のシュミット刑事を呼び、以下のことを要請した。

1）2005年3月20日の夜、玄関ドアを出てライヒ宅から立ち去った者を識別することができるか明らかにするために、ハインツの取調べを行うこと。
2）被疑者ブラウンならびに同様の特徴をもつ数名の写真をハインツにみせ、ライヒ宅から去った者を識別することができるか質問すること。
3）警察は、2005年5月2日までに回答を入手し、私にそれを伝えること。

（署名）シュレーダー、検察官

4月27日水曜日、シュレーダー検察官の執務室の机の上には、再び一件記録が置かれていた。出張のため、彼女が本件にとりかかることができるようになったのは、4月29日金曜日のことであった。一件記録の最後の頁には以下の新しい情報がみられた。

中央警察署
刑事課
86150　アウクスブルク　　　　　　　　　　　　　　　アウクスブルク、2005 年 4 月 25 日
記録番号：7221-0800-7/05

証人の取調べ

　以下の者について、中央警察署で取調べを行った。
姓：ハインツ
名：パウル
生年月日：1937 年 1 月 31 日
婚姻状況：既婚
職業：元高等学校教師
国籍：ドイツ
住所：86356 アウクスブルク、ガルテン通り 28 番地

召喚状の送達先：同上

私は、証言する事柄について告知を受けた。
私は、被疑者の親族ではない。

本件に関して：
　3 月 20 日日曜日、私は午後 9 時から 10 時までの間、犬を散歩させていた。ガルテン通り 31 番地にあるライヒの家に近づいた時に、私は、玄関ドアから出てきて私の方に歩いてくる男をみた。彼は私に気づくと、あわてて反対の方向に歩き去った。彼は、手にビニール製の買い物袋をもっており、そのなかには何か重いものが入っているようだった。

質問に対して：
　私は、その男を識別できると思う。男は私のかなり近くまできたし、顔が月明かりに照らされていたので、よくみることができた。その男は、30 歳ぐらいで、身長はだいたい 1 メートル 90 センチ程度、髪は黒だった。

若い男が写った 6 枚の写真が証人の前の机に並べられたのを受けて：
　左から 2 番目が、私がみた男だと思う。私は、彼の青白い顔色とぼさぼさの黒髪を憶えている。絶対に確かだとはいえないが、記憶している限りでは、これが私のみた男である。

　以上：
　　　　　　　　　　　（署名）シュミット、巡査部長
　通読し、確認のうえ、署名した：
　　　　　　　　　　　（署名）ハインツ

中央警察署
刑事課
86150　アウクスブルク　　　　　　　　　　　　　　　アウクスブルク、2005 年 4 月 25 日
記録番号：7221-0800-7/05

写真による識別に関する報告

　私の要請に基づいて、ハインツ証人は、本日証言を行うために中央警察署にきた。彼は、満月の明かりで顔がはっきりみえたので、3月20日の夜にみた者を識別することができる、と述べた。

　そこで、私は、ハインツ証人に対して机の上に6枚の写真を並べて置いた。それらの写真には、被疑者ブラウンと、彼と同じような年恰好の5人の男性が写っていた。私がハインツ証人に対して、それらの写真のなかで3月20日の夜にみた男はどれか判別できるかと質問すると、彼は左から2番目を指した。左から2番目の写真は、被疑者ブラウンのものであった。しかしながら、ハインツ証人は、正しい写真を選んだかどうかについて確信はもてないと述べた。

　用いられた6枚の写真を同封する。

（署名）シュミット、巡査部長

　シュミット刑事の報告からは、彼が、統一刑事手続準則によって確立されている被疑者の識別手続のための指針に従っていることが読み取れる。シュミットが実行したように、写真面割りについて、ドイツ法のもとでは、被疑者は弁護人の援助を受ける権利を有しない。実務的な観点からすれば、証人による被疑者の識別は、ほとんど決定的な証拠であると考えられるのが常であるにもかかわらず、面通しにおいても、被疑者の権利に関しては同様である。一旦証人が被疑者を特定すると、証人が新たな気持ちで2度目の特定に臨むことはできなくなるので、弁護人を同席させて再度の特定を行うのは意味がないと思われる。

　シュミット刑事はまた、ミュンヒェンにあるバイエルン州中央科学捜査研究所の報告書も提出した。その研究所では、ブラウンのアパートと彼のロッカーで発見されたコカインの分析を行っていた。その報告書には、それぞれの袋に入っていた物質を計量し、均質化し、化学検査およびクロマトグラフィー検査を用いて分析したことが記されていた。検査によって、以下の結果が得られた。すなわち、ティーポットで発見された袋には82パーセントの塩酸コカインを含む900ミリグラムの白い粉末が入っており、ロッカーで発見された袋には73パーセントの塩酸コカインを含む500ミリグラムの白い粉末が入っていた。

　加えて、シュミットは、ライヒから送付された盗まれたコインの詳細について記された手紙を添付した。

ロベルト ライヒ
86356　アウクスブルク
ガルテン通り31番地　　　　　　　　　　　アウクスブルク、2005年4月24日
中央警察署
シュミット巡査部長
86150　アウクスブルク
フォーゲル通り1番地

拝啓シュミット様：
　私のコイン・コレクションには約50枚のコインが含まれています。私は、旧ドイツ諸王国、ドイツ、オーストリアならびにスイスで作られたコインだけを収集しています。古いコインを列挙したカタログによれば、それらは20000ユーロを超える価値がありました。コインの多くは私の亡き妻からのプレゼントなので、私にとって、それらはより価値のあるものなのです。ここに、とくに価値の高いコインのリストを挙げておきます。

国名	刻銘	額面	価額（ユーロ）
バイエルン王国	ルートヴィッヒⅡ世	20マルク金貨1875年	1500

バイエルン王国	ルイポルト王子	5マルク銀貨1888年	900
バイエルン王国	ルイポルト王子	5マルク銀貨1896年	800
バイエルン王国	ルートヴィッヒⅡ世	5マルク金貨1914年	1700
プロイセン王国	ヴィルヘルムⅠ世	10マルク金貨1882年	1200
プロイセン王国	ヴィルヘルムⅡ世	10マルク金貨1889年	1000
ザクセン王国	アルベルト国王	10マルク金貨1874年	900
ヴュルテンベルグ王国	カール国王	5マルク金貨1878年	600
ドイツ	帝国	1ペニヒ銅貨1873年	300
ドイツ	共和国	5マルク金貨1930年	800
ドイツ	共和国	5マルク銀貨1932年	500
オーストリア	皇帝フランツ・ヨーゼフ	1ヘラー銅貨1892年	400
オーストリア	皇帝フランツ・ヨーゼフ	20クローネ金貨1909年	900
オーストリア	共和国	25シリング銀貨1933年	1100
スイス		5フランク銀貨1873年	900
スイス		5フランク銀貨1888年	600

16枚の写真とコインの価格を掲載したカタログのコピー12頁を同封します。コインを発見していただければ、嬉しく思います。

敬具

ロベルト・ライヒ

　新たな証拠をみて、シュレーダー検察官は、所在の分からないコインについてはともかく、それ以外のことに関しては、これ以上の捜査の必要はないと結論づけた。コインの所在が不明でも、ブラウンとユングに対して公訴を提起するに足るだけの十分な根拠がある、と確信していた。ドイツ法のもとでは、検察官が公訴を提起するためには「十分な根拠」のあることが要求される。十分な根拠が存在するのは、被告人が公判で有罪判決を受ける可能性がある場合である。

　検察官が証拠について公訴を提起するに足るものであると考える場合、ドイツ法では、それ以降の手続をとる前に、検察官は、正式に捜査を終結させ、その旨を一件記録に記載しなければならない。これには、2つの意味がある。第1に、弁護人は、捜査が正式に終結すると、一件記録すべてを無条件に精査する権利を与えられる。第2に、地方裁判所で公判を行わなければならない重大な犯罪に関わる事件については、弁護人のいない被告人のために、弁護人を選任する期日が確定される。検察官には弁護人を選任する権限は認められていない。そこで、検察官は、この時点で裁判官に選任を要請しなければならない。

　ブラウンには弁護人がおらず、シュレーダー検察官は、ほかの犯罪とともに、地方裁判所でのみ公判を行うことができる犯情の重い強盗の罪で訴追する計画であった。それにもかかわらず、彼女は、弁護人の選任を裁判官に要請しなかった。実は、彼女は、捜査を正式に終結させるための書類を一件記録に編綴することをわざと遅らせたのである。これは、ドイツの検察官が今日広く行っている実務である。この実務により、検察官が弁護人の選任の要請を行うのは、裁判所に公訴を提起する時ということになる。検察官らは、彼らが捜査を終えた後にとる唯一の手続は、ほとんどの事例において、公訴を提起することだけであり、この手続は通常比較的すぐになされる、と主張している。彼らの見解によれば、この方法で弁護人の選任を遅らせることがあっても、被告人の利益を侵害することはないという。なぜなら、この時期——公訴提起前の段階——でなければ弁護人にできないことはほとんど存在しないからである。

　伝統的な立場からすれば、これも妥当性のある議論といえよう。しかし、すでに論じたように、ドイツにおける刑事司法の伝統的な方式は、弁護人、検察官および裁判官による協働と交渉という新たな実務によってとって代わられつつある。この新たなやり方においては、弁護人の選任時期が早過ぎるということはない。

例えば、ブラウンの事件において、弁護人は、公訴が提起される前に検察官と接触し、自白およびおそらくコインの返還と引き換えに、訴追事実の軽減に関する交渉をすることができたであろう。

シュレーダー検察官は、正式に捜査を終結させる文書の提出を遅らせたが、彼女は、シンドラー弁護人に対して、現時点で一件記録すべてを検討することができる旨を告げた。彼女は、シンドラーが以前にそのような一件記録の検討を要請していたことを憶えていた。彼女はまた、ユングの事件についてシンドラーと数日以内に話をしたいと考えていた。シンドラーが依頼人に対する証拠について前もって読んでいれば、それはより容易なものとなろう。

シュレーダー検察官は、ブラウンとユングに対する起訴を同じ文書ですることは賢明ではないと考えた。なぜなら、同じ文書でするとなれば、両者の公判が一緒に行われることになるからである。検察官は、ユングが、公判で警察に対して行った自白を再現し、ブラウンが何をしたのかについて詳細に供述する、ということに確信をもてなかった。ブラウンが彼女のボーイフレンドであったことから、彼が同席している公判で供述しなければならないとなると、彼を困難な立場に陥れたくない、と考えるおそれがあった。

そのような事態となることを防ぐために、シュレーダー検察官は、2つの事件を分離し、ユングの事件を先に審理しようと考えた。ユングの事件が終結していれば、彼女をブラウンの公判に証人として召喚することができる。有罪が確定していれば、ユングは自己負罪を理由に証言を拒むことはできなくなるのである。

そのような策略を用いて、被告人を証人に変えることを法が許容しているかについて、ドイツの学者はたびたび疑問を呈してきた。この種の証人は、犯罪に関与した者であることに変わりはなく、真実を述べるように要求されると重大な心理的プレッシャーを感じる可能性がある。このような心理学的な観点から、犯罪に関与していない証人と同様の客観的証言を行うことを期待するのは短絡的過ぎる、との批判がある。スイスのいくつかの州は、このような心理学的な事実から、証人となった被告人について、証言を拒否することを認めている。そのような者が証言することにした場合、その者は、真実を述べる法的義務を負わない。

しかし、技巧的に被告人を証人にするというこの手続上の方策は、証拠を得るために一般に有効であると考えられており、ドイツの実務でそのような手法を用いることに躊躇はみられない。証人となった被告人が実際に真実を述べているかどうかは、その者の証言を慎重に評価して決定されるべきことである、とされている。

この戦略を進めるために、シュレーダー検察官は、同時に、ブラウンの公判があまりに先延ばしとならないようにする必要があった。ブラウンは勾留されているので、その公判は可能な限り早く行われなければならなかった。したがって、シュレーダーは、ユングの事件については公判を行うのではなく、略式命令手続を用いることにした。

略式命令は、膨大な数の重大でない事件を処理することを目的として設けられており、迅速で費用のかからない簡易な手続である。検察官は、事実について十分な根拠があり、被告人が否認しないと考える場合、裁判官に対して、略式命令を請求することができる。公判の時間と費用を節約するため、統一刑事手続準則では、検察官には、「それが適切である場合は常に」略式命令を用いることが求められている。今日のドイツにおいては、略式命令によって処理される件数の方が、公判によるものよりも多い。

法的には、検察官による略式命令の請求は、正式な起訴と同等であるとされている。検察官が準備する略式命令の書面も、起訴状と酷似している。それには、事件の概要が記載されており、また採用されるべき証拠と適用されるべき罰条が列挙されている。その事件について公判を要請する代わりに、検察官は、特別な制裁を科すよう裁判官に要求する。制裁は罰金または交通犯罪の場合の運転免許の2年以下の取消しである。被告人に弁護人が付いている場合には、1年以下の執行猶予付きの自由刑も科され得る。

検察官は、一件記録を添付して文書を裁判官に送り、裁判官は、請求された略式命令について、これを認めるか否かを決定する。ドイツの実務では、裁判官は、一件記録に目を通してから、略式命令の文書に署名するというのが一般的なやり方である。その後、略式命令は、被告人に、また弁護人がいる場合には、弁護人にも、送られる。

被告人にとって、略式命令は、一定の制裁を受け入れないかという検察官からの申し出であり、それはすなわち、自らの有罪を認めないかという申し出である。この観点からすれば、略式命令はアメリカの刑事手続における有罪答弁に相当するということができる。主な違いは、裁判官が、被告人と会うことも話をすることもなく一件記録だけを根拠として有罪と刑罰についての決定をするという、完全に書面に基づく手続だということである。ほとんどの場合、検察官が被告人に会うことも話すこともない。被告人と対面するという方式ではなく、このように記録に依存するのは、ドイツ刑事司法の特色である。被告人の利益を保護するため、略式命令については、検察官は、素人にも理解することのできる言葉で書面を作成しなければならない。

ほとんどの事件において、被告人は、公判に伴う困惑、公開性、そして訴訟費用を避けるため、略式命令を受け入れる。被告人が受け入れた場合には、略式命令は確定判決と同様の効力をもつものとなる。被告人が拒否した場合には、略式命令は正式な起訴のための文書となり、当該事件についての公判が行われることになる。

シュレーダー検察官は、科される刑がよほど厳しいものでない限り、ユングは略式命令を受け入れるであろうと考えていた。ユングは、勾留審査において、自分が行ったことを後悔しているという印象を与えていた。そこで、シュレーダーは、どのような制裁が適切であるかを決定しなければならなかった。

アメリカと比較すると、ドイツにおける量刑は比較的寛大なものである。80パーセントを超える事件——軽微な交通犯罪は含まない——で科されている最も一般的な刑罰は、罰金である。12パーセントの事件は、執行猶予付きの自由刑となっている。有罪とされた者のうち、自由刑の実刑を科されているのは、7パーセントのみである。

自由刑は、主に、最も重大な犯罪ならびに前科のある犯罪者について科されるべき制裁である。シュレーダー検察官は、ユングについて執行猶予のない自由刑を要求するつもりはなかった。自白その他の証拠によれば、ユングは住居侵入窃盗には関与してはいたが、ライヒに対する暴行には関与していなかった。彼女がコカインについて何か知っていたという証拠も存在しなかった。ユングには前科もなく、大学での勉強に熱心な学生であることは明らかである。彼女の弁護人は、彼女が試験を欠席したくないといっている、という話をした。

他方、シュレーダー検察官は、ユングが罰金で釈放される可能性はないと考えていた。ドイツ刑法典で規定されている住居侵入窃盗についての刑の下限は6か月の自由刑である。ドイツ法は、そのような自由刑について、刑の執行を猶予することは許容しているが、罰金によって代替することは許容していない。ただし、6か月に満たない自由刑については、可能である。

シュレーダー検察官は、執行猶予付きの9か月の自由刑が適切であろうと考えた。ユングは、ブラウンによって関与を強いられた役割の小さな者であった。他方、ガルテン通りに彼を連れていったのが、彼女自身の判断であることに変わりはない。もしユングがブラウンをそこに連れていくことを拒否していたならば、窃盗が実行されることはなかったかもしれない。そのため、自由刑の刑期は、法律上の下限に近過ぎてもいけなかった。

ドイツにおける刑の執行猶予の期間は、2年から5年の間である。一般的な実務にならって、シュレーダー検察官は、執行猶予期間は3年に設定されるべきであると考えた。自由刑の執行が猶予される場合は、常に、遵守事項が示される。そのようなものがなければ、被告人は、刑罰がないかのように感じるであろう。もっとも、遵守事項の主たる目的は、犯罪を行うことなく人生を送り、また悪事について償うよう、被告人を促すことにある。

最も一般的な遵守事項は、慈善団体もしくは国庫のいずれかに一定額の金銭を支払うよう命じるものである。シュレーダー検察官は、ユングに1500ユーロを赤十字に支払うことを要求しようと考えた。ユングは定収のない学生であったが、大学の休み期間に仕事をし、その要求された額を分割で支払うことは可能だった。

シュレーダー検察官は、ユングに、ブラウンに対する証言を行うよう、はっきりと求めることはしなかった。有罪が確定すると、ユングは法律上そうするよう義務づけられ得る。なぜならば、彼女はもはや自己負罪を理由に証言を拒否することができなくなるからで

ある。これは、アメリカの刑事訴訟でも同様である。それでも、アメリカの訴訟手続における被告人は、協力的な証人であることを要求されることが多い。ドイツの検察官も、被告人に対して同様のプレッシャーをかけたいと思うかもしれないが、実際にそのようなことを実行する権限を与えられてはいない。協力的な証人であれという要求は、不適切なプレッシャーとみなされ、おそらく証人の供述を許容されないものとするであろう。

それでも、シュレーダー検察官は、ユングがブラウンの公判で証言した場合、ユングから何を引き出すことができるかには関心があった。彼女はまた、自分が考えている略式命令をユングが受け入れるか否かを知りたいと思った。したがって、彼女は、少し前にユングの弁護人であるシンドラー弁護人がしてきた、事件について話をしたいという要請に応えることに決めた。彼女がシンドラーに電話をかけたのは5月3日であった。秘書官が一件記録に編綴したメモによって、シュレーダーは、彼が数日前に一件記録を再度検討したことを認識していた。

シュレーダー検察官は、シンドラー弁護人に対して、ユングについて略式命令を請求するつもりであると話した。シュレーダーは、執行猶予付きの9か月の自由刑を考えていると述べた。住居侵入窃盗について刑法典で規定されている刑の下限が執行猶予付きの6か月の自由刑であることをシュレーダーが指摘すると、シンドラーは反論した。彼は、ユングの勾留を解く可能性について電話で話した時の会話の内容を思い出すよう求めた。その際、彼らは、ユングが正犯ではなく従犯と考えられるということで意見が一致していた。従犯について、刑法典は刑を減軽するとしている。それゆえ、シュレーダーは罰金を求めることもできるということになる。しかし、検察官は、ユングが従犯に過ぎないとしても、執行猶予付きの自由刑を主張すると回答した。ユングの行ったことは重大であり、罰金は、それがいかに重いものであったとしても、適切な制裁とはいえなかった。

シンドラー弁護人は、執行猶予付きの3か月の自由刑で合意できないかと質問した。彼は、依頼人が1年以内に心理学に関する最終試験を受けることを計画していると述べた。試験の申し込みの際、ユングは、前科の有無を示す連邦中央登録簿の証明書を提示しなければならない。3か月以下の自由刑はその証明書に記載されないので、試験の申込みにあたって、彼女はクリーンな記録を提出することができる。シュレーダー検察官は、比較的短期の執行猶予付きの自由刑であれば、ユングがその試験を受ける妨げとなるとは考えられないと回答した。しかしながら、さらに議論を重ねた結果、検察官は、執行猶予付きの7か月の自由刑とすることに同意した。

赤十字に支払うことをユングに求めようと考えている金額が1500ユーロであることをシュレーダー検察官が告げると、シンドラー弁護人は多過ぎると反論した。失業率が高く、依頼人が仕事を見つけるのは困難であるかもしれない。シュレーダーは、ユング自身に責任をとらせたい、ユングの両親に1500ユーロを支払わせることはしたくないと述べたうえで、シンドラーとほかの遵守事項について協議した。結局、彼らは、ユングに対して高齢者養護施設での200時間の無償労働を命じることで合意した。ライヒに対して振るわれた暴力について責任がないとはいえ、彼女は高齢者に対する暴行に一定の寄与はしていた。彼女は心理学の学生であり、高齢者の生活とその問題について学ぶことは自身にとってよい経験となるのではないかとも考えられた。

自由刑の執行が猶予されると、被告人は通常、保護観察官の監督下に置かれることになる。しかしながら、ユングの事件についてそれは必要ないということで2人の見解は一致した。彼女は社会的に適応しており、また大学での教育を受け続けることになるので、保護観察官がすべきことはほとんどなかった。

最後に、シュレーダー検察官は、ユングがブラウンに対して証言をしなければならなくなった場合、協力的な証人となることを期待できるかについて質問した。シンドラー弁護人は、彼女がブラウンと関係をもつことは今後一切ないと宣言する権限を依頼人から与えられている、と回答した。彼女は彼と同棲していたアパートを出て、すでにアインシュタイン通り26番地にある学生寮に住んでいた。したがって、シンドラーは、ユングの証言には何の問題もないと予想している、と述べた。

ユングが執行猶予付きの自由刑を受けることになったので、シンドラー弁護人は、執行を猶予されているがなお有効ではある、彼女に対する勾留命令は取り消されるべきだと述べた。シュレーダー検察官は同意

し、略式命令の請求にあたって、勾留命令を取り消すよう、裁判官に要請するといった。

　これをもって、シュレーダー検察官とシンドラー弁護人の間で1時間半にわたって行われた話し合いは終了した。ユングの釈放に関する以前の議論と同様に、検察官と弁護人の間で慎重ではあるがオープンな協議が行われた。この種の協働によって、それぞれ相手方が何を考えているのかよりよく理解する機会を得ることができ、すべての関係者が受け入れられるような解決策を見出すため双方が助け合うのである。

　検察官との話し合いを終え、シンドラー弁護人はユングに電話し、検察官との合意内容を伝えた。ユングは、公判に付されることはなく、さらに刑務所で過ごす必要もないだろうと聞いて喜んだ。シンドラーは、略式命令を受領するのは数日後になることを告げた。彼は、そのコピーを受け取った時にもう一度電話をすると述べた。

　シュレーダー検察官は、2005年5月6日に、略式命令を請求するための準備をした。訴訟手続を簡略化するため、統一刑事手続準則は、略式命令に関する完全な文書を準備することを要求している。裁判官は、検察官の提案した内容に同意する場合、その命令に署名をするだけでよい。シュレーダーは、シンドラー弁護人と行ったような話し合いのために、あらかじめ裁判官に電話をかけることはしなかった。裁判官は提案した内容に同意するであろうから、それは不要であると考えたのである。

アウクスブルク区裁判所　　　　　　　　　　　　　　　アウクスブルク、2005年＿＿月＿＿日
事件番号：Cs 203 Js 2305/05
アレクサンドラ・ユング
86154　アウクスブルク
アインシュタイン通り26番地
1982年ケンプテン生まれ
独身
大学生
ドイツ国民

弁護人：
オリヴァー・シンドラー
弁護士
86152　アウクスブルク
テアター通り13番地

略式命令

　検察官は、住居侵入、および、不法に第三者に領得させる目的で、自己の物でない動産の他人からの奪取に従犯として関与したことについて、被告人を訴追する。

　被告人は、2005年3月20日、午後9時頃、自分の車、濃い青色のフォード・エスコート（ナンバーA-M4881）で、ミヒャエル・ブラウンをアウクスブルクのガルテン通りに連れていった。被告人は、ブラウンがガルテン通り31番地にあるライヒ証人の家から何か高価なものを奪取するつもりであることを認識していた。ブラウンは、ライヒ宅に侵入し、不法に自ら領得する目的で木箱を奪取し、その箱をもって逃走した。箱のなかには、ライヒ証人によれば、約20000ユーロの価値がある、コイン・コレクションが入っていた。

　これは、刑法242条1項、244条1項・3項、27条1項により、住居侵入窃盗の幇助（軽罪）として処罰に値する。

　検察官が挙げるのは以下の証拠である。

> 1）被告人自身の供述
> 2）証人
>   a）ブリギッテ・ブッシュ、86356 アウクスブルク、ガルテン通り 26 番地
>   b）ロベルト・ライヒ、85356 アウクスブルク、ガルテン通り 31 番地
>   c）ペーター・シュミット巡査部長、アウクスブルク中央警察署
>
> 以上から、検察官の請求に従い、被告人は 7 月の自由刑を宣告されるが、その執行は猶予される。
>
> 被告人は、訴訟費用を負担しなければならない。
> 略式命令のための手数料   ユーロ
> 略式命令の送達費用   ユーロ
> 総額   ユーロ
>
> _____
> 区裁判所裁判官
>
> **異議申立権に関する説示：**
>   被告人は、以下の方法を用いて、2 週間以内にこの略式命令に対して異議を申し立てることができる。異議申立ては、当裁判所に、ドイツ語による文書もしくは口頭で、当裁判所の事務局の調書に記載させる方法でなされなければならない。
>   期限内に異議申立てがなされた場合、＿＿月＿＿日に公判が行われることになる。
>   期限内に異議申立てがなされない場合、この略式命令は確定し、執行可能なものとなる。
>
> ……

　略式命令は、ユングに対して、訴訟費用を負担することを要求している。これは、刑事手続について責任を負う者は、それに伴う支出をある程度負担すべきであるという考えに基づく。裁判官が略式命令に署名すると、裁判所の事務官が、制裁の重大性を基準とする表を用いて、負担すべき金額を記入する。ユングの事件について、その費用は、約 80 ユーロに略式命令の送達費用を加えたものとなる。これは、実務において、実際の費用ではなく、名目上の費用の負担が命じられていることを示している。被告人には、費用を負担する金銭的余裕がないという者も多い。そのため、費用を負担させ、徴収しようとすることに意味があるのかについて、しばしば疑問が呈されてきている。この批判にもかかわらず、ドイツの実務においては、費用徴収は一般的に行われている。

　シュレーダー検察官は、略式命令に加えて、略式命令に付随する決定のための別の文書を用意したが、そこには自由刑の執行を猶予するうえでの条件が列挙されていた。略式命令が確定し、もはや審査に服することがなくなった後に、これらの条件のいずれかを変更しなければならなくなる可能性があるため、裁判官が適宜変更できるようなものとされていた。

> **アウクスブルク区裁判所**   アウクスブルク、2005 年＿＿月＿＿日
> 事件番号：Cs 203 Js 2305/05
>
>   **決定**
>
> **アレクサンドラ・ユング**、86154 アウクスブルク、アインシュタイン通り 26 番地
> 1982 年 9 月 26 日生まれ、独身、大学生、ドイツ国民
>
> **訴追の対象となった事実**：住居侵入窃盗の幇助

> 2005年＿＿月＿＿日の略式命令に基づき、7月の自由刑の執行を猶予するにあたって、以下の条件を課す。
>
> 1）執行猶予期間は、略式命令が確定した日を起算日とし、3年とする。
> 2）高齢者介護施設において200時間の無償労働を命じる。略式命令が確定した日を起算日とし、9月以内にその労働を終えるものとする。その労働が終了した際には、直ちに当裁判所に報告しなければならない。
> 3）住所に変更がある場合は、遅滞なく当裁判所に報告しなければならない。
>
> 　　　　　　　　　　　　　　　　　　　　　　　　　　　　　　　―――――――
> 　　　　　　　　　　　　　　　　　　　　　　　　　　　　　　　区裁判所裁判官

シュレーダー検察官は、さらに、シンドラー弁護人に約束したように、ユングに対する勾留命令と勾留命令の執行が猶予されるにあたって課された条件の取消しを要請する文書を作成した。

続いて、シュレーダー検察官は、ブラウンの事件にとりかかった。彼女は当初、取調べをするため、ブラウンを検事局に呼ぶことを考えていたが、すぐにその考えを捨てた。ブラウンが、最初の取調べですべてを否認し、その後は黙秘していたため、何らかの有力な情報を得ることができるとは考えられなかったからである。したがって、シュレーダーは、正式な起訴を行うことにした。

ドイツ法のもとでは、起訴状で、とくに、訴追されている犯罪行為、適用される刑法の条文、証拠および捜査結果を提示しなければならない。略式命令の場合と同様、起訴状は、被告人が理解しやすいような言葉で書かれなければならない。しかし、起訴状の目的は、被告人に対して防御のために必要な情報を提供することだけではない。裁判官は、それに依拠して、公判の準備と訴訟指揮を行うのである。のちに示すことになるが、ドイツの刑事訴訟において、証拠を提出し、証人および被告人を尋問して公判を主導するのは、検察官と弁護人ではなく、裁判官である。そのため、起訴状は、事件の事実関係と証拠についてかなり詳細に叙述した文書となっている。

> **アウクスブルク検事局**　　　　　　　　　　　　アウクスブルク、2005年5月10日
> 事件番号：Cs 203 Js 2305/05　　　　　　　　　　勾留
>
> 　　　　　　　　　　　　　　　**起訴状**
> 　　　　　　　　　　　　　　以下の者に対して
>
> **ミヒャエル・ブラウン**
> 1971年1月31日アウクスブルク生まれ
> 独身、自動車整備士、ドイツ国民
> 最終居住地：86153 アウクスブルク、リンデン通り15番地
>
> 　2005年3月21日に仮拘束され、2005年3月22日にアウクスブルク区裁判所によって発せられた勾留命令に基づいてアウクスブルク刑務所において勾留中。
>
> 　勾留が3月に及んだ場合になされる勾留審査の請求可能日：2005年6月21日
>
> **I．犯罪事実**
>
> 1）検事局は、捜査に基づき、以下の犯罪行為を実行したことについて、ミヒャエル・ブラウンを訴追する。
>
> 　被告人は自動車整備士である。勾留される前、彼は、86603 アウクスブルク、モーツァルト通り8番地にあるマン自動車整備工場で働いていた。彼の月収は、約1650ユーロであった。彼は、ガールフレン

ドであったアレクサンドラ・ユングと 86135 アウクスブルク、リンデン通り 15 番地のアパートで同棲していた。

　2005 年 5 月 17 日火曜日、被告人は、仕事場で、彼の雇主であるマン証人と、その友人であり、車の整備のためやってきていたライヒ証人との会話を耳にした。被告人は、ライヒ証人が自宅に高価なコイン・コレクションをもっていることを知った。彼はまた、ライヒ証人が翌週の土曜日に保養のため出かける計画であることを耳にした。被告人は、ライヒ証人が外出すると、家が無人となることを知っていた。

　被告人は、コイン・コレクションを奪取することを計画した。彼は、運転免許を失っていたため、31番地にライヒ宅がある、アウクスブルクのガルテン通りまで車で連れていくよう、ガールフレンドであったユング証人を説得した。被告人は、ユング証人に対して、住居に侵入し、そこで何か高価なものを奪取することを計画している、と話した。被告人とユング証人は、2005 年 3 月 20 日日曜日の夜 9 時頃、現場に到着した。

　ユング証人は車に留まったが、被告人は、ライヒ宅の裏手に行き、外から鍵のかかった窓を押し開け、その掛け金を破壊し、その窓から侵入した。書斎で、被告人は携行したドライヴァーを用いて机の引出しをこじ開け、約 50 枚のコインが入った茶色の木箱を取り出した。そのコイン・コレクションは、少なくとも 20000 ユーロの価値があった。被告人は、行為の際、その箱とコイン・コレクションを不法に自ら領得する目的を有していた。

　家の玄関で、被告人は、保養に出かけたが早めに戻ってきたライヒ証人と遭遇した。被告人は、ライヒ証人の歩行用の杖をつかみ、傷害の故意をもって彼の頭を殴打した。82 歳の高齢であるライヒ証人は転倒した。左下腕部は折れ、ギプスで固定することを余儀なくされた。左頭頂部の頭皮を切り、縫合に 3 針を要した。ライヒ証人は一晩の入院を強いられた。

　被告人は、コイン・コレクションの入った箱を、携行したビニール製の買い物袋に入れ、ライヒ証人宅を後にした。

2）時期は確定していないが、2005 年 3 月 20 日当日もしくはそれ以前から、被告人は、彼のアパートのキッチンの棚にある古いティーポットに、900 ミリグラムのコカインが入った小さなビニール袋を所持していた。

3）時期は確定していないが、2005 年 3 月 18 日当日もしくはそれ以前から、被告人は、マン自動車整備工場にある彼のロッカーに、500 ミリグラムのコカインが入ったもう 1 つの小さなビニール袋を所持していた。

Ⅱ．訴追事実

それゆえ、被告人は、以下の事実について訴追される。

1）同一行為により
　　――他者による反抗を排除するために危険な道具を用いて、不法に自ら領得する目的で、自己に属さない動産を他人から奪取したこと
　　――不法に自ら領得する目的で、住居に侵入して、自己に属さない動産を他人から奪取したこと
　　――危険な道具を用いて、他者に身体的な傷害を与えたこと

2）2 つの独立した行為により

――禁止薬物を所持したこと

　これらの行為は、以下に基づいて処罰の対象となる。

1）重罪（刑法249条1項、250条2項1号）、軽罪（刑法241条1項、244条1項3号；223条1項；224条1項2号；52条）

　行為は複数である――刑法53条

2）軽罪（麻薬取締法29条1項3号；刑法53条）

III．捜査結果

1）被告人は、1971年1月31日生まれである。彼は、小学校、中学校に通い、その後、自動車整備士としての訓練を受けた。2005年3月18日まで、86603 アウクスブルク、モーツァルト通り8番地のマン自動車整備工場で働いていた。2005年3月21日、彼は、今回の起訴の対象となっている犯情の重い強盗、住居侵入窃盗、ならびに危険な傷害の容疑で、身柄を拘束された。

　2003年2月20日、アウクスブルク区裁判所は、刑法316条1項・2項の酒酔い運転について、被告人に有罪宣告をしている（事件番号：1 Cs 302 Js 3010/03）。被告人は、45日分の罰金を科せられ、1日当たりの罰金は40ユーロと設定された。加えて、被告人の運転免許は取り消された。区裁判所は、3年間新しい免許証の発行を禁じた。その判決は、2003年4月1日に確定した。被告人は、罰金を支払ったが、現時点で、新しい運転免許証を取得してはいない。

2）被告人は、ライヒ証人への暴行ならびにコイン・コレクションの奪取について、関与を否定している。しかし、彼の否認は、公判に提出される証拠によって覆されることになるだろう。

　被告人の元ガールフレンドであるユング証人が、以下の証言を行う予定である。被告人は、アウクスブルクのガルテン通りにある家に侵入する計画であることを彼女に話した。彼は、そこに車で連れていくよう彼女を説得した。2005年3月20日日曜日午後9時頃、彼女はそれを実行した。到着した後、ユングは車に留まり、被告人がガルテン通り31番地にある家に向かって歩いていくのを目撃した。しばらくして、彼女は、別の車が入ってきて、家の脇に駐車するのを目撃した。高齢の人物がその車から出てきて、玄関のドアから家に入っていった。被告人がその家の持ち主について語った特徴と合致する人物であるように思われた。

　ライヒ証人は、保養のために留守にしていたが、2005年3月20日夜に早めに帰宅したことを証言する予定である。玄関のドアを開け、ホールに入った際、彼は書斎の暗がりから近づいてくる若い男の姿をみた。その男はライヒ証人の歩行用の杖をつかみ、彼の頭を殴打した。ライヒ証人は、失神し床に転倒したことを証言する予定である。彼の左下腕部は折れた。額の左側に近い位置の頭皮に怪我を負い、その縫合には3針を要した。ライヒ証人は一晩病院で過ごすことを余儀なくされた。この証拠は、病院でライヒ証人の治療に当たった医師であるヴァイス証人の報告書および証言によって確認される予定である。

　ライヒ証人はさらに、机の鍵のかかった引出しのなかの茶色の木箱に入れて保管していたコイン・コレクションが行方不明であることを証言する予定である。彼は、コレクションのうちのコインのいくつかは、彼の知る限り、少なくとも20000ユーロの価値があると証言する予定である。被告人と彼に暴行を加えた者とが同一人物であると証言する予定はない。

しかしながら、その証言はハインツ証人が行う予定である。彼は、当日の夜 9 時から 10 時頃、ライヒ証人宅から歩き去る若い男を目撃したことを説明する。その若い男は、何か重いものが入ったビニール製の買い物袋をもっていた。ハインツ証人は、満月の光で若い男の顔をみることができたと証言する予定である。警察が行った写真面割りにおいて、ハインツ証人は、被告人とライヒ証人宅から立ち去るところを目撃した若い男が同一人物であるとした。

　ツィンマー巡査長は、被告人のゴミ入れでビニール製の買い物袋と茶色の木箱を発見したことを証言する予定である。そのゴミ入れは被告人が住んでいたアパートの裏に置かれていた。その木箱は、コインを保管するための箱であった。その後、箱をライヒ証人にみせると、彼は、それは自分のものであると述べた。

　被告人は、ゴミ入れは外にあるのだから、ほかの誰かがその木箱とビニール製の買い物袋を置いた可能性があると主張する。しかし、この主張に説得力があるとは思えない。被告人は、何者かが夜の間に彼のゴミ入れにその箱とビニール製の買い物袋を捨てた理由を示すことができなかった。

　被告人はさらに、ユング証人の元ボーイフレンドであるヴィンター証人がライヒ証人宅に侵入し、暴行を加えたのだと主張する。しかし、ヴィンター証人は足を骨折し、ギプスで固定しているため、自宅に留まらざるを得なかったことから、これは不可能であった。

　被告人はまた、2005 年 3 月 20 の夜についてアリバイがあると主張する。彼は、まず映画を観にいき、その後ディスコ「ニルヴァーナ」に行ったと述べた。しかしながら、被告人は、取調べを受けた際、数時間前に観たと主張する映画の題名を思い出すことができなかったことから、これも説得力があるとはいえない。また、「ニルヴァーナ」は、毎週末訪れていたディスコであったにもかかわらず、彼は、知り合いに全く会わなかったと述べた。

　マン証人は、3 月 20 日夜、ライヒ証人宅に誰もいないことを被告人がいかにして知ったかについて、公判で証言する予定である。ライヒ証人は、3 月 17 日木曜日、車の整備のためにマン証人の自動車整備工場を訪れた。マン証人は、ライヒ証人が、彼の車を受けもっていた被告人に対して、土曜日に保養で出かけるつもりなので、しっかり頼むと声をかけているのを耳にした。ライヒ証人が以前に整備工場を訪れた時から、被告人はライヒ証人が一人暮らしであることを知っていた。マン証人はさらに、被告人がライヒ証人のコイン・コレクションについて知っていたことを証言する予定である。マン証人はライヒ証人の友人であり、2 人はともに古いコインを収集する趣味をもっていた。3 月 17 日、ライヒ証人が整備工場を訪れた際、彼らは、いつものようにそれぞれのコレクションについて話していた。マン証人は、友人に対して、高価なコレクションを自宅に保管しない方がいいという話をしていた。彼らは、話をしている間、被告人がライヒ証人の車の作業をしている隣に立っていた。したがって、彼らの話の詳細を被告人が耳にした可能性がある。

　捜査の指揮をとったシュミット巡査部長は、その詳細についてさらに証言する予定である。彼はまた、ハインツ証人に対して行った写真面割りについても説明する予定である。ノイマン巡査部長は、ライヒ証人宅の犯行現場とそこで撮影した写真について証言する予定である。

　公判において、以下の物を取り調べのために提出する予定である：

　　――被告人がライヒ証人を殴打するのに用いた歩行用の杖
　　――被告人がライヒ証人宅の机の鍵のかかった引出しをこじ開けるのに用いたドライヴァー
　　――ライヒ証人がコイン・コレクションを保管していた茶色の木箱
　　――ライヒ証人宅の犯行現場の写真 17 枚

——ハインツ証人に対する写真面割りで用いられた写真6枚

　3）被告人は、彼のアパートのキッチンの戸棚にあるティーポットのなかから発見されたコカイン入りの小さなビニール袋について、知らなかったと主張する。彼は、元ガールフレンドであるユング証人がそこに置いたに違いないと述べている。ユング証人は、そのティーポットがキッチンの戸棚の上部に置かれており、彼女の身長では手が届かなかったので、それに触れたことは一度もないと証言する予定であり、これによって、被告人の主張は否定されることになるであろう。アウクスブルク警察捜査研究所の報告書によって、ビニール袋から検出されたのが被告人の指紋だけであることが証明される予定である。

　被告人は、マン自動車整備工場の彼のロッカーから押収されたコカイン入りのビニール袋について、話をすることを拒否した。アウクスブルク警察捜査研究所の報告書によって、その袋から検出された指紋が被告人のものだけであることが証明される予定である。バイエルン州中央科学捜査研究所の報告書によって、以下のことが示される予定である。ティーポットで発見された袋には、純度82パーセントのコカイン900ミリグラムが入っていたこと、ロッカーで発見された袋には、純度73パーセントのコカイン500ミリグラムが入っていたこと。

　本件の公判は、アウクスブルク地方裁判所大刑事部の管轄である。

　私は、裁判所に対して公訴を提起し、以下のことを要請する。

1）公判を開始すること。

2）公判の日時を設定すること。

3）被告人のために弁護人を選任すること。

4）被告人の勾留継続を決定すること。

　以下に証拠を列挙する。

1）証人
　　アレクサンドラ・ユング、86244 アウクスブルク、アインシュタイン通り26番地
　　ロベルト・ライヒ、86356 アウクスブルク、ガルテン通り31番地
　　パウル・ハインツ、86356 アウクスブルク、ガルテン通り28番地
　　マックス・マン、86603 アウクスブルク、モーツァルト通り8番地
　　ブリギッテ・ブッシュ、86356 アウクスブルク、ガルテン通り26番地
　　ヴァルター・ヴィンター、86715 アウクスブルク、ローゼン通り8番地
　　ダヴィト・ヴァイス医師、アウクスブルク中央病院、86243 アウクスブルク、フリーデン通り1番地
　　シュミット巡査部長、アウクスブルク中央警察署
　　ノイマン巡査部長、同上
　　ハム巡査部長、同上
　　ツィンマー巡査長、同上
2）記録
　　2005年3月21日の連邦中央登録簿からの情報
　　一件記録：1 Cs 302 Js 3010/03
　　ダヴィト・ヴァイス医師による報告書

> アウクスブルク警察捜査研究所の報告書2通
> バイエルン州中央科学捜査研究所の報告書
> 3）その他の証拠
> 　歩行用の杖1本
> 　ドライヴァー1本
> 　茶色の木箱1個
> 　コイン・コレクター・カタログのコピー12枚
> 　ビニール製の買い物袋1個
> 　犯行現場の写真17枚
> 　面割りに用いられた写真6枚
> 　コカインが入っていたビニール袋2個
>
> アウクスブルク地方裁判所宛
>
> 　　　　　　　　　　　　　　検事局
> 　　　　　　　　　　（署名）シュレーダー、検察官

　ブラウンに対する公訴は、4年の自由刑を超える判決をする可能性のある事件について管轄権を有する地方裁判所に対して提起された。ブラウンが訴追された犯情の重い強盗に対する制裁の下限は、5年の自由刑である。

　しかしながら、シュレーダー検察官は、ユングの事件については、略式命令の請求を区裁判所に対して行っていた。なぜなら、略式命令に関する事件について管轄権を有するのは、区裁判所だけだからである。

その結果、シュレーダーは、ブラウンの事件とユングの事件を分離することになった。そこで、彼女は、一件記録のコピーの作成を命じた。彼女はさらに、一件記録の重要部分のコピーを作成することを命じた。これは、一件記録2部が裁判所に送られた後も、検事局に残された。そこには、被告人および証人の供述、起訴状、略式命令請求書、ならびに勾留についての決定が含まれており、検察官が公判でとくに必要とすると思われるものであった。シュレーダーは、指示内容を文書化するために以下の命令書を作成した。

> 事件番号：Cs 203 Js 2305/05　　　　　　　　　　アウクスブルク、2005年5月10日
> 　　　　　　　　　　　　　　　　　　　　　　　勾留
>
> 　　　　　　　　　　　　　　命令
>
> 1）捜査を終結する。
> 2）ブラウン被告人の事件とユング被告人の事件を分離する。
> 3）一件記録の謄本を作成する。
> 4）検事局に残す一件記録の抄本を作成する。
> 5）略式命令請求書、略式命令に付随する決定の案、ならびに一件記録1部をアウクスブルク区裁判所に送る。
> 6）起訴状ならびに一件記録1部をアウクスブルク地方裁判所に送る。
> 7）一件記録の抄本を2005年6月8日までに私に届ける。
>
> 　　　　　　　　　　（署名）シュレーダー、検察官

　これをもって、シュレーダー検察官は、2つの事件に関する準備という仕事を終えた。彼女は、一件記録とともに起訴状を裁判所に送るよう指示した。起訴状のコピーをブラウンに送ることは命じなかった。それは、裁判官の職務である。

Ⅳ．裁判所における手続

1．略式命令——アレクサンドラ・ユング

ユングについての略式命令請求書を含む一件記録が、5月13日に区裁判所に送られ、カウフマン裁判官に配点された。ドイツ法では、その時々の基準によって裁判所の裁判官たちの間で事件を配点することは許されない。中立・公平な裁判を行うため、ドイツ法では、あらかじめ決められた抽象的・一般的な諸基準にのっとって機械的に、個々の裁判官に事件が配点される。一般に用いられている基準は、被告人の姓の頭文字によって配点することである。2005年は、被告人の姓の頭文字がJからLの事件を、カウフマン裁判官が担当することになっていた。

カウフマン裁判官は、シュレーダーが経験豊かな検察官であることを知っていたので、一件記録にざっと目を通しただけで、彼女の判断を信頼することができた。記録に目を通した後、カウフマンは、シュレーダーがした略式命令の請求についても、さらに、刑の執行を猶予する場合に付すべき条件のリストが添付されていたが、このリストについても、棄却すべき理由はないと考えた。彼は、5月18日、双方の書面に署名した。また、シュレーダーが準備した書面で空欄になっていたところに日付も入れた。カウフマンは、略式命令と執行猶予に付す条件のリストとをシンドラー弁護人およびユングに送るよう手配した。もしユングが異議を申し立てたいと望むのであれば、彼女の弁護人が、異議申立てが適時になされるようにとりはからうだろう。カウフマンは、さらに、ユングが「橋」——刑罰として彼女が老人ホームで200時間の社会奉仕をすることができるように老人ホームを斡旋してくれる私的な非営利団体——と連絡がとれるように、「橋」のパンフレットを彼女に送るよう手配した。最後に、カウフマンは勾留を取り消し、勾留状の執行猶予にあたって課された条件を取り消した。彼は、ユングおよびシンドラーに対して略式命令のコピーを送り、ユングの両親によって提供されていた担保を返却するよう手配した。

シンドラー弁護人は略式命令を受領した後、ユングを呼び出した。彼らは、略式命令に服することにした。なぜなら、略式命令によって科された刑は、まさしく彼らが期待していた内容だったからである。シンドラーは、略式命令とは有罪宣告であると述べた。彼は、この有罪宣告は公判審理を終えて言い渡されるそれと異ならないこと、ユングの記録が連邦中央登録簿に記載されることを説明した。また、老人ホームでの仕事を得るにあたって何か困ったことがあれば、彼に電話するようにいった。ユングは彼に礼をいった。シンドラーは、カウフマン裁判官にメモを送り、彼の依頼人は略式命令に異議を申し立てるつもりはないと伝えた。これをもって、ユングの弁護人という、彼の役目は終わった。シンドラーは、弁護報酬の請求書をユングの両親に送った。

2．公判の準備——ミヒャエル・ブラウン

ブラウンの一件記録は、5月17日、起訴状とともにアウクスブルク地方裁判所に送られた。1年ごとに画定される配点計画に従って、この事件を管轄する第8刑事部に配点された。

第8刑事部は、3人の職業裁判官と2人の素人裁判官（参審員）とで構成される参審裁判所の1つである。参審裁判所では、事案の複雑さに応じて、2人または3人の職業裁判官と2人の参審員とが出廷して審理がなされる。職業裁判官と参審員とが1つの合議体を構成する。彼らは合議によって、罪責の認定、刑の量定、訴訟手続に関するすべての問題を判断する。

とはいえ、参審員の審理への関与は制限されている。公判期日外におけるすべての判断は3人の職業裁判官、つまり裁判長と2人の陪席裁判官、の責任である。裁判長が2つの主要な役割を果たす。ドイツの刑事手続は職権主義によっているから、公判では、裁判長が証拠を取り調べ、証人はもちろん被告人も尋問する。この役割は、アメリカの当事者主義においては、検察官および弁護人によってなされるものである。審理に先立って、裁判長は事件の準備をする。この準備は、ドイツの刑事手続全体の職権主義的性格からして、相当多くの職務を含んでいる。

一件記録を受け取った後、裁判長は、ローテーションに従って、陪席裁判官の1人に事件を割り当てる。陪席裁判官は、一件記録を読み、その事件を審理するための準備においても審理に際しても、裁判長をサポートする。結審した後、陪席裁判官は、判決理由を書く準備をする。

ブラウンの事件では、フィリップ・シュヴァルツ裁判官が裁判長で、イレーネ・ホフマン裁判官とアルバート・ローゼンベルク裁判官とが陪席裁判官だった。ブ

ラウンの記録が届くと、シュヴァルツは、ドイツの法律用語で「中間手続」と呼ばれている手続に入った。この手続の目的は、十分な嫌疑のない起訴に基づいて審理がなされる事態から被告人を護ることにある。有罪を言い渡すのに「十分な根拠」があるという検察官の結論に裁判所が同意する場合にのみ、「公判手続」を開く旨の決定をする。公判手続とは、公判の準備手続および公判それ自体のことである。

公判手続を開くか否かを決定する前、5月19日に、シュヴァルツ裁判官は、起訴状のコピーをブラウンに送った。彼は、公判手続を開くことにブラウンが異議を申し立てるか否か、証拠の追加を申請するか否かを質問するメモを同封した。シュヴァルツはまた、検察官の要請に従って、ブラウンが来週中に弁護士の氏名を申し出れば、弁護人を依頼することができる旨を、ブラウンに告げた。

ブラウンは、5月25日に、自分は無実であるという理由で、公訴提起に対して異議を申し立てた。彼は、ベルリンの有名な弁護士、ハマーシュタインを弁護人として指名した。彼は新聞でハマーシュタインのことを知ったというのである。2日後、シュヴァルツ裁判官は、ベルリンとアウクスブルクとの間ではあまりにも高額な交通費がかかるため、ハマーシュタインを弁護人として指名することはできない、と返事をした。シュヴァルツは、可能であれば必ず、裁判所の管轄区域内で活動が認められている弁護士のなかから弁護人を選ぶように求められている、と説明した。ブラウンは5月31日に返事をし、自分自身で弁護をする方がよいので、弁護人はいらないと述べた。

シュヴァルツ裁判官は、弁護人は不要だというブラウンの要望に沿うことができなかった。なぜなら、ドイツ法では、地方裁判所で審理される事件は常に弁護人が付いていなくてはならないからである。このような重大事件では、被告人の利益を擁護するため、また誤判を防ぐためにも弁護人の関与が不可欠と考えられている。この価値観は、被告人の自己決定の権利よりも重要であると考えられている。

被告人が弁護人を指名しないケースにおいて、ドイツの裁判官は、弁護人を任命するための様々な選任方法を編み出してきた。ある裁判官たちは、地方の弁護士のアルファベット順のリストに従って、またほかの裁判官たちは、クジで弁護士の名前を引いて指名する。裁判官たちは、名前を引き当てると、弁護士に連絡をとり、彼または彼女に事件を担当する意思があるかと尋ねる。ほとんどの裁判官は、しかしながら、もっと個人的な方法で弁護人を選ぶ。つまり、当該事件の弁護でよい仕事をするであろうと、裁判官たちが考える弁護士に連絡をとるのである。

シュヴァルツ裁判官は、この個人的な手続によって弁護人を任命するのが常だった。シュヴァルツは考えた。ブラウンの事件は非常に困難な事件だというわけではない。だが、被告人に不利な証拠が圧倒的であるにもかかわらず、自分が無実だと主張しているところからみて、被告人は独特の個性の持ち主のようだ、と。そこで、シュヴァルツはディルク・ボッシュ――刑法専門であり、経験豊かな老年の弁護士――に連絡をとった。裁判官が事案とブラウンの性格とを手短に説明すると、ボッシュは、裁判官の要請を受けるかどうかを判断する前に、まずは一件記録をみたいといった。

シュヴァルツ裁判官は、6月2日に一件記録をボッシュ弁護士に送った。ボッシュは一件記録を読んだ後、ブラウンの性格について裁判官が説明したことはそのとおりだと思い、そして、この事件を担当することに決めた。ブラウンを弁護することで国庫から彼が受け取る謝礼は、十分な報酬というにはほど遠く、弁護にかかる費用を賄うことはほとんどないことを、ボッシュは承知していた。それにもかかわらず、彼は、地域における刑事司法がその機能を果たすために貢献する義務があると感じていた。小規模の法律事務所に勤める若い弁護士たちは、国選弁護人として働くことで質素な生活を営むことができる。しかし、大規模で弁護士報酬が高い法律事務所の裕福な弁護士たちには、もっぱら社会奉仕として、国選弁護人を務める余裕がある。

約束どおり、ボッシュ弁護士はシュヴァルツ裁判官に電話をして、この事件を担当するつもりがあると述べた。彼は、一件記録をコピーしたうえで記録を裁判所に返却するよう、事務員に頼んだ。シュヴァルツは、以下の決定をし、そのコピーをボッシュとブラウンに送った。

> アウクスブルク地方裁判所
> 第8刑事部
> 事件番号：8Kls 203 Js 2305/5
>
> アウクスブルク、2005年6月8日
>
> 決定
>
> 1）86160 アウクスブルク、パルク通り76番地、弁護士ディルク・ボッシュを、被告人ミヒャエル・ブラウンの弁護人に任命する。
> 2）ボッシュ弁護人は、公判を開くことについて異議を申し立てるか否か、または証拠の追加を申し立てるか否かにつき、2005年6月22日までに返答をしなければならない。
>
> （署名）シュヴァルツ、裁判長

シュヴァルツ裁判官はまた、起訴状の表紙にあるシュレーダー検察官による記載を読んだ。その記載によれば、遅くとも6月21日までにブラウンについて勾留審査をする必要があった。期限が迫っていたが、もはや裁判官は気を配る必要はなかった。弁護人が選任された以上、勾留審査は弁護人の請求に基づいてのみなされるからである。

ボッシュ弁護人は、彼を弁護人に任命する裁判官の決定のコピーを受け取った後、ブラウンと接見するため、6月13日に、アウクスブルク刑務所を訪れた。任命書は、弁護人であることの証明に役立つ。勾留施設に入る許可を得るために、ボッシュは、任命書を正門でみせた。

接見室でブラウンと接見をすると、ボッシュ弁護人は自己紹介をし、ブラウンに彼の弁護を引き受けるつもりだと述べた。ブラウンが、シュヴァルツ裁判官はなぜ自分の異議に反して弁護人を選任したのか理解できないと述べたので、ボッシュは、裁判官に選択の余地はないのだと答えた。ブラウンは地方裁判所の刑事部で審理を受けるのだから、弁護人の選任が義務づけられているのである。ボッシュは、被告人の権利と利益を護ることが弁護人の職責であって、犯罪事実が重大な事件においては、法的な経験のない被告人が自分ひとりで権利と利益を護ることはできないのだ、と説明した。

ブラウンが神経質になっており、興奮していたので、ボッシュ弁護人は、最善を尽くして助けるからと述べて、彼を落ち着かせようとした。彼は、ブラウンに、弁護人選任に対する異議を取り下げることと、起訴状が理解できたかどうかについて話し合うことを提案した。ブラウンは、すでに彼が警察と裁判官に話したことを繰り返した。彼はライヒの家で起こったことと全く無関係であるから、起訴は全く根拠のないことだと述べた。すなわち、以前のガールフレンドであるアレクサンドラ・ユングが悪意で、自分を事件に巻き込んだに違いない。ユングが自分と一緒に犯罪を行ったといっている理由は、犯行があった日曜日に、彼女と大喧嘩をしたからだろう。彼女を連れずに映画に行き、その後でディスコに行ったことが喧嘩の原因である。ティーポットにあったコカインは、ユングのものに違いない。ロッカーから発見されたコカインは、誰かほかの人間によって入れられたに違いない、と。ブラウンは、しゃべっている間、真実を明らかにするために自分を助けてほしい、できる限り早くここから出してほしい、と何度もボッシュに頼んだ。

注意深く話を聴き、メモをとっていたボッシュ弁護人は、警察が収集した証拠からみて、ブラウンの主張を立証することは簡単ではない、事件に関するブラウンの弁解を証明することができる証人は1人もいない、といった。ブラウンが話している時に、ボッシュは多くの質問をしたが、ボッシュがブラウンを信用していないという印象を彼に与え、そのことで依頼人の信頼を壊さないような注意深いやり方で、質問をした。

ブラウンが無罪になる可能性について訊いたので、彼は無実であると裁判官を説得するのは非常に難しいだろう、とボッシュ弁護人は答えた。一番あり得るのは、有罪判決が言い渡されて終わることである。ブラウンは長期の自由刑を覚悟しなければならない。ボッシュの経験からすると、おそらく刑期は7年以上になるだろう。裁判所が刑期を決める際に決定的な要素となるのは、盗まれたコインがいまだ取り戻されていないことだろう。これに対し、自白は常に刑を軽減するのに重要な役割を果たすという事実を、ボッシュは強

調した。ボッシュの質問と説明にブラウンはやや当惑しているようであったが、それにもかかわらず、いかなる犯罪にも関与していないという主張を曲げなかった。ボッシュは、公判審理においても同じ主張を繰り返すかどうかを再考するよう、ブラウンに提案したが、彼は、再考しなければならない理由はないと思うと答えた。

ボッシュ弁護人は、立ち去る前に、公判手続の開始に対して異議を申し立てるつもりはない、なぜなら、主張できることが何も見つからないからだ、と述べた。彼はまた、勾留審査を請求してもよいが、それによって身柄拘束が解かれる可能性は低い、といった。勾留審査は、勾留状を発した裁判官によってなされるわけではなく、事件がいま係属している刑事部によってなされる。勾留命令の取消しまたは勾留状の執行猶予を正当化するようなブラウンに有利な新しい証拠はないので、裁判所はきっと勾留を維持するであろう。そのような理由から、ボッシュは勾留審査を勧めなかった。当初、ブラウンは勾留施設から出たかったので、異論を唱えた。けれども、最終的には、ボッシュの提案に従うことになった。

ボッシュ弁護人は、何であれ自分に有利だと思われる事柄を思い出したら——例えば、行方不明のコインなど、自分に有利な証拠を見つけたら——自分にメモを送るようにと、ブラウンに頼んだ。彼は、さらに、非常事態が起こらない限り、まず間違いなく6週間以内に法廷で再び顔を合わせることになるだろうと述べた。そして、適切な弁護方針について再び話し合うために、開廷の約20分前に打ち合わせをしようと提案した。公判はおそらく午前9時に開廷されるから、ブラウンは、その日の午前7時から8時の間に裁判所の地下にある監房に引致されるだろう。ボッシュは、そこでブラウンと会うと約束した。

ボッシュ弁護人の事務所から一件記録が裁判所に返却されるとすぐに、シュヴァルツ裁判官は、公判の開始に関する裁判を準備するように、陪席裁判官のイレーネ・ホフマンにこの事件を割り当てた。ホフマンは、一件記録を検討し、起訴されている犯罪についてブラウンが有罪判決を言い渡されるであろうと推認するに足る十分な根拠が存在すると結論づけた。彼女がその結論をシュヴァルツに伝えた後、シュヴァルツは、2005年6月28日に執務室で2人の陪席裁判官と会合した。ホフマンは、自分が一件記録から読み取った内容を簡潔に要約し、公判を開くよう提案した。彼女は、ブラウンが一貫して事件への関与を否定し、それ以上話すことを拒絶していることを考慮して、さらなる証拠の探索を裁判所が試みるべきか否かを検討するために、一件記録を再読したが、これ以上捜査をしても無駄だという結論にたどり着いたのである。

ホフマン裁判官の提案に従い、3人の裁判官は、全員一致で、公判を開くことに決した。彼らはまた、ブラウンの審理について、第8刑事部は2名の職業裁判官と2名の参審員とで法廷を構成するという決定をした。彼らは、3名の職業裁判官の参加を必要とするほど大規模で難しい事件ではないということで意見が一致した。彼らは職権で、公判を開くにあたって、ブラウンを引き続き勾留する決定をした。ブラウンを釈放しなければならない事由は見当たらないため、彼らはブラウンの勾留を継続する旨を決定したのである。シュヴァルツ裁判官は、これらの決定について以下のような記録を作成した。被告人にも検察官にも上訴権がないので、理由を付する必要はなかった。決定書には3名の裁判官全員の署名が必要だった。

アウクスブルク地方裁判所
第8刑事部
事件番号：8KIs 203 Js 2305/5

アウクスブルク、2005年6月28日
勾留

決定

ミヒャエル・ブラウン、最終居住地：86153 アウクスブルク、リンデン通り15番地
　1971年1月31日生まれ、独身、自動車整備士

　以上の者は、犯情の重い強盗、住居侵入窃盗、危険な傷害および禁止薬物の所持で起訴されている。

本件について

第 3 章　ドイツ

> 1）公判を開始する。
> 2）アウクスブルク検事局による 2005 年 5 月 10 日付けの公訴提起は、アウクスブルク地方裁判所第 8 刑事部において審理に付すことが認められた。
> 3）審理は、2 人の職業裁判官と 2 人の参審員によって主宰される。
> 4）被告人の勾留は継続される。
> 5）この決定の謄本を検察官、被告人およびディルク・ボッシュ弁護人に送達する。
> 6）この決定について 2005 年 7 月 5 日までに裁判長に回答すること。
>
> 　　　　（署名）シュヴァルツ、裁判長
> 　　　　（署名）ホフマン、裁判官
> 　　　　（署名）ローゼンベルク、裁判官

　シュヴァルツ裁判官が次になさなければならないのは、公判期日の準備をすることだった。ブラウンが勾留されていたので、この事件は、ほかの事件よりも優先しなければならなかった。シュヴァルツは、カレンダーをみながら、8 月 9 日火曜日より早く公判を開始することはできないと考えた。なぜなら、被告人が勾留されていて、先に公判を開く必要のある事件がほかにあったからである。ブラウンが自白していないため、おそらく約 10 人の証人を尋問する必要があるだろう。シュヴァルツは、したがって、審理を 1 日で終えることはできないと考えざるを得なかった。この事件の場合は、8 月 11 日木曜日に、引き続き審理を進めることができるだろう。公判が連日的に開かれないのは、ドイツにおける刑事裁判実務の一般的な運用である。第 8 刑事部が大規模な事件について審理をする開廷日は、火曜日と木曜日だった。参審員が出廷すべき法廷と日とは、年のはじめに参審員に対して通知されているので、このような非連日的開廷方式も、彼らにとって問題はない。

　裁判所が指定するのではなく当事者と協議するという、近年のドイツの実務の運用に従って、シュヴァルツ裁判官は、公判期日を決める前に、ボッシュ弁護人に電話をした。それがよかった。なぜなら、ボッシュは、アウクスブルクのほかの法廷に係属する弁護事件があって、8 月 9 日火曜日に期日を入れることはできないということだったからである。ボッシュは出廷が可能な日についてシュヴァルツと話し合い、結局、公判期日を 8 月 11 日木曜日に決め、もし必要になった場合のために 8 月 16 日火曜日を空けておくという、シュヴァルツの提案に賛成した。

　弁護の準備をするのに十分な時間を与えるために、ドイツ法は、公判が開始される日の少なくとも 1 週間前に被告人と弁護人に対して通知をするよう、規定している。実際には、この時間的な制約が問題を引き起こすことはめったにない。なぜなら、法廷の日程は詰まっていて、数か月先とはいわないまでも、数週間先まで、公判審理の予定が入っているからである。ボッシュ弁護人とは公判期日を調整してあったが、シュヴァルツ裁判官は、いままたボッシュを正式に召喚しなければならず、ブラウンに対して公判期日を告知しなければならなかった。

　シュヴァルツ裁判官はまた、公判における弁護に関して何か請求したいことがあるか否かを、ボッシュ弁護人とブラウンとに尋ねるよう、命じた。シュヴァルツは、ブラウンが勾留されている施設の管理者に対して、ブラウンを公判期日に引致するよう要請した。彼はまた、ヴァイス医師を除いて、起訴状に記載されている証人を召喚するよう指示した。ヴァイスの 2005 年 3 月 31 日付けの報告書は証拠として朗読できるだろうから、公判廷での証言は必要でないと、シュヴァルツは考えていた。シュヴァルツは、ほかの証人の時間を無駄にしないように、ユング、ハインツ、ノイマン刑事、ハウザー警察官は、午前 9 時に出廷するよう、ライヒ、マン、ブッシュ、ヴィンター、シュミット刑事、ツィンマー警察官は、午後 1 時 30 分に出廷するよう、命じた。

　シュヴァルツ裁判官はさらに、ブラウンの事件の審理に当たる予定の裁判官たち——職業裁判官 2 名と参審員 2 名——の氏名を弁護人と検事局とに通知するよう手配した。裁判所の構成について被告人・弁護人と検察官とが異議を申し立てることができる期間には制限がある。異議申立ては、審理が開始されるまでにし

なければならない。裁判所は、異議申立てがあった時は、速やかに異議について判断をする。異議を認めない場合にはそのままで、裁判所の構成を変更する必要がある場合には新たな構成で、審理が進められる。

審理が始まるまでに裁判官たちの氏名が通知されなかった時は、弁護人または検察官は、審理が終結するまで——すなわち、裁判所の判決に対して上訴がなされる時まで——、すべての異議を持ち越すことができる。上訴審において、裁判所が適法に構成されていなかったものと判断された場合には、その判決は破棄されて、新しく審理が行われる。弁護人と検察官とに、裁判所の構成を早めに知らせることは、したがって、刑事手続の迅速化のための1つの方策なのである。ドイツの実務において、裁判所の構成に対して当事者が異議を申し立てることは稀である。ブラウンの事件でも、ボッシュ弁護人も検察官もどちらも異議申立てはしなかった。

V. 公判——ミヒャエル・ブラウン

1. イントロダクション

公判当日の午前8時30分頃に、ボッシュ弁護人は、裁判所構内の監房にいる依頼人を訪ねた。ブラウンは、公判で何が起こるか心配しており、ボッシュに対し、あれから自分のために何かしてくれたか、と尋ねた。ボッシュは、裁判官から重要と思われる公判前の申立てがあれば、それを行うように求められた、と答えた。しかし、ボッシュには、申立てできるようなことは何もないように思われた。

ボッシュ弁護人はまた、ブラウンが出頭することになる裁判所の構成について知らせを受けたが、異議を申し立てる理由はないように思う、と述べた。裁判所を構成する職業裁判官および参審員については、とりわけ、その公平性に疑問がある場合には、異議を申し立てることができる。しかし、今回ブラウンに対する公判の担当とされている2名の職業裁判官および2名の参審員のいずれについても、公平性に疑問はなかった。2名の参審員のうち、1人は主婦、もう1人は道路局に勤務する公務員であった。

次に、ボッシュ弁護人はブラウンに対し、起訴事実を否認するという方針を維持するつもりか、と尋ねた。ブラウンは、再度、自分は無実なのだから方針を変更する理由はない、といった。ボッシュは、ブラウンの主張を信じてはいなかったが、それをブラウンに伝えることはしなかった。ブラウンがひどく不安になっているのが分かっていたので、ボッシュとしては、弁護人は自分のためにできるだけのことをしてくれているというブラウンの信頼を動揺させたくなかったのである。

しかし、ボッシュ弁護人は、ブラウンの主張が真実であると裁判所を納得させるのは証拠関係からすると相当難しいだろう、と指摘した。これを聞いたブラウンは、曖昧な笑みを浮かべながら、公判では一言もしゃべらないことに決めた、質問には一切答えないことにした、といった。ブラウンは、勾留施設で一緒になった者から黙秘権があることを聞き、それでいくのも悪くない、と考えたのであった。起訴事実に関して一切黙ったままでいる権利があるのは本当だが、今回の場合、その方針ではおそらくうまくはいかないだろう、とボッシュは答えた。確かに、裁判官には、被告人が黙ったままでいるのを有罪の承認と受け取ることは許されていないが、今回の場合、有罪とするための証拠はほかに十分にあると思われるからであった。前回の面会の時と同様に、ボッシュは、自白し、かつコインを返還すれば、裁判所の量刑に影響するという点を強調した。ボッシュには、ブラウンは未熟で精神的に不安定な人間と思えたため、この際、多少のプレッシャーを与えることもやむを得ないと感じた。また、弁護方針を変えることが、依頼人にとって最大の利益になると思われた。

午前9時近くになったので、ボッシュ弁護人はブラウンとの話を切り上げ、法廷に向かった。別れ際に、ボッシュはブラウンに対し、公判では隣に座ることになるだろうから、頼りにしてくれといった。

ブラウンに対する公判は、大きな法廷で行われることになっていた。地元の新聞がこの事件についての記事を掲載し、公判の行われる日を報じていたために、傍聴人が多くなることが予想された。部屋の狭い方の一端にある、床よりもやや高くなっている壇上に裁判官用の長机が置かれていた。2名の職業裁判官と、2名の参審員が、この机に並んで座ることになる。また、この机には、公判調書の作成を担当する事務局記録官用の椅子も置かれていた。裁判官用の机の左側、同じような壇の上に、検察官用の机が置かれていた。裁判官と検察官がお互いの姿をみることができるように、この検察官用の机は、裁判官用の長机に対し直角に置かれていた。机が床よりもやや高い壇上に置かれてい

るおかげで、裁判官と検察官は、法廷で行われていることをよりよく見聞きすることができる。また、裁判官と検察官の机が一段高いところに置かれていることは、国家機関であるという彼らの地位を示すのにも一役買っている。

裁判官の背後は装飾のない壁であるが、唯一、木製の十字架が掲げられていた。ドイツの憲法によれば、司法権を含め国家権力はすべて国民に基づいている。それにもかかわらず、この宗教とは関わりのないはずの裁判所の壁にキリスト教のシンボルが掲げられているのは、裁判所のあるアウクスブルクがバイエルン州に位置しているためである。バイエルン州は、ドイツのなかでは保守的な州であり、カトリック教会の影響の強いところである。

裁判官用の机の右側には、弁護人用の机と被告人用の机が置かれている。2つの机は、壇ではなく床の上にあり、裁判官用の机に対し直角に置かれていて、ちょうど検察官用の机と正対するようになっていた。弁護人用の机と被告人用の机とは近接しており、公判中に弁護人と被告人が会話するのに支障のないようになっていた。ただし、検察官が裁判官の左側に、弁護人と被告人が右側に座るとは限らない。ほかの法廷では、座り方が逆になっていることもある。このように法廷での座り方に違いが生じるのは、その法廷の窓の位置に関係がある。検察官が、被告人および証人の様子、とりわけ顔の表情をよくみることができるよう、法廷の窓が検察官の後にくるように、座り方が決められるからである。このような座り方は、弁護人らにとって不利である。というのも、彼らは、検察官の背後にある窓からの逆光を受けながら、証人の様子をみるほかないからである。

証言に際して、証人は、検察官と弁護人の間の空間の真中に置かれた椅子のところに立ち、あるいは腰かける。ドイツの職権主義の公判では、質問の大半は裁判長が行うので、証人は裁判官の正面に位置するのである。ドイツの法廷には、マイクとスピーカーの設備がないのが一般的なため、法廷の後方に座っている傍聴人にとって証人の発言が聴き取りにくいということがしばしばある。

午前9時少し前に、シュレーダー検察官と事務局記録官のトラウトマンがそれぞれ席についた。彼らは国家権力の象徴である黒色のローブをまとっていた。

ボッシュ弁護人とブラウンは、各自の席のそばで立ったまま話をしていた。ボッシュも黒色のローブを身に着けていた。これは、ドイツ法においては、弁護人も刑事司法機関の1つと考えられていることによる。

ブラウンを法廷まで連れてきたのは、法廷警察官であった。ブラウンを監房から法廷まで引致する際に、警察官はブラウンの手首に所持していた手錠の一方をはめ、もう一方を自分の手首にはめた。多くの人が行き交う裁判所の建物のなかを通って、身柄拘束中の被告人を連行する場合には、常にこの措置がとられる。この措置をとらないと、被告人が逃亡し、行き交う人々のなかに身を隠すおそれがあるからである。ブラウンは被勾留者用の服ではなく、普段着を身に着けていた。被告人は、有罪を言い渡されるまでは無罪と推定される。それゆえ、被勾留者用の服の着用を強制されて、予断・偏見による不利益を受けないようにしなければならないのである。警察官はブラウンを法廷まで連れてくるとすぐに、手錠をはずし、出入口の隣にある椅子のところに行き、被告人を注意深くみつめていた。

ほかの法廷警察官は、召喚された証人らが公判開始前に到着し、傍聴席の最前列に座っているのを確認した。証人らの背後には、公判の傍聴にきた人々が20人ほど座っていた。そのなかには、裁判を記事にしようと、手帳を手にした記者が2人いた。記者にブラウンの写真を撮影することは許されていなかった。被告人の写真を公開することは――議論のあるところではあるが――そのプライヴァシーを侵害することになる。一般公衆の不安をかき立てるような特異な事件――例えば、残忍な殺人事件や強姦事件――の場合に限り、被告人の写真の撮影・公開が許されることがある。公判中のラジオおよびTV中継、録画・録音は許されない。公判の目的は、事件の真実を確かめることにある。録画・録音は、この目的を妨げるおそれがある。作動中のカメラやマイクを前にして証言することになると、証人に不当な影響が及ぶおそれがあり、また、裁判官、検察官、弁護人、被告人にしても、話をする際にマスコミのカメラやマイクが気になってしまい、公判に集中できなくなるおそれがあるからである。

午前9時になるとすぐに、裁判官らが法廷に入ってきた。法廷内の全員が静かに立ち上がった。まず、裁判長のフィリップ・シュヴァルツが、次に、陪席裁判官のイレーネ・ホフマンが入ってきた。2人とも黒色

のローブをまとっていた。これに続いて、参審員であるアンネ・ブラントとヨーゼフ・ヴェーバーが入ってきた。彼らは、普段着を身に着けていた。職業裁判官が裁判官用の長机の真中に着席し、その左右に参審員がそれぞれ着席した。裁判長が一件記録を机の上に置いた。裁判官用の机の上にはすでに、ライヒの杖、コインをおさめる茶色の木箱などの証拠が置かれていた。シュレーダー検察官が、これらの証拠を保管室から運び出すよう命じていたのであった。

2．証拠調べ

　裁判長によって審理が開始された。犯情の重い強盗および禁止薬物所持被告事件、被告人はブラウンである、と裁判長が告げ、傍聴人らは自分たちのいる法廷に間違いがないことを知った。次に、裁判長は、被告人、弁護人、召喚した証人らが在廷していることを確かめた。裁判長は、証人のユング、ハインツ、ノイマン刑事およびハウザー警察官に前に出るよう求めた。証人らが前に出て裁判官用の机の前に立つと、裁判長は、証言に際しては、真実を述べなければならないこと、および、宣誓をしなければならなくなるかもしれないことを説明した。裁判長は、さらに、宣誓のうえ虚偽の陳述を行った場合は処罰されること、また、宣誓することなく誤った証言や不完全な証言を行った場合も同様であることを告知した。それから、裁判長は証人らに、退廷し、呼ばれるまで外で待っているように、といった。

　ドイツの裁判官は、法律により、真実を述べるという義務、およびその義務の履行を怠った場合には処罰されることについて、証人に対し説明しなければならないとされている。この説明によって、証人は、証言が重要な責務であるということ、そして、裁判所が事件の真実を確定するにあたって、自分の供述に依拠することになるということを想起するのである。裁判官は、個々の証人に対して、証言を行う直前の段階になって、この説明を行うこともできる。しかし、この説明は証人に共通の内容となっているので、審理を開始する際に、証人全員を集めて行われるのが一般的となっている。証人には、この説明を忘れないでいることが期待されている。たとえ、この説明から数時間経過して証言することになっても、である。

　かつてドイツでは、通常の場合、証人は宣誓しなければならないとされていた。しかし、ドイツの法律はいくつかの例外を認め、とりわけ、検察官、弁護人および被告人の同意がある場合、証人は宣誓を免除されることもあった。最近では、ドイツの裁判所では、この訴訟関係人の同意による宣誓の免除が一般的な実務となった。証人が虚偽の陳述をすることに決めていると、ほとんどの場合、宣誓によってこれを防ぐことはできない、というのが一般的な理解であった。また、宗教国家ではないのに、証人の良心を信仰心に訴えかけることで束縛すべきではない、とも主張された。

　このような展開を受けて、2004年にドイツの立法府は、証人はもはや原則として宣誓を強制されない旨の法律を制定している。しかし、ドイツの裁判官は、個々の事案において、当該証人の証言が事案の判断にとって決定的と考える場合、また、宣誓させることによって真実を述べるよう証人に促すことができると考える場合には、証人に宣誓を求めることができる。

　宣誓は、証言後に行われる。これは、証人に対し、自分がいま述べたことのすべてが宣誓の対象になっていることを示すためである。この点で、アメリカの手続と異なっている。アメリカでは、証言前に宣誓が行われる。

　ほかの証人が退廷するなか、ハインツは裁判長のところに行き、インフルエンザのため熱があると告げ、証言までどの程度待つことになるかを尋ねた。「お気の毒に」といった後で、裁判長は、ハインツを最初の証人として呼ぶことを約束するが、まずは被告人を尋問しなければならない、といった。ハインツは、法廷を出て、外の廊下で待っているほかの証人の輪に加わった。廊下は寒かった。廊下にはベンチが1つしかなかったが、ハインツは、ユングとともに、そこに腰を下ろすことができた。ノイマン刑事とハウザー警察官は、立ったままで呼ばれるのを待つことになった。ドイツの裁判所には、証人のための待機室がない場合が多い。最近になって建てられた裁判所のなかには、証人のための特別の部屋を備えているところもある。

　法廷では、裁判長が傍聴人をみながら、ほかにブラウンに対する裁判の証人として召喚された人はいないか、と尋ねていた。ブリギッテ・ブッシュが立ち上がり、「午後1時30分にくるようにいわれたのだけれども、それまで公判を傍聴したかったので、少し早めにきてしまったのですが」といった。裁判長は、彼女に前に出るよう求めた。そして、裁判長は、「裁判は公開されており、希望すれば誰でも傍聴することができま

す。それが原則です」といった。しかし、ブッシュの場合は、事情が異なる。ブッシュには、証人として、被告人やほかの証人の発言に影響されることなく、供述することが求められている。被告人らの尋問中ブッシュが在廷していた場合には、その際に聴いたことによって証言が影響を受けるおそれがある。そのため、裁判長は、「裁判が一般の人に公開されるという原則には例外があります」といった。そして、優しく微笑みながら、裁判長は、「一旦法廷を出て、午後1時30分に戻ってきてください」とブッシュにいった。法廷警察官が廊下に続く扉を開け、ブッシュは退廷した。

それから、裁判長はブラウンに対し、「今度はあなたが話す番です」といった。裁判長は、まず氏名などを述べるようブラウンに求めた。ドイツの職権主義の公判では、被告人を尋問するのは裁判長の役目である。このような制度は、被告人が有罪か無罪かを判断するのは裁判官であるから、何が必要な情報かについては裁判官が最も適切な判断を下すことができるという想定に基づいて、行われている。

氏名などについて尋ねられたのに対して、ブラウンは、何も話したくない、と答えた。しかし、シュヴァルツ裁判官は、ブラウンに、氏名、住所、生年月日、出生地、職業および配偶者の有無について述べることが法律上義務づけられていると説明した。裁判官は一件記録を開いた。そこには、上記のような人定事項のすべてを含む、警察でブラウンを取り調べた際の記録が収められていた。しかし、ドイツ法では、裁判官は、一件記録に含まれている情報を参照して済ますということは許されない。裁判官には、可能な限り、直接情報を入手することが求められているのである。加えて、2名の参審員に、被告人が誰なのかを知ってもらう必要があった。参審員は、一件記録に目を通していない。一件記録を読むことにより不当な影響を受けるおそれがあり、またその結果、最終的な評決を公判で提出された証拠に基づいて行うことができなくなるおそれがあるため、参審員には一件記録を読むことが許されていないのである。

体を少し前に乗り出して、裁判長は、ブラウンに対し、身元について話すだけでいいのだということを告げた。人定事項について裁判所に話したためにブラウンが有罪とされるということはあり得ない。というのも、それらの情報は、現在ブラウンが起訴されている犯罪とは何の関係もないからである。ブラウンがボッシュ弁護人の方をみると、ボッシュは裁判長に同意してうなずいた。そこで、ブラウンは、裁判官の要請に従い、質問に答えていった。

2005年3月21日に被告人がアウクスブルク警察によって拘束され、2005年3月22日にアウクスブルク区裁判所が勾留命令を発付した、と裁判長が述べると、ブラウンはうなずいた。

ブラウンの人定事項についての陳述が終わると、裁判長はシュレーダー検察官の方を向き、起訴状を朗読するよう求めた。検察官は立ち上がり、起訴状の一部を朗読した。検察官は、参審員——および、傍聴人——に対してすでに起訴事実について証明がなされたとの印象を与えることがないように、起訴状の記載のうち、捜査結果と証拠についてまとめた部分を朗読しなかったのである。

シュレーダー検察官が起訴状の朗読を終えると、裁判長は、ブラウンに対し、いまの時点で公訴に対して意見を述べることもできるし、何も述べないでいることもできる、と告げた。これに対し、ブラウンは、鋭い調子で、先ほど述べたとおり私は何も話したくない、と答えた。ブラウンが取り乱していることに気づいた裁判長は、安心させるために、何も話す義務はないと再度伝えた。同時に、裁判長は、ブラウンに対し、黙ったままでいることが諸刃の剣となり得ることを指摘した。というのも、沈黙したままだと、ブラウンは、無罪である理由を説明することもできないからである。裁判長は、また後で被告人が陳述する機会がある、その時に改めてどうしたいか尋ねることにする、といった。

ドイツ法のもとでは、裁判長には、黙秘権行使の結果として生じ得る問題について被告人に注意を促す権限が認められている。弁護人がいる場合であっても、被告人が自らを効果的に弁護できるよう助力するのは裁判官の義務である。この職務を果たすにあたって、裁判官は、被告人に服従を強いることがないように注意しなければならない。シュヴァルツ裁判官は、何としてでも説得してブラウンに話をさせようとしている、との印象を与えないように努めた。

次に、裁判長は、扉のそばに座っている法廷警察官に証人のハインツを呼ぶよう頼んだ。ハインツが法廷に入ってくると、シュヴァルツ裁判官は、裁判官用の

机の前にある椅子に腰かけるよう求めた。ハインツがかなり青ざめた様子だったので、シュヴァルツは穏やかな口調で、「大丈夫ですか。証言できそうですか」と尋ねた。

　ハインツ：「大丈夫です。座ったままでよければ、大丈夫だと思います。」
　裁判長：「座ったままで結構です。では、氏名、職業などについて教えてください。」
　ハインツ：「パウル・ハインツです。高等学校でフランス語とラテン語の教師をしていましたが、2002年に退職しました。」

　裁判官の求めに応じて、ハインツはさらに年齢と住所を述べ、また、被告人と血縁関係、姻戚関係にないことを告げた。もしハインツがブラウンと親族関係にある場合には、ハインツには証言を拒否することが認められる。この証言拒否権は、真実を述べて親族が有罪とされるおそれを生じさせるか、親族を護るために偽証の罪を犯すかの選択を証人に強制すべきではない、という考えに基づき認められている。もしハインツがブラウンと親族関係にある場合には、裁判長は、この権利についてハインツに説明しなければならなかった。親族がこの権利についての適切な説明を受けずに証言した場合には、その証言は証拠から排除されなければならない。証言拒否権についての説明を受けていたとしても証言したであろうという場合にのみ、例外的に証拠として許容されるのである。

　人定事項に関する陳述が終わると、裁判長は、ハインツに3月20日の午後に起こったことについて述べるよう指示した。「その日の午後にあなたがみたことをすべて、あなた自身の言葉で、裁判所に話してください」と裁判長はいった。

　ハインツ：「その日の午後9時過ぎに、私は飼い犬の散歩をしていました。すると不意に、若い男がライヒさんの家から出てくるのがみえました。そして、その男は、足早に私のいる方に向かってきました。かなり近くにくるまで、その男は私に気づきませんでした。男は立ち止まり、緊張した様子であたりを見回しました。それから、急に向きを変えて、私から足早に遠ざかっていきました。途中、男は何度かこちらを振り返りました。私がついてきていないか確かめようとしたのです。妙な様子だったので、私の犬がちょっとうなり声を上げていました。私の犬はおとなしいジャーマン・シェパードで、めったにほえたり、うなったりしません。男はビニール製の買い物袋をもっていました。その袋は、ぶらぶら揺れたりせず、男の腕に下がっており、なかに何か入っていました。でも、何が入っていたのかは分かりませんでした。」

　裁判長は、「どんな風体の男だったか、説明できますか」と尋ねた。

　ハインツ：「はい。私は月明かりで男の顔をみることができました。私の記憶が正しければ、その日は満月でした。男は私と同じような背丈でした。私の身長は190センチです。男はふさふさした暗い色——黒だと思いますが——の髪で、瞳は黒く、鋭い目つきをしていました。それから2、3週間してから、警察で質問を受けましたが、見せられた写真のなかからすぐに、その男の写真を見分けることができました。」

　ここで、裁判長がハインツの話をさえぎり、「あなたは、写真をみせられた時に、すぐにその男を見分けることができたというのですね」と述べた。

　ハインツ：「はい、すぐに見分けることができました。」

　裁判長は、一件記録を示しながら、次のようにいった。「警察に質問を受けた際に、あなたがいったことを読み上げます。記録によると、あなたは『絶対に確かだとはいえないが』といって、写真の男を見分けています。また、『記憶している限りでは』と断わって、あなたは写真を選んでいます。今日、あなたは、すぐに男を見分けることができた、といいました。警察官に話したことと、先ほどあなたが私たちに話したこととの違いを、説明できますか」。

　ハインツ：「警察署で写真をみるようにいわれた時、最初は、自信がありません、といいました。でも、しばらく写真を注意してみているうちに、私が見分けた写真に写っているのが、通りでみた男だと確信しました。警察の記録は、あまり正確ではないように思います。」

　裁判長：「しかし、この記録を読み聞かせてもらったうえで、あなたは誤りがないことを確認し、署名していますよ。」

　ハインツ：「確かにそうです。でも、私は1つひとつ細かいところまで注意していたわけではありません。

第 3 章　ドイツ

それが重要だとは思っていませんでした。」

　ハインツの供述を聴きながら、裁判長は、一件記録に添付されていた包みから、シュミット刑事が写真面割りの際に用いた写真 6 枚を取り出した。それを裁判官用の机の上に並べると、写真がみえるように、ハインツ、検察官、弁護人および被告人をそばに招いた。陪席裁判官および参審員らは自分たちの席から立ち上がり、裁判長の背後に移動した。ハインツに向かって、裁判長は、「3 月 20 日の夜に、あなたが、ライヒさんの家の前でみた人物の写真を私たちに示してください」と頼んだ。ハインツは、自分の方に写真の向きを変え、しばらくみた後、ブラウンの写った写真を指した。この法廷にこの写真の人物に似た人はいますか、と裁判長に尋ねられると、ハインツは、躊躇することなく、自分のすぐそばに立っているブラウンの方を指差した。

　裁判長は、「それでは、ビニール製の買い物袋のことを話してください」といい、ハインツに対し、その袋を見分けることができるかと尋ねた。袋が明るい色、おそらく白色だったことしか憶えておらず、見分けることはできないだろうとハインツは答えた。裁判官は机の上から茶色の包みをとり上げると、なかから白いビニール製の買い物袋を取り出した。袋を広げながら、裁判長はハインツに対し、その男がもっていたのはこの袋ですか、と尋ねた。ハインツは袋とそのラベルをみたが、「分かりません」と答えた。

　裁判長は、自らの尋問が終了したことを告げると、まず陪席裁判官に、次に参審員に、追加の質問があれば尋ねるよう促した。参審員の 1 人であるブラントが、質問したいことがある、と告げると、裁判長は「では、どうぞ」といった。

　参審員：「ハインツさん、今日あなたはメガネをしていますが、それは少し色が付いているもののようですね。被告人を目撃した夜にもあなたはそのメガネをかけていたのですか、また、色付きメガネのせいでみえづらくなるということはないのですか。」
　ハインツ：「私はいつでもこのメガネをしていますので、慣れています。これは遠近両用メガネで、色付きといってもほんの少しです。夜でも何の支障もありません。医者の話では、見え方は、色の付いていないメガネと比べても、ほとんど変わらないということです。」

　参審員：「ありがとうございました。私からの質問は以上です。」

　次に、裁判長は検察官をみて、「何か質問はありますか」と尋ねた。シュレーダー検察官は「ありません」と答えた。続いてボッシュ弁護人に尋ねたところ、「いくつか質問があります」とボッシュは答えた。

　弁護人が質問を始めるのに先立って、裁判長は、質問の際に写真とビニール製の買い物袋が必要かと尋ねた。「必要ありません」と弁護人が答えたので、裁判長は、ハインツ、検察官、弁護人および被告人に対し、「席に戻ってください」と述べた。全員が席に戻ると、裁判官は弁護人に向かって、「それでは、質問を始めてください」といった。弁護人は椅子から立ち上がり、ハインツに対し、「日曜日の夜、被告人がどの程度近くにいたかを説明してください」といった。

　ハインツ：「正確には分かりません。被告人が向きを変えて歩き去った時には、だいたい 10 メートルほど離れたところにいたと思います。」
　弁護人：「あなたと被告人は、同じ歩道を歩いていたのですか。」
　ハインツ：「はい。」
　弁護人：「被告人があなたの方に向かって歩いてきた時、あなたは被告人を注意してみていたのですか。」
　ハインツ：「いいえ、彼にはほとんど注意を払っていませんでした。私は、歩道脇の庭に生えている花をみていました。」
　弁護人：「あなたは、犬の散歩をしていたのですか。」
　ハインツ：「はい。いつもと同じように、犬の散歩をしていました。」
　弁護人：「では、あなたはいつ被告人に気づいたのですか。」

　ここで、裁判長が、なぜすでに証人が答えた質問を繰り返すのか分からないといって、質問をさえぎった。「ハインツ証人は、被告人がその日にみた男であるとすでに証言していますが」。

　ボッシュ弁護人は、裁判長に対し、丁寧な口調で、自分に考えがあるので、このまま質問を続けさせてほしいと頼んだ。弁護人が「時間はかかりませんから」と付け加えたので、裁判長は、「それでは、質問を続けてください。ただし、重要な点に限るように」といった。

弁護人はハインツに対する質問を再開し、「あなたはそれまでに被告人をみたことがありましたか」と尋ねた。

ハインツ：「いいえ。私が住んでいるところは静かな郊外です。近所の人は全員顔見知りです。被告人を家の近くでみたことはそれまでになかったと思います。」

弁護人：「あなたは、3月20日の夜に月明かりのなかで被告人の顔をみたといいましたね。」

ハインツ：「はい。あたりは暗かったのですが、月が出ていました。私はかなりはっきりと被告人の顔をみることができました。」

弁護人：「以上で質問は終わりですが、私の依頼によりアウクスブルクの気象局が作成した2005年7月18日付の報告書の取調べを求めます。その報告書は私の机の上にあります。3月20日の夜に月は出ていなかったことが、この報告書によって証明されます。」

このように述べ、ボッシュ弁護人は、前に進み出て、報告書を裁判長に手渡した。素早く目を通すと、裁判長は、証拠とするためにこの報告書を朗読すると告げた。報告書には、2005年3月20日の夜、アウクスブルク全域が厚い雲に覆われており、時折霧雨が降っていたことがはっきりと述べられていた。雲が空全体を覆っていたため、月をみることは全くできなかった。誰もが驚き、しばらく法廷は静寂に包まれた。報告書を手にしたまま、裁判長はハインツ証人に、これに対して何か反論があるかと尋ねた。

「私は、その男の顔に光が当たっていて顔をみることができた、と繰り返すほかありません。また、その写真に写っている男が、その日私が通りでみた男だという自信があります」とハインツはいった。

気象局の作成した報告書とハインツの証言との間の食い違いについて解き明かすために、裁判長は、「どこか別のところからの光が被告人の顔を照らしていたのではありませんか」と尋ねた。

ハインツ：「きっとそうです。ガルテン通りには街灯が設置してあって、歩いている人を見分けられる程度の光があります。被告人の顔を照らしていた光は、おそらくそれらの街灯の1つのものだと思います。また、近隣の家の玄関ドアの明かりがついていた可能性もあります。ガルテン通り沿いの家のなかには、通りに面していて、前庭のないところもあります。私が男をみたのは3月の中頃でしたが、警察に質問されたのは4月の終わりでした。その間に記憶が曖昧になったのだと思います。」

裁判長：「では、3月20日にあなたがみた人物が被告人だという記憶についてはどうですか。」

ハインツ：「それは間違いないと思います。あれは被告人でした。彼の顔に何かの光が当たっていたに違いありません。その日の夜、私は被告人の顔をはっきりとみることができました。警察署で写真に写った彼の顔を見分けましたし、今日もここで彼を見分けました。」

「結構です。私からの質問は以上です」。裁判長は法廷を見回し、ハインツ証人に対しほかに質問があるか、ほかの裁判官、検察官および弁護人に尋ねた。質問がなかったので、裁判長はブラウンをみて、「質問したいこと、あるいは、何かいいたいことはありますか」と尋ねた。ブラウンが助けを求めてボッシュ弁護人の方をみると、裁判長は、発言する権利や証人に質問する権利があること、被告人が公訴に対して意見を述べることを拒否している場合であっても、これらの権利が認められることを説明した。ブラウンは、ボッシュと相談してから、「質問はありません」と答えた。

次に、裁判長は、左右にいる2名の参審員をみて、証人には宣誓する義務がないのが通常であるが、これには例外があることを説明した。参審員と陪席裁判官は、今回は宣誓が要求される例外的な場合に当たらないという裁判長の意見に賛同した。

この決定の後、裁判長は、ハインツの退廷を認めてもよいかと尋ねた。検察官も弁護人も異論を唱えなかった。さらに供述を求めるためにもう一度ハインツを呼ぶ必要があるとは思われなかった。裁判長はハインツに礼を述べ、「インフルエンザから早く回復してください」と付け加えてから、帰宅してかまわない旨を告げた。そして、少しの間休廷してから、次の証人としてユングを呼ぶことを指示した。

ハインツの尋問には1時間ほどかかった。ここでは、重要ではないやりとりは省略し、尋問を要約して示した。そこから、ドイツの刑事裁判における証人尋問の特徴が分かるであろう。

前述のとおり、証人に質問するのは裁判長である。

職権主義の原則のもと、裁判長は、真実を明らかにするために、事件を独自に取り調べなければならない。その他の裁判官は——陪席裁判官も参審員も——、公判の終わりに裁判長とともに有罪とし刑罰を科すかどうかについて評決するため、補充的に質問を行うという形で真相の解明に関与する。

証人尋問は、証人に事件について知っていることを述べさせることから始まる。それは、質問にわずらわされることなく自らが重要と考えることすべてを話す機会を与えた方が、証人に公正であり、また、真実の発見に資すると考えられるからである。証人が自らの言葉で話すのを聴いて、裁判官の尋問では引き出せないような事実の詳細が分かるということもあり得る。しかし、実際には、証人の多くは、それほど明瞭な形で事実を説明することはできない。それゆえ、通常は、裁判長が、比較的早い段階で質問を行い、証人の証言を導いている。

裁判長には、証人の尋問を包括的に行うことが求められている。アメリカの手続とは異なり、誘導尋問の許されない主尋問と、それが許容される反対尋問といった区別はない。ドイツの裁判官は、証人の信用性を吟味するために必要だと考えるならば、誘導尋問を行うことができる。もっとも、証人を混乱させるおそれがある場合には、誘導尋問を控えなければならないことは、当然である。

裁判官の尋問が終了すると、検察官、弁護人および被告人は補充的な質問を行うことができる。裁判長は、これらの者に補充的な質問を行うよう促すべきである。これは、職権主義の公判における、当事者主義的な要素と考えることができる。すべてのヨーロッパの職権主義の公判において、このような補充的な質問を行う権利が認められているわけではない。検察官および弁護人には、証人に対する追加質問を裁判長に求めることしか認められていない国もある。

ドイツの公判では、裁判長が、検察官、弁護人および被告人の行う質問を監督する。裁判長は、重要でない、あるいは関連性がない質問を却下しなければならない。実務上も、この権限はしばしば行使されている。シュヴァルツ裁判官がハインツに対するボッシュ弁護人の質問に介入したのは、その典型例である。シュヴァルツは、ボッシュの質問は自分がした質問の繰り返しであって、適当ではないと考えたのである。ボッシュが、本当にブラウンの顔を満月の光が照らしていたのかという決定的な質問を行うために、入念に計画された弁護戦術に従っているということが、シュヴァルツには分からなかったのである。シュヴァルツの介入後、ボッシュは何とか予定していた一連の質問に戻ることができたが、裁判長の介入によって弁護人の作戦が水泡に帰す場合もある。

職権主義の公判においては、どの証人を尋問するか、また、ほかにどの証拠を採用するかを判断するのは、裁判長である。検察官および弁護人には、証拠を提出することは認められていない。これらの者は、追加で証人を呼ぶこと、またはそのほかの証拠を追加で取り調べるよう裁判所に求めることしかできない。裁判長に気象局の報告書の取調べを求めた際、ボッシュ弁護人はこの手続によったのである。ボッシュの求めには十分な根拠があったため、シュヴァルツはそれを容れ、報告書を朗読して証拠としたのであった。

ボッシュ弁護人は、ハインツのみた人物はブラウンに間違いないであろうと考えていたけれども、気象局の報告書を使用して、ハインツの証言に攻撃を加えた。一件記録を詳細に検討した結果、ボッシュは、ブラウンがライヒに対する犯罪を行ったことに疑いの余地はないと考えた。そのため、彼は、明らかに有罪と思われる依頼人を弁護するために、ハインツの証言の信用性に攻撃を加えることが許されるか、という問題に直面せざるを得なかった。

こうした問題の解決について、ドイツの法律は、一般的な指針を示すに留まっている。証人の証言が正しいと分かっている場合には、弁護人は、当該証言を不正確なものとして攻撃することは許されない。誤った証言がなされたのではないかという疑いを抱いたに過ぎない場合に、どの程度まで証人を攻撃することが許されるかは、明らかではない。しかし、ボッシュ弁護人のハインツに対する攻撃は、これとは異なる。というのも、ボッシュには、月明かりの点でハインツの証言が誤っていることが、はっきりと分かっていたからである。ボッシュが気象局の報告書を用いてハインツの証言の正確性を吟味することは正当と認められるのみならず、このような場合には、一般に、そのようにする法的な義務があるといわれる。公判の目的は、真実を発見することだけでなく、何が真実であるかの立証に関して、信頼し得る根拠が存在するか否かを吟味することにもあるのである。

午前10時40分頃に休憩が終わり、審理が再開された。裁判長は、ユングを呼び、証人席に座るようにといった。裁判長の求めに応じて、ユングは人定事項について述べた。それから、裁判長は、「あなたは被告人と血縁関係もしくは姻戚関係にありますか。あるいは、被告人と結婚している、もしくは結婚していた、または婚約しているという事実はありますか」と尋ねた。そのような場合には証言を拒むことができる、と裁判長はユングに説明した。ユングは、「そのような関係にはありません」と答えたものの、ブラウンがボーイフレンドであったこと、および、しばらくの間一緒に暮らしていたことを付け加えた。裁判長は、そうした関係は法律によって認められたものではないため、証言を拒否することはできないと答えた。

こうしたやりとりの間、裁判長は、ユングが証人席で落ち着かない様子でいること、またブラウンの座っている机の方にしばしば目をやることに気づいた。裁判長は、被告人がユングの視界に入らないようにするために、ユングに椅子をもう少し裁判官用の机の近くに移動させてはどうかと勧めた。ユングは、ほっとした様子でこの助言に従った。それから、裁判長は、ユングに対し、証言に際しては真実を述べなければならないということを忘れないように、といった。ユングは略式命令を受け入れており、犯罪への関与を認めても、当該行為を理由として再び処罰されることはなかったため、何の問題もなかった。「分かりました」とユングが答えると、裁判長は、3月20日の午後に起きたことを話すよう求めた。

ユング：「私のボーイフレンドだったブラウンは、何かを盗もうとしていました。日曜日の朝、ブラウンは私にガルテン通りに連れていってほしいと頼みました。そんなことはしたくないといったのですが、ブラウンはしつこくて、午前中ずっと、2人で言い争いをしていました。その間、私は泣き通しでした。彼は『すまない』といいましたが、彼がお金を必要としていることは分かりました。そして、結局、彼の望むとおりにすることにしました。」

ユングがまたも泣き出しそうになっていて、話を続けていくのが難しそうなことに気づくと、裁判長は、介入していくつか質問することにした。「では、あなたは被告人をガルテン通りまで連れていったのですか」。

ユング：「はい。連れていきました。」
裁判長：「そこであなたは何をしたのですか。」
ユング：「ブラウンがいう場所で、車を停めました。」
裁判長：「それは何時頃でしたか。夜になっていましたか。」
ユング：「夜でした。夜の9時から10時の間だったと思います。」
裁判長：「月は出ていましたか。」
ユング：「はっきりとは憶えていませんが、出ていなかったように思います。私たちがそこに着いた時には雨が降っていたのを憶えています。」
裁判長：「あなたが車を停めた後、被告人はどうしたのですか。」
ユング：「彼は私に待っているようにいい、車を降りました。」
裁判長：「あなたは、被告人が何をしようとしていたか、知っていましたか。」
ユング：「はっきりとではありませんが、どこかの家から何かを盗むつもりだというようなことを私にいいました。」
裁判長：「被告人が何を盗もうとしていたか、あなたは知っていますか。」
ユング：「全く知りません。彼はいいませんでした。」
裁判長：「あなたは、いまでもそれが何だったか分かりませんか。」
ユング：「拘束されてから、彼が箱に入ったコインを盗んだと聞かされました。」
裁判長：「そのとおりです。ところで、被告人はどうやってコインを盗むつもりだったのですか。」
ユング：「その家が留守と知っている、と彼は私にいいました。そこに1人で住んでいる老人は家にいない、と。」
裁判長：「どうしてその老人が家にいなかったか知っていますか。」
ユング：「彼の話では、旅行に出かけていて、その夜は家に帰ってこないということでした。」
裁判長：「被告人が、その留守宅で何をしたか知っていますか。」
ユング：「知りません。車を降りてから2、3分して、彼は戻ってきました。すべて終わったのだと思って、私はほっとしました。でも、彼は私に、もう一度行かなければならないが、心配するな、といいました。」
裁判長：「それで、被告人はもう一度その家に行ったのですか。」
ユング：「はい。彼は、後部座席からビニール袋を取り出すと、再び車から離れていきました。その袋は、

彼が家を出る時にもってきたものでした。」
　裁判長：「どのような袋だったか分かりますか。」
　ユング：「いいえ。」

　裁判長は、机の上のビニール製の白い買い物袋を示しながら、ユングに「それは、この袋でしたか」と尋ねた。

　ユング：「分かりません。袋はみなかったのです。外は暗くなっていましたし。」
　裁判長：「袋のなかに何か入っていたか、分かりますか。」
　ユング：「分かりません。」

　裁判長は、ユングに対する尋問を続け、被告人の向かった家に近づいてきて、停まるのをみたという車について質問した。ユングは、その車から1人の老人が降りて、杖をつきながら被告人の向かった家へと歩いていくのをみた時の様子を説明した。「それをみた時に、何か悪いことが起こると思いました。私は取り乱して、彼が戻るのを待たずに、その場から去りました」。

　裁判長は、話を変えて、ユングが被告人と共同で利用していたアパートのゴミ入れのなかから発見された木箱について、尋問を続けた。ユングは、基本的に、警察による取調べなどの際に話したことを繰り返した。「その木箱はみていません。私は、アパートに戻る前に警察に車を止められましたので」。

　アパートにあったティーポットのなかから発見されたコカインについて質問されると、ユングは「キッチンの棚のところに古いティーポットがあったのは憶えていますが、それに手を触れたことはありません」と答えた。

　裁判長：「ティーポットに手を触れたことがないといいましたが、あなたはそこに住んでいたのですし、キッチンは毎日使用していたのではないですか。その点について、どう説明しますか。」
　ユング：「新しいのがあったので、古いティーポットは使わなかったのです。」
　裁判長：「それでは、あなたは、そのポットのなかに何が入っているのか、みたことはなかったのですか。」
　ユング：「はい。そのポットは棚の一番上に置いてあって、私の身長では届きません。本当です。私は、コカインとは全く関係ありません。何も知らないので

す……。」

　裁判長は、ユングの言葉をさえぎり、「そのような弁解をする必要はありません。あなたは、本件の被告人ではないのです。コカインについて知っていることを話してくれればいいのです」といった。

　ユング：「お話したとおり、ポットに手を触れたことはありません。コカインがどのようなものかさえ私は知りません。彼から、以前に大麻を吸っていたことは聞いたことがありますが、コカインについての話は、聞いたことがありません。」

　裁判長は、最後に、証人のヴィンターについて質問した。ヴィンターとはかつて付き合っていたが、1年以上前に別れた、とユングは答えた。

　裁判長：「ヴィンターさんが現在どこに住んでいるか知っていますか。」
　ユング：「知りません。」
　裁判長：「別れてから、ヴィンターさんと会ったことはありますか。」
　ユング：「ありません。」
　裁判長：「被告人は、あなたが3月20日にガルテン通りまで連れていったのはヴィンターさんだといっています。」
　ユング：「それは違います。ヴィンターさんとは1年以上会っていません。」
　裁判長：「ヴィンターさんが足を骨折したのは知っていましたか。」
　ユング：「骨折、ですか。いいえ、知りませんでした。」

　一件記録にあるヴィンターに対する警察の取調べの記録をめくり、裁判長は、2月の終わりにスキー中の事故でヴィンターが足を骨折した、という部分を読み上げた。裁判長がユングに目をやると、ユングは、「彼がスキーによく行くのは知っています。でも、彼をガルテン通りに連れていってはいません」といった。

　以上で、裁判長による尋問は終了した。裁判長はヴィンターに対する警察の取調べ記録の一部を読み上げたが、これは証拠にはならない。裁判長が取調べ記録を参照したのは、ユングが何を知っているのか、真実を話しているのかを確かめるために過ぎない。これに対するユングの返答だけが、証拠として考慮され得るのである。

裁判長が追加質問はないか尋ねたところ、陪席裁判官のホフマンが質問したいといった。ホフマンは、ユングが被告人と一緒に住んでいたアパートについてもう少し情報がほしいと考えたのである。「誰かほかにアパートの鍵をもっている人はいましたか」。

ユング：「私が知る限りでは、いないと思います。私があそこに住んでいた時は、ほかに鍵をもっている人はいませんでした。」

裁判官：「アパートを訪ねてきた人のなかに、キッチンに入った人はいますか。」

ユング：「よく人が訪ねてきましたが、たいていは彼の友達でした。そのなかにはキッチンに入った人もいますが、すぐにそこから出てきていました。」

裁判官：「訪問客の誰かがティーポットのなかにコカインを入れたということは考えられませんか。」

ユング：「ないと思います。遊びにきた人がキッチンの棚を開けているのをみたことはありません。」

裁判官：「ありがとうございます。私からの質問は以上です。」

2人の参審員および検察官から追加質問の希望はなかった。しかし、弁護人は追加質問を希望し、椅子から立ち上がって、ユングの方に数歩進み出た。そして、「あなたは、3月20日にかつてのボーイフレンドが行ったとされる犯罪に関与したとして、処罰されましたね」と尋ねた。

ユング：「はい。略式命令を受けました。」
弁護人：「どのような処罰を受けましたか。」
ユング：「執行予付きの自由刑です。」
弁護人：「あなたは、略式命令を受け入れたのですか。」
ユング：「はい。」
弁護人：「あなたには、弁護人が付いていましたか。」
ユング：「はい。私の父が弁護士を雇ってくれました。」
弁護人：「略式命令が出される前に、あなたの弁護人は、検察官、裁判官と話をしていましたか。」
ユング：「知りません。」
弁護人：「あなたは弁護人から、執行猶予付きの自由刑を望むならば、被告人に不利な証言をしなければならない、といわれませんでしたか。」

ユングが答えるより先に、シュレーダー検察官が立ち上がり、怒気を含んだ大きな声で、「私はユングさんの弁護人と話をしました。しかし、ユングさんに、被告人に不利な証言をするよう求めたことは決してありません。検察官が証人に対して供述すべき内容を告げた場合、それは偽証罪の教唆に当たる可能性があります。そのことを明らかにしておきたいと思います」といった。

裁判長がここで仲裁に入った。弁護人は、かすかに笑みを浮かべ、「何も私は、ユングさんが何かを話すよう頼まれた、といいたいわけではありません。私は、ただ、ユングさんが略式命令を受け入れたので、その証言が得られることになったということを指摘したかっただけです。私からの質問は以上です」といった。

裁判長はブラウンの方を向き、ユングに何か追加で質問したいことはあるか、また、何か述べておきたいことはあるか、と尋ねた。しかし、ブラウンは首を振っただけであった。宣誓を求める必要はないということで裁判官の意見が一致したので、裁判長は、ユングに退廷を許可した。しかし、ユングは、法廷から立ち去ろうとはしなかった。ユングは、傍聴席に移り、公判の行方を見守ることにした。

再度の短い休憩が終わると、裁判長は、次の証人としてノイマン刑事を呼んだ。ノイマンは、3月20日の夜遅くに通報を受けてライヒの家に赴いた際にみたことを、正確かつ詳細に説明した。ノイマンには、警察官として証言台に立った経験があった。加えて、ノイマンは記憶を鮮明にしていた。証人として呼ばれるのを待っている間に、ノイマンはライヒの家の捜索の後に作成した報告書のコピーを入念に読み返していた。このため、裁判長からの質問はほとんどなかった。ノイマンが証言している間、裁判長は、机の上にクルツ刑事が撮影した17枚の写真を広げていた。そして、ほかの裁判官、検察官、弁護人および被告人は、先刻、面割りの際に使用された写真が示された時と同様に、裁判官用の机をとり囲んでいた。

これらの写真を用いて、ノイマン刑事は、警察官が到着した際にライヒが倒れていた場所を説明した。裁判長はノイマンに、警察官が到着するまでに、誰かがライヒの家のなかのものを動かしたと思うか、と尋ねた。「思いません」とノイマンは答えた。

1枚の写真を指差しながら、ノイマン刑事は、残された傷から机の引出しがそばに落ちていたドライ

ヴァーによってこじ開けられたことが分かる、と説明した。また、別の写真を用いて、彼は、奥の部屋の窓の掛け金がどのようにして破られたのかを説明した。裁判長が杖とドライヴァーを示すとすぐに、ノイマンはそれが犯行現場で発見されたものだと認めた。ほかの裁判官、検察官、弁護人および被告人から追加質問の希望などはなかった。宣誓を求める必要はないということで裁判官の意見が一致したので、裁判長はノイマンに退廷を許可した。

裁判長は、次に、ハウザー警察官を証人として呼んだ。ハウザーも同じく報告書を読み返して記憶を鮮明にしており、はっきりと、正確に証言した。ライヒの机に関する証言の際に、ハウザーは、引出しが「のみ」でこじ開けられたことは明らかであった、と述べた。机の近くの床の上に「のみ」が落ちているのを発見したから、というのである。ここで裁判長が介入し、それが「のみ」だったというのは確かかと尋ねた。

「そう思います」とハウザーは答えた。

裁判長：「ほかの道具だったということはありませんか。例えば、ドライヴァーとか。」
ハウザー：「そうですね、何というか、記憶が確かならば、普通のドライヴァーよりは大きいもの、かなり大きな道具です。」
裁判長：「3月21日にあなたが作成した報告書の記載を読み上げます。『机の左の床の上に、ドライヴァーがあった』。これに間違いはありませんか。」
ハウザー：「間違いないと思います。『のみ』といったのは正確ではありませんでした。しかし、私の記憶では、その道具は普通のドライヴァーよりも大きかったと思います。そのせいで、先ほどは『のみ』という言葉を使ったのだと思います。」

裁判長は先ほどのドライヴァーを手にとって、「その道具とは、これですか」と尋ねた。

ハウザー：「はい、それだと思います。その明るいオレンジ色の柄に見覚えがあります。」
裁判長：「間違いありませんか。」
ハウザー：「そのドライヴァーに間違いありません。」

以上で尋問は終了し、ハウザーは退廷した。午前の審理は思ったよりも時間がかかり、時刻は午後12時20分になっていた。そのため、裁判長は午後2時まで昼休みとすることにした。そして、事務局記録官に対し、証人のために、法廷のドアの脇にある掲示板に、午後1時30分までに戻るようにとの張り紙をするよう指示した。「午後2時に審理を再開します」と裁判長が宣言すると、法廷内の全員が立ち上がり、裁判官らが退出するのを見送った。

裁判官らが退出し終わるのを待たずに、ブラウンは弁護人の方に身体を傾け、話したいことがあるといった。ブラウンの方に向き直り、ボッシュ弁護人は、かまわない、いますぐ話してほしい、と答えた。ボッシュは、「すぐに終わるから」といって、ブラウンを監房に連行しようとしていた法廷警察官に待つよう頼んだ。

話が耳に入らないように法廷警察官が数歩下がると、ブラウンはすぐに、どんな感じだろうと尋ねた。ボッシュ弁護人は、有罪は避けられないだろう、と答えた。月明かりの点で誤りがあったにせよ、ハインツは、ブラウンを事件当日に自分がみた男だと断言した。また、かつてのガールフレンドの証言で、裁判所が確信をもったのは間違いない。2人の警察官の証言についても議論の余地はなかった。午後の審理における証人尋問でも事態は変わらないように思われた。

ブラウンは、弁護人の話をさえぎり、「自白をすれば、少しはましになるだろうか」と尋ねた。起訴された犯罪を実際に行ったというのであれば、自白するのはよい考えだと思う、とボッシュ弁護人は答えた。自白する時期としては遅いが、それでも、おそらく裁判所は量刑にあたって自白したという事実を考慮してくれるであろう。しかし、盗んだコインを返還することが、ブラウンに言い渡される刑によい影響を与えることは間違いなかった。このことをボッシュが告げると、ブラウンはそのつもりだと答えた。ボッシュの求めに応じて、ブラウンは、コインの隠し場所を説明した。コインは、実家の裏庭の、父親が園芸道具をしまっている納屋に隠されていた。

ボッシュ弁護人はブラウンに対し、自白し、裁判所にコインの隠し場所を話すようにいった。そうすれば、検察官が裁判所に対し、警察官がそのコインを回収しに行くのを許可するよう求めるだろう。「いや、両親の家に警察が行くのは勘弁してほしい」とブラウンが叫んだ。そして、自分でとりに行くのはだめなのか、両親の家はここからそんなに遠くはないのだが、といった。これに対し、ボッシュは、法廷警察官の立っ

ている方を指差し、現在身柄拘束中だということを思い起こさせた。すると、ブラウンは、たぶん父親がここまでコインをもってきてくれる、といった。父親は、地方税務局の元局長で、信用できる人物であった。現在は退職していて、おそらく家にいるはずなので、法廷までコインをもってくることができると思われた。

ボッシュ弁護人は、ブラウンの父親に電話してコインをもってきてもらう、という考えに賛成した。ブラウンの話からすると、父親にコインをもってきてもらうことにしても、コインが失われるおそれはないように思われた。ボッシュは父親に説明するために、ブラウンに裏庭の納屋のどこにコインを隠したのか尋ねた。

昼食の時間が短くなってしまうため、法廷警察官はいらいらしながら自分の時計をみていた。そこで、ボッシュ弁護人は、とりあえずここまでにしておこう、とブラウンにいった。そして、午後の審理が始まるまでに、何とか裁判長に接触し、ブラウンが考えを変え、自白し、盗んだコインを返還するつもりであることを伝える、といった。ブラウンは、午後の審理が始まってすぐ、次の証人の尋問前に裁判長に呼ばれる心積もりでいなければならなかった。そのため、ブラウンは、昼食の時間を使って、自白するにあたって裁判所に伝えたいことは何かについて考えることにした。午後の審理が始まる少し前にまた会おうと約束し、ボッシュは法廷から出ていった。それから、法廷警察官がブラウンを裁判所構内の監房に連行した。

事務所に戻ると、ボッシュ弁護人はブラウンの父親に電話をかけた。ブラウンの父親は息子のしたことを具体的に聞かされてひどく落ち込んだが、息子を助けることに同意し、午後2時少し前までにコインを見つけ、裁判所までもっていく、といった。納屋でコインを見つけられなかった場合には、ブラウンの父親が電話してくることになった。

ボッシュ弁護人は、裁判長と話をするために、午後1時45分頃に裁判所に戻った。裁判長は執務室におり、午後の審理に備えて一件記録を検討しているところであった。ボッシュは裁判長に、ブラウンの公判についてどのように考えているか尋ねた。有罪の証拠が大量にそろっているのに、どうして被告人が自白せず、コインを返却しようとしないのか全く分からない、と裁判長はいった。ボッシュは、「私もそう思います」と答えた。ただ、ボッシュは、今回の場合、すべてを否認し、黙秘を続けるというのはあまりよい弁護方針ではないと当初から被告人に述べてきた、ということはいわなかった。弁護人と依頼人の間のやりとりはすべて、秘密にしておかなければならない。

ボッシュ弁護人は、裁判長に対し、「どの程度の刑になりそうか話していただけますか」と尋ねた。「かまいませんよ」と裁判長は答えた。「当裁判所は、犯情の重い強盗、住居侵入窃盗、危険な傷害、および2件の禁止薬物所持の罪で被告人を有罪とすることになると思います。当裁判所が扱ったほかの事件であなたも知っているとおり、こうした犯罪に対する刑罰は、通常、7年から9年ほどの自由刑となります」。

「それは、ブラウン被告人が盗品を返却しておらず、また、何らの改悛の情も示していないからですか」とボッシュは尋ねた。

「そうです。確かに、それらも量刑の理由となっています」。

「仮に、被告人が自白し、コインを返還したとして、刑が軽くなる可能性はありますか」。

裁判長は、「もちろんです。ただ、それほど軽くはなりませんが」といい、「何か考えがあるのですか」とボッシュに尋ねた。

「ええ、午前の審理の後、依頼人と話をしました。自白し、コインを返還するつもりがあるようです。それで裁判所の言い渡す刑が軽くなるのであれば、そうするように彼を説得することもできるのですが……。自白し、コインを返還したとして、4年から5年程度の自由刑ということにはならないでしょうか」。

「ご存知のとおり、それは私が1人で判断することではなく、裁判所が判断することです。しかし、私の考えをいえば、その程度の刑では軽過ぎるでしょう。シュレーダー検察官に電話して、こちらにきていただいてもかまいませんか。非常に難しい問題ですので、検察官の意見も聴いた方がいいでしょう」。

シュレーダー検察官がくると、裁判長は、検察官にこれまでの経緯を説明した。シュレーダーは、本件は冷酷な被告人による凶悪な犯罪であり、厳罰をもって

臨むべきである、といった。ボッシュ弁護人は、これに異議を唱え、ブラウンはライヒの突然の帰宅でパニックに陥り、そのために暴行に及んでしまったのだ、と主張した。さらに、頑迷に否認と黙秘を続けていることからも分かるように、ブラウンの人格は未熟であると付け加えた。

また、ボッシュ弁護人は、2件の薬物犯罪が軽罪であり、ライヒに対する暴行についての刑をそれほど加重するものではないことを指摘したうえで、ブラウンが自白し、コインを返還した場合には、裁判所は2件の薬物犯罪について判断を差し控えるということにしてはどうか、ともちかけた。裁判長は、自分としては、それが妥当な結論ではないかと思う、と答えた。しかし、裁判所としては、まず、被告人の自白を聴き、コインを確認しなければならない、とのことであった。検察官も同じ意見であった。

その後さらに議論が続けられ、裁判長は、完全な自白が得られ、コインも返却された場合には、ほかの裁判官に対し6年から7年程度の刑で十分ではないかと提案することにしようと話した。シュレーダー検察官は、気乗りしない様子ではあったが、被告人がそれで納得し、上訴しないというのであれば、その方針に従うといった。ボッシュ弁護人も、これに同意した。

ドイツの実務によれば、この3者の合意は暫定的なものに過ぎない。公判のなかで予期せぬことが起きた場合には、彼らはこの合意には拘束されない。合意を確定的なものとした場合には、ドイツ法に違反することにもなるであろう。というのも、裁判所は、交渉によって得られた結論にではなく、公判に提出された証拠に基づいて判断しなければならないからである。

午後の審理が始まる前に、裁判長はほかの裁判官に対し、弁護人および検察官との話し合いがあったことを説明し、非公式の合意に達したことを伝えた。ボッシュ弁護人はブラウンに対し、自白しコインを返還すれば、裁判所はそれらを量刑に際して被告人に有利な形で考慮するつもりであると話した。そして、その場合には、6年から7年の自由刑になるだろう、といった。

執務室での話し合いと、ほかの裁判官への説明に多少の時間を要したため、審理が再開されたのは午後2時15分であった。裁判長は、午後の審理で尋問予定のライヒ、マン、ブッシュ、ヴィンター、シュミット刑事およびツィンマー警察官が在廷しているか確認した。裁判長の求めに応じて彼らが前に進み出て、裁判官用の机の前に半円状に並ぶと、裁判長は、まず、遅くなったことを詫びた。そして、真実を述べるという証人の義務と、宣誓を求められる可能性があることについて説明した。それから、彼らに法廷を出て、廊下で待つようにいった。

証人らが退廷してから、裁判長はボッシュ弁護人に対し、何か述べたいことがあるかと尋ねた。起訴事実と行方が分からなくなっているコインについて被告人から話したいことがある、とボッシュは答えた。裁判長は、ブラウンに対し、「それでは、話したいこととは何でしょうか」と尋ねた。

ブラウンは、立ち上がり、困惑した表情で、口を開いた。「自白したいと思います。私がやりました。私がライヒさんを殴りました。彼には申し訳ないと思っています。私の父親が……」。

ここで、裁判長がブラウンの話をさえぎり、ブラウンに座るようにいった。「落ち着いてください。そして、何が起こったのか、順番に話してください」。

ブラウンは話し続けたが、それは途切れ途切れで、裁判所には部分的にしか理解できなかった。そのため、裁判長は質問をすることにした。「あなたはどうやってライヒさんの家に侵入したのですか」。

ブラウンは、どうやって窓をこじ開けたか説明した。「それは思ったよりも簡単でした。窓の掛け金は、かなりもろいものでした」。小さな懐中電灯をもっていたので、家の電灯をつける必要はなかった。「ライヒさんが私のボスに、机の引出しにしまっていると話しているのを聞いていたので、コインが置いてある場所は分かっていました」。

裁判長：「机がどこにあるか、また、どの引出しに入っているか、どうやって分かったのですか。」
ブラウン：「机は玄関を入ってすぐの部屋にありました。鍵のかかった引出しは1つしかありませんでした。引出しを開けるためにドライヴァーをもってきていました。鍵はそれほどしっかりしたものではなかったので、引出しはすぐに開きました」

裁判長がドライヴァーを示すと、ブラウンはそれが自分のものであることを認めた。

裁判長：「引出しのなかにコインはあったのですか。」
ブラウン：「コインの入った箱がありました。私は、それをもっていたビニール製の買い物袋に入れました。」
裁判長：「袋に入れたのはコインだけですか。」
ブラウン：「いいえ、箱も袋に入れました。」

裁判長は机の上からビニール製の袋をとり上げると、それをブラウンに示し、その時に使ったものかと尋ねた。

「そうだと思います」。ブラウンが答えた。「白色の袋だったのを憶えています」。

また、裁判長が茶色の木箱を示すと、ブラウンは引出しからもち去ったものであると認めた。続けて、ブラウンは、その箱と袋をアパートの裏にあるゴミ入れに隠したと述べた。犯人が自分だということがばれてしまうおそれがあったので、それらを処分してしまいたかった。犬を連れてライヒの家の近くを散歩していた人物に、ビニール製の買い物袋をもっているところをみられていた。「おそらく、その人には袋のなかに茶色の箱が入っているのもみえたと思います」。

「それで、コインは現在どこにあるのですか。まだあなたがもっているのですか」と裁判長が尋ねた。

ブラウン：「はい。私の父がもってきてくれました。父は、いま、この法廷にいます。」

これを聞いて法廷にいる者全員が驚いた。裁判長からの質問に答えて、ブラウンは、コインを実家の裏庭の納屋に隠していたことを話した。コインを返すことに決めると、弁護人にいって、父親に連絡し、コインを法廷までもってくるよう頼んだのである。「被告人の父親はいまこの法廷にいますか」と裁判長が尋ねた。すると、ブラウンの父親が前に進み出て、コインの入った黒い小さなビニール袋を裁判官の机の上に置いた。ブラウンが、その黒い袋はゴミ入れのなかにあったもので、中身を空にして、代わりにコインを入れたのだと説明した。裁判長は、黒い袋からコインを取り出すと、それを机の上に置いた。裁判長は、ブラウンの父親に礼を述べ、後で証人として呼びたいのだが、時間は大丈夫だろうか、と尋ねた。父親が証人となることを了承すると、裁判長は彼に、被告人の自白が終わるまで法廷の外に出て待っているように、といった。

ブラウンの父親が法廷から出ていくと、裁判長はブラウンに、いま裁判官の机の上にあるコインが盗んだコインかと尋ねた。

ブラウン：「そうだと思います。私は盗んだコインを黒い袋に入れ換えましたが、家の裏は暗く、コインをほとんどみていないのです。」
裁判長：「あなたが盗んだ箱のなかに何枚のコインが入っていたか分かりますか。」
ブラウン：「分かりません。両手が一杯になるくらいだったと思います。」
裁判長：「コインにどの程度の価値があるか知っていますか。」
被告人：「ライヒさんが職場でマンさんに、貴重なコレクションだと話すのを聞きました。」

次に、裁判長は、ライヒが帰宅した際に何が起こったのかと尋ねた。「すべてが思ったとおりにうまく進んでいました」とブラウンがいった。「玄関ドアの鍵が開く音を聞いて、私はパニックに陥りました。さっき入ってきた奥の部屋の窓から逃げられるということは、頭に浮かびませんでした」。

裁判長：「それで、あなたはどうしたのですか。」
ブラウン：「私は誰がきたのか確かめようと玄関の方に行きました。」
裁判長：「家のなかに入ろうとしている人の姿はみえたのですか。」
ブラウン：「はい、年をとった人物の姿がみえました。その手に杖が握られているのに気づきました。それで、ライヒさんだと分かりました。」
裁判長：「どうやって彼だと分かったのですか。電灯をつけたのですか。」
ブラウン：「いいえ。玄関の窓から街灯に照らされたライヒさんのシルエットがみえたのです。」
裁判長：「それがライヒさんだと分かって、あなたはどうしたのですか。」
ブラウン：「私は彼から杖を奪い取り、それで彼の頭を殴りました。」

「それは、この杖ですか」。裁判官は机の上から杖をとり上げると、それをブラウンに示した。

ブラウン：「はい、それだと思います。」
裁判長：「何回ぐらい殴ったのですか。」
ブラウン：「1回だけだったと思います。1回で彼は倒れました。」
裁判長：「はじめから頭を殴るつもりだったのですか。」
ブラウン：「違います。無我夢中でした。」
裁判長：「いったいどうしてライヒさんを殴ったのですか。」
ブラウン：「分かりません。ただやっかいなことから逃げ出したかったのだと思います。」
裁判長：「自分で自分を窮地に追い込むだけ、とは思わなかったのですか。」
ブラウン：「おっしゃるとおりです。でも、ライヒさんを傷つけるつもりはありませんでした。」

ライヒに対する暴行の詳細について、裁判長は質問を続けた。しかし、結局、それ以上の説明を聴くことはできなかった。ブラウンは、ライヒを殴ったのはパニックになっていたからだということ、彼を傷つけるつもりはなかったこと、そして、いまでもなぜあのようなことをしたのか分からないということを繰り返すだけだった。

次に、裁判長は、ブラウンのアパートのキッチンと職場で発見されたコカインの入った2つの袋を示した。ブラウンは、コカインが自分のものであること、および、時々、とくに週末にコカインを使用していたことを進んで認めた。彼はニルヴァーナというディスコでコカインを購入したといったが、自己使用の目的で購入したのだと主張した。購入したコカインを転売するつもりはなく、また、過去にいかなる禁止薬物の販売にも関わったことはないとのことだった。裁判長の質問に対して、ブラウンは、コカインを常用していたために、経済的に非常に苦しい状況に追い込まれたことを認めた。

裁判長は、ブラウンの生立ちなどの詳細に関する尋問に移った。ドイツ法においては、次の2つの理由から、裁判官はそうした質問をするよう求められている。裁判所は、被告人の犯した罪の評価のために、被告人の受けた教育・職業訓練、仕事、および社会生活について把握する必要がある。同時に、裁判所は、量刑に際して、こうした事情を考慮しなければならない。アメリカとは異なり、ドイツでは、裁判所は、被告人を有罪とする場合、公判の最後に、罪責についての判断と量刑についての判断の双方を言い渡す。そのため、裁判所は、公判において、罪責に関する証拠だけでなく、量刑に必要な情報も集めなければならないのである。

家庭環境について質問されると、ブラウンは、伝統的な価値観に支配された家庭で育ったと話した。彼の父親は、現在はもう引退しているが、公務員で高い地位にあった。母親は子どもに尽くす人ではあったが、相当厳格で、子どもに対して多くのことを要求した。3人兄弟の2番目であったが、兄弟で自分だけが大学教育を受けることができなかった、とブラウンはいった。その理由について裁判官に尋ねられると、ブラウンは、「私の学校での成績は、ほかの2人にはるかに及びませんでした。私も頑張ったのですが、高等学校へも進学できませんでした」と答えた。

裁判長：「なにか学習が困難な事情でもあったのですか。」
ブラウン：「そういうわけではありません。おそらく一番の問題は、私の両親と兄弟でした。彼らは私を助けようとしてくれましたが、それと同時に、彼らは私に、自分はできがあまりよくないと感じさせる存在でもありました。成長するにつれて、成功者ばかりの家庭で自分は浮いた存在だという気持ちが強くなっていきました。ついには、私は失望し、学校に行くのをやめてしまいました。」
裁判長：「小学校と中学校は卒業したのでしょう。」
ブラウン：「はい。でも、ひどい成績でした。」
裁判長：「学校を卒業した後、どうしていたのですか。」
ブラウン：「家族は、私に機械関係の仕事に就くことを強く勧めましたが、うまくいきませんでした。」
裁判長：「それで、あなたはどうしたのですか。」
ブラウン：「私はずっと車に興味をもっていました。そこで、ガソリンスタンドで接客係として働くことにしました。その後、整備工場で整備士として働きました。1つのところに長く勤めることはしませんでした。別の職種に就いたこともあれば、全く働かない時期もありました。」

ブラウンは、転々と仕事を変えたこと、不規則な生活を送っていたことを話し続けた。「そうやって、私の借金はどんどん増えていきました」。

裁判長：「どの程度の借金があるのですか。」

ブラウン：「正確には分かりませんが、10000ユーロぐらいだと思います。銀行からも借りていますが、ほとんどは友人から借りたものです。」

裁判長からの質問に応じて、ブラウンは、最近はいくぶん生活が安定してきていた、と述べた。マン自動車整備工場での仕事は気に入っていて、ユングと知り合った後は、ますます仕事に対して情熱を感じるようになった。「これまでの生活を改め、借金を返済したいと思うようになりました。でも、当時、1か月の給料はだいたい1650ユーロだったので、それにはずいぶん時間がかかるのも分かっていました。そこで、ライヒさんのコイン・コレクションを盗むことを思いついたのです。それをほかの街にいるコイン業者に売ろうと思いました」。

また、ブラウンは、自らの有罪の証拠が十分にそろっているのが分かっていたにもかかわらず、なぜこれまですべてを否認し、黙秘を続けていたのか、その理由について説明しようとした。「こんなことをしたのははじめてでした。警察に呼び止められた時、私はすべてを失ったと思いました。混乱し、自分に腹が立ちました。それと同時に、良心の呵責から恥ずかしいと思いました。本当に何も考えずに、とにかく、すべてを否認しました。そして、そんな嘘がうまくいかないと分かって、私は黙ったままでいることにしたのです」。

「そして、どうすればいいか分からなくなった」と裁判長が補った。

ブラウン：「そうです。聞き分けのない子どものような態度でした。」

ブラウンに対する尋問の最後になって、裁判長はブラウンの前科に言及した。ドイツ法では、前科の存在を明らかにするか否か、明らかにするとして、公判のどの段階で明らかにするかについては、裁判官の裁量に委ねられている。原則として、前科の存在は、それが裁判所の科す刑に影響し得る場合に、明らかにされる。一見したところ、ブラウンが過去に交通犯罪で有罪とされたことと、本件の犯罪とは、全く関係がないように思われた。それにもかかわらず、裁判長は、その存在を明らかにすることにした。これは、ライヒに対する暴行とコインの窃盗が重い犯罪であることによる。ブラウンの人格が未熟であることが、本件の犯行および過去の交通犯罪の原因とも考えられた。

自白したため、もはやブラウンが有罪であることに何ら疑いは存在しなかった。有罪であることに何の疑いもない以上、彼の前科の存在を明らかにすることは、有罪・無罪の判断にあたって、裁判所——とくに、参審員——に不当な影響を与えるものではなかった。しかし、被告人が自白していない場合には、裁判長は、公判の終了直前——ほかの証拠がすべて提出された後——になってはじめて、前科の存在を明らかにすることが許される。

裁判長は、連邦中央登録簿の記録を読み上げた。それには、2003年にブラウンが酒酔い運転により有罪とされ、罰金刑を受けたことが記されていた。彼は3年間の免許停止処分を受けていた。この前科について質問されると、躊躇することなくブラウンは答えた。彼は事故を起こしたわけではなかった。ブラウンは土曜日の夜に警察の検問に捕まったのである。その際の血中アルコール濃度はそれほど高いものではなかった。

ほかの裁判官から追加の質問はなかった。裁判長がシュレーダー検察官に目をやると、彼女は立ち上がり、被告人と話したいことが2点あるといった。シュレーダーは裁判官用の机のところまで歩いていき、そこにあったドライヴァーをとり上げると、「これはずいぶん大きなものですね」と尋ねた。

ブラウン：「はい。小さなドライヴァーではありません。」

検察官：「机の引出しを開けるためにしては、大き過ぎます。」

ブラウン：「はい。」

検察官：「このドライヴァーはあなたのアパートにあったものですか。」

ブラウン：「いいえ。それは職場からもち帰ったものです。」

検察官：「では、あなたはこの大きなドライヴァーを使おうと思ったのですね。」

ブラウン：「はい。」

検察官：「家のなかに誰かいた時、攻撃するのに役に立つ道具だとは考えなかったのですか。」

ブラウン：「いいえ、そんなことは考えませんでした。」

検察官：「このドライヴァーは、人を攻撃するために使うことができたということは、認めますか。」

ブラウン：「そんなことは考えもしませんでした。最初にライヒさんの家に向かった時には、ドライ

ヴァーを車のなかに忘れてしまいました。家の様子をみて、誰もいないことを確認してから、ドライヴァーをとりに車に戻ったのです。」

ドライヴァーを裁判官の机の上に戻し、自分の席に戻りながら、検察官はいった。「話をライヒさんに対する暴行に戻したいと思います。あなたは、彼の杖で頭を殴ったといいましたね」。

ブラウン：「はい、そうです。でも、頭を殴るつもりはありませんでした。あたりが暗くて……。」

検察官：「でも、彼を殴るつもりだった。暗闇のなかで素振りしたかったわけではないでしょう。」

ブラウン：「はい。彼が立っていたあたりに杖を振るいました。」

検察官：「何回ライヒさんを殴りましたか。」

ブラウン：「1回です。」

検察官：「ライヒさんは、腕を骨折し、頭部を負傷しました。そうなるには何回か殴る必要があるのではありませんか。それとも、あなたは1回の殴打でそれをやってのけたのですか。」

ブラウン：「なぜそうなったのかは分かりません。」

検察官：「2回以上ライヒさんを殴ったということはありませんか。」

ブラウン：「ありません。1回だけです。」

検察官：「結構です。では、あなたがライヒさんを殴った時に、コインはどこにあったのですか。」

ブラウン：「引出しのなかにありました。」

検察官：「箱に入ったままですか。」

ブラウン：「はい。」

検察官：「ライヒさんを殴り倒した後で、あなたはコインをとりに彼の書斎に戻ったのですか。」

ブラウン：「はい。」

検察官：「そして、あなたは箱をビニール製の買い物袋のなかに入れて、家を出た。」

ブラウン：「はい。」

検察官：「あなたは、混乱していたといっていましたが、それなのにそんなに冷静に行動することができたのですか。」

ブラウン：「私は混乱していました。」

検察官は裁判長の方をみながら、「質問は以上です」といった。裁判長から追加の質問はないかと尋ねられ、弁護人は、ライヒをみた時に被告人がパニックに陥ったという点に関連して質問したいことがあるといった。そこで、再び、ブラウンは、玄関の窓から街灯に照らされたライヒの姿がみえた時のことについて話した。「整備工場でよくみかけていたので、すぐにライヒさんだと分かりました。どうしていいか分からず、私は混乱し、何も考えられなくなってしまいました」。

弁護人：「コインをとりに書斎に行った時も、まだそういう状態だったのですか。」

ブラウン：「はい。夢をみているみたいで、無意識に身体が動いていました。」

弁護人：「あなたの生活に話を戻しますが、あなたは驚いたり、混乱したりしやすい性質ですか。」

ブラウン：「そうだと思います。子どもの時にプレッシャーにさいなまれることがしばしばあって、よく取り乱していました。」

弁護人：「そのプレッシャーの原因は何だったのですか。」

ブラウン：「たいていは、父や学校の先生でした。」

弁護人：「プレッシャーを感じると、よく不安になっていたのですか。」

ブラウン：「はい。2人の兄弟にもプレッシャーを感じていました。一緒にいると、彼らほどできがよくないという気持ちにさせられました。」

弁護人：「現在でもまだ、何らかのプレッシャーを感じると、取り乱してしまうのですか。」

ブラウン：「はい。高等学校に進学できなかったのはそれが原因だと思いますし、頻繁に仕事を変えたのもそのせいだと思います。」

弁護人：「何かを達成するために努力するということを学ばなかったのですか。」

ブラウン：「はい。何か困難なことがあると、いつもそれを避けてきました。」

弁護人：「一旦取り乱すと、それから立ち直るのにどのぐらいかかるのですか。」

ブラウン：「結構、かかります。だいたいは数時間でおさまりますが、数日かかる時もあります。」

弁護人：「ありがとうございます。私からの質問は以上です。」

裁判長は、ほかの裁判官、検察官、および弁護人に対し、ブラウンの自白は十分なものであり、もはや法廷の外で待っている証人全員を尋問する必要はないのではないか、と話した。時刻は午後3時30分を過ぎていたが、裁判長は今日1日で審理を終了できるだろうと考えた。多少のやりとりの後で、ブラウンの父親と、被害者であるライヒの証言だけで足りるだろうと

いうことで全員の意見が一致した。

ここで、弁護人が申し立てたいことがあるといった。裁判長から「どうぞ」といわれると、弁護人は、裁判所に対し2件の薬物犯罪について判断を差し控えるよう求めた。「被告人がライヒ証人の家で行ったことは重罪に当たると思われます。これに対し、2件の薬物犯罪は、軽罪で、自己使用目的で所持していた少量のコカインに関するものに過ぎません。この薬物犯罪により被告人に科される刑は、重罪によるものに比べると、わずかなものです。こうした場合、裁判所には、それほど重大ではない犯罪について手続を打ち切ることが認められております」。

ボッシュ弁護人の意見について、裁判長は、相当と考えたが、ほかの裁判官および検察官の意見を聴くことにした。全員が裁判長と同じ意見だったので、裁判長が、次のような裁判所の決定を宣告した。「2件の薬物犯罪、すなわち、2005年3月21日に被告人のアパートで発見された900ミリグラムのコカインと、2005年3月24日に被告人の職場のロッカーから発見された500ミリグラムのコカインに関する事件については、手続を打ち切ります。2005年3月20日に被告人がライヒ宅で行った犯情の重い強盗、住居侵入窃盗、危険な傷害の罪により科される刑罰に加えて、これらの犯罪による刑罰を科す意義はないと思われます」。ドイツ法では、こうした事件における手続の打切りは、暫定的なものに留まる。というのも、裁判所には、ブラウンが何らかの理由により、コインの窃盗およびライヒに対する暴行によって処罰されなかった場合に、これらの薬物犯罪についての手続を再開する権限が認められているからである。

次に、裁判長は法廷警察官に対し、ブラウンの父親とライヒを除く証人全員を入廷させるようにいった。証人たちが裁判官の机の前にそろうと、もはや証言の必要がなくなったことが伝えられた。時間をとらせたことを詫びると、裁判長は彼らを退廷させた。

短時間の休憩の後で、裁判長はブラウンの父親を証人として呼んだ。真実を述べる義務があることなどを告げたうえで、裁判長は、人定事項について述べるよう求めた。その後、裁判長は、被告人の父親という立場にあるので、証言したくない場合には証言しなくてもかまわない、と説明した。ブラウンの父親は、証言を拒否したいが、その前に少しだけ話しておきたいことがあるといった。

裁判長がこれを認めると、ブラウンの父親は、息子が自宅の裏庭の納屋にコインを隠していたことは全く知らなかった、といった。「そのことは今日になって、息子の弁護人からの電話ではじめて知りました。弁護人に、コインを見つけて、法廷までもってきてほしいと頼まれました。私は弁護人の求めに応じ、コインをもってきました」。

「ご協力感謝いたします」と裁判長が言葉を挟んだ。

ブラウンの父親：「どういたしまして。ただ、一点だけ。私は法律を勉強したことがあるので、盗品等蔵匿の嫌疑が私にかかることは十分に分かっております。しかし、私は息子がコインを返還するのを手伝いましたが、犯罪については一切関係ありません。私がお話したかったのは以上です。」

ブラウンの父親は怒りを込めた声で話し、その間、息子の顔をみようとはしなかった。「あなたには何の犯罪の嫌疑もありません」と裁判長がいった。追加の質問の要求はなく、宣誓の必要もないと思われたので、裁判長は感謝の言葉を述べ、ブラウンの父親を退廷させた。

最後の証人は、ライヒであった。まだ回復していないらしく、杖をつきながらゆっくりとした足どりで法廷に入ってきた。裁判長は、証人席に座るように求めると、具合はどうかと尋ねた。

ライヒ：「少し疲れました。2時間も待たされましたから。」

裁判長が遅くなったことを詫びた。「審理が思わぬ展開になったために、遅くなってしまいました。証言していただけますか」。

ライヒ：「そんなに長い時間じゃなければ、大丈夫だと思います。」
裁判長：「できるかぎり、短くなるようにします。」

ライヒが人定事項について述べた後、裁判長は、被告人がコインを返還したことを伝えた。「ここにきて、このコインがあなたのものか確認していただけませんか」。

思ったよりも機敏に、ライヒは裁判官の机のところまで歩み出た。コインをみて、「ああ、ここにあるのは私のコインです」と叫んだ。

「全部ありますか。なくなっているものはありませんか」と裁判長が尋ねた。ライヒはすぐには答えられなかった。裁判官と一緒に、ライヒはコインが52枚あるのを数え、「全部そろっていると思います」といった。裁判長は、一件記録からライヒが警察に送ったリストを取り出して、彼にみせた。そして、このリストをみながら、すべてのコインがそろっているか確認した。

コインの確認の途中で、裁判長が「ところで、あなたのコイン・コレクションにはどのぐらいの価値があるのですか」と尋ねた。

ライヒ：「20000ユーロぐらいだと思います。」
裁判長：「どうやってそれが分かったのですか。」
ライヒ：「私の友人のマックス・マン、私がいつも車の修理を頼んでいる整備工場を経営している人物ですが、その息子が競売会社のコイン部門に勤めています。1年ほど前に、私がマンと自分のコレクションの価値について話していると、彼がどのぐらいの価値があるか息子にみせてみてはどうかといいました。私はコインをマンに預けました。数日後、マンがコインをもってきて、最低でも20000ユーロの価値があるらしいと教えてくれたのです。」

ライヒがまだ裁判官用の机のところに立ったままでいたので、裁判長は茶色の木箱と杖をみせた。ライヒはすぐに自分のものだと認めた。ほかの裁判官、検察官および弁護人は前に出て裁判官用の机を囲み、ライヒがコインやそのほかの証拠品を確認するのを見守っていた。ライヒのそばに行くのがためらわれたので、ブラウンは被告人席に座ったままであった。

ライヒが確認し終えると、裁判長は全員に席に戻るようにいった。そして、裁判長の求めに応じて、ライヒが、3月20日の夜に何が起こったのかを話し始めた。彼は、若い男に杖を奪いとられ、頭を殴られたと説明した。裁判長から、「その襲いかかってきた男とは、弁護人の隣の席に座っている人物ですか」と尋ねられると、ライヒは「分かりません。暗くてその男の姿はみていません。あっという間の出来事でした」と答えた。

裁判長：「この人物に見覚えはありますか。」
ライヒ：「はい。みたことはありますが、名前は知りません。友人のマンの整備工場の整備士です。前に工場に行った時に、私のメルセデス・ベンツを整備していました。自宅で襲われた日の数日前のことです」。
ライヒは、続けて、マンと友人としての付き合いがあること、彼らの共通の趣味がコインの収集であること、そして、マンの整備工場の整備士が仕事をしているそばで、コインについて立ち話をしたことを話した。

ここで裁判長がライヒに、質問を続けてもかまわないか、それとも一旦休憩するかと尋ねた。ライヒは、続けてかまわないと答えた。コインが戻ってきたおかげで、少し元気が出てきたといった。裁判長は、今度は、ライヒの負った怪我について質問した。

ライヒ：「左の前腕を骨折しました。8週間、ギプスをしていました。」
裁判長：「いまは大丈夫ですか。」
ライヒ：「万全というわけではありません。まだ痛みが残っていて、あまり動かすことはできません。1週間に2回、理学療法を受けています。」
裁判長：「医者は、元どおりに動かせるようになるといっていますか。」
ライヒ：「医者の話では、私が年をとっているため、腕を動かすのに障害が残り、痛みも残るようです。」
裁判長：「そのほかの怪我についてはどうですか。」
ライヒ：「頭にいくつか打撲傷を負いました。その1つは何針か縫う必要がありました。いまはすべて治っています。」
裁判長：「いくつか打撲傷を負ったということですが、それは被告人があなたを2回以上殴ったためですか。」
ライヒ：「分かりません。憶えていないのです。頭の左側に、比較的大きな打撲傷が1か所、小さいものが2か所ありました。小さいものについては、とくに治療の必要はありませんでした。」
裁判長：「傷を受けた部分は、互いに近かったのですか。」

「そうだと思います。すべて左のこめかみ部分にありました」。そういって、ライヒは、右手で傷があった場所を示した。

怪我に関するライヒの証言を補足するために、裁判長は、3月31日付のヴァイス医師の報告書を読み上げ

た。裁判長の求めに応じて、ライヒは報告書のとおりで間違いないと述べた。

続いて、裁判長は、入院していた時の様子について質問した後、退院し帰宅した時の家の状況について尋ねた。

ライヒ：「帰宅した時、私は疲れ切っていましたが、すぐに家のなかをみて回り、机の引出しが開いていて、コイン・コレクションがそれを入れていた箱と一緒になくなっているのに気づきました。その時になって、自分を襲った男が泥棒だったのだと分かりました。」

裁判長：「引出しには鍵をかけていたのですか。」

ライヒ：「はい。いつも鍵をかけていました。高価なコイン・コレクションを家に置いておくのは危ないと分かっていました。だから、いつも引出しに鍵をかけて、保管していたのです。」

裁判長：「どうして、コイン・コレクションを家に置いていたのですか。」

ライヒ：「あれをみると妻のことを思い出すのです。あのコレクションの多くは、私の誕生日に妻がプレゼントしてくれたものです。妻は数年前に亡くなりましたが、あのコインをみると、妻と過ごした幸せな日々を思い出すのです。」

裁判長：「被告人がどうやって引出しを開けたか分かりますか。」

ライヒ：「引出しのところがへこんでいたので、何か道具を使ったのだと思います。」

裁判長は、ライヒに例のドライヴァーをみせ、「被告人が使ったのはこの道具だと思いますか」と尋ねた。見覚えがないとライヒは答えた。

続けて、ライヒは、泥棒が奥の部屋の窓から家に侵入したのだと思うと述べた。「掛け金が壊れていたので、泥棒は外から窓をこじ開けたのだと思います。旧式の単純な構造の掛け金だったので、被害はそれほどでもありませんでした」。

裁判長の質問が終わると、陪席裁判官のホフマンが、「少し訊きたいことがあるのですが」と切り出した。「頭部に受けた3か所の打撲傷に話を戻しますが、被告人に何回杖で殴られたか憶えていないということですか」。

ライヒ：「はい。全く憶えていません。」

陪席裁判官：「殴られて倒れた時に、床か家具の角で頭を打ったということはありませんか。打撲傷のうちのいくつかは、それが原因とは考えられませんか。」

ライヒ：「私が倒れたあたりには家具はありませんでした。床で頭を打ったかどうかは、ちょっと分かりません。」

ほかの裁判官、検察官、弁護人および被告人は、追加の質問はなく、また何も述べることはないとのことだった。ライヒに宣誓を求める必要はないということで裁判官の意見は一致した。退廷を許可されると、ライヒはコインをもって帰ってもいいかと尋ねた。裁判長は、公判が終わるまでは、コイン——木箱と杖も——が必要であると説明し、ライヒにコインを押収することについて許可を求めた。ライヒから同意が得られると、裁判長は、ほかの裁判官と少し協議し、コインを押収する旨の裁判所の決定を宣告した。

ライヒが退廷すると、裁判長は、検察官と弁護人に対し、ほかに取り調べるべき証拠はあるかと尋ねた。検察官と弁護人から請求がなかったので、裁判長は「以上で、証拠調べを終わります」と述べた。そして、「時刻は午後4時20分ですが、15分の休憩にしましょう」といい添えた。「休憩後は、最終弁論を行います」。

3．検察官と弁護人の最終弁論

審理が再開され、裁判長は、シュレーダー検察官に対して、最終弁論を行うよう求めた。検察官は椅子から立ち上がり、少しだけ裁判官の席の方に体を向けた。検察官は裁判官に対して、また限られた範囲ではあるが、被告人および弁護人に対して弁論することを考えていた。傍聴人やそのなかにいる記者は、検察官が話す内容について大いに興味があったであろうが、彼らは検察官の関心の対象ではなかったのである。

数枚のメモを手に、検察官は最終弁論を開始した。「裁判長、私は本件の事実について簡潔に述べることができると思われます。被告人の自白と複数の証人の一致した証言によって、起こった事柄については明らかであります。被告人は、自分の仕事場であるマックス・マン証人の整備工場で、ライヒ証人のコイン・コレクションの話を耳にしました。被告人は、それを盗み、コイン業者に売って、借金を返済しようと決意したのです。被告人は、免許証を失っていたため、同棲中のガールフレンドであったユング証人に対して、アウクスブルクのガルテン通りまで車で連れていくよう

説得しました。ライヒ証人は、ガルテン通り31番地に住んでいました。被告人およびユング証人は、2005年3月20日日曜日の夜9時頃、その場所に行きました。被告人は、ライヒ証人が保養のため外出しており、家が無人であることを知っていました。ガルテン通りに到着し、被告人が家に侵入している間、ユング証人は、車内にいました」。

検察官は続いて、被告人がいかにして鍵のかかった窓を開け、なかに侵入し、自らがもち込んだドライヴァーを用いて鍵のかかった引出しをこじ開けたかについて、詳しく述べた。予想に反してライヒが帰宅したため、被告人が杖でライヒを殴り、のちに実家の庭に隠すことになるコイン・コレクションをもち去った、ということを検察官は説明した。被告人が何を行ったかを説明する際に、検察官は、ただ事実だけを述べた。検察官は、被告人を非難しようとも、裁判官の情に訴えようともしなかった。ドイツにおける検察官は、公判全体を通じて、中立的かつ客観的であることを求められる。シュレーダー検察官は、有罪を強調するのではなく、公判を通じて確認された事実について述べたのである。

次に、検察官は、証拠の評価に関して何か問題がなかったかに話題を移した。検察官は、被告人と証人の述べたことは、概して信用できるものである、といった。しかし、実際に何が起こったのか完全には明らかとなっておらず、なお、小さな論点が3つ残っていた。

「第1の論点は、ライヒ証人の家に侵入する際に、被告人が重いドライヴァーを所持していたことです。被告人は引出しを開けるためだけにそれをもち込んだのでしょうか。家のなかで何者かに遭遇した場合にその者を攻撃するためもち込んだということはなかったのでしょうか。被告人は、ドライヴァーを用いて誰かを攻撃する意図を有していたということを否定していますが、それは、そのような重い道具をもち込んだという事実と矛盾しています。引出しを開けるために必要なものよりもはるかに大きなドライヴァーを携行していた理由は、何でしょうか。被告人は、犯行中に遭遇するかもしれない何者かを攻撃する意図を最初からもっていた、と私は確信しています」。

次に、検察官は、ライヒを殴打した際の被告人の精神状態について述べた。「被告人は、弁護人に尋ねられて、ライヒ証人が姿をみせた時、自分はパニック状態だったと説明しました。被告人は、パニックに陥り、ショック状態であったと陳述していますが、この陳述も、被告人が実際に行ったことと合致しません。被告人がライヒ証人を殴打した際、意図的に行動していたことは疑いの余地がありません。被告人はライヒ証人を傷つけようとしており、また、自らが行っていることについて完全に認識していたのです。被告人は、ライヒ証人を殴り倒した後、コインを奪うために机に戻っています。これは、被告人が、全く理性的に行動していたことを示すさらなる証拠です」。

ここで検察官は、証拠上不明確なところが残っている第3の論点に移った。「被告人は、ライヒ証人を杖で何度殴打したのでしょうか。被告人は、ライヒ証人を殴打したのは1回だけだと述べています。しかしながら、ライヒ証人が複数の異なる怪我を負っているという事実が、2回以上の殴打があったことを示唆しています」。

最後に、検察官は、この問題については、議論の余地があるということを指摘した。被告人がライヒの頭を強く殴打したために、ライヒが倒れ、腕の骨を折り、一時的に意識を喪失したことは間違いない。被告人は、ライヒが高齢であることを知りながら、そのような行動をとったのである。

そして、検察官は、被告人の行為が法律上どのように評価されるかという問題に移った。検察官は、ライヒを殴り倒し、コイン・コレクションの入った箱を奪ったことによって、被告人は、犯情の重い強盗を行ったことになると述べた。危険な道具を用いて行われていることから、本件強盗は、重いものである。杖は、重大な傷害を惹起するために用いられる可能性があり、かつ被告人がその目的のために用いることを意図していることから、危険な道具であると判断されるべきである。

被告人は、コインを盗むために、窓を押し開け、掛け金を破壊することでライヒ宅に侵入していることから、住居侵入窃盗の罪も犯している。被告人は、他者に重大な傷害を負わせる意図をもってドライヴァーを携行していたことから、持凶器窃盗の罪を犯している。最後に、被告人は、ライヒを杖で殴打したことから、危険な傷害の罪を犯している。

次に、検察官は、被告人が受けるべき刑について論

じた。前述のように、ドイツにおける公判は、どのような犯罪について有罪であり、またどのような刑が科されるかを被告人に告知するという包括的な判決をもって終結する。裁判官がこの判決を下すのを手助けするため、検察官には最終弁論において具体的な刑罰を勧告することが求められている。しかしながら、裁判所は、検察官の勧告に拘束されるわけではない。裁判所は、自らが望むように自由に決定を行うことができる。したがって、検察官の要求よりも軽い、もしくは重い刑罰も科され得るのである。

シュレーダー検察官は、被告人は4つの犯罪を行ったが、それらの犯罪は時間的に近接しており、一連の犯行の一部である、と指摘した。それらの犯罪は、1つの行為により行われており、したがって、裁判所は、1つの刑罰しか科することができない。この刑罰の基礎となるのは、犯情の重い強盗以外にあり得なかった。この罪は、被告人が行ったほかの罪が軽罪であるのに対して、重罪であり、それゆえ、最も重い刑が科され得るのである。

シュレーダー検察官は、犯情の重い強盗に対する刑罰は、5年以上15年以下の自由刑であると指摘した。そのうえで、検察官は、厳しい量刑がなされるべきいくつかの理由を挙げた。「被告人は、その犯罪を遂行するために、非常に多くのことを行いました。ユング証人については、ガルテン通りまで運転するようにし向けました。ライヒ証人宅の窓を押し開けて掛け金を破壊しました。ドライヴァーでライヒ証人の机の引出しをこじ開けました。家のなかで何者かに遭遇した場合に備えて、攻撃するための道具として、重いドライヴァーを携行しました。ライヒ証人が現れると、彼を躊躇なく殴り倒しました。高齢で杖を用いて歩いていることが分かっている相手に対して、暴力を振るいました。ライヒ証人を杖で強く殴打し、彼を転倒させ、重大な怪我を負わせました。ライヒ証人は、その腕が元どおりになることは2度とない、と本法廷で述べました。ライヒ証人が殴打によって死亡しなかったのは、被告人にとって幸運だったのです。被告人は、ライヒ証人が姿をみせた時、混乱していたと主張しています。しかしながら、このことによって、完全に理性的な行動ができなくなったとはいえません。被告人は、ライヒ証人が自らの財産を護ることができないようにするために、まず彼を床に殴り倒したのです。ライヒ証人が床に倒れている間に、被告人はコインをとり戻し、その後でやっとその場から立ち去ったのです。要するに、被告人は、残酷で凶悪な犯罪を行ったのです」。

さらに、検察官は、被告人の奪ったコイン・コレクションが非常に高価なものであることを強調した。被告人はその正確な価値を知らなかった。しかし、整備工場で耳にしたライヒとマンとの会話から、被告人は、それが貴重なコレクションであることは知っていた。

他方で、シュレーダーは、いくつかの軽減事由も指摘した。「被告人は、いくぶん弱く、また未熟な人格であるように思われます。被告人が、家族のなかで困難な幼少期を過ごしたことは明らかであり、両親の要求に応えることも、兄弟と張り合うこともできませんでした。被告人は、自分自身や両親を満足させるだけの教育を受けることもままなりませんでした。その結果、被告人は様々な臨時雇いの仕事をし、全く働いていない時もありました。犯罪の免責事由とみなされることは決してありませんが、被告人には多くの借金がありました。被告人には、酒酔い運転の前科が1件あります。しかしながら、このことは、ここで彼が有罪判決を受けることになる犯罪とは関係ありませんので、無視してかまいません」。

検察官はまた、被告人が全面的に自白しており、かつ盗んだコインを返還していることも強調した。「これらはいずれも、公判の終盤になって実現しました。それらは、被告人が有罪となることが確かであると分かった後ではじめて実現しました。しかし、『遅くても、ないよりはまし』というのに、やぶさかではありません。ライヒ証人が確認した限り、被告人はすべてのコインを返還しています」。

最後に、シュレーダー検察官は、自らが言及した様々な事情の比較衡量を試みた。「損害回復は、確かに重要な軽減事由です。しかしながら、だからといって、被告人が高齢者に対する暴力を含む重大な犯罪を行ったことを、私たちが考慮しなくてもよいということにはなりません。暴力は常に重大な刑罰に値するものです。社会は被告人の行ったことを許容しないということを、被告人に告げなければなりません。被害者は、自らの権利が保護されていることをその目でみるべきなのです。公衆は、暴力は割に合わないということを学ばなければならないのです」。加えて、シュレーダーは、近年、住居侵入窃盗が次第に増加していることを指摘した。検察官は、侵入者が予想に反して誰かに遭

遇した場合、住居侵入窃盗が強盗になるのはよくあることだと付け加えた。結論として、検察官は、7年の自由刑が適当だと考えた。そこで、被告人は、犯情の重い強盗、住居侵入窃盗、持凶器窃盗、危険な傷害について有罪であることが判示され、かつ7年の自由刑が宣告されるべきである、とシュレーダーは勧告した。

シュレーダー検察官はまた、被告人がコインをもち去るのに用いたビニール製の買い物袋とドライヴァーを没収すべきである、と勧告した。さらに、検察官は、被告人の勾留を継続すべきであると述べた。ドイツ法のもとでは、被告人は、有罪が確定してはじめて自由刑に服する。例えば、上訴がなされたなどの理由で有罪が確定していない場合、勾留は継続され得る。したがって、裁判所は、判決の宣告に際してそのような継続に関する決定をしなければならないのである。

シュレーダー検察官の弁論は20分ほど続いた。シュレーダーが着席すると、裁判長が弁護人の方を向いた。「どうぞ、あなたの番です」。ボッシュ弁護人は立ち上がり、椅子の後に立ち、背もたれの上に手を置いた。検察官と違い、ボッシュの仕事は、被告人が行ったことを包括的・客観的に描写することではない。ボッシュは、被告人にとって有利だと考えられることのみを指摘するという選択をすることができる。経験豊かな弁護士であるボッシュは、この戦術を用いた。ボッシュは、穏やかな口調で——時折やや感情のこもった低い声となることもあったが——弁論を行った。

「皆さん、よろしくお願いいたします。検察官からお聴きになられましたように、被告人に対する証拠は明らかです。被告人は、ライヒ証人宅に侵入し、彼を殴り、コイン・コレクションを奪いました。しかしながら、証拠が明らかだというのは、私たちが単に事件の表面的な事実を眺める限りでの話です。私たちが検察官の結論に同意しかねる理由がいくつかあります。有罪判決の基礎は、被告人が行ったことだけに限定されるわけではありません。私たちは、犯罪を行った際の被告人の精神状態なども考慮に入れなければならないのです」。

「被告人は、引出しをこじ開けるためだけではなく、家のなかで何者かに遭遇した場合に備えてドライヴァーを携行していた、と検察官は主張しています。それゆえ、被告人は持凶器窃盗についても有罪で

ある、と。被告人は誰かを攻撃するために用いるつもりはなかったと述べましたが、検察官は、それを信じませんでした。この点について、検察官は間違っていると私は考えています。ライヒ証人宅に行った際、被告人は、暴力を振るうつもりはありませんでした。ドライヴァーによっても、その他の方法によってもです。ガルテン通りに到着して、被告人はまず家を調べ、それが実際に無人であることを確認してからはじめて、ドライヴァーをとるために車に戻ったのです。玄関ドアの物音を聞くと、彼はドライヴァーをもたずにそこに向かいました。このことは、検察官の結論を否定する証拠として十分なものであると思われます。なぜ被告人がドライヴァーを携行したのかについて不確かである以上、裁判所は、『疑わしきは被告人の利益に』の原則に従わなければならないのです」。

ここで弁護人は、ライヒが殴打を受けた回数について簡潔に述べた。すなわち、歩くために杖を必要とする、脆弱な高齢者を殴り倒すには一撃で十分なはずである、と。弁護人は、この件についても、疑いがある以上、被告人の利益になるように解決されなければならないと付け加えた。

次に、弁護人は、被告人がライヒを殴打した際、どの程度のパニック状態、ショック状態にあったか、という問題をとり上げた。「検察官は、殴打が完全に理性的な決断の結果であると論じています。私は、被告人がライヒ証人に暴行を加えようと決断したことについては同意いたします。しかしながら、心理学者は、私たちに対して、そのような理性的な決断が、感情的な混乱、パニック、ショックとともに生まれることもあり得ると述べています。玄関ドアの物音を聞いた時に奥の部屋にある窓から逃げようとしなかったことから、被告人が混乱していたことに疑いの余地はありません。それどころか、被告人は自らがトラブルに巻き込まれることになる、まさにその場所へと進んだのです」。

「被告人は、自分が家族の問題児であり、ある種のプレッシャーを感じるとパニック状態になってしまう、ということを語ってくれましたが、それは全く納得のいく話でした。被告人は、問題があると、それを解決するのではなく、パニック状態に陥ってしまうのが常だったのです。したがって、被告人は、財産犯罪の遂行のために綿密に計算して暴力を用いるような、典型的な危険な犯罪者の範疇には入りません。被告人は、

決して暴力的な傾向の人間ではありません。被告人のライヒ証人への暴行は、冷酷な恐ろしいものではないのです。それはむしろ、不安定な人格ゆえの愚かな反応なのです」。

「自白するのに、またコインを返還するのに非常に長い時間を要したのも、被告人のそのような人格の現れなのです。最初の時点から、被告人は、自分にとって不利な証拠が存在することをよく知っていました。また、自白し、コインを返還することが、予想される刑罰について有利に働くことも分かっていました。しかし、被告人は、自らが行ったことを冷静に、客観的にみることができるほどには成熟していなかったのです」。

「被告人の情緒の問題を考慮すると、自白とコインの返還は、成長した人格となるうえでの重要な一歩として考慮されなければなりません。現在、被告人は、自らが行ったことについていかに申し訳ないと感じているかはっきり述べるべきである、と強く思っています。もし公判において被告人がライヒ証人に謝罪する機会があったならば、彼は間違いなくそうしていたであろうと私は確信しております」。

「結果として、被告人は、自ら更生するための重要な一歩を踏み出したといえるでしょう。被告人が処罰を受けるに値することに疑問の余地はありませんが、裁判所が量刑の際に考慮すべき2つの特別な事情が存在します。第1に、被告人の行ったことは、意図的な暴力によって実行される財産犯罪の典型とは考えられないということです。本件の被告人の暴力は、むしろ偶然の事情によるものです。第2に、本件において、自白とコインの返還は、被告人が責任ある人格になりつつあるということを示すものだということです。彼は、更生し始めているのです」。

「したがって、検察官が求刑した7年の自由刑は、あまりにも厳し過ぎます。7年というのは、最初から暴力を振るうことを企てていたような典型的な強盗については適切な刑かもしれません。私は、被告人の行ったことは『犯情があまり重くない事案』と判断されるべきである、と勧告いたします。そのような事案について、刑法典は、1年から10年までの自由刑と規定しております。具体的な量刑については裁判所の裁量に委ねますが、私としましては、5年以下の自由刑を勧告いたします。重過ぎると感じないものであれば、被告人が刑について精神的に積極的な態度を示すようになることを、期待できます」。

このように述べて、弁護人は弁論を終えた。弁護人の最終弁論は、シュレーダー検察官のそれと比べて、より簡潔なものであった。これは、やや珍しいことであった。なぜならば、起訴事実が重大なものである公判においては、弁護人は長い最終弁論を行うのが一般的だからである。弁護人は、あらゆる証拠を吟味し、依頼人にとって有利に働き得るあらゆる事項について詳細に述べるのである。裁判官、とくに参審員に対して強い印象を与えるために、大げさな表現を用いることもいとわないものである。

ボッシュ弁護人は、そのような作戦をとらなかった。ブラウンが自白したので、証拠について論点はほとんど残っていなかった。そこで、弁護人は、もっぱら量刑の問題に絞って弁論をし、依頼人にとって有利な事情に裁判官の注意が向くようにしたのである。シュレーダー検察官と同様に、ボッシュも、裁判所が科すべき刑について勧告を行った。その勧告は、検察官の勧告の対案として機能することになる。適切な刑の量定のために活動することは、刑事司法機関の1つとしての弁護人の役割の一部なのである。

ボッシュ弁護人が最終弁論を終えた後、裁判長は、ブラウンに対していった。「あなたには、ここでもう一度発言の機会が与えられます。弁護人の発言に関して何か付け加えることがあれば、何でも発言することができます」。ブラウンは立ち上がったが、再度発言を求められるとは予想しておらず、どうすればいいのか分からなかった。彼を手助けしようと、裁判官が質問をした。「あなたは、弁護人の発言を理解していますか。また、それを支持しますか」。ブラウンは、その質問に対して肯定の返事をした。短い間があった後、ブラウンは付け加えた。「自分の行ったことについて、申し訳ないと思っております」。そして、再度着席した。

時刻は午後5時15分であった。裁判長は、評議に入ることを宣言した。判決の言渡しは30分後の予定であった。裁判官らは、法廷を去り、裁判長の執務室に向かった。

4．判　決

裁判長の部屋で、裁判官らはテーブルを囲んで着席

した。裁判所の評議は非公開であるため、室内にいたのは4名の裁判官だけである。公判の準備をし、公判中も記録を付けていた陪席裁判官のホフマンが、証拠についてまとめることから話を始めた。ホフマンは、被告人の自白と証人の証言に基づいて、被告人が行ったことに関する包括的な説明を行った。ホフマンは、被告人の自白と複数の証人からの一致した証言について、全面的に信用することができると述べた。ホフマンはまた、被告人が、たとえパニック状態に陥っていたにせよ、故意にライヒ証人を殴打したことについて疑いをもっていなかった。ホフマンの意見によれば、解決されていないのは、被告人がなぜ大きなドライヴァーを携行したのか、何回ライヒを殴打したのかという、2つの小さな論点だけであった。ホフマンの提案は、弁護人の勧告を採用し、2つの問題について被告人に対して有利な立場をとることであった。有力な反対の証拠が存在しない以上、裁判所は、被告人はドライヴァーで人を攻撃する意図はもっておらず、またライヒを殴打したのは一度だけだと認定せざるを得なかった。

ホフマン裁判官は、適用される法律の規定について簡潔に説明した。ホフマンは、被告人は、犯情の重い強盗、住居侵入窃盗、危険な傷害について有罪であるとの結論を下した。検察官の分析に従って、ホフマンは、強盗は重大であり、また被告人は1つの行為により3つの犯罪を行った、と述べた。したがって、1つの刑罰だけを科すことができる。それは、犯情の重い強盗についての刑となる。その他の2つの犯罪は、量刑にあたって考慮されることになる。

弁護人とは異なり、ホフマン裁判官は、これが「犯情があまり重くない事案」の強盗であるとは考えなかった。ホフマンは、被告人の経歴と人格、犯罪を行った際の精神状態、自白とコインの返還に関する弁護人の意見には、賛同した。しかしながら、裁判所は、被告人が高価なものを奪ったことを看過するわけにはいかなかった。被告人はまた、高齢で脆弱であることが明らかな人物に対して暴力を振るった。その観点から、ホフマンは、弁護人が勧告した5年以下の自由刑では軽過ぎると考えた。検察官が要求した7年の方が、より適切な刑であった。ホフマンは、この裁判所が暴力を伴う犯罪については常に重い刑罰を科してきたことを強調した。7年の自由刑は、午後の法廷の前に行われた非公式の協議で議論されていた刑期の範囲におさまるものでもあった。ホフマンはまた、ドライヴァーとビニール製の買い物袋は没収し、有罪の言渡しを受けた後は逃亡のおそれはより大きくなることから、被告人の勾留は継続すべきであるとした。

裁判長は、2名の参審員に、質問や付け加えることは何かないかと尋ねた。どちらも、ホフマン裁判官がまとめのなかで述べたことに賛同した。しかし、ヴェーバー参審員は、自分は法律に詳しくないので、ホフマンが説明した法的論点についてどのように考えたらよいのか分からない、と付け加えた。裁判長は、本件に関するホフマンの法的分析は正確なものであると答えた。裁判長が何か別に必要な情報はないかと尋ねると、ヴェーバーは、とくにないといった。

ブラント参審員は、刑期が7年というのはひっかかると述べた。被告人は、出所する時には40歳代になる。職に就くのは非常に困難となるであろう。裁判長は同意し、刑務所から出所した者が職を見つけるのは常に困難なことであると付け加えた。しかしながら、彼は、受刑者は刑期の3分の2が経過した段階で釈放されるのが一般的であると指摘した。また、ブラウンの勾留期間は、刑期に算入されることになる。

裁判長は、自分としては、それでも7年の刑は重過ぎると考えている、と述べた。彼は、7年というのが、犯情の重い強盗についてこの裁判所が通常科している刑であることを認めた。しかし、本件はやや特別である。被告人が拳銃を携行して銀行強盗を行った、というような典型的な事案ではない。加えて、被告人が奪ったものをすべて返還していることも考慮されるべきである。それゆえ、6年で十分ではないかと考えている、と裁判長はいった。彼は、検察官も非公式の協議において6年ないし7年とすることに同意していたことを伝えた。裁判長がホフマン裁判官をみると、ホフマンは、本件の特別事情に鑑みて、賛成すると述べた。2名の参審員も同様に賛成した。ブラント参審員は、弁護人が被告人の更生について主張したことを裁判所は採用するのかと尋ねた。ホフマンは、弁護人が依頼人を護るために誇張して述べているのではないか、と答えた。ブラントは、そのことを考えていなかったと認めたうえで、その問題については、ホフマンの経験に頼ることにしたい、と述べた。

そこで、裁判長は、正式な評決を行った。職業裁判官と参審員は、罪責と量刑に関する決定に同等の責任を負うので、全員が一緒に評決を行った。最初が事件

のまとめを行ったホフマン裁判官、その後2名の参審員、最後が裁判長という順番であった。被告人は犯情の重い強盗、住居侵入窃盗、危険な傷害について有罪であるということで、全員の意見が一致した。また、被告人に6年の自由刑を宣告し、ドライヴァーとビニール製の買い物袋を没収することが決定された。

　ドイツ法では、被告人を有罪とし、刑罰を科するためには、3分の2の多数決が求められる。したがって、4名の裁判官のうち3名が有罪認定と量刑に賛成すればよいということになる。

　裁判官らは、被告人の勾留を継続することについても全員一致であった。しかし、勾留についての決定は、被告人の罪責、量刑、没収などに関する判断ではないことから、単純多数で足りる。3分の2の多数決が求められるのは、それが被告人の保護のために必要だと考えられる重大な問題についてのみなのである。

　法廷に戻る前に、裁判長は、裁判所の判断を書面に記録するため数分の時間をとった。裁判長は、判決がどのようなものであったかについて疑問が残らないようにするため、宣告前に書面に記録しなければならなかったのである。

　裁判官が法廷に戻ると、全員が起立した。裁判長が以下の判決を読み上げている間、裁判官らも起立したままであった。

　「国民の名においてここに宣告する。被告人は、同一行為による犯情の重い強盗、住居侵入窃盗および危険な傷害について有罪である。被告人に6年の自由刑を科す。ドライヴァーおよびビニール製の買い物袋は没収する。被告人は訴訟費用を負担するものする」。

　その後、裁判長の指示に従い、全員が着席した。弁護人は、依頼人の方に体を寄せ、小声で告げた。「予想どおりの判決です。これ以上寛大な判決はないでしょう」。裁判長は、判決理由を述べた。その目的は、被告人がなぜ有罪とされ、また6年の自由刑を宣告されたのかを、被告人に対して——同時に傍聴人、とくにそのなかにいる報道陣に対して——説明することにあった。基本的に、裁判所の判決理由は、公開の法廷において、公衆に対して告げられなければならない。

　裁判長は、被告人の経歴から話し始めた。裁判長は、被告人が行ったことだけを理由に処罰するのではなく、その人生や人格の発達を考慮に入れたことを示すため、そのようにしたのである。裁判長は、被告人が困難な幼少期を過ごしたことに言及した。「被告人は、愛や思いやりではなく、よい職業に就くことや人生で成功することを重視する家庭の3人兄弟の次男でした。知的能力に問題があったというよりも、むしろ精神的な理由から、被告人は、家族の期待に応えることができませんでした。被告人は、小学校と中学校を卒業しましたが、高等学校に入学することはできませんでした。被告人は、機械関係の職に就こうとしました。家族はそのための課程を終えるようにいいましたが、被告人は、結局やり遂げることができませんでした」。

　裁判長は、被告人がこれまで就いてきた様々な職業、マックス・マンの整備工場での仕事、ユングとの関係、借金、ライヒのコイン・コレクションによって経済的な問題を解決しようとしたことについて詳しく述べた。裁判長はまた、被告人の前科にも言及した。

　次に、裁判長は、被告人の犯行について述べた。裁判官は、細部について言及する必要はないといった。「なぜならば、法廷にいる全員が被告人の詳細な自白だけでなく、被告人が裁判所に対して述べたことと完全に一致する、証人の明確かつ説得力のある証言を聴いているからです」。裁判長は、被告人が返還したコイン、ライヒの杖、被告人のドライヴァーなどの、裁判官席にある証拠を示した。

　証拠の評価に関して、裁判長は、被告人の自白と複数の証人による一致した証言がある以上、被告人が行ったことについて疑いの余地はほとんどないと述べた。しかしながら、裁判長は、被告人が誰かを傷つけるつもりでドライヴァーを携行したという検察官の結論を裁判所が採用しなかったことを指摘した。「被告人は、ライヒ証人宅に侵入した時、暴力を振るうつもりはなかったというのが裁判所の見解です。疑いの余地がある場合には、被告人の利益となるよう結論づけなければなりません」。また、裁判長は、被告人はライヒを1回だけ殴打したというのが裁判所の見解であると述べた。ライヒの頭にあるいくつかの怪我と腕が折れたことは、杖による1回の殴打でも十分に起こり得るものであった。ライヒが転倒した際に生じたと考える余地があるのである。裁判所はここでも、「疑わしきは被告人の利益に」という原則を適用したのであった。

しかしながら、裁判所は、被告人が故意にライヒを殴打したと結論づけた。「裁判所は、ライヒ証人を殴った際、被告人が混乱しており、パニック状態だったという弁護人の意見に賛同します。しかし、それは、故意が認められないということを意味するものではありません。被告人自身、ライヒ証人を殴打しようと思ったということを認めています」。

被告人の行為の法的評価については、裁判長は、判決を読み上げた時に述べたことを繰り返した。証拠に基づいて、裁判所は、被告人が危険な道具を用いた犯情の重い強盗、住居侵入窃盗および危険な傷害を行ったと結論づけた。被告人は、これら3つの犯罪を1つの行為により行った。それゆえ、裁判所は、1つの刑のみを科した。

裁判長は、裁判所がなぜ6年の自由刑としたのかの理由を述べるにあたって、より詳細な事実に言及した。「当裁判所は、暴力が関係する犯罪については、重罰をもって対応することが必要であると常に考えてきました。そうすることによって、暴力が許されないものであることを示してきたのです。被告人は、ライヒ証人に対して、激しい暴行を加えました。頭を杖で殴打して裂傷を負わせるというのは、重大です。それが高齢で弱い者に対してなされ、その者が転倒し、腕を折り、また意識を失ったとなれば、なおさらです。被告人は、誰に攻撃を加えているのか正確に認識していました」。

「裁判所は、ライヒ証人を殴打した際に、被告人がショック状態、パニック状態であったという弁護人の主張を採用します。それでも、裁判所は、被告人の行為はきわめて凶悪なものだと考えます。被告人がショック状態、パニック状態にあったとしても、暴行を加えることなく逃げるなどの選択肢があったはずです」。

「被告人は、約20000ユーロ相当のコイン・コレクションを奪いました。その正確な価値を知らなかったとはいえ、彼は、高価なコレクションであることは確信していました。被告人が加えた暴行が激しいものであったことと、コイン・コレクションが高価なものであったことを考慮すると、裁判所は、本件の強盗が『犯情があまり重くない事案』に当たるとは認定できませんでした。これに関連して、被告人がライヒ証人宅に侵入していること、またドライヴァーを用いて引出しをこじ開けていることも、看過することはできません」。

ここで、裁判長は、裁判所が刑の軽減にあたって考慮した要素について言及した。「裁判所は、自白およびコインの返還について、被告人の更生との関係で重要な一歩であると判断しました。裁判所はまた、被告人がはじめから暴力を振るうつもりであったわけではないことを考慮しました。被告人は、住居侵入窃盗を企てたのであり、暴行は、偶然の事情によるものです」。

「裁判所はまた、被告人が送ってきた困難な人生を考慮に入れました。それは、強く安定した人格への発達を妨げるものだったと思われます。他方で、裁判所は、自白とコインの返還が、被告人の人格の根本的な変化を示すものであり、刑罰を特別に軽減するに値するという弁護人の主張には賛同しませんでした。それでも、裁判所は、本日処罰されるべき犯罪とは無関係であるとの理由で、被告人の前科については考慮しないことにしました」。

結論として、裁判長は、6年の自由刑が適切な量刑であると裁判所は判断した、と述べた。これは、偶然にも検察官が求めた刑期と弁護人が求めた刑期の中間のものであった。

裁判長は、犯罪の遂行に用いられたものであることから、ドライヴァーとビニール製の買い物袋は没収すると説明した。裁判長はさらに、被告人は法律上訴訟費用を負担することが求められると述べた。また、検察官と被告人の双方が、1週間以内に、判決の瑕疵について上訴することができると付け加えた。

有罪の言渡し後は逃亡のおそれがより大きくなることから、裁判長は、被告人の勾留を継続する旨の決定を別に言い渡した。この決定は、それに対する不服申立てが有罪判決に対する不服申立てとは別にできるよう、独立したものでなければならないのである。

最後に、裁判長は、検察官と被告人に何か発言したいことがあるかと尋ねた。なぜならば、午後の法廷が始まる前の非公式の協議において、被告人の上訴権の放棄について話をしていたからである。ボッシュ弁護人が、6年の刑期を受け入れる意思があるか、それとも上訴したいかと依頼人に尋ねると、ブラウンは、上訴審で勝利をおさめ、より軽い刑となる可能性があるか、といった。ボッシュは、上訴は、判決が法令の違

反に基づくものである場合にのみ認められる、と答えた。裁判所がそのような誤りを犯していないことは明らかなので、上訴審で勝利をおさめる可能性は存在しないといってよかった。ブラウンはうなずき、上訴はしないと述べた。そこで、弁護人は立ち上がっていった。「被告人は判決を受け入れます」。裁判長が検察官の方をみると、検察官も、受け入れる、と述べた。したがって、判決は確定することになった。裁判長は閉廷を宣言した。裁判官、検察官、弁護人は、それぞれ挨拶を交わし、ブラウンは、弁護人に対し、感謝の言葉を述べた。

ブラウンは、アウクスブルク刑務所へと戻された。数日後、彼は、自由刑の執行のため、アウクスブルクの外にあるほかの刑務所に移された。裁判所にとっては、本件についての仕事はまだ終わっていない。陪席裁判官のホフマンは、判決理由を記載した書面を作成しなければならず、また事務局記録官であるトラウトマンは、公判調書を仕上げなければならなかった。

裁判長が公判の最後に口頭で述べた理由は記録されないため、理由を記載した書面が必要となる。理由を記載した書面を作成する主たる目的は、上訴審における審査のための資料とすることである。しかし、判決が確定しても、理由を記載した書面は必要だと考えられている。刑の執行に関して問題が発生した場合に、執行の任に当たる検察官の手助けとなり得るからである。また、被告人が将来別の犯罪を行ったとして公訴を提起された場合、裁判官にとって貴重な情報源となり得る。

判決が確定した場合、裁判官には、理由を記載した書面を簡略な形式で作成することが認められている。ドイツの実務において、通常、理由を記載した書面はきわめて詳細なものであることから、これは、裁判官の時間を節約するために非常に重要なメカニズムとなっている。ブラウンとシュレーダー検察官が判決を受け入れたので、ホフマンは、簡略な形式の判決書とすることができた。判決書の一般的な構成を示すために、その簡略な形式のものをここに掲載しておく。

事件番号：8KIs 203 Js 2305/05

国民の名において
判決

アウクスブルク地方裁判所第8刑事部
下記被告人に対する刑事事件について
　　ミヒャエル・ブラウン、1971年1月31日アウクスブルク生まれ
　　　　　　　ドイツ国民、独身、自動車整備士
　　　　　　　最終居住地：86153 アウクスブルク、リンデン通り15番地
　　　　　　　アウクスブルク刑務所にて勾留中

2005年8月11日火曜日の公判において
　　出席は下記のとおり：
　　フィリップ・シュヴァルツ裁判官、裁判長
　　イレーネ・ホフマン裁判官、陪席裁判官
　　アンネ・ブラント、主婦、アウクスブルク在住、参審員
　　ヨーゼフ・ヴェーバー、公務員、アウクスブルク在住、参審員
　　マリア・シュレーダー検察官、検事局
　　ディルク・ボッシュ弁護士、被告人弁護人
　　カルラ・トラウトマン裁判所事務官、事務局記録官

判決：
　　被告人を、同一行為による、犯情の重い強盗、住居侵入窃盗ならびに危険な傷害について有罪とする。被告人に6年の自由刑を科す。ドライヴァーとビニール製の買い物袋は没収する。訴訟費用を被告人に負担させる。
　　　裁判所が適用した罰条は、以下のとおりである：刑法249条1項、250条2項1号、242条1項、223

条1項、224条1項2号、52条

理由

1）被告人

　被告人（34歳）は、3人兄弟のうちの次男であった。被告人は、両親宅で育った。被告人は、小学校と中学校は卒業したが高等学校には進学しなかった。学校を卒業した後、被告人は、機械関係の職に就こうとしたが、結局やめてしまった。その後、被告人は、様々な職を転々とした。不規則な生活をし、仕事に就いていないこともあった。最近の仕事先は、アウクスブルク、モーツァルト通り8番地のマン自動車整備工場であり、そこで被告人は整備士として働いていた。被告人は、1か月あたり手取りで約1650ユーロの収入があった。

　被告人は、結婚歴はなく、子どももいない。勾留される前、被告人はガールフレンドであるユング証人と同棲していた。不規則な生活とコカインを常用していたことが原因で、被告人は、銀行および友人に対して、総額約10000ユーロの負債があった。

　連邦中央登録簿によれば、アウクスブルク区裁判所は、2003年に、被告人を酒酔い運転で有罪としており、罰金刑を宣告するとともに運転免許を取り消している。

2）犯罪

　2005年3月20日日曜日午後9時頃、被告人は、アウクスブルク、ガルテン通り31番地のライヒ証人宅に侵入した。被告人は、自ら領得する目的で、ライヒ証人のコイン・コレクションを奪取することを計画していた。以前、職場であるマン自動車整備工場に、ライヒ証人が車の整備のために訪れた際、被告人は、ライヒ証人が自宅の机の鍵のかかった引出しに高価なコイン・コレクションをしまっていると話しているのを耳にした。被告人はまた、ライヒ証人が保養に出かけることも耳にした。そこで、被告人は、3月20日にはその家は無人であると考えた。

　当日、被告人は、ユング証人にガルテン通りまで車で送るよう頼んだ。被告人がライヒ証人宅に侵入している間、ユング証人は車内に留まっていた。被告人は、家の裏側にある窓を押し開け、掛け金を破壊した。彼はその窓から侵入し、持参した懐中電灯を用いてライヒ証人の机を探した。彼は書斎で机を発見し、携行したドライヴァーを用いて鍵のかかった引出しをこじ開けた。被告人は、その引出しのなかに、約20000ユーロ相当の50枚ほどのコイン・コレクションが入った茶色の木箱があるのを発見した。被告人は、その正確な価値を知ってはいなかったが、高価なコレクションであることは認識していた。

　引出しからコイン・コレクションを取り出そうとした時、被告人は、家の玄関ドアの方で物音がするのに気づいた。被告人が、そこにいるのが誰なのかを確認するために行ってみると、差し込んでくる光でライヒ証人がみえた。ライヒ証人が、予想に反して、保養から戻ってきたのである。被告人は、ライヒ証人が手にしていた杖をつかみ、彼の頭をそれで殴打した。そのため、ライヒ証人が自らの財産を護ることは不可能となった。ライヒ証人は脆弱な82歳の老人であり、転倒し、一時的に意識を失った。加えて、ライヒ証人は腕を折り、左頭頂部の頭皮を切る怪我を負った。ライヒ証人は、一晩入院した。その腕はギプスで固められ、頭部の裂傷を縫い合わせるのに3針を要した。

　ライヒ証人を殴打した後、被告人は机に戻り、引出しからコイン・コレクションを取り出して、それをビニール製の買い物袋に入れた。そして、被告人は、コイン・コレクションをもってライヒ証人宅を後にした。ユング証人は、ライヒ証人が帰ってきたのをみて車で走り去っていたため、被告人は、徒歩で移動した。

3）証拠とその評価

裁判所の認定は、全面的に信用できると考えられる被告人の自白をその根拠としている。自白は、パウル・ハインツ証人、アレクサンドラ・ユング証人、ノイマン刑事、ハウザー警察官ならびに被害者であるロベルト・ライヒの信用するに足りかつ説得力のある証言によって裏づけられている。裁判所は、被告人の返還したコイン・コレクション、それがおさめられていた茶色の木箱、被告人がライヒ証人を殴打するのに用いた杖、被告人が携行したドライヴァーとビニール製の買い物袋、クルツ刑事がライヒ証人宅の犯罪現場を撮影した17枚の写真ならびにハインツ証人への面割りの際に用いられた6枚の写真を取り調べた。裁判所は、2005年7月18日のアウクスブルク気象局の報告書、被告人の過去の前科に関する連邦中央登録簿から得た情報、ならびにヴァイス医師の報告書を朗読し、証拠とした。

　被告人は、ライヒ証人を殴打した際、パニック状態、ショック状態であったと主張した。しかしながら、裁判所は、被告人には故意が認められることを確信している。被告人自身、ライヒ証人を殴打しようと思ったことを認めている。

4）法的評価
　被告人は、犯情の重い強盗、住居侵入窃盗および危険な傷害を行った。本件の強盗は、重大なものである。被告人は杖を用いて重大な傷害を惹き起こし、かつ、そのことを認識していた。これらの複数の犯罪は、同じ計画のなかで犯され、時間的にも近接していることから、被告人は同一の行為でそれらを実行したことになる。したがって、裁判所は、一個の刑のみを科すことができる。

5）刑罰
　裁判所は、刑の量定にあたって、被告人が高価なコイン・コレクションを奪っており、かつ、高齢で脆弱であることを知っている相手に対して、激しい暴行を行っている点を重視すべきであると考えた。被告人がショック状態、パニック状態であったとしても、その行為は十分に残酷といえるものであった。

　他方、裁判所は、軽減事情として以下のことを考慮した。被告人は、ライヒ証人と偶然遭遇したために、暴力を振るうことになった。被告人は完全に自白しており、コインを返還している。彼は、困難かつ不安定な生活を送り、その結果として、人格に問題を抱えていた。被告人には酒酔い運転の前科があるが、それは本件犯罪と関係なく、考慮するに値しない。

　これらの軽減事情は存在するが、裁判所は、被告人の実行した犯罪は「犯情があまり重くない事案」の強盗と考えることはできないとの結論に至った。それゆえ、裁判所は、6年の自由刑が適切な刑であると判断した。

　裁判所は、ドライヴァーとビニール製の買い物袋の没収を命じる。

6）訴訟費用
　被告人は有罪とされたので、法律に基づいて訴訟費用を負担しなければならない。

　　　　（署名）シュヴァルツ、裁判長　地方裁判所
　　　　（署名）ホフマン、裁判官　地方裁判所

　ホフマン裁判官は、判決書を作成すると、それをシュヴァルツ裁判長にみせた。シュヴァルツは、「問題ないでしょう」といった。2人は判決書に署名した。参審員が署名をする必要はない。彼らは帰宅しており、判決書の作成には関与しなかった。その原本は一件記録に編綴され、コピーが検察官、被告人および弁護人に送られる。

　シュヴァルツ裁判長はまた、トラウトマン事務局記録官が作成した公判調書を確認した。シュヴァルツがいくつかの小さな誤りを訂正し、それに、シュヴァルツとトラウトマンがそれぞれ署名した。これもまた一件記録に編綴される。ここでは、その一部だけをみておくことにしたい。

事件番号：8 Kls 203 Js 2305/05

公判調書
アウクスブルク地方裁判所第8刑事部の公判

2005年8月11日火曜日

在廷：
1）シュヴァルツ裁判官、裁判長
2）ホフマン裁判官、陪席裁判官
3）アンネ・ブラント、主婦、アウクスブルク在住、参審員
4）ヨーゼフ・ヴェーバー、公務員、アウクスブルク在住、参審員
5）マリア・シュレーダー検察官、検事局
6）トラウトマン事務局記録官

ミヒャエル・ブラウン（1971年1月31日生まれ）による犯情の重い強盗および薬物所持についての公判が開かれ、以下の者が出席した。

1）ブラウン被告人、勾留中
2）ディルク・ボッシュ弁護士、アウクスブルク、弁護人
2005年6月8日に被告人弁護人に任命された。
（選任の命令は一件記録……頁）

裁判長は、ハインツ証人、ユング証人、ノイマン刑事、ハウザー警察官を法廷に呼んだ。彼らは真実を述べなければならない旨、また宣誓を求められることがある旨、説示を受けた。証人は法廷から退出した。

被告人は、自らの人定事項について以下のとおり述べた。

ミヒャエル・ブラウン、1971年1月31日アウクスブルク生まれ、ドイツ国民、独身、自動車整備士、最終居住地：86153 アウクスブルク、リンデン通り15番地、アウクスブルク刑務所にて勾留中。

裁判長は、被告人が2005年3月21日から拘束されており、アウクスブルク区裁判所が2005年3月22日に勾留命令を出したと述べた。

検察官は、アウクスブルク検事局が2005年5月10日に提出した起訴状を読み上げた（一件記録……頁）。

裁判長は、2005年6月28日、第8刑事部が公判開始決定をしたと述べた（一件記録……頁）。

裁判長は、被告人に対し、公訴に対し意見を述べることも、何も述べないことも自由である旨を告げた。

被告人は、意見を述べることを拒否した。

裁判所は、証拠調べを開始した。

証拠調べ

ハインツ証人が法廷に呼ばれた。彼は、人定事項について述べ、問題となっている事柄について知っていることをすべて話すよう命じられた。

証人の人定事項：
パウル・ハインツ、68歳、既婚、元高等学校教師、アウクスブルク、ガルテン通り28番地在住、被告人との血族関係、姻族関係なし。

証人は、問題となっている事柄について証言した。

2005年4月25日に行われた、写真面割りで用いられた6枚の写真（一件記録……頁）が取り調べられた。

証人は、それらの写真に関して証言した。

弁護人は、2005年7月18日のアウクスブルク気象局の報告書の取調べを請求した。彼はその報告書を裁判所に提出した。

裁判長の決定
2005年7月18日のアウクスブルク気象局の報告書を証拠として採用し、朗読する。

気象局の報告書は証拠として採用され、朗読された。これは一件記録に編綴された（……頁）。

ハインツ証人は気象局の報告書ならびに問題となっている事柄について証言した。

尋問は午前10時15分に終了した。

一時休廷した後、審理を再開した。

ユング証人が法廷に呼ばれた。彼女は、人定事項について述べ、問題となっている事柄について知っていることをすべて話すよう命じられた。

証人の人定事項：
アレクサンドラ・ユング、23歳、独身、大学生、アウクスブルク、アインシュタイン通り26番地在住、被告人との血族関係、姻族関係なし。

証人は問題となっている事柄について証言した。

尋問は午前11時20分に終了した。

一時休廷した後、審理を再開した。

……

［ノイマン証人ならびにクルツ証人の尋問については、省略する。］

……

　午後 12 時 20 分に一時休廷し、午前中の審理と同じ裁判官ならびに当事者の出席のうえで、午後 2 時 15 分に再開した。

　裁判長は、ライヒ証人、マン証人、ブッシュ証人、ヴィンター証人、シュミット刑事、ツィンマー警察官を法廷に呼んだ。彼らは真実を述べなければならない旨、また宣誓を求められることがある旨、説示を受けた。証人は法廷から退出した。

　被告人は問題となっている事柄について発言した。

　52 枚のコイン・コレクションが取り調べられた。

　被告人は、コイン・コレクションに関する質問を受けて、さらに発言した。

　コインを保管するために用いられていた茶色の木箱が取り調べられた。

　被告人は、その箱に関してさらに発言した。

……

　［被告人とほかの証人の尋問については、省略する。また、コインの押収、2 件の薬物所持に関する手続を打ち切るという決定についても、省略する。］

　検察官および弁護人は、これ以上の証拠調べを請求しない旨を述べた。

　証人が証言した後、裁判長は、追加質問を行うよう、ほかの裁判官、検察官、弁護人および被告人に対して要請した。そのいずれの場合においても、被告人は発言をする意思があるか否かについて質問を受けた。

　裁判長は、証拠調べを終了した。

　一時休廷した後、審理を再開した。

　検察官が最終弁論を行い、被告人は、同一の行為による犯情の重い強盗、住居侵入窃盗、持凶器窃盗および危険な傷害について有罪であり、7 年の自由刑が宣告されるべきであると勧告した。検察官はまた、ドライヴァーと白いビニール製の買い物袋を没収し、被告人が訴訟費用を負担することを勧告した。検察官はさらに、2005 年 3 月 22 日のアウクスブルク区裁判所による勾留命令を延長するよう勧告した。

　弁護人が最終弁論を行い、本件については「犯情があまり重くない事案」の強盗とみるべきであると勧告した。彼は具体的な刑罰については裁判所に委ねたが、5 年未満の自由刑が科されるべきであると勧告した。

　被告人は、何か付け加えることがあるか否かを質問された。被告人は最後の発言をした。

　法廷は一旦閉じられた。

> 裁判所による非公開の評議の後、裁判長が判決を朗読し、その理由を述べた。宣告の内容は、以下のとおりである。
>
> **国民の名において**
> **判決**
>
> ［判決書と重複するので、省略する。］
>
> ……
>
> 裁判長はまた、以下の決定を言い渡した。
>
> **決定**
>
> 逃亡のおそれがなお存在するため、被告人の勾留を継続する。
>
> 被告人ならびに検察官は上訴権を放棄した。
>
> 公判は午後6時30分に終了した。
>
> 裁判長
> **（署名）シュヴァルツ**
> アウクスブルク地方裁判所裁判官
> 事務局記録官
> **（署名）トラウトマン**

　ブラウンの公判の数日後、証拠として用いられたものを保管していたシュレーダー検察官は、コイン・コレクション、茶色の木箱および杖をライヒに返還するよう命じた。裁判が確定した以上、それらを保管しておく理由はなかった。シュレーダーは、法廷警察官に対してそれらをライヒ宅に届けるよう指示した。ライヒは、コレクションなどが戻ってきて喜んだ。それによって、怪我のことを除けば、ライヒにとって、本件は終わったことになる。

第4章
ドイツ法からみた比較法的考察

ヨアヒム・ヘルマン

Ⅰ．イントロダクション

　アメリカの刑事手続とドイツの刑事手続は、世界の2つの主要な刑事司法制度の典型例である。当事者主義は、アメリカ、イギリス、アイルランド、カナダ、オーストラリア、ニュージーランド、インド、英語圏のアフリカ諸国を含むコモン・ローの世界において普及している。職権主義は、ヨーロッパ大陸法にその起源をもち、そこから、ラテンアメリカおよびアジア諸国とアフリカ諸国に広がっている。過去数百年の間に、職権主義の諸国は、次第に、当事者主義の要素を取り入れることによって混合的な訴訟手続を形成してきた。

　第2章で示されたように、当事者主義刑事手続とは、2当事者間の争いである。このことは、公判で最も明らかとなり、そこでは、検察官と弁護人が、証拠を提出し、証人を尋問することによって、それぞれの主張を展開する。手続の公判前の段階でさえも、当事者主義的な考え方が支配している。通常、裁判官は、一方当事者から求められた場合にだけ積極的な役割を果たすのである。

　第3章が示しているように、職権主義の主たる特徴は、裁判所による調査にある。公判において、裁判官は、事実認定に関する責任を負う。裁判官は、採用すべき証拠を決定し、証人を尋問する。検察官と弁護人は、補助的な役割しか果たさない。公判前の段階においても、裁判官は、その参加が要求される場合には、手続の主役となる。

　当事者主義と職権主義はどちらも、真実を発見し正しい判決に到達するという同じ目的を追求するものである。しかし、その方法には違いがある。当事者主義においては、事実認定者は、当該事件についての客観的な判断ができるように、受動的な姿勢をとる。他方、職権主義では、判断者は、正しい判決に到達するために自らが必要だと考える証拠を収集する自由を与えられなければならない、という確信が基礎となっている。

　当事者主義と職権主義は、異なる政治的価値観と社会的価値観を反映している。当事者主義刑事手続は、政府の権力に対して明確な限定を与えるという、英米世界の自由主義的かつ民主主義的な考え方に依拠している。真実の探求は、対面と論争によってなされる。その決定は、12人の素人の職分であることが多い。

　対照的に、職権主義手続は、より権威主義的かつパターナリスティックな国家観の現れである。真実の探求は、公的な判断者の手に委ねられている。ヨーロッパの人々は、強い政府権力を容認するという長きにわたる伝統をもっている。強い政府は、統制と監督を行うが、同時に、社会福祉とその他の支援をも提供するのである。

　これら2つの制度は、伝統的に異なる構造をとってきた。古いイギリスの当事者主義においては、手続は、一般に、2つの段階に分けられていた。すなわち、捜査と公判である。捜査機能は、ずっと以前から、裁判機能と切り離されていた。

　しかしながら、過去数世紀にわたってヨーロッパ大陸に存在していた伝統的な糺問主義刑事手続は、糺問判事の行う継続的審問手続であった。判事は、1つの人格にして、捜査官であると同時に裁判官であり、司法の独立は存在しなかった。検察官は存在せず、被告人の弁護はかなり限定されていた。

　糺問判事は、利用可能な証拠を収集することから調査を開始した。何よりもまず、糺問判事は、自白を得るために被告人を尋問した。必要な場合には、拷問が用いられることもあった。刑事司法は神の名において行われたので、被告人の自白が重視された。刑事上の犯罪は、同時に、道徳的な罪とも考えられていた。有

罪宣告の目的は、犯人と神、あるいは社会と神を和解させることにあった。被告人の自白は、刑事司法においても、教会におけると同じく、神との和解に向けて必要なステップであった。この点で、宗教の世界と世俗の世界の区別はされていなかった。

糺問判事は、自らが行ったことのすべてを慎重に文書に記録した。これはフランス語と英語で"dossier"（一件記録）と呼ばれる。審問を終結した後に、同じ裁判官か、または重大な事件では別の裁判官たちの合議体が、罪責と量刑を決定する事件の最終審査を行う。この最終審査は、非公開で行われ、――必ずしもそれに限定されるわけではないが――主に記録に基づくものであった。我々が今日理解しているような公判はなかった。被告人は常に在廷するわけではなかった。最終審査に続く判決は、詳細に記載された理由書によって正当化されなければならなかった。

伝統的な糺問手続と糺問判事による全面的な統制は、1789年のフランス革命の影響を受け、徐々に廃止されていった。その革命によって、君主の絶対的権力は、政府の権力を制限する抑制と均衡の制度に代えられることになった。最初はフランスで、またその後はほかのヨーロッパ諸国で、刑事司法の全面的な改革が行われた。しかしながら、その改革は、当事者主義的な形式を採用するところにまでは至らなかった。フランス、ドイツ、そして、ヨーロッパ大陸のその他の国々は、伝統的な職権主義的要素と新たな当事者主義的要素を混合させた手続を採用した。

当事者主義的な形式に従った新たな「改革された手続」は、2つの段階に分けられた。その第1の段階では、捜査を行う予審判事が残された。また、訴追を提起するかどうかを独立に決定する検察官も、ここに加わる。第2の段階では、公開の公判で、一件記録を資料とした最終審査がなされる。

公判は、職権主義に基づいて行われた。当事者ではなく裁判官が証拠を提出し、被告人と証人を尋問する任に当たった。予審判事による証人尋問の記録を含めて、捜査段階の記録を証拠とすることが認められていたので、多くの国々で一件記録は重要な役割を果たし続けた。公判の最後に、罪責と量刑について判断が示された。判決書には、上訴で慎重に審査できるように、理由が詳細に記載されなければならなかった。

訴訟手続を2つの段階に厳格に分けるために、捜査を行う予審判事は、公判から排除された。そこで、すべての裁判官は、独立した存在となった。しかしながら、その独立性にもかかわらず、裁判官は、なお、権威主義的な国家機関であり、信頼することができないと考えられた。そのため、多くのヨーロッパ諸国は、陪審制を採用した。しかしながら、それらの国々は、陪審の権限を様々な方法で制限した。とりわけ、一般人の集団は法律問題について判断を下す能力がないとされた。したがって、陪審には、いくつかの特定の事実問題について回答する特別評決だけを下す権限が与えられるのが一般的であった。

陪審制に対する批判は、ヨーロッパ大陸の諸国において尽きることがなかった。結果として、多くの国々は、20世紀前半の間に陪審制を廃止した。ドイツでは、陪審制は、1924年に姿を消した。しかしながら、いくつかの国には残っており、陪審という考え方が、ヨーロッパ大陸において完全に滅びたわけではない。また、1990年代に、スペイン、ロシア、そして、かつてソヴィエト連邦の一部だったその他の国々は、新たに陪審制を導入している。

陪審制に代わり、ドイツおよびヨーロッパ大陸のいくつかの国では、参審裁判所が創設された。これらの裁判所では、職業裁判官が素人裁判官とともに席に着く。素人裁判官は、罪責と量刑についてのみならず、手続問題についても、職業裁判官とともに判断を行う。彼らは、職業裁判官の助言を受けることができるので、素人であっても、事実問題だけではなく、法律問題についても同様に評決を行うことができると考えられている。今日、参審裁判所という考え方は、ヨーロッパ大陸諸国においては、その勢力を失いつつあるように思われる。参審裁判所での公判には時間がかかり過ぎ、また職業裁判官は信頼に足るのであるから、監視人としての素人はもはや必要ない、というのである。このような批判にもかかわらず、参審裁判所はいまなおドイツに存在している。ブラウンの公判は、ドイツの参審裁判所がどのように機能するかについての典型例である。

20世紀は、アメリカの制度とドイツの制度に、大きな課題と根本的な変化をもたらした。アメリカの制度は、人種差別と警察の無法状態を撲滅するために苦闘した。ドイツの制度は、2度の世界大戦と冷酷なナチの独裁による混乱に対処することを余儀なくされた。

また、どちらの制度も、ほかの国々との物品、サーヴィスの流通や人々の交流の増大、犯罪の性質の変化、新たな捜査手段を可能にするような新技術の登場など、そのほかの難題にも同じく対応しなければならなかった。

II. 警察による捜査

1. 一般的考察

アメリカ合衆国とドイツにおいて、犯罪捜査は、何よりもまず、警察の職域である。アメリカにおいて、警察は、組織的かつ法的に、検察官から独立している。ドイツでは、検察官は、法律上は、捜査過程に対する統制権を有しているが、実務上は、捜査の開始について検察官の承認は必要とされない。両国において、警察は、犯罪が発生したという報告を受けた時は、自らの権限に基づいて捜査を開始する。警察は、犯罪現場を調査し、証拠を保全し、また容疑者と証人を取り調べる。指紋検出、写真撮影、物質分析など、証拠収集に専門的技能が必要な場合、それを提供するのは、通常、警察機関内の専門家集団である、ということを第2章および第3章は示している。

アメリカの警察もドイツの警察も、その活動を報告書その他に記録している。ドイツの記録は、アメリカのそれよりも一般に詳細である。ドイツにおける実務は、今日なお、記録を重視する糺問手続の影響を受けている。包括的な一件記録には、捜査において警察がとったすべての措置について正確な記載があることが期待されている。他方、アメリカにおける記録は、警察が行ったことについての簡潔な要約であることが多い。ブラウンに対する最初の警察の取調べは、その違いを例証している。警察による最初の取調べは、捜査における重要な段階ではあるが、サクラメントのツィンマー警察官は、その逮捕報告書において、取調べについてごく簡潔な言及しかしていない。他方、アウクスブルクのシュミット刑事による取調べの報告書は、きわめて詳細である。

記録に関する双方のやり方には、どちらにも問題がないわけではない。アメリカの警察の書類では、重要な情報を見落としがちである。このことは、捜査とのちの訴訟手続の両方に悪影響を及ぼす可能性がある。ドイツの警察の報告書は、被告人または証人が語ったことについて述べるものであるが、その内容がすべて正しいとは限らない。ドイツの取調べの報告書は、被告人または証人が語ったことの逐語的な報告書ではなく、警察は、聴いたことを要約するのが一般的である。要約するにあたり、警察は、被告人または証人が実際に語ったことの意味について、言い直し、解釈し、また時には軽率にも——あるいは意図的に——変更するのである。

アウクスブルクでの、シュミット刑事によるユングの最初の取調べに関する報告書が一例となるだろう。その報告書によれば、ユングは、ブラウンが家の所有者に暴行を加えようとするのは、あり得ないことではないように思われた、ということを「認めた」。ユングは記録に署名したが、それが彼女の強盗への関与を承認するものとして用いられることになるとは、思いもよらなかった。シンドラー弁護人は、公判前の釈放の可能性についてシュレーダー検察官と相談をしたが、ユングの曖昧な供述をそのように解釈すべきではない、と検察官を説得するためにいくらかの時間を要したのである。

また、アメリカの検察官とドイツの検察官は、ともに捜査を指揮する権限を有している。刑法を執行するというその責任に基づいて、彼らは、公訴を提起するに足るだけの証拠があるかどうかを判断しなければならない。しかし、実務上、検察官が自ら捜査を行うのは、例えば、特殊な捜査上の専門知識が要求されるような、きわめて重大な犯罪、または企業犯罪や組織犯罪などの例外的な事件についてのみである。両国とも、検察官の人数は、通常の捜査を行うには少な過ぎる。それに、証人と被告人を取り調べ、その他の証拠を収集する十分な能力を有した法曹資格者を常時備えておくとすれば、資金がかかり過ぎる。

警察が捜査を終結した後に、検察官がさらに証拠が必要だと判断する場合、まれに、彼らが自らその収集に当たることがある。第2章では、サクラメントの地方検事局がそのために独自の捜査スタッフを有していることが示されている。スミス検察官は、ユングに対する警察の取調べは、いくつかの重要な問題を押さえていないと考え、ゴメス捜査官にこれらの点について彼女を取り調べるよう要請している。ドイツの検察官は、独自の捜査官を有していないため、シュレーダー検察官は、ハインツ証人は犯罪現場でブラウンをみたと証言することができるのではないかと気づくと、シュミット刑事を呼び、ハインツの居場所を突き止め、取調べを行うことを要請している。

アメリカとドイツの捜査手続は、基本的には非常に似たものではあるが、刑事司法機関がいかなる条件のもとで個人の権利を侵害する権限が与えられているかという観点からみてみると、直ちに大きな違いがあることに気づく。両国の憲法は、身体の自由、家屋などに関するプライヴァシーおよび自己負罪拒否特権を保護している。しかし、詳しくみてみると、憲法による保護が両国において同じような形で機能してはいないことは明らかである。

個人の権利は、ドイツよりもアメリカにおける方がよく保護されていると考える者もいるかもしれない。アメリカの刑事手続は、以前より、個人の権利の保護をその目的としていることを宣言していた。1960年代に、合衆国（連邦）最高裁判所がアメリカの刑事司法に新たな憲法上の根拠を与えたが、そうさせたのはこの目的の追求であった。一連の画期的な判決において、合衆国最高裁判所は、憲法規定に以前から含まれていたいくつかのものを強化しようとしたのである。これらの判決は、違法捜査の恩恵を失わせるものであるため、警察の捜査権限を制限する効果を有していた。他方、ドイツの刑事司法は、伝統的に、より権威主義的な形式をとっており、効果的な法施行に重きをおいてきた。個人の権利保護は、真実が発見され有罪者が罰せられるべきであるという要請と均衡を保ったものでなければならないとされた。

しかし、アメリカの制度が自由主義的かつ民主主義的であり、ドイツの制度が権威主義的なものであると単純に分類するのは、誤った考えであろう。第2章および第3章が明らかにしているのは、個人の権利は一方の制度においてよりよく保護されることもあれば、また別の場合にはもう一方の制度においてよりよく保護されることもあるということである。個人の権利の保護には、様々なやり方があるのである。

同時に、個人の権利保護は、両国において、ともに、完全というにはほど遠いということも見過ごされるべきではない。両制度において、個人の権利の保護に間隙や穴が存在するが、それらの存在を論理的考察や制度的考察で正当化することは困難と思われる。個人の権利を保護する方法は、いくつもの大きな穴と小さな穴が不規則に空いているスイス・チーズに喩えるほかない。

個人の権利保護についてのいくつかの興味深い違いは、第2章および第3章をみて、2つの制度における身柄拘束、捜索・押収および警察の取調べを詳細に比較することによって、明らかになるだろう。

2．逮捕および公判前身柄拘束

ブラウンとユングは、サクラメントでもアウクスブルクでも、逮捕された。しかし、結果が同じであるからといって、アメリカとドイツの刑事手続において、逮捕要件は同じであると考えてはならない。

第2章が説明しているように、アメリカの警察は、相当な理由——ある犯罪が行われ、その者が犯人であると合理的に考えられること——があればいつでも逮捕をすることができる。比較法的な観点からすると、アメリカの実務では、大半の事例が逮捕から始まるがゆえに、逮捕にはあまり多くの証拠は必要ではないと考えられる。

しかし、アメリカの手続では、刑事事件を開始するための別の方法も存在する。アメリカの多くの州は、警察に対して、逮捕の代わりに、出廷通告を発する権限を認めている。出廷通告に署名することによって、容疑者は、指定された時に裁判所に出廷することを約束する。この手続は、主として、軽罪および違反行為に適用されるが、警察官には大きな裁量権が認められている。

大陸法の伝統に従って、ドイツは、刑事手続を開始するにあたり身柄を拘束することを要求していない。むしろ、身柄拘束は、例外的な場合にだけ正当化される、身体の自由に対する重大な侵害と考えられている。第3章で説明したように、警察は、厳格な要件のもとでのみ身柄を拘束する権限を与えられる。すなわち、第1に、拘束されるべき者が犯罪を行ったという「強い」嫌疑が存在しなければならない。第2に、警察官は、拘束しなければ、容疑者が逃走し、証拠を隠滅し、または将来同様の犯罪を行うおそれがあることを確信していなければならない。第3に、ある者の自由を奪うことが、行われたとされる犯罪の重大性に比して不均衡であるような場合には、その者は拘束されてはならない。これらの厳格な要件により、ドイツで身柄を拘束される者の数は、アメリカにおけるよりも、はるかに少ない。

アメリカにおける刑事手続とドイツにおける刑事手続には、警察がいつ逮捕を選択するかという違いも存

第4章　ドイツ法からみた比較法的考察

在する。サクラメントでは、ユングとブラウンは、警察官とともに警察署に行くことに同意を求められることなく、直ちに逮捕された。これに対して、アウクスブルクでは、ユングは、警察官とともに中央警察署に行くことに同意した。彼女が同意したため、警察官は、彼女を拘束する必要がなかった。ユングは、シュミット刑事がその取調べを終了して、彼女を拘束することを決定するまで、身柄を拘束されなかったのである。

第2章および第3章は、ドイツの刑事手続よりもアメリカの刑事手続の方が、容疑者の身体の自由をより軽くみていることを示唆している。アメリカでは、逮捕はごく普通の手続段階であるが、ドイツ——および、その他の大陸法諸国——では、身体の自由を奪うことは峻厳な手段であり、例外的な場合にのみ許されると考えられている。

同様の違いは、容疑者に手錠をかけることに関しても見出される。サクラメントでは、警察は、ブラウンとユングに手錠をかけたが、それは彼らの標準的な手続であった。しかし、アウクスブルクでは、ブラウンもユングも手錠はかけられなかった。

ドイツでは、手錠の使用について比例原則が適用される。警察は、その者が、身体の自由の侵害が正当化されるほどに危険な人物といえるかどうかを問わなければならない。それゆえ、アウクスブルクのシェーファー警察官とミラー警察官は、ユングに手錠をかけなかったのである。また、アウクスブルクのツィンマー警察官とブランク警察官は、ブラウンについて、暴力的な犯罪を行ったという嫌疑を抱いていたにもかかわらず、手錠をかけることはしなかった。2人は、ブラウンが自分たちを攻撃する危険性はないと判断したのである。

このような違いが生じる理由の1つは、アメリカの市民の手元にはヨーロッパの市民よりも多くの武器があるということであろう。ヨーロッパ諸国は、武器の所有についてより厳格な統制を行っている。しかし、ユングは、若い女性であり、自らのしたことについてすでに認めており、また事件への関与に後悔の念を抱いていることは明らかであった。彼女の身体が捜索され、何も発見されなかったにもかかわらず、サクラメントの警察官は、彼女に手錠をかけたままであった。

また、逮捕された者の釈放についても、両制度は、かなり異なるルールによっている。第2章で説明されているように、カリフォルニアの裁判官は、各犯罪に関する保釈金の額を定めた一覧表を毎年作成する。サクラメントの身柄拘束施設の職員は、この一覧表を用いて、ユングとブラウンに対して、保釈されるためにはそれぞれ30000ドルを支払わなければならないと告げることができた。そのような保釈条件一覧表の利点は、早期の釈放が可能となることにある。逮捕された者は、裁判官の前に連れていかれるまで待たなくてもよいことになるのである。

同時に、カリフォルニアにおける保釈条件一覧表は、公判前の釈放に関して一律の取扱いをするもののように思われる。ブラウンは、ユングと同額の保釈金を要求された。警察は、彼が犯罪の首謀者であることをすでに認識していたが、そのことは考慮されなかった。加えて、個々の犯罪の重大性は保釈条件一覧表において何の役割も果たしていないようにみえる。ブラウンがどれだけのコインを奪ったか、そのコインは発見されたか、またはライヒがどれだけの傷を負ったかは、何らの違いももたらさない。保釈条件一覧表は、犯罪の現実の重大性よりも、犯罪の形式に関心を払っているように思われる。

ドイツでは、身柄拘束の決定について責任を有する機関は、より個別的な基準を用いる。このことは、警察段階からそうであり、——すでに論じたように——ドイツのより厳格かつ個別的な基準が充足された場合にのみ、警察は身柄拘束を行う。2日を超えて身柄拘束をするには、裁判官による審問が必要であり、裁判官はその被疑者をさらに拘束すべきか否かを決定する。アウクスブルクでの審問において、シュレーダー検察官から提出された書面を吟味した後に、ベック裁判官は、ブラウンとユングを注意深く尋問した。彼が署名した身柄拘束命令には、2人の被疑者の身柄拘束が継続されるべき理由が、詳細に述べられている。

のちに、ユングの釈放について検討する2回目の審理が行われた。この審理に先立って、検察官、裁判官、および弁護人が、ユングの釈放と設定されるべき適切な担保の額について話し合いを行った。ドイツでは、身柄拘束後に釈放が行われるほとんどの事例において、担保は要求されない。あらゆる事例について金銭的保証を要求することは、富裕者にとって有利に働き、ドイツは「社会的国家」であるという憲法の要請に、少なくとも精神的には違反する、というのがその理由

である。

　しかし、ユングは、そう簡単には釈放されなかった。盗まれたコインが発見されていなかったため、ベック裁判官は、彼女に対して30000ユーロの支払いを要求したが、それはドイツの制度では比較的高額な担保である。彼はまた、ユングの逃走または証拠の隠滅を防ぐためにいくつかの条件を課した。

　ユングは、アウクスブルクで16日間にわたって拘束されたが、サクラメントでは逮捕された翌日に釈放された。身柄拘束が長引いた理由の1つは、復活祭の週末の4日間と役所が閉まっている週末がさらにもう一度あったためである。また、その身柄拘束の長さは、事件について個別的に判断してもらうために、彼女が支払わなければならないいわば代価なのである。他方、ドイツでは、アメリカにおけるよりも、身柄を拘束される人々がはるかに少ないということを心に留めておかなければならない。

　カリフォルニアでもドイツでも、警察によって逮捕された者は、逮捕後2日以内に裁判官の面前に連れていかれなければならない。裁判官は審理を行うが、審理の対象は著しく異なっている。アウクスブルクにおいてベック裁判官が取り組んだ問題は、ブラウンとユングをさらに拘束すべきか否かだけであった。裁判官は、審理で職権主義的な役割を果たすために、あらかじめ一件記録を調べていた。ブラウンとユングを注意深く尋問した後に、裁判官は、前述のように、彼らをさらに拘束すべきであることを決定した。

　サクラメントのカウフマン裁判官は、検察官がまだブラウンを告発していなかったならば、彼を釈放しなければならなかったであろう。しかしながら、検察官はすでに告発状を提出していたので、裁判官の審理の主たる目的は、公判のための準備を始めることであった。この目的に向けて、カウフマン裁判官は、告発状の詳細について説明し、またコーンウェル公設弁護人補をブラウンの弁護人に選任した。弁護人は、依頼人の身柄拘束を問題とすることもできたが、そうしないことにした。カウフマン裁判官は、保釈保証金一覧表には拘束されず、したがって、適切だと考えるならば、保釈金の額を下げたり、――ブラウンに出廷を約束させるなどしたうえで――保釈金なしで釈放することもできた。しかし、コーンウェルは、ブラウンに対する不利な証拠が強力であることと告発されている犯罪が重大であることを考えると、裁判官がそのようにする可能性はきわめて低いと考えたのである。

　アウクスブルクにおいて、ブラウンもユングも、身柄拘束に関する審理に弁護人を伴っていなかった。彼らは、私選弁護人を選任することはできたが、国選弁護人依頼権は有していなかった。ドイツの刑事手続は、公判で弁護人をもつことは重要だが、捜査段階での審理で弁護人をもつことはそれほど重要ではないという伝統的な考え方にいまなお支配されている。このことは、近年、拘束されている者は、弁護人がいなければ、警察が収集した証拠を覆すチャンスはほとんどないという理由から、批判されている。身柄拘束に関する審理に弁護人がいない以上、裁判官は、多くの場合、一件記録に含まれている証拠のみに基づいて判断せざるを得ないことになる。

3．捜索・押収

　アメリカの刑事手続とドイツの刑事手続の大きな違いは、捜索・押収に関する法にもみられる。ドイツ法においては、身柄拘束に関してある程度手厚い保護がなされているのに対して、アメリカ法は、住居などに対する捜索・押収に関して、より効果的な保護手段を有している。

　住居などを捜索するために、両国において通常は、警察は、裁判官の発する令状（命令）を必要とする。裁判官は、捜索のコントロールのために、ほかの機関からは分離された、独立の判断者として機能する。両国において、容疑者やほかの何者かが、裁判官が令状を発する前に、証拠を隠匿・破棄するかもしれないと考えられる場合には、「緊急性」が存在するとして、警察が令状なしで捜索することが許されている。第3章ですでに説明したように、アメリカとは違い、ドイツでは、経験を積んだ警察官だけが、緊急性があるとの判断をすることができる。

　アウクスブルクのツィンマー警察官とブランク警察官は、ブラウンを拘束し、身体の捜索を行った後に、シュミット刑事に、ブラウンのアパートを捜索してもよいかと尋ねた。シュミットは、令状がなくても手続を進めるよう指示した。警察官が令状をとりにいっている間に、誰かがアパートに入り、コインその他の証拠をもち去る可能性があった。この可能性とアウクスブルクの裁判所が開いていない午前1時に身柄拘束がなされたという事実から、シュミット刑事は、緊急性

があり、したがって令状は必要ないと考えたのである。

この捜索は、長年にわたって行われてきたドイツにおける実務と合致している。しかし、ドイツ連邦憲法裁判所は、第3章で説明されているように、近年、警察が令状なしで住居を捜索することができる場合に関して、より厳格なルールを確立した。連邦憲法裁判所は、何よりもまず、いかなる時にも令状が発付できるよう当番裁判官制度を構築することを下級裁判所に命じた。

この新たなルールのもとでは、ツィンマー警察官とブランク警察官による捜索は、令状主義違反と考えられることになるだろう。しかし、連邦憲法裁判所は、令状主義違反について、発見された証拠を排除するという制裁を科すべきだとはしなかった。ドイツ法は、違法な捜索によって得られた証拠はおよそ排除されるべきだとはしていない。ドイツの裁判所はむしろ、住居のプライヴァシー侵害の重大性と、真実を発見し有罪者を処罰するという公益との比較衡量を行うのである。技術的な手続規則の違反は、一般に、公益を上回るほどに重大だとは考えられていない。

第2章は、アメリカの刑事手続においては令状主義がより重視されていることを示唆している。ブリンカー検察官らは、ブラウンの共犯者がすぐにでもやってきて、所在不明のコインをもち去るかもしれないという認識をもっていたにもかかわらず、ブラウンのアパートに立ち入るために令状を申請した。彼らは、当番裁判官から捜索令状をもらうまでにそれほど時間がかからないことを知っていたために、そうしたのである。

サクラメントには当番裁判官制度があるため、サクラメントの警察が、緊急性を理由に令状なしの捜索を正当化することは難しかったであろう。シュミット刑事が令状なしで捜索をしていたとすれば、ティーポットのなかにあったコカイン、あるいはゴミ入れのなかにあった木箱と買い物袋は、証拠として許容されないことになっていただろう。カリフォルニアでは、令状主義違反は証拠排除を導くのに十分なのである。

アメリカでは、合衆国（連邦）憲法修正4条によって、住居のプライヴァシーが保護されている。排除法則の主たる目的は、警察に修正4条違反をさせないようにすることである。このように、アメリカの刑事手続における排除法則とドイツの刑事手続における排除法則は、異なる理論的根拠に基づいているのである。その理論的根拠とは、アメリカにおいては警察の違法行為の抑止であり、ドイツにおいては個人の権利保護と犯罪統制に関する社会の利益との均衡を図ることである。両国において排除法則の運用が異なっていることは、このような理論的根拠の違いによって、ある程度説明することができる。

違法な捜索・押収に制裁を科すドイツの排除法則は、アメリカのそれよりも弱いものであるが、ドイツ法は個人の権利保護のための代替的な仕組みを有している。アウクスブルクのツィンマー警察官がブラウンのアパートを捜索した際、彼は、2人の隣人に対して、立会いを要請した。ドイツ法は、建物の捜索にあたり、裁判官または検察官がその場にいない場合には、できる限り、地域住民2名を立ち会わせなければならないとしている。立会人は、警察による不当な活動からその建物の居住者を保護するとともに、居住者による根拠のない非難から警察を保護するのである。

ドイツでは、個人の権利は、さらにもう1つの仕組みによって、警察の違法行為から保護されている。警察官は、国家規模で組織された階級制度に基づいて職務に当たる。その階級制度のなかには、厳格な監督制度が存在する。市民がある警察官に対する苦情を申し立てると、監督官がその事例を調査する。重大な事案では、訓告、減給、降格、または解雇などの懲戒処分が科され得る。ドイツでは、この種の懲戒的監督は、個人の権利保護にとって排除法則よりも有効であるといわれることが多い。

アメリカにおける排除法則とドイツにおける排除法則との違いは、ブラウンの職場のロッカーの捜索についてみることで、さらに明らかとなる。ブラウンの雇主であるマンは、サクラメントでもアウクスブルクでも、警察に対して、ブラウンのロッカーを捜索してもかまわないと述べた。サクラメントでの証拠排除に関する審理は、その捜索で発見されたコカインがブラウンに対する証拠として認められるか否かだけを審査するために開かれたものであるが、シュヴァルツ裁判官は、ブラウンの雇主には捜索に同意する権限はないと判示した。警察に令状なしで手続を進めることを許容するような緊急性は存在しないため、その捜索は違法であるとされたのである。そして、捜索が違法であることを理由に、シュヴァルツ裁判官は、その証拠を排

除した。

　対照的に、アウクスブルクのベック裁判官は、その捜索の適法性について裁定を下す必要があるとは考えなかった。ドイツ法のもとでは、シュミット刑事は、その捜索・押収にあたってブラウンのプライヴァシーの重大な侵害はしていなかった。ブラウンのプライヴァシーに対する軽度の侵害とコカインの所持という明らかな違法性を比較衡量して、裁判官は、その押収は適切なものであると判断した。この結果は予想できるものであったため、のちにブラウンの弁護人として選任されたボッシュは、その証拠の許容に対して異議を申し立てることを考えもしなかった。

　ライヒの家に到着した時、サクラメントの警察もアウクスブルクの警察も令状はもっていなかった。第3章で説明されているように、アウクスブルクにおいては、緊急性が認められることから、警察には立ち入りの権限が与えられていた。警察には、明らかに不法な侵入の対象となったその家を保全する義務があった。同様の理由によって、サクラメントでも警察はライヒの家に立ち入ることができた。一旦家に入れば、サクラメントでもアウクスブルクでも、警察には、歩行用の杖とドライヴァーを押収する権限があった。なぜなら、どちらも証拠の1つと考えられたからである。

　アメリカの警察もドイツの警察も、ユングとブラウンの逮捕時に身体の捜索を行っている。しかし、その捜索の正当化の方法は全く異なる。アメリカの警察は、逮捕時には常に、合衆国憲法に基づいて、逮捕された者の身体の捜索を行うことができるが、その際にはそれ以外の正当化事由は必要とされないし、また令状も必要とされない。「逮捕に伴う」捜索は、逮捕された者が携行している可能性のある武器から警察官を保護し、また証拠の破壊を防ぐために認められているのである。また、同様の理由から、警察官は、逮捕の場所にきわめて近接した領域を捜索することもできる。

　アウクスブルクにおいて、ユングを停止させた後で、警察は、身体捜索をしてもよいかどうかを彼女に尋ねた。彼女は同意した。もし彼女がそうしていなかったとしても、警察官は、緊急性があり、令状なしで捜索することができると結論づけたかもしれない。ドイツの警察は、アメリカの警察と同様に、同意を撤回する権利について教示する必要はない。ユングとは異なり、ブラウンは、アウクスブルクの警察に対して、その身体捜索を許可しなかった。しかし、警察は、証拠を発見することができ、また緊急性が存在すると信じるに足る理由があったため、ブラウンの拒絶があっても捜索手続を進めることができたのである。

　ドイツ法は、単なる疑いに基づく容疑者の身体捜索を認めていることから、個人の保護が弱過ぎると批判されることがある。しかし、アメリカ法は、警察に、捜索についてより広範な権限を認めている。逮捕に伴って、通常、アメリカの警察は、逮捕した者の身体捜索を行うことができ、また、その者が運転していた自動車の内部も捜索することができる。そのような場合に、捜索には、ほかの正当化事由は必要とされない。逮捕についての相当な理由は、捜索についても十分なものと考えられている。しかしながら、逮捕についての相当な理由と証拠が発見されると信じるに足る相当な理由とは同じではないことは、明らかである。捜索が逮捕に伴って自動的に行われるとすれば、警察が捜索を行うための口実として逮捕を行う、という危険もあることになる。

　アメリカの刑事手続において、住居などについては不当な捜索から慎重に保護されているが、身体捜索についてはほとんど制限が存在しないというのは、驚くべきことである。捜索が適法であるために、逮捕が適法でなければならないというのは、そのとおりである。しかし、上述したように、警察官にとって、逮捕を正当化するだけの相当な理由を見つけるのは、難しいことではないのである。

4．警察による容疑者の取調べ

　アメリカでは、自己負罪拒否特権は、合衆国憲法修正5条によって明文で保障されている。修正5条は、何人も「刑事事件において自己に不利な証人となることを強要されない」と規定している。ドイツでは、憲法規定のほとんどは、刑事司法だけでなくほかの公的生活のすべてを包含するような一般的な言葉で書かれている。ドイツの裁判所は、人間の尊厳、人格的発展の自由を規定した憲法規定、そして、すべての政府機関が法と正義を遵守して活動すること（法治国家原理）を要求する憲法規定から、自己負罪拒否特権を導き出してきた。

　今日、アメリカとドイツの刑事手続では、この特権は、公判においてだけではなく警察または検察による

取調べにおいても黙秘したままでいる権利を与えるものである、と考えられている。最も基本的な保護は、拷問の使用、有形力の行使、有形力を行使する旨の脅迫、自白剤の使用などに対するものである。また、この特権により、不当なやり方で心理的な圧力をかけることも禁止される。しかしながら、それは、任意に自白することを妨げるものではない。

不当な圧力から市民を保護するため、両国は、市民にその権利を告知する手続を定めることになった。アメリカでは、合衆国最高裁判所が、1966年の有名なミランダ判決でそれを行った。ドイツでは、立法府が、その2年前に、同様の改革を行った。

ミランダ判決によって、警察は、拘束下に置かれている人々を取り調べる前に警告を与えることが要求される。ドイツ法は、警察が、嫌疑をある特定の者に絞った場合に、警告を与えるべきであると規定している。この点で、2つの制度で用語法が異なることに注意が必要である。アメリカ人は、捜査対象とされている者を「容疑者（suspect）」と呼ぶ傾向がある。ある者が告発されると、その用語は、「被疑者（accused）」に代わる。しかし、ドイツ法のもとでは、ある特定の者に対して嫌疑が集中することになった段階で、その者は、「被疑者」となる。したがって、警告は、「容疑者」に対してではなく、「被疑者」に対して行われなければならない。用語が異なることによる混乱を避けるために、以下では、アメリカの用語法に従うことにする。

第2章および第3章は、容疑者に対して行われる警告が同一ではないことを示している。両国において、取調べを受ける者には、黙秘権が教示されなければならないが、ミランダ・ルールは、「あなたが話したいかなることも、あなたに不利に用いられ得るし、また用いられることになるだろう」というさらなる警告を要求している。このことは、アメリカの当事者主義の1つの現れと考えられる。それは、宣戦布告、すなわち、取調べを行う者は、容疑者の利益に配慮するような者ではなく、自白を得ることをその職務とする敵対者なのだ、ということを容疑者に対して警告することなのである。ドイツの刑事手続は、職権主義的なモデルに従って、真実発見により重きを置いている。したがって、ドイツの警察は、取調べに答えることが危険かもしれないということを、容疑者に明示的に警告する必要はないのである。

2つの制度はまた、警察による取調べ中の弁護権に関しても異なるアプローチをとっている。サクラメントにおいて、シェーファー警察官は、ミランダ・ルールで要求されているように、ユングに対して、——私選または国選の——弁護人を取調べに立ち会わせることができる旨を教示し、また、ツィンマー警察官も、同じことをブラウンに対して行った。この教示は、容疑者には、公判だけではなく、手続のあらゆる重要な段階で法的助言が必要であるという、当事者主義の基本的な信念を反映している。容疑者にとって、警察の取調べは両刃の剣である。容疑が晴れる可能性もある一方で、それはパワー・プレイのようなものである。警察が、弁護人のいない容疑者から、たまたま自白または承認を引き出した場合、ついうっかり秘密を漏らしてしまったようなもので、それ以降の弁護人による援助は、ほとんど役に立たない。

対照的に、アウクスブルクでは、2人の容疑者は、弁護人と「相談する」ことができる、と告げられただけである。しかし、警察官が取調べをしている最中に、そのような相談が取調室で行われることはない。弁護人を取調べに立ち会わせることは、容疑者の取調べの妨げになり、その結果として真実の発見の障害となるおそれがあることは明らかである。容疑者は、手続の重要な段階で孤独な状態でいることになるが、これは、権利の観点と心理の観点の双方から問題がある。

ドイツ法は、容疑者が取調べに答えるつもりはないことを表明した場合でも、取調べの中止を求めていない。それゆえ、ドイツにおける容疑者は、重大な不利益を被ることになる。容疑者が黙秘権の行使を貫徹する内的な強さをもっていなければ、ドイツの警察は、その取調べを続行するのに何の不自由も感じないだろう。容疑者が弁護人と相談することを希望するが、弁護人を1人も知らない場合、警察は容疑者を支援するための手続をとらなければならない。しかし、弁護人が見つからない場合には、警察は、取調べを再開することができる。シュミット刑事が3月31日にアウクスブルク刑務所でブラウンの取調べを行った時にしたように、ドイツの警察は、容疑者に対して話をするように促そうとすることが多い。容疑者が取調べに応じようとしない場合、警察は、取調べを一時中止することができる。その小休止で、容疑者に対して、タバコを吸い、飲み物をとることを許可し、リラックスさせる。警察はまた、容疑者に対して、取調べに答えることによって現在の容疑を晴らすことができるかもしれ

ないと告げることもできる。ここでも、職権主義は、自己負罪拒否特権に優越するのである。

　アメリカ法は、異なるアプローチをとる。ミランダ・ルールは、容疑者が黙秘するという意思を表明した場合には、直ちに取調べを中止することを要求している。取調べを再開できるのは、容疑者がそれを求めるか、または、それに同意した場合のみである。警察は、十分な時間をおいた後に容疑者に接触し、話し合いを再開する意思があるかどうかを尋ねることができる。ドイツにおける手続とは違い、容疑者が話し合いの続行に同意した場合、警察は、通常、再びミランダ警告を与えなければならない。容疑者が弁護人を求める場合には、弁護人が同席するまで、取調べを中断しなければならない。

　しかし、別の観点からみると、ミランダ・ルールの保護の範囲は、ドイツ法のそれよりも包括的とはいえない。ドイツ法のもとでは、警察が取調べをする際には、常に警告が与えられなければならない。警告の目的は、容疑者が取調べに答えることを強要されていると感じないようにすることである。なぜならば、容疑者は、公権力に基づいて行動している者による尋問を受けているからである。これと対照的に、ミランダ・ルールは、容疑者が身柄拘束下に置かれて取調べを受けている場合にのみ、警告を要求している。ミランダ・ルールの理論的根拠は、容疑者は「身柄拘束下における取調べに付随する強制」から保護されるべきである、というものである。しかしながら、容疑者が警察官による取調べを受けている時に、ある種の「強制」下にあると感じないか否かが問われなければならない。合衆国最高裁判所は、「身柄拘束」をかなり狭く解釈することによって、ミランダ・ルールをさらに限定している。例えば、運転手または歩行者を警察が停止させる場合は含まれないのである。その結果、これらの運転手もしくは歩行者は、警察に協力する義務があると感じるかもしれない。なぜならば、彼らは権限を有する者によって尋問されているからである。この観点からすればドイツ法は、自己負罪拒否特権の保護について、より有効に機能しているように思われる。

　ゴメス捜査官がサクラメントで行ったことは、ドイツ法に類似しているように思われる。スミス検察官の要請に応じてユングを取り調べた際、ゴメスは、ユングが身柄拘束下にないにもかかわらず、ミランダ警告を読み上げた。ミランダ・ルールは、警察が身柄を拘束していない事案で警告を与えることを禁止するものではない。しかし、そのような事案で警告を与えないことに対して、排除法則による制裁が科されることはない。

　サクラメントで、シェーファー警察官がユングに対する取調べを行った際に、彼はその様子を録音した。アウクスブルクで、ブラウンを取り調べたシュミット刑事は、取調べを録音する必要はないと考えた。彼は、ドイツ法に基づいて、ユングのプライヴァシーを保護するため、彼女の同意がある場合にのみ録音を行った。

　カリフォルニア州法とドイツ法とではまた、警察による取調べの秘密録画に関しても異なっている。ツィンマー警察官は、ブラウンの同意を得ることなく取調べを録画したが、彼はカリフォルニア州法に違反していない。ところが、ドイツ法では、一般に、取調べの秘密録画はプライヴァシーの不当な侵害と考えられている。秘密録画をしなければ、きわめて重大な犯罪の証拠を保全することが不可能であるかそれが非常に困難であるという場合にのみ、例外が認められ得る。すでに述べたように、容疑者のプライヴァシーに関する利益と効果的な法執行の利益をこのように比較衡量することは、ドイツ法の特徴である。このアプローチによれば、ブラウンの訴追されている犯罪は、その取調べの秘密録画を正当化するに足るほどに重大なものではなかったのである。

　警察官が、ミランダ・ルールまたはドイツにおいてそれに相当するものを遵守しなかった場合、自白その他の供述は排除されなければならず、公判で有罪を立証するために用いることはできない。この排除法則は、自己負罪拒否特権を実現するための重要な制裁と考えられている。アメリカ法は、長きにわたって、不任意自白の排除を要求してきた。しかし、1966年まで、法は、警告を要求することも、警告を受けずになされた供述の排除を要求することもなかった。これらの要求は、1966年にミランダ・ルールの一部として導入されたのである。ドイツでは、1964年の法改正で、警告を与えることが定められたが、排除法則は規定されなかった。排除法則は、1992年の連邦通常裁判所の画期的な判決によってはじめて導入された。ドイツは大陸法の国であるから、新たな法は通常立法府によって制定される。しかし、ドイツの司法権は、立法府と法形成機能を共有するほど強力なものになったのである。

排除法則は、アメリカでもドイツでも批判されてきた。すなわち、排除法則は事実認定を妨げ、有罪者を自由にする機能を果している、と論じられている。しかし、この主張を裏づける十分な根拠は示されていない。それに加えて、自己負罪拒否特権を有効なものとするための適切な代替手段は存在しないことも見過ごされてはならない。他の国々とは違い、アメリカとドイツにおいては、自己負罪拒否特権の保護はきわめて重大なことと考えられているので、適切な警告なしに容疑者から獲得された証拠の排除は必要的なのである。警告がなされなければ、容疑者がした自白の許容性の判断について、裁判官に裁量権はない。その証拠は、排除されなければならないのである。

Ⅲ．検察官

1．検察官の地位

第2章および第3章が示しているように、検察官の機能は両国においてほぼ同じである。彼らは、公訴が提起されるべきか否かを決定し、訴追のための文書を準備し、弁護人と協議し、また公判および予備審問に出席する。これらの類似点にもかかわらず、検察官の地位は、アメリカの刑事司法制度とドイツの刑事司法制度とで著しく異なっている。

アメリカでは、検察官は、刑事司法の場における強力な政治的存在である。多くの検察の長は、サクラメント郡地方検事であるリンダ・ベルと同じく、その地域における投票により選ばれている。彼らの政治的な権限には、その管轄区域内で刑法がどのように執行されるべきであるかを決定することも含まれている。犯罪の問題は、田園地帯、都市部、あるいは郊外のそれぞれで同一ではない。アメリカの検察官は、様々な事情を考慮して何が訴追されるべきかを決定する広範な裁量権を有している。彼らは正義を追求するだけではなく、政府機関の一部として、そのコミュニティのために何が必要でまた何が有益かを問わなければならない。アメリカにおける検察官は、時として、司法長官または知事に対して責任を負っていることもあるが、実務上、そのような統制はあまり厳格なものでない。例えば、カリフォルニア州司法長官はローカルな事件を訴追する権限を有するが、そうすることはまれである。通常は、ある地域の地方検事が司法長官の介入を要請してきた場合、または、重大な汚職事件などの、その地域におけるシステム上の問題について訴追する場合だけである。

アメリカの制度における検察の長は、一般に、自己の検事局については大きな権限と統制権を有しているが、個々の検察官の地位となると様々である。サクラメントでは、膨大な内部監査と指導とがあるが、そのようなことがほとんど行われない検事局もある。

アメリカのそれとは違い、ドイツにおける検察官は、刑事司法の階級制度のなかで官僚としてその業務に当たる。検察は州レヴェルで組織されているので、検察官は、その地域のコミュニティというより、州の司法大臣に対して忠誠を誓うことになる。地域のニーズよりも、刑法の平等な執行に重点が置かれる。

検察官制度は、ドイツでは比較的新しいものである。かつては、まず捜査を行いその後で事件について判決を下す糺問判事だけが存在していた。伝統的な糺問主義の制度が1800年代の半ばに改革された際に、訴追機能を担うものとしての検察官の制度が導入された。この起源ゆえに、ドイツにおける検察官は、行政府の一部でもないし、司法部の一部でもない。検察官は、むしろ、「刑事司法制度における独立機関」、すなわち、行政府と司法部の中間に存在する機関と考えられている。行政府とは異なり、検察官の義務は、刑法の執行によって正義を追求することであって、現実的な成果を達成することではない。裁判官とも異なり、個々の検察官は独立していない。

ドイツにおける検察官は、政治的な影響から独立に、専門家としての資格に基づいて任命された公務員である。アウクスブルクがあるバイエルンなどのドイツ南部の州では、司法官として採用された法律家は、検察官の職と裁判官の職を交互に果たすことができる。検察には、厳格な階級制度に基づく監督制度が存在する。したがって、ドイツにおける個々の検察官は、アメリカにおける典型的な個々の検察官に比べて、独立性が低い。

元来、ドイツにおける検察官は、有罪について十分な根拠がある場合には必ず公訴を提起しなければならない、という原則を厳格に遵守する必要があった。起訴法定主義によれば、事件を起訴しないという裁量権は認められていなかった。ドイツ刑法学を支配してきた応報主義という考え方は、刑法が、国家全体を通じて、例外なく、公平に執行されることを要求した。このアプローチと、地域のニーズに対応できるように裁量権を認めるアメリカのアプローチとの違いは、きわ

めて大きなものであった。

　20世紀になると、ドイツの検察官は、次第に裁量権を強めていった。今日、起訴法定主義は、重罪、すなわち、最低1年の自由刑に当たる犯罪にのみ適用される。それは、ドイツの刑罰としては重いものである。それより軽い事件に関しては、検察官は、何らの条件も付けることなく不起訴としたり、一定の金額を公共施設に寄付する、被害者に損害回復をするなどの条件を付して不起訴としたりすることができる。被告人が複数の罪を犯している場合には、検察官は、そのうちの最も重大な罪だけを起訴し、残りの罪を不起訴とすることができる。今日の実務では、ドイツの検察官は、これらの裁量権を行使することについてためらいはない。

　このような裁量権に基づいて、アウクスブルクのシュレーダー検察官は、適切な制裁についてユングの弁護人と協議したのである。以前であれば、ドイツの検察官は、起訴法定主義に厳格に拘束されており、そのような協議が行われることはなかったであろう。

　このような展開によって、アメリカにおける検察の権限とドイツにおける検察の権限との間にかつて存在していた大きなギャップは縮小されてきている。しかし、今日でも、ドイツの検察官の裁量権は限定されている。なぜならば、起訴法定主義はいまなお存続しているからである。検察官が事件を不起訴とするには、多くの場合、裁判官の同意が必要となる。刑事訴訟法典それ自体が、裁量権の行使について、例えば、犯罪者の責任が軽微でかつ公益の観点から訴追の必要性がないような場合にのみ不起訴とすることが許される、としている。いくつかのアメリカの法域においても、検察官の裁量権に関して同様のルールが存在するが、ドイツとは違い、それらのルールは拘束力をもっていない。

　第2章で説明されているように、サクラメント郡地方検事局は、「横断的訴追」制度を採用している。この制度のもとでは、検察官は、事件それ自体よりもむしろ手続の機能について責務を負っている。例えば、ある検察官が裁判所への最初の出頭の手続を行い、別の検察官が予備審問を行い、また別の検察官が公判を担当する。これに対して、ドイツの検察は、「縦断的訴追」制度を採用している。アウクスブルクのシュレーダー検察官は、ブラウンの事件とユングの事件について最初から最後まで責任を負っていた。ドイツにおける検察官は、チームを作ってその活動に当たる。新人検察官は経験のある検察官に相談し、助言を受けることができる。

　ドイツにおける一件記録は、アメリカの警察のファイルに比べ、概してその量が多いため、「横断的訴追」では、実際上問題が生じるであろう。サクラメントにおけるように、検察官から検察官へと事件が手渡されることになると、新たな検察官は、一件記録を検討するために多大の時間を要することになろう。これに対して、縦断的制度を用いることで、ドイツの検察官は、一件記録に含まれていない事件の詳細を知るようになる。そのような事件の詳細が、訴追上の判断を行うにあたって有用であることも多いであろう。

2．訴追のための文書

　起訴をするために用いられる書面は、サクラメントとアウクスブルクとで大きく異なる。例えば、サクラメントのヴァルト検察官が3月23日に提出した文書によって、ブラウンは4つの罪について起訴された。それは比較的簡潔なものであった。素人からみると、簡明なものではなく、古めかしい言葉遣いがなされていると思うかもしれない。

　重罪に関して、カリフォルニアならびに多くのアメリカの法域では、第2の訴追のための文書が要求されている。カリフォルニアでは、これは、「略式起訴状」と呼ばれている。それは、最初の起訴が予備審問で審議された後に、検察官によって提出されるものである。ブラウンの事件では、その提出は4月22日に行われた。検察官の要請に応じて、ガルシア裁判官は、先に提出された文書をその事件についての略式起訴状とみなすことにした。予備審問で、ブラウンの事件について何らかの欠陥が見つかったり、またはブラウンに不利な証拠が明らかになったりしていれば、検察官は、新たな事実に基づく別の文書を提出することになったであろう。

　ドイツの刑事手続では、訴追のための文書は1つしかない。捜査の結果として、検察官は、裁判官に対してその事件を公判に付することを要請する。したがって、アウクスブルクのシュレーダー検察官は、5月10日まで「起訴状」の準備をしなかった。ドイツにおける起訴状は、一般に、アメリカにおける略式起訴状よりも詳細なものである。すでに述べたように、ドイツ

の刑事手続は、記録とそれぞれの判断についての詳細な理由の叙述に大きく依存している。その結果、ドイツの起訴状には、とりわけ、事実の叙述、証拠の要約、また必要な場合には、証拠の評価が含まれている。

仮の訴追のための文書は、ドイツの刑事手続では必要とされない。ベック裁判官は、身柄拘束に関する審問に際して、告発状のようなものを必要としなかった。ドイツにおける身柄拘束に関する審問は、当事者主義的な手続ではなく職権主義的な手続なので、ベック裁判官は、シュレーダー検察官から受け取った一件記録の助けを借りてそれを進めることができたのである。

訴追のための文書は、アメリカの刑事手続とドイツの刑事手続との基本的な違いを例証している。サクラメントにおける告発状と略式起訴状は、個々の犯罪を、別々の訴因で訴追するものであった。アメリカでは、訴追のための文書は、法的結論を述べるものである。当事者主義に基づき、それは、被告人に対して防御すべき特定の犯罪を告知するものとなっている。被告人は、それぞれの訴因について別々に答弁をするよう求められる。それと同時に、別々の訴因の記載は、答弁に関する協議の機会を与えることになる。サクラメントにおいてシュレーダー検察官とボッシュ弁護人との間で行われたものは、そのような協議の典型例である。

ドイツにおいては、起訴状で訴因が示されることはない。その代わりに、被告人が実際に何をしたと考えられるか、すなわち法的結論ではなく事実が記載されるのである。確かに、アウクスブルクにおける起訴状には、ブラウンが訴追されている犯罪について簡潔に記述されていた。しかし、職権主義の公判では、訴追された事実が立証されているか、また立証された事実から構成される犯罪はどのようなものであるかを決定するのは、シュヴァルツ裁判官の役割である。ドイツ刑事訴訟法典は、明文をもって、事実審裁判官は、起訴状に含まれた主張には拘束されないことを規定している。ドイツの刑事裁判所にとって問題となるのは、訴追された法的意味での犯罪が立証されたかではなく、(1)事実は何であるか、(2)証明された事実に最も合致するのはどの犯罪かである。判決の法的枠組みを提供するのは裁判官であって、検察官ではない。訴追のための文書は、このようなアプローチの違いを反映している。

この違いの実務的な帰結の1つは、ドイツの検察官は、訴追事実を縮小したり、訴追事実の縮小について弁護人と取引をしたりする自由が、アメリカの検察官に比べて少ないということである。アウクスブルクのシュレーダー検察官は、サクラメントでスミス検察官がしたように、ユングに対する訴追事実を縮小することについて、シンドラー弁護人と合意することはできなかった。

Ⅳ．弁護人

1．国選弁護、必要的弁護および自己弁護

アメリカでは、弁護人依頼権は、合衆国憲法修正6条によって保障されており、また、ほとんどの州憲法によっても同様に保障されている。ドイツでは、それは刑事訴訟法典に規定されているが、政府は法と正義に合致するように行為しなければならないという憲法の要請（法治国家原理）からも導き出されるものと考えられている。

両国において、弁護人依頼権には、——ユングのように——被告人が私選弁護人を雇う権利が含まれている。両国において、——ブラウンのように——私選弁護人を雇う余裕のない被告人は、公費で弁護人の選任を受ける権利を有する。

しかしながら、貧困者に対して弁護人を提供する仕組みには、違いがある。アウクスブルクでは、シュヴァルツ裁判官は、ブラウンの弁護人として、経験豊富な民間の弁護士であるボッシュを選任した。シュヴァルツ裁判官は、一件記録を調査した後に、ブラウンには人格的な問題があると判断し、そのような問題に対処できる、経験の豊かな刑事法の専門家が必要であると考えたのである。ドイツの制度は、もっぱら民間の弁護士に依存しているが、貧困な被告人のための選任をする際に、被告人の性格が考慮に入れられることが多い。

アメリカの比較的小さなコミュニティでは、貧困な被告人のための弁護人の供給について、アウクスブルクと同様の制度を用いていることも多いが、サクラメントなどの多くの大規模な都市では、そうではない。カウフマン裁判官は、ブラウンの弁護人として民間の弁護士を指定する代わりに、公設弁護人を選任した。公設弁護人事務所で働いている弁護士は、刑事の問題について豊かな経験を有していることが多い。それゆえ、公設弁護人による弁護は、被告人にとって有利となり得る。彼らは、一般に、検察官や裁判官と職業上

の良好な関係を築いており、そのことは被告人の助けとなる場合がある。キム調査官を雇用していることは、公設弁護人が専門家の助けを借りられることを示している。

公設弁護人事務所は弁護人供給のための組織化された制度であることから、どの弁護士がブラウンの弁護人を務めるかを決定するのは、裁判官ではなかった。サクラメント郡公設弁護人事務所は、横断的に組織されているので、ブラウンは1人の弁護人ではなく、手続の進行に従って複数の異なる弁護人による弁護を受けることになった。事件の初期の段階では、弁護人はブラウンに短時間接見するだけである。予備審問後の手続を担当したボッシュ弁護人は、ブラウンについてもう少し多くを知ることになった。

ボッシュは、アウクスブルクでブラウンを弁護した唯一の弁護人であったが、その選任は比較的遅く、正式な起訴がなされた後、公判が開始する前に行われた。サクラメントとは異なり、アウクスブルクにおいては、ブラウンは、事件の初期の段階では——警察の取調べにおいても、また身柄拘束に関する審理に際しても——弁護人を有していなかった。ドイツ法では、国選弁護人に関する被告人の権利は、基本的に公判に限られている。なぜなら、公判は手続の決定的な段階であると考えられるからである。手続の初期であっても、弁護を必要とする重要な段階があるという考え方は、ドイツでは、アメリカほど広まっていない。

アメリカでは、貧困な被告人は、裁判官が拘禁刑を相当と考えるような事件については、国選弁護人を付される権利を有する。これは、実務的には、裁判官は、小さな事件を除いて、ほとんどの事件について弁護人を選任しなければならないということである。対照的に、ドイツで裁判官が弁護人の選任を要求されるのは、事件が上級の事実審裁判所で審理される時、被告人が行ったとされる犯罪がきわめて重大なものである時、被告人が精神的な問題を有している時などに限られている。その他の事件では、裁判官が必要であるまたは望ましいと考える場合に、弁護人を選任することができる。

別の点では、アメリカの刑事手続よりもドイツの刑事手続の方が弁護人による助力をより重視している、ということができる。ドイツにおける貧困な被告人が国選弁護人を付される権利を有する場合——例えば、被告人が上級の事実審裁判所での審理を受けるか、精神的な問題を有している場合——、弁護人を付すことは必要的である。例えば、シュヴァルツ裁判官は、ブラウンの反対にもかかわらずボッシュ弁護人を選任した。ドイツ法は、——被告人の個人的な希望よりも、被告人の権利保護を優先させる——パターナリスティックなアプローチを採用している。

他方、アメリカでは、被告人には、自分で自分を弁護する憲法上の権利がある。たいていの被告人は、防御のために弁護人を必要とするものである。しかし、それでも、アメリカ法は、被告人の自律を、その利益よりも上位に位置づけている。ただ、合衆国最高裁判所は、このような個人主義的な考え方に、一滴のパターナリスティックな潤滑油を注している。第2章で説明されているように、裁判官は、被告人の弁護人依頼権の放棄を認める前に、その放棄が「自覚的かつ理知的に」なされたかどうかを判断しなければならないのである。

2．弁護人の権利・義務

アメリカの弁護人は、ドイツの弁護人に比べて、刑事司法制度においてより積極的に活動しているが、弁護人の権利・義務は、両国においてほぼ同じであるようにみえる。第2章および第3章で示されているように、弁護人は、何よりもまず、被告人の利益に資することが期待されている。そうすることができるようにするために、弁護人は、依頼人との信頼関係を構築するよう努めなければならない。しかしながら、これらの義務に制限がないわけではない。アメリカでは、弁護人は「裁判所の成員」であり、その活動は法に合致しかつ職業上の倫理基準に合致するものでなければならない。ドイツには、弁護人は「独立の刑事司法機関」として活動するという法律上の規定があり、そこから同様の義務が導き出されている。

両国において、弁護人の責務は、義務の三角形によって定義されている。弁護人は、依頼人を支援しなければならず、嘘をついてはならず、依頼人にとって秘密であるかまたは依頼人に害となり得る情報は公開してはならない。弁護人が話すことはすべて真実でなければならないが、弁護人は、自らが真実であると知っているすべてのことを公開しなければならないわけではない。

ボッシュ弁護人が、どのようにしてこれらの義務の

間でバランスをとろうとしたかについて、第2章および第3章がともに触れている。弁護人によるハインツ証人の尋問が、その問題を例証している。最初の証言で、ハインツは、ライヒが暴行を受けた夜の午後10時頃、ブラウンがライヒ宅から出てくるところを目撃した、と述べていた。月明かりで視界が確保されていたので、彼は、目撃したのがブラウンであることに確信を抱いていた。弁護人は、その晩の午後10時前の短い時間、ブラウンがライヒ宅にいたことを示唆するほかの証拠が数多く存在することを知っていた。しかし、弁護人はまた、その晩に月明かりがなかったことも知っていた。弁護人は、裁判所に対して嘘をつかないという義務に違反することなく、その晩は月明かりがなかったと示すことによって、証人の信頼性を攻撃することができただろうか。サクラメントとアウクスブルクの双方で、ボッシュ弁護人は、そうすることが可能であると容易に結論を出すことができた。真実でないことを述べる必要はなかったので、証人の信頼性に疑問を呈するのは正当なことであった。被告人は、信頼できない証拠をもって有罪とされるべきではないのである。

　より詳細にみてみると、アウクスブルクでのボッシュ弁護人の職務は、サクラメントでのそれに比して、容易なものであったように思われる。彼は、アウクスブルクにおいて、月明かりがあったかどうかという問題を提起した後、シュヴァルツ裁判官に対して気象局の報告書を提出した。裁判官は、提出された証拠の正確性を確認するために、ハインツ証人の尋問を続行した。サクラメントでは、その決定的な尋問をしなければならないのは、ボッシュ弁護人自身であった。

　サクラメントでのボッシュ弁護人にとって、ブラウンが公判で供述すると決めていたならば、その倫理的な問題はよりドラマティックなものとなっていただろう。ブラウンを尋問するのはボッシュの役割であり、その結果、彼の依頼人に嘘をつく機会を与えることになったかもしれない。アウクスブルクで、ブラウンが、多くのドイツ被告人がするように、公判の開始にあたり公訴に対して意見を述べるという選択をしたならば、シュヴァルツ裁判官によって尋問がなされていたであろう。そして、弁護人と違い、裁判官が、被告人の述べることは信じられないと指摘することは、禁止されないであろう。

3. 証拠開示

　合衆国憲法は、検察官に対して、被告人が無罪であることを示す情報をすべて弁護人に開示することを要求している。アメリカの多くの州では、検察側情報の開示についての被告人の権利は、憲法上要求されるものとあまり変わらない。ところが、カリフォルニアでは、証拠開示が広く認められており、検察は、要求があれば、保有する証拠を開示しなければならないことになっている。一般に、検察官は、弁護人に対して、検察官の保有する事件記録を閲覧し、コピーすることを許可している。サクラメントでは、スミス検察官がブラウンの事件でしたように、検察は、──事件処理の迅速化のため──通常、弁護人に対して、最初の出頭の時に事件記録のコピーを渡している。

　ドイツ法も、カリフォルニア州法と同じく、証拠開示に関する広範な権利を規定している。弁護人は、一件記録のすべてを閲覧し、コピーする権限を以前から認められてきた。しかしながら、検察官は、捜査がまだ終了していない場合には、さらなる捜査の妨げとなるおそれがあるとして、一件記録の閲覧を拒否することができる。その一方で、弁護人は、常に、被告人の供述についての調書と専門家による検査結果に関する報告書を閲覧する権限を有している。

　ドイツにおける証拠開示では、自動的な開示制度は存在しないことから、弁護人による開示請求が必要とされる。ドイツの検察官は、裁判官に起訴状とともに一件記録を提出するので、弁護人は、手続の段階に応じて、検察官または裁判官に対して証拠開示の請求をするのである。アウクスブルクにおいて、正式な起訴がなされた後に選任されたボッシュ弁護人は、シュヴァルツ裁判官に対して一件記録の閲覧を請求している。

　証拠開示に関する広範な権利の根拠は、カリフォルニアとアウクスブルクで、本質的には変わらない。すなわち、公平性を与え、かつ、真実の追求を助けるということである。第1に、警察と検察は、強力な捜査組織を有している。弁護人の調査能力は、警察・検察のそれとは比較にならない。このような不利な条件は、ある程度、証拠開示に関する権利によって相殺することができる。第2に、証拠開示によって、公判における不意打ちを避けることができる。検察がどのような証拠を有しているか知ることによって、弁護人は、対策を──それが可能であれば──立てることができ

る。それによって、公判が、お互いの不意打ちを狙うような「スポーツ競技」になる危険を減少させることができる。また、それによって、判決に至る時間も短縮することができる。

アメリカでは、州の認める証拠開示に関する権利は、どのようなものであろうとも、原則として、被告人に属するものである。被告人に弁護人がいる場合には、もちろん、証拠開示を要求するのは通常弁護人である。被告人が自己弁護をしている場合には、証拠開示に関する権利を直接行使することができる。

他方、ドイツでは、証拠開示は、一般に弁護人にのみ認められる。自分で一件記録を検討することが認められれば、被告人はそれを改ざんしかねない。しかしながら、コピーが時間のかからない安価なものとなったことで、この議論は説得力を失っている。その結果、最近、ドイツ法は、一定の限定を付した証拠開示を被告人に認める方向に変化した。すなわち、現在では、事件のさらなる捜査の妨げにならないと考えられるならば、検察官と裁判官は、被告人に対して一件記録のコピーを交付できることになっている。

アメリカの多くの州では、証拠開示は、一定の範囲で、双方向のものとなっている。例えば、弁護人は、公判で尋問する予定の証人について開示した場合や、アリバイを主張する予定であることを示した場合に、証拠開示を受ける権利を与えられる。このような相互性の強調は、アメリカの刑事手続を支配している当事者主義的な考え方の現れである。刑事手続が2当事者間の争いとは考えられてはいないドイツでは、被告人には、証拠を開示する義務はない。

V. 有罪答弁と略式命令

アメリカの当事者主義的な制度もドイツの職権主義的な制度も、いずれも、公判(正式事実審理)を行わずに事件を処理することによって時間とコストを節約する、簡易な手続を設けている。それぞれの制度は、これを固有のやり方で展開している。

第2章で述べられているように、有罪答弁は、裁判官の面前で、検察官、弁護人および被告人の立会いのもとに行われる口頭の手続である。ユングの事件で、カウフマン裁判官は、審理が始まる前に、訴追内容と事件処理の案について簡単な説明を受けていた。審理において、裁判官は、ユングに対して、答弁が任意なものであり、放棄しようとしている権利、訴追事実および下される可能性のある刑罰について知っているかどうかを確認するために、一連の質問をした。カウフマン裁判官は、ユングの自白、および、スミス検察官とシンドラー弁護人から聴きたいくつかの詳細な情報で十分であるとして、ユングの答弁に事実的基礎が認められるかという問題には簡単に触れるに留まった。

ドイツにおける略式命令は、対照的に、裁判官と当事者の対話ではなく、一件記録に基づく書面手続である。裁判官の面前での審理は必要とされず、また被告人は、その放棄しようとしている権利についての情報を与えられることはない。裁判官は、請求されている略式命令が、検察官と弁護人の間での取引の結果なのかどうかを知らないことも多い。アウクスブルクのシュレーダー検察官は、シンドラー弁護人と合意に達した後に、カウフマン裁判官に連絡することも、一件記録に入れるためその合意に関するメモを作成することもしなかった。その一方で、シュレーダー検察官が作成した略式命令に関する書面には、ユングを有罪と認定するための詳細な事実的基礎が記載されていた。カウフマン裁判官が、さらに情報を必要とすると考えるならば、略式命令の請求とともに受理した一件記録を調べることもできた。このようにして、アウクスブルクでは、ユングを有罪と認定する決定は、捜査の結果に基づくものであったが、サクラメントのカウフマン裁判官は、ユングの有罪答弁に依拠していたのである。ドイツにおける略式命令は、自律的で独立した当事者決定に依拠するものではなく、中立な裁判官による真実発見をその主要な関心事とする職権主義の伝統に従うものであることは、明らかである。

第3章で示されているように、ドイツの被告人は、郵便を通じて略式命令のコピーを受け取り、その略式命令を受け入れるか否かを決定する前に、どのような制裁が予定されているのかを正確に知ることになる。これに比べると、有罪答弁をするアメリカにおける被告人は、より好ましくない立場にあることが多い。サクラメントにおいて、カウフマン裁判官は、ユングに対して、後で、すなわち保護観察官の報告書を受け取ってから、量刑を決定すると述べた。その結果、彼女は、保護観察を受けることになるかどうか分からないまま、不抗争の答弁をしなければならなかった。カウフマン裁判官が量刑審理において予想に反して拘禁刑を宣告したとしても、ユングが答弁を取り下げることができるのは、裁判官の許可がある場合に限られる。

「典型的なアメリカの公判」で説明されているように、アメリカにおける刑事事件の80パーセントから95パーセントは、有罪答弁で終結している。ドイツでは、50パーセントを若干超える程度の事件について、公判に代わって略式命令が下されているが、その数値は州によって大きく異なる。比較的割合が少ないことの理由の1つは、略式命令という手続が、あまり重大でない事件——1年以下の執行猶予付き自由刑、罰金、もしくは交通違反により運転免許の停止が科され得るような事件——についてのみ適用され得るという点にある。それ以外の事件については、職権主義に基づき、より慎重に事実を確認するために、公判が要求される。

アメリカでは、被告人は、原則として、あらゆる起訴事実について——答弁の結果死刑となるような場合でも——有罪答弁をすることができる。サクラメントでのユングとブラウンの事件が示しているように、有罪答弁は、条件付きでなされることもある。裁判官に対して無実であると訴えている被告人であっても、検察官が答弁に事実的基礎があることを示している場合には、有罪答弁を行うことが許される。有罪答弁が正当化されるのは、被告人は通常弁護人の援助を受けているからであり、また、答弁は、被告人が放棄しようとしている権利について教示を受けた後にのみ許されているからである。有罪答弁をする自由が認められていることは、被告人はどのような決定が最も自己の利益となるかを知っているはずであるという、個人主義的で当事者主義的なモデルの特徴と考えられよう。

VI. 交渉——検察官、弁護人および裁判官

アメリカでは、答弁取引はずっと以前から一般的な実務であったのに対し、ドイツでは、起訴事実と量刑をめぐる取引が始まったのは、1970年代になってからであった。今日、ドイツでは、アメリカほどではないが、取引が広範に行われている。

アメリカでは、答弁取引の性質は場所によって大きく異なるが、多くの法域は、すべての事件——死刑事件さえも含まれる——について取引を認めている。アメリカの当事者主義的な手続では、市民は自らの運命について自由に決めることができるはずであるという個人主義的な考え方から、被告人は事件の解決について交渉することが許される。他方、ドイツにおける実務では、重大な事件——とくに、重い暴力犯罪に関する事件——については、被告人の有罪に関する取引は行われていない。そのような事案では、事件の解決が真実発見の代わりとなるべきではない。アウクスブルクにおけるブラウンの公判の昼食休憩中に、ボッシュ弁護人、シュヴァルツ裁判官およびシュレーダー検察官が行った交渉は、ブラウンが自白した場合に、どのような制裁が望ましいかという問題だけに関するものであった。アメリカで公判の過程で有罪答弁がなされた場合とは異なり、ドイツの公判でなされる自白は、公判を終結させるものではなく、その期間を短縮するものなのである。

アウクスブルクでも、シンドラー弁護人とシュレーダー検察官は、ユングの事件について科されるべき制裁について取引を行った。この手続段階では、交渉の主要な問題は、一般に、検察官が、公判に付するよりも略式命令の適用を望んでいるかどうかである。この種の取引は、アメリカにおける答弁取引に概ね相当する。すでに説明したように、ドイツにおける略式命令は、アメリカの有罪答弁に対応するものと考えることができる。アウクスブルクのシュレーダー検察官は、2人で最初に話し合いを行った時に、ユングの事件を略式命令手続で進めることをすでに決定していたので、シンドラー弁護人は、この問題について交渉を行う必要がなかった。その代わりに、交渉では、科されるべき具体的な制裁の性質に焦点が当てられていたのである。

アメリカの刑事手続では、検察官が、訴追事実を縮小し、いくつかの訴追事実のうちの1つまたは複数を取り下げ、特定の量刑を勧告し、もしくは被告人の主張する量刑に反対しないという約束をする代わりに、被告人が有罪答弁を行うのが一般的である。サクラメントでのユングとブラウンの事件において行われた取引は、典型例ということができる。例えば、シンドラー弁護人は、スミス検察官が訴追事実を縮小するならば、ユングに有罪答弁をさせると提案した。「典型的なアメリカの事件」において、シュレーダー検察官とブラウンの弁護人であるボッシュは、事件の解決に達する前に、いくつかの異なる問題について交渉を行った。

第2章および第3章でも示されているように、多くの交渉には、検察官と弁護人だけではなく、裁判官も関与する。取引には事件について率直に話をする法律家が必要なので、通常、被告人はそれに直接には参加しない。しかし、弁護人は、事態の推移について被告人に報告しなければならず、最終的には、到達したす

べての合意について被告人の同意が必要である。

　アウクスブルクにおける公判の昼食休憩中に行われた交渉に、シュヴァルツ裁判官はかなり積極的に関与した。ドイツの裁判官のなかには、このように積極的に関与する者もいるので、連邦通常裁判所は介入する必要があると考え、裁判官がもはや中立的ではないという印象を与えることを避けるために、裁判官が抑制的に行動することを要求した。アメリカでも同様の問題があり、それは、裁判官が取引過程で果たすべき役割に関する論争を引き起こしている。サクラメントのカウフマン裁判官とシュヴァルツ裁判官は、交渉において比較的抑制的な役割を果たしていた。彼らは、非公式な会合で検察官と弁護人の話を聴き、そこで提案された事件の解決について暫定的な見解を提示したのである。

　第2章および第3章はまた、両国で取引の形式が異なっていることも示している。アメリカでは、取引は動的であり、また時に冒険的でさえある——アメリカの手続の当事者主義的な性質がよく現れた実務である——ように思われる。例えば、「典型的なアメリカの事件」で検察は、ブラウンの事件についてまず2ストライク付きの6年の拘禁刑を提案し、次いで8年まで刑期を引き上げ、最終的に1ストライク付きの7年の拘禁刑で了承した。ユングの事件において、スミス検察官は、ブラウンに対して不利な証言をすることに同意するならば——この条件は、ユングに対する刑事訴追とは何ら関係のないものであったが——有罪答弁を受け入れるだろうと述べた。

　ドイツにおける交渉は、より慎重な方法で行われる。第3章で説明されているように、アウクスブルクのシュレーダー検察官は、ユングがブラウンに対して不利な証言を進んで行うということのみを理由に、執行猶予付きの刑を求めることはできなかったであろう。ドイツ法のもとでは、そのような条件を課すことは、被告人の罪責が科刑の根拠でなければならないという要請と合致しないであろう。

　ドイツにおいては、交渉は、職権主義に従って行われる。量刑に関する取引において、ブラウンは、6年から7年の刑期となることを期待するしかなかった。シュヴァルツ裁判官は、ほかの裁判官がどのような判断をするか分からなかったので、確定的な刑期を述べることはできなかったのである。職権主義によれば、裁判所は、裁判官のうちの1人が到達した合意ではなく、公判で採用された証拠をその決定の根拠としなければならない。

VII. 裁判官による訴追の審査

　被告人を保護するため、アメリカ法およびドイツ法は、どちらも、事件が公判にかけられる前に、検察官の訴追を審査することにしている。アメリカのいくつかの州では、検察官の訴追を大陪審が審査しているが、カリフォルニアとドイツでは、この審査権限は裁判官の手に委ねられている。カリフォルニアにおける予備審問においても、ドイツにおける公判開始決定においても、裁判官は、公判を維持するに十分な証拠が存在するかどうかを判断する。カリフォルニアでは、裁判官は、検察側の証拠について、訴追事実を証明するのに十分かどうかを判断しなければならない。この決定をするにあたり、裁判官は——被告人側の証拠はすべて無視し——検察側の証拠だけに焦点を当てる。ドイツでは、裁判官は一件記録に基づいて判断するが、そこには被告人にとって有利な証拠も含まれている可能性がある。ドイツでは、この審査手続はすべての犯罪について用いられるが、カリフォルニアでは、予備審問は重罪についてのみ行われる。

　カリフォルニアでの予備審問は、当事者主義モデルの特徴を示している。サクラメントにおいては、公開の裁判所で審問が行われた。ベン検察官とマルコ弁護人がシュミット刑事を尋問し、弁論を行った。警察の捜査記録をみることは禁止されていたので、ガルシア裁判官は、提出されたわずかな証拠のみに依拠して決定を行った。

　ドイツでは、公判開始決定は、非公開の職権主義的な手続である。アウクスブルクにおいて、ブラウンとボッシュ弁護人には、異議申立てを行い、追加の証拠を採用するよう求める機会が与えられたが、彼らは、それを書面でしなければならなかった。素人裁判官は公判にのみ関与するので、3名の職業裁判官が、一件記録にある証拠に基づいて決定を下した。

　アウクスブルクの3名の裁判官が、一件記録を審査して、訴追事実を証明するためにはさらに証拠が必要であり、また、その後の捜査によってもそのような証拠を発見し得ないと判断したならば、彼らは、そのような証拠収集を自ら行うか、検察官にそれを行わせることが可能であった。職権主義に従えば、裁判官は、

手続のこの段階においても、真実発見について責任を負うのである。

第3章で述べられているように、ドイツにおいて検察官の訴追を審査するのは公判裁判所である。証拠の十分性に関する予備的決定は、裁判官が完全に白紙の状態で公判に臨むことを妨げる可能性があることから、ドイツの学者たちはこの手続を批判してきた。彼らは、この決定は——カリフォルニアのように——異なる裁判官によって行われなければならないと論じている。この批判は、正当なものであるように思われる。しかし、これに対しては、裁判官は公判での証拠評価を独立して行うことができる、経験を積んだ法律家である、という反論がなされている。

両国において、裁判官が公訴を却下することはまれであり、事件を公判に付する決定をするのが普通である。検察官が訴追の前にその事件について慎重に審査を行っていることから、裁判官の仕事は比較的容易なものとなっている。さらに、ドイツにおけるもう1つの要因として、裁判官は、疑いのある事件については、一件記録のみに基づいて決定を行うよりも、すべての証拠が提出される公判を行った方がよいと考えるものであることが挙げられる。

Ⅷ. 公　判

1. 法廷の構造

法廷の構造は、アメリカの刑事手続とドイツの刑事手続では異なっている。アメリカの法廷では、証人は、証言することを選択した被告人も含めて、裁判官の隣に座り、陪審員と傍聴人の方を向いている。裁判官は、その権限を示す黒い法衣をまとい、壇上に座る。検察官と弁護人については、通常の衣服を身に付けていることと、——法廷の床に置かれた机という——その席が、彼らの平等を示している。検察官と弁護人は、尋問や弁論などを行う場合、全員に聴こえるよう大声で話そうとする。これによって、裁判官と陪審員だけではなく、傍聴人も、手続を見聞きすることが可能となっている。

このような民主主義的なやり方は、ドイツの法廷におけるより権威主義的な配置とは対照的である。第3章で説明されているように、検察官と裁判官は、国家機関であるというその地位から、法衣をまとい、壇上に着席する。証言する時、証人は裁判官の方を向き、傍聴人には背を向けることになる。証人が何をいって

いるか、傍聴人が把握することが必要だとは考えられていない。

2. 素人裁判官

一般市民の関与は、アメリカの刑事手続とドイツの刑事手続では、その目的が異なる。アメリカの陪審員は、職業裁判官から独立して、罪責についてまた時には量刑についても判断を行う。合衆国憲法は、政府による抑圧を防ぎ、堕落したまたは熱心過ぎる検察官や、卑屈で偏見をもったまたは常軌を逸した裁判官から市民を護るために、あらゆる市民に対して、刑事事件において陪審裁判を受ける権利を保障している。

第2章で示されているように、アメリカ社会は陪審公判のために高い代償を払うことをいとわない。8月1日、サクラメントのシュヴァルツ判事の法廷に、60名の人々が出廷した。彼らは、通常の仕事に行くことよりも陪審員として働くことを選んだのである。カリフォルニアでは、検察官と弁護人には、陪審員候補者を直接尋問する権利は認められていない。陪審員の選任手続がそのように簡略化されているにもかかわらず、それには丸1日かかった。対照的にアウクスブルクでは、素人裁判官は公判以前に選任されていた。サクラメントにおけるブラウンの公判は約1週間続いたが、アウクスブルクでは、それはわずか1日だった。アウクスブルクの裁判所は、罪責の問題のみならず、量刑も取り扱ったが、判決に至るまでに1時間とかからなかった。サクラメントの陪審は、罪責についてだけ吟味したが、それでもより多くの時間をかけた。1つの理由は、「典型的なアメリカの公判」の事件では、事実関係が比較的複雑だということであった。しかし、「非典型的なアメリカの公判」では、事実関係はアウクスブルクの公判におけるそれと同じであった。ブラウンがアウクスブルクの公判で自白したことは事実であるが、彼がそうしなかったとしても、公判も評議もそれほど長くはかからなかったであろう。アウクスブルクとは違い、一般市民を指導するために裁判官が同席するわけではないから、サクラメントの陪審が長時間の評議を行っても、驚くべきことではない。

19世紀のドイツで参審制度が導入された時、素人裁判官は、職業裁判官から市民を護るための監視人として働くものと考えられていた。職業裁判官はその独立性を獲得していたにもかかわらず、彼らはやはり疑いの目をもってみられていたのである。市民は、伝統的に、彼らを権威主義的な国家機関と考えていた。その

結果、立法者は、新たな参審ではしばしば素人裁判官が多数を占めるようにした。

職業裁判官が真に独立した機関となり、公衆の信頼を享受するようになったことから、素人裁判官の機能もいくぶん変化している。しかし、今日でも、素人裁判官は、ドイツの刑事司法制度に民主主義的正統性を与え、また公判が通常の市民によっても理解される方法で行われることを保障する機能を果たしている。

ドイツ法は、有罪認定および量刑について裁判官の3分の2の多数意見を必要とするが、ブラウンの公判に参加した職業裁判官は2名であったから、素人裁判官を数で上回ることはできなかった。彼らは、有罪を宣告し、刑を科すために少なくとも1名の素人裁判官の票を必要とした。

アウクスブルクにおいて、ブラウンは、上級の事実審裁判所である地方裁判所で公判にかけられた。ドイツでは、より重大でない犯罪は、下級の事実審裁判所である区裁判所で公判にかけられる。区裁判所では、1名の職業裁判官による審理か、または中程度の重さの犯罪が含まれている場合には、1名の職業裁判官と2名の素人裁判官からなる合議体による審理が行われる。合議体において、2名の素人裁判官は、職業裁判官の反対があっても、被告人を有罪とし、刑を科すことができる。しかしながら、実務上、素人裁判官が職業裁判官と意見を異にするのはまれである。職業裁判官が公判を通じてきわめて積極的な役割を果たし、また評議を支配して素人裁判官をコントロールする傾向があることを考えれば、これは驚くべきことではない。アウクスブルクにおけるブラウンの公判で、2名の素人裁判官は、ほとんど何も発言しなかった。

3. 当事者主義的真実発見手続と職権主義的真実発見手続

両制度の特徴は、とくに、公判における裁判官、検察官、弁護人の機能にはっきりと現れる。第3章で示されているように、被告人が起訴された犯罪を行ったかどうかを決定するために必要なすべての措置を講じることが、職権主義公判における裁判官の義務である。ドイツ刑事訴訟法典は、「裁判所は、真実を発見するため、職権で、裁判をするのに意義を有するすべての事実および証拠について、証拠調べを及ぼさなければならない」と明文で規定している。事件について裁判を行う官吏が、どのような証拠が必要かを最もよく知っているはずだというのである。

その結果、裁判官または2名以上の職業裁判官で構成される法廷の裁判長は、公判でどのような証拠がどのような順序で取り調べられるかを決定する。裁判官はまた、証人尋問も行う。ドイツの公判は、ほかの職権主義をとる一部の国のそれとは異なり、「口頭弁論」と「直接主義」の原則に依拠している。これらの原則によれば、裁判官による証人尋問に代えて、警察による取調べの調書を読み上げることは、通常はできない。

しかしながら、ドイツの職権主義には、当事者主義的な要素が垣間見えるようになっている。アウクスブルクのシュヴァルツ裁判官は、証人尋問が終了するたびに、シュレーダー検察官とボッシュ弁護人に対して、追加的な質問をするよう促している。また、被告人のブラウンに対しても、質問すること、あるいは、供述することを望むかどうかを尋ねている。ドイツの公判では、当事者は、裁判所に対して、追加的な証人尋問、追加的な証拠の採用を請求することができる。刑事訴訟法典によれば、裁判所がそのような請求を拒否することができるのは、限られた場合だけである。裁判官が追加的な証拠に関する当事者の請求を是認した場合、公判にその証拠を提出するのは、請求した当事者ではなく、裁判官である。アウクスブルクのボッシュ弁護人が、気象局の報告書を証拠として取り調べることを請求した時、それを高らかに読み上げたのは、シュヴァルツ裁判官であった。

当事者主義公判においては、裁判官と当事者の役割は、正反対である。サクラメントにおいて、シュレーダー検察官は、検察官の立場から事件を提示し、ボッシュ弁護人は、弁護人の立場から事件を提示した。彼らは、証拠を提出し、証人を尋問した。アウクスブルクのシュヴァルツ裁判官は、早くから被告人のブラウンが行ったとされる犯罪に関する全体像を描き出そうとしていた。これに対し、サクラメントのシュレーダー検察官とボッシュ弁護人は、それぞれ異なった2つの仮説を展開した。当事者主義公判は、2つの対立する仮説をめぐる抗争という構造を有し、事実と証拠についての異なった評価方法に関する長い論争の場となる。被告人側の仮説は、確かにより完全でなく、まより説得力に欠ける点があったが、2つの仮説の存在は、陪審に、結論を出す前にすべての証拠を吟味させるという効果を及ぼした。

サクラメントのシュヴァルツ裁判官は、公判を通じ、ほとんど消極的な姿勢をとり続けた。彼は、公判を活発にしようと努め、証拠の許容性に関する当事者の若干の異議申立てについて判断を示した。しかし、彼は、証人尋問には加わらなかった。シュレーダー検察官とボッシュ弁護人がすべての関連する質問を行ったため、その必要がなかったのである。シュヴァルツ裁判官が積極的な姿勢をとらなかった理由は、さらにもう1つ存在する。アメリカの多くの州と同様、カリフォルニアにおいては、裁判官は、証拠の重要性や証人の信頼性についてコメントすることを許されていない。裁判官の役割は、決定権者としてではなく、中立な審判者として機能することである。したがって、裁判官は、陪審に対して、自分がいずれかの側に傾いているとの印象を与えるべきではないとされる。そのため、裁判官は、公判を通じて注意深い姿勢をとることになる。というのも、裁判官の言葉や質問は何であれ、陪審に不当な影響を与えるおそれがあるからである。

サクラメントの公判において、陪審は、証拠が示されている間、沈黙し続けた。アメリカ法においては、一般に、陪審員が証人に質問することは認められていない。そのような質問は、事件に対する当事者のコントロールを阻害しかねない。弁護人が陪審員からの不適切な質問を阻止したいと考える場合には、異議申立てをせざるを得ないことになり、これによって弁護人と陪審員の間で紛争が発生する可能性がある。他方、陪審が沈黙を守り続けなければならないというルールは、解明されていない疑問に対する答を見出すという事実認定者としての陪審の働きを明らかに阻害するものである。したがって、陪審の消極的な役割は、誤った結論を導きかねない。アメリカにおける消極的な事実認定者と積極的に活動するドイツの事実認定者との間には、決定的な差異が存在する。第3章で説明されているように、ドイツでは、職業裁判官だけではなく素人裁判官も、真実発見のために必要と考えられるいかなる質問もすることができるのである。

しかし、アメリカにおける公判の多くで、陪審が存在しないということは見過ごされるべきではない。軽微な事件では、陪審裁判を受ける権利は存在しない。その他の事件でも、当事者は、裁判官のみによる公判を選ぶことができる。この「裁判官公判」では、裁判官が罪責問題について判断する。裁判官は、裁判官公判においては、証人に対して積極的に追加的な質問をし、また、当事者に対して諸々の提案を行っているといわれている。このように、事実認定の過程には、当事者と裁判官の間にある種の協力関係が存在するのである。

当事者主義的な制度のもう1つの典型的な特徴は、公判の開始に際し、検察官と弁護人が冒頭陳述を行うことである。サクラメントにおいて、シュレーダー検察官とボッシュ弁護人は、それぞれの冒頭陳述において、彼らが証明しようとしている事件の概要を陳述した。彼らが提出した証拠は、冒頭陳述で示した仮説を証明するためのものであった。

ドイツの公判では、そのような対立的な冒頭陳述は考えられていない。アウクスブルクのシュレーダー検察官は起訴状を読み上げたが、彼女は、公判で証拠調べをするための唯一の仮説として機能することになるいわば公的な主張を提示したのである。ボッシュ弁護人は、この仮説に対して反論することはできたが、被告人側にとって有利な別の仮説を展開することは不可能であった。対立的かつ経験主義的な当事者主義公判とは違い、職権主義公判での事実認定は、単線的な真実探求と考えなければならない。

検察官と弁護人がそれぞれの最終弁論を行う時にだけ、ドイツの公判は、そのような単線的なアプローチを離れることになる。サクラメントの検察官と弁護人による最終弁論と同様に、アウクスブルクの検察官と弁護人も、それぞれ証拠を評価し、被告人の罪責に関係する法的問題点について論じた。それらは、参審裁判所を対象としているがゆえに、素人を対象としたサクラメントでの最終弁論に比し、やや専門的なものであった。

アウクスブルクでの最終弁論はまた、量刑の問題にも触れるものであった。ドイツの手続において、量刑についての判断は罪責についての判断と同時になされるので、これは不可欠なことであった。そのため、ブラウンの罪責に関する裁判がまだ存在していないにもかかわらず、シュレーダー検察官とボッシュ弁護人は、具体的な量刑にも言及したのである。

サクラメントにおいて、シュレーダー検察官は、ボッシュ弁護人がその最終弁論を行った後に、これに対する反対意見を述べた。被告人の有罪を立証する挙証責任を負っていることから、検察官には、最後に意見を述べる権利が与えられているのである。ドイツの検察

官も、弁護人の最終弁論に反論する権利をもっている。しかし、アメリカの手続とは異なり、最後に意見を述べる機会は弁護側に与えられなければならない。このことは、何人も裁判所で聴聞を受ける権利を有する、という憲法の規定に由来している。

アウクスブルクで、シュレーダー検察官とボッシュ弁護人がそれぞれの最終弁論を終えた後、シュヴァルツ裁判官は、ブラウンに対して最終陳述を行うよう促した。その目的は、ブラウンに対して、公判全体についてコメントする機会を与えることにあった。それと同時に、ブラウンによる最終陳述は、判決の評議のために退廷する裁判官に対して、新鮮な印象を与えるためのものでもあった。しかしながら、ドイツにおける被告人が一般にそうであるように、ブラウンは多くを語らなかった。ドイツの職権主義公判に付け加えられたこのような当事者主義的要素に相当するものが、アメリカの当事者主義制度にみられないことは、興味深い。

アメリカにおける公判の当事者主義的な特徴を明確に描き出しているのは、サクラメントの検察官の立証の後と弁護人立証の後にボッシュ弁護人が行った、無罪判決の申立てである。一方の当事者が、裁判官に対して、他方の当事者は事件を次の段階に進めることを正当化するに足る証拠を提示していないと主張しているのである。十分な証拠がないという意見に賛成ならば、裁判官は、訴えを棄却し、事件は終結となる。サクラメントでのボッシュ弁護人による申立てをシュヴァルツ裁判官が拒否したように、実務において、これはあまり頻繁に起こることではない。そのような申立ては、ドイツの職権主義手続には存在しない。裁判官がすべての証拠を公判に提示するので、検察側の立証と弁護側の立証という区別をすることはできないのである。

サクラメントにおける公判の型とアウクスブルクにおける公判の型とは酷似していた。それぞれのやり方で、専門的で、客観的で、穏健な真実の追求を行っていた。しかしながら、アメリカにおける陪審裁判が常にこのような形で行われるわけではないことは、経験上明らかである。実務上、アメリカの検察官と弁護人は、攻撃的で、戦闘的な弁論を行うことが多い。陪審を説得し法廷での勝利を勝ちとることは、真実の発見よりも重要だと考えられている。「スポーツ理論」は、いまなお広くその勢力を保っていると考えられる。アメリカの検察官と弁護人が論争を好むのは、訴訟に勝利することに与えられる高い価値のせいだけでなく、裁判官の消極的な役割にも由来している。

ドイツの公判では、そのような攻撃性と熱烈な肩入れは、存在しない。公判は職権主義的な裁判官によって指揮されるので、検察官と弁護人は、補助的な役割を果たすよう制約を受けている。検察官は、有罪を獲得するために戦うのではなく、正義を追求することをその第1の任務と考えている。弁護人は、控えめな当事者主義的意欲をもって、その依頼人のために戦う。アウクスブルクにおけるブラウンの公判が示しているように、弁護人にとって、その弁護戦術を実行するのは必ずしも簡単なことではない。ボッシュ弁護人が、ハインツに対して月明かりについて質問をしようとした時に、シュヴァルツ裁判官が介入してきた。裁判官は善意でそうしたのかもしれないが、実際には、弁護人による反対尋問戦術の邪魔をしたのである。

ドイツにおける裁判官のパターナリスティックな姿勢には、肯定的な側面もある。すでに触れたように、ドイツの裁判官には、公判の関与者がその権利を行使し、その手続上の役割を適正に果たせるように援助する一般的な義務がある。アウクスブルクにおける公判の開始に際し、シュヴァルツ裁判官は、被告人のブラウンに対して、黙秘権ならびにその行使に伴う利益と不利益について、慎重に教示した。裁判官は、証言拒否権を有しているかどうかを確認するために、証人に対して、被告人の血縁者かどうかを質問した。被告人の父親に対する尋問の開始に際し、裁判官は、証言を拒否することもできると述べた。ブラウンの公判でユングを尋問する際に、シュヴァルツ裁判官は、彼女の事件については、すでに彼女が略式命令を受け入れ、解決済みであることから、その証言から彼女自身が巻き込まれる危険は存在しない、と説示した。裁判官はまた、彼女がかつてのボーイフレンドに不利な証言を行っている間、彼と目を合わせなくてすむように、椅子を移動させるよう促した。ユングは執行猶予付きの判決を受け入れる代わりに証言することに同意したのではないかという点について検察官と弁護人の間で争いが生じると、裁判官は、検察官の気を鎮めるために介入したのである。

サクラメントの公判では、シュヴァルツ裁判官は、そのような行動はとらなかった。積極的でパターナリスティックな裁判官は、当事者が公判の主導権をもつ

という当事者主義の考え方とは合致しないのである。シュヴァルツ裁判官は、異議申立てなどについて決定を下す必要がある場合にだけ、積極的に動いた。アメリカの裁判官は自分の法廷をコントロールするというのは事実であるが、ブラウンの事件において、シュヴァルツ裁判官は介入を行う必要を感じなかったのである。

ドイツでは、真実が発見されるべきであるという原則はきわめて重大なものと考えられているので、被告人の自白があるからといって、それを公判の代わりとすることはできない。被告人が、手続の初期の段階で自白しているとしても、略式命令が発せられない限り、すべての事件について公判が行われることになる。公判でも、自白があるからといって、手続が終結することはない。裁判官は、追加的な証拠が必要であると決定することができる。アウクスブルクにおいて、ブラウンが自らの有罪を認めた後に、シュヴァルツ裁判官は、実際に起こったことの全体像について裁判所が納得を得るために、被告人の父親と被害者であるライヒを証人として尋問した。裁判官は、その他の証人については必要と考えなかったので、彼らを解放した。このように、自白の影響は、ドイツの公判を短縮することにある。

アメリカにおいて、公判開始後に有罪答弁が問題となるのは珍しいことではない。しかし、公判の最中の自白は、ドイツに比べて、非常にまれである。一般に、それには有罪答弁の効果――公判の終結と陪審の解放という効果――がある。当事者の公判支配および当事者主義が、その事件のすべての部分について真実が明らかにされるべきであるという考え方よりも、優位にあるのである。

4．一件記録と警察書類

アウクスブルクにおいて、シュヴァルツ裁判官は、公判の準備をするために一件記録を入念に検討した。そのような準備がなければ、彼は、公判でどのような証拠を採用し、またどのように証人を尋問すべきかを決定することができなかったであろう。公判の過程で、シュヴァルツ裁判官は、自らの面前に置かれた一件記録について数回にわたって言及した。彼は、証人が行った供述について明確にする必要があると考える場合には、常にそのようにした。

一件記録は警察と検察官によって準備されるので、

ドイツの法律家のなかには、裁判官によるその使用を批判する者もいる。彼らは、裁判官が検察側の証拠から不当な影響を受けることを危惧している。公判において裁判官が白紙の状態で証拠に接することが困難となる、というのである。心理学者たちは、知覚はその者がある機会に持ち込んだ無意識の推測に大部分依拠しているということを指摘し、概ねこの批判を認めている。彼らは、知覚とは、人がみたいと期待するものと実際にみるものとの間のある種の「妥協」であると考えている[1]。ここから示唆されるのは、公判における裁判官の事実認定能力は、一件記録を事前に検討することにより損なわれる可能性があるということである[2]。

ドイツにおける職権主義的な制度を好ましいものと考える法律家たちは、一件記録によってもたらされる可能性のある偏見は、裁判官の専門家としての経験によって相殺されると論じている。職業裁判官には、一件記録の記載と公判で提示された証拠とを峻別する術を心得ていることが期待されている。とはいえ、それがどの程度通常の心理学的傾向を克服することができるものであるかは、いまなお解決されていない問題である。アメリカの制度には、このような問題は存在しない。有罪か無罪かを決定する陪審――もしくは、裁判官公判における裁判官――は、書類を読まず、したがってその事件について事前に知識を得ることはない。検察官が、公判の準備のために警察書類を検討し、

---

[1] 例えば、STANLEY COREN, LAURENCE WARD & JAMES ENNS, SENSATION AND PERCEPTION 491-507 (6th ed. 2004); Vladimir Gheorghiu & Peter Kruse, *The Psychology of Suggestion: An Integrative Perspective*, in HUMAN SUGGESTIBILITY 59-75 (John Schumaker ed. 1991); ELIZABETH F. LOFTUS, EYEWITNESS TESTIMONY: CIVIL AND CRIMINAL 32-35 (3d ed. 1997); Douglass J. Narby, Brian L. Cutler & Steven D. Penrod, *The Effects of Witness, Target, And Situational Factors on Eyewitness Identifications*, in PSYCHOLOGICAL ISSUES IN EYEWITNESS IDENTIFICATION 23-53 (Siegfried Sporer, Roy Malpass & Guenter Koehnen eds. 1996) 参照。

[2] 一件記録のネガティヴな効果については、Bernd Schuenemann & Wolfgang Bandilla, *Perseverance in Courtroom Decisions*, in CRIMINAL BEHAVIOR AND THE JUSTICE SYSTEM――PSYCHOLOGICAL PERSPECTIVES 181 (Hermann Wegener, Friedrich Loesel & Jochen Haisch eds. 1989); Jochen Haisch, *Urteilsperseveranz in simulierten Strafverfahren*, 62 MONATSSCHRIFT FUER KRIMINOLOGIE UND STRAFRECHTREFORM 157 (1979); Berrnd Schuenemann, *Experimentelle Untersuchungen zur Reform der Hauptverhandlung in Strafsachen*, in DEUTSCHE FORSCHUNGEN ZUR KRIMINALITAETSENTSTEHUNG UND KRIMINALITAETSKONTROLLE 1109 (Hans-Juergen Kerner, Helmut Kury & Klaus Sessar eds. 1983) 参照。

一面的な見方から事件を提示しかねない、ということはそのとおりである。しかし、事件の別の側面を提示するのは、弁護人の職務である。より重要なのは、検察官が事実を認定し事件について決定を下すのではないのだから、検察官のもついかなる偏見も、職権主義における裁判官のもつ偏見に比べれば、その問題性ははるかに低いということである。

5．被告人の尋問

職権主義的な手続と当事者主義的な手続の典型的な違いは、被告人が公判においてどのような役割を果たすかを考察することで、さらに明らかなものとなる。ドイツ法とアメリカ法で、被告人は自己負罪拒否特権によって保護されてはいるが、それら2つの制度におけるこの特権の機能の仕方をみると、その違いは驚くほどである。ドイツ法は、被告人に話をさせるように設計されており、ドイツの公判もそのような構造となっているのに対し、アメリカ法には、被告人が沈黙を守ることを促すようなルールが含まれている。この観点からすると、ブラウンが、アウクスブルクでは供述したのに対して、サクラメントでは証言しないという選択をしたのは、典型的なものであったといえる。

職権主義的な手続では、裁判官は、公判の冒頭、検察官が起訴状を朗読した直後に、被告人を尋問するのが一般的である。このような早い段階で被告人が陳述するのを許すことは、被告人の特権であり、また利益であると考えられている。被告人は、ほかの証拠が提出される前に、自分の考える事実を提示することで、公訴に直ちに応答する機会をもつことができる。しかしながら、この特権は、被告人にとって負担となることも多い。裁判官は、主尋問と反対尋問を組み合わせた典型的な職権主義的尋問を行う。一件記録で読んだことに照らして、被告人が真実を語っていないと考える場合、裁判官は、被告人に説明を求め、事実の解明に関する質問や罪責立証に関する質問をすることになるだろう。被告人は、公判の非常に早い段階で厳しい質問にさらされ、ほかの証拠がまだ提出されないうちに、一件記録から自らを防御することを余儀なくされることになるのである。

ドイツにおける公判で、裁判官は、尋問に先立って、被告人に対し、供述する必要がないこと、また質問に対して答える必要がないことを教示する。第3章で説明されているように、ブラウンは、この教示を受け入れ、沈黙を守ることを決意した。おそらく、彼は、裁判官を説得し得るだけの公訴に対する応答はできないことを認識していたのであろう。しかし、ブラウンの戦術は、やや例外的なものだった。ドイツにおける被告人は、心理的な理由から、黙秘権を行使しないことを選択するのが一般的である。黙秘権を行使するには、被告人は、公開の法廷で、――権限を有する人物である――裁判官に対して話をしたくないということを告げる必要がある。被告人は、そのように拒絶することで裁判官が気分を害するのではないかと危惧し、また最終的に、罪責と量刑に関する裁判官の決定に対して不利な影響を与えるのではないかと危惧しているのである。

アメリカにおける当事者主義的な公判では、被告人は、より好ましい地位にある。サクラメントにおいて、ブラウンは、裁判官に対して、証言したくないということを告げる必要はなかった。彼は、ただ弁護人の隣に座っているだけでよかった。証人は、証言台に立ったうえで、自己負罪拒否特権を主張することを裁判所に対して明示しなければならないが、そのようなほかの証人とは違い、被告人は、自らが証言することを望む場合にだけ証言台に立つことになる。アメリカにおいては、証言することを選択した場合、被告人は、はじめに、職権主義的な裁判官からではなく、弁護人から尋問を受けることになる。これによって、被告人は、裁判官による事実の解明に関する質問や罪責立証に関する質問によって中断されることなく、自分の考える事実を述べ、有利な面を強調する機会を得ることになる。被告人に対する主尋問が終わった後に、はじめて検察官は反対尋問を開始することができる。

第2章で述べられているように、被告人は、検察官の立証の終了後に、はじめて証拠を提出することになる。ドイツにおける被告人とは違い、アメリカにおける被告人は、検察官がどの程度まで立証に成功しているかを観察し、またそれを待つことができる。それと同時に、被告人は、検察の提出した証拠に対して直接反論することもできる。

アメリカの被告人は、前科をもっている場合、黙秘を選択することが多い。彼らが証言をしたとすれば、検察官は、多くの場合、その証言を弾劾するため反対尋問で被告人の前科について質問をするであろう。それによって、陪審は、被告人の前科を知ることになる。被告人が証言台に立たない限り、一般に、このような情報は陪審に知られることはない。ドイツにおける公

判で、前科に関する記録が、証言するかどうかについての被告人の判断によって影響を受けるようなことはない。裁判官は、多くの場合、前科に関する記録をとり上げる。裁判官は、公判の終わりには、被告人の罪責のみならず、量刑に関しても決定を下すのであるから、これは必要なことだと考えられる。被告人に前科があるとするならば、量刑はより厳しいものになるであろう。

被告人が公判で沈黙を守ったままでいることを奨励しているアメリカ法におけるもう１つのルールとして、次のものがある。すなわち、裁判官も検察官も、被告人が証言をしないことから陪審が不利益な結論を導き出すよう仕向けることはできない。第２章で示されているように、カリフォルニア——およびほかの多くの州——における裁判官は、陪審に対して、不利益な結論を導き出すことは許されない、と説示しなければならない。しかし、時として陪審はそれを無視する。実際上は、陪審が被告人の黙秘について独自の解釈を下すのを防止するのは、困難である。

自己負罪拒否特権は、ドイツの実務では、より効果的に保護されているように思われる。ドイツの裁判官——職業裁判官と素人裁判官——は、ともに評議を行う。素人裁判官が、被告人が話をしない事実から何らかの推論をしようとすれば、職業裁判官は、間違いなくそれを止めるであろう。しかしながら、このような保護はあるが、先に指摘したように、被告人は、公判のはじめに裁判官のする質問に答えなければならないというある種の重圧下に置かれていると感じるのが一般的である。

被告人が公判で口にしたことは、すべて証拠となると考えられ、また、それは有罪・無罪についての判断の根拠として用いることができる。しかし、供述をし、質問に答えるという決断をした被告人の果たす役割は、ドイツとアメリカとでは異なっている。

アウクスブルクで、ボッシュ弁護人は、昼食休憩の後、シュヴァルツ裁判官に、自分の依頼人が話したいことがあると述べている旨を告げたが、裁判官は、ブラウンに対して証人席に着くことを求めなかった。被告人は自白をしたが、彼は弁護人の隣に座ったままであった。ドイツ法においては、被告人は、宣誓のもとで証言を行う証人の役割を果たすことは、あり得ない。被告人に証人として真実を述べるよう法的に義務づけることは、自己負罪拒否特権と相容れないというのが一般的な理解である。加えて、心理学的な観点からすると、有罪となるのを避けながら自己の利益となる証言を行うことと、真実を述べることとの選択を強いるのは、被告人に対して大変な負担を課すものである、という議論も可能だろう。

サクラメントにおいて、ブラウンが供述を選択したならば、彼は、証人として扱われ、証言台から宣誓のうえで証言をすることになったであろう。これは、被告人の供述にはほかの証人の供述ほどの信用性はないと陪審が考えてしまうことを避けるべきだ、という発想によるものである。もし虚偽の証言を行えば、被告人は偽証の罪を犯すことになるが、そのようなことは、ドイツ法のもとでは起こり得ない。なぜなら、ドイツにおける被告人は真実を述べることを法的に要求されないからである。アメリカでは、被告人が偽証について訴追されない場合でも、裁判官が被告人は証言台で嘘をついたと考えて、刑の加重がなされることがある。そして、ドイツでも、同様のアプローチがとられることはある。すなわち、被告人が嘘をついたことを処罰するのではなく、その嘘が犯罪についての悔悛の情がないことを示唆しているがゆえに、重く処罰するのである。

6．継続審理と五月雨方式の審理

週末の休みを除き、サクラメントにおける公判は、８月１日月曜日から８月８日月曜日まで継続的に行われた。シュレーダー検察官とボッシュ弁護人は、その順番に応じて、証拠を提示するための準備をしなければならなかった。ブラウンの公判は比較的単純なものだったので、それが問題となることはなかった。

より大規模で、複雑な公判では、問題が発生し得る。予期しなかったような疑問が生じ、それに答えるのに必要な証拠を公判の途中で発見するのが困難なことがある。アメリカにおける公判は、ごくわずかな休みを除き、一旦始まれば止めることができない。陪審は毎日戻ってくる。陪審に対して休みをとり、数日後にくるように要請した場合、その間に、陪審員がすでに接した証拠について忘れてしまうおそれもある。これは、真実発見に悪い影響を与えかねない。加えて、当事者主義公判というアメリカ的な考え方は、一般に、五月雨方式の公判を認めていない。当事者は、それぞれの「在廷日」を決められている。彼らは、遅滞なく証拠を提示することができるように、あらゆる事態に

対応可能な、完全な準備をして出廷することを期待されているのである。

ドイツ法もまた、公判が継続的な手続であることを要求しているが、このルールには例外がないわけではない。公判が1日で終了しなかった場合に、その翌日に継続して行うことは要求されていない。例えば、アウクスブルクにおいて、シュヴァルツ裁判官とボッシュ弁護人は、ブラウンの公判を8月11日木曜日に開始し、8月16日火曜日を予備日として確保しておくことに合意した。一般に、ドイツの公判は、3週間まで中断することができる。例外的な場合には、その中断期間は1か月までとなる。実務上、裁判所がそのような長期の中断を命じるのは、主に、大規模で、複雑な事件についてである。その中断の間に、裁判官と当事者には証拠収集の機会があることになる。ドイツの手続においては、公判は短期の継続的な手続であるべきだという考え方よりも、真実発見の考え方が優位を占めていることは、明らかである。

IX. 証　拠

1. 証人尋問

アウクスブルクにおける公判が例証しているように、ドイツにおける証人尋問は、より非定型的な手続である。例えば、アウクスブルクにおけるハインツの証言は、3月20日の夕方の出来事について物語的に説明することから始まった。ドイツ法のもとでは、証人は、事件に関して知っていることについて筋道を立てて述べる機会を与えられなければならない。物語的な説明は、真実発見にとって有益なものと考えられている。それによって、裁判官は、一件記録の吟味からは知り得なかった新たな事実を知ることができるかもしれない。

物語的な説明に続く尋問は、主に裁判官と証人の間での非定型的な対話である。アウクスブルクでのハインツとユングの尋問が明らかにしているように、裁判官は、——主尋問と反対尋問を区別することなく——包括的に尋問を行う。当事者は、裁判官による尋問が終わった後に追加質問をすることができるので、裁判官の尋問に介入することはほとんどない。

一件記録を読んでいることから、裁判官は、証人が正確でないことや関連性がないことを話しているという印象をもつ場合がある。そのような場合に、裁判官はいらだち、証人が自らの知っていることについてすべてを話す前に、誘導的な質問などをし始めるかもしれない。これは、証人を混乱させ、結果的に、事実認定を阻害しかねない。多くの場合、弁護人は、この種の職権主義的な行き過ぎに対して異議を申し立てようとはしない。弁護人が、裁判官は批判されていると感じて気分を害し、そのことが結局は罪責および量刑に関する決定に悪い影響を与えるかもしれない、と考えていることは間違いない。

そのような問題は、証人尋問が主尋問と反対尋問に分かれている当事者主義的な制度には存在しない。原則として、誘導尋問は主尋問では認められていないので、証人は、事件について知っていることに関して、妨害されることなく説明を行うことができる。サクラメントにおける公判が例証しているように、一般に、証人の証言は、反対尋問においてのみ弾劾され得る。反対尋問においては、証人は反対当事者が確認のための質問をしてくることを予期しているのである。

しかし、アメリカにおける実務では、当事者は、証言を厳しくコントロールすることによって自分たちの事実を証明しようとすることが多い。検察官と弁護人は、証人から短い答を得ようとする傾向がある。反対尋問で、彼らは、証人に「はい」または「いいえ」という回答だけをさせるような質問を行うことが多い。時として、彼らは、説明のための追加的な一切の言葉を阻止しようとする。サクラメントにおいて、シュレーダー検察官とボッシュ弁護人は、反対尋問においてこの種の質問をいくつか行った。そのような尋問は、証拠の採用を阻止するための異議申立てと同様、アメリカにおける陪審裁判ではしばしば見受けられる。それらは、アメリカの法廷における訴訟活動の攻撃性を示すものである。

公判における職権主義的な証拠提示と当事者主義的な証拠提示のいずれがより優れた事実認定の方法かは、興味深い問題である。以前に行われた心理学的な研究では、当事者主義的な証明方法の方が、より多くの事実を解明し、かつ裁判官のあり得る偏見を中和させると考えられるとされている。[3] しかし、その研究は、研究施設において行われたものであって、法廷の現実に十分に近いものとはいえない。何より、この実験は、

---

[3] JOHN THIBAUT & WILLIAM WALKER, PROCEDURAL JUSTICE——A PSYCHOLOGICAL ANALYSIS 118 (1975)（「訴訟に関しては、一般に『当事者主義的』と呼ばれる手続の類型の方が明らかに優れている」）.

アメリカにおける当事者の行き過ぎとドイツにおける裁判官の行き過ぎを考慮に入れていない。

2．証人の宣誓

アメリカの手続において、証人は、証言する前に宣誓をしなければならない。多くの場合、宣誓は神に言及するものであるが、証人が望む場合には、非宗教的な確約をすることもできる。宣誓は、証人に対して、真実を話すという、宗教的義務だけではなく特別な法的義務を負っているということを正式に心に留めておかせるためのものである。同時に、宣誓には、公判に厳粛さという要素を付け加えることも期待されている。一般に、宗教的な宣誓もしくは非宗教的な確約をし、それに伴う注意を受けた者だけが、虚偽を述べた場合に偽証罪で処罰され得る。

第３章で説明されているように、ドイツにおける証人は、通常、宣誓させられることはない。なぜなら、宣誓は、証人が真実を述べることを保証するものではないと、一般に考えられているからである。それでも、ドイツにおける公判のはじめに、裁判官は、証人に対して、真実を述べる義務について入念に説示を行う。ドイツ法のもとで証人が受ける説示は、アメリカの手続で証人が証言の前に行う宣誓と同様の目的に資する。どちらも、証人に対して、嘘をつかないという証人の義務を心に留めさせるためのものである。ドイツ法のアプローチは職権主義に由来し、アメリカ法のアプローチは当事者主義に由来する。ドイツでは、パターナリスティックな裁判官が、証人に対して真実を語るよう熱心に説得し、他方、アメリカでは、証人は、真実を述べることを約束するよう求められているのである。

アメリカにおける実務とは対照的に、ドイツにおける証人は、宣誓をしていなくても虚偽の陳述を理由に処罰され得る。ドイツにおける証人も、まれに宣誓を行わなければならないことがあるが、その場合でも、宣誓は証言の後で行われる。宣誓は、アメリカにおけるのと同様に、宗教的な、もしくは証人の要請に応じて、非宗教的な確約を伴って行われる。

3．証拠の許容と排除——伝聞その他の問題

直接的な観察に基づかない証拠の使用について、アメリカ法とドイツ法は、実質的に異なったアプローチをとっている。この違いは、法廷外の供述——その内容の真実性を立証するために用いられる——の取扱いについて、とくに鮮明になる。アメリカ法は、そのような供述を「伝聞」と呼び、その使用を禁止する傾向にある。対照的に、ドイツ法は、より緩やかなアプローチをとっている。

例えば、サクラメントにおける公判で、シュレーダー検察官は、ライヒに対して、コイン・コレクションの価値について質問をした。ライヒが、友人であるマンの息子がそのコインを鑑定したと述べ、その息子がマンに語ったことを説明し始めた時、ボッシュ弁護人は、それは伝聞だとして、異議を申し立てた。シュヴァルツ裁判官はこの異議を認め、マンの息子の法廷外供述を排除した。しかしながら、アウクスブルクにおける公判では、それは許容された。

サクラメントにおいて、ボッシュ弁護人は、検察側の主要な証人の１人であったハインツの信用性についても攻撃しようとした。そのような攻撃を行うため、ボッシュは、ブッシュに、かつての隣人ラッシュが数年前、彼女に対して、ハインツは「こうもりと同じくらい視力が弱い」と語った、と証言させようとした。この証言がなされたならば、犯行当日ライヒの家から出てきた人物はブラウンであるというハインツの識別は、信用できないのではないかということになったであろう。しかし、シュヴァルツ裁判官は、ブッシュの証言は伝聞に当たり許容し得ないものであると判断した。この証言も、アウクスブルクにおける公判であれば、何の問題もなく許容されたであろう。

第２章で、なぜ伝聞証拠が排除されるべきなのかについて、３つの理由が挙げられている。すなわち、(1)法廷外の供述は宣誓のもとになされたものではないこと、(2)陪審は、証人が供述しているところを観察できないこと、(3)反対当事者に反対尋問の機会がないこと、である。これらの理由は、排除の根底には、信頼に値しない証拠の使用を避けたいという願望があることを示唆している。アメリカ法は、信用性に強い関心を寄せている。しかし、信頼に値しないすべての証拠の排除を要求するという原則までは含まれていない。むしろ、関連性のある証拠はすべて許容し、その証拠の重要性については陪審に評価させるというのが、原則である。

伝聞法則の真の根拠は、観察した者または知識を有している者の提示する個人的観察または知識に基づく証拠への選好にある。そのような証拠の信用性は、当

事者主義的な方法によって吟味することができる。反対当事者は、その弱点について反対尋問を行うことができ、また、陪審は、証人の証言の真実性とその価値を評価するために集団的な知恵を用いることができる。

伝聞証拠は許容し得ないという原則には、しかしながら、数多くの例外が存在する。サクラメントにおける公判で、ボッシュ弁護人は、ブッシュの証言が許容されるようにするため、これらの例外の1つを用いようとした。ラッシュの法廷外の供述に関する彼女の証言は伝聞であることを認めたうえで、ラッシュの供述は「とっさになされた」ものであったがゆえに許容されるべきである、と主張した。とっさになされた供述は、一般に信頼に値すると考えられているので、アメリカ法は、通常の当事者主義的な方法では吟味することができないものであるにもかかわらず、その使用を認めている。しかし、ボッシュ弁護人とシュレーダー検察官の論争が示しているように、例外が適用されるかどうかを決定するのは、必ずしも容易なことではない。このことから、証拠の採用を阻止するさらなる議論が発生することがある。

伝聞性は、証拠排除の唯一の根拠ではない。犯行当日の夜に撮影されたライヒの机の写真を提示する際に、シュレーダー検察官は、まず、ノイマン刑事に、誰かが机に触れたり机の状態に変更を加えたりしたかどうか尋ねた。ボッシュ弁護人は、その質問は「憶測」を求めるものだとして、異議を申し立てた。シュヴァルツ裁判官は、証人は直接観察した事実についてのみ証言することを期待されているのであるから、その質問は不適切であると判示した。ノイマン刑事は、彼自身が机に触れたり、机の位置を変えたりしていないことについては証言することができた。しかし、最初にハウザー警察官がライヒの家に到着してから、彼が到着するまでに経過した3時間の間に起こったことについては、証言することはできなかった。彼は、この間に何が起こったかについて直接観察していないのであるから、彼が語るいかなることも、事実的なものではなく、推測でしかない。ノイマン刑事の供述がたとえ些細なことに関するものであったとしても、直接観察した事実かどうかの判断は厳密に行われていたであろう。

大陸法の伝統に従って、ドイツ法は、すでに述べたように、信頼できないかもしれない、あるいは、検証が困難であるかもしれないという理由だけでは、証拠を排除しないのが一般的である。アウクスブルクの公判で、シュヴァルツ裁判官は、ライヒに対して、彼の友人の息子がコイン・コレクションの価値について話したことを供述するよう求めた。ライヒによる供述は問題なく許容された。裁判官はまた、ノイマン刑事に対して、警察が到着する前にライヒの家に誰かほかの者がいたかどうかについて意見を求めた。ノイマン刑事は、何も変更は加えられていないと思う、と述べることを許された。ドイツでは、裁判官は事件に関するすべての証拠を調べるべきだという一般的な合意が存在する。もし伝聞証拠や何らかの推測を含んだ供述が排除されるとすると、有力な情報が裁判官に届かないことになってしまうであろう。

ドイツ法も、信用性と直接の観察の有無に多大な関心を払っているが、アメリカの制度に比べて、かなり柔軟なアプローチをとっている。ドイツ刑事訴訟法典は、直接主義を定めている。ある事実に関する証拠が個人の観察に基づく場合、同法は、その者が公判で尋問されなければならないとしている。この者が出廷できない場合にのみ、裁判官は、伝聞証拠を提出する別の証人を尋問することができる。加えて、証拠に関する自由心証主義に基づいて、裁判官は、事件の判決に際して、証拠の信用性を慎重に評価することを要求されている。第3章で示されているように、裁判官は、罪責と量刑について、その理由を詳細に文書で示さなければならない。それは、何より、証拠がどのように評価されたかを説明するものでなければならない。その判決が、伝聞証拠を根拠としている場合には、とくに慎重な説明が必要である。判決に対して上訴がなされた場合、上訴裁判所は、その理由を審査し、証拠評価が適切になされたか否かを判断することになろう。

ドイツでは、検証することが困難で、信頼に値しない可能性のある証拠を排除することは、不必要なことだと解されている。事件について判決を下す職業裁判官は、証拠を適正に評価することができると考えられているのである。また、職業裁判官は、経験のない素人裁判官に対して、指導を行うことをも期待されている。アメリカにおいても、被告人が陪審裁判を受ける権利を放棄し、事件が裁判官によって裁かれる場合、証拠法則は常に厳格に遵守されているわけではない。アメリカのいくつかの州では、重罪に関する公判の多くは裁判官による公判であることから、アメリカの実務とドイツの実務とのギャップは、法的観点からの

ギャップほどには、大きくはないように思われる。

4．証言拒否権

　アメリカ法もドイツ法も、証人に法廷で証言することを求めている。しかし、どちらの制度も、ある状況下では、証言の要求が、——夫婦関係や医師と患者の関係のような——真実発見以外の価値を侵害することになりかねないことを認めている。どちらの制度も、このような状況においては、証人に対して証言を要求しないことにしている。すなわち、「証言拒否権」を保障しているのである。

　アメリカ法もドイツ法も、多くの証言拒否権を認めている。証言に関して何らかの原則を認めることにすると、関連性のある証拠が公判から排除されるため、真実の追求はより困難になる。ドイツにおける職権主義手続では真実発見が支配原則であり、アメリカの当事者主義の制度では個人の自由の保護が重要な役割を果たしていることを考えれば、証言拒否権は、ドイツに比べてアメリカの方が広く認められていることが予想される。しかしながら、そのような推測は誤りである。証言拒否権は、アメリカに比べてドイツの方が、その数も多いし、またより厳格に実施されているのである。

　自己負罪拒否特権に由来する、公判での被告人の黙秘権については、すでに言及した。刑事訴追を受けるおそれがある場合には、自己負罪拒否特権に基づいて、いかなる証人も証言を拒否することができる。アメリカ法のもとでは、この特権は、証人のみを保護するものである。それに対して、ドイツ法では、証人は、配偶者または血縁もしくは婚姻による近親者を負罪する可能性がある証言も拒否することができる。自己負罪拒否特権は、親族についての証言拒否権によって補強されているのである。

　アメリカの手続で、自己負罪拒否特権の適用を主張できるのは、証人自身のみである。ドイツにおいて、公判を指揮する裁判官は、供述を拒否する権利を証人に教示することが要求されている。ある場合には、すでに公判に提出された証拠から、証人が自己負罪的な供述をするかもしれないことを裁判官が認識することがある。公判の準備のために一件記録を検討する際に、裁判官がそのような問題を認識する場合はさらに多い。アウクスブルクにおいて、シュヴァルツ裁判官は、一件記録から、ユングが略式命令を受け入れていることを知っていた。したがって、彼女を尋問する前に、シュヴァルツ裁判官は、自己負罪拒否特権の問題について簡潔に言及し、彼女自身を困難な状況に陥れる危険性のないことを指摘したのである。

　アメリカ法とドイツ法の相違は、同様に、婚姻と家族に関しても存在する。アメリカ法は、2つの婚姻に関する証言拒否権を認めている。配偶者についての証言拒否権によって、一方の配偶者は、他方の配偶者にとって不利な証言を拒否することができる。これにより、配偶者からの不利な証言は排除されることになる。一般に、この証言拒否権を主張することができるのは、証人自身である。しかし、いくつかの州では、刑事事件の被告人である配偶者に、同様にその証言拒否権を主張することが認められている。第2は、配偶者間の秘密についての証言拒否権である。これによって、配偶者間の内密なコミュニケーションが保護される。伝統的には、いずれの配偶者もこの証言拒否権を主張することができる。現在では、真実発見が阻害されるのを避けるため、この証言拒否権を行使できるのは、証人である配偶者に限られるとされる傾向がある。

　ドイツでは、個人のプライヴァシーは、よりいっそう包括的な形で保護されている。ドイツにおける家族に関する証言拒否権は、配偶者のみならず、例えば、祖父母、叔父、叔母、従兄弟、甥、姪などの、血縁ならびに婚姻による近親者にも及ぶ。証人は、証言をすることもできるし、証言を拒否することもできる。これは、アメリカにおける配偶者についての証言拒否権とは異なるものである。前述のように、アメリカでは、いくつかの州においては、証人である配偶者と同様に被告人がその証言拒否権を主張することが認められている。第3章で説明されているように、ドイツにおける証言拒否権の根拠は、証人は、真実を述べることと配偶者もしくは近親者を護ることとの間で選択を強いられるべきではない、という点にある。

　ドイツの裁判官は、尋問を開始する前に、証人に対して証言拒否権について教示しなければならない。アウクスブルクにおいて、シュヴァルツ裁判官は、すべての証人に対して、そのような権利が行使できるように、ブラウンの近親者かどうかを尋ねた。証人に対して教示を行う義務は、非常に重要なものと考えられており、それが履行されない場合は、排除法則が適用されることになる。証人が、配偶者もしくは近親者に対して不利な証拠を提示しない権利について、適切な教

示を受けていなかったがゆえに証言を行った場合、その証拠は排除されなければならない。唯一の例外は、証人が証言を行い、その後で証言拒否権に関する教示を受け、かつ、証拠として用いられることに同意した場合である。

ドイツ法は、アメリカ法に比して、多くの職業関係の証言拒否権を認めている。アメリカの制度は、弁護士とその依頼人、また大半の州で、医師と患者ならびに聖職者と悔悟者との間の内密なコミュニケーションを保護している。州によっては、心理療法士、ソーシャルワーカー、ジャーナリストのための証言拒否権などを認めている場合もある。ドイツでは、さらに、薬剤師、妊娠もしくは薬物依存の問題について支援を行う権限を与えられている機関内のカウンセラー、公認会計士および税理士についても、職業的な証言拒否権が認められている。これらはまた、それらの専門家のアシスタントにも及ぶ。専門家とそのアシスタントが証言を要求されるのは、その依頼人が彼らを秘密保持義務から解放した場合のみである。ドイツ法は、それぞれが少しずつ真実追求を阻害するような、非常に多くの証言拒否権を認めているが、これによって、ドイツ法がプライヴァシーという利益に高い価値を与えていることは明らかである。アメリカ法もまた、これらの利益を認めてはいるが、その程度は低い。

X. 罪責認定および量刑

第2章および第3章が示しているように、2つの制度は、罪責認定および量刑について異なる手続となっている。アメリカでは、2つの手続に対応して2つの決定が存在する。まず、陪審が被告人の罪責について決定を下す。その後で、裁判官が刑の量定を行う。ドイツでは、どちらの決定も同一の手続のなかで行われる。

1．被告人の罪責の認定

サクラメントにおいて、陪審が評議のために退廷する前に、シュヴァルツ裁判官は、彼らが従うべき法について、説示を行った。彼の説示には、およそ90分かかった。その説示は、慎重に言葉を選んで行われた詳細なものであり、数多くの難解な法的問題に言及していた。アメリカにおける陪審員は、そのような入念な法的議論を理解することを期待されている。これは、アメリカの証拠法に反映されている陪審員の能力に関する懸念とやや齟齬があるように思われる。

第2章において、陪審は、評議を通じて、小さな議会のように活動していた。彼らの議論は、体系的なやり方で展開されたわけではなく、重要だと考える論点から論点へと自由に移動した。陪審は、答えるのが困難な、ある法的問題を見出した。「典型的なアメリカの公判」において、彼らは、さらなる説明を求めるために、2度、シュヴァルツ裁判官のもとに戻ってきた。しかし、最終的には、彼らは証拠を理解できることを、身をもって示した。「典型的なアメリカの公判」において、解決が難しい事実に関する争点がいくつかあったため、数十時間にわたって評議が行われた。「非典型的なアメリカの公判」では、証拠が明白かつ説得的であったため、評議には2時間しかかからなかった。

アウクスブルクにおける参審では、その議論の大半が量刑に費やされたにもかかわらず、評議に要した時間はより短かった。予想し得ることであったが、評議を主導したのは職業裁判官であった。サクラメントにおける陪審が退廷前に公式の説示を受けていたのに対し、アウクスブルクにおける2名の素人裁判官は、非公式の説示を受けた。すなわち、ホフマン裁判官が、証拠を要約し、法律について説明し、また量刑について提案したのであった。

サクラメントにおける数名の陪審員と同様に、アウクスブルクの素人裁判官であるヴェーバーは、法律に関してよく分からないところがある、と述べた。サクラメントにおける陪審員は、追加的な説示を受けるためにシュヴァルツ裁判官のもとへ戻ったけれども、最終的には、適用すべき法について彼ら自身が結論を出さなければならなかった。他方、素人裁判官であるヴェーバーは、シュヴァルツ裁判官と非公式に意思疎通を行うことができた。加えて、法律問題に彼自身が回答する必要はなかった。彼には、ホフマン裁判官による法律の分析は信頼することができるというシュヴァルツ裁判官の返答に満足するという選択肢があった。

2．証明基準

証明の基準は、程度の差こそあれ、アメリカの刑事手続とドイツの刑事手続とで同じであることは明らかである。第2章で説明されているように、シュレーダー検察官は、被告人のブラウンが訴追されている犯罪を行ったことを合理的な疑いを超える程度に証明することを要求されていた。対照的に、ドイツの職権主義公判では、検察官は、被告人の有罪を立証する責任

を負わない。被告人が有罪か無罪かを判断するために証拠を提出するのは、むしろ裁判官の責務である。

　この問題に回答する際に、裁判官を導くのは、ドイツ法の2つの原則である。「自由心証主義」に従って、ドイツ刑事訴訟法典は、以下のように命じている。「裁判所は、審理の全体から獲得された自由な確信に基づいて、証拠の評価を行わなければならない」。第2の――明文化されていない――原則は、裁判所に対して、疑いのある場合には、被告人の利益に判断することを要求する。これら2つの原則は、相互に作用することで、アメリカ法における合理的な疑いを超える証明という基準と同程度の基準を要求していると思われる。

　アメリカにおける陪審――または、裁判官公判における裁判官――は、有罪認定について、その理由を示すことは要求されていない。他方、第3章で明らかにされているように、ドイツの裁判所は、何よりもまず、なぜ被告人の有罪を確信したかを説明する詳細な書面による判決を準備しなければならない。アウクスブルクにおける裁判所は、ドイツの公判でこのことを行った。上訴審では、書面化された理由が審査され、上訴裁判所が適切な説明がなされていないと考えれば、原判決は破棄される。書面化された理由を基準として行われるこのような統制は、アメリカの刑事手続では知られていない。

　ドイツにおいて、量刑のための証明基準は、罪責に関する基準と同一である。どちらの判断も、同一の基準に基づき、同一の手続のなかで行われることになる。アメリカでは、量刑に関する審理は、独立した手続段階となっている。サクラメントにおいて、シュレーダー検察官は、量刑に関する審理で証拠を一切提出しないことを選択した。仮に彼女が証拠を提出したならば、「証拠の優越」の基準によって事実認定がなされていたであろう。このように、量刑に関する証明基準は、アメリカ法のもとでは、ドイツ法に比して、より厳格でないものとされている。

3．全員一致と多数決
　カリフォルニアとほかの多くのアメリカの州は、陪審に対して、有罪と無罪の双方について、全員一致を要求している。「典型的なアメリカの公判」は、この要件が、いかに有罪宣告に対する有効な障壁として機能しているかを示している。ブラウンは、陪審が全員一致の評決に至らなかったため、強盗については有罪とされなかった。

　第3章が説明しているように、ドイツでは、3分の2の多数決で、被告人を有罪とし、また量刑を行うことができる。その結果、ドイツの裁判所は、アメリカの陪審に比べて、より容易に有罪認定に至ることができる。加えて、参審における素人裁判官は、陪審員よりもより独立性が低いように思われる。訓練を受け、経験を積んでいるとして、職業裁判官が述べることに同意する傾向が、素人裁判官にはある。

　他方、アメリカの裁判官公判において、単独の裁判官による決定が、最も重大な犯罪についてさえ、有罪宣告に十分なものとされていることは、見過ごされるべきではない。ドイツでは、単独の裁判官によって審理されるのは、重大でない犯罪に関する事件だけである。また、アメリカにおける量刑審理では、単独の裁判官が量刑を行うのが一般的である。第3章で示されているように、アウクスブルクの素人裁判官であるブラントは、裁判所の評議において、ホフマン裁判官の提案した量刑が厳格過ぎるのではないかを問題とした。これは、裁判官たちの議論を引き起こし、結果的に、当初予想されていた量刑が軽減されることになった。

4．量　刑
　アメリカの刑事手続において、量刑のための独立した審理が行われる1つの理由は、公判への陪審の参加である。歴史的に、陪審の機能は、基本的に有罪・無罪に関する決定に限定されてきた。すでに述べたように、陪審による事実の発見は、証拠法によって厳格に統制されている。しかし、裁判官による量刑審理では、それが刑の量定に必要だと考えられるがゆえに、事実上ほとんどすべての関連する証拠が許容される。量刑には、裁量権の行使、実務経験そして多くの専門的なルールに関する知識が必要とされるため、それは、一般に裁判官の職分である。第2章は、カリフォルニアの量刑に関する法律のもつ複雑な問題を明らかにしている。

　ドイツにおける参審では、量刑のための独立した審理は必要とされていない。ヨーロッパ大陸の職権主義手続では、手続の最後に、罪責と量刑に関する単一の判決を下すという伝統が維持されてきた。量刑について評議する際、職業裁判官は、証拠の評価と法律の理

解について素人裁判官を補助している。

　サクラメントにおいて、ウォーターズ保護観察官は、裁判官が量刑を行うために必要な情報を集めた判決前報告書を、シュヴァルツ裁判官に提出する準備をしていた。アウクスブルクには、それに相当するものは存在しなかった。アウクスブルクにおいて、シュヴァルツ裁判官は、刑罰を科すために必要な証拠をすべて公判に提出した。被告人のブラウンが自白を終えた後、裁判官は、長時間にわたり彼のこれまでの生活について尋問を行った。裁判官はまた、ブラウンの前科の記録も取り調べた。このようにして、アウクスブルクの裁判所とサクラメントにおけるシュヴァルツ裁判官は、それぞれの刑の量定について基本的に同じ証拠に依拠することができたのである。

　前述のように、ドイツにおける大半の被告人は、公判の最初に、供述を行い質問に答えることを選択する。被告人が否認していても、裁判官は、被告人のバックグラウンドについて尋問を行うであろう。裁判官は、被告人が有罪とされる場合に備えて、量刑のために必要な情報を収集しておかなければならないのである。

　ドイツの職権主義手続では、アメリカの当事者主義手続に比して、報告書その他の書面がより重要な役割を果たすのが一般的である。アメリカの当事者主義制度では、口頭での説明に依拠する傾向がある。これらの一般的な傾向に照らして考えてみると、サクラメントでは量刑は主に判決前報告書に含まれている証拠を根拠としていたのに対して、アウクスブルクの裁判所が公判において口頭で提示された証拠に依拠していたことは、興味深い。先に述べたように、ドイツにおける公判は、証拠の口頭による提示の原則によっている。この原則は、刑の量定に関係する証拠にも適用されるのである。

　「典型的なアメリカの公判」と「非典型的なアメリカの公判」の双方の量刑に関する審理で、ボッシュ弁護人は、裁判所が科すべき具体的な量刑について勧告をしている。シュレーダー検察官は、これらの勧告に反論した。アウクスブルクでは、検察官と弁護人の双方が、具体的な刑期について勧告を行った。彼らは、そうすることを法的に要求されていたわけではなく、ドイツの実務における伝統に従ったのである。ドイツにおける裁判所の量刑に関する裁量権は、そのような提案に拘束されるものではないことは、アメリカにおけると同様である。一般に、ドイツの裁判所は、検察官の勧告に従うか、アウクスブルクの裁判所が行ったように、両当事者の勧告の中間の刑とするかのいずれかを選択する。

　ドイツの公判における最終弁論では、弁護人は、次のような問題に直面することがある。弁護人が、無罪判決を求めているとしよう。しかし、弁護人は、裁判所が無罪判決をするとの確信をもてるわけではないので、被告人が有罪とされた場合の量刑にも触れなければならないのである。アメリカの手続には、量刑のための独立した審理が存在するので、アメリカの弁護人が、この種の問題に直面することはない。

　サクラメントのシュヴァルツ裁判官は、量刑について、ほとんど理由を示していない。彼は、各犯罪について刑期がどのようなもので、またいかにして刑期が加重されたのかを説明したに過ぎない。大陸法の伝統に従って、アウクスブルクの裁判所は、その公判の最後に、有罪認定のみならず量刑判断についても詳細な理由を示した。さらに、アウクスブルクの裁判所は、理由書も作成していたのである。

5．異なる重さの刑

　サクラメントとアウクスブルクにおけるブラウンの量刑は、同じ事実に基づいているわけではないので、比較は困難である。しかしながら、第3章におけるブラウンの量刑と「典型的なアメリカの事件」におけるそれには、ある種の類似性が見出され得る。アウクスブルクにおける公判でのブラウンの自白は、彼がサクラメントで行った不抗争の答弁と同等のものであると考えられる。第3章で説明されているように、ドイツに有罪答弁は存在しない。被告人が重大な犯罪について訴追される場合、公判は常に行われなければならない。

　第3章において、また第2章「典型的なアメリカの事件」において、ブラウンは、重い強盗を行ったことおよび重大な身体的傷害を加えたことについて刑の量定を受けた。サクラメントにおいて、ブラウンは、コカインの所持でも刑罰を科されたが、他方で、アウクスブルクにおけるブラウンの量刑には、住居への侵入についての制裁も含まれていた。シュヴァルツ裁判官がアウクスブルクでの公判の最後に量刑理由を示した際、コインの返還を軽減事由として考慮したと説明した。サクラメントでは、シュヴァルツ裁判官は、量刑

について説明する際にコインのことには言及しなかったが、それは答弁取引において考慮されていたのである。

サクラメントにおいて、ブラウンは、1ストライク付きの7年の刑を言い渡された。アウクスブルクでは、6年の刑であった。アメリカでは、ドイツに比べて、一般に量刑はかなり重いとされていることからすれば、この量刑の類似性は驚くべきことかもしれない。ブラウンの事件でなぜ一般にいわれているようにならなかったのかについては、2つの要素によって説明できる。第1に、ドイツの裁判所は、暴力を伴う事件については比較的重い制裁を科す傾向がある。第2に、アメリカの実務では、有罪答弁もしくは不抗争の答弁は、量刑にあたってかなり刑を引き下げる効果をもたらしている。答弁取引が行われなかった「典型的なアメリカの公判」と「非典型的なアメリカの公判」において、ブラウンがより重い刑を受けたことが、このことを証明していると思われる。

「非典型的なアメリカの公判」において、シュヴァルツ裁判官は、「典型的なアメリカの公判」に比して、かなり重い刑を科した。後者が10年だったのに対して、前者は13年8か月であった。裁判官がそのようにしたのは、「非典型的なアメリカの公判」では、不利な証拠が圧倒的であったにもかかわらず、ブラウンが公判で自らの主張を変えなかったためである。裁判官は、量刑にあたって、ブラウンの罪責のみならず、彼の不合理な訴訟戦術も、大幅に考慮に入れたのである。これとは対照的に、ドイツの裁判所は、刑の重さは何より被告人が犯した罪に基づくべきであるという、より伝統的な量刑哲学に従っている。

カリフォルニアにおける量刑制度の厳しさは、「非典型的なアメリカの公判」においてブラウンの量刑に追加されたカリフォルニア州法上の2ストライクで例証される。第2章で記されているように、1ストライクは、被告人が将来重罪を犯した場合、その刑が倍となることを意味している。2ストライクであれば、それは25年の有期刑ないし終身刑となる。ドイツ法では、そのような懲罰的制裁は知られていない。ドイツにも終身刑は存在するが、受刑者が通常服役する刑期の上限は15年である。このような刑は、例えば、謀殺罪や強盗が軽率に他人の死を引き起こした場合について規定されている。

ユングに関する刑は、サクラメントとアウクスブルクにおいてほとんど同じであった。彼女は3年間の保護観察に付された。サクラメントにおける彼女の保護観察条件は、主として保安を考えたものであった。例えば、いつでも居場所が分かる状態にあることというような標準的な保護観察条件に従うことを要求された。アウクスブルクにおける彼女の遵守事項は、矯正的かつ教育的な考え方によっていた。心理学の学生であったユングに対して、高齢者の家で働くことを要求することは、彼女にとって高齢者の抱える問題を理解するための一助となり得るものであった。

XI. 上訴その他の救済手続

第2章および第3章で示されているように、ブラウン、ユング、シュレーダー検察官のいずれも、上訴はしなかった。したがって、この問題については、簡単な比較法的要約のみを追加しておこう。

アメリカとドイツの両国において、上訴には2つの形式が存在する。すなわち、法令違反に関する上訴と新たな事実審理（覆審）を求める上訴である。前者は、公判でなされた法令違反について当事者が是正を求めるものである。当事者は、法令違反が存在すること、ならびに、それが有罪認定もしくは量刑に影響を与えたことを申し立てなければならない。新たな事実審理を求める上訴では、当事者は、上訴裁判所における事実審理を求めることになる。当事者は、その理由を示したり法令違反があることを示したりする必要はない。

アメリカにおいて、新たな事実審理を求める上訴を認めているのは、数州のみである。マジストレイトのもとでまたはその他の下級の裁判所において軽罪について有罪とされた被告人は、事件の再審理を求めることができる。新たな事実審理は、通常の事実審裁判所で開かれることになる。

一般に、アメリカの法域では、法令違反についてのみ、上訴が認められている。公判でなされる可能性のある法令違反には、多くの種類がある。例えば、事実審裁判官は証拠を不適切に許容しまたは不適切に排除する可能性があり、検察官は陪審に対して不適切な弁論を行う可能性があり、弁護人による被告人の援助が不十分な可能性があり、公判記録が有罪宣告に必要な証拠がないことを示しているという可能性がある。上訴裁判所は、新たな事実審理は行わない。上訴裁判所

は、事実審裁判所が犯したと申し立てられている誤りに関してのみ、審理を行う。

ほとんどの州では、法令違反についての最初の上訴は、中間の上訴裁判所に対してなされる。この最初の上訴で敗訴した当事者は、一般に"supreme court"（最高裁判所）と呼ばれる、終審裁判所のさらなる審査を求めることができる。中間の上訴裁判所のない州では、その州の終審裁判所に上訴がなされる。

合衆国憲法は上訴権を保障していないが、すべての州がそのような権利を規定している。終審裁判所への上訴を認めるかどうかは、一般にその裁判所の裁量によっている。合衆国憲法は、被告人の国選弁護人についての権利を、最初の上訴に関しては保障しているが、さらなる上訴に関しては保障していない。多くの州は、裁量的な上訴についてもそれを認めている。

州の終審裁判所の決定が、合衆国憲法もしくは連邦法に基づくものである場合に、敗訴した当事者は、合衆国最高裁判所に対して、上告受理の申立てをすることができる。この申立ては、上訴と同様の機能を果たす。実務上、当事者は、一般に、下級裁判所の決定が合衆国憲法と合致しないことを示そうとする。審査を認めるかどうかは、合衆国最高裁判所の裁量である。実際上、合衆国最高裁判所が審査する事件数は、ほんのわずかである。

ドイツでは、事実審理を新たに行うことは、アメリカに比べて、かなり一般的である。すでに説明したように、ドイツには、区裁判所と地方裁判所という、2つの通常の事実審裁判所が存在する。これらの裁判所は、いずれも、ドイツの各州に存在する州裁判所制度の一部である。区裁判所は、95パーセントを上回る事件の審理を行う。この裁判所からの上訴の大半は、新たな事実審理を求めるものである。それが認められるために、法令違反が申し立てられる必要はない。ドイツにおける被告人は、罪責に関する決定は認めつつ、それにもかかわらず、より好ましい量刑についての決定を得るために新たな事実審理を求めることが多い。新たな事実審理は、地方裁判所で行われることになる。被告人が新たな事実審理を求めた場合、地方裁判所は、下級の裁判所が科した刑よりも重い刑を科してはならない。より重い刑が科されることをおそれて被告人が審査を求めなくなるのは好ましくない、というのがその理由である。地方裁判所の裁判に不服のある当事者は、いずれも第2の上訴を提起することができる。しかしながら、そのような上訴は、法令違反についてのみ認められる。それらの上訴は、高等裁判所によって審理される。ドイツの制度における最上位の裁判所である、連邦通常裁判所に対する上訴権は、この場合の当事者には与えられていない。

ブラウンの事件のように、最初の事実審理が地方裁判所で行われた場合、その裁判に関しては、法令違反についてのみ上訴を行うことができる。ブラウンが、アウクスブルク地方裁判所による裁判を受け入れることができないと考えたならば、彼はこの種の上訴をしたであろう。彼の上訴は、高等裁判所ではなく、連邦通常裁判所によって審理されることになっていたであろう。このように、区裁判所の有罪判決を受けた被告人には2度の上訴を行う権利があるのに対して、地方裁判所の有罪判決に対しては、一度の上訴しかできない。地方裁判所は、より重大な事件について審理を行い、より重い制裁を科すことから、地方裁判所における当事者がより大きな上訴権をもつことになるはずだ、と考える者がいても無理からぬことである。地方裁判所の裁判について、法令違反に関する一度の上訴しか認められないのは、主に2つの理由による。地方裁判所は、大きな事件を扱い、しばしば多くの証人の尋問を伴うので、上訴裁判所が新たな事実審理を行うのは、あまりに重い負担となるだろう。加えて、地方裁判所の事件は、区裁判所の事件に比べて、より慎重に審理されているのが普通である。地方裁判所での事件は、2名もしくは3名の職業裁判官に2名の素人裁判官を加えた合議体によって審理され、かつ被告人は常に弁護人の弁護を受ける。区裁判所では、事件は、単独の職業裁判官もしくは1名の職業裁判官と2名の素人裁判官によって審理される。この裁判所での公判は、より簡略かつ迅速で、被告人に弁護人が付いていないことも多い。

ほかの多くの国々における上訴制度と同様に、ドイツの制度も、論理的かつ体系的に設計されたものではなく、主として歴史的発展の産物である。ドイツでは、州政府の独立性が、アメリカほど強いものでないため、ドイツの裁判制度は——法制度そのものと同様に——より統一的である。連邦通常裁判所は司法のピラミッドの頂点に位置しているが、その地位は、合衆国最高裁判所とは大きく異なっている。それは、独立した司法システムの一部とはみなされていない。その結果、政治的な観点からすれば、高等裁判所に事件について

の最後の審判者としての機能をもたせることになったとしても、損なわれる連邦の利益はなく、何の問題もないのである。また、ドイツの上訴制度は、異なる裁判所に事件を合理的に分配するのであるから、実際的であるとも考えられている。区裁判所で有罪判決を受け、地方裁判所と高等裁判所の両方の上訴で敗訴したドイツの被告人は、まだ、さらに上位の裁判所の審査を受ける機会を有するのである。

　刑事司法制度の枠内でもはやそれ以上の上訴ができなくなった被告人は、連邦憲法裁判所に不服申立てをすることができる。連邦憲法裁判所は、司法のピラミッドの頂点に位置する特別の裁判所である。連邦憲法裁判所は、とくに、憲法上の訴えについて審理を行い、これはいかなる市民でも提起することができる。憲法上の訴えを提起するために、被告人は、刑事司法当局が、連邦憲法によって保護されている個人の権利を不当に侵害したということを主張しなければならない。この点で、連邦憲法裁判所の裁判権は、裁量上訴事件に関する合衆国最高裁判所のそれに類似している。ドイツの実務では、かなり多くの被告人が連邦憲法裁判所に訴えを提起しているが、裁判所が救済を認めることはまれである。

　ドイツの被告人が有罪判決を受け、憲法上の訴えに失敗したとしても、さらに、事件の審査を受けることのできるもう1つの選択肢がある。ヨーロッパの国々は、ヨーロッパ人権条約を批准している。その条約によって保障されている権利を実効的なものとするために、フランスのストラスブールにヨーロッパ人権裁判所が設立された。ヨーロッパの市民は、ヨーロッパ人権裁判所に対して、条約によって保護された権利が侵害されたとする訴えを提起することができる。ヨーロッパ人権裁判所が、いくつかの判決において、国内法がヨーロッパ人権条約に合致していないと判示したことから、ヨーロッパ人権裁判所による国内法の審査は、有効な手段だということが明らかとなった。しかしながら、実際には、ヨーロッパ人権裁判所に提起される訴えが成功することはほとんどない。

　アメリカの被告人もまた、上訴のほかに、さらなる司法的救済手段を有している。しかし、この救済手段は、ドイツの被告人が連邦憲法裁判所とヨーロッパ人権裁判所に対して提起することのできる不服申立てに比べて、かなり包括的なものである。イングランドでは、今日でも、主に違法な逮捕もしくは身柄拘束に対する保護手段として伝統的な人身保護令状が用いられているが、それが、アメリカでは拡張されて、有罪宣告と量刑を審査するためのものとして用いられている。

　州の裁判所で有罪とされた被告人は、通常、州の裁判所に、人身保護令状についての申立て——またはこれに類似した救済を求める訴え——を提起しなければならない。人身保護令状についての申立ては、被告人が違法に身柄拘束下に置かれまたは身柄拘束下と同様の状態に置かれていることを示すものでなければならない。州の裁判所でうまくいかなかった被告人は、合衆国憲法または連邦法によって保護されている権利が侵害されたと主張することで、連邦地方裁判所に人身保護令状を求めることができる。連邦地方裁判所の決定に対しては、その区域の連邦控訴裁判所に上訴を提起することができる。連邦控訴裁判所で敗訴した被告人は、合衆国最高裁判所に対して上告受理の申立てをすることができる。

　上訴に比べると、人身保護令状についての申立てには、被告人にとって2つの利点がある。一定の制約は伴うが、それらは、上訴に関する期限が経過した後にも提起され得る。上訴の手続では、事実審裁判所での記録のみが資料とされるのに対して、人身保護令状についての手続では、当事者は、一定の範囲において、新証拠を提出することができる。他方、人身保護令状についての手続は、手続遅滞の原因となり、裁判の終局性を不安定なものにすると批判されている。これらの手続はまた、連邦地方裁判所の裁判官に、州の最上位の裁判所による決定の審査を許すことになる。これらの問題を解決するために、近年になって、連邦議会は、連邦裁判所における人身保護令状の適用範囲を縮小する法律を可決している。

　ドイツにも、人身保護令状についての手続に相当するものが法律上存在するが、イギリスにおけるのと同様に、身柄拘束に関する司法的抑制としてのみ機能している。上訴権が使い尽くされたならば、裁判は終局的なものとなり、被告人は刑に服さなければならなくなる。被告人が連邦憲法裁判所およびヨーロッパ人権裁判所に対して提起することのできる不服申立ては非常救済手続であって、裁判の終局性には何らの影響も与えない。

　アメリカ法のもとでは、検察官には、無罪判決に対

して事実認定の誤りを理由に上訴することは認められていない。合衆国憲法における二重の危険に関する条項は、被告人を、同一の事件について2度目の公判を受けることから保護するものである。

アメリカの検察官と違い、ドイツの検察官は、広範な上訴権を有している。ヨーロッパ大陸の伝統に従って、正義が実現され、また彼らが誤っていると考える判決が正されることを求めるのは、検察官の義務であるとされる。したがって、ドイツの検察官は、無罪判決だけでなく有罪判決についても上訴を行うことができる。有罪判決に対する上訴によって、検察官は、原判決よりも被告人にとって有利な判決を求めることができる。例えば、検察官は、被告人は無罪判決を受け、または、より軽い刑を受けるべきだと主張することができる。もっとも、ドイツの実務では、検察官がそのような行動をとる事例は少数である。一般に、検察官による上訴は、被告人による上訴に比べて、かなり頻度が低い。

ドイツ憲法の「一事不再理」に関する条項は、何人も同一の犯罪について2度有罪とされることはないと規定している。この条項は、アメリカの二重の危険に関する条項と対比され得る。アメリカの条項は、同一の犯罪についての2度目の公判と二重処罰を禁止しているが、ドイツの条項は、2度目の有罪判決のみを排除している。アメリカの制度で特徴的なのは、手続的な要素が含まれていることであるが、これに対して、ドイツの条項は、制裁のみに焦点を当てている。ドイツの検察官が無罪判決に対して上訴を行う事例では、前に有罪判決は存在しないのであるから、「一事不再理」条項が作用することはない。2度目の公判が被告人に別の試練を与え、かつ、検察官に対して2度目の説得の機会を与えるのは不公正だという考え方は、ドイツの制度では説得力をもたないように思われる。しかしながら、ドイツの裁判所は、被告人が2度目の公判で有罪判決を受け、量刑がなされる際に、2度目の公判が被告に与えた負担を考慮に入れることができる。

原判決の誤りに関する上訴を審理するドイツの裁判所は、事実審裁判所の判決を、罪責の認定と量刑の両方について審査することができる。その審査の根拠となるのは、公判調書と判決書である。第3章が示しているように、ドイツにおける公判調書は、比較的簡単なものである。しかし、事実審裁判所は、その罪責の認定と量刑を正当化するために判決書を作成するのであるが、そこに書かれている理由はかなり詳細であり、審査のための広範な資料を提供することになる。第3章で示されているように、検察官と弁護人が上訴権を放棄していない事案においては、記載される理由は、ブラウンの事件に比べて、より詳細なものである。

アメリカにおいて、審査のための主な資料は、公判の逐語的な記録である。「典型的なアメリカの公判」と「非典型的なアメリカの公判」で示されているように、陪審は、罪責に関する決定について、その理由を示さない。しかし、このことは、罪責に関する決定を審査する際にあまり問題とはならないということができよう。陪審の職務は、事件について事実を認定し、法を適用することであり、審査を行う裁判所は法令違反のみをチェックするのである。しかしながら、比較法的観点からすると、判決をした者がその理由を記載した書面によることなく、公判の記録のみによる場合、上訴裁判所の審査権限には限界があるように思われる。

「典型的なアメリカの公判」と「非典型的なアメリカの公判」が示しているように、シュヴァルツ裁判官は、量刑の理由をほとんど示さなかった。伝統的に、アメリカの裁判官は、そうすることを要求されない。上訴は、科された刑が違法であるなど、限られた場合にのみ認められていた。ごく最近、量刑の不均衡を縮小するため、量刑ガイドラインなどの量刑に関する新たな方法が主張され、また、上訴による審査をより広範なものとすることが説かれている。今日、多くの州が、被告人のみならず、検察官についても、事実審裁判所の量刑に対して、上訴による審査を求めることを認めている。

第2章および第3章が示しているように、サクラメントとアウクスブルクにおいて、シュヴァルツ裁判官は、ブラウンの公判に先立ってまたその途中で、いくつかの決定を下している。通常、被告人は、事実審裁判所がその最終的な決定を下した後に、はじめて上訴を行うことができる。裁判官が何か決定を行うたびに上訴することが被告人に認められるならば、手続の遅滞が問題となろう。しかし、アメリカ法とドイツ法は、この原則に対する例外を規定している。サクラメントにおいて、シュヴァルツ裁判官は、ブラウンのアパートで発見された証拠の排除に関する異議申立を却下する決定を公判前に行ったが、ブラウンはこの決定に

対して上訴することが可能であった。「典型的なアメリカの公判」で説明されているように、ブラウンは、早期の審査を求めない方針をとった。アウクスブルクでは、そのような上訴はできない。ドイツ法のもとでは、罪責と量刑についての決定に関係しない争点──身柄拘束、弁護人の選任または証拠開示などに関する争点──についてのみ、例外が認められている。

アメリカにおいて大半の事件は有罪答弁で終結することから、有罪答弁が被告人の上訴権にどのような影響を与えるかは、重要な問題である。通常、有罪答弁を行う被告人は、任意に、ほとんどの争点についての上訴権を放棄する。そのような事案においては、上訴は、答弁の有効性についてのみ認められるのが一般的である。ユングは、有罪答弁の後、その答弁は任意なものではなかったと主張するか弁護人は役に立たなかったと主張して、上訴することができたであろう。しかしながら、彼女は、車を違法に停止させられたと主張したり、警察は取調べの前に適切にミランダ警告を与えなかったと主張したりすることはできなかったであろう。

カリフォルニアを含むアメリカの多くの州において、被告人は、「条件付き答弁」をすることができる。「典型的なアメリカの公判」で示されているように、ブラウンは条件付きの有罪答弁を行ったが、その条件とは、彼のアパートで発見された証拠の排除の申立てを裁判所が棄却したことに対する上訴権が留保される、というものであった。シュレーダー検察官とシュヴァルツ裁判官がこの条件を受け入れたことから、彼は有罪答弁後もこの争点について上訴することを認められた。条件付き答弁は、アメリカの実務において、比較的頻繁に行われている。

すでに説明したように、ドイツの刑事手続には、有罪答弁は存在しない。しかし、略式命令が、有罪答弁に類似した機能を果たしている。略式命令が被告人に対して下され、被告人がそれに対して2週間以内に異議を申し立てなかった場合、その略式命令は終局的なものとなる。被告人が略式命令を条件付きで受け入れるということはできない。

ブラウンに関するアウクスブルクにおける公判で、ボッシュ弁護人は、シュヴァルツ裁判官およびシュレーダー検察官と、自白しかつコインを返還することと引き換えに予想される量刑について話し合った。ドイツの実務において、この種の交渉には、予測どおりの刑が科された場合には上訴はしないという合意が含まれていることがある。しかしながら、連邦通常裁判所は、そのような合意は違法であるとした。その理由は、実際に科される制裁について明確に認識していない限り、被告人は上訴権の放棄を強いられるべきでない、というものであった。この判例は、被告人自身の意思には反するとしても、被告人の権利を保護しようとする傾向のあるドイツ的なパターナリズムのもう1つの例といってよい。この判例により、上訴権の放棄に関する事実上の合意は、法的には被告人を拘束しないことになる。

第5章
アメリカ法からみた比較法的考察

フロイド・フィーニー

　第4章のドイツ法からのコメントは、アメリカとドイツの刑事訴訟制度間の類似点や相違点についての刺激的で、微妙な差異にまで配慮した概観となっている。同コメントは、大胆かつあざやかに、両国における制度がその手段だけでなく多くの中心的な価値観において異なっていることを論じている。同コメントはさらに、両国の制度によって導かれる結論がきわめて近似している場合でさえ、それぞれの制度がその目的を実現する仕方はかなり異なっていることを示唆している。

　ドイツの刑事訴訟制度の特徴は、職権主義をとることにある。裁判官は、国家権力を体現する者として、公判の支配者となる。そこでの中心的な使命は、真実発見である。国家は、裁判官がこの使命を果たすのに役立つよう、きわめて強力な権限——公判で提出される証拠、求められる情報、尋問、そして最終的な決定についての責任がここに含まれる——を裁判官に付与している。比較的重大な事件においては、裁判長はこれらの権限をほかの裁判官——職業裁判官と素人裁判官の双方を含む——と共有する。

　これに対して、アメリカの公判は、当事者主義をとる。その特徴は、「単一の支配者」ではなく、「対立当事者間の論争」である。検察官は、国家を代表し、被告人に不利益な証拠・主張を提示・展開する。その相手となるのは、被告人を弁護する、検察官と同じように精力的で権限を付与された弁護人である。裁判官は、有罪・無罪の判定においては基本的に中立的な審判者であり、両当事者がルールに従うことを保障するための存在である。有罪・無罪の判定に関しては、以上の主体とは別の、陪審という主体が責任を負うのである。

　このテーゼは、世界の主要な刑事司法制度が「融合するに至った」との信念を有する論者の見解——現実的にみれば、制度としては、職権主義的要素と当事者主義的要素とを無差別に混合した単一の制度があるだけであるとする見解——とは鋭く対立する。

　この論争においては、第4章のドイツ法からのコメントが、かなりの程度に優勢な議論を提示しているように思われる。ほぼすべて——といってよいであろう——の国々において法律上の変化があることや、国連の「市民的及び政治的権利に関する国際規約」、ヨーロッパ人権条約などの国際的取決めの存在によって、職権主義を採用する制度にも当事者主義を採用する制度にも大きな変化がもたらされたことは確かである。また、これらの二大制度が従来よりも似通ったものとなるに至っていることも確かである。しかしながら、ドイツ法からのコメントが明確に示しているように、決定的な違いはなお残存している。双方の制度が融合「しつつある」とはいえるかもしれないが、両者が融合「するに至った」とは到底いえないであろう。

　筆者はドイツ法からのコメントで提示されている評価のほとんどすべての点について賛同するため、ここではある程度敷衍しておく必要があると思われるいくつかの主要な点に焦点を絞って論じることにする。

I．警察による捜査

1．逮　捕

　ライヒ宅での事件が通報されると、サクラメントの警察もアウクスブルクの警察もブッシュによって伝えられたナンバーのフォード・エスコートに対する緊急配備態勢を敷いた。サクラメントにおいてもアウクスブルクにおいても警察官が速やかに上記の指示に合致する車両を停止させた。サクラメントの警察官は、ユングをまず逮捕した後、ユングの車両内を捜索した。アウクスブルクでは、警察官はユングの車両内を捜索したが、ユングを「逮捕」するという選択はしなかった。逮捕する代わりに、警察署への同行を求めた。そして、ユングがそれに同意したため、警察官は正式にユングの身柄を拘束する必要はないと判断した。ユン

グが捜査に協力することを決断したと警察は考えたのである。

アウクスブルクの警察署において、シュミット刑事は、ユングがライヒの襲撃に関与していたとの結論に速やかに到達した。そして、「嫌疑」がユングに「特定された」ため、ドイツ法に基づき、シュミットは、質問を継続する前にドイツ版のミランダ警告をユングに発しなければならなかった。ただ、ドイツ法はシュミットにユングを逮捕することは要求していなかった。ユングの警察署への滞留は依然として「任意」のものだったのである。シュミットがユングを「逮捕」して警察の留置場に収容することを決断したのは、質問が終了した後であった。

上記の2つの態様による逮捕をどのように比較すべきだろうか。アメリカ法は、逮捕の際に、警察官に、犯罪が行われ、容疑者――いま逮捕しようとしている者――がその犯罪を実行した者であると信じるに足る「相当な理由」があるとの判断を下していることを要求している。ドイツ法は、容疑者の身柄を拘束する際に、犯罪が行われ、容疑者が有罪であると疑うに足りる「強い理由」の存在を要求している。ドイツ法は、さらに、当該容疑者の身柄を拘束する一定の理由の存在を要求している。ユングの事件においては、シュミット刑事のこの「理由」は、犯行の詳細がいまだ解明されていなかったことと、ブラウンの身柄がそれまでに確保されていなかったことであった。

これらの基準は実際上どのような違いをもたらすだろうか。ドイツ法からのコメントが示しているとおり、逮捕の件数は、ドイツの警察によるものの方がアメリカの警察によるものよりも少ないことはほぼ間違いないところである。その最大の理由は、ドイツ法がアメリカの刑事手続では要求されていない2つの要素を要求していることにある。容疑者の身柄を拘束するために一定の理由がなければならないというドイツ法における要求についてはすでに述べた。ドイツ法においては、さらに、犯罪の重大性ないしそこで想定される刑との対比において、容疑者の身柄を拘束することが均衡を失することになるような場合には、容疑者の身柄拘束が禁止されているのである。

ドイツにおいて「逮捕」の数がアメリカよりも少ない3つ目の理由は、ドイツの警察が、しばしば容疑者を警察署へと「招待」することである。ユングがそうしたように、多くの者がこの「招待」に応じているのである。

しかしながら、両国における「逮捕」を比較することは、人が思うよりもずっと難しい。入り組んだ一連の定義上、用語上、翻訳上、さらには統計上の問題が、両国間の逮捕を比較しようと試みる者を困惑させ、混乱させる。アメリカ法においては、警察官と市民との間に3種類の異なる関わり方があることが認識されている。すなわち、(1)任意のもの、(2)対象者が何らかの犯罪活動に関係していると信じるに足りる「合理的な嫌疑」がある場合に警察官によって行われる捜査のための短時間――通常は10から15分以内――の身柄拘束、および、(3)逮捕――警察官が対象者に「あなたを逮捕します」と告げた場合、あるいは上述の「短時間」を超えて対象者の身柄を拘束した場合に効果を生じるもの――である。もちろん、事後的に審査の対象とはなるが、逮捕はほとんどの場合、裁判所の命令なくして行われる。「逮捕」は警察ないし裁判所が対象者を釈放するまで継続するため、身柄拘束を時間的にどの程度継続してよいかという問題が生じる。

ドイツ法においても3種類の警察と市民の関わり方があり、さらに、ドイツ法も、アメリカ法と同様に、身柄拘束をどれだけの期間継続することが許されるかという問題にも対処しなければならない。端的にいえば、以下のとおりである。

(1)任意のものは、概念としてはアメリカにおける上記第1の類型に類似するが、ユングの事件にみられるように、実際には、かなり異なっている。

(2)ドイツ法も、警察官の裁量による短時間の捜査のための身柄拘束を許容している。警察官が対象者の身元を確認しようとする場合には、そうした身柄拘束のために嫌疑の存在が必要となる。

(3)ドイツにおける第3の類型は、より長期間の身柄拘束である。ドイツ法において「暫定的」身柄拘束あるいは「仮の」身柄拘束と呼ばれるが、この身柄拘束を継続し得るのは、長くとも翌日の終わりまでである。

(4)それより長期に及ぶ身柄拘束には、裁判所の命令が必要となる。

適切に分析すれば、アメリカとドイツにおける身柄

拘束の諸類型の比較は、割と単純である。ドイツにおける第3類型の身柄拘束に含まれるもののほとんど、またはそのすべてがアメリカにおいては「逮捕」と呼ばれることになる。アメリカにおいて「逮捕」と呼ばれるもののほとんど、またはそのすべてが、少なくともその初期段階に関する限りにおいては、ドイツにおける第3類型に分類されることになるのである。

もっとも、翻訳上は、「逮捕（arrest）」という英語は、ドイツにおける第4類型の身柄拘束を表現するものとして用いられることが多い。その場合、第3類型の身柄拘束は、しばしば、「仮の身柄拘束（temporary detention）」と訳される。しかしながら、このような直訳は、誤解を生む可能性が高い。最大の問題は、こうした翻訳がなされる場合、ドイツにおける身柄拘束の類型と、それらに最も近いと考えられる英米における身柄拘束の類型とがうまく対応していないという点である。混乱の原因として2つ目に挙げられるのは、ドイツ法において「仮の」または「暫定的」と表現されるもの――「翌日の終わりまで」を意味する――が、アメリカ法において「仮の」――または「短時間の」――と表現されるもの――典型的には「15から20分以内」を意味する――と大幅に異なっていることである。ドイツ語を英語に翻訳する場合、優れた翻訳者はドイツの手続を英米の手続と対応させ、前者の名称の代わりに後者の名称を使用する。こちらの手法の方が直訳よりもずっと効果的である。本書のドイツ法に関する部分では、この意味での正確な用語が用いられているため、サクラメントの警察とアウクスブルクの警察の活動を比較することができるのである。これに対し、ドイツ法の用語が一般的なやり方で翻訳されている場合には、正確な比較は不可能である。

ある制度においていかなる種類の統計上のデータが収集されているかによって、その制度で何が重視されているかが示されることが多いということは、周知の事実である。アメリカにおいては、地方レヴェルおよび全国レヴェルでの逮捕の統計がとられている。ドイツにおいては、アメリカにおける逮捕に相当する第3類型の身柄拘束（仮の身柄拘束）については、いくらかの地方レヴェルでの統計はあるが、全国レヴェルでの統計はとられていない。ドイツにおいて全国レヴェルでの統計がとられているのは、裁判所の命令による身柄拘束（第4の類型の身柄拘束）についてのみである。

こうしたデータ収集の実務――および、後述する裁判所による審査の際の指針――は、アメリカにおいては、逮捕というものがドイツにおける仮の身柄拘束よりも重要な事項であることを示している。このことは、裁判所の命令による身柄拘束――全国レヴェルでのこの点についての統計はアメリカではとられていない――が、ドイツにおいてはアメリカにおけるよりも重要な事項であることを示している。こうしたデータ収集の実際はまた、ドイツ法からのコメントにおいて明示されている――ドイツの警察が逮捕する人の数は、アメリカの警察の逮捕する人の数よりも少ないという――見解を支える、両国間で完全に対照可能な統計は存在しないということも意味している。統計上可能なのは、アメリカにおける逮捕とドイツにおける裁判所の命令による身柄拘束を比較することだけである。しかしながら、これは、リンゴとオレンジを比較するに等しく、ある程度は有用であるにせよ、正確な比較のために必要な情報を提供することとはかけ離れている。それにもかかわらず、私は、ドイツにおけるよりもアメリカにおける方が逮捕の数が多いという点には賛同する。存在する数少ない実証研究、私自身の個人的な観察、辛うじて可能な大雑把な統計上の比較は、すべてこの方向を指し示しているのである。

アメリカにおける逮捕の数がドイツにおける逮捕の数よりも多いことについての説明として考えられる4つ目のものは、ドイツにおける第3類型の身柄拘束（仮の身柄拘束）――これが「逮捕」と等置される――についてドイツ法が要求している正当化事由の程度に比べ、アメリカ法において逮捕のために要求される正当化事由の程度が低いという説明である。本書のドイツ法からのコメントにおいては、「比較法の観点からすると」「相当な理由」が認められるためには「あまり多くの証拠は必要ではない」ことが示されており、そうした説明への傾斜がみられる。

ここでの重点が、アメリカ刑事司法制度においては逮捕のために必要とされる証明の度合いが有罪とするために必要とされるものよりも低いという点にあるとすれば、ドイツ法からのコメントは的を射ている。アメリカ法においては、有罪には「合理的な疑いを超える」証明――逮捕に必要とされる証明の基準よりもずっと厳格な基準――が必要とされているのである。アメリカの裁判所は、これまで一貫して、「相当な理由」「合理的な疑いを超える証明」のいずれについても何らかの統計上の確率を示すことを拒んできたが、合理

的な疑いを超える証明が、民事の裁判所における判断に際して用いられてきた51パーセント基準よりも相当に程度の高い証明を必要としているものと解されてきたことは確かである。他方、「相当な理由」の判断のためには、民事事件で用いられている基準で十分であること、また、大多数の裁判所は民事の裁判所において勝訴するために必要とされるよりもいくらか少ない量の証拠で満足していることも明白であるように思われる。

ドイツ法における証明基準がアメリカ法におけるそれよりも高度であることを主張する根拠としては、以下のようなものが考えられる。ドイツ法においては、「嫌疑」に3つの異なる範疇が設けられている。すなわち、通常の嫌疑、十分な嫌疑、そして強い理由である。これらの3つの範疇のうち、程度の低い方である「通常の嫌疑」は、捜索の要件となっている。次の範疇である「十分な嫌疑」は、検察官が公訴提起の判断をする際にクリアーしなければならない基準であり、かつ、裁判官が公判手続の開始の判断をする際にクリアーしなければならない基準である。「強い理由」は、第3類型の身柄拘束――アメリカ法における「逮捕」に相当するもの――の要件となっており、嫌疑に関する3つの基準のうち、最も程度の高いものである。「強い理由」は、裁判所が身柄拘束期間を延長する命令を出すか否かを判断する際に用いている基準でもある。第3章におけるユングおよびブラウンに対して発せられた身柄拘束命令についての記述をみても分かるとおり、ドイツの裁判所は、身柄拘束を命じるか否かを判断するにあたって前述の基準を適用する際には、慎重になる傾向がある。

しかしながら、ドイツの警察が容疑者の身柄を拘束する際に同様の基準を用いているというには、かなりの勇気がいる。文言上は警察が身柄拘束をする時の基準も裁判所が身柄拘束命令を出す時の基準と同様であることは確かである。ただ、それによって証明されることは、ほとんどないといってよい。警察は、身柄拘束の延長を主張する場合には、当然のことながら、裁判所に対し、裁判所の基準に従い、「強い理由」の存在を示さなければならない。しかしながら、多くの場合、警察は、裁判所に身柄拘束の延長の請求をすることなく容疑者を釈放する。こうした警察による釈放については、裁判所の審査の対象とはならないため、警察が容疑者の身柄を拘束した時点においてどれだけの証拠を有していたかをうかがい知ることは困難である。合衆国（連邦）最高裁判所が1961年にすべての州に対して逮捕、捜索・押収につき排除法則を適用することを命じるに至るまでは、アメリカの多くの州裁判所には、逮捕の適法性を審査する理由がほとんどなく、実際にもそうした審査はめったにされなかった。歴史上の事実は、そうした州においては、要件とされる法律上の基準を充たさない状態で逮捕がなされることも多かったということを示している。

アメリカ人からすれば、「強い理由」は、短時間の捜査上の身柄拘束の際に必要とされる「合理的な嫌疑」――それより高度の基準であり、逮捕の際に必要とされるものである「相当な理由」ではなく――に近いものに聞こえる。しかしながら、翻訳の場合はとくにそうなのであるが、フォーミュラにおける1つひとつの言葉遣いに重きを置くことは、危険である。必要なのは証拠に基づく――現段階においては存在せず、いくらかの正確さをもったものを開発しようすれば、きわめて大きな困難を伴うであろう――基準である。ドイツ法の文言においては、これを測るための唯一の、かつ大雑把な基準が示されている。ドイツ法によれば、現行犯あるいは現認後の継続的追跡を受けた者は、犯罪活動に従事している「強い理由」がある場合と同様に、暫定的に身柄を拘束され得る。ドイツにおける実証研究は、現行犯は、暫定的な身柄拘束を受ける者全体のなかで、かなり大きな割合を占めていることを示している。現行犯逮捕を受けた者は、同時に、アメリカにおける被逮捕者全体のかなりの割合を占めている。ブラウンもユングも現行犯で捕まったわけではないが、ユングは事件発生後間もない段階で身柄拘束されている。「現認後の追跡」と近似している状態ではあったが、そのものに該当するものではなかった。ただ、ユングの身柄拘束は、直接ブラウンの身柄拘束へとつながったのである。

結局、アメリカ法において逮捕のための「相当な理由」の存在を証明するために必要とされる証拠の量が、ドイツにおいて第3類型の身柄拘束の正当化のために必要とされるものよりも多いか、少ないか、あるいは同等であるか、ということについてのはっきりとした資料は存在しないといわざるを得ない。ただ、大雑把なものではあるにせよ、「現行犯」に関するデータによれば、両国における基準は類似していることがうかがえる。ブラウンについてもユングについても、両国の警察は、入手できた証拠の量が、2人の容疑者の身柄を拘束するに足るものであることを確信していたので

ある。

　大枠では、ドイツにおける逮捕に関する法はアメリカにおけるそれよりも優れていると考えられる。もちろん、逮捕に際して、ドイツ法においてアメリカ法よりも高度の証明が要求されているのか、より緩やかな証明で足りるとされているのか、同程度の証明が要求されているのかについては議論の余地がある。しかし、ドイツ法においては、アメリカ法では要求されない以下の２つが必要とされている。すなわち、(1)容疑者の身柄を拘束する特定の理由の存在、そして、(2)身柄を拘束することと、容疑者の犯したとされる犯罪および予想される刑との均衡である。

　ドイツ法では、刑事手続を開始するために必ずしも容疑者の身柄を拘束する必要はないということが賢明にも認識されているのである。アメリカにおいては、容疑者の逮捕という形で刑事手続を開始するに足る十分な根拠が存在するかどうかの判断が唯一のものであるのに対して、ドイツ法は、警察官に２つの判断を下すことを求めている。１つは、刑事手続を開始する十分な根拠があるかどうかの判断であり、もう１つは、容疑者の身柄を拘束する必要があるかどうかの判断である。もっとも、アメリカにおいて多くの警察機関で現に活用されており、本書でも第２章で触れた出廷通告の手続は、これと同じ問題を取り扱うものではある。

　ドイツ法において容疑者の身柄拘束が許容されるのは、その必要性がある場合に限られることからすれば、アメリカ法における容疑者の身体的自由の尊重の程度はドイツ法におけるそれよりも低いとする第４章のコメントに、賛同せざるを得ない。

2．公判前身柄拘束

　ドイツの刑事司法制度のもとでは、罪を犯したと疑われる者は必ず逮捕されるというわけではないため、被拘束者の数および性質は、アメリカのそれとは異なっている。いずれの国においても、重大な犯罪の嫌疑のある者であれば、その多くが身柄を拘束される。アメリカの警察は、嫌疑の対象がそれほど重大ではない犯罪の場合であっても、かなりの数の者を逮捕するので、アメリカの公判前身柄拘束の制度は、そうした被拘束者をも取り扱わざるを得ない。こうした相違が、両国間における身柄拘束された容疑者の取扱いを比較することを困難にしている。両国における刑事司法制度が、互いに極端に異なる数および種類の容疑者を対象としているため、各制度の直面する問題を、完全に比較対照することはできないのである。

　最も重大な部類に属する事案を除けば、ドイツ法もアメリカ法も——アメリカにおいては合衆国（連邦）憲法修正８条、ドイツにおいては刑事訴訟法典——法廷への出頭を条件に容疑者の身柄を解放するという強い志向を内包している。しかし、そうした志向にもかかわらず、両国においてブラウンは身柄を拘束された。アウクスブルクの裁判所は真正面からそれを肯定した。身柄拘束に関する審理において提出された証拠を検討した後、ベック裁判官は、ブラウンを釈放すれば、逃亡し、証拠を隠滅する危険があると判断した。この認定は、法定された身柄拘束の要件を充たすものであったため、裁判官は、ブラウンの身柄拘束を命じたのである。ただ、裁判官は、保釈金額の設定はしなかった（これに対し、ユングについては最終的には設定した）。

　カリフォルニア州法もまた、アウクスブルクにおいてベック裁判官がしたように、裁判所が保釈条件などを付さず、釈放を拒絶することを認めている。しかしながら、そうした判断をするためには、ドイツにおける厳格な基準よりもさらに厳格な基準が充たされなければならないことになっている。サクラメントにおける警察も検察官も、裁判所にこの権限を行使することを求めなかった。警察も検察官もサクラメントの裁判所が設定した保釈条件一覧表の内容を熟知しており、ブラウンの身柄拘束の問題については、彼がその金額の保釈金を支払うことができるかどうかによって決着させることで十分であると判断していたからである。仮に警察・検察がブラウンの身柄拘束を確たるものにしたかったのであれば、保釈金の額を引き上げるよう裁判所に請求していたはずである。そうした措置をとる方が、ブラウンの身柄を保釈条件なしで拘束しておくよう試みるよりも、ずっと簡便だからである。そして、ブラウンは保釈条件一覧表において要求されていた額の保釈金を払うことができず、身柄拘束状態は維持された。他方、サクラメントの裁判所も、アウクスブルクの裁判所も、ユングについては、その身柄の釈放を許した。

　アメリカにおける公判前釈放の制度は、以下の点において、市民の自由をドイツにおけるそれよりも保障しているものと考えられる。ほとんどの州において、告発がなされるまでの捜査段階における身柄拘束は、

きわめて短時間に限定されている。例えば、カリフォルニア州においては、逮捕された市民は2日以内に裁判所に引致されなければならない。その裁判所への出頭までに検察官が告発をしていなければ、容疑者は釈放されなければならない。警察は捜査を続けることができるが、容疑者の身柄は自由でなければならない。「単なる疑い」に基づく逮捕は、古くから、忌むべきものと考えられてきたし、市民に対し、告発の可能性の有無も分からないまま捜査段階で長期の身柄拘束の受忍を強いることは、その基本的権利の剥奪となると解されてきたのである。

ブラウンのアウクスブルクにおける告発前の長期の身柄拘束——3月21日から5月10日まで——は、カリフォルニア州法のもとでは違法となっていたかもしれない。しかしながら、カリフォルニア州法の主たる目的は、アウクスブルクでは身柄拘束に関する審理によって達成されていたであろう。ドイツ法は、2日間を超えて身柄を拘束された者についてはすべてこの審理を行うことを要求している。アウクスブルクにおいてベック裁判官の発付した身柄拘束命令に記載されていた犯罪事実は、その約1か月後の5月10日に提出された「起訴状」の形式は備えていなかったにせよ、ブラウンに訴追の内容を告知するには十分なものであった。ベック裁判官はまた、ブラウンの身柄拘束の適法性も審査したのである。

3. 捜索・押収

ドイツ法からのコメントは、アメリカにおける逮捕に関する法よりもドイツにおける逮捕に関する法の方が身体の自由をよりよく保障しているとする一方で、アメリカにおける捜索・押収に関する法の方が、とくに住居の捜索の点において、個人のプライヴァシーをよりよく保障するものであるとしている。しかしながら、同コメントは、アメリカにおける身体捜索に関する諸原則については、批判的である。同コメントは、身体捜索に関しては「ほとんど制限が存在しない」として、連邦裁判所および州裁判所の多くにおいて採用されている被逮捕者の身体を自動的に捜索することを許容するルールに矛先を向ける。

ドイツ法からのコメントが指摘するように、アメリカ法においては身体の捜索よりも住居の捜索の方にずっと多くの制約が設けられているということは、確かである。例えば、サクラメントにおいては、ブラウンのアパートの捜索のために、警察は令状——「相当な理由」に基づく——を裁判官に請求するというきわめて慎重な手続を踏んでいる。しかしながら、ユングの逮捕後は、警察が身体および自動車の内部を無令状で、しかも被疑事実に関する証拠を発見し得ると信じるに足る「相当な理由」なく捜索しているのである。

もっとも、アメリカの警察は、市民を自らの希望に応じていつでも捜索してよいという白紙委任状を手にしているわけではない。何らかの特別なルールが適用される場合を除けば、身体の捜索には、家屋の捜索と同様に、相当な理由および令状の双方が必要とされるのである。例えば、交通切符を発付するために市民を停止させる場合や、軽微な犯罪に対する出廷通告を発しようとしている場合には、一般的な捜索の要件を充たさない限り、捜索を行うことはできない。何らかの犯罪活動との関連性の有無を確認するために市民の身柄を短時間拘束することが許容される要件としての「合理的な嫌疑」があると考えている場合でさえも、警察は市民の身体を捜索することは許されない。凶器の所持の有無を確認するために着衣の外表を軽く叩くことさえも、容疑者が凶器を所持しているため危険であると信じるに足る特別な理由（「合理的な嫌疑」）がない限りは許されないのである。

警察が容疑者を逮捕する場合、修正4条——州および連邦による逮捕、捜索・押収のための基準を設定する合衆国憲法の条項——に抵触することなく、その身体を捜索することが許される。警察官の身体の安全を護り、証拠破壊を防止するため、同条は、そうした捜索を許容しているのである。このルールは、軽微な犯罪で、破壊されるべき証拠も存在せず、警察官の身体の危険もさほど存在しない場合であっても、適用される。合衆国最高裁判所は、事件ごとに警察官に自らの身体または証拠破壊の危険を計算することを要求する段階的なルールよりも、「明確な」ルールを有している方がよい旨を述べている。

従来は、カリフォルニア州は、連邦裁判所の採用するこのルールに従ってはいなかった。修正4条で保障されているよりも弱い権利を市民に保障することは許されない一方で、ほかの州と同様にカリフォルニア州も、市民に対して修正4条で保障されているよりも強い権利を保障することは許される。そこで、従来は、カリフォルニア州は、前述のような連邦におけるルールに従うのではなく、それぞれの事案において問題となる危険に基づき、警察官に逮捕に伴う捜索の必要性

を評価することを要求するという形で、市民により強い権利を保障していた。しかしながら、この従来のカリフォルニア州のルールのもとでも、やはりサクラメントの警察官にはユングの身体および自動車の内部を捜索する権限が認められていたであろう。ユングの逮捕の基礎となった事実は重大な犯罪に関するものであった。ある男性が、その住居内で暴行を加えられ、その際に、凶器が使用された可能性もあったのである。いずれにせよ、こうした類の罪を犯す者は、凶器を所持していることが多いのである。

凶器を所持している者が少ないと考えられるアウクスブルクにおいても、警察はユングの身体を捜索し、警察署に同行する際には、ユングが警察官らを攻撃したり、逃亡したりしないように警察官をその傍らに配置した。アウクスブルクの警察が、その正式な権限の行使により捜索したのではなく、ユングの「承諾」に基づいて身体を捜索したのは確かである。しかし、警察にもユングにも、「承諾」がなければ、結局は警察がその正式な捜索の権限を行使して身体を捜索するであろうということが分かっていたのである。

合衆国最高裁判所の「明確性」アプローチは、逮捕に伴う捜索を正当化するために同裁判所が援用している各種の目的の射程を超えていることは明らかである。しかしながら、このアプローチは、明確性という利点を有しており、アメリカにおいては、交通法規その他の違反を理由として停止を求められた者の「承諾」に基づく捜索の場合——数としてはこちらの方がずっと多い——と比較しても、このアプローチによった方が濫用の問題が生じることがきわめて少ないのである。ドイツの警察が承諾捜索を広範に使用していることに鑑みると、ドイツにおいては承諾捜索に伴う問題が全く生じていないとすれば、それは驚くべきことであろう。

4. 警察による取調べ

ドイツにおいてもアメリカにおいても、市民に自己負罪を強制することを禁止する原則がある。そして、いずれの国においても、この原則は裁判所だけでなく警察署においても作用する。いずれの国においても、この原則は、拷問などによって獲得された証拠の排除を要求する。

この原則によって体現されている基本原理は、ある市民によって警察その他の国家権力に対してなされた供述は、それがいかなる内容のものであれ、不当な圧力によってではなく、その者自身が供述することを選択したためになされたものでなければならないというものである。その供述は、強制されたものではなく、「任意の」ものでなければならないのである。

この人間の尊厳に関わる基本原理を護るために、いずれの国においても、警察その他の国家権力による質問の対象となる可能性のある者に対して、警告がなされなければならないことになっている。合衆国最高裁判所は、容疑者に対し、警察は、黙秘をする権利があること、発する言葉はその不利益に用いられる可能性があること、弁護人に依頼する権利があること、金銭的な理由で弁護人を選任することができない場合は、公費で弁護人が付与されることを告げなければならないとした。これが、ミランダ警告である。ミランダ警告は、警察が逮捕された容疑者に質問をしたいという場合には、常に発せられなければならない。他方、この警告は、容疑者が逮捕されていなければ、なされなくてもよいとされている。

ドイツにおいても、容疑者に対しては、黙秘権があることや弁護人に相談する権利があることが告知されなければならない。この警告は特定の容疑者に警察がその嫌疑を集中させるに至った場合には常に発せられなければならない。特定の容疑者に警察がその嫌疑を集中させ始めたならば、当該容疑者が逮捕されているかどうかにかかわらず、警察はこの警告を発しなければならないのである。かくして、ドイツにおいては、アメリカであれば警告が不要とされるような場合においても、それが必要とされているのである。

例えば、サクラメントでは、警察はユングを逮捕し、警察署に引致した。そして、質問を開始する前にミランダ警告を発した。しかしながら、仮にサクラメントの警察がユングを逮捕しないという選択をし、ユングが——アウクスブルクでしたのと同様に——任意で警察署にやってきていたのであれば、逮捕されていない以上は、警察はミランダ警告を発する必要はなかったであろう。他方、アウクスブルクの警察は、明らかにユングに嫌疑を当てていたため、警告を発する必要があったのである。

検察官が正式に容疑者を告発すれば、アメリカ法における身柄を拘束されていない容疑者に関する規制は、ドイツ法におけるものよりも、さらに厳格となる。

容疑者が自ら会話を始めない限り、警察はおよそ質問することはできない。容疑者が会話を始めたならば、警察は、質問を開始する前にミランダ警告を発しなければならない。これらの規制は、正式に告発されたすべての容疑者——身柄を拘束されているかどうかを問わない——に適用され、合衆国憲法修正5条の自己負罪拒否特権やミランダ・ルールではなく、修正6条の弁護権に基づくものである。

証人が逮捕された場合——そうしたことが起こるのは稀であるが——にのみ、アメリカ法は、捜査の過程において質問を受けている証人にも前述の警告を発することを要求する。この点に関しては、ドイツ法もよく似ている。証人に嫌疑が当てられた場合においてのみ、警告が必要とされる。ドイツの警察は、嫌疑の「特定」を回避するために一切の結論を出すのを遅らせ、そうすることにより、必要な警告を発することなく、将来容疑者となり得る者に質問し続けることを可能としているのではないか、と主張する者もいる。

II. 公判前手続

1. 証拠開示

アメリカとドイツの刑事法体系における最も対照的な事項の1つは、弁護側に訴追側の証拠がどこまで開示されるかに関係する。最初の刑事訴訟法典が施行された1879年以来、ドイツにおいては、確かにいくらかの例外もあるが、弁護人に訴追側の記録すべてを閲覧する権利が認められてきている。1960年代においては、ドイツではその例外の範囲が狭められた。一方、今日でもアメリカにおける多くの州では弁護側に訴追側の記録のすべてを閲覧する権利は認められていない。伝統的なコモン・ローにおいては、公判まで、訴追側には証拠を開示することが要求されていなかった。起訴状に訴追側の証拠についてある程度の情報が含まれていたし、1800年代初頭を過ぎたあたりからは、予備審問の段階においても何らかの情報を得ることができたのである。しかしながら、訴追側は、入手し得た情報を開示する一般的な義務を負ってはいなかった。アメリカにおける改革者たちが民事事件においては公判前の段階で両当事者に相互に手持ちの証拠を開示させることに成功した1930年代になっても、この新たなシステムを刑事手続に適用することには強い抵抗があったのである。

民事手続におけるこうした重大な変化は、両当事者の側がいずれも証拠を開示しなければならなかったという点で、公正であると目された。しかしながら、この新たな制度を刑事事件にも適用することについては、抵抗する者も多かった。訴追側が被告人側よりも多く開示することを求められるようになるからである。検察はさらに、証拠開示は被害者および証人の威迫の可能性を高めると主張した。ただ、刑事事件においても民事事件の場合と同様にすべての証拠を開示するよう被告人側に求めたとしても、相互性の問題は解消されない。被告人は、憲法上保障された自己負罪拒否特権を有しており、被告人側証拠の全面開示による解決は、憲法違反となり得る。カリフォルニアを含むいくつかの州では、証拠開示が公正と効率性を促進するとの確信に基づいて、訴追側に証拠の開示を命じている（それと同様の形で被告人側に開示を求めることはできないが）。その結果、サクラメントのボッシュ弁護人は、検察側の主張内容を検討するにあたっては、問題は少なかった。

しかしながら、ほとんどの州は、一方当事者のみに開示を義務づけることを拒否した。合衆国最高裁判所が無実を示唆する訴追側の証拠の開示を要求し、各州はこれに従ったが、はじめのうちは、それ以上のことを求める州はほとんどなかった。今日では、ほとんどの州が両当事者に、公判前に証人の氏名を開示することを求めており、また、多くの州が、被告人側に、公判においてアリバイの抗弁を主張するつもりがあるかどうかを開示するよう求めている。被告人側からも開示がなされることを訴追側の開示の条件としている州もある。ただ、被告人自身に訴追側に対して情報を与えさせるためにこの手続を利用することを企図している州は、1つもない。

刑事手続において、アメリカとドイツの制度の違いをこれほどまで明確に表している分野は、おそらくほかにないであろう。証拠開示は、被告人側よりも訴追側に多くのことをするよう求めるものであるため、多くの州は、当事者主義を理由に、これに消極的であった。他方、職権主義では、当事者よりも事件そのものに焦点が当てられるため、ドイツにおいては、何の躊躇もなく、訴追側および裁判所に事件の記録のすべてを開示することが命じられてきた——被告人側は何ら開示を要求されないにもかかわらず——のである。

ドイツにおける開示手続は、公正さおよび効率性の両方の点において、アメリカのほとんどの法域における開示手続よりも優れている。

2．「流れ作業型司法」対「個別取扱型司法」

　アメリカとドイツの刑事司法制度間における最も重要な相違の1つは、個別事件の取扱いについて両国において採用されているアプローチの点に存する。アメリカにおける典型的な――サクラメントで採用されているような――刑事司法制度は、大雑把で定型的な手続であり、これは、ドイツにおける、より個別的な取扱いと比較すれば、流れ作業型司法の一種ともいえる。サクラメントとアウクスブルクでは、この相違は公判前手続においてとくに顕著に現れる。

　ライヒ宅での事件についての警察の捜査は、サクラメントにおいてもアウクスブルクにおいても、はじめの数日間に関しては、きわめて類似している。しかしながら、犯罪発生からまだ3日も経過していない3月23日の朝早く、サクラメントのシュミット刑事は地方検事局に捜査記録を提出している。捜査上の争点で未解決のものもあったが、シュミットは、それまでに入手できた情報によってブラウンを告発することは十分可能であると考えたのである。一方、アウクスブルクの警察は、より慎重なアプローチを採用し、捜査が完結するまで待った。アウクスブルクの警察は、ブラウンについての一件記録を4月14日に提出したが、この記録は、シュミットがサクラメントの検察に提出した大雑把な記録よりもずっと完成度の高いものであった。

　同様の相違は、起訴の手続においてもみることができる。サクラメントの検察は、シュミット刑事が捜査記録を提出したまさにその日の午前中に、ブラウンを告発している。これに対し、アウクスブルクのシュレーダー検察官は、5月10日――一件記録を受理してから25日を経過した後――に公訴を提起している。この日までに、サクラメントであれば、すでに4つの裁判所における審理が行われていることになる。

　多くのアメリカの都市においてそうであるように、サクラメントの地方検事局および公設弁護人事務所は基本的に「横断的な」やり方に依拠している。手続の進行に応じて当該事件を担当する検察官・弁護人を次々と替えていくことは、各受渡し段階における情報の損失を招くが、両機関とも、事件ごとに担当者を割り振るアプローチよりも効率的であると主張する。両機関とも、「横断的な」やり方によってより多くの事件を取り扱うことが可能になると確信しているのである。これに対し、アウクスブルクにおいては、ある事件について、そのはじめから終わりまで1人の検察官が担当し、ボッシュ弁護人は、シュヴァルツ裁判官によって――ブラウンのような性格の者の取扱いが可能なのは、ボッシュのような経験豊富な弁護人であると考えられたため――直接指名されている。

　また、アメリカにおいては、法域によっては、効率性を増すために一定の手続が付加されている。サクラメントの裁判所と地方検事局は、最初の出頭と予備審問――カリフォルニア州法で要求されている2つの手続――の中間に、明確に答弁取引を奨励するように設計された第3の手続を付加している。この第3の手続の前に行われる非公式の協議においては、検察側が、被告人側に対し、提示し得ると判断したもののうち被告人に最も利益な申し出を提示する。検察側は、もっと後の段階まで有罪答弁を提出するのを待つならば、刑が重くなることを弁護人に伝える。検察官と弁護人がユングの答弁取引をとりまとめたのは、この第3の手続の前に行われる協議の際にであった。アウクスブルクにはこれに類似するような手続は存在しない。

　これらの例およびここで援用し得るその他の例に照らすと、手続の早い段階においては、ドイツの制度の方がかなり個別的であることは明らかであろう。アメリカの制度がドイツの制度と同じ程度に慎重かつ個別的であると主張し得るのは、量刑および公判についてのみである。

　この流れ作業型アプローチによって実現される正義の質を正しく評価することは困難である。ドイツの制度において実現される正義の質と比較しようとするならば、なおさらである。アメリカにおける流れ作業型アプローチが、その主たる目的――比較的迅速な手続で訴追された事件を、高い割合で解決すること――を達成するのに成功していることは明らかである。

　議論の余地はあるものの、アメリカの制度は、刑事司法資源を、重大な事実的・法的問題点が含まれる事件に割り当てることに成功しているようにみえる。この観点からは、有罪答弁は、比較的容易な事件を解決し、より重大な事件に注意を向けさせるという点で、ある種の選別手続として機能することになる。

　アメリカにおける個々の事件についての裁判所の判断の質もまた高い――完全な公判を経て裁判所によって下される形式的な判断よりも、問題となっている事

件の現実を反映している実践的な妥協的判断の方が正当な場合が多い——と主張されることもある。そうした主張をする者は、検察官および弁護人が双方ともに優れた法律家である場合には、このことがとくに妥当するという。

しかしながら、アメリカの流れ作業型司法は失敗作である——この司法は、誰にもよい結果をもたらさない——と述べる者もいる。貧困者や虐げられている人々に肩入れする者は、この制度では無実の被告人が有罪の答弁を強制されるか、そうするよう誘導されるという。犯罪や社会秩序を懸念している者は、有罪の被告人があまりに軽い刑で済まされてしまうと主張する。

より慎重かつ個別的なドイツの制度では、取引的要素が含まれる度合いが低いため、前述のような批判の対象になることは比較的少ない。しかしながら、ドイツの制度は、つぎ込み得る資源のうちのかなりの量を、そこまでの慎重な取扱いを必要としない事件につぎ込んでしまっていると主張することは可能であろう。資源を比較的容易な事件——例えば、アウクスブルクのブラウンの事件のような事件——にもつぎ込む方がいいのか、アメリカにおける有罪答弁やドイツにおける略式命令手続のような簡略化された手続を利用する方がいいのかは、かなりの程度まで、見方次第である。どちらの国においても、一般市民は公判（正式事実審理）を好む傾向にある。というのも、公判の方が、可視性があり、単に正義を実現するのみならず、正義を実現しているような外観を伴うからである。しかしながら、どちらの国の制度も、より簡略化された手続に向かって——より困難な事件に資源をつぎ込むことを志向して——これまでにかなり長い距離を移動してきている。この点においては、ドイツの制度よりもアメリカの制度の方がずっと先まで進んでいるが、前者もその差を急激に縮めてきているようにみえる。

Ⅲ．公判

1．事実認定

アメリカでは、公判において事実を認定するのは陪審である。ドイツでは、これとは異なり、重大な事案については参審制度が、軽微な事案については職業裁判官制度が、それぞれ事実認定のために活用されている。ドイツでは、1879年から1924年までは軽微な事案については職業裁判官と参審が、重大な事案については陪審が活用されていた。

アメリカでは、陪審は個人の自由を国家権力から護るという目的に資する、いわば自由の砦と目され、崇拝されている。陪審制度はまた、アメリカにおいては、証拠が対立し、複雑であることの多い訴訟において事実を認定する高度に実際的な手段であると考えられている。アメリカでは、裁判官の公正さと廉潔性も高く評価されているが、被告人が有罪であるか否かといった問題について判断する陪審の集団的知見への信頼はそれよりもさらに大きいとされている。誰が嘘をついており、誰が真実を述べているのかを判断するという役割には、一般市民の方がずっと適していると信じられているのである。陪審員は、各自が異なる社会的地位にある者であり、職業的な接触や、中流階級の上層部分との接触に偏りがちな裁判官よりも相当に幅広い経験を有している。例えば、ブラウンに対するサクラメントでの公判において、最終的にそこから陪審が選任されることになった母集団には、職業、人種、社会的階級、性別および年齢の多様な組み合わせが含まれていた。3人の候補者には娘がおり、1人の候補者にはコカイン中毒患者の息子がおり、そして警察官の親戚がいる候補者も1人いた。陪審員長は、元教師であった。

ドイツにおける伝統はこれとは異なる。ドイツでは、何世紀もの長きにわたり、刑事事件において事実を認定してきたのは、職業裁判官であった。しかしながら、フランス革命後の民主化および改革の大きな波のなかで、ドイツの諸州において——さらには、その後の1877年のドイツ刑事訴訟法典において——比較的重大な犯罪について陪審制度が導入された。ただ、陪審は、ドイツの制度のなかに完全に根づくことはなく、1924年には経費節減措置の一環として廃止された。擁護する者もいないわけではなかったが、陪審は、常に批判の的となっていた。その一因は、陪審が本質的に、危険を内包しており、誰に対しても明確な責任を負うものではないからであった。陪審は時に有罪である者を無罪とする。これに対し、裁判官は、訓練を受けた職業人——平等で、予測可能な形の正義をもたらす者として信頼できる官僚——である。仮に市民参加が有用である——訴訟を正当化するため、あるいはその他の形で——としても、多数の一般人に判断を委ねるよりも、数名の市民を職業裁判官とともに審理に加わらせる方が好ましい。職業裁判官とともに裁判に参加するために選任された市民が、事実を認定するのに困難を伴う場合には、裁判官が彼らを指導し、援助することができるであろう。ブラウンのアウクスブル

クでの公判においては、2人の職業裁判官——経験豊富なシュヴァルツ裁判官と、彼より若い女性裁判官であるホフマン裁判官——が審理に関与した。また、4年ごとに更新され、非常に多くの候補者を掲載している候補者名簿のなかからくじで選出された2人の素人裁判官も審理に関与した。

どちらの伝統がよりよい結果を導くかについて、どちらかに軍配を上げようとするのは愚かなことであろう。双方の主張に、それ相応の真実があるからである。法廷で毎日審理に関与している職業裁判官は確かに事実認定の専門的な技能を身に付ける。同じような話を繰り返し聞いているため、問題の核心に直ちに切り込むことができることも多い。その職業的な訓練や経験に基づき、裁判官は時に自身の偏見を超え、素人裁判官にはない公平性をもって状況を観察することもできるかもしれない。

しかしながら、職業裁判官には、事実認定の手続において不利な点もある。同じ話を繰り返し聞いていることによって、裁判官は感性が鈍磨してしまうことや、シニカルになってしまうことがあり得るため、新鮮な感性をもって当該問題点に取り組む者と比べて、個々の事件のニュアンスや特殊性を理解する能力が劣っているという可能性もあるのである。しかも、事実の認定に際して専門性がどれだけ助けになるかという点に関しては、過大評価されがちであるということもある。裁判官は、法律の専門家として訓練を受けているのであり、事実認定者として訓練を受けているわけではない。

陪審にも一長一短がある。サクラメントでの陪審による評議が示しているように、ほとんどの陪審員は、その使命を真面目に受け止め、きわめて良心的である。サクラメントにおける2つの陪審のように、たいていの陪審は、広範な人生経験と専門性をその内に含んでいる。こうした経験や専門性は、陪審が下さなければならない判断に関連性をもつことが多い。一方、陪審は、同時に、感情や偏見によって動揺させられることもあり得る。ブラウンに対するサクラメントでの公判においては、検察官も弁護人も、極度に感情に訴えるようなことはしなかった。事実を主張することに専念し、相手方の主張の弱点を指摘することを狙いとした。しかしながら、シュレーダー検察官は、陪審を憤激させようとすれば、そうすることもできた。すなわち、ライヒの傷害や、反抗するすべを知らない老人に害を与えることを選択した加害者の卑劣さに焦点を当てれば、検察官は陪審を憤激させることに成功していたかもしれない。検察官と弁護人は、主たる争点について陪審を混乱させることもできる。陪審は、その判断の理由を明示しなくてよいことになっているため、事実上、望むならば、法に反する形で事件を処理することもできるのである。

たいていの事件においては、事実認定に関するこのような2つの手法は、似通った結論を導く可能性が高い。アメリカにおける研究の示唆するところによれば、アメリカの裁判官は、非常に高い割合で、陪審の判断に同意する。「非典型的なアメリカの公判」においては、陪審はブラウンを有罪とした。アウクスブルクでの公判においては、公判が終了する前にブラウンが自白している点で、サクラメントでの公判の場合とは異なるが、仮に自白がなかったとしても、ドイツの裁判所が有罪と判断していた可能性はきわめて高い。少なくとも、ブラウンの弁護人はそうなるであろうと考えていた。これら2つの事実認定手法が異なる結論を導く比較的少数の事件においては、陪審の判断は被告人の利益に下される可能性が高い。このことは、かつてのドイツにおける陪審に対する主要な批判の1つであったし、裁判官と陪審の判断を比較したアメリカにおける研究の示しているところでもある。

2．真実の発見

ドイツ法からのコメントも述べているように、アメリカとドイツの制度の双方において、真実を発見し、正しい判決を言い渡すことが目指されている。もっとも、ドイツの制度についてのやや誇張された説明においては、アメリカの制度についてのそれに比べ、ずっと真実の発見が強調される。国際的な議論においては、アメリカ人は真実の発見よりも個人の権利を重視するということが語られる傾向にある。しかしながら、アメリカ国内においては、アメリカの刑事司法制度において真実発見というものが果たすべき役割について、かなり議論があるのである。

アメリカ人の多くは、アメリカ法においても、真実発見が現在よりも大きな役割を果たすべきであると主張する。一般的にいえば、こうした方向で議論をする者は、たいてい、裁判所が警察に対して使用している統制手段——とくに、排除法則——の縮小や廃棄を求めている。そうした統制手段は、警察に手錠をかけるに等しく、犯罪者だけに利益をもたらしていると主張

するのである。

　いくつかの点は明らかであるように思われる。アメリカの制度もドイツの制度も真実を追求しているが、どちらの制度も、いかなる犠牲を払ってでもそれを追求しようとしているわけではない。中世の糺問主義および近代の独裁主義のもとでは、真実発見のために拷問が意図的に使用されていた。当事者主義および近代の職権主義においては、拷問の利用は拒絶されている。拷問の利用が拒絶されるのは、熟練した者によって拷問が用いられたとしても真実の発見に役立つことがあるとはいえないからではなく、むしろ、人間の尊厳をそれに対する重大な侵害から護ることが、個別の事件について真実を発見することよりも大きな価値をもつからである。

　刑事手続において真実発見をどれだけ強調するのが適切かという点に関する議論は、実は、価値観に関する議論である。個々の事件の公判において真実を発見することよりも、警察が法を遵守することを保障する方が重要だろうか。合衆国最高裁判所は、警察が憲法を遵守することが——たとえそのことで真実を発見するのがより難しくなったとしても——重要であると何度も述べてきた。一定の状況においては、ドイツの裁判所もまた、警察は法を遵守しなければならないという要請に、より優先的な地位を認めている。ドイツの裁判所は、それ以外の状況においては、警察の活動の適法性確保の必要性は真実発見の必要性と比較衡量されなければならないとしている。

　もっとも、警察による法の遵守の保障は、両国の制度が、時に真実発見を阻害することを認めている唯一の価値ではない。例えば、アメリカ法もドイツ法も、婚姻関係をきわめて高度に尊重しており、配偶者の一方は、他方に不利益な証言をしなくてよいとしている。このこともまた、真実発見を阻害する。しかしながら、この分野においては、ドイツ法の方が——この保障を配偶者間だけでなく親族間にも拡大することによって——アメリカ法よりも多くの証拠を排除しているのである。

　以上のことは、双方の制度において、真実発見に関してなされている誇張的な説明の多くは、誤解を生む可能性があるということを示している。そうした説明は、絶対的かつ恒久的な価値——すなわち、真実——を強調する。しかしながら、どちらの制度もそれ以外の価値の存在を認めているため、そうした説明は、そのとおり実行するというよりも、その実現を目指すことを約束するものとなる。つまり、真実発見についての説明が意味するのは、結局、その説明をする者——あるいは、その制度——が、そこで問題となっているほかの価値よりも真実を尊重しているということだけなのである。様々な排除法則が、複数の価値の間に序列を作るということをはっきりと認めたならば、この論争はより明確なものとなろう。排除法則は、ある制度における価値を支え、実現するために利用可能な唯一の手段ではない。しかしながら、当然のことではあるが、アメリカとドイツの双方において、排除法則はその重要な手段として扱われている。ある制度において、親族間での会話に関する証拠を許容しつつ、警察の違法行為によって獲得された証拠を排除するならば、その制度における価値相互の優先順位は、(1)警察の違法行為の縮減、(2)真実、そして(3)親族に関する価値ということになる。逆に、ある制度において、警察の違法行為によって獲得された証拠が許容されながら、親族間での会話に関する証拠が排除されるならば、その制度における価値の優先順位は、(1)親族に関する価値、(2)真実、そして(3)警察の違法行為の縮減ということになる。

　サクラメントにおいて、警察はブラウンの職場のロッカーのなかからコカインを発見した。サクラメントの裁判所は、警察が令状の発付を受けていなかったことを理由に、この証拠を排除した。サクラメントの裁判所は、以前の隣人がかつてハインツ——検察側の重要証人の１人——は「こうもりと同じくらい視力が弱い」と述べていた旨のブッシュの証言も排除した。裁判所は、この証拠が伝聞であるとの検察側の主張を採用したのである。被告人側が、以前の隣人自身を法廷に呼んでいれば、その証言は証拠として許容されていたはずである。アウクスブルクにおいては、裁判所は重要な証拠は一切排除しなかった。他方、仮にユングとブラウンが同棲しているだけでなく婚姻関係にあれば、ユングはアウクスブルクの公判においてブラウンに不利益な証言をすることを拒むことができた。そうなっていれば、ブラウンに不利益な証拠のうち、最も重要な証拠のいくつかを排除することになっていたはずである。殺人または児童虐待という、家族内で頻繁に行われる犯罪の事案について、こうした類の証拠をドイツではどれだけ排除しているかを知ることができれば、大変興味深いであろう。

3．有罪判決のために必要とされる証明の程度

　刑事裁判において被告人を有罪とするためには、アメリカ法においては、「合理的な疑いを超える証明」が必要とされる。この要件は、これまで長きにわたり、合衆国憲法修正5条および修正14条において保障されている適正手続の一部を構成するものと考えられてきている。

　ドイツ法からのコメントが説明しているように、ドイツ法には、「疑わしきは被告人の利益に」判断するという不文の原理が含まれている。同コメントは、結局は、この原理が、「証拠の自由な評価」を要請する原理（自由心証主義）とあいまって、アメリカにおける「合理的な疑いを超える証明」基準と似通った基準となっていることを示している。

　本当にそうであるかどうかを判断することは困難である。この問題についての信頼し得る研究は存在せず、フォーミュラの文言のみを参考にして多くを語ることもできない。ドイツにおけるフォーミュラ――「疑わしきは被告人の利益に」――は、「合理的な疑いを超える証明」よりも、むしろアメリカにおける民事上の証明基準――「証拠の優越」――に近いもののようにも聞こえる。しかしながら、「相当な理由」についての議論が示しているように、証拠の量に関するフォーミュラは、日常の実務において必要とされる証拠の量についてはほとんど何も語らないに等しい。合衆国内においても、「合理的な疑いを超える証明」基準は、どこに行っても同じということはない。それぞれの地域に独自の法文化が存在し、基本的な証明基準の変形が用いられているのである。その変形が基本的な基準からあまりに乖離する場合には、上訴審が被告人に不利益な評決を維持する証拠が十分でないと判示して、最低限の基準の維持を求めることになる。

　アメリカ法の観点からは、ドイツ法において「疑わしきは被告人の利益に」基準についての明文規定がないことは、ドイツではそれがあまり重視されていないことの証左である、と主張したくなるかもしれない。ドイツの制度は、きわめて詳細かつ体系的な刑事訴訟法典にかなりの程度まで依拠しているため、一見すると、こうした主張に説得力があるようにもみえる。しかしながら、この種の演繹的な主張は誤りであろう。確かに詳細ではあるが、ドイツ刑事訴訟法典も刑事訴訟におけるすべての局面にわたって完全な規定を設けているわけではない。「疑わしきは被告人の利益に」の基準は、長年にわたる段階的な歴史的発展の産物であるため、今日では広くドイツ法における基本原則の1つとして認知されている。アメリカ法の観点からすれば、「疑わしきは被告人の利益に」は、いかにしてドイツの裁判所が――長年妥当してきた原則あるいは新たに出現してきた概念を引きつつ――「公正」についての基本的な基準を確保しようとしてきたかを示す多くの例のうちの1つのようにみえる。こうしたドイツの裁判所の行いは、多くの点で、これまでアメリカにおいて最高裁判所が行ってきたことと類似するように思われる。

　これらの2つの基準の比較に関する限り、最終的に参考とし得るのは、印象――誰もが非常に多くの予断を抱いた状態で観察に臨むことからすれば、きわめて疑わしいもの――しかない。ドイツの様々な場所で30ほどの事件について公判を傍聴し、O. J. シンプソン事件の公判に関する連続講義の際にドイツの法曹、大学教授、学生と議論した経験からすると、筆者の印象としては、「合理的な疑いを超える証明」基準の方が、いくぶん厳格であるといえる。

　挙証責任の基準が同じなのか異なっているのかという問題について、解答を見出すことは不可能であるようにも思われるが、職権主義の公判手続において「疑わしきは被告人に利益に」基準が果たす役割よりも、当事者主義の公判手続において挙証責任の基準の問題が果たす役割の方が大きいということは明らかであるように思われる。検察官が当該事件について合理的な疑いを超えて証明する責任を負っているため、検察官にとっては、この問題は必然的に非常に重要な課題となるのである。この問題は、弁護人にとっても決定的に重要である。被告人側が、犯罪のいずれかの要素の存在について合理的な疑いを陪審の心のなかに生じさせることができれば、陪審は無罪の判断をしなければならないのである。

　アメリカの方が挙証責任について語られる機会は多いが、現実にはそうではないと主張することも、もちろん可能である。ドイツも、表には現れないが、この問題についてアメリカに匹敵する、あるいはそれ以上の注意を払っていると主張することはできよう。確かにそれも1つの可能性ではあるが、実際にはそうではないように思われる。形式は機能に従うことが多く、その意味で当事者主義手続に挙証責任が深く根ざしていることは否定できないであろう。ドイツ法からのコ

メントが示しているように、サクラメントでの公判において、検察官立証が終了した直後に、また、すべての審理が終了した後に再びボッシュ弁護人が行った無罪判決の申立てに類するものは、職権主義の手続においては存在しない。

検察官および弁護人による弁論、裁判官の陪審への説示、そして陪審によって独自になされる評議は、いずれも、アメリカの当事者主義における各主体がこの問題をどれだけ重要なものと考えているかを示すものである。例えば、サクラメントにおける「典型的なアメリカの公判」の最終弁論において、ボッシュ弁護人は、裁判所が以下の説示をするであろうと陪審に告げた。すなわち、訴追側が犯罪のすべての要素の存在について合理的な疑いを超えて証明しなければならないという旨の説示である。「これは、検察側は自らの主張が正しいことを、皆さんに確信させる以上のことをしなければならない、ということを意味します。検察側は、事実関係に関する自らの主張について、本当に疑いがないことを、皆さんに確信させる必要があるのです」。こうした一般論を示すことは、陪審の注意を挙証責任の問題に向けさせることを狙ったもので、かつ、訴追側の主張に対するボッシュの攻撃にとってきわめて重要なものであった。しかしながら、被告人側の攻撃にとってそれよりもずっと重要であり、同時に、訴追側に挙証責任があるという事実をより有効に活用したのは、ボッシュが直接訴追側の立証の最も弱い点に向けて繰り出した激しい弁論であった。

シュヴァルツ裁判官は、「典型的なアメリカの公判」においては、陪審に説示をした際に、「刑事事件における被告人は、有罪の証明がなされるまで無罪の推定を受け」、「被告人が起訴された罪を犯した人物であることについて、合理的な疑いを超える証明をする責任は検察側にあります」と告げた。被告人が有罪であることを訴追側が合理的疑いを超えて証明する必要があることについて、評議のなかでも頻繁に言及されていたことからすれば、陪審員たちが裁判官の説示を真摯に受け止めたことは明らかである。最終弁論においてボッシュ弁護人がした指摘に同意して、2人の陪審員が最終的に強盗の訴因についてはブラウンを無罪とする票を投じたが、それは2人とも挙証責任が果たされていないと確信したからである。アメリカの公判においては、そうした議論がしばしばなされるのである。

アウクスブルクでは、ブラウンが公判の終了間際に自白したため、裁判官はブラウンが有罪であるかどうかについての議論にあまり時間を割かなかった。ホフマン裁判官は、ほかの裁判官のためにした概略的な説明のなかで、被告人の自白や被告人に不利益な証言をした証人を信用すべきでないとする理由は何ら存在しないと述べている。ホフマンの意見によれば、解決すべき小さな問題が2つだけ存在した。すなわち、被告人はなぜ大きなドライヴァーを持参したのかということと、ライヒを何回殴ったのかということである。そして、ブラウンが家屋に侵入した際すでにそのドライヴァーで誰かを攻撃するつもりであったことやライヒを複数回殴ったことについての納得できる証拠が存在しなかったため、ホフマンは、これらの争点に関してブラウンに利益な判断をすべきだと述べた。裁判所は、全員一致の評決によりそのとおりの判断を下した。

4．「口頭審理」対「書面審理」

サクラメントの裁判所は大きな6階建ての建物である。色は黄色がかった白で、ブロック全体を1棟で占めており、1960年代に建てられたものである。アウクスブルクの刑事司法ビルは、きわめて現代的な、ガラスと鉄骨で組まれた建造物であり、2001年に完成したものである。それは3階建てで、床面積はサクラメントにおいて刑事手続に使用されているそれとほぼ同じである。このビルが建設されるまでは、刑事裁判所は中央裁判所棟——優雅な、4階建ての、1870年代に建てられたクラシックな建物——のなかに設置されていた。

しかしながら、たまたま足を踏み入れたに過ぎない者であっても、2つの裁判所庁舎の間には明らかな違いがあることに気づくであろう。サクラメントの裁判所は、蜂の巣のごとく活気にあふれている。そこは、人——金属探知機をくぐろうとして列をなしている者、1階をぐるぐると歩き回っている者、上層階のベンチに腰掛けたり廊下に立っていたりする者など——で一杯である。他方、新しいアウクスブルク刑事司法ビルは、かつての裁判所棟がそうであったように、比較的静かである。人が全くいないわけではなく、出たり入ったりはある。しかし、数は多くない。金属探知機もなく、サクラメントの裁判所と比べれば、法廷の数もかなり少ないのである。

なぜこうした違いがあるのだろうか。管轄する人間の数は答にはならない。というのも、両裁判所の管轄区域内の人口は、ほぼ同じ程度だからである。アメリ

第5章 アメリカ法からみた比較法的考察 275

カの裁判所では陪審制度が採用されており、ドイツではそれが採用されていないということも、説明の一部にはなり得るが、それに尽きるわけではない。アメリカではドイツよりも犯罪の数が多いということもまた、答の一部にはなり得るかもしれない。

しかし、雰囲気が異なる最大の理由は、両裁判所における業務がかなり異なるやり方で行われていることにある。サクラメントでは裁判官は法廷で——公判前の手続や公判で——1日のほとんどを過ごす。ユングの事件やブラウンの「典型的なアメリカの事件」が描写しているとおり、答弁取引を行う場合でさえも、正式な審理が必要とされるのである。法廷にいない場合でも、裁判官は、書類仕事をしていることよりも、今後の事件に備えて非公式に当事者と協議していることの方が多い。

アウクスブルクにおいては、作業のより多くの部分が書面によるもので、審理の数はサクラメントにおけるそれよりも少ない。典型的な略式命令は、終始書面による手続である。被告人に弁護人が付いていれば——ユングの場合がそうであったように——弁護人と被告人との間で打ち合わせがなされるであろうが、しかし、それは、裁判所よりもむしろ弁護士事務所で行われることの方が多いであろう。

検察官は、被疑者が社会のために有益な何らかの活動——例えば、赤十字や地域の動物園への寄付など——を行うことを条件に、正式に不起訴の判断を出すことによって、軽微な事案の多くを処理する。重大な事案でも、カリフォルニアにおけるよりもずっと書類仕事が多い。裁判官は、一件記録を検討することによって公判に備える。そして、公判が終了すれば、自ら下した裁判の理由を書面に記載しなければならないのである。

5．好戦性——美徳か悪徳か

ドイツ法からのコメントは、サクラメントにおける2つの事件に関する公判が、アウクスブルクにおける公判と同じように、職業的、客観的、静的な真実探求の試みであることは認めつつ、アメリカの刑事事件における検察官・弁護人は、勝ちたいという欲求のあまり、行き過ぎてしまうことがあることを示唆する。アメリカでも、多くの者がこのことに賛同するであろう。それらの論者は、アメリカの制度が、冷静な真実の探究よりもむしろ「スポーツ理論」に与するものであると揶揄される一因となっている、積極的、戦闘的な手法に嫌悪感を抱いているのである。

しかしながら、犯罪を実行したとして訴追されている者は、通常、最大限の弁護活動を行う、熱心な弁護人を望む。そして、金銭的に余裕があれば、依頼することのできる最高の弁護人を雇うであろう。ユングの両親がサクラメントおよびアウクスブルクにおいてそうしたように、である。弁護人を雇うのに必要な資力を有していない場合、著名な弁護士を弁護人として選任してくれるよう裁判官の説得にかかることが多いであろう。サクラメントにおいて、ブラウンは、裁判官に、その攻撃的かつ手段を選ばない弁護活動で知られるジョニー・コクランの選任を求めた。アウクスブルクにおけるブラウンもそうであった。ほぼ同様の理由で、著名なベルリンの弁護士の選任を裁判官に求めたのである。

サクラメントにおいてもアウクスブルクにおいても、裁判官は、経済的理由などから、要求された弁護士を弁護人として選任することを拒んだ。しかしながら、サクラメントにおいては、それで決着がついたわけではなかった。ブラウンは、コクランを自らの弁護人とすることができないのであれば、自分で自分の弁護をする——アメリカ法ではそれが認められている——つもりであるということを示唆した。ほかの多くの刑事被告人がそうするように、公設弁護人には弁護してもらいたくないと述べたのである。「公設弁護人がやることといったら、有罪の答弁をするようにいうだけじゃないか」と。ブラウンも最終的には公設弁護人の弁護を受けることを承知したが、決して喜んでそうしたわけではなかった。

犯罪被害者の多くもまた自分たちの立場が強力に主張されることを欲する。アメリカの検察官は、その欲求を無視するのであれば、自らの責任においてそうしなければならない。こうした欲求を常に無視するならば、次期の選挙において苦戦することとなる可能性が高い。アメリカ国民は、重大な罪を犯した者に対しては、検察官が毅然とした態度をとることを望み、かつ当然そうするものと考えるのである。ドイツ法は、被害者の代理人の手続への参加を許すことにより、被害者の関心の正当性を認知しているといえる。アメリカの州でそこまでのことを認めているところはない。しかし、カリフォルニアを含む多くの州においては、量刑審理への参加などが認められるようになっている。

刑事裁判における好戦性や攻撃的訴訟活動の役割について、どう結論づけるべきだろうか。被害者と被告人に、望みどおりの強力な訴訟活動を保障するべきだろうか。重大な罪を犯した者に対する強硬な訴追への欲求と過度の熱心さへの憂慮とに分裂している世論に配慮すべきだろうか。さらに、こうした問題について、アメリカの制度とドイツの制度との間に重大な相違はあるのだろうか。

　これらの問いのうち、おそらく回答するのが最も容易なのは、最後のものであろう。ドイツ法からのコメントは、アメリカの法曹によって体現される積極性と党派性の大部分はドイツの公判においてはみられない——その理由は、少なくとも部分的には、ドイツの公判においては検察官や弁護人の役割が制限されている点にある——ことを正当にも示している。

　しかしながら、その役割が制限されているとはいえ、ドイツの検察官・弁護人は、やはり一定の利益を代弁する者であり、より抑制的なものであるとはいえ、ドイツにおいても積極的な訴訟活動がみられることもある。例えば、ブラウンのアウクスブルクにおける公判では、ボッシュ弁護人が、ユングは執行猶予付きの刑期と引き換えに証言することに同意した旨主張した結果、シュレーダー検察官との間に争いが生じた。そして、結局、シュヴァルツ裁判官が介入しなければならなかったのである。

　ドイツの公判では、とくに、複雑な経済犯罪や殺人のような重大犯罪については、検察官・弁護人が大きな役割を果たすことが裁判所によって許容される傾向にある。そうした事案においては、重要証人の反対尋問は、時に、アメリカにおける反対尋問に近い様相を呈することになる。

　単に被害者や被告人がそれを望むからという理由で、好戦的かつ攻撃的な訴訟活動を受容すべきでないことは明らかであるように思われる。もちろん、被害者や被告人の要求には慎重な配慮がなされるべきである。優れた司法制度というものは、実際に公正であることを追求しようとするのみならず、とくにその制度への主たる参加者に公正であると評価されることをも追求しようとするものだからである。しかしながら、判決に到達するためより適切な手段が存在するならば、被害者や被告人の望むすべてのことを実行する必要はない。

　もっとも、民主制のもとでは、国民の欲求を斥けるのは必ずしも容易なことではない。強力な訴訟活動を望むのであれば、国民は、遅かれ早かれ、それを手にすることになろう。しかしながら、世論も固定されたものではない。国民は、ほかのアプローチを志向する議論にも耳を傾けるものである（もちろん、実際にもっともな議論が成立し得る場合には、であるが）。

　最終的には、次の基本的な疑問を避けて通ることはできない。積極的な訴訟活動は、よいことなのか、悪いことなのか。それは、美徳なのか、悪徳なのか。

　サクラメントでの「典型的なアメリカの公判」においては、ボッシュ弁護人は、犯行があったとされる日の夜には月が出ていなかったため、ハインツがブラウンを月光のもとで目撃することはあり得なかったということを示すことによって、ブラウンを犯人と識別したハインツの証言を攻撃した。ボッシュによるハインツに対する反対尋問が攻撃的なものであったことは明らかである。しかしながら、この反対尋問は、真実を歪曲するものであろうか。また、「当事者主義の行き過ぎ」であろうか。

　弁護人の果たすべき役割とは何であろうか。常に激しい弁護活動を行うべきなのか。いかなる状況においてもそうすべきなのか、被告人が無実であることを確信している場合だけそうすべきなのか。仮に、ブラウンが有罪であることおよびライヒの家からブラウンが出てくるのをハインツが実際に目撃したことを、ボッシュ弁護人が個人的には確信していたとすればどうか。ボッシュがそれにもかかわらず反対尋問を行ったとすれば、その反対尋問は「行き過ぎ」となるのだろうか。たとえハインツが月の光について誤っていることをボッシュが確信していたとしてもそうだろうか。ボッシュが依頼人の無実を確信していたとすればどうか。確信するまでには至っていなかったとすればどうか。弁護人が現在ほど好戦的であるべきではないとすれば、どのように方針を転換するべきか。争点を切り捨てたり、削減したりするべきだろうか。法廷での弁論をより軟化させるべきだろうか。例えば、ボッシュは、ハインツの月の光についての誤りを無視するべきだったろうか。あるいは、ハインツの誤りを表に出させないで済ませるような形で反対尋問を行えばよかったのだろうか。

　検察官は、有罪と確信している者を有罪とするため

にどこまでのことをするべきであろうか。残忍な犯罪や危険なテロリストを訴追する場合にも穏健であるべきだろうか。合衆国憲法も法曹倫理も、検察官が、ある証言が偽証であることを知りつつそれを用いることは禁止している。しかしながら、アメリカの検察官は、しばしば、共犯者などの公判において証言することと引き換えに、被告人が縮減された犯罪事実について有罪答弁をすることに同意する。例えば、「典型的なアメリカの公判」において、スミス検察官は、ユングがブラウンに不利益な証言をし、さらにトレスパスの事実について有罪答弁をすることを条件に、強盗、住居侵入窃盗および薬物犯罪について訴追しないことに同意した。この「取引」は、ユングにとってはカリフォルニア州の三振法の適用を免れることを可能にするものであったため、ブラウンが有罪であることを証言する強力な誘因となった。スミス検察官はこのことを熟知していた。ほかの証拠がユングの話の一部を補強していたため、スミス検察官には、ブラウンをライヒ宅まで車に乗せていったとのユングの供述に接した際に、ユングが真実を述べていると信じるに足る相当な理由があったのである。しかしながら、それよりもずっと疑わしいユングの証言、すなわち、彼女が6か月近く住んでいたアパートのキッチンに薬物があることを知らなかったという証言については、補強証拠は存在しなかった。この証言を利用する場合、スミス検察官は、それと知りつつ偽証を利用してはならないとする原則に違反したことになるのだろうか。その行為は「行き過ぎ」だったことになるのだろうか。

行き過ぎた好戦性が前面に出てくることが多いのは、著名な人物や政治的に微妙な問題に関わるために耳目を集める事件においてである。そうした事件は、被告人などだけでなく、検察官・弁護人の職業上の評価に関わってくるのである。マスメディアの関心の異常な高さが、関係者全員へのプレッシャーを大きくする。弁護人は、多くの場合、そうした事件は、法律上の手続だけではなく世論の法廷においても審理されなければ依頼人に公正な裁判を保障することはできないと信じている。そして、このことは、ドイツにおいても同様である。

こうした状況のもとでは、時折弁護人は行き過ぎた行動に出てしまう。しかしながら、火のついた世論や、偏見をもっている裁判官、さらには高圧的な検察官に対して、攻撃的な弁護活動のみが勝利へのきっかけとなる場合も時にはあるのである。そうした状況のもとでは、攻撃的な弁護活動および好戦性は、真実を覆い隠してしまうこともあるが、それを発見し、護ることにも役立ち得るのである。

アメリカにおける当事者主義手続が、検察官や弁護人に、真実を歪めたり隠したりする可能性のある手法を用いるのを許していることは確かである。関係のある証人の存在を隠したり、相手方を助けることになる情報を明らかにしなかったり、より信用しやすい供述をさせるために証人や被告人を「指導」したり、予断・偏見に訴えたり、誤導的な弁論をしたり、濫用的な反対尋問を行ったりすることなどは、検察官や弁護人が真実を覆い隠すために用いることのできる手段のうちのほんの一部に過ぎない。

民主制のもとでは、公職につくため立候補する者は、上記のような手段のみならず真実を歪めるその他の多くの手段を用い得ることも確かである。すでにアリストテレスの時代においても、この種の問題の存在は広く知られていた。このことは、君主制を要求する主たる論拠の1つとなった。しかしながら、今日のアメリカにおいては、民主制の方が優れているものと信じられている。アメリカでは、不完全かつ行き過ぎた選挙活動の衝突のなかから、政治的指導者が選択される。アメリカで民主制が採用されているのは、民主制には欠陥がないからではなく、ほかのすべての政治システムには、民主制よりも多くの欠陥があると信じられているからである。

経済学においては、競争の方が中央集権的な国家を構想するよりもよい結果を生むと考えられている。科学の分野においてさえも、真実は、競争や意見の衝突を通じて発見される。アメリカでは、行き過ぎも起こるが、これらの分野において競争を排除しようとはされない。その代わり、規制をかけることにより、行き過ぎを最小限にとどめようとする。アメリカの制度もドイツの制度も、法規範および職業倫理を用いて、刑事司法手続における行き過ぎを最小限にとどめようとしている。職権主義的な制度におけるのと同様に、当事者主義的な制度においても、裁判官が法廷を取り仕切る。検察官・弁護人間の争いを解決し、証人に対する人権侵害を防止することは、裁判官の責務なのである。サクラメントにおいてもアウクスブルクにおいても、シュヴァルツ裁判官がこの責務を果たした。すなわち、ユングが証言したために軽い刑を宣告されたことが争いになると、裁判官が主導権を握り、適切な決

定を下したのである。

　アメリカにおいてもドイツにおいても、検察官や弁護人は、職業倫理上の一定の基準に従わなければならない。これらの倫理規定の主たる目的の1つは、必要とされる基準を誰の目にも明らかな形で設定しておくことにより、行き過ぎを防止することである。これらの規定に違反した者は処罰される可能性があり、実際にそのような処罰がなされている。収賄などの一定の違反行為は、きわめて重大であるため、刑事法によって処罰されることになる。アメリカにおいては、極端な違反行為は、適正手続違反を構成することもあり得る。アメリカにおける職業倫理上の規範は、ボッシュ弁護人のハインツに対する反対尋問を禁止するものではなかった。ブラウンの罪責について弁護人が個人的にどう考えていたにせよ、ハインツに月の光について鋭い質問を浴びせることは許されていたのである。公判は、真実を発見することを狙いとしている。ハインツが月の光について誤って記憶しているのであれば、ブラウンを目撃したという記憶も誤っているかもしれないのである。

　罪を犯したのが権力者である場合でも、その責任を問うために個人的な危険や公の批判のリスクを背負って仕事をこなす熱心な検察官を、人々は尊敬する。不人気な被告人の無実を証明しようとする、勇気ある弁護士も、称賛されるべきである。しかしながら、成功するためには、そうした法律家は、しばしば、礼儀に反していたり評判を落とす可能性があったりしても、質問を発しなければならないのである。そして、失敗すれば、そうした行動は「行き過ぎ」であると評される可能性がある。一方、成功すれば、全く同一の行動が、高貴なものと評されることになる傾向があるのである。

　事実上、いかなる手続も、潜在的には、よいものとなる可能性も、悪いものとなる可能性もある。確かに、反対尋問は濫用的なものとなることもあり得る。その一方で、それは、これまでに発明されたもののうちで、真実を発見するための最も有効な手段だと評されることも多いのである。事前の証人テストは、真実を隠すのに役立ち得る。一方、証人テストは、証人の供述を、より明確に、かつより理解しやすい形で提示することをも可能にする。職権主義における裁判官は、思慮深く、洞察力に富むと同時に、いい加減であったり、横暴であったりすることもあり得る。一方、当事者主義における検察官・弁護人は、ある事実を明るみに出す力だけでなく、それを覆い隠す力をも有しているのである。

　実際のところ、好戦性は美徳でもあり、悪徳でもある。当事者主義における検察官と弁護人がその能力においてほぼ対等である場合——事件の大多数においてはそうである——好戦性は、弁護側が真実を証明し、無実の者を護るという可能性を増大させる。ただ、好戦性は、同時に——もっとも、程度としては前の場合よりも低いと思われるが——弁護側が、真実を覆い隠すことを通じて有罪である者に庇護を与えるという可能性を増大させる。双方の場合において、好戦性は、有罪が合理的な疑いを超えて証明されなければならないという要請をいくらか強化することになろう。当事者主義の制度においては、検察官と弁護人がその能力においてほぼ対等である場合には、サクラメントの公判でそうであったように、弁護人の存在は、検察官の過度の好戦性によって作り出された不都合を中和するのである。

　理想的な世界においては、すべての法律家は完璧たり得る。攻撃的に過ぎるわけでもなく、控えめであり過ぎるわけでもなく。しかしながら、いかなる制度においても、誤りは生じ得る。訓練や監督や法的な規範を通じて、行き過ぎの発生を完全には防止できないとすれば、控えめであり過ぎる法律家よりも攻撃的であり過ぎる法律家がいることの方が望ましいであろう。究極的には——少なくとも当事者主義の制度のもとでは——好戦性は、悪徳というよりも、むしろ美徳なのである。

　アウクスブルクの公判においても、ハインツの月の光についての誤りを明らかにしたのは、職権主義の裁判官ではなく——ドイツの公判制度における当事者主義的な要素である——弁護人であった。ボッシュ弁護人の行動は、アメリカとドイツの裁判所においてよくみられるような控えめな弁護人の行動とは異なるものであった。それらの弁護人の——効果的でない——行動が好戦的とは呼べないものであるのに対して、ボッシュの行動は、容易にそう呼べるものであった。彼は、裁判所などの見方に異議を唱えたのである。どんなに少なく見積もっても、ボッシュの行動は、控えめなものではなかった。そして、その行動は、真実発見に寄与するものでもあったのである。

Ⅳ. 量　刑

1．量刑手続

　アメリカとドイツの刑事司法制度における最も重要な相違点の1つは、量刑のために用いられる手続である。アメリカにおいては、有罪・無罪の判断と、量刑判断が明確に区別されている。ドイツにおいては、単一の手続のなかで両方の判断がなされる。

　両方の判断を1つの手続で下すことを要求すると、数多くの扱いにくい問題が生じてしまう。裁判所は、有罪・無罪の判断を下すために必要な証拠を抜き出さなければならないだけでなく、量刑のために必要なほかの証拠を注意深く収集しなければならない。検察官や弁護人は、罪責認定のために必要となる証拠に焦点を当て、尋問し、弁論をしなければならない一方で、同時に、量刑についての証拠の心配をし、量刑について尋問し、さらには量刑についての弁論をしなければならないのである。

　罪責の有無を証明するために検察官や弁護人が用いる証拠や弁論は、量刑に関連する証拠や、量刑に関連して述べたいと考えている弁論とは矛盾あるいは抵触することも多いため、検察官や弁護人は、多くの場合、罪責の有無の点を優先するか、量刑判断を優先するかを選択しなければならない。検察官にも弁護人にもこうした問題は生じるが、弁護人にとっての方が、この問題はずっと深刻である。

　被告人が有罪と判断された場合に常に生じる重要な量刑上の問題点は、被告人が反省しており、人生をやり直す強い意思が認められるかどうかである。否認する被告人は、一般的には、改悛の情を示している被告人よりも重く処罰されている。しかしながら、ドイツ法からのコメントのなかでも指摘されているように、弁護人が被告人は無罪であると主張しつつ、同時に被告人がその犯行について改悛の情を抱いていると主張することはきわめて困難である。

　アウクスブルクにおける公判では、ボッシュ弁護人はこうした問題には直面しなかった。ブラウンがすでに自白していたため、無罪主張をすることは無意味だったのである。このことがあったため、ボッシュは、容易に量刑判断の点に焦点を絞って弁論を組み立てることができたのである。ボッシュは、被告人の情緒の問題について再論したうえで、被告人の自白は、彼が更生への重要な1歩を踏み出したことの証左であると、はっきりと主張した。ブラウンの罪責について争いがあったならば、これらの主張をすることは難しかったであろう。

　ドイツの非分離型手続には、上記のほかにも以下のような論理的な帰結が伴う。すなわち、そこでの判断が罪責認定のみならず量刑判断をも含むため、職権主義における裁判官は、公判において被告人の前科を証拠として提出する義務があることになる。しかしながら、ドイツ法も、被告人が悪性格をもった人間であることを理由に有罪とされることを望んでいるわけではなく、むしろ問題となっている犯罪事実に特化された証拠に基づいて審判がなされることを望んでいる。そこで、ドイツ法においても、罪責認定の証拠として前科を用いることは禁止されている。それにもかかわらず、裁判官――職業裁判官であると素人裁判官（参審員）であるとを問わず――は、罪責判断を行う際に、すでにこの情報に接していることになる。裁判官は、罪責認定にあたってこれらの情報を無視する方法を、どうにかして発見しなければならないのである。

　アメリカの制度は、これとは異なるアプローチを採用している。罪責認定にあたって、被告人の前科は原則として証拠として許容されない。前科は関連性がないものと考えられているのである。例えば、ブラウンの飲酒運転での前科は、彼がライヒを襲撃した可能性を高めたわけでも低めたわけでもない。仮にブラウンに複数の不法目的侵入の前科があったとしても、ライヒ宅に対する不法目的侵入の手口と前に有罪とされた不法目的侵入の手口とが類似していない限り、これらの前科に関する証拠は排除されていたであろう。

　アメリカにおいて罪責判断と量刑判断が分離されている基本的な理由は、審判者にまずもって有罪か無罪かの判断に集中してほしいからである。被告人は、合理的な疑いを超えて有罪と証明されるまでは、無罪であると推定される。そうした有罪の証明がなされるまでは、下されるべき量刑判断も存在し得ないのである。告発し、訴追する責務を審判する責務から切り離すことを要求した19世紀のドイツにおける改革者たちと同様に、アメリカ人には、単一の審判者が、複数の過程を、区別された状態を維持したまま審理できるかについて、懸念がある。その審判者がいかにプロフェッショナルな者であろうと、あるいは、いかに献身的な者であろうと、人間の感性を前提とする限り、公判で

提出された証拠について、罪責認定がなされるまで、刑罰に関連する情報のみを後回しにするような形で仕分けるのは困難なのである。

アメリカにおける刑事手続の方が、ドイツにおける刑事手続よりも、罪責判断と量刑判断とを分離させる点では有効に機能しているが、アメリカでも、一定の場合には、本来の原理を貫徹できないことがある。例えば、アメリカにおいて被告人が自ら証言台に立つ場合、検察官は、被告人の証言を弾劾するためにその前科を立証することが許される。このことは、有罪・無罪についての判断は起訴された犯罪事実そのものに関連性のある証拠に基づいてのみなされなければならないという原則を弱体化させ、多くの被告人に証言台に立つことを断念させる。

ドイツのような非分離型手続がある一方で、これに代わる制度が現に存在していることも明らかであるから、手続を分離しない制度に——もしあるとすれば——いかなる利点があるのか問いかけてみることも、正当なことであろう。大きな利点が、効率性と直接性の2つであるように思われる。そして、これらは両方とも重要である。

しかしながら、ドイツにおいて提案されてきた——いまだ採用されるには至っていない——改革案においても認知されているように、直接性は、非分離型手続でなくても実現可能である。必要となるのは、量刑のみに関連性を有する証拠の採用を、罪責判断が終了するまで遅らせておくことだけである。そうした手続のもとで、裁判所や検察官の果たすべき仕事がより難しいものになるわけではなく、その一方で、弁護人の職務はずっと楽なものになるであろう。

そうだとすれば、非分離型手続の唯一の利点は、効率性ということになる（そうした手続に、強制的に罪責認定に関する抗弁を被告人に放棄させ、あるいは妥協を余儀なくさせるといった隠された目的があるということであれば、話は別であるが）。しかしながら、手続を分離しない制度がそれを分離する制度よりも実際に効率的なのかどうかは、かなりの程度まで、被告人が有罪認定を受ける事件の割合に依存する。被告人が有罪認定を受けないような事件について裁判所の貴重な時間を割いて量刑に関する情報を収集させることは、効率的とはいえない。他方、高い確率で被告人が有罪とされるのであれば、非分離型手続の方が分離型

手続よりも効率的であり得る。いずれにせよ、非分離型手続は、近代的刑事手続における、熟慮の末に生み出された部分というよりも、どちらかといえば何世紀も前の時代からの遺物であるように思われる。

2．判決前報告書

量刑に関して、アメリカの制度とドイツの制度との間に存在するもう1つの重要な相違は、保護観察官によって作成される判決前報告書の利用に関わる。アメリカではこれが利用されているのに対し、ドイツではこれは利用されていない。ドイツ法からのコメントは、量刑に関してアウクスブルクの裁判所が使用し得た情報は、サクラメントの裁判所が使用し得たものと似通っていることを示唆している。

ブラウンの事件においては、確かにそうだったかもしれない。というのも、ブラウンに対するアウクスブルクでの公判においては、罪責について実質的には争いがなかったからである。しかしながら、典型的な公判においては、ドイツの裁判所が、保護観察官によって提供される量・種類の量刑関連情報を入手することは困難であろう。重大な事案においては、アメリカの保護観察官は、数日かけて、判決前報告書の作成に必要な情報を収集したり、その勧告意見を検討したりする。ドイツの裁判所は、結審時に罪責問題と量刑問題の双方に関与するため、そうした広範囲にわたる情報を収集する時間や手間を割くのは難しいという場合も多いであろう。両当事者が量刑審理の段階で広範囲にわたる証拠を提示する事案においてさえ、アメリカの裁判官は、判決前報告書が役に立つと考えている旨述べるのが通常である。

カリフォルニアを含む多くの州において、判決前報告書は、量刑審理の前に裁判所および検察官・弁護人に提供される。これにより、検察官と弁護人は、報告書を検討し、誤りであると考える情報について争う機会を得る。また、報告書に含まれる情報をほかの証拠によって補強する機会も得ることになる。

3．刑の重さ

ドイツにおける量刑手続に対しては疑問も提起され得るが、アメリカにおける宣告刑の重さの方が、はるかに問題である。カリフォルニア州の三振法は、その最たるものの1つである。前科を有する者による12歳の女児に対する凄惨な誘拐殺人事件を受けて発生した、津波とも呼べるような公衆の憤りのなかで成立し

たこの法律は、すでにかなりの程度厳格な処罰構造に新たな、非常に苛烈な刑を付け加えるものである。「非典型的なアメリカの公判」におけるブラウンに対する13年を超える宣告刑は、基本的な量刑の仕組みの厳格さを示している。ブラウンはそれまでに「重大または凶悪な」重罪を犯していなかったため、ライヒ宅への不法目的侵入の事実についてブラウンに宣告された刑に関しては、三振法は適用されなかった。しかしながら、今回ライヒの襲撃についての刑の一部としてブラウンに対して宣告された「2ストライク」があるため、ブラウンが将来再び重罪を犯したならば、その重罪が最も軽い類型に属するものであったとしても、最低25年は仮釈放を得られない終身刑の宣告を受けることになるのである。

この、ほかの州と比べてもきわめて厳格な刑は、1960年代にカリフォルニア州が目標としていたのとはかなり異なる量刑政策を体現したものである。その当時、社会復帰政策をとっていたカリフォルニア州では、社会復帰プログラムのために、革新的な考えを試行的に採用しようとしていた。こうしたプログラムの研究は、量刑政策に関して当時入手可能であった、限定された科学的知見に、相当多くのことを付け加えるものであった。

1960年代後半においては、アメリカ全土で犯罪が増加した。犯罪に対する市民の不安が、量刑政策の転換へとつながり、そのことが、最終的には、ブラウンに厳しい刑罰を科すことへとつながった。カリフォルニア州には、日常的に刑事司法政策を策定する責務を負っている官僚組織がないため、州議会自体がきわめて重大な役割を果たすことになる。世論にきわめて敏感であり、しかも、詳しい調査・研究のための資源を欠くため、州議会は、結局、その構成員から出された無数の提案を検討することになる。このことは、法律の定期的な変更につながる。1960年代後半以降においては、これらの変更は重罰化を志向するものであった。市民によって発案され、直接市民の投票により採択されたものも数多くある。従前よりも軽い刑がもたらされたこともないわけではないが、これらの法律の主要な影響は、刑期の長期化の点にあった。

こうした歴史的展開に照らせば、仮にブラウンは未成熟な人格の持ち主であって厳しい幼少時代を過ごしていたのであるからより軽い刑の宣告を受けるべきであるとの主張がなされていたとしても、今日における

カリフォルニアの裁判官が、それを容れたとは考えにくい。それらの事情は、34歳の男性を前提として考えると、おそらく、本件とは関連性がないものとみなされたか、あるいは、とくに薬物事犯での前科に照らし、ブラウンがより慎重に監督されなければならない危険性をもった人物であることの証左とみなされたであろう。こうした裁判所側の態度を考慮して、ボッシュ弁護人は、サクラメントの公判においては、この種のアプローチに基づいて弁論を組み立てようとは全く考えもしなかったのである。

刑事法が国家レヴェルの所管事項であるドイツにおいては、司法省が——専門家によって構成される各種委員会と緊密な連携をとりつつ——長期的な政策を策定する責任を負い、その権能を与えられている。司法省は、一定の程度まで世論と立法行為とを仲裁する役割を果たす。このようなドイツの制度のもとでは、量刑哲学においてとくに劇的と呼べるような変化は生じていない。1960年代における改革により、比較的軽微な犯罪についての刑が軽減され、制度全体の社会復帰志向が強化された。ユングおよびブラウンに対して宣告された刑にみられるように、それは、現在でもドイツにおける支配的な量刑哲学であり続けているのである。

V. 秩序維持と公正さとのバランス

国家の最も重要な義務の1つは、国民を危害から護ることである。そして、2つ目の重要な目標は、正義をもたらす——被害者の苦しみを埋め合わせ、犯罪を実行したとして訴追されている者に対して公正であり続ける——というものである。これらの目標は、ある意味では、相互に矛盾するものではない。不正義は憤りを生み、無秩序を作出する可能性がある。正義をもたらすことにより、こうした問題の発生を防止することができる。正義をもたらすことは、その他の種類の害から国民を護ることにも役立つ。誤った有罪判決は、真の犯罪者を野放しにし、それらの者が新たな犯罪を行って新たな害を及ぼすことを可能な状態にしてしまう。こうした意味での目標相互間の一致が認められる一方で、これら2つの相異なる目標の間には緊張関係も認められる。例えば、有罪判決の条件として高度な証明の基準を要求することは、一部の犯罪者が無罪放免となる——それは、結果としてそれに対応するだけの新たな犯罪の発生を実質的には不可避なものとしてしまう——ことを意味する。どんな社会であれ、犯罪の防止、犯罪者の検挙という一方の必要性と、犯

罪を実行したとして訴追されている者に対して公正な手続を提供するという他方の必要性とのバランスを追求するのを避けることはできないのである。

アメリカの刑事司法制度もドイツの刑事司法制度も犯罪の防止および統制に大いに配慮をしている。サクラメントにおいてもアウクスブルクにおいても、警察は、ブッシュの通報を真摯に受け止め、迅速に対応した。いずれの警察も、ライヒへの襲撃を、迅速かつ周到な捜査を要する重大な犯罪として取り扱った。また、ライヒが病院に搬送されるよう迅速に手配し、その住居にさらなる侵害が及ばないように迅速に様々な手立てを講じた。ライヒへの襲撃を危険な犯罪と考えたため、両国における検察もまた精力的に対応した。すべての証拠がブラウンを指し示していたため、いずれの警察も直ちにブラウンが本件の犯人であるとの結論に達した。そして、その結論とそれを支える証拠を検察官に送付した。サクラメントの検察官は、警察の出した結論に同意し、ブラウンを4つの独立した犯罪事実で起訴し、種々の加重事由を主張したうえで、さらに、カリフォルニア州の三振法の適用を追求することにした。これと同様に、アウクスブルクの検察官も、ブラウンの取扱いにおいては、パンチを繰り出すのに何らの躊躇も示さなかった。

いずれの国においても、そうした重大な犯罪を迅速かつ精力的に捜査し訴追することが、警察および検察に求められている。しかし、同時に、公正さとのバランスが必要とされており、法執行は、――警察の恣意的かつ抑圧的な活動から市民を保護するものである――法に従ってなされなければならない。ブラウンの身柄拘束やアパートの捜索などにあたって、両国における担当機関は、法に抵触しないよう慎重に活動していた。しかしながら、ブラウンの職場のロッカーを捜索する際には、両国の担当機関は、いずれも法を犯した。こうした類の違反に果たして、そしていかなる形で対処するかを決定するためには、両国において、さらなるバランスをもたらす工夫が必要となる。アメリカ法は、上述の違反に基づいて獲得された証拠を排除することにより、バランスをとろうとする。一方、ドイツ法は、そうした証拠自体は許容したうえで、ほかの手段によって当該違反に対処することによって、バランスをとろうとするのである。

両国の警察・検察のユングの取扱いは、刑事司法制度が捜査の場面においてさえも、犯罪からの市民の保護と同時に公正さの実現を志向していることを示している。ユングを発見した後、警察は、ユングがブラウンの犯行に終始関与していたのか、それとも、堕落したボーイフレンドと誤って関わることになってしまった、ナイーヴな若い女性に過ぎないのかを、慎重に判断しようとした。その結果、警察は、ユングは犯罪に終始関与したわけではないが、違法な行為をしたことは確かであり、処罰を受けるのが相当である――もちろん、ブラウンと同じ程度のものではないにせよ――と判断した。

いずれの国においても、裁判は、市民を害から護ると同時に公正さを実現するという2つの目標に資する手続として考えることができる。両国において、罪責認定に関する限り、天秤は無実の者を有罪とする不公正を防止する方向にあらかじめ傾いている。アメリカの刑事司法制度においては、有罪であることが合理的な疑いを超えて証明されることが要求され、ドイツの刑事司法制度においては、「疑わしきは被告人の利益に」判断されなければならないものとされている。量刑手続においては、アメリカの刑事司法制度は秩序維持と公正さとのバランスをこれとはいくらか異なる形でもたらそうとする。量刑上の事実については、合理的な疑いを超える証明ではなく、証拠の優越の程度の証明で足りるとしているのである。これに対し、ドイツの刑事司法制度においては、量刑についても罪責認定と同じ程度の証明が要求される。しかしながら、挙証責任論は、秩序維持の必要性と公正な手続の必要性とが衡量されなければならない唯一の場面というわけではない。弁護人の選任可能性や証拠の許容性、判断権者が複数いる場合に必要とされる意見の一致の程度に関する諸原則や、その他多数の争点があげて衡量の側面を有しているのである。

秩序維持の必要性と公正な手続の必要性とがいずれも基本的な価値に属するものであることからすれば、これまでにもたらされてきた均衡状態のいくつかについて、両国において各種の論争が存在することは、驚くべきことではない。例えば、アメリカでは、本件においても取調べの間にブラウンおよびユングに告知されたミランダ警告について、現在議論が進行中である。ミランダ警告が警察に手錠をはめてしまい、犯罪者を放免してしまうと信じる者もいる。他方、それは、市民を強制的な取調べから護るために必要であるとする者もいる。取調べの前に警察がいかなる警告を発しなければならないかについては、ドイツにおいても、盛

んに議論されている。ドイツの裁判所は、当初は、そうした警告が発せられないままに獲得された自白であっても排除はしないという選択をしたが、今日では、そうした自白を排除する裁判所も出てきている。

Ⅵ. 上訴その他の救済手続

　かつての神判の制度のもとでは、上訴手続は不要であった。神が誤ることはないからである。しかしながら、人間――裁判官、陪審、参審など――の判断に依拠する裁判所は――ほかの人為的制度においてもそうであるように――誤りを犯す。被告人が何百マイルも離れた所にいたとしても、裁判所はその者が被害者を銃撃したことを認定する――事実誤認をする――可能性がある。あるいは、被害者が被告人の顔に唾を吐きかけたという事実から、裁判所は誤ってその銃撃が犯罪を構成しないとの結論を導く――法について誤りを犯す――可能性もある。誤りが生じ得ることを認知している法制度は、それを是正するための措置を講じるかどうかを決定しなければならない。古代の法制度のうち、神判によっていなかったもののなかには、はじめに下された判断を有効としておく方がいいと結論づけていたものもあった。再検討をすることは、困難であり、経費がかかり、より満足のできない判断を導く可能性があり、さらには、法と秩序を維持するためには不可欠な要素である迅速性と終局性の双方に抵触する、と考えられたのである。

　近代国家においては、これとは異なるアプローチが採用されている。個々の事件における正義の実現、司法制度全体の統一性、法の発展といったものを追求するため、近代国家は、少なくともいくらかの誤りは是正しようとしている。アメリカとドイツの刑事司法制度においては、これは主に上訴を用いることによって実施されている。上訴は、ほとんどの場合、事実審裁判所の判断に不服のある当事者の申立てを契機としてなされるものであり、本質的には最終的な判断を上級の判断権者に委ねる手続である。

　両国において上訴は用いられているが、用いられている手続自体は全く異なる。とくに、最初の上訴――上訴のうち最も使用頻度が高く、きわめて重要な部分――については、そうである。ドイツの制度では、ほとんどの事件について、被告人または検察官がそれを請求するだけで、新たな審理が保障される（覆審）。上訴審はゼロから審理を始める――証人尋問を行い、証拠と関係法規をはじめから検討し、それまでの判断からは独立した自らの結論を導く――ことになるのである。

　アメリカの上訴制度はこれとは異なる。アメリカでは検察官による上訴はほとんど禁止されており、被告人も、事実審裁判所が法令違反を犯し、その結果、誤った有罪宣告または量刑が導き出されたという場合に限り、上訴ができることになっている。アメリカにおける上訴審は、証人その他の証拠の取調べではなく、当初の事実審の公式な記録の精査をするものである。当該事件の事実は、事実審裁判所が法令違反を犯したかどうかの判断に役立つ限りにおいてのみ、関連性を有することになる。

　アメリカにおける上訴のほとんどは法令違反についてしか審査しないが、軽微な犯罪については、新たな事実審のための上訴を認めている州もある。一見すると、これらの上訴は、ドイツにおける覆審型上訴と似ているようにみえる。しかしながら、これらの上訴の目的や機能は相当に異なっている。多くの市民が、こうした形の上訴を、無実の被告人を護る手立てとして尊重していたため、ある種の覆審型上訴を採用していたドイツの州の代表者は、新たなドイツ国家の初の刑事訴訟法典（1877年）のなかにそれが組み込まれることを求めて争った。

　対照的に、アメリカにおける覆審型上訴の根拠は、長い間、実際上のものに留まっている。当初の段階においては、法曹の数も少なく、ほとんどのアメリカ人は農村地帯に住んでいた。多くの州において、法曹資格のない者が下級裁判所において裁判官を務め、有罪答弁を受理したり軽微な刑事事件を審理したりすることが認められていた。こうした手続は、都市部でも用いられることはあったが、主に農村地帯において一般に活用されていた。この手続は、市民にとって便利であり、州にとっても効率的なものであった。しかしながら、この手続には、重大な欠陥があった。陪審裁判を受ける権利というきわめて大切にされてきた権利を被告人に保障することができなかったのである。覆審型上訴は、これについての便利な答を提供した。下級裁判所における非陪審審理による結果に満足できなかった者は、覆審型上訴を提起することによって、陪審による新たな裁判を受けることができるのである。

　この下級裁判所における手続は、陪審が要求されていない法定刑が6か月未満の拘禁刑である犯罪につい

ては合憲とされていたが、1888年になって合衆国最高裁判所は、それは、陪審審理が要求される、より法定刑の重い連邦犯罪については陪審へのアクセスを妨げるものとして違憲である旨判示した。合衆国最高裁判所は、その後、5対4の僅差で、州裁判所においてはこの手段を用いることを許容した（ただし、被告人が、下級裁判所において争わなかったとしても、上訴によって陪審審理を受けることが保障されることが条件となる）。前世紀より、裁判所改革の影響で、覆審型上訴を活用している州の数は減少に転じている。ほとんどの州において、陪審審理を提供するためのより適切な手段が発見されているのである。

効率性の問題をひとまず措けば、両国の上訴制度間での機能上の主たる違いは、ドイツにおいて事実誤認に対する審査の機会がより広く認められている点である。覆審型上訴により、事実と法の双方について、はじめから検討し直すことになるのである。覆審型上訴を許容する比較的少数の事件の場合を除き、アメリカにおいては、これとは異なるアプローチが採用されている。すでに述べたとおり、法令違反についてのみという形で上訴を制限するのである。

この制限にもかかわらず、アメリカ法においても、事実認定の誤りについて上訴裁判所の審査を受ける機会は、いくらかは保障されている。事実認定の誤りを、法令違反と考えるのである。アメリカの多くの州において、事実審裁判官が法令違反を犯したとされるのは、例えば、合理的な陪審であれば合理的な疑いを超えて被告人を有罪と認定することができないほどに証拠が薄弱だったにもかかわらず、裁判官が被告人を無罪としなかったような場合である。ブラウンは、仮に上訴するとすれば、シュヴァルツ裁判官が、ボッシュ弁護人の無罪判決の申立てを却下したことにより、上記の意味での法令違反を犯したと主張することができた。しかしながら、この種の上訴は、ほぼ間違いなく失敗に終わっていたであろう。アメリカの上訴裁判所が、証拠が薄弱であることを理由に、法令違反があるとして陪審の評決を覆すのは、そのことがきわめて明白である場合に限られるからである。例えば、証明を要するすべての犯罪構成要素について、何らかの実質的な証拠が存在したならば、カリフォルニア州の裁判所は、この種の上訴を却下しなければならないのである。

アメリカの裁判所は、事実誤認を是正するためにさらに別の手続を有している。ドイツ法からのコメントにおいて議論されていた人身保護令状は、この目的を達成するためにある程度までは利用可能である。これよりもさらに重要なのは、事実審裁判所で行われる手続である。各州は、典型的には、陪審が事実ないし法に反する判断に達してしまったような場合には、被告人に新たな事実審理を認める権限を事実審裁判官に付与している。カリフォルニア州では、例えば、裁判官は独自に証拠を評価し、陪審の評決を支えるのに十分な信頼性のある証拠があるかどうかを判断しなければならない。この手続を、合理的な陪審であれば合理的な疑いを超えて被告人を有罪と認定することができないほどに証拠が薄弱だった場合には事実審裁判官は被告人を無罪としなければならないとする前記の要請と混同してはならない。ここで問題としている手続は、直接的には無罪ではなく再審理に結びつくものであるから、事実審裁判官には、被告人に有利な判断をする余地がより広く認められるのである。その結果、事実審裁判官は、陪審の判断に対するある種の拒否権を有していることになる。実際上は、この手続は、被告人に上訴よりも事実に関する争点に対する審査を保障する、有効な機会を提供することが多い。ブラウンはカリフォルニアにおける2つの公判について、この種の審査を求めた。「典型的なアメリカの公判」においては、ブラウンはもう少しでこの手続に成功するところであった。ブラウンの指紋は、アパートの居室から発見されたコカイン入りのビニール袋には付着していなかったが、陪審は当該薬物犯罪につき彼を有罪とした。シュヴァルツ裁判官は、薬物犯罪についての証拠は確かに弱いが、新たな事実審理を必要とするほど弱くはないとしている。

アメリカにおける一定の被告人が覆審型の上訴を活用することができるのに対し、ドイツにおける一定の被告人はそうした上訴を活用することができない。ブラウンは、アウクスブルクにおいて区裁判所ではなく地方裁判所の裁判を受けたため、覆審型上訴を活用することができない被告人に該当する。仮にブラウンが上訴していたとしても、新たな事実審理を受けることはできなかったのである。そこで、ブラウンとしては、アメリカにおける被告人のように、有罪判断または量刑判断に影響を及ぼす法令違反を事実審裁判所が犯したことを証明しなければならなくなっていたはずである。ドイツ法からのコメントにおいて説明されているように、ドイツにおいては、地方裁判所の裁判は、それがより慎重に行われることに鑑み、区裁判所の裁判とは区別して扱われているのである。

アメリカの上訴裁判所と同じように、ドイツの上訴裁判所も、法令違反を理由に、地方裁判所の事実認定についてある程度の審査をすることができる。事実審裁判所に裁判の詳細な理由を示すことを要求する法原則を通じて、ドイツの上訴裁判所は、「法令違反の審査」の法理をアメリカの裁判所よりも拡張しているのである。地方裁判所によって挙示された事実が、その裁判を根拠づけるものとしては不十分な場合には、地方裁判所の判断には法令違反があり、上訴裁判所によって是正され得るものとなるのである。

アメリカ法の観点からすれば、ドイツにおける覆審型上訴は、より完璧な正義を実現するための魅力的な試みのようにみえる。この制度は、事実を正確に認定することは、どんなに少なく見積もっても、法の健全な解釈と同じ程度に重要であるという正しい認識に基づき、誤った判決へとつながる可能性のある2つの主要な瑕疵に対する救済を提供しようとしている。この覆審型上訴の手続は、より単純かつ簡潔なフランス法における上訴手続に倣いつつ、それに独創的な修正を加えたものであるが、これは、さほど透明性も確保されておらず、さほど責任の所在も明確ではない、法廷外の世界から持ち込まれた書類ではなく、公開の法廷において口頭によって提供された証拠に基づいて判断するという理念を野心的にも堅持しようとするものである。

この上訴手続がその目的を達成できるか、あるいは一歩先まで行き過ぎてしまうかを予見することは困難である。その起源から今日に至るまで、絶えず見解の相違は存在してきている。この問題点についての――重大な法改正の過程においては当然に想定される類の――周到かつ慎重な検討を経て、1877年のドイツ刑事訴訟法典の立法作業の大半を行った議会の司法委員会は、当初、1人差による多数により、地方裁判所においても区裁判所においてもこの上訴手続が要求されると評決した。その主唱者は、通常の市民がその手続に寄せる信頼や正確に事実を認定することの必要性を強調した。その後、地方裁判所の裁判に関する限り、当該手続の欠点が利点を凌駕するとの意見が僅少差で多数となったが、それは、地方裁判所の裁判に対する上訴理由を法令違反に限定するものであった。この変更に票を投じた者は、そのようにした場合の効率性、コストの安さを強調し、さらに、2度目の事実審理が本当により正確な事実認定を結果としてもたらすのかという点について疑問を提起した。しかしながら、自らの立論に完全に納得してはいないかのように、それらの者は、地方裁判所での事実審理における手続上の保障を強化することを評決した後にはじめてこの変更を実施することを選択したのである。地方裁判所の裁判に対する覆審型上訴に反対した者の一部は、区裁判所で審理される、より軽微な事案については、そうした上訴が適切であると述べた。その結果、その場面においては、公正であるというためには、事実および法の双方に関する完全な審査が要請されるとして、区裁判所の裁判に対しては覆審型上訴を維持するというのが多数意見となった。その後1世紀を優に経過した今日でもなお、これらの争点に関する議論およびその他の争点に関する議論が続いている。こうした史実は、覆審型上訴が、司法委員会のメンバーの予想した欠点や利点の多くを体現していることを示しているのである。

訳者あとがき

　本書は、Floyd Feeney & Joachim Herrmann, One Case-Two Systems：A Comparative View of American and German Criminal Justice（2005）の全訳である。

　本書の訳出に至る経緯は以下のとおりである。2001 年 7 月に、早稲田大学において、アウクスブルク大学（ドイツ）のヨアヒム・ヘルマン教授によるドイツ刑事訴訟法に関する集中セミナーを開催した。セミナーの趣旨は、日本においてドイツ刑事訴訟法の個々の論点については詳しい紹介がなされてきたが、手続の全体が実際にどのように運用されているかについては必ずしも十分な紹介はなされてこなかったことから、そのような手続の全体を講義していただき、これについて議論をするというものであった。ヘルマン教授は、ドイツ刑事訴訟法の実際とその特色を明らかにするにあたって、常にアメリカ法との比較をしながら説明をするという手法を用いられた。それは、ある法制度の特色を明らかにするためには、その反対物と比較することが望ましいと考えられたからである。

　この集中セミナーは英語でなされたが、セミナーの終了後、我々は、その録音をまず英文に反訳し、次にこれを日本語とする作業を開始した。その作業過程で、反訳英文原稿をヘルマン教授に送付し、これに加筆していただくという手法をとった。そのやりとりのなかで、ヘルマン教授から、実は本セミナーの内容と類似した図書をフィーニー教授と共同で執筆中であり、その図書の方がより包括的かつ体系的であるから、この際図書の方を翻訳した方がいいのではないかという申し出を受けた。同時に、その原稿の一部も送られてきた。そこで、その原稿を拝見したところ、その問題意識は集中セミナーのそれとほぼ同じであり、かつ、図書原稿の方がはるかに詳細であることが判明した。幸い、録音テープからの反訳という困難な作業を担当していた洲見光男教授や小島淳准教授およびその他の翻訳担当者の了解も得られたので、セミナーの翻訳に代わって、本書の翻訳に取り組むこととなった。ヘルマン教授の「日本語版への序文」において、本書の 1 つのきっかけは早稲田大学でのセミナーにあるとの記述がみられるが、あるいは、早稲田大学でのセミナーも本書に何らかの影響を与えたのかもしれない。なお、本書は、2005 年にニューヨークで出版され、2006 年には北京で中国語版が出版されている。

　本書の最大の特色は、アメリカとドイツの刑事手続の実際を叙述するにあたって、同じ「1 つの事件」を素材としてアメリカ法とドイツ法という「2 つの制度」においてその事件がどのように処理されていくのかという比較法の手法がとられている点にある。これによって、例えば、同じ「逮捕」という制度でも「2 つの制度」において共通する部分と全く異なる部分があることがきわめて具体的に浮かび上がっている。比較刑事訴訟法の新たな手法として注目すべきであろう。

　本書において、我々は、アメリカおよびドイツにおける刑事手続の実際をきわめて具体的に知ることができる。ヘルマン教授の「日本語版への序文」およびフィーニー教授による「第 1 章」でも触れられているように、本書の目的は、刑事訴訟法を理論的に比較することではなく、両国における刑事手続の日常的な実務を明らかにして、これを比較してみるということである。そのため、刑事手続の進行に関する叙述はきわめて具体的で、臨場感があり、あたかも現地において刑事手続の実態調査を進めているかのようである。

　その結果、本書から、両国における刑事手続の大きな類似点と同時に根本的な考え方の違いも思い知らされることになる。そして、当事者主義の刑事手続と職権主義の刑事手続には、それぞれに長所と短所があり、いずれが優れた法制度であるかといった判断も容易ではないことも明らかとなろう。ヘルマン教授の「日本語版への序文」では、「刑事司法がとり得る途は 1 つとは限らず、常に複数ある」とあるが、個性的な「2 つの制度」の存在を改めて認識することとなろう。そして、日本法はまさにその「2 つの制度」を継受しているのであるから、両制度の類似点と相違点を正確に認識したうえで、その調和と統合の可能性を追求することは、日本法の避けて通ることのできない途といわなければならない。その

ような日本法の課題にとって、本書は貴重な文献となろう。

　本書の訳語等について若干の説明をしておきたい。
　(1)　本書では、アメリカとドイツで同じ名前の人物が登場し（例えば、被告人 Michael Braun）、その発音はアメリカとドイツでは異なる可能性がある。しかし、比較法的考察の部分（第4章および第5章）では、アメリカとドイツを区別することなく当該人物が登場する。そこで、登場人物の姓は基本的にドイツ語読みで統一することとした（例えば、第2章では「マイケル・ブラウン」、第3章では「ミヒャエル・ブラウン」、第4章および第5章では単に「ブラウン」とする）。
　(2)　原書は英語であるため、ドイツの法制度も当然英語表記となっている（例えば、das Schöffengericht は the mixed court と訳されている）。そこで、ドイツの法制度の英語表記を日本語とするにあたっては、英語からの直訳は避けて、すでに日本で訳語が定着しているドイツ語の日本語訳を当てることとした（例えば、the mixed court は「参審裁判所」と訳す）。
　(3)　本書は、刑事手続の実務描写とその比較に力点があり、条文解釈や判例研究を目的としたものではない。したがって、原書では基本的には注は付されていない。そこで、本訳書においても、このような原書の考え方を尊重して、訳注は付さないこととした。原書も相当の頁数があるので、訳注を付することで訳本の頁数がさらに増えることを避けたいという意味もある。
　(4)　原書の巻末に収録された参考文献は、本訳書においてもそのまま収録することとした。訳注を付さなかったので、本書の内容についてさらに研究を進めたいという場合の手がかりを提供するためである。
　(5)　原書巻末の事項索引も、アルファベット順をアイウエオ順に変えて、ほぼそのまま収録した。その際、本文では、いちいち原語を引用しなかったので、原語も明示しておいた。

　本書の翻訳分担は以下のとおりである。
　「日本語版への序文」および「第1章」は田口守一（早稲田大学教授）が担当し、「第2章Ⅰ」の「8.」までは原田和往（岡山大学准教授）が担当し、「第2章Ⅰ」の「9.」以降と「第2章Ⅱ」の「1.」の「(g)」までは小川佳樹（早稲田大学准教授）が担当し、「第2章Ⅱ」の「1.」の「(h)」以降と「第2章Ⅲ」は洲見光男（同志社大学教授）が担当し、「第3章Ⅰ」の「2.」までは加藤克佳（名城大学教授）が担当し、「第3章Ⅰ」の「3.」と「第3章Ⅱ」は洲見光男が担当し、「第3章Ⅲ」は田口守一が担当し、「第3章Ⅳ」は寺崎嘉博（早稲田大学教授）が担当し、「第3章Ⅴ」は松田正照（早稲田大学助手）が担当し、「第4章」は田口守一が担当し、「第5章」は小島淳（名古屋大学准教授）が担当した。翻訳分担は一応上記のとおりであるが、その他、事項索引は、洲見教授、小島准教授および松田助手が、全体の訳語統一などの作業は、小川准教授、原田准教授および田口が担当した。また、原文の意味などについての原著者との協議については、フィーニー教授とは洲見教授が担当し、ヘルマン教授とは田口が担当した。

　本書の翻訳にあたって数々の疑問に遭遇したが、その都度懇切丁寧なご教示を頂いたフィーニー教授とヘルマン教授に改めて深く感謝したい。「日本語版への序文」を寄せて下さったヘルマン教授には重ねて御礼を申し上げる。ただ、序文をいただいてからすでに3年が経過してしまった。訳語の統一に思いのほか時間がかかってしまったためであるが、両教授にはご心配をおかけしたことをお詫びしたい。

　最後に、本書の日本語への翻訳をご快諾下さったトランスナショナル出版社（Transnational Publishers, Inc.）社長のハイケ・フェントン（Heike Fenton）氏には深く御礼を申し上げる。また、本書のような専門書の出版をお引き受け下さった成文堂社長阿部耕一氏および編集部長本郷三好氏には、改めて深甚の謝意を表したい。

〔田口守一〕

参考文献（英語文献のみ）

I. 単行本

1. 比較法

BEDFORD, SYBILLE, THE FACES OF JUSTICE: A TRAVELER'S REPORT (Simon and Schuster 1961).

BRADLEY, CRAIG M., THE FAILURE OF THE CRIMINAL PROCEDURE REVOLUTION (University of Pennsylvania Press 1993).

BRADLEY, CRAIG M., ED., CRIMINAL PROCEDURE: A WORLDWIDE STUDY (Carolina Academic Press 1999).

DAMASKA, MIRJAN R., THE FACES OF JUSTICE AND STATE AUTHORITY: A COMPARATIVE APPROACH TO THE LEGAL PROCESS (Yale University Press 1986).

DAMASKA, MIRJAN R., EVIDENCE LAW ADRIFT (Yale University Press 1997).

DELMAS-MARTY, MIREILLE, AND SPENCER, J.R., EDS., EUROPEAN CRIMINAL PROCEDURES (Cambridge University Press 2002) (English translation).

FENNELL, PHIL, HARDING, CHRISTOPHER, JÖRG, NICO, AND SWART, BERT, EDS., CRIMINAL JUSTICE IN EUROPE: A COMPARATIVE STUDY (Clarendon Press; Oxford University Press 1995).

FEENEY, FLOYD, GERMAN AND AMERICAN PROSECUTIONS: AN APPROACH TO STATISTICAL COMPARISON (Washington, D.C.: U.S. Bureau of Justice Statistics 1998).

FIONDA, JULIA, PUBLIC PROSECUTORS AND DISCRETION: A COMPARATIVE STUDY (Clarendon Press 1995).

FRASE, RICHARD S., SENTENCING IN GERMANY AND THE UNITED STATES: COMPARING ÄPFEL WITH APPLES (Max Planck Institute for Foreign and International Criminal Law 2001).

HATCHARD, JOHN, HUBER, BARBARA, AND VOGLER, RICHARD, EDS., COMPARATIVE CRIMINAL PROCEDURE (British Institute of International and Comparative Law 1996).

LANGBEIN, JOHN H., THE ORIGINS OF ADVERSARY CRIMINAL TRIAL (Oxford University Press 2003).

LANGBEIN, JOHN H., TORTURE AND THE LAW OF PROOF: EUROPE AND ENGLAND IN THE ANCIEN RÉGIME (University of Chicago Press 1977).

LANGBEIN, JOHN H., PROSECUTING CRIME IN THE RENAISSANCE: ENGLAND, GERMANY, FRANCE (Harvard University Press 1974).

LEIGH, LEONARD H., AND ZEDNER, LUCIA, A REPORT ON THE ADMINISTRATION OF CRIMINAL JUSTICE IN THE PRE-TRIAL PHASE IN FRANCE AND GERMANY (Her Majesty's Stationary Office 1992) (Great Britain Royal Commission on Criminal Procedure Report No. 1).

MUELLER, GERHARD O.W., AND LE POOLE-GRIFFITHS, FRÉ, COMPARATIVE CRIMINAL PROCEDURE (New York University Press 1969).

PIZZI, WILLIAM T., TRIALS WITHOUT TRUTH: WHY OUR SYSTEM OF CRIMINAL TRIALS HAS BECOME AN EXPENSIVE FAILURE AND WHAT WE NEED TO DO TO REBUILD IT (New York University Press 1999).

SHAPIRO, BARBARA, "BEYOND REASONABLE DOUBT" AND "PROBABLE CAUSE": HISTORICAL PERSPECTIVES ON THE ANGLO-AMERICAN LAW OF EVIDENCE (University of California Press 1991).

THAMAN, STEPHEN C., COMPARATIVE CRIMINAL PROCEDURE: A CASEBOOK APPROACH (Carolina Academic Press 2002).

TONRY, MICHAEL, AND FRASE, RICHARD S., SENTENCING AND SANCTIONS IN WESTERN COUNTRIES (Oxford University Press 2001).

WEISSBRODT, DAVID, AND WOLFRUM, RÜDIGER, EDS., THE RIGHT TO A FAIR TRIAL (Springer 1998).

WHITMAN, JAMES Q., HARSH JUSTICE: CRIMINAL PUNISHMENT AND THE WIDENING DIVIDE BETWEEN AMERICA AND EUROPE (Oxford University Press 2003).

VAN DEN WYNGAERT, CHRISTINE, ED., CRIMINAL PROCEDURE SYSTEMS IN THE EUROPEAN COMMUNITY (Butterworths 1993).

2. ドイツ法

GERMAN CONSTITUTION, in BLAUSTEIN, ALBERT P. AND FLANZ, GISBERT H., EDS., CONSTITUTIONS OF THE COUNTRIES OF THE WORLD (Oceana Publications 1971-) (looseleaf). Also available on website (http://www.oefre.unibe.ch/law/icl/info.html).

GERMAN CODE OF CRIMINAL PROCEDURE, German Law Archive Website (http://www.iuscomp.org/gla/statutes/StPO.htm).

GERMAN CODE OF CRIMINAL PROCEDURE (Horst Niebler, translator; Fred B. Rothman & Co. 1965) (largely out of date).

EBKE, WERNER F., AND FINKIN, MATTEW W., EDS., INTRODUCTION TO GERMAN LAW (Kluwer 1996).

FRECKMANN, ANKE, AND WEGERICH, THOMAS, THE GERMAN LEGAL SYSTEM (Sweet and Maxwell 1999).

LANGBEIN, JOHN H., COMPARATIVE CRIMINAL PROCEDURE: GERMANY (West Publishing Co. 1977).

RICHERT, JOHN P., WEST GERMAN LAY JUDGES: RECRUITMENT AND REPRESENTATIVENESS (University Presses of Florida 1983).

3. アメリカ法（一部のみ）

COLE, GEORGE F., AND SMITH, CHRISTOPHER E., THE AMERICAN SYSTEM OF CRIMINAL JUSTICE (Thomson/Wadsworth, 10th ed. 2004).

FISHER, GEORGE, PLEA BARGAINING'S TRIUMPH (Stanford University Press 2003).

KALVEN, JR., HARRY, AND ZEISEL, HANS, THE AMERICAN JURY (Little, Brown & Co. 1966).

KAMISAR, YALE, LAFAVE, WAYNE R., ISRAEL, JEROLD H., AND KING, NANCY J., MODERN CRIMINAL PROCEDURE (West Group, 10th ed. 2002).

LAFAVE, WAYNE R., ISRAEL, JEROLD H., AND KING, NANCY J., CRIMINAL PROCEDURE (Thomson/West, 4th ed. 2004).

II. 論文

1. 比較法

Bradley, Craig, *The Convergence of the Continental and Common Law Model of Criminal Procedure*, 7 CRIMINAL LAW FORUM 471 (1996).

Damaska, Mirjan, *Evidentiary Barriers to Conviction and Two Models of Criminal Procedure: A Comparative Study*, 121 UNIVERSITY OF PENNSYLVANIA LAW REVIEW 506 (1973).

Damaska, Mirjan, *Presentation of Evidence and Factfinding Precision*, 123 UNIVERSITY OF PENNSYLVANIA LAW REVIEW 1083 (1975).

Damaska, Mirjan, *Structures of Authority and Comparative Criminal Procedure*, 84 YALE LAW JOURNAL 480 (1975).

Dubber, Markus Dirk, *American Plea Bargains, German Lay Judges, and the Crisis of Criminal Procedure*, 49 STANFORD LAW REVIEW 547 (1997).

Field, Stewart, *Judicial Supervision and the Pre-Trial Process*, 21 JOURNAL OF LAW AND SOCIETY 119 (1994).

Frase, Richard S., and Weigend, Thomas, *German Criminal Justice as Guide to American Law Reform: Similar Problems, Better Solutions?* 18 BOSTON COLLEGE INTERNATIONAL & COMPARATIVE LAW REVIEW 317 (1995).

Goldstein, Abraham S., and Marcus, Martin, *The Myth of Judicial Supervision in Three "Inquisitorial" Systems: France, Italy, and Germany*, 87 YALE LAW JOURNAL 240 (1977).

Goldstein, Abraham S., and Marcus, Martin, *Comment on Continental Criminal Procedure*, 87 YALE LAW JOURNAL 1570 (1978).

Herrmann, Joachim, *The Philosophy of Criminal Justice and the Administration of Criminal Justice*, 53 REVUE INTERNATIONALE DE DROIT PENAL 841 (1982).

Jackson, John D., *Theories of Truth Finding in Criminal Procedure: An Evolutionary Approach*, 10 CARDOZO LAW REVIEW 475 (1988).

Jung, Heike, *Plea Bargaining and its Repercussions on the Theory of Criminal Procedure*, 5 EUROPEAN JOURNAL OF CRIME, CRIMINAL LAW AND CRIMINAL JUSTICE 112 (1997).

Langbein, John H., and Weinreb, Lloyd L., *Continental Criminal Procedure: "Myth" and Reality*, 87 YALE LAW JOURNAL 1549 (1978).

Langbein, John H., *Mixed Court and Jury Court: Could the Continental Alternative Fill the American Need?* 1981 AMERICAN BAR ASSOCIATION FOUNDATION RESEARCH JOURNAL 195.

Mannheim, Hermann, *Trial by Jury in Modern Continental Criminal Law*, 53 LAW QUARTERLY REVIEW 99, 388 (1937).

Nijboer, J.F., *Common Law Tradition in Evidence Scholarship Observed from a Continental Perspective*, 41 AMERICAN JOURNAL OF COMPARATIVE LAW 299 (1993).

Pakter, Walter, *Exclusionary Rules in France, Germany, and Italy*, 9 HASTINGS INTERNATIONAL & COMPARATIVE LAW REVIEW 1 (1985).

Pizzi, William T., *Understanding Prosecutorial Discretion in the United States: The Limits of Comparative Criminal Procedure as an Instrument of Reform*, 54 OHIO STATE LAW JOURNAL 1325 (1993).

Schlesinger, Rudolph B., *Comparative Criminal Procedure: A Plea for Utilizing Foreign Experience*, 26 BUFFALO LAW REVIEW 361 (1977).

Strier, Franklin, *Query: What Can the American Adversary System Learn from an Inquisitorial System of Justice?* 76 JUDICATURE 109 (1992).

Van Kessel, Gordon, *European Perspectives on the Accused as a Source of Testimonial Evidence*, 100 WEST VIRGINIA LAW REVIEW 799 (1998).

Volkmann-Schluck, Thomas, *Continental European Criminal Procedures: True or Illusive Model?* 9 AMERICAN JOURNAL OF CRIMINAL LAW 1 (1981).

Weigend, Thomas, *Criminal Procedure: Comparative Aspects*, in 1 ENCYCLOPEDIA OF CRIME & JUSTICE 444 (Macmillan Reference, 2d ed. 2002).

Weigend, Thomas, *Prosecution: Comparative Aspects*, in 3 ENCYCLOPEDIA OF CRIME & JUSTICE 1232 (Macmillan Reference, 2d ed. 2002).

Weigend, Thomas, *Norm Versus Discretion in Sentencing*, 25 ISRAEL LAW REVIEW 628 (1991).

2. ドイツ法

Bohlander, Michael, *Legal Advice in Criminal Proceedings in the Federal Republic of Germany*, 3 CRIMINAL LAW FORUM 401 (1992).

Bradley, Craig M., *The Exclusionary Rule in Germany*, 96 HARVARD LAW REVIEW 1032 (1983).

Casper, Gerhard, and Zeisel, Hans, *Lay Judges in the German Criminal Courts*, 1 JOURNAL OF LEGAL STUDIES 135 (1972).

Clark, David S., *The Selection and Accountability of Judges in West Germany: Implementation of a* Rechtstaat, 61 SOUTHERN CALIFORNIA LAW REVIEW 1795 (1988).

Damaska, Mirjan, *The Reality of Prosecutorial Discretion: Comments on a German Monograph*, 29 AMERICAN JOURNAL OF COMPARATIVE LAW 119 (1981).

Dubber, Markus Dirk, *The German Jury and the Metaphysical Volk: From Romantic Idealism to Nazi Ideology*, 43 AMERICAN JOURNAL OF COMPARATIVE LAW 227 (1995).

Felstiner, William F., *Plea Contracts in West Germany*, 13 LAW & SOCIETY LAW REVIEW 310 (1979).

Friedman, Gary M., *Comment: The West German Day-Fine System: A Possibility for the United States?* 50 UNIVERSITY OF CHICAGO LAW REVIEW 281 (1983).

Gillespie, Robert W., *Fines as an Alternative to Incarceration: The German Experience*, 44 FEDERAL PROBATION December 1980, at 20.

Herrmann, Joachim, *The Rule of Compulsory Prosecution and the Scope of Prosecutorial Discretion in Germany*, 41 UNIVERSITY OF CHICAGO LAW REVIEW 468 (1974). Also in KENNETH DAVIS, ED., DISCRETIONARY JUSTICE IN EUROPE AND AMERICA 16 (University of Illinois Press 1976) (retitled as *The German Prosecutor*).

Herrmann, Joachim, *Bargaining Justice—A Bargain for German Criminal Justice?* 53 UNIVERSITY OF PITTSBURGH LAW REVIEW 755 (1992).

Jescheck, Hans-Heinrich, *Principles of German Criminal Procedure in Comparison With American Law*, 56 VIRGINIA LAW REVIEW 239 (1970).

Jescheck, Hans-Heinrich, *The Discretionary Powers of the Prosecuting Attorney in West Germany*, 18 AMERICAN JOURNAL OF COMPARATIVE LAW 508 (1970).

Langbein, John H., *Controlling Prosecutorial Discretion in Germany*, 41 UNIVERSITY OF CHICAGO LAW REVIEW 439 (1974).

Langbein, John H., *Land Without Plea Bargaining : How the Germans Do It*, 78 MICHIGAN LAW REVIEW 204 (1979).

Linnan, David K., *Police Discretion in a Continental Administrative State : The Police of Baden-Württemberg in the Federal Republic of Germany*, 47 LAW AND CONTEMPORARY PROBLEMS, Autumn 1984, at 185.

Pizzi, William T., and Perron, Walter, *Crime Victims in German Courtrooms : A Comparative Perspective on American Problems*, 32 STANFORD JOURNAL OF INTERNATIONAL LAW 37 (1996).

Sessar, Klaus, *Prosecutorial Discretion in Germany*, in MCDONALD, WILLIAM F., ED., THE PROSECUTOR 255 (Sage Publications 1979).

Weigend, Thomas, *Continental Cures for American Ailments : European Criminal Procedure as a Model for Law Reform*, 2 CRIME AND JUSTICE 381 (1980).

Weigend, Thomas, *Sentencing in West Germany*, 42 MARYLAND LAW REVIEW 37 (1983).

Weigend, Thomas, *Is the Criminal Process About Truth? : A German Perspective*, 26 HARVARD JOURNAL OF LAW AND PUBLIC POLICY 157 (2003).

３．アメリカ法（一部のみ）

Alschuler, Albert W., *Guilty Plea : Plea Bargaining*, in 2 ENCYCLOPEDIA OF CRIME & JUSTICE 754 (Macmillan Reference, 2d ed. 2002).

Amann, Diane Marie, *A Whipsaw Cuts Both Ways : The Privilege Against Self-Incrimination in an International Context*, 45 U.C.L.A. LAW REVIEW 1201 (1998).

Bradley, Craig, M., *Reforming the Criminal Trial*, 68 INDIANA LAW JOURNAL 659 (1993).

Calabresi, Guido, *The Exclusionary Rule*, 26 HARVARD JOURNAL OF LAW AND PUBLIC POLICY 112 (2003).

Cole, David, *A Muted Trumpet*, in COLE, DAVID, NO EQUAL JUSTICE 63 (New Press 1999).

Cassell, Paul G., and Fowles, Richard, *Handcuffing the Cops? A Thirty-Year Perspective on Miranda's Harmful Effects on Law Enforcement*, 50 STANFORD LAW REVIEW 1055 (1998).

Davies, Thomas Y., *The Fictional Character of Law-and-Order Originalism : A Case Study of the Distortions and Evasions of Framing-Era Arrest Doctrine in* Atwater v. Lago Vista, 37 WAKE FOREST LAW REVIEW 239 (2002).

Feeney, Floyd, and Jackson, Patrick G., *Public Defenders, Assigned Counsel, Retained Counsel : Does the Type of Criminal Defense Counsel Matter?* 22 RUTGERS LAW JOURNAL 361 (1991).

Frankel, Marvin E., *The Search for Truth : An Umpireal View*, 123 UNIVERSITY OF PENNSYLVANIA LAW REVIEW 1031 (1975).

Freedman, Monroe H., *Judge Frankel's Search for Truth*, 123 UNIVERSITY OF PENNSYLVANIA LAW REVIEW 1060 (1975).

Goldstein, Abraham S., *Reflections on Two Models : Inquisitorial Themes in American Criminal Procedure*, 26 STANFORD LAW REVIEW 1009 (1974).

Kamisar, Yale, *In Defense of the Search and Seizure Exclusionary Rule*, 26 HARVARD JOURNAL OF LAW AND PUBLIC POLICY 119 (2003).

Kamisar, Yale, *Miranda Thirty-Five Years Later : A Close Look at the Majority and Dissenting Opinions in* Dickerson, 33 ARIZONA STATE LAW JOURNAL 387 (2001).

King, Nancy J., *The American Criminal Jury*, 62 LAW AND CONTEMPORARY PROBLEMS, Spring 1999, at 41.

Packer, Herbert L., *Two Models of the Criminal Process*, in Packer, Herbert L., THE LIMITS OF THE CRIMINAL SANCTION 149 (Stanford University Press 1968).

Stuntz, William J., *The Virtues and Vices of the Exclusionary Rule*, 20 HARVARD JOURNAL OF LAW AND PUBLIC POLICY 443 (1997).

Uviller, H. Richard, *The Advocate, the Truth, and Judicial Hackles : A Reaction to Judge Frankel's Idea*, 123 UNIVERSITY OF PENNSYLVANIA LAW REVIEW 1067 (1975).

Uviller, H. Richard, *Calling the Shots : The Allocation of Choice Between the Accused and Counsel in the Defense of a Criminal Case*, 52 RUTGERS LAW REVIEW 719 (2000).

Van Kessel, Gordon, *Adversary Excesses in the American Criminal Trial*, 67 NOTRE DAME LAW REVIEW 403 (1992).

索 引

【ア行】

一事不再理（*ne bis in idem*）……………………………………………………………………258
　　二重の危険の項も参照
一件記録（dossier）………………145,146,148,160-161,168,171,182,183,189-190,224,225,238,245-246,275
　　警察の報告書・警察の記録（書類）の項も参照
疑わしきは被告人の利益に（*in dubio pro reo*）……………………………………………253,273-274
　　挙証責任、自由心証主義、合理的な疑いを超える証明、証明基準の項も参照
横断的構造（horizontal organization）
　　検察（prosecution）……………………………………………21,28,39-40,41-43,233-235,269
　　公設弁護人（public defender）事務所……………………………………34,35,40,41,43,269

【カ行】

協働的司法（cooperative justice）………………………………65-67,160,171-172,174-175,187,243
挙証責任（burden of proof）……………………………………………………47,252-253,273-274
　　自由心証主義、疑わしきは被告人の利益に、合理な疑いを超える証明、証明基準の項も参照
警察（police）……………………………………………………………………5-21,127-145,151-158
　　警察の戦略（police strategies）………………………………………8,10,16,21,128,135-136
　　検察官との関係（relationship to prosecutor）………………………21-22,25,29,127,156
　　特別捜査班パトカー（special investigative squad car）……………………………128
　　無線連絡（係）（radio-dispatch）………………………………………………5,6,11-12,130
　　逮捕、取調べ、ミランダ警告の項も参照
警察の報告書・警察の記録（書類）（police reports and records）………………………225
　アメリカにおける：
　　逮捕報告書（arrest report）………………………………………………………7,12-13
　　追加報告書（follow-up report）……………………………………………14-15,19-20,49
　　犯罪報告書（crime report）………………………………………………………5-6
　　その他の……………………………………………………………………………9-10,69-70
　ドイツにおける：
　　最終報告書（final report）………………………………………………………156-158
　　捜索記録および押収物一覧（record of search and seizure）……………………130,140
　　取調べの記録（interrogation record）……………………………131-133,137-139,142-144
　　　一件記録の項も参照
刑事訴訟法典（独）（code of criminal procedure（German））
　　……………………………3,127,130-131,134,136,232-233,235,250,253,265,268,270-271,283
刑の重さ（sentences, degree of severity）……………………………………………254-255,280
嫌疑（suspicion）
　　根拠の項参照
検察官（prosecutor）
　　…………………16-18,21-25,28-29,145-146,161-162,167,170-172,188-189,200-201,269,273-274,275-278
　　起訴法定主義（compulsory prosecution, principle of）……………………………234
　　検察官の地位（nature of position）…………………………………………233-234,261

検察の組織（organization）………………………………………………………………21, 167-168
　　公判における役割（role at trial）………………75-76, 78, 94, 98, 188-189, 194-195, 198, 204-205, 206, 208-211
　　上訴権（appellate rights）………………………………………………………………………258, 283
　　捜査における役割・捜査手段（investigative role and resources）…………………25, 29-31, 168
　　訴追裁量（discretion）……………………………………………………………………………234, 275
　　訴追事実の縮小（reduce charges）………………………………………………………………235
　　量刑（sentencing）……………………………………38, 42-43, 62, 64-65, 112, 113-115, 125-126
　　　取引、最終弁論、冒頭陳述、証拠排除の申立ての項も参照
憲法（constitution）
　　アメリカ合衆国（連邦）憲法：2, 28, 66, 90, 98, 230-231, 235, 237, 241, 257-258, 266, 267-268, 273, 284
　　ドイツ憲法：3, 135, 136, 144, 258
交渉（negotiations）
　　　取引の項参照
　　公設弁護人（public defender）………………………………………………26-28, 34-35, 235-236, 275
　　　弁護人の項も参照
好戦性（contentiousness）………………………………………………………………………244, 275-278
口頭主義（oral presentation, principle of）………………………………………………………242, 254
「口頭審理」対「書面審理」（oral vs. written proceedings）………151, 173, 216, 224-225, 238, 253, 254, 274-275
公判（正式事実審理）（trial）…………………………………………………………………………66, 115, 188
　　継続審理と五月雨式の審理（continuous trial vs. trial on instalments）………………………248
　　公判調書（trial record）……………………………………………………………………………219-222
　　公判の型（style of trial）…………………………………………………………………………244-245
　　法廷の構造（organization of courtroom）………………………………………………………186, 241
　　報道機関の在廷（presence of media）……………………………………………………………189
　　　当事者主義、職権主義、量刑、真実の発見の項も参照
公判開始後の申立て（post-trial motion）………………………………………………………………284
　　無罪判決の申立て（judgment of acquittal）……………………………………………………90, 93, 119
　　新公判の申立て（new trial）……………………………………………………………………111-113, 125
公判の開始（opening of main proceedings）………………………………………………183-184, 186-187, 241
公判前身柄拘束（pre-trial detention）……………………………10-11, 13, 135-137, 145-151, 226-228, 261-266
　　親族への（必要的）通知（mandatory informing of relatives）………………………………149
　　勾留審査（review）…………………………………………………………………………………185
　　勾留命令（detention order）……………………………………………………………………149-151
　　仮の（暫定的）身柄拘束（temporary (provisional) detention）………………………135-137, 262-263
　　勾留状の執行猶予の条件（conditions for release）……………………………………………164-167
　　勾留状の執行猶予のための担保（security for release）………………………………………164-167
　　任意の協力との区別（custody distinguished from voluntary cooperation）……………130-131, 226, 261-262
　　勾留命令のための審問（detention hearing）………………………………………………148-149, 227, 228
　　被拘束者による電話の使用（telephone calls for detainees）………………………………11, 13, 151
　　　逮捕、保釈の項も参照
合理的な嫌疑（reasonable suspicion）…………………………………………………………8, 261-265, 266
　　　相当な理由、根拠、短時間の身柄拘束の項も参照
合理的な疑いを超える証明（proof beyond a reasonable doubt）
　　………………………………72, 96-98, 100-103, 104-105, 106-107, 110, 122, 253, 263-264, 273-274, 282
　　　挙証責任、自由心証主義、疑わしきは被告人の利益に、証明基準の項も参照
告発状（complaint）…………………………………………………………………………………22-25, 34, 41-42

起訴状（official charge）……………………………………………………………………177-182
　正式起訴（状）（indictment）………………………………………………………………39,268
　略式起訴（状）（information）…………………………………………………………………42
コモン・ロー（common law）…………………………………………………………1,91,223,268
根拠（suspicion）
　強い（strong）…………………………………………………135,149,163,226-227,261-265
　十分な（sufficient）……………………………………………………………………183-184,264
　相当な理由・合理的な嫌疑との比較（compared with probable cause and reasonable suspicion）……………264
　通常の嫌疑（単なる疑い、一般的な嫌疑）（normal（simple, general））……………………136,230,264
　　相当な理由、合理的な嫌疑の項も参照

【サ行】

最終弁論（closing statements, final arguments）……………………………94,208-213,243-244
　検察官（prosecutor）の最終弁論………………………94-96,98-99,119-120,122-123,208-211
　被告人（defendant）の最終陳述………………………………………………………………212,244
　弁護人（defense attorney）の最終弁論………………………………………96-98,120-122,211-212
裁判（判決、決定）（decision）
　罪責に関する（as to guilt）………………………………………………………3,213-214,252,274
　罪責認定と量刑を同時に行うことの長所と短所（advantage/disadvantages of combined guilt-sentence decision）……………………………………………………………………………………253-254,279-280
　裁判官の評決手続（voting by court）……………………………………………………212-213,253
　陪審の評決手続（voting by jury）………………………………………………………………103,253
　量刑に関する（as to sentence）………………………………………………3,213-214,253-254,279-280
裁判官（judges）…………………………………………………………223-224,241-245,261,274,277
　公判における役割（role at trial）…………………………………………………189-190,194-195
　裁判長（presiding judge）………………………………………………………………………183
　証人に対する説示（instruction to witnesses）……………………………………190,194-195,206
　素人裁判官（lay judges）………………………………………………………………212,224,241,253
　陪審に対する説示（instructions to jury）……………………………99-103,106-107,108,274
　陪席裁判官（associate judge）…………………………………………………………………183
　　捜査裁判官の項も参照
裁判所（courts）
　アメリカにおける：
　公判裁判所（事実審裁判所）（trial courts）……………………………………………………42
　合衆国（連邦）最高裁判所（U. S. Supreme Court）………………………2,134,226,231,236,256-258
　カリフォルニア州最高裁判所（California Supreme Court）……………………………………125
　ホーム・コート係（home court）………………………………………………………21,28,35-38,53
　「マスター・カレンダー」裁判所（master calendar court）……………………………………40,47
　ドイツにおける：164
　区裁判所（Local Court（*Amtsgericht*））……………………………………164,182,242,256-257
　構成（composition）………………………………………………………………………………183,241
　公判期日の指定（scheduling）………………………………………………………………184-187
　公判裁判所（事実審裁判所）（trial courts）………………………………………164,182,236,241-242
　参審裁判所（mixed courts）………………………………………………183,186-187,224,242,244,253,254
　捜査裁判官（investigating judge）……………………………………………………………146,164

地方裁判所（Regional Court（*Landgericht*））………………………164, 167, 181, 242, 256-257
　　評決（voting）………………………………………………………………………213, 242, 253
　　ヨーロッパ人権裁判所（European Court of Human Rights）…………………………………257
　　連邦憲法裁判所（Federal Constitutional Court）…………………………3, 136, 229, 257-258
　　連邦通常裁判所（Federal Court of Appeals）……………………3, 232-233, 240, 256-257, 260
裁判所の判決（judgment of the court）………………………………………66, 115, 213-218
裁判所への最初の出頭（first appearance in court）………………………………………26-29
　　ドイツの（German counterpart）………………………………………………………147-151
　米独比較：227, 265-266
裁判（判決、決定）の理由（reasons for decisions）
　　………………………………136, 146, 150-151, 213-218, 224, 235, 250, 253, 255, 258-259, 285
三振法（three strikes）………………31-32, 36-37, 40, 52-55, 68-69, 115, 126, 255, 276-277, 280-281
暫定的身柄拘束（provisional detention）………………………130, 134-135, 226-227, 262-263
　　逮捕、公判前身柄拘束、短時間の身柄拘束の項も参照
自己負罪拒否特権（privilege against self-incrimination）
　　………………………………………3, 90, 100, 131, 138, 148, 188, 191, 206, 230-233, 246-247
自己弁護（self-representation）……………………………………………27-28, 236-237, 275
　　弁護人（必要的弁護）の項も参照
事実認定（finding the facts）………………………………100, 242-243, 245, 251, 253, 270-271
　　公判、真実の発見の項も参照
自白（confession）………………………7, 9-10, 134-135, 184, 188, 199-202, 223-224, 245, 254
　　取引、ミランダ警告、自己負罪拒否特権の項も参照
市民的及び政治的権利に関する国際規約（United Nations Covenant on Civil and Political Rights）………261
指紋（fingerprints）……………………10, 13, 21, 39-40, 70, 92-93, 105, 107, 117-118, 121, 127-128, 137, 141, 225
写真面割り（photo lineup）…………………………………20-21, 88, 100-101, 169, 192-193
自由心証主義（free evaluation of the evidence, principle of）…………………………251, 253, 273
縦断的構造（vertical organization）
　　検察（prosecution）…………………………………………………22, 167, 233-234, 269
　　公設弁護人（public defender）事務所………………………………………………34-35, 269
証拠（evidence）………………………………………………………………249-251, 271-272
　　証言拒否権（testimonial privileges）…………………………192, 196, 205-206, 245, 251-252, 272
　　直接の観察（first hand knowledge）………………………………………………………251
　　　自由心証主義、伝聞、前科・前歴、自己負罪拒否特権の項も参照
証拠開示（discovery）………………………………………………………………………28, 67
　　ドイツの（一件記録の閲覧）（German counterpart（inspection of dossier））………………160, 171
　米独比較：237-238, 268
証拠についての異議申立て（objections to evidence）
　アメリカにおける：75, 79, 80, 85, 90-92
　ドイツにおける：
　　検察官による（objection by prosecutor）……………………………………………………198
　　職権による（objection by judge）……………………………………………………193, 195
証拠排除の申立て（suppression motion）………………………………………43-51, 67, 229-230
　　排除法則、捜索・押収の項も参照
上訴（appeals）………………………51, 53-54, 65, 67, 115, 126, 151, 201, 215-216, 255-259, 283-285
証人（witnesses）…………………………………………68, 78, 188-190, 194, 201, 205-206, 248-249
　　証言拒否権（testimonial privileges）……………………………………192, 196, 206, 251-252

宣誓の項も参照
証明基準（standards of proof）
　　　有罪認定（guilt） ……………………………………………………………… 213-214, 252-253, 273-274
　　　量刑（sentence） ……………………………………………………………… 213-214, 252-253, 282-283
　　　挙証責任、自由心証主義、疑わしきは被告人の利益に、合理的な疑いを超える証明の項も参照
職権主義（inquisitorial system） ………… 1, 3, 146, 183, 191, 223-224, 231, 235, 242-251, 249, 254, 272, 273, 278, 279
　　　当事者主義の項も参照
素人裁判官（lay judges）
　　　裁判官の項参照
真実の発見（truth, finding the） ………………………………… 195, 223, 231, 242-245, 248, 271-273, 276-279
人身保護令状（habeas corpus） …………………………………………………………………… 257, 268, 284
正式起訴（状）（indictment）
　　　告発状の項参照
誓約に基づく釈放（release on own recognizance） ……………………………………………………………11
　　　出廷通告（citation） ……………………………………………………………………………………11, 265
　　　ドイツの（German counterpart） …………………………………………………………………………226
　　　予備審問、公判の開始の項も参照
前科・前歴（prior criminal record） ………… 10, 13, 21, 22, 38, 59-60, 64, 145, 168, 204, 247, 279-280
　　　逮捕記録の使用（use of prior arrest records） …………………………………………………………10, 12
宣誓（oath） ………………………………………………………… 74, 78, 90-91, 100, 190, 194, 247, 249
捜索・押収（search and seizure） …………………………… 16, 128-131, 136-137, 152-153, 228, 266-267
　　　女性に対する（females） …………………………………………………………………………8, 10, 130-131
　　　住居（dwellings） ……………………………………………………… 16-19, 128, 136-137, 152, 228-230
　　　立会人（witness to searches） ……………………………………………………………………128, 137, 229
　　　排除法則、証拠排除の申立て、捜索令状の項も参照
捜索令状（Search warrant） ……………………………… 16-19, 41, 44, 49-50, 82, 116, 128, 136, 228-229, 230, 266
　　　捜索・押収の項も参照
捜査裁判官（investigating judge） ………………………………………………………………………… 146, 164
捜査の焦点（focus of investigation） ……………………………………………………………… 131, 231, 267-268
相当な理由（probable cause） ……… 7-8, 11, 16-18, 39, 41-42, 43-46, 46-47, 49-50, 226, 230, 261-265, 266-267, 273
　　　合理的な嫌疑、根拠の項も参照
訴追の審査（review of charge） …………………………………………………………… 183-184, 186-187, 240-241

【タ行】

大陪審（grand jury） ………………………………………………………………………………… 2, 39, 42, 240
逮捕（arrest）
　　　アメリカにおける：6-8, 10-14, 21
　　　ドイツにおける：130-131, 134-136
　　　米独比較：226-227, 261-265
　　　公判前身柄拘束の項も参照
対面（confrontation） ……………………………………………………………………………… 33, 173, 223
大陸法（civil law） ………………………………………………… 1, 223, 226-227, 232-233, 250-251, 255
短時間の身柄拘束（brief investigatory detention） ……………… 7-8, 130, 135-136, 262-263, 264-265, 266-267
秩序維持と公正さとのバランス（balancing between order and fairness） ………………………………… 281-283
地方検事（district attorney）

　　　　検察官の項参照
直接主義（immediacy, principle of） ………………………………………………… 242, 250, 280
　　　　伝聞の項も参照
停止と捜検（stop and frisk）
　　　　短時間の身柄拘束の項参照
手錠（handcuffs） ……………………………………………………… 8, 12, 71, 131, 136, 189, 227
伝聞（hearsay） ……………………………………………………… 41, 79, 90-92, 249-251, 272
　　　　証拠、直接主義の項も参照
統一刑事手続準則（独）（Uniform Rules of Criminal Procedure（German）） ……… 146, 170, 172, 175
当事者主義（adversarial system）
　　……………………… 1-2, 223-224, 231, 235, 238, 239-241, 242-245, 248-249, 254, 261, 268, 273, 273-274, 276-279
　　　　職権主義の項も参照
答弁合意（plea agreement） …………………………………………………………… 31, 66, 75, 117
　　　　略式命令の項も参照
取調べ（interrogation） ……… 7-9, 12-13, 29, 29-30, 131-134, 137-140, 141-144, 225-226, 231-233, 267-268, 282-283
　　証人と容疑者（witness vs. suspect） ………………………………………………………… 144
　　秘密録音・録画（secret recording） ………………………………………………………… 13, 232
　　録音・録画（audio-, videotaping） ………………………………………………………… 9, 13, 232
　　　　被疑者、ミランダ警告の項も参照
取引（bargaining） ……………………………………………………… 239-241, 269-270, 275
　　自白についての取引（bargaining as to confession） …………………………………… 199-200
　　答弁取引（plea bargaining） ……………………………… 27-34, 35-37, 40, 51-57, 67, 68-69, 115
　　略式命令についての取引（bargaining as to penal order） ………………………………… 174-175
　　　　有罪の答弁、略式命令、答弁合意の項も参照
「流れ作業型司法」対「個別取扱型司法」（assembly-line vs. individualized justice） ……… 269-270

【ナ行】

二重の危険（double jeopardy） ……………………………………………………………… 1, 258
　　　　一事不再理の項も参照
人間の尊厳の保護（human dignity, protection of） ………………………… 153, 230-231, 267, 271

【ハ行】

排除法則（exclusionary rule） ……………………… 43-51, 153, 192, 229, 233, 251-252, 264, 271-272
　　目的（purpose） …………………………………………………………………………… 153, 229
　　不任意自白（involuntary confessions） ………………………………………………… 232-233
　　　　証拠排除の申立て、ミランダ警告の項も参照
陪審（jury） …………………………………………………………………… 270-271, 274, 283-284
　　専断的忌避（peremptory challenges） …………………………………………………………… 74
　　選任手続（selection） ……………………………………………………………………… 71-74
　　評議（deliberations） ……………………………………………………… 103-111, 123-124
　　評決の書式（verdict form） ………………………………………………………………… 109-110
　　理由付き忌避（challenges for cause） ……………………………………………………… 73-74
罰則付召喚令状（subpoena） ………………………………………………………… 39, 67-68, 89
　　ドイツの（German counterpart）: 187

犯罪被害者（crime victims）……………………………………………………………210-211, 234, 275
反対尋問（cross-examination）……………………………………49, 80, 82, 84-85, 87-89, 117-118
　　ドイツの（German counterpart）：191-194, 197-198, 203-204, 246
　　米独比較：246, 247-248, 278
被疑者・被告人（accused）………………………………22-26, 130-135, 135-140, 231-233, 267-268
　　公判における地位（position at trial）……………………………………………187-188, 189
　　容疑者との違い（distinguished from suspect）……………………………………………231
　　　被告人の尋問、取調べの項も参照
被告人（defendant）
　　　被疑者・被告人、被告人の尋問、公判の項参照
被告人の尋問（examination of defendant）………………………………190-191, 201-205, 246-248
　　人定事項に関する（as to personal data）…………………………………………191, 203-204
　　　自己負罪拒否特権の項も参照
弁護人（defense attorney）…………………………26-34, 39-42, 43-47, 54-57, 112-113, 158, 275-278
　　警察による取調べ（police interrogation）………………………………………………134, 231
　　公設弁護人（public defender）………………………………………………26-28, 34-35, 279
　　国選弁護人（appointed counsel）……………………34, 134, 146, 148, 171, 183-184, 228, 236-237
　　必要的弁護（obligatory counsel）…………………………………………………184, 236-237
　　弁護士・依頼人間の秘匿特権（attorney-client privilege）………………………………56, 252
　　弁護士の報酬（fees）……………………………………………………………………158-159
　　弁護戦略（strategies）……………51-53, 66-67, 89, 90, 113, 115, 117, 118, 160-162, 184-186, 198-201
　　弁護人の援助を受ける権利（弁護権）（right to counsel）………………26-28, 131, 231, 235
　　勾留命令のための審問（detention hearing）……………………………………146, 148, 227-228
　　量刑（sentencing）………………………………………38, 64-65, 113-114, 125-126, 279-280
　　倫理上の義務（ethical duties）……………………………………………………55, 67-68, 237
　　　自己弁護、取引、最終弁論、証拠開示、ミランダ警告、冒頭陳述、証拠排除の申立ての項も参照
比例原則（proportionality principle）…………………………130-131, 135, 152-153, 226-227, 264-265
不抗争の答弁（nolo contendere）………………………………………………………32-34, 57, 64
　　　有罪の答弁、取引、答弁合意の項参照
プライヴァシーの保護（privacy, protection of）
　　………………………………13, 45-46, 50-51, 135, 136, 153, 165-166, 189, 229-230, 232-233, 242, 251, 266
法治国家原理（*Rechtsstaatsprinzip*）………………………………………………153, 230-231, 235
冒頭陳述（opening statements）……………………………………………………74-78, 116, 117, 243
保護観察（probation）……………………………………………31-32, 173, 174-175, 187, 239, 254-255
　　刑の執行猶予（独）（German：suspended sentence）………………………………………173, 239
　　判決前報告書（probation report（pre-sentence report））……………38, 57-64, 111-112, 113, 124-125
　　保護観察局（department）……………………………………………………………………57
　　量刑（sentence）………………………………………………………………………………38
保釈（勾留状の執行猶予）（bail）…………………………………………11, 13, 26, 38, 227, 265
　　勾留状の執行猶予の条件（独）（German condition for release）………………161-162, 164-166
　　保釈条件一覧表（bail schedule）…………………………………………………………11, 38, 227
　　保釈金（担保）（bonds）……………………………………………………………………11
　　　公判前身柄拘束、誓約に基づく釈放の項も参照

【マ行】

ミランダ警告（Miranda warnings）……………………………… 8-9, 12-13, 29-36, 267-268, 282-283
　　ドイツにおける類似の警告（similar German warning）……………………… 131, 134, 138, 148, 190
　米独比較：134, 230-233, 261, 267-268, 282-283
無罪の推定（presumption of innocence）……………………………………………………… 72, 100
　　挙証責任、自由心証主義、疑わしきは被告人の利益に、合理的な疑いを超える証明、証明基準の項も参照
目撃証人による犯人の同一性識別（eyewitness identification）
　　写真面割りの項参照

【ヤ行】

有罪の答弁（guilty plea）……………………… 27, 39, 34, 56, 66, 93-94, 97, 172, 238-239, 255, 259
　　取引、略式命令、答弁合意の項も参照
ヨーロッパ人権条約（European Convention on Human Rights）…………………………… 3, 257, 261
予備審問（preliminary hearing）………………………………………………… 39-42, 67, 240, 268, 269
　　訴追の審査の項も参照

【ラ行】

略式起訴（状）（information）
　　告発状の項参照
略式手続（summary procedures）
　　有罪の答弁、略式命令の項参照
略式命令（penal order）……………………………………………… 172-176, 182, 238-239, 275
　　取引、有罪の答弁の項も参照
量刑手続（sentencing）………38, 57-66, 111-115, 124-126, 203-204, 212-213, 213-215, 218, 253-254, 269, 279-280
　　判決前報告書（pre-sentence report）………………………… 38, 57-64, 111-112, 113, 124-125, 254
　　　弁護人、挙証責任、検察官、保護観察、前科・前歴、証明基準の項も参照
令状（judicial warrant）
　　捜索令状の項参照
連邦制度（federal system）………………………………………………………………………… 2

原著者

フロイド・フィーニー（Floyd Feeney）カリフォルニア大学デーヴィス校教授
ヨアヒム・ヘルマン（Joachim Herrmann）アウクスブルク大学名誉教授

監訳者

田口守一（たぐち・もりかず）　早稲田大学教授：「日本語版への序文」、「第1章」、「第3章Ⅲ.」、「第4章」

訳者（担当順）

原田和往（はらだ・かずゆき）　岡山大学准教授：「第2章Ⅰ. 1.～8.」
小川佳樹（おがわ・よしき）　早稲田大学准教授：「第2章Ⅰ. 9.～10.」、「第2章Ⅱ. 1. (a)～(g)」
洲見光男（しゅうみ・みつお）　同志社大学教授：「第2章Ⅱ. 1. (h)～3.」、「第2章Ⅲ.」、「第3章Ⅰ. 3.」、「第3章Ⅱ.」
加藤克佳（かとう・かつよし）　名城大学教授：「第3章Ⅰ. 1.～2.」
寺崎嘉博（てらさき・よしひろ）　早稲田大学教授：「第3章Ⅳ.」
松田正照（まつだ・まさてる）　早稲田大学助手：「第3章Ⅴ.」
小島　淳（こじま・じゅん）　名古屋大学准教授：「第5章」

（所属等は、2010年9月1日現在）

1つの事件2つの制度
——アメリカとドイツの刑事手続——

2010年11月20日　初　版第1刷発行

原著者	フロイド・フィーニー ヨアヒム・ヘルマン
監訳者	田口守一
発行者	阿部耕一

〒162-0041　東京都新宿区早稲田鶴巻町514
発行所　株式会社 成文堂
電話03(3203)9201(代)　Fax 03(3203)9206
http://www.seibundoh.co.jp

製版・印刷：三報社印刷　　　製本：弘伸製本

©2010 Taguchi Printed in Japan

☆落丁・乱丁本はおとりかえいたします☆　検印省略
ISBN 978-4-7923-1888-8　C3032

定価（本体4500円＋税）